21世纪本科金融学名家经典教科书系

保险法学

Insurance Law

主　编　李玉泉

中国金融出版社

责任编辑：王效端　张菊香
责任校对：李俊英
责任印制：丁淮宾

图书在版编目（CIP）数据

保险法学/李玉泉主编 . —北京：中国金融出版社，2020.8
21世纪本科金融学名家经典教科书系
ISBN 978 - 7 - 5220 - 0349 - 8

Ⅰ.①保…　Ⅱ.①李…　Ⅲ.①保险法—中国—高等学校—教材
Ⅳ.①D922.284

中国版本图书馆 CIP 数据核字（2019）第 247125 号

保险法学
BAOXIAN FAXUE
出版
发行　中国金融出版社

社址　北京市丰台区益泽路 2 号
市场开发部　（010）66024766，63805472，63439533（传真）
网 上 书 店　http://www.chinafph.com
　　　　　　（010）66024766，63372837（传真）
读者服务部　（010）66070833，62568380
邮编　100071
经销　新华书店
印刷　保利达印务有限公司
尺寸　185 毫米×260 毫米
印张　26.75
字数　600 千
版次　2020 年 8 月第 1 版
印次　2020 年 8 月第 1 次印刷
定价　53.50 元
ISBN 978 - 7 - 5220 - 0349 - 8
如出现印装错误本社负责调换　联系电话（010）63263947
编辑部邮箱：jiaocaiyibu@126.com

作者简介

李玉泉，法学博士，研究员，享受国务院"政府特殊津贴"，北京大学、武汉大学、大连海事大学、上海海事大学、首都经济贸易大学、北京工商大学兼职教授，中国国际经济贸易仲裁委员会仲裁员、专家咨询委员会委员，中国海事仲裁委员会副主任、仲裁员、专家咨询委员会委员，北京仲裁委员会（北京国际仲裁中心）仲裁员，上海国际经济贸易仲裁委员会（上海国际仲裁中心）仲裁员，华南国际经济贸易仲裁委员会（深圳国际仲裁院、深圳仲裁委员会）仲裁员，中国海商法协会副会长，中国国际私法学会副会长，保险行业风险评估专家委员会专家委员，中国保险学会法律专业委员会主任，《保险研究》编辑委员会委员。现任和泰人寿保险股份有限公司总裁，曾任中国人民保险集团股份有限公司执行董事、副总裁，中国人民健康保险股份有限公司副董事长、总裁，中国人民财险保险股份有限公司执行董事、副总裁等职务。长期从事保险经营管理工作，曾先后被授予全国金融系统"金融青年五四奖章""全国金融劳动模范"，2009年、2011年两次当选"中国保险年度人物"，2010年荣获"中国保险业最佳经理人（人身险）"称号，2011年当选"年度保险风云人物"，2020年入选"中国保险40年40人暨特别致敬40中国保险人"。参与《保险法》《海商法》和相关法律法规及司法解释的制定和修订工作，对国家保险和海上保险立法、政策制定、保险实务和司法实践产生了深远影响。主要著作有：《保险法》（"九五"规划高等学校法学教材、21世纪法学规划教材）、《保险法学——理论与实务》、《保险法学案例教程》、《保险欺诈及其法律对策》"保险索赔与埋赔丛书"、《中国商事法》和《国际民事诉讼与国际商事仲裁》等10余部，发表论文100余篇。

刘学生，法学硕士，北京仲裁委员会（北京国际仲裁中心）仲裁员，华南国际经济贸易仲裁委员会（深圳国际仲裁院、深圳仲裁委员会）仲裁员、保险法专家委员会委员，广州仲裁委员会仲裁员，中国法学会保险法学研究会常务理事，兼任上海交通大学法学院、北京航空航天大学法学院研究员。先后任职于中国人民保险（集团）公司和中国保险监督管理委员会，曾任中国保监会法规部副主任以及广东保监局副局长。现任中

国银行保险监督管理委员会广东监管局副局长。

曹顺明，法学博士，副研究员，中国国际经济贸易仲裁委员会仲裁员，北京仲裁委员会（北京国际仲裁中心）仲裁员，中国保险学会法律专业委员会副主任，中国保险资产管理协会法律合规专业委员会副主任，中国法学会行为法学会常务理事、中国法学会保险法研究会常务理事。现任中国再保险（集团）股份有限公司法务总监兼内控合规与法律事务部总经理。

邹志洪，法学博士，高级经济师。中国国际经济贸易仲裁委员会仲裁员、中国海事仲裁委员会仲裁员、北京仲裁委员会（北京国际仲裁中心）仲裁员、华南国际经济贸易仲裁委员会（深圳国际仲裁院、深圳仲裁委员会）仲裁员。中国海商法协会常务理事、中国海商法协会海上保险专业委员会主任，中国保险学会保险法律专业委员会副主任委员。兼任对外经济贸易大学、中央财经大学研究生导师，中国政法大学企业法务研究中心研究员。现任中国人民财产保险股份有限公司董事会秘书兼法律部总经理。撰写或主编多部保险法相关著作，参与国家重要保险法律法规及司法解释的起草和修订工作。

白飞鹏，法学博士，高级经济师，中国海事仲裁委员会仲裁员，中国海商法协会副秘书长，中国保险资产管理业协会副秘书长，中国保险学会法律专业委员会委员。现任中国人民保险（集团）股份有限公司法律合规部总经理。

卞江生，法学博士，北京市法学会民商法研究会理事，中国海商法协会理事，广州仲裁委员会仲裁员。现任中国人民健康保险股份有限公司法律合规部总经理。

李祝用，法学博士，中国政法大学兼职教授，中国人民大学、对外经贸大学硕士研究生校外导师，中国法学会保险法学研究会副会长、中国保险行业协会法律专业委员会主任，中国国际经济贸易仲裁委员会仲裁员。曾任中国人民保险（集团）股份有限公司法律总监兼法律合规部总经理，现任该公司副总裁兼合规负责人、首席风险官。

胡凌斌，法学博士，高级经济师，中国国际经济贸易仲裁委员会仲裁员，中国保险学会法律专业委员会委员，中国保险资产管理业协会法律合规专业委员会委员。现任中国人保资产管理有限公司办公室副总经理（主持工作）。

编写说明

　　保险法学是法学和保险学相结合的一门交叉学科，而且是应用性很强的学科。本书在力求对保险法学作系统的理论阐述的基础上，注重理论与实践的结合，对保险立法、保险司法和保险实务中的问题也作了相应的论述，提出了我们的观点。本书由李玉泉担任主编，提出编写设想，经过集体讨论后确定编写方案和分工。编写具体分工如下：

　　李玉泉、胡凌斌：第一章、第二章、第三章；

　　刘学生：第四章、第六章、第七章、第二十六章；

　　曹顺明：第五章、第八章、第二十一章、第二十二章；

　　邹志洪：第九章、第十章、第十三章、第十五章；

　　白飞鹏：第十一章、第十二章、第十四章、第十六章；

　　卞江生：第十七章、第十九章、第二十章和第十八章第一节、第二节、第三节、第四节；

　　李祝用：第十八章第五节和第二十三章、第二十四章、第二十五章。

　　初稿完成后，由主编李玉泉负责修改、统稿，李祝用做了不少协助工作。中国金融出版社的郭建伟总编辑、王效端主任和本书责任编辑张菊香分别提出了很多建设性的意见和建议，使本书增色不少，在此一并致谢！由于我们掌握资料和学识水平的局限，尽管做了最大努力，书中难免存在不足和疏漏之处，敬请读者批评指正。

著　者
2020 年 5 月 8 日

目　录 Contents

Master Series

21st

Century

第一编

绪论

第一章
保险概述

学习目的和重点

通过学习保险的主要学说，了解保险与类似制度的异同，重点掌握保险的定义和构成要素、保险的职能和作用。

第一节　保险的概念和构成

一、保险的学说

研究保险法，首先必须明确什么是保险（insurance）[①]。

关于保险的定义，各国学者历来众说纷纭，至今仍然争论不休，但归纳起来主要有损失说和非损失说两大类。

（一）损失说

损失说，又称损害说，是以损失补偿观点作为保险理论的核心来剖析保险补偿机制的，又可分为：

1. 损失赔偿说。此说强调保险合同双方当事人的关系，认为保险是一种赔偿合同。该说的倡导者之一英国的马歇尔（S. Marshall）指出："保险是当事人的一方收受商定的金额，对于对方所受的损失或发生的危险予以补偿的合同"。[②] 该说的另一倡导者德国的马修斯（E. A. Masius）也认为："保险是约定当事人的一方，根据等价支付或商定，承保某标的物发生的危险，当该项危险发生时，负责赔偿对方损失的合同"[③]。《简明不列颠百科全书》实际上也持这一观点。该书给保险下的定义是："保险是处理风险的一种方法。一方面保险人向被保险人（投保人）收取费用；另一方面，一旦被保险人在规定期限内发生某种意外事故而蒙受损失，保险人得按原契约给予经济赔偿或提供

---

① 英文中 insurance 常与 assurance 相通用，但后者多用于人寿保险方面。

② ［日］园乾治．保险总论［M］．李进之，译．北京：中国金融出版社，1983：6.

③ 同注②。

服务"。① 美国危险及保险协会的定义是：保险是将风险所造成的意外损失集中转移给保险人，当损失发生时，保险人同意赔偿给被保险人或者提供有关危险的服务。海上保险在法学上的解释也以此理论为依据。英国《1906 年海上保险法》第 1 条明确规定："海上保险契约是保险人向被保险人承诺，于被保险人受到海上损失，即海事冒险所发生的损失时，应依约定的条款和数额，赔偿被保险人的契约"。

我们认为，这种学说将保险与赔偿损失等同起来，混淆了两者的区别。在保险中，凡属海上保险以及其他财产保险，其目的都在于赔偿损失，因此，就财产保险而言，使用"保险赔偿损失"这一概念是适当的，但对于其他有关人的生死的各种保险，用赔偿损失这种说法来解释，就不恰当了。

2. 损失分担说。此说强调损失赔偿中，多数人互助合作的事实，因而把损失分担这一概念视为保险的性质。该说认为，对个人来说，由于能力、技术等方面的限制，虽然无法完全防止其在生产、生活中所面临的危险发生，但对危险可能造成的经济损失却可以预先做出准备。保险机制运行的结果就是将少数不幸者的损失由处于同样危险中的多数人来摊付。保险的本质在于分摊损失，以财务上的确定性来代替不确定性。该说倡导者德国的华格纳（A. Wagner）指出："从经济意义上说，保险是把个别人由于未来特定的、偶然的、不可预测的事故在财产上所受的不利结果，使处于同一危险之中，但未遭遇事故的多数人予以分担以排除或减轻灾害的一种经济补偿制度。"他还说："这个定义既能适用于任何组织、任何险种、任何部门的保险，同时也可适用于财产保险和人身保险，甚至还可适用于自保"。②

华格纳不拘泥于法律上的解释，而是从经济学的范畴来剖析，指出保险的性质是多数被保险人的相互协作关系，主张保险不仅是保险合同当事人双方之间的关系，而且是把损失分担给多数人来赔偿的一种经济补偿制度，有一定的合理性。但华格纳把"自保"也纳入保险范畴，与他所说的"分摊给多数人"的说法是自相矛盾的，无法自圆其说。

3. 危险转嫁说。此说是从危险处理的角度来阐述保险的本质的，把被保险人的危险转嫁给保险人视为保险的性质。美国的魏兰脱（A. H. Willet）指出："保险是为了赔偿资本的不确定损失而积累资金的一种社会制度，它是依靠把多数的个人危险转嫁给他人或团体来进行的。"③ 美国的克劳斯塔（B. Krosta）则主张："被保险人转嫁给保险人的仅仅是危险，也就是损失发生的可能性，所以是可以承保的，保险人把这种共同性质的危险，大量汇集起来，就能将危险进行均摊。"克劳斯塔正是基于危险的转嫁也即危险均摊的论点，认为"保险是以收受等价、实现均摊为目的而进行的危险汇集"。④ 日本的村上隆吉认为："在聚集面临危险的多数人时，不是全部人经常会遭遇事故，但是其中究竟何人可能遭遇事故全然不知，所以多数人必须自行提供小额的分担金，集中起来以

① 中美合作编译. 简明不列颠百科全书（第 1 卷）[M]. 北京：中国大百科全书出版社，1985：560.
② ［日］园乾治. 保险总论 [M]. 李进之，译. 北京：中国金融出版社，1983：8.
③ 同注②。
④ 同注②。

解决少数人因灾害所造成损失的经济补偿。在这种情况下，少数人在经济上得到恢复，大多数人则始终是处于未遭受事故的状态。"① 换句话说，即从保险人的观点看，是将多数人所面临的同类危险聚集起来，分担少数人可能发生的危险。

由于科学技术的不断发展，新的危险事故也经常随之而来，它所导致的损失可能是十分巨大的，使个别单位或个人根本无法独立承担这种损失，只能将危险转嫁出去，以减少对危险的负担。就连保险人为了维护其经营的稳定，也往往通过分保的方法将巨额危险转嫁给其他保险人。因此，危险转嫁说在保险领域中产生了广泛的影响。

上述三种不同的学说，虽然是从不同角度出发，但保险中所谓的危险，主要是指遭受经济损失的可能性而言。因此损失赔偿说、损失分担说和危险转嫁说的理论基础都是如出一辙，本质上并无多大差异，即它们都认为保险是多数人分摊少数人的经济损失。

（二）非损失说

由于损失说大都是围绕损失来解释保险，在外延上排除了人身保险的存在，有一定的局限性。唯因损失概念不能包括保险的全部内容，学者们在损失说之外力图另谋保险的定义，于是产生了非损失说。非损失说，又称非损害说，主要流派包括技术说、欲望满足说、所得说、经济确保说、财产共同准备说、相互金融机关说、经济后备说和预备货币说等。其中技术说和欲望满足说有较大影响。

1. 技术说。在保险职能上，寻求保险的性质是非常困难的。有鉴于此，就出现了以技术的特殊性作为保险性质的学说，即技术说。此说认为保险是把可能遭受同样事故的多数人组织起来，结成团体，测定事故发生的比例，即概率，按照此比例进行分摊，根据概率论的科学方法，算定分担金要有特殊技术，这种特殊技术就是人身保险和财产保险的共同特性。该说的代表人物意大利商法学家费芳德（C. Viante）认为，保险不能没有保险基金，在计算这种基金时，一定要使保险人实际支出的保险金的总额和全体被保险人交纳的净保险费的总额相等，这种保险基金要通过特殊技术，保持保险费和保险价值的平衡。保险的特殊性就在于采用这种特殊技术，科学地建立保险基金，这样就没有必要在保险合同是否以损失赔偿为目的的问题上争论不休了。此外，这种技术不一定要按照统计学或概率论等精密的科学方法来加以处理，即使靠经验或推测也可以求得，于是在保险界存在这种广泛的损失估计法——主观测定法。因为在许多情况下某些数字并非由数学方法所能确定，只能根据个人过去的经验和对当时及未来各种因素的主观测定去推断某事件所可能发生的概率。这种方法在一定范围内还较常采用。技术说另辟蹊径，强调保险的计算基础，但未免偏激，也忽视了保险的目的及作用。

2. 欲望满足说。此说是从经济学而非法学的观点来研究保险。按该说倡导者拉扎路斯的说法，保险是以损失赔偿和满足经济需要为其性质的。意大利的戈比（U. Gobbi）在拉扎路斯学说的基础上进一步建立起了一元说，故也有人认为，欲望满足说为戈比首创。戈比认为：保险的目的是当意外事故发生时，以最少的费用满足该偶发欲望所需的

---

① ［日］园乾治．保险总论［M］．李进之，译．北京：中国金融出版社，1983：8.

资金，并予以充分可靠的经济保障。他把一切事故及对经济生活的影响分为：第一，欲望和满足欲望的手段关系不变；第二，使两者都有利，也就是增加满足需要的手段；第三，使两者都不利。这种不利因素，又进一步分为：满足需要的手段不变而欲望增加和满足需要的手段减少两种情况。他说："作为处理第三种变化的手段有储蓄，因此保险是有组织的储蓄"。①

该说受到不少学者的支持。威尔纳（G. Worner）认为："保险是多数人的团结互助的集体，其目的在于对意外事故引起财产上的欲望，以共同、互助的补偿手段为保障。"② 利克基斯（W. Lexis）也认为："保险是对于按照一定的概率算定将来可能发生的欲望，根据合理交换的经济原则进行准备为目的的多数人的集体组织。"③ 该学说的主要代表、德国保险学权威马纳斯（A. Manes）认为，保险是许多处在同样经济不安定情形下的企业或个人，将可能发生的且可计算的财产上的某种程度的欲望，根据互助原则，给予保障的手段。随后，马纳斯又将"财产上的欲望"改为"金钱上的欲望"，他指出："保险是保障因保险事故引起金钱欲望的组织，如果发生保险事故，必须以引起金钱欲望为前提条件。"④ 从而使欲望的外延包括直接损失、利益损失、储蓄能力停止、防止紧急损失费用以及其他不得已的开支，存在于与货币价值有关的一切场合。引起这种金钱欲望的事故，也就是所谓的保险事故，包括自然灾害和人为的意外事故。

欲望满足说对财产保险虽然适用，但对人身保险，特别是人寿保险则不尽合理，并且保险费是根据保险事故的概率论方法算定出来的，但在确定给付日期的人身保险中，算定保险费的基础不是保险事故，而是被保险人的生存期限。所以在此问题上也欠妥当。

我们认为，欲望满足说是以保险事故常常引起偶发欲望为前提条件的，它把保险事故和引起欲望事故混淆在一起，在人寿保险中，是解释不通的。而且它把欲望的发生和保险事故造成的经济损失的结果联系起来，就失掉了其自身的特点。

3. 所得说。此说认为保险的根本原因，是因为经济不稳定。支配经济活动的是满足现在和将来的一切欲望。满足欲望的规律性行为，除了获得财物的时候以外，也存在于获得手段的时候，而且欲望由于将来的意外事故，产生不足和不稳定的情况，因此，经济上的准备就成为必要。保险是以这种目的进行经济准备的，它虽然是一种储蓄，但其特点是利用集体组织，是以偶然排除偶然的组织。也就是说，保险是为了解除因经济的不稳定以及储蓄无能为力的缺点，而在经济不稳定的情况下，把储蓄的负担分摊给多数经营单位的组织。

所得说正确地指出了保险的存在是以经济不稳定为前提，但它将保险与储蓄等同起来，显然是错误的。

4. 经济确保说。此说认为，保险的目的是在于对意外的灾害事故留有经济准备。过

---

① ［日］园乾治. 保险总论 ［M］. 李进之，译. 北京：中国金融出版社，1983：12.

② 同注①。

③ 同注①。

④ 同注①。

去各种学说把加入保险的人通过保险企业达到的目的和经济条件，即支付保险金额的条件联系起来，这只不过表示了投保人企图通过保险达到目的的一部分。该说的代表人物胡布卡（J. Hupka）指出：一切保险的共同目的，都不是对一定事故的损失做准备，而是对于可能遭遇事故的损失，使之得到经济上的保障。换言之，所有加入保险的动机，都是在于对不确定的未来的灾害事故，得到经济上的保障。

经济确保说把满足需要作为保险的目的，并不是保险特定事故的直接结果，它不一定限于和保险事故有直接关系。因此，把保险合同确实是满足未来需要的事实，视为加入保险的动机的主张，是欠妥当的。

5. 财产共同准备说。此说认为，保险的概念可从动态（dynamic）和静态（static）两方面来分析。就前者而言，保险是人们在社会生活中，根据交换原则，当未来发生意外的灾害事故时，设法能够确实地获得、使用所需的财物；就后者而言，保险是为了安定经济生活，将多数经营单位组织起来，根据大数法则积聚经济上的财富并留为共同准备的。该说还认为，保险对于应付意外事故的损失和支出的增加，是很有必要的。因为意外事故在每个具体的事件上虽然是偶然的，但在不特定的多数事件中，却是必然的。因此需要按照大数法则积蓄货币，即做财产准备。这种财产准备不是单独的，而是多数私人经济结合的集体，向各成员收取分担金，积聚为财产共同准备，委托保险人管理和经营。

财产共同准备说实际上是在经济确保说的基础上增添了技术说的内容而已。

6. 相互金融机关说。此说产生的理论基础是，当今的经济是货币经济，所有经济活动都是用货币的收支来表现的。保险作为应付经济不稳定的善后措施，需要以调整货币收支为目的。日本的米谷隆三是此说的倡导者，他认为把保险作为行为和组织来认识，抓住了保险性质的关键问题。如果说金融的基本概念是货币的交换，那么现代的保险，客观上也可以认为是通货的供求关系，因此，可以把保险视为相互金融机关。

相互金融机关说认为保险是以偶发的事故作为发生条件的相互金融机构，其宗旨是从偶然性的事实中找出概率，把分担金的计算立足于合理计算的基础之上，以保持给付与反给付的平衡及集体成员相互通融资金。保险公司本来就是金融机关，它应该和银行、信用合作社等完全一样，迅速而正确地发挥作用。

相互金融机关说正确地指出了保险的基础是互助共济，但它将保险完全等同于金融，是不足取的。

7. 经济后备说和预备货币说。经济后备说为日本学者印南吉博士所倡导，他从社会经济学的角度，在经济确保说和财产共同准备说的基础上，将保险定义为："保险是利用一定偶然事实的经济准备形态，结合多数经营单位，根据概率进行公平分担的经济设施"。[①]

预备货币说则是日本学者庭田秋范所倡导的，他用预备货币一词，代替了印南吉博士的经济准备的说法，庭田秋范认为："保险是把偶然灾害的预备货币，用社会形态予

---

① ［日］园乾治. 保险总论［M］. 李进之，译. 北京：中国金融出版社，1983：16.

以积蓄的制度，其方法为结合多数经营单位，根据概率论的方法计算出公平分担额"①。

以上两种学说在本质上并无区别，但预备货币说将经济准备仅限于货币形态，与保险实践是不相符的。

此外，还有所谓的"二元说"，又称统一不能说。此说认为财产保险与人身保险两者不可能作统一的解释，应分别给予不同的定义。财产保险的性质以损失这个概念为基础，自当无异，但人身保险的性质却颇有分歧。严格来说，"二元说"仍属损失说范畴，又可分为三个学派：

一派是人格保险说。该派认为人身保险之所以是保险，不仅是因为它能赔偿由于人身上的事故所引起的经济损失，而且在于它能赔偿道德方面和精神方面的损失，所以人身保险是非损失保险，实际上是人格的保险。该学派还进一步指出，精神方面的损失，主要包括由于经济上的冲击造成的损失和纯粹的精神刺激引起的损失。前者来自经济上的原因，能用经济评价，通过经济补偿以抵消损失或减轻损失程度；后者不可能利用这种经济手段予以补救。人格保险说所说的精神损失是纯粹的精神损失，是不允许以金钱来评价的。我们认为，人身保险所赔偿的只能是由于人身上的事故所引起的经济损失，至于人身本身及人格保险说所说的纯粹的精神损失，因无法用金钱来衡量，是不能予以保险的。而且人格保险说，一方面认为人身保险能赔偿道德方面和精神方面的损失，另一方面又认为精神损失还包括不能用金钱来衡量的纯粹的精神损失，难以自圆其说。

另一派是否认人身保险说。该派认为损失这个概念，不论从经济方面进行狭义的解释，还是进行包括精神损失在内的广义解释，都不能阐明人身保险的性质。因此，如果坚持损失概念是保险的性质，其当然的结论就不得不断定人身保险不是保险了。此说是由多数法学家所倡导的，也有些经济学家予以支持。他们认为，人身保险并不体现保险的性质，它是和保险不相同的另外一种合同。有人甚至认为人身保险是一种单纯的金钱支付合同。

还有一派是择一说。该派认为不可能找出人身保险和财产保险的共同概念，但也不同意否认人身保险说的那种强调人身保险不是保险的说法。它明确承认人身保险是真正的保险，并主张把人身保险和财产保险分别以不同的概念进行阐明。该学派的倡导者爱伦贝堡认为保险合同的统一定义，既不可能使用危险、损失、保险利益以及经济损失等概念，也不可能用保险人的给付或用给付条件的事故等不确定的概念。对保险合同的综合性定义应该是"保险合同不是损失赔偿的合同，就是以给付一定金额为目的的合同"。二者只能择其一。

显然，择一说将保险与保险合同完全等同起来，是不能接受的。

《中华人民共和国保险法》（以下简称《保险法》）第二条对保险下的定义，实际上也是以择一说为基础的，它混淆了保险与保险合同的区别。该法第二条规定："本法所称保险，是指投保人根据合同约定，向保险人支付保险费，保险人对于合同约定的可能发生的事故因其发生所造成的财产损失承担赔偿保险金责任，或者当被保险人死亡、伤

---

① ［日］园乾治．保险总论［M］．李进之，译．北京：中国金融出版社，1983：16.

残、疾病或者达到合同约定的年龄、期限等条件时承担给付保险金责任的商业保险行为。"

美国学者格林（Mark R. Green）和特里许曼（James S. Trieshmen）在其合著的《危险与保险》（1981年版）中指出："保险可以从两个主要含义上来阐述，一是作为解决补偿职能的社会经济制度来考虑；二是作为当事人双方之间所拟订的合法补偿合同。定义不能只强调上述两个含义的一个方面。"这种说法是不无道理的。

我们认为，对于保险的概念，应从两方面来分析：

第一，从社会角度来看，保险是分散危险、消化损失的一种经济制度。换句话说，也就是将不幸而集中于个人的意外危险以及由该意外危险而产生的意外损失，通过保险而分散于社会大众，使之消化于无形。随着社会的不断发展，当今世界上绝大多数国家在施行社会经济政策的同时，都大力推广保险事业（包括商业保险和社会保险），制定保险法律，平均分摊危险和损失。在我国，保险是防灾防损、风险管理、社会管理、资金融通，支持社会生产、安定群众生活、聚积国家建设资金的重要事业。

第二，从法律角度来看，保险是实现上述经济功能的法律行为。对此又可以从两点来分析：从行政角度看，保险是保险公司的经营行为，需要受到准入限制，经营主体和行为要受严格的金融监管。从民事角度看，保险是一种契约或是契约而产生的权利义务关系，这种契约即保险契约。它与买卖契约有相类似之处：对投保人来说，是付出一笔金钱而买进一个"安全"；对保险人来说，是收受一笔金钱而承担一个"危险"。因此，古谚云：无无代价之买卖，亦无无代价之保险。①

二、保险的构成

保险的构成，又称保险的要素、保险的要件，是指保险得以成立的基本条件。构成保险必须具备以下要素。

（一）必须以特定的危险为对象

建立保险制度的目的是应付自然灾害和意外事故等特定事故的发生。有发生这种特定事故的危险，才有必要建立补偿损失的保险制度。"无危险则无保险。"因此，危险的存在，是构成保险的第一要件。但是并非任何危险都可构成保险危险。保险制度上所说的危险必须符合以下条件。

1. 危险发生与否不能确定。即存在某种危险因素，可能发生危险。也就是说，这种危险必须具有或然性。不可能发生或肯定要发生的危险，不能构成保险危险。但用什么标准来判断某种危险属于发生与否不能确定，是一个值得探讨的问题。通常有两个标准：（1）在作出判断的时间上，以保险关系成立时为标准。保险关系成立前和成立后，对某种危险所作出的判断不能作为依据。（2）在作出判断的主体上，应依一般人凭其知识经验所作的判断为标准。但有时保险关系当事人的判断可能与一般人不同，即一般人认为危险肯定要发生，而当事人认为发生与否不能确定，是否可构成保险危险。大多数学者认为，构成保险的危险，只要当事人认为属发生与否不能确定即可。但如果危险确

---

① 桂裕. 保险法（增订新版）［M］. 台北：三民书局股份有限公司，1984：2.

已发生，而且当事人一方或双方已知晓，就不构成保险危险。因此，我国台湾地区"保险法"第51条就明确规定："保险契约订立时，保险标的之危险已发生或已消灭者，其契约无效；但为当事人双方所不知者，不在此限。订约时，仅要保人知危险已发生者，保险人不受契约之拘束。订约时，仅保险人知危险已发生者，要保人不受契约之拘束"。

2. 危险发生的时间不能确定。某些特定事故虽属肯定发生，但究竟何时发生，很难预料。如人的生、老、病、死，虽是自然规律，但人何时生病，何时死亡，谁都无法预知。因此，人的死亡、伤残和疾病均可构成保险危险。应该注意的是，危险发生的时间不能确定，是针对将来而言的，过去或现在已发生的危险，不属于保险危险。

3. 危险所导致的后果不能确定。如房屋等财产都有遭受火灾等灾害破坏的可能，但这种潜在性的灾害发生时将造成多大损失，灾前是任何人都无法准确知道的。此外，危险的发生虽然是确定的，但导致的后果不能确定，也可构成保险危险。如我国沿海地区几乎每年都要遭受台风袭击，但台风所导致的灾害及损失程度是无法确定的。因此就灾害及损失程度而言，其危险亦属不确定，故也是保险危险。

4. 危险的发生对被保险人来说，必须是非故意的。保险危险的最大特点是或然性，是当事人意料以外偶然发生的。如果是当事人故意造成的，如被保险人的自杀、纵火等，则不构成保险危险。但当事人以外的任何第三人故意造成的危险，则不受限制。另外，保险标的本身所造成的危险，如保险标的的自然损耗和本质缺陷等，也不属于保险危险。

尽管危险种类繁多，但构成保险的危险，大体上可以归纳为三类：（1）人身危险（personal risks）。人身危险大多指死亡危险。此外，还包括人的残废、伤害、疾病、丧失劳动能力、失业等。[①]（2）财产危险（property risks），即指财产因意外事故而遭受毁损或灭失的危险。（3）法律责任危险（liability risks），即指对他人的财产、人身实施侵害，依法由行为人承担民事赔偿责任的危险。所有这些危险必须是在签订保险合同之后发生，若订约时危险已经发生，即危险已经确定，所订契约应视为无效。

（二）必须以多数人的互助共济为基础

以多数人的互助共济是保险区别于自保形式建立后备基金的关键。保险是建立在"我为人人，人人为我"（one for all, all for one）这一互助共济基础之上的，其基本原理是集合危险、分散损失。因此，保险的经营方式是通过集合多数人共同筹集资金，建立集中的保险基金，用于补偿少数人的损失。只有多数人参加保险，才能把遭及于个人的危险和损失，通过保险分摊到所有投保人身上，使危险和损失限制在最小范围内。

保险的这种多数人的互助共济，通常有两种形态：一种是多数人的直接集合。一般由可能遭受特定危险事故的多数人，共同为达到保险的目的而构成的团体，主要指相互保险（mutual insurance）。另一种是多数人的间接集合。即由第三者（保险人）作为保险经营的主体，由可能遭受特定危险事故的每个人，事先向其缴纳一定金额的保险费

---

① 有的学者称为"经济死亡"（economic death）。

（premium），在危险事故发生后，即由其负损失赔偿或给付保险金的责任，无形中成为多数人集合的中心。一般商业保险都为此种形态。

在保险的第二种形态中，所有参加保险的人表面上彼此不相关联，甚至相互也不了解，但通过保险这种媒介，他们之间实际上也建立了互助共济关系，即投保人共同交纳保险费，建立保险补偿基金，共同取得保险保障。至于最少应有多少人参加，各国法律的规定并不一致。我国《相互保险组织监管试行办法》第 7 条、第 8 条规定，相互保险组织的一般发起会员数不低于 500 个，专业性、区域性相互保险组织的一般发起会员数不低于 100 个。日本《保险业法》第 24 条规定，相互保险公司的社员，必须在 100 人以上。美国纽约州《保险法》第 196 条规定，相互保险公司的社员不得少于 1000 人。我国台湾地区"保险法"第 162 条规定，财产保险合作社的预定社员人数不得少于 300 人，人身保险合作社的预定社员人数不得少于 500 人。总之，参加的人越多，每个人的分摊金额就越少，保险基金就越雄厚，损失赔偿的能力就越强。

（三）　必须以对危险事故所致损失进行补偿为目的

"无损失，无保险。"保险的机能在于进行损失补偿，进而确保社会经济生活的安定。这种补偿不是恢复已被毁损、灭失的原物，也不是赔偿实物，通常是通过支付货币的方式来实现的。因此，危险事故所导致的损失，必须是在经济上能够计算价值的，否则，保险的赔偿将无法实现。

在财产保险中，对于危险事故所造成的损失，可以通过估价等办法确定。在人身保险中，由于保险标的是人的生命或身体，是无法计算其价值的，但人的死亡、伤残，其后果不仅是一个生命的结束或健康受到损害，而且由此还必然给其亲属或本人带来直接的经济损失。换言之，危险事故在人身上可能造成的损失是两层意思上的损失，即人身损失和经济损失。人身保险的给付虽然不能填补前者却可以填补后者，所以人身保险中也对保险标的进行价值形式的计算。但实际上是用经济补偿或给付的办法来弥补这种经济损失，因而其所具有的补偿机能，是一种抽象损失的补偿，在技术构成上与财产保险是不同的。人身保险通常采取定额保险的方式，在订立人身保险合同时就将其可能发生的损失确定下来，事故发生后就认为确定的损失是实际损失，由保险人支付预定的保险金。正因为如此，学者间对人身保险是否为损失补偿保险，通常持否定态度。[1] 其实财产保险的赔偿，之所以限于损失补偿的理由，是因为财产价值的估计较易；而人身保险中，危险事故发生所致损失的程度颇难测定，因而不得不采取预定方式予以补救。否则，如果补偿金额超过合理程度，则极易诱致道德危险（moral hazard）因素而促使事故发生。

（四）　必须赋予对保险人独立的法律上的请求权

保险关系所产生的补偿，必须是被保险人拥有的独立存在的权利，而不是附属于其他法律关系的从给付义务或附随义务或团体的成员资格。例如，基于买卖合同、承揽合同的瑕疵担保的请求权就不满足前述要求。又如，工会对会员提供的帮助、资助，对其

---

[1]　Patterson, E. W.. Essentials of Insurance law, 2nd ed., p. 155.

成员而言也不具有法律上的请求权，不属于保险。①

三、保险与类似概念的比较

人们为了应付未来可能出现的意外，除保险外，还创立了许多制度和方法。为了对保险有一个更清楚的理解，有必要把保险与其相类似的制度和方法加以比较。

（一）保险与储蓄

保险与储蓄（saving）都是处理经济不稳定的善后措施，都是将现在收入的一部分储存起来，以备将来的需要，带有"积谷防饥"的色彩，尤其在生存保险和混合保险的生存部分中，与储蓄实难区别，但二者仍有较大的不同。

1. 构成方法不同。储蓄可以单独地、个别地进行，不需要特殊技术进行计算；保险则必须依靠多数人的互助共济才能实现，而且须具有根据特殊技术，即概率论的方法计算保险费率的特点。因此，储蓄是自助的行为，而保险是多数人的互助合作行为；储蓄在原则上，存款人可以随时提存，保险只限于具备一定条件的人才能利用保险基金。

2. 目的不同。储蓄的目的是以自己积聚的金额及利息，负担其将来的需要。它既可以用来补偿意外事故的损失，也可以应付教育费、丧葬费、婚姻费用等其他支出。当事件可以预测得到，而且后果可以计算得出时，一般都用储蓄的方法；而保险的目的仅是针对意外事故所导致的损失，其优点是可以应付个人或个别单位难以预测的意外事故，可以用较少的支出取得经济上较大的保障。

3. 在给付和反给付的关系上，其前提条件不同。储蓄在给付和反给付之间，以成立个别的均等关系为必要条件，因此可以利用的金额应以存款的多少为限；而保险在给付和反给付之间，不必建立个别的均等关系，只要有综合的均等关系即可。因此，在保险中，即使个别均等关系已遭破坏，亦无影响。所以，保险事故发生后，不问已缴保险费的多寡，保险金受领人可随时领受应得的保险金。

当然，保险在一定程度上也具有储蓄的性质。在一定条件下，保险人也可以利用保险基金，但事实上，保险基金的利用还要根据保险的种类而定，一般仅限于一些保险期限较长的人寿保险。

（二）保险与救济（慈善）

保险与救济（charity）都是人类抗御意外灾害事故所致损失时所采取的补救办法。在现代保险出现之前，对因偶然事件造成严重损失者，主要是通过救济方式来解决的。现代西方国家所谓的慈善事业，实际上就是一种救济。但是保险和救济在本质上是不同的。

1. 救济不需要筹备基金，即使筹备也完全来自外援，不需要受益者的分担金，所以是无偿的；保险则必须建立起保险基金，依靠参加保险的成员本身按一定的计算方法交纳资金（保险费），通过保险基金来补偿损失，故必须是有偿的。

2. 救济是一种单方的法律行为，救济方没有义务一定要对受灾者实施救济，受灾者没有请求权；保险则是一种双方法律行为，只要在保险期限内发生保险事故或给被保险

---

① 叶启洲. 保险法实例研习（修订五版）[M]. 台北：元照出版公司，2017：17 – 18.

人造成损失，保险人就须履行约定的义务，接受给付的被保险人或受益人就具有请求给付的权利，即使分担金是由第三者交付的，该项权利仍受到保障。

3. 救济的数量和形式由救济者自由决定，可以是实物救济，也可以是金钱救济；保险则不同，保险金额是由合同约定的，须严格受法律和合同的约束，而且通常都是以金钱的形式出现。

4. 救济的对象是不特定的，救济者可以对国内外的任何受灾单位和个人实施救济；保险保障的对象是特定的，其损失补偿只能向参加保险的人提供。

（三）保险与自保

自保（self-insurance）是指为了节省投保费用，以一定的实物形态或货币在本企业单位内积存准备金，以备对将来遭受自然灾害和意外事故时进行补偿的一种由自己承担风险的措施，其目的和后备的提留方法在计算上与保险基本相同。有少数学者，如华格纳、戈比等主张自保也是保险。事实上，两者是有较大区别的。

1. 自保是由本经营单位单独承办的，特点是该经营单位自己保留危险，而不是转移危险；保险是由许多人和单位共同协助进行的，特点是参加者将危险转移给保险人承担。

2. 自保的准备财产，须经过较长时间的积累，因此它对标的损失的赔偿，须依据自留后备基金的多少作足额赔偿或非足额赔偿；而保险标的发生损失，不论大小，只要属于保险责任，保险人就须按合同约定如数予以赔偿。

3. 对于自保，如果发生了危险事故，就需从自留基金中拿出一部分来弥补损失；如果危险未发生，就不需动用自留基金，仍为自保单位所有。而保险，投保人交付保险费后，就财产保险而言，不论危险事故是否发生，不能从保险人处收回。

企业采取内部统筹的办法对其自有财产进行风险管理，其性质属于企业内部的一种财务安排，不属于非法从事商业保险业务活动。企业成立自保公司根据现有监管规定，需要监管部门批准，但这并不表明自保是保险，也不表明自保公司经营商业保险业务。

必须指出的是，在以财物或价值的一部分进行投保时，有人把未投保的部分也叫做自保。如对于价值10万元的房屋，投保8万元的火灾保险时，把未投保的2万元叫做自保。也有人把在海上保险中，对于未达到保险价值的特定比例的小额损失，保险人不负赔偿责任的部分（免责部分）叫做自保。事实上，这种所谓的自保不仅与保险毫无联系，而且与我们上面所讲的自保也完全是两码事。

（四）保险与赌博

保险与赌博（gambling）是射幸（aleatory）行为，都带有偶然性，而且在给付和反给付之间，二者也都不需要建立个别的均等关系，故法国《民法典》将保险契约与赌博及打赌共同列为射幸契约。[①] 但两者在本质上是不同的。

1. 赌博，除极个别国家或地区外，是绝大多数国家法律所禁止的不法行为，也是违反道德的；而保险无论在任何国家或地区都是合法的，也是道德所赞同的。有人认为由于有

---

① 参见法国《民法典》第1964条。

的国家颁布法令允许开办赌场，所以无法从合法性和道德上来区分保险与赌博。这种以极个别国家或地区所出现的丑恶现象，来掩盖保险与赌博的本质区别，是无法站住脚的。

2. 赌博不是也不可能成为安定社会经济生活的手段，相反它只会给社会带来消极作用。因为赌博的结果，变一定（原有的赌本）为不定（或输或赢），制造危险；保险则通过分散危险，消化损失，达到互助共济，从而实现保障社会经济生活安定的目的。因为保险的结果，变不定（偶然事件）为一定（获得保险金额），排除危险。正如一位外国学者所指出的："保险系危险的转移或减少，赌博系危险的创造和增加。"[1]

3. 赌博的对象不受限制，可以是任何物，且赌注的大小与赌徒赢钱多少没有固定的比例；而保险则是以保险利益为前提的，投保人必须对保险标的有一定的利害关系才能投保，保险费与保险金之间有一定的比例关系。有人把保险与赌博的区别着眼于是否谋求侥幸。这种观点也是欠妥当的，因为它忽视了保险也是一种侥幸行为的事实，如投保人以小额的保险费，企求巨额的保险补偿。这不仅体现在人身保险方面，而且在其他险种中也经常出现。如有人为考虑其遭受意外伤害后能获得经济上的保障而签订人身保险合同，工商企业为了房屋、商品等免遭损失，签订高额的财产保险合同，以期获得经济补偿等，所有这些，都是以侥幸为动机的。

（五）保险与保证

保险与保证（warranty）都是一种契约关系，也都是对未来偶然事件所致损失的补救方法，但仍有较大区别。

1. 保证虽然也是一种契约，但它只是从属于主契约，即债权人与债务人所订立的契约的一种从契约，它的存在须以主契约的存在为前提。保证人只有在债务人不履行或不能履行义务时，才代替债务人履行债务；保险则是保险人和被保险人之间的一种独立契约，只要保险关系成立，被保险人就须履行缴纳保险费的义务，保险人的义务须待发生保险事故造成被保险人损失时才予履行。

2. 保证的成立往往是个人主观上的信任和保证人自愿的结果；保险的成立虽然绝大多数是被保险人的自愿，但也有少数是出于强制（如机动车辆第三者责任保险），而且要以精确的数据测算为基础。

3. 保证人代偿债务是为他人履行义务，因而享有先诉抗辩权、求偿权和代位权；而保险人依约赔偿或给付保险金，是履行自己应尽的义务，原则上于赔偿后再无求偿权等其他权利可言，除非财产保险中保险事故的发生是第三者的责任所致。

第二节　保险的职能和作用

一、保险的职能

职能是指客观事物内在的固有的一种功能，是由客观事物的本质特征决定的。保险

---

[1] Seligman, E. R. A.. Principles of Economics, p. 562.

作为风险管理的基本手段，其职能有基本职能与派生职能之分。基本职能是指保险原始的恒定的职能，不会因所处时期和社会形态的不同而发生变化，如分散风险职能、经济补偿职能。派生职能则是随着保险制度的不断发展和保险产品的不断丰富，在保险基本职能之上产生的新职能，如资金融通职能、社会管理职能等。同样，人们对于保险职能的认识也经历了由简单到成熟、由单一到多元的过程。在这个过程中，保险职能的内涵和外延不断得到扩大，而每一次认识的提高又会反过来促进保险业的进一步发展。

（一）分散风险职能

保险作为人类应付自然灾害和意外风险的一种手段，其目的并不是消灭风险，而是分散风险。保险通过收取保险费，建立保险基金，当被保险人遭受损失时，用保险基金进行补偿，即通过保险这个组织将一部分人的危险分摊给广大投保人，从整体上提高对抗危险的能力。[①] 这样一来，保险使得人们社会生产和社会生活中的风险得到分散，从而促使经济日益壮大，社会不断进步。

（二）经济补偿职能

经济补偿职能是保险最基本的职能，是保险本质特征的最直接体现。在财产保险中，经济补偿职能具体表现为损失补偿，包括补偿被保险人因自然灾害、意外事故造成的经济损失，补偿被保险人因依法承担民事赔偿责任所造成的损失等。通过补偿损失，被保险人得以及时恢复生产和生活。对于人身保险而言，由于人的生命、身体的价值是无法用金钱衡量的，因此经济补偿职能在人身保险中表现为给付职能。充分发挥保险的经济补偿职能，有利于建立市场化的灾害事故补偿机制，增强全社会抵御风险的能力，减轻政府的财政和事务负担，促进经济又快又好地发展。

（三）资金融通职能

在保险业发展初期，保险的职能集中体现为分散风险和经济补偿。随着保险业的不断发展，保险规模的不断扩大，资金融通逐渐成为一项独立的职能分离出来。一方面，对于投保人和被保险人而言，保险尤其是人寿保险具有储蓄的功能。人寿保险通常为长期合同，投保人每年支付一定的保险费，待期限届满或者保险事故发生时获取保单的现金价值，与储蓄有异曲同工之功用。另一方面，对于保险人而言，则可以利用保险基金实现投资功能。由于保险赔款的支出存在一定的时差，总有部分保险资金处于闲置状态，客观上为保险资金的运用提供了可能。同时，为了实现保险基金的保值增值，主观上也要求保险人对保险资金进行运用和投资，为保险赔付提供重要经济保证。这一要求在带有储蓄性质的人寿保险中体现得尤为明显。日前，保险公司已经成为资本市场的主要机构投资者之一，保险业也成为各国金融体系的重要组成部分。

（四）社会管理职能

保险制度发展到今天，其所提供的已经不仅仅是产品和服务，更重要的是它已经成为一种有利于社会安全稳定的制度安排。在这种制度安排下，保险渗透到社会各个领域，其社会管理功能逐渐凸显出来。保险的社会管理职能具有十分丰富的内涵。

---

① 温世扬．保险法（第三版）［M］．北京：法律出版社，2016：13.

一是社会保障管理。商业保险是社会保障体系的重要组成部分，在完善社会保障体系方面发挥着重要作用。商业保险可以为没有参与社会基本保险制度的群体提供保险保障，有利于扩大社会保障的覆盖面。同时，商业保险产品灵活多样、选择范围广，可以为社会提供多层次的保障服务，提高社会保障的水平，减轻政府在社会保障方面的压力。

二是社会风险管理。保险虽然不能直接阻止保险事故的发生，但是具有预防灾害和风险管理的职能。保险公司不仅具有识别、衡量和分析风险的专业知识，而且积累了大量风险损失资料，可以为全社会风险管理提供有力的数据支持。同时保险公司能够积极配合有关部门做好防灾防损并通过采取差别费率等措施，鼓励投保人和被保险人主动做好各项预防工作，实现对风险的控制和管理，从而提升社会总体风险管理水平。

三是社会关系管理。一方面，保险介入灾害处理的全过程，参与到社会关系管理的各个环节之中，协调各种利益关系，化解各种矛盾和摩擦，为维护政府、企业和个人之间正常、有序的社会关系创造了有利条件；另一方面，保险可以影响和改变社会主体的行为模式，促进转变政府职能，提高政府行政效能，有利于构建社会公共事务应急系统。

四是社会信用管理。保险公司经营的产品实际上是一种以信用为基础、以法律为保障的承诺，在培养和增强社会的诚信意识方面具有潜移默化的作用。保险在经营过程中可以收集企业和个人的履约行为记录，为社会信用体系的建立和管理提供重要的信息资料来源，实现社会信用资源的共享。[1]

二、保险的作用

保险的作用是指将保险运用于实践中所产生的具体效应。保险的职能与作用是既有区别又有联系的概念。其中，职能重在强调保险的固有性质，作用则注重与实际经济生活的结合。因此，保险的职能是比较稳定的，而保险的作用则会因不同的社会发展时期、不同的经济背景而产生差异。

（一）保险的宏观作用

保险的宏观作用是指保险的职能在宏观经济中对全社会以及国民经济发挥作用所产生的效应。具体表现为：

1. 有利于促进国民经济稳定协调发展。社会再生产由生产、分配、交换、消费四个环节组成，它们在时间上是连续的，在空间上是并存的。[2] 国民经济的各生产部门之间既分工又合作，相辅相成。如果某一经济部门遭受自然灾害或者意外事故，社会再生产的链条断裂，整个国民经济都可能受到牵连，继而造成财政收入减少，银行贷款归流中断，宏观经济受损。因此，保险通过及时提供补偿和救助，不但能帮助受灾单位恢复生产，同时还能保证社会再生产的连续性和稳定性，减少财政和银行贷款负担，起到稳定物价、刺激消费的作用，进而促进国民经济稳定协调发展。

---

① 吴定富. 发挥保险四大社会管理功能［N］. 中华工商时报，2003－12－15.
② 郭颂平，赵春梅. 保险基础知识［M］. 北京：中国金融出版社，2001：40.

2. 有利于推动对外经贸发展，平衡国际收支。在国际贸易中，买卖双方相距遥远，为了防止货物在运输途中遭受损失，按照国际惯例，进出口贸易一般都必须办理保险。出口商品时争取到岸价格，由卖方在本国保险公司投保，可以赚取保险外汇收入；相反，进口商品时争取离岸价格，由买方负责购买保险，则可减少保险外汇支出。这样既可以为国家增加外汇收入，减少外汇支出，同时，保险作为"商务活动的润滑剂"，又可以通过增强个人和企业的资信来促进商务活动，大大增进国际经济贸易交流，推动全球经济一体化进程。

3. 有利于新技术的推广应用。当今，科学技术是第一生产力，新技术的推广应用对于经济发展发挥着至关重要的作用。但是，一项新技术的启用往往伴随着风险，试验的失败可能导致企业元气大伤、一蹶不振。保险可以为企业的技术革新提供坚强后盾，从而促进先进技术的推广应用，推动社会进步。

（二）保险的微观作用

保险的微观作用是指保险作为企业和个人的风险管理手段对微观主体所产生的效应。具体表现为：

1. 有利于企业经营的正常进行。由于自然灾害和意外事故具有不确定性，企业每时每刻都有可能遭受损失，影响企业的正常生产和流通。如果参加了保险，一旦遭受保险责任范围内的事故，就能够根据保险合同向保险人索赔，及时获得赔偿，重新购置资产，恢复生产经营，将损失降到最低限度。

2. 有利于提高企业的风险管理水平。保险公司是与风险打交道的企业，具备丰富的防灾防损经验，不仅可以为企业提供各种风险管理经验，而且可以通过承保时的风险询问和调查，发现问题和隐患，提出建议，督促改正。长此以往，企业的风险管理意识和风险管理水平都将大大提高。

3. 有利于安定生活。与企业一样，每个家庭和个人也可能遭遇各种天灾人祸，造成财产损失或者人身伤害，导致个人或家庭动荡不安。保险公司通过及时提供赔偿，帮助人们重建家园，减轻焦虑，安定生活，对家庭和个人生活起到极大的经济和精神保障作用。因此，保险又被喻为"社会稳定器"。

4. 有利于促进消费均衡。保险是将过去节省的财富来满足未来的需要，是对人的一生所需消费的一种均衡。一个人一生中在青壮年时收入最高，为了保证其年老时不因收入减少而影响个人和家庭的生活水平，有必要从收入中支出一部分，用于购买养老保险和其他保险，以便在年老、伤残、疾病时获得补偿，实现个人与家庭消费的均衡化和科学化。

思考题

1. 什么是保险？
2. 简述保险危险与其他危险的区别。
3. 简述保险与储蓄、救济、自保、赌博、保证的主要区别。
4. 试述保险的作用。

第二章
保险法概述

学习目的和重点

通过学习保险法的概念和体系，了解国外保险法的简要发展历史，重点掌握我国保险法的渊源、保险法在法律体系中的地位和我国保险法的发展情况。

第一节　保险法的概念和地位

一、保险法的概念

保险法是以保险关系为调整对象的一切法律规范的总称。保险关系是指当事人之间依保险合同发生的权利义务关系和国家对保险业进行监督管理过程中所发生的各种关系。

西方国家的保险法，通常有广义和狭义之分。广义的保险法，既包括保险公法，也包括保险私法；狭义的保险法只是指保险私法。保险法区分为保险公法和保险私法，乃源于资本主义法律的所谓公法和私法之分。

所谓保险公法，就是有关保险的公法性质的法律，即调整社会公共保险关系的行为规范，主要指保险业法和社会保险法；所谓保险私法就是有关保险的私法性质的法律，即调整自然人、法人或其他经济组织之间保险关系的行为规范，主要指保险合同法和保险特别法。

（一）保险合同法

保险合同法，又称保险契约法，是保险法的核心内容。它是关于保险关系双方当事人权利义务的法律。各国保险合同法繁简不一，但所涉及内容的范围大体相同。一般都包括保险合同的订立、履行、变更、终止、解除和保险合同纠纷的处理等事项。我国目前尚无一部完整的保险合同法，1981年12月13日第五届全国人民代表大会第四次会议通过的《中华人民共和国经济合同法》（1993年9月2日第八届全国人民代表大会常务委员会第三次会议修正，以下简称《经济合同法》）和1983年9月1日国务院发布的《中华人民共和国财产保险合同条例》（以下简称《财产保险合同条例》），对财产保险合同都作了具体规定。1992 年 11 月 7 日第七届全国人民代表大会常务委员会第二十八次会议通过的《中华人民共和国海商法》（以下简称《海商法》），对海上保险合同作了专门规定。1995 年 6 月 30 日第八届全国人民代表大会常务委员会第十四次会议通过的《中华人民共和国保险法》（根据 2002 年 10 月 28 日第九届全国人民代表大会常务委员会第三十次会议《关于修改〈中华人民共和国保险法〉的决定》第一次修正，2009 年 2 月28 日第十一届全国人民代表大会常务委员会第七次会议修订，根据 2014 年 8 月 31 日第十二届全国人民代表大会常务委员会第十次会议《关于修改〈中华人民共和国保险法〉等五部法律的决定》第二次修正，根据 2015 年 4 月 24 日第十二届全国人民代表大会常务委员会第十四次会议《关于修改〈中华人民共和国计量法〉等五部法律的决定》第三次修正，以下简称《保险法》）则对保险合同的总则、人身保险合同和财产保险合同等都作了全面系统的规定，从而确立了我国保险合同法的基本体系和内容。1999 年 3 月15 日第九届全国人民代表大会第二次会议通过了《中华人民共和国合同法》，并于 1999 年 10 月 1 日起施行，《经济合同法》同时废止。2001 年 10 月 6 日，因《财产保险合同条例》已被《保险法》代替，国务院决定废止《财产保险合同条例》。对于保险合同，《保险法》未规定的，适用《合同法》的有关规定。1986 年 4 月 12 日第六届全国人民代表大会第四次会议通过了《中华人民共和国民法通则》（以下简称《民法通则》），对于保险合同，《保险法》《合同法》未规定的，适用《民法通则》的有关规定。2017 年 3 月 15 日第十二届全国人民代表大会第五次会议通过了《中华人民共和国民法总则》（以下简称《民法总则》），自 2017 年 10 月 1 日起施行，《民法总则》与《民法通则》的规定不一致的，根据"新法优于旧法"的原则，适用《民法总则》的规定。

（二）保险业法

保险业法，又称保险组织法、保险业监督法，即对保险业进行监督和管理的法律。其内容是有关保险组织的设立、经营、管理、监督、破产、解散和清算等的规定。在资本主义国家，保险业有公营和民营两种。其所谓的保险业法，实际上是对民营保险业的监督法。因为保险业与其他纯粹以盈利为目的的事业不同，它不仅对一般民众有较大的利害关系，而且还直接或间接地影响到整个国民经济；同时保险业又需依靠多数单位共同协作。因此，必须制定法律，加强对民营保险的监督和管理，以维护公共利益，杜绝流弊。在社会主义国家，保险虽多由国家经营（目前已有逐步改变），但也需要用法律来对其进行监督和管理。我国 1985 年 3 月 3 日国务院颁布的《保险企业管理暂行条例》（因已被《保险法》代替，2001 年 10 月 6 日被国务院废止）、2001 年 12 月 12 日国务院颁布的《外资保险公司管理条例》，就属这一类法规。《保险法》全面系统地规定了对保险业进行监督和管理的有关内容，构成了我国保险业法的基本框架。

（三）保险特别法

保险特别法是相对于保险合同法而言的，即除保险合同法以外，具有商法性质的、规范某一险种保险关系的法律和法规。如各国海商法中关于海上保险的规定，就是典型的保险特别法。这类法律一般以保险合同法为依据，但更为具体、细致，是各种具体保险经营活动的直接依据。德国与其国民保险相关的法律，法国与其通俗保险相关的法律，英国与其邮政保险相关的法律，美国与其工业保险相关的法律，日本与其简易生命保险相关的法律，以及我国《海商法》第十二章关于海上保险合同的规定等，均属于保险特别法范畴。由于海上保险合同通常被纳入海商法学的研究范畴，本书也遵循惯例，对海上保险合同不予专门论述。

（四）社会保险法

社会保险法，又称劳动保险法，它是指规定以保险方法，补偿劳动者因偶然事故而影响或丧失劳动能力，或虽有劳动能力而丧失劳动机会时所受经济上的损失的法律和法规。

各国社会保险立法区别较大，但其内容一般都包括以下几个方面，即关于年老、伤残及遗属社会保险的规定；关于生育和疾病社会保险的规定；关于工伤社会保险的规定；关于医疗社会保险的规定；以及关于待业社会保险的规定等。

由于社会保险往往为国家经营，而且具有非营利性和强制性等特点，与商业保险迥异，因此，各国都另行制定法律予以调整。如日本的《六法全书》将社会保险立法归入社会法一类。学者们也都将其排斥于通常所说的保险法之外。本书的论述也不涉及社会保险法。

在我国，保险法还有形式意义和实质意义之分。所谓形式意义的保险法，系专指保险的法律和法规，换言之，就是以保险法（包括保险合同法和保险业法）命名的法律和法规，如我国的《保险法》《机动车交通事故责任强制保险条例》《农业保险条例》等；而实质意义的保险法，就是一切调整保险关系的法律规范的总称，除了其主要内容被规定在以保险法命名的即形式意义的保险法之中以外，其中有些内容还被规定在其他的法律、法令、条例之中。如我国《中外合资经营企业法》第9条对合资企业保险问题的规定、《民用航空法》第166条至第170条对地面第三人责任险问题的规定，即属于这一情况。

二、保险法的地位

保险法的地位，是指保险法在整个法律体系中的地位。世界各国均十分重视保险立法，但由于对保险法的法律属性的认识不同，对保险法的地位很难形成统一的定论。

各国关于保险法的立法体例，大致可以分为以下三类：（1）制定单行保险法律，主要有德国、法国、瑞士、丹麦、挪威、瑞典、英国、日本等；（2）将保险法列入商法典中，主要有韩国、比利时、西班牙等；（3）将保险法作为民法债编的内容，主要有意大利、原苏联及东欧各国等。

一般来说，在采取民商合一制度的国家中，保险法作为民法的特别法，与民法具有普通法和特别法的关系。凡保险法无规定者，适用民法。在民商分立的国家中，保险法与公司法、票据法、破产法、海商法等一起纳入商法典中，被视为商事法的一种。

在我国，保险法不是一个独立的法律部门，而是从属于民法范畴的特殊法律规范，传统法学理论将它归入商法体系中。它是规范保险活动、保护保险活动当事人的合法权益、加强对保险业的监督管理、促进保险事业健康发展的重要手段，是我国民商法制建设不可分割的重要组成部分。不少学者认为保险法应属经济法范畴，因为财产保险合同被认为是经济合同的一部分。我们姑且不论经济法这个学科的名称是否科学，但保险法不能没有关于人身保险合同的规定。人身保险合同的法律属性，若按目前有关经济合同的界定，似难划归经济合同范畴，应属民事法律关系。如果将财产保险合同和人身保险合同分别纳入不同的法律范畴，不仅于法理不通，在实践中也会产生不良后果。有的人主张保险法是我国社会主义法律体系中的一个独立的法律部门，理由是：（1）保险法有自己特定的调整对象；（2）保险法是由基本法和其他单项法规所构成的保险"法群"；（3）保险法在调整方法和程序上有自己的特点；（4）保险法成为独立的法律部门将是历史的必然。①

我们认为，能否成为一个独立的法律部门，最根本的因素是有无自己独立的调整对象，保险活动当事人通过签订合同所形成的保险法律关系在本质上仍是一种民事法律关系，属民法的调整对象，而且保险法的调整方法和原则，也不过是民法调整方法和原则在保险领域中的运用和延伸而已。因此，保险法并不是一个独立的法律部门，充其量只能说是民法中的一种相对独立的法律制度。

第二节　保险法的渊源和体例

一、保险法的渊源

（一）习惯法

据史料记载，海上保险惯例的问世可以追溯到非常早的年代。尽管在人类发展的历史长河中，经历了兴亡盛衰、稳定与动乱，但海上保险法作为一个日益发展、日渐成熟的法律却得以存续，其原因很简单：因为海上不存在可恒久、持续控制海洋的统治者。所有海上航行的船员都由日月和星辰指引，一切海上贸易者都受到海上商业普通惯例的约束，即包括海上保险在内的海事法的规范。所以，为所有商人普遍接受的海上商业惯例本身就逐渐演变成一个独特的体系。这些惯例法被有关国家纳入国内法之前已经存续了将近五千年之久。②

（二）惯例法

对海上保险法的发展影响较大的习惯规则主要有《亚勒龙法》《海事裁判集》和《维斯比海商法》。这些海事法规集中收集了地中海沿海城镇共同遵守的海上保险法律规则与惯例，它们显著的特点是：首先，条文大都属于私人编纂的惯例集，不具有成文法的形式和效力；其次，这一时期海上保险法的内容大都包含于海事法或海商法之中，不存在独立的海上保险法文本；最后，这一时期的保险法规相互之间存在一定的矛盾与冲突，适用范围不广，作用有限。③

---

① 关浣非.保险与保险法［M］.长春：吉林人民出版社，1990：39－40.
② 覃有土.保险法概论［M］.北京：北京大学出版社，2001：72－73.
③ 同注②。

（三）成文法

近代欧洲工业革命成功后，由于海运技术向轮船化与国际化的方向发展，海运市场独立化进程进一步加剧，欧洲各国因应形势需要，先后制定了统一的海商法典或单行法规。1681 年法国国王路易十四颁布《海事敕令》，其第六章为海上保险的法律规定，海上保险被正式列入其中，成为海商法的一部分，后来各国相继沿袭。1731 年汉堡制定了《保险及海损条例》。至 18 世纪中叶，丹麦、瑞典等北欧国家和普鲁士又相继制定了保险条例。1807 年拿破仑制定《商法典》时，收入了《海事条例》的内容，使之成为《商法典》的海商编，成为近代史上第一部国家制定的海商法。与此同一时期，随着英国海上保险中心的建立，经过以曼斯菲尔德（Mansfield）爵士为首的许多法官与学者长期的不懈努力，英国制定了世界上第一部单行的海上保险法，即《1906 年海上保险法》。该法的制定，成为欧洲各国海上保险立法的楷模，对各国保险立法起到了重要作用。[①]

就我国现行法而言，保险法的渊源主要有：

1. 法律。法律是指全国人民代表大会及其常务委员会制定颁布的具有法律效力的规范性文件。在我国，有关保险的法律主要有《中华人民共和国保险法》和《中华人民共和国海商法》。

2. 行政法规。行政法规是指由国家最高行政机关即国务院制定颁布的具有法律效力的规范性文件。在《保险法》颁布生效之前，重要的保险行政法规有 1983 年颁布的《中华人民共和国财产保险合同条例》和 1985 年颁布的《保险企业管理暂行条例》。在《保险法》实施之后，国务院于 2001 年公布了《中华人民共和国外资保险公司管理条例》，并于 2002 年 2 月 1 日起施行；于 2006 年公布了《机动车交通事故责任强制保险条例》，并于 2006 年 7 月 1 日起施行，其后分别于 2012 年 3 月、12 月和 2016 年 2 月修订。

3. 行政规章。行政规章是指由国务院相关部委制定颁布的具有法律效力的规范性文件。有关保险的行政规章主要有中国保险监督管理委员会颁布的《保险公司管理规定》《保险公司股权管理办法》《保险专业代理机构监管规定》《保险经纪人监管规定》《财产保险公司保险条款和保险费率管理办法》《人身保险公司保险条款和保险费率管理办法》《健康保险管理办法》《再保险业务管理规定》《保险公司偿付能力管理规定》《保险资金运用管理办法》等。

4. 国际条约。我国《民法通则》第 142 条第 2 款规定："中华人民共和国缔结或者参加的国际条约同中华人民共和国的民事法律有不同规定的，适用国际条约的规定，但中华人民共和国声明保留的条款除外。"我国加入世界贸易组织后，中国政府承诺遵守的有关保险法的国际条约和国际惯例，也是我国保险法的渊源。[②]

二、保险法的体例

世界各国保险法制在内容上经过了一个从私法到公法的发展过程。传统的保险法在学理上是商法的一个重要组成部分，它是专门以保险合同关系为调整对象的商事法律，

---

① 覃有土. 保险法概论 [M]. 北京：北京大学出版社，2001：72 - 73.

② 温世扬. 保险法（第三版）[M]. 北京：法律出版社，2016：22 - 23.

属于私法范畴，保险法在内容上即保险契约法。例如英国《1906 年海上保险法》，名为"保险法"，实为保险合同法。但是，20 世纪 30 年代以来，由于现代社会经济生活发生了深刻变化，国家干预主义逐渐取代自由放任主义，其对立法和法律的发展产生的积极影响是，在包括保险法在内的商法领域实行大规模的公法干预政策。公法对商法的干预，在保险立法方面的表现就是促使保险业法的产生并推动其发展。现代保险法在内容上已突破了传统保险法私法框架，增添了一个新的内容——保险业法。这样，现代保险法在内容上具有二元性特点，主要涉及两个方面：一是保险合同法，主要调整保险当事人之间的关系；二是保险业法，主要规定政府对保险公司的监督和管理关系。

保险合同法亦称保险契约法，这是构成保险法的核心内容。因此，狭义上的保险法一般仅指保险合同法是有道理的。各国保险合同法繁简不一，但是，其内容大体上都包括三个方面：一是关于保险合同一般规定，包括保险合同的定义和基本分类，保险合同的主体和客体，保险合同的基本原则，保险合同的订立、履行和解释，保险合同的变更、解除和终止；二是关于财产保险合同的规定；三是关于人身保险合同的规定。

保险业法又称"保险事业法"或"保险事业监督法"，是国家对保险业进行监督和管理的一种专门法规。各国政府在制定保险合同法的同时，大多制定了管理保险业的保险业法，用来进行监督。

从世界范围来看，虽然世界大多数国家在保险立法上都是通过保险合同法和保险业法这两大支柱来构筑保险法的内容体系的，但在立法体例上，却有两种不同的模式：一是分别立法，即保险合同法和保险业法是两个单独的法律。从其历史成因看，采用分立立法模式体例的国家多为保险业发达早的国家；二是将两种内容合并在一个法典中，统称保险法。采用合并立法结构模式的国家大多是保险法成文化形成迟的国家或地区以及保险业发展晚的国家。采用分别立法体例的，有英国、日本等；采用合并立法体例的，有美国纽约州及菲律宾等国家或地区。

第三节　保险法的沿革

一、保险法的产生

随着保险业的产生和发展，逐渐产生了保险法律制度，并成为调整市场经济的一项重要法律制度。马克思明确指出："先有交易，后来才由交易发展为法制。"[1] 远在公元前 800—前 700 年，巴比伦、印度、希腊、罗马等航海商人间，流行一种以船舶和货物为抵押的借款[2]，如船货在航海中灭失，则借款免还；船舶安全到达，则本利均须偿还，贷款人则借所收的高额利息，弥补遭受的风险。由于贷款人承担了船舶航行安全的风

---

[1]　马克思，恩格斯. 马克思恩格斯全集：第 19 卷［M］. 中共中央马克思恩格斯列宁斯大林著作编译局，译. 北京：人民出版社，1965：423.

[2]　不少学者称为"冒险借贷"（bottomry）。

险，因此，它的利息要比一般借款高得多。这种高出一般利息的部分，实际上就是最早形式的海上保险费。由于当时海上航行十分危险，所以，贷款人向船东收取的利息也相当高，一般要高达36%左右。以后，在宗教活动的推动下，又产生了相互救济组织，这是海上保险的雏形。公元前3世纪，在地中海航海贸易中起着重要作用的罗德（地中海一岛名）商法（Rhodian Law）中有关于共同海损（general average）的规定，实际上是海上保险的萌芽。该法规定："凡因减轻船只载重投弃入海的货物，如为全体利益而损失的，须由全体分摊归还。"公元533年，罗马皇帝查士丁尼颁布法令，允许船舶抵押利息高过一般借款利息的一倍，实际上是承认在这种利息中包含保险费。据考证，最早的保险法是意大利康索拉都海事法例（Consolato del Mare）。① 此后，1260年汇编的《亚勒龙法》（The Laws of Oleron），其中关于商事部分被当时欧洲各国商人所采用。1369年的热那亚法令，也有一些关于保险的法律规定。②

现代意义的保险法产生于14世纪之后。14世纪以后，随着海上贸易的发展，海上保险事业不断繁荣，欧洲地区的海上交通要冲，如西班牙的巴塞罗那，意大利北部地中海沿岸热那亚、佛罗伦萨等先后发布了各种海事法律，这些法律大多含有海上保险的内容。其中1435年的西班牙巴塞罗那法令规定了有关海上保险承保规则和损害赔偿的手续。这一法令被称为"世界上最古老的海上保险法典"。该法典的精髓为后来各国的海上保险法所继承。1523年的佛罗伦萨法令，1538年的白戈斯法令等，无不以巴塞罗那法令为根据。就是当代各国通行的英国劳氏船货保单，也是以巴塞罗那法令为蓝本的。1523年的佛罗伦萨法令在巴塞罗那法令的基础上，使保险立法向前迈了一大步。它总结了以往海上保险的做法，形成了一部比较完整的条例，并规定了标准保险单格式。此后，出于保险司法的需要，比利时的安特卫普、荷兰的阿姆斯特丹先后设立了海上保险法院以处理海上保险纠纷。1556年法国制定了《海上指导》。同年，西班牙国王菲力普二世颁布法令，对保险经纪人加以管理，确立了保险经纪人制度，规定经纪人不得在保险业务中认占份额。1563年比利时通过安特卫普法令，该法令明确规定保险应按照安特卫普交易所的习惯做法来进行，并设有防止欺诈和赌博的条款。这一法令对欧洲产生了广泛的影响，英国的皇家交易所保险公司就是按照此法营业的。

进入17世纪，保险法在欧洲各国日趋完善。1601年英国伊丽莎白女王制定了第一部有关海上保险的法律，规定在保险商会内设立仲裁庭解决海上保险的纠纷案件。1681年法国国王路易十四颁布《海事敕令》（Marine Ordinances of Louis XIV），其第六章为海上保险的法律规定，海上保险被正式列入其中，成为海商法的一部分，后来各国相继沿袭。1731年汉堡制定了《保险及海损条例》。至18世纪中叶，丹麦、瑞典等北欧国家和普鲁士又相继制定了保险条例。

当海上保险法在各国逐步出现之时，一些国家还就火灾保险颁布了一些法律。1635

---

① 桂裕. 保险法（增订新版）[M]. 台北：三民书局股份有限公司，1984：3.

② 也有学者认为，保险法最早起源于1369年的热那亚法令。见中国大百科全书法学编辑委员会. 中国大百科全书·法学卷 [M]. 北京：中国大百科全书出版社，1986：12.

年，英国就有人请求政府特许承保火灾保险。1701 年，德意志皇帝费里德里克二世以法律的形式规定，各城市都应联合起来组织火灾保险合作社。接着在普鲁士实施了强制火灾保险的特别条例。人寿保险虽然起源较早①，但真正发展起来却比较晚，有关人身保险的法律一直到 19 世纪末、20 世纪初才在一些国家所制定的海商法和保险契约法中普遍出现。

在资本主义制度下，最初所有保险业务都由私人经营，常因投机破产，使广大投保人蒙受损失。如英国，19 世纪上半叶保险业十分兴盛，各类保险公司纷纷设立。但很多人心术不正，完全是为了投机，加上政府管理不力，到 19 世纪中叶，保险业的"洪水时代"来临了。从 1844—1867 年，有 230 家人寿保险公司宣告破产或合并，保险业秩序一团混乱，保险丧失了信誉。劫后余生的保险公司开始谨慎了。于是，保险业监督、管理的法律也应运而生。

资本主义市场经济的发展促进了保险业的繁荣，进而也推动了保险立法。随着资本主义国际贸易的发达以及世界交通的进步，各国保险法正渐臻完善。

各国的保险立法不仅反映着该国统治阶级的意志，而且还受各国不同的道德观念、宗教信仰、自然条件、传统的生活方式以及风俗习惯等诸方面的影响，所以其规定往往有较大的差别。不少学者将世界各国的保险法区分为法国法系、德国法系和英美法系三大类。这种划分并不科学，因为法国法系和德国法系都是以罗马法为基础的，只是大陆法系的两个代表，其基本特征并无多大区别。而且这种划分显然把社会主义国家的法律体系排斥在外，是极不完整的。

二、大陆法系国家近现代保险立法

大陆法系，又称"罗马法系""民法法系""罗马—日耳曼法系"或"成文法系"。在西方法学著作中多称为"民法法系"，我国则惯称"大陆法系"。它是指包括欧洲大陆大部分国家从 19 世纪初以罗马法为基础建立起来，以 1804 年的法国《民法典》和 1896 年的德国《民法典》为代表的法律制度，以及其他国家或地区仿效这种制度而建立的法律制度。属于这一类型的有法国、德国、奥地利、葡萄牙、土耳其、比利时、荷兰、瑞典、意大利、西班牙、日本，以及亚、非、拉的部分法语国家和地区。其中最具代表性的则是法国、德国、日本、瑞士和意大利等国家的保险立法。

（一）法国

法国的保险立法比较全面，海上保险、陆上保险、保险契约和保险业监督等方面均有涉及。其保险立法首见于海上保险立法。1681 年法国国王路易十四制定的《海事敕令》及 1808 年的《拿破仑商法典》均有海上保险的规定，也有人认为法国是现代保险法的发源地，路易十四的《海事敕令》是欧洲大陆最早的具有现代意义的保险法。

至于陆上保险，起初适用其民法中所设的射幸契约（aleatory contract）的规定，但

---

①　对于人寿保险的起源，学者间说法不一。有的主张来自海上保险，认为当时商人是把通过海上运输贩卖奴隶的死亡损失附于商品保险之内的；有的认为古埃及在职业团体内建立的集资葬殓制度就是人寿保险的原始形态；还有的认为来源于古罗马时代的格雷亚组织（该组织成立于公元 133 年，向加入者收取一定的会费，对死亡者给付固定的丧祭费，当市民捐赠的公积金达到一定程度时，对死亡者的遗属实行抚恤）。

1804 年的法国《民法典》仅在"射幸契约"中提到保险契约，并无详细的规定。1904 年，开始参照原有的各种保险习惯、保险条款、保险判例、学说及外国的立法经验，起草《保险契约法》，历时近三十年，经反复修改，在 1930 年公布施行，共 4 章 86 条，强制法色彩甚浓，任意法规只有 22 条，约占四分之一，被有的学者认为是保险法强制法化的开端。其主要内容：第一章保险的一般规定，包括总则，保险契约的证明，保险单的格式，保险契约的订立、转让、无效与解除，保险人与被保险人的权利、义务，保险时效等；第二章损害保险，包括总则、火灾保险、雹灾保险、牲畜保险及责任保险等；第三章人身保险，包括总则、人寿保险；第四章程序规定，该法除"再保险"外，关于陆上保险大都设有相当的规定，是一部体例完整的保险法典。后经多次修改，一直沿用至今。

至于保险业监督法方面，1905 年颁布了《人寿保险事业监督法》。1938 年又通过了有关监督保险企业的专门法律。1946 年 4 月 25 日，法国又颁布法律，以股份强制收买的方式，使主要的保险公司趋于国有化，而且还规定，只有保险股份有限公司订立的保险合同才能适用保险契约法。

1976 年，法国将有关保险的法律、规定和政令编纂成《保险法典》。该法典分为法律、规定、政令三部分，每一部分又分为五章：第一章为保险合同，第二章为强制保险，第三章为保险公司，第四章为保险特有的机制，第五章为一般代理和中间商。[①]

在法国保险法史上，值得一提的是 1671 年法国里昂出版的"海事指南"。它虽不是立法文件，但对保险业务及保险的形式解释得很详细，实际上是一个完整的海上保险法提纲，对以后法国乃至全世界的海上保险立法均产生了很深的影响。

（二）德国

德国的保险立法稍晚于法国，也始创于海上保险法的规定。但其编制形式与法国有所不同，它以保险契约法为中心，同时注重保险业的监督法。在民法典中对保险契约未作出规定。

早在 1731 年就有汉堡《保险与海损条例》。1794 年有《普鲁士法》，其中对于海陆两种保险均有相当规定。其后，关于海上保险被纳入了 1900 年公布实施的《德国商法典》之中。该法第四编海商法第十章关于航海危险的保险，共 7 节 120 条，对海上保险作了具体规定。第一节总则；第二节合同订立时的告知；第三节被保险人基于保险合同的义务；第四节危险的范围；第五节损害的范围；第六节损害的给付；第七节保险合同的解除及保险费的返还。对于陆上保险，则主要由 1908 年 5 月 30 日制定、1910 年施行的《保险契约法》作了专门规定。该法共 5 章 193 条，第一章总则，包括一般规定、告知义务、危险增加、保险费、保险代理人等；第二章损害保险，包括通则、保险契约的内容、保险标的转让、为他人利益的保险、火灾保险、雹灾保险、动物保险、运输保险、责任保险、法律保护保险等；第三章人寿保险，主要规定了人寿保险的承保原则；第四章伤害保险，主要规定了人身意外伤害保险的承保原则和伤害赔偿问题；第五章附

---

① 温世扬. 保险法（第三版）[M]. 北京：法律出版社，2016：24.

则。后迭经修正，沿用至今。最近一次修订发生于 2008 年，改动很大。

至于保险业法方面，1901 年 5 月 12 日制定了第一部关于保险监管的法律——《民营保险企业法》。最初关于保险监管的法律规定在不同程度上是和商法联系在一起的。1931 年，由于当时对信贷机构没有独立的监管体系，因而发生了一连串信贷机构破产的案例，使得建筑业也被并入了保险监管的范围，同年 6 月 6 日颁布了《民营保险企业及建筑业监管法》，同年还公布了《再保险监督条例》，也具有保险业监督法的性质。对保险业中的再保险制定专门的监督条例，也是德国保险立法的重要特点。1951 年 7 月 31 日生效的新的保险监管法，仍然包含了对建筑业的监管。直到 1972 年，制定了对建筑业进行单独管理的法律后，建筑业才被纳入对信贷机构进行监督的原联邦德国信贷监管局的监管范围。目前的保险监管法——《保险企业监督法》是 1993 年通过的。在此之前经历了多次酝酿和对旧法的修改，特别是对始于 1974 年的对保险企业资产管理、财务会计和对资产负债的审计等方面作了重大改进。

（三）日本

日本的保险立法与其保险业一样，是在同外国通航以后才出现的。明治维新之后，日本为发展本国经济，大量引进西方发达国家的先进制度和技术，保险事业随之兴旺起来。1879 年，成立了东京海上保险公司。随后，明治人寿保险公司和东京火灾保险公司先后创建。保险事业的兴起必然要求有相应的法律加以调整。一般来说，日本的保险立法在很大程度上承袭了德国的有关立法。但第二次世界大战以后，受美国的影响较大，在保险法方面也开始仿照英美法系的内容。日本最早的保险立法被列入商法之中。1892 年旧商法典第一编商法通则中，设第十一章保险，另于其第二编海商第八章规定海上保险。第一编第十一章共 6 节 55 条：第一节总则，第二节火灾及震灾保险，第三节土地产物保险，第四节运送保险，第五节生命保险、疾病保险及年金保险，第六节保险营业。第二编第八章共 6 节 27 条：第一节海上保险的范围，第二节海损的补偿，第三节船舶及海运货物的保险价额，第四节航海保险的保险期，第五节海上保险证券的记载事项，第六节保险人和被保险人的责任。1990 年废止旧商法典，制定新的商法典。新商法典虽于 1949 年后经过多次修正，但关于保险部分，只是对条文的次序加以变动，内容并未作实质性的修改。随着日本社会经济形势的变化，以旧时代保险法理论为基础的规定已经无法适应现代保险的发展，司法实践中保险契约纠纷逐年增多，为了解决发展中的矛盾，日本于 2005 年开始着手拟定单独的保险法。2008 年 6 月，新的保险法经国会通过，于 2010 年 4 月实施。这次修订除将相互保险等纳入《保险法》的调整范畴并将条文从原有的文言文改为现代文外，其立法原则主要凸显在以下四个方面：第一，强化符合现代保险交易发展规则的制定；第二，强化对投保人的保护；第三，强化保险契约当事人外第三人的法律地位；第四，强化道德风险的防范。期望通过这四项措施，应对现代经济社会中消费者对保险规制的需求，促进保险制度的健康发展。[①]

为了对保险业进行监督，1893 年单独制定了保险业法。此项单行法规于 1941 年废

---

① 岳卫. 日本《保险法》的立法原则及对我国的借鉴意义 [J]. 当代法学，2009，23（4）：30-39.

止，制成新的保险业法，并于 1950 年、1951 年前后两次修正，共 170 条，由总则、股份公司、相互公司、计算、公司管理、解散、清算、罚则等八章及附则组成。

第二次世界大战后，根据需要，日本还制定了中小企业信用保险法、存款保险法、地震保险法等一系列保险法律。但美中不足的是，至今尚无保险契约的专门立法。

20 世纪 90 年代中期以来，以修改保险业法为标志，日本开始了大规模的保险业制度改革，并在"金融大改革"的背景下，进而提出了"重建保险业"的口号，以建立面向 21 世纪的新保险体制。这里主要介绍日本新的保险业法。1995 年，日本参议院审议通过了新的保险业法，并于 1996 年 4 月 1 日正式施行。此次对旧保险业法进行大规模修订，主要是基于迅速适应保险市场新的多样化的需要，推动保险企业适应金融自由化和国际化进程，促使保险制度更进一步适合于国际环境和国际管理等方面的考虑，集中体现在以下三个方面：放宽限制，促进自由化和市场竞争；重视经营安全性，强调防范和监测资产风险；确保公正运作，切实维护投保人利益。

由于日本政府在立法上对保险进行严格的监督和管理，整个保险市场有条不紊。日本政府也一向以 20 世纪以来，还未出现保险公司倒闭的情况为荣。但自 1997 年开始，日本保险公司不倒的神话被打破了。1997 年 4 月至 2001 年 11 月，先后有 8 家保险公司倒闭。① 1997 年 5 月 21 日至 1998 年 6 月 15 日期间，多次对保险业法进行修改。2000 年 5 月 24 日，日本国会又通过了对保险业法的修改，确立了尽早处理保险公司破产的框架，一旦某家保险公司陷入经营危机，在出现资不抵债的苗头阶段，即对其进行处理。修改后的保险业法于 2000 年 7 月施行。另外，日本国会还于 2000 年 5 月 24 日，通过修改后的存款保险法，于 2001 年 4 月起施行"存款限额保付措施"的时间顺延一年，从 2002 年 4 月起开始实施。所谓"存款限额保付措施"是指金融机构在破产后，由国家保证支付存款，但支付额最多限为 1000 万日元。

（四）瑞士

瑞士自 19 世纪中叶以后，就开始了制定统一的保险合同法的准备工作。1908 年，保险合同法终于出台，共 5 章 104 条。第一章总则；第二章损害保险的特别规定；第三章人寿保险的特别规定；第四章强行规定；第五章附则。该法的最大特点在于对保险合同的强制性规定上，既有片面的强制规定又有全面的强制规定，除再保险外，瑞士的保险合同法堪称最完善的保险合同法典，与前述的德国保险合同法被推为 20 世纪初陆上保险合同法典的先驱，对后世的保险立法有重大影响。

（五）意大利

早在 1523 年，意大利就有佛罗伦萨法令，规定了海上保险的有关内容。1882 年的

---

① 1997 年 4 月，日产生命倒闭（成立于 1909 年，破产前总资产 21674 亿日元）；1999 年 6 月，东邦生命倒闭（成立于 1898 年，破产前总资产 28046 亿日元）；2000 年 4 月，第一火灾海上保险公司倒闭（成立于 1949 年，破产前总资产 11460.81 亿日元）；2000 年 5 月，第百生命倒闭（成立于 1914 年，破产前总资产 17217 亿日元）；2000 年 8 月，大正生命倒闭（成立于 1913 年，破产前总资产 2044 亿日元）；2000 年 10 月，千代田生命倒闭（成立于 1904 年，破产前总资产 35019 亿日元）；2000 年 10 月，协荣生命倒闭（成立时间不详，破产前总资产 46099 亿日元）；2001 年 11 月，大成火灾海上保险公司倒闭（成立于 1950 年，破产前总资产 4114.25 亿日元）。

商法，对保险作了较为全面的规定。后经过参考德国、法国、瑞士等国的最新立法例，综合国内外学说和判例，于 1942 年 3 月 16 日通过了《民法典》，将原来商法典的内容也包括在内。在其法典的第四编（债）第三章（各类契约）第二十节（保险）中，规定了陆上保险的内容，主要由一般规定、损害保险、人寿保险、再保险、最后的规定等五部分组成，共计 50 条。该法为求体系化，不设各种保险合同的个别特别规定，而将其内容包含在普通条款之中，因此结构整齐，语言简练。在内容上，参照了德国和瑞士的保险合同法，有片面强制性规定。关于海上保险的内容，则规定于 1942 年的航行法典第一部航海及内河航行第五编海上保险之中，共计 34 条。至于民营保险业的监督方面，则由 1923 年颁布的民营保险业法予以调整，虽历经修正，现仍在施行。

三、英美法系国家近现代保险立法

英美法系，又称"普通法系""判例法系"或"海洋法系"。它是指英国从 11 世纪起，主要以盎格鲁萨克逊习惯法为基础，逐渐形成的一种独特的法律制度，以及仿效英国的一些国家和地区的法律制度。属于这一类型的有英国、美国、澳大利亚、新西兰、加拿大，以及亚洲和非洲的一些英语国家和地区。其中，英国和美国最具代表性，而且各具特色。虽然它们在保险契约方面的法律一直是空白，但关于保险业方面的法律却相当完善。

（一）英国

英国的保险业虽十分发达，但由于是不成文法国家，故早期并无成文的保险法，有关保险关系皆由当事人间的约定条款和习惯法等调整。在很长一段时间里，普通法（common law）对保险争议的处理，没有起到什么作用。为此，1601 年通过普通法以外的保险条例（主要指英国女王伊丽莎白制定的海上保险法）。18 世纪中叶，由于曼斯菲尔德（Mansfield）爵士被任命为上院首席法官，普通法法院对保险合同产生了兴趣。曼斯菲尔德运用商法的一些原则和传统的普通法概念，来解决各种保险争议。1756 年，曼斯菲尔德开始收集大量欧洲各国的海上保险案例和国际惯例，花了二十多年的时间编制了海上保险法草案，为以后的保险立法奠定了基础。1788 年在他退休时，已经确立了法院对保险案件的审判权。

18 世纪中叶，鉴于英国发生了严重的利用人寿保险进行投机的案件，议会于 1774 年通过了《人寿保险（反赌博）法》（Gambling Act），明确规定投保人对保险标的必须具有保险利益，否则保险合同无效。1876 年还制定了《保险单法》。

1906 年，英国正式颁布了《1906 年海上保险法》（Marine Insurance Act 1906），对海上保险单的格式和制定，以及全部或部分损失，海损和救助费用的确定等，都作了详细规定，并在其附件中将劳合社拟定的海上保险单作为基本样式。这部海上保险法对后世各国的海上保险立法产生了巨大影响，成为各国海上保险法的蓝本。随后，1923 年英国还制定了《简易保险法》，规定了有关简易人身保险事项。1966 年制定了《道路交通法》，规定凡机动车使用必须订立保护第三者利益的强制保险合同。

英国成文的保险法除了《1906 年海上保险法》《简易保险法》等外，还有《2010 年第三人（对保险人的权利）法》《2012 年消费者保险（披露和陈述）法》。2015 年 2 月

12 日，《2015 年保险法》在英国议会获得通过，于 2016 年 8 月生效，修改涉及的内容主要包括被保险人的告知义务、保证条款、欺诈性索赔的救济等问题。

至于保险业法方面，早在 1870 年就颁布了《人寿保险公司法》。1909 年制定了《保险公司法》。另外，还有 1958 年实施的《保险公司法》。1969 年的《公司法》第二部分也对保险业作了规定。1974 年颁布了修改后的《保险公司法》。1975 年制定了《保单持有人保护法》。1977 年制定了《保险经纪人（登记）法》。1981 年对《保险公司法》又作了修改，主要是对保险公司的技术细节作了规定，如各类业务的偿付保证金、保证基金、最低限度保证金的计算方法、资产负债的估值方法等。1982 年，在 1974 年和 1981 年《保险公司法》的基础上又进行了修改和完善，主要规定了保险公司成立的条件、申请注册的程序及公司必须提供的年度财务账户和经营长期性业务的公司须指定精算师等。为了保护保单持有人的利益，该法对偿付保证金作了严格规定，还规定公司业务的转移须经法院批准（具体内容详见本书后面的论述）。

（二）美国

美国的保险法最初受英国判例法的影响很大，但由于立法体例不同，其保险立法与英国并不一样。在美国，商事立法权属于各州，而不属联邦议会，所以其保险法均由各州制定，没有全国统一的保险法。目前美国各州都制定了保险法，除加利福尼亚、北达科他、南达科他和蒙大拿四州的保险法以保险契约法为中心外，大多都以对被保险人利益的保护和对保险业的监督管理为主要内容，在一定程度上均具有保险业法的性质。其中最完备的是纽约州的《保险法》，共 18 章 631 条，其内容几乎涉及保险业的各个方面。主要有：保险管理机构的组织，保险公司的设立许可及撤销，保险公司的合并，资金运用的管理，代理人及经纪人的许可及撤销，保险费率算定机构的职责，保险公司的报告义务及定期检查，以及课税等事项。这些州在保险合同法方面，则主要以判例法为依据。

美国各州关于监督和管理保险业的法律一般包括以下内容：

1. 股份保险公司必须遵守关于最低资本和盈余的规定。最低资本的金额在各州、各险种间并不一致，对相互保险公司只规定最低的盈余额。

2. 保险企业可列入资产负债表的资产内容，计算准备金的方法、投资方向及比例，有关费用开支的限制以及公司分红方法等。

3. 为了保护投保人的利益，均制定了有关保险代理人和经纪人的法律。主要内容有：禁止不合格的代理人经营保险业务，禁止保险代理人以给予投保人佣金作为参加保险的引诱；禁止不正当的营业行为，如对不同的被保险人采取不公平的对待、歧视某种被保险人等。

为监督与管理保险业，各州还设立了专门的监督管理机关，即保险事业管理委员会（Insurance Commission）。它有权阻止保险人的不正当营业行为，对情节严重的保险人，可吊销其执照。委员会内设有控告处，专门处理投保人和消费者对保险人的控告，负责对控告进行调查并从保险人处取得答复，但无权命令保险人偿付有争议的索赔。在大多数州里，保险事业管理委员会的负责人，即保险监督官（superintendent of insurance）是由州长任命的，地位极为崇高。

特别值得一提的是，1999 年 11 月 4 日美国国会通过了《金融服务现代化法》（*Gramn-Leach-Bliley Act*），并经克林顿总统签署成为正式法律。该法废除了 1933 年美国《银行法》（即《格拉斯—斯蒂格尔法》）所确立的银行业、证券业和保险业严格分业的经营模式，允许银行、保险公司、证券公司相互进入彼此领域进行竞争。该法对美国金融业乃至全球金融业的结构调整和发展方向已经或正在发生重要影响，而且这种影响将随着金融全球化的发展而逐步扩大和增强。有的学者认为，《金融服务现代化法》的出台既是美国 20 世纪 70 年代以来金融改革和金融立法史上具有里程碑意义的法律，又是美国金融法律制度史上继建立联邦储备体制以来的又一重大事件。① 《金融服务现代化法》的颁布，同时也预示着："金融超市"时代即将到来，混业经营成为金融发展的新趋势。

大陆法系国家的保险立法和英美法系国家的保险立法虽然是因历史传统和形式上的某些特点所形成的，但它们都起源于海上保险，海上保险习惯是保险法的重要渊源。而且由于保险业的国际性，它们彼此仍然相互影响、相互渗透，尤其是进入 20 世纪以后，两者间的差异逐渐缩小，各资本主义国家的保险法有趋于国际统一的倾向。我们称之为保险法的趋同化现象。

四、苏联和东欧国家近现代保险立法

苏联和东欧国家的保险立法是社会主义国家保险立法的重要代表。但 1989 年以后，由于政局的变化，其性质也发生了巨大变化。尽管如此，对于我们则仍然具有一定的研究价值。

社会主义国家的保险法首先产生于苏维埃俄罗斯。"十月革命"胜利后，1918 年 11 月 28 日苏维埃政权颁布法令，规定所有保险公司均由国家专营。1921 年 10 月 6 日，列宁亲自签署了《关于国家财产保险》的法令，规定无论乡村或城市，均应组织国家、集体和个人财产保险，承保火灾、牲畜死亡、农作物雹灾等自然灾害保险以及水陆运输保险，并成立了国家保险总局和负责审查保险制度及保险法令的保险事务委员会。这是社会主义国家的第一个保险立法，它为社会主义保险的发展奠定了基础。由于苏联对一些财产实行强制保险，因而其保险法的强行法色彩甚浓。1922 年实行火灾强制定额保险。1928 年强制定额保险已成为农村的主要保险形式。1929 年 9 月，对实行经济核算制或属于地方预算的国家机关和企业、工会组织以及其他社会团体或无外国资本参加的合营股份公司的所有财产，均实行强制保险。1938 年 2 月苏联人民委员会发布了《关于企业、机关及组织所有财产的国家保险的决议》，把强制保险扩大到了全国国有住宅以及租赁或转让给私人或私人团体使用的一切国家财产。1964 年 6 月 11 日通过的《苏俄民法典》第三十三章把保险区分为强制保险和自愿保险两种形式，并分别作了具体规定。1967 年 8 月 28 日苏联最高苏维埃主席团颁布了"集体农庄财产强制保险"的法令。1977 年 2 月 8 日苏联部长会议通过的《关于继续发展国家保险》的决议，提出了扩大人身保险的

---

① 黄毅，杜要忠，译. 美国金融服务现代化法 ［M］. 北京：中国金融出版社，2000.

要求。这就使得苏联的保险发生了较大变化：一是注重发展保障农庄经济的业务；二是积极开展居民中的人身保险和财产保险。1978年6月1日苏联部长会议和苏共中央又作出了《完善对国营农场和其他国营农业企业由于自然灾害和其他意外事故的损失的补偿制度》的决议，对国营农业企业财产实行了强制保险。

苏联对保险业的经营也有严格的法律规定，以维护其国家经营的垄断性。苏联宪法规定，国家保险的组织和经营方针由其部长会议决定。1925年9月18日公布的《苏联国家保险条例》明确规定："所有保险均由国家专营。"1948年12月28日发布的《苏联国家保险总局及其所属机构条例》则进一步规定苏联国家保险总局及其所属机构是全国统一的专营保险机构。上述提到的1977年的《关于继续发展国家保险》的决议，还对国家保险机构的利润、发展基金等作了专门规定。

苏联保险法的另一个显著特征是，保险关系分别由各有关的法律部门来调整。国家保险管理局和各加盟共和国及基层保险机构的关系，由财政法调整；各保险机构的组织、体制和各级工作人员的权利和义务，由行政法调整；保险机构和被保险人之间的合同关系则由民法来调整。

其他东欧国家也追随苏联实行国家保险制，而且也制定了专门的法律。

罗马尼亚于1971年12月20日颁布了关于国家保险法的法令，共4章102条，第一章总则，第二章法定保险，第三章自愿保险，第四章附则。

捷克斯洛伐克的保险法，除国家垄断性外，简易性是其又一重要特点。1966年10月25日捷克斯洛伐克发布的保险法极为简短，共4章14条，第一章国家保险机构的法律地位，第二章某些保险种类的限制，第三章的全部文字为："财政部规定法定保险费率和计算合同保险费率的总的技术原则，合同保险费率由国家保险机构厘算"。第四章为最后的过渡的规定。

颇具特色的是南斯拉夫，实行的是自治形式的保险。南斯拉夫的法律明确规定，银行和保险机构由自治代表管理，决策权属于工人代表大会所有。各地方自治体可根据南斯拉夫宪法第12条的规定，由法人或自然人作为投保人来成立从事同一危险的财产或人身的保险自治机构，原则上可进行全国性的经营。1978年，南斯拉夫制定的《债权法》，统一了保险合同的格式，并规定保险自治体的保险合同具有债权法和保险法的双边合同性质。即投保人投保一周后，合同自行成立。《债权法》还规定保险代理人可以被授权订立和变更保险合同，并签发保险单。我们认为，南斯拉夫的这种保险自治机构，与保险合作社十分相似。

第四节　我国的保险立法

一、旧中国的保险立法

旧中国的保险业是舶来品，最早为外商所垄断，直到第一次世界大战前后，才有了民族保险事业的兴起。但与此同时，官僚资本也逐步渗入其中。新中国成立前，我国的保险业在国际上始终处于落后地位，也曾进行过一些保险立法工作。早在清朝的《大清商律草案》第二编商行为中，就已设有损害保险和生命保险两章（第七章和第八章），并在损害保险中列举了火灾保险及运送保险两个险种的有关规定。由于种种原因，1903年12月颁布《大清商律》时，商行为一编未能公布，所以有关保险法律也就被束之高阁了。

1917年，北洋政府拟订了《保险业法案》。1927年，北洋政府又拟订了《保险契约法草案》，共4章109条。第一章总则，第二章损害保险，第三章人身保险，第四章终结条款。由于北洋政府的迅速瓦解，这部法律草案也未能公布。

1929年12月30日，国民政府公布了《保险法》，共3章82条。第一章总则，包括通则、契约之成立、契约当事人之义务、时效等；第二章损害保险，包括通则、火灾保险和责任保险；第三章人身保险，包括通则、人寿保险、伤害保险。此法内容粗糙，未经施行。1937年经过修改后，增加至98条，内容有较大的变化。总则章包括通则、保险利益、保险契约、特约条款、保险费、保险人之责任、复保险、再保险、时效等；损害保险章包括通则、火灾保险、责任保险等；人身保险章包括通则、人寿保险、伤害保险等。虽于同年1月11日公布，但亦未施行。

1935年7月5日，国民政府还公布了《保险业法》，共7章80条。第一章总则，第二章保证金，第三章保险公司，第四章相互保险社，第五章会计，第六章罚则，第七章附则。1937年1月11日修订后再次公布。该法规定保险企业经营者的组织形式，以股份有限公司及相互保险社为限，经营保险事业须事先呈请国民政府实业部核准，依法登记注册，按规定比率缴存保证金，领取营业执照，方准开业。同一保险业经营者，不准同时经营人身保险和财产保险，也不能兼营其他事业；股份公司不得少于国币20万元，相互保险社应有15人以上为发起人，所有股金、基金概以现金缴纳；保证金为实收资本或基金总额的15%，于公司或相互保险社设立时缴纳等内容。同年还公布了《保险业法施行法》，共19条。

1935年5月10日，国民政府公布了《简易人寿保险法》，共38条。同年9月，又公布了《简易人寿保险章程》，共9章71条。其9章分别为总则，契约之成立，保险费之缴纳，保险金额之给付，契约之变更，保险契约效力之终止、恢复及解除，借款，团体契约和附则。

关于海上保险部分，被列入1929年公布、1931年1月1日施行的《海商法》中（见《海商法》第8章第145~174条）。

尽管1929—1937年，旧中国的保险立法有较大发展，但由于政局不稳，没有相应的保证贯彻执行措施，加以外商（当时外商业务占整个保险市场的90%以上）均以本国法律为依据，故上述保险法律并未真正实施。

抗日战争期间，国民政府制定或发布了不少保险法规和行政规章。主要有《国民寿险章程》《公务人员团体寿险章程》《战时兵险法》《统制寿险条例草案》《公务人员保险法草案》《健康保险法草案》《公有财产保险法草案》《国营再保险办法草案》《战时保险业管理办法》《战时保险业管理办法施行细则》《水、火、人寿三种保险单基本条款》《保险业代理人、经纪人、公证人领证办法》等。这一系列的保险法律、法规和行

政规章，对战时保险业的发展和保险市场的稳定，起到了一定的促进作用。

二、新中国的保险立法

中华人民共和国成立后，没收了官僚资本的保险机构，取消了外国保险公司在中国的特权，对民族资产阶级的保险企业进行了社会主义改造，从而建立了人民自己的保险事业，揭开了中国保险史上的新篇章。但是，七十多年来，新中国的保险立法工作曲折发展，大致可以分为以下四个阶段。

（一）初创时期（1949—1958 年）

自 1949 年 10 月 20 日中国人民保险公司成立至 1958 年，国家先后颁布了一些保险法规和行政规章。1951 年 2 月 3 日中央人民政府政务院公布了《关于实行国家机关、国营企业、合作社财产强制保险及旅客强制保险的决定》。该决定指出："为保障国家财产不因意外灾害而遭受损失，以及遭受意外伤害的旅客能够得到补偿起见，决定对国家机关、国营企业和县以上（城市则为区以上）合作社的财产，以及搭乘火车、轮船、飞机的旅客实行强制保险。"该决定规定中国人民保险公司为办理强制保险的法定机关，国家机关、国营企业及合作社因保险而支出的费用可列入成本计算，并规定所有应实行保险的国家财产，如因未实行投保，致遭受灾害无所取偿时，该主管部门负责人应受严格处分。同年 4 月 24 日，政务院财政经济委员会颁布了《财产强制保险条例》《船舶强制保险条例》《铁路车辆强制保险条例》《轮船旅客意外伤害强制保险条例》《铁路旅客意外伤害强制保险条例》《飞机旅客意外伤害强制保险条例》，对保险对象、保险期限、保险金额、保险费、保险责任、除外责任和保险金的给付等作了详细规定，使强制保险在全国范围内得到实施。1957 年 4 月 6 日，财政部又发布了《公民财产自愿保险办法》。上述保险法规和行政规章的公布与施行，使国家保险公司迅速占领了保险市场，完成了保险业的社会主义改造，大大促进了新中国保险事业的发展，同时也开创了新中国保险法制的先河。

（二）遭受严重破坏时期（1958—1978 年）

1958 年以后，社会主义保险事业受到极"左"思潮的严重干扰，错误地认为城乡的任何风险都可由国家和集体承担，保险事业已完成历史使命。1958 年 12 月，除上海等个别地区外，停办了国内保险业务。十年动乱期间，除保留少量国外保险业务外，我国保险事业全部停办。由于法律虚无主义思潮盛行，民主与法制遭到极度摧残和践踏，保险立法工作也因而中断。这期间，几乎没有颁布任何有关保险的法律和法规，直接导致了保险法制的停滞和倒退，是我国保险法制建设遭受破坏最严重的时期。

（三）恢复时期（1978—1998 年）

党的十一届三中全会以后，我国的保险事业获得了新生，民主法制建设受到了前所未有的重视。国家在加强经济立法工作的同时，积极组织有关部门起草《保险法》，并逐步制定了各种保险法律、法规和行政规章。1981 年 12 月 13 日，第五届全国人民代表大会第四次会议公布了《中华人民共和国经济合同法》（1993 年 9 月 2 日又做了修正），对财产保险合同作了原则性规定，这是新中国成立以后第一部真正意义的保险法律。

1983 年 9 月 1 日，国务院发布了《中华人民共和国财产保险合同条例》，共 5 章 23 条。第一章总则，第二章保险合同的订立、变更和转让，第三章投保方的义务，第四章保险方的赔偿责任，第五章附则。该条例是在总结我国保险工作经验的基础上，并参照国际惯例制定的，是《经济合同法》中有关财产保险合同规定的实施细则。该条例尽管不十分完善，但它的公布和施行为我国保险法的制定奠定了基础，同时对促进我国保险事业的发展，具有十分重要的意义。1984 年 2 月 27 日，国务院发布〔1984〕27 号文件，对农民个人或联户购置机动车船和拖拉机经营运输业作了若干规定，其第 5 条规定："农民个人或联户经营运输的机动车船和拖拉机，必须在中国人民保险公司办理第三者责任保险和船舶保险（包括碰撞责任保险）；从事货运的，还要积极办理承运货物的运输保险；从事客运的，还必须办理旅客意外伤害保险"。此外，许多省市也颁布了机动车辆强制保险条例及公路旅客意外伤害保险条例。1985 年 3 月 3 日，国务院又发布了《保险企业管理暂行条例》，共 6 章 24 条。第一章总则，第二章保险企业的设立，第三章中国人民保险公司，第四章偿付能力和保险准备金，第五章再保险，第六章附则。该《条例》旨在用法律手段加强国家对保险企业的管理，维护被保险人的利益，发挥保险的经济补偿作用，促进保险业的健康发展。

此外，在其他有关法律、法规和行政规章中，也有关于保险关系的相应规定。如《中华人民共和国中外合资经营企业法》《中华人民共和国外资企业法》《中华人民共和国中外合作经营企业法》《全民所有制小型工业企业租赁经营暂行条例》《中华人民共和国涉外经济合同法》《禁止向企业摊派暂行条例》《城乡个体工商户管理暂行条例》《国营企业成本管理条例》《广东省经济特区条例》《中华人民共和国国务院关于管理外国企业常驻代表机构的暂行规定》《国营工业、交通运输企业成本管理实施细则》《全国发票管理暂行办法》《中华人民共和国私营企业暂行条例》《中华人民共和国印花税暂行条例》《国内航空运输旅客身体损害赔偿暂行规定》及航空、公路、水路、铁路等货物运输合同的实施细则等，保险法制渐趋完善。1992 年 11 月 7 日，第七届全国人民代表大会常务委员会第二十八次会议通过了《中华人民共和国海商法》，第一次以法律的形式对海上保险作了明确规定。该法第十二章分为 6 节，内容包括海上保险合同的一般规定、订立、解除和转让，被保险人的义务，保险人的责任，保险标的的损失和委付，保险赔偿的支付等方面，为我国海上保险事业的顺利发展和海上保险纠纷的正确处理，提供了充分的法律依据。

1995 年 6 月 30 日，第八届全国人民代表大会常务委员会第十四次会议通过了《中华人民共和国保险法》，这是新中国成立以来的第一部保险法。它采用了国际上一些国家和地区集保险业法、保险合同法为一体的立法体例，形成了一部较为完整、系统的保险法律，共 8 章 152 条。第一章总则，第二章保险合同，第三章保险公司，第四章保险经营规则，第五章保险业的监督管理，第六章保险代理人和保险经纪人，第七章法律责任，第八章附则。该法的颁布和实施，为规范保险活动，保护保险活动当事人的合法权益，加强对保险业的监督管理，促进保险事业的健康发展，提供了全面的法律依据和法律保障，标志着我国保险法律体系的形成。1996 年 2 月 2 日中国人民银行公布了《保险

代理人管理暂行规定》，对保险代理人的定义、资格、种类和管理等作了具体规定，共
8章67条。第一章总则，第二章资格，第三章专业代理人，第四章兼业代理人，第五章
个人代理人，第六章执业管理，第七章罚则，第八章附则。同年7月25日中国人民银行
又公布了《保险管理暂行规定》，对《保险法》的有关规定进一步具体化，可以说是
《保险法》中保险业监督管理部分的实施细则，共11章90条。第一章总则，第二章保
险机构的设立、变更和终止，第三章保险公司业务范围，第四章保险资金管理及运用，
第五章许可证管理，第六章保险条款和保险费率管理，第七章保险公司偿付能力管理，
第八章保险经营行为管理，第九章监督管理，第十章罚则，第十一章附则。1997年
11月30日中国人民银行又公布了《保险代理人管理规定（试行）》，对《保险代理人管
理暂行规定》作了修改，共9章82条，增加了第七章保险代理合同。

（四）完善时期（1998年至今）

1998年11月18日，中国保险监督管理委员会成立，标志着我国的保险立法开始进
入完善时期。

1999年12月25日，第九届全国人民代表大会常务委员会第十三次会议通过了《中
华人民共和国海事诉讼特别程序法》，第一次以法律的形式对海上保险人行使代位请求
赔偿权利作了具体规定。该法第八章审判程序第三节内容包括海上保险代位求偿权的取
得、行使以及油污损害责任保险人的代位求偿权等方面，为海上保险实践和司法审判提
供了统一的法律依据。

2000年1月3日，中国保险监督管理委员会为了加强对保险公司的监督管理，维护
保险市场的正常秩序，保护被保险人的合法权益，促进保险事业的健康发展，根据《保
险法》《公司法》等法律、法规，在总结中国人民银行《保险管理暂行规定》经验的基
础上，公布了《保险公司管理规定》，共10章119条。第一章总则，第二章保险机构，
第三章保险经营，第四章保险条款和保险费率，第五章保险资金管理及运用，第六章保
险公司偿付能力，第七章再保险，第八章监督检查，第九章罚则，第十章附则。2002年
3月15日，为了履行我国加入世界贸易组织的对外承诺，中国保险监督管理委员会发布
了《关于修改〈保险公司管理规定〉有关条文的决定》，对第6、9、10、15、17、18、
28、53、86条等9个地方作了相应修改，使之更为完善。2000年8月4日，中国保险监
督管理委员会为了加强对保险兼业代理人的管理，规范保险兼业代理行为，维护保险市
场秩序，促进保险事业的健康发展，根据《保险法》，制定了《保险兼业代理管理暂行
办法》，共6章40条。第一章总则，第二章代理资格管理，第三章代理关系管理，第四
章执业管理，第五章罚则，第六章附则。2001年11月16日，中国保险监督管理委员会
为了保护投保人、被保险人的合法权益，维护公平竞争的市场秩序，防范保险风险，根
据《保险法》等有关法律、法规，分别制定了《保险代理机构管理规定》《保险经纪公
司管理规定》和《保险公估机构管理规定》，对保险代理机构、保险经纪公司和保险公
估机构的活动原则、设立、变更和终止、从业资格、经营管理、监督检查、罚则等问题
均作了明确规定。

2001年7月5日，中国保险监督管理委员会为了防止和纠正违法的或者不当的具体

行政行为，保护公民、保险机构、其他法人和组织的合法权益，保障和监督其及其派出机构依法行使职权，根据《中华人民共和国行政复议法》和《保险法》等有关法律、法规，制定了《中国保险监督管理委员会行政复议办法》，共 7 章 41 条。第一章总则，第二章行政复议范围，第三章行政复议申请，第四章行政复议受理，第五章行政复议决定，第六章法律责任，第七章附则。

2001 年 12 月 5 日，为了适应对外开放和经济发展的需要，加强和完善对外资保险公司的监督管理①，促进保险业的健康发展，国务院第 49 次常务会议通过了《中华人民共和国外资保险公司管理条例》，并于 2001 年 12 月 12 日公布，2002 年 2 月 1 日起施行，共 7 章 40 条。第一章总则，第二章设立与登记，第三章业务范围，第四章监督管理，第五章终止与清算，第六章法律责任，第七章附则。该条例是我国第一部关于外资保险公司监督管理的行政法规。

2002 年 10 月 28 日，为了适应我国保险业内部结构和外部环境的变化，特别是我国加入世界贸易组织后，保险业面临进一步对外开放的新形势，第九届全国人民代表大会常务委员会第三十次会议通过了关于修改《中华人民共和国保险法》的决定。《保险法》的修改工作贯穿了以下指导思想：一是履行加入世贸组织承诺；二是加强对被保险人利益的保护；三是强化保险监管；四是支持保险业的改革和发展；五是促进保险业与国际接轨。在修改内容方面，修改重点是《保险法》中的保险业法部分，对保险合同法部分未作实质性修改。主要基于以下考虑：一是保险合同法部分的许多具体规定与保险理论中的一些争议密切相关，在理论和实务上都存在不同观点，一时无法达成统一意见，进行系统修改的条件尚不成熟。二是最高人民法院已经开始着手进行《保险法》司法解释的起草工作，内容主要针对《保险法》的保险合同法部分。这样，保险合同法中的一些比较突出的问题可以通过司法解释来解决。三是 1999 年实施的《合同法》进一步完善了我国的合同法律制度。保险合同作为合同的一种，同样受《合同法》的调整。修正案共有 38 条，其中有 6 条是新增加的，内容主要涉及总则、保险活动、保险公司、保险经营规则、保险业的监督管理、保险代理人和保险经纪人、法律责任等方面，2003 年 1 月 1 日起施行。尽管对保险合同法部分未作系统的修改，但是从保护被保险人利益的目的出发，对其中的一些条文也作了必要的完善和补充，使被保险人的有关权利更加明确。归纳起来，这次修订主要体现以下五个方面：第一，履行我国加入世界贸易组织的承诺，将原保险法中规定保险公司必须将非寿险每笔保险业务的 20% 进行再保险，修改为保险公司应当按照保险监督管理机构的有关规定办理再保险，以使保险公司自主决定选择分散承保风险还是选择自留风险，以利保险资金得到最好的利用，履行我国在加入世界贸易组织有关开放保险市场的承诺。第二，引导保险资金科学运用，拓宽保险资金投资领域，将原保险法中保险公司的资金不得用于向企业投资的规定，修改为保险公司的

---

① 截至 2002 年 6 月，已有 34 家外资保险经营机构获准在中国营业，19 个国家和地区的 119 家外资保险公司在中国的 14 个城市设立了 202 个代表处。2001 年，外资保险公司保险费收入 32 亿元人民币，在已开放的上海和广州地区，外资保险公司占寿险市场份额的 14.4% 和 11.8%，占财险市场份额的 6.7% 和 1.5%。

资金不得用于设立证券经营机构和保险业以外的企业，使保险资金有了新的投资领域，增加了保险公司的利润来源。第三，加大了对投保人、被保险人和受益人权益的保护和对保险公司及代理人的监管力度。例如，保险人须承担保险代理人根据其授权代理保险业务的责任，包括表见代理的责任。又如为防止欺诈，修改后的《保险法》规定，保险代理人、保险经纪人在办理保险业务活动中不得有下列行为：欺骗保险人、投保人、被保险人或者受益人；隐瞒与保险合同有关的重要情况；阻碍投保人履行或者诱导投保人不履行保险法规定的如实告知义务；承诺向投保人、被保险人或者受益人给予保险合同规定以外的其他利益；利用行政权力、职务或者职业便利以及其他不正当手段强迫、引诱或者限制投保人订立保险合同等，对投保人、被保险人和受益人以更有效的法律保护。第四，强化监管，防范和降低保险风险，突出了对保险公司偿付能力的监管；增加了保险监督管理机构对保险公司在金融机构存款的查询权，具体规定了保险监督管理机构的监管检查手段；增加了对保险违法行为处罚的措施和力度，促进保险公司依法经营并保障资产运营的安全。第五，与国际保险业惯例接轨。例如，修改的《保险法》允许经营财产保险业务的保险公司经保险监督管理机构核定，可以经营短期健康保险业务和意外伤害保险业务；保险监督管理机构不再制定统一的保险条款和保险费率；授权保险监督管理机构制定保险责任准备金提取和结转办法；要求保险监督管理机构建立健全偿付能力监管指标体系；要求保险公司建立精算报告制度等，为增强我国保险公司在加入世界贸易组织后的竞争力提供了法律支持。

随着我国经济建设的迅速发展和经济体制改革的不断深入，保险业在国民经济中的地位越来越显得重要，保险法律必将会日趋繁荣和完善。

思考题

1. 简述保险法的起源。
2. 简述各国保险法在发展过程中惯例的作用。
3. 简述我国《保险法》的渊源。
4. 试述我国《保险法》是否构成一个独立的法律部门。

Master Series

21st Century

第二编

保险合同法总论

第三章
保险合同概述

学习目的和重点

通过学习保险合同的概念，定值保险合同与不定值保险合同、个别保险合同与集合保险合同等保险合同的主要分类，掌握保险合同的基本特征，了解保险合同是否属于诺成性合同、非要式合同、双务合同等主要理论问题。

第一节　保险合同的概念和分类

一、保险合同的概念

保险合同（insurance contract）是保险关系得以产生的依据，其概念关系到对保险本质的反映。英国学者约翰·伯尔兹认为：保险合同是在当未来一件意外事故或者一件意料事故（其日期不确定）发生时，给予赔偿和提供劳务，以保障被保险人在该事故中的利益。美国学者欧文·M. 泰勒将保险合同解释为一方当事人作为对另一方当事人缴纳保险费的酬报而为其承担风险损失的协议。① 美国纽约州《保险法》第 41 条将保险契约解释为："……任何协议或交易都要借以一方当事人（此处称为保险人）担负起给另一方（此处称为被保险人或受益人）货币价值的保险赔偿费的责任，这一点取决于偶然事故中的被保险人或受益人在这种偶然事故发生之际，其物质利益会遭受这种事故的恶劣影响。偶然事故是指任何发生的或未能发生的；或双方都认为在很大程度上任何一方都无法控制的事故。"我国台湾地区"保险法"第 1 条则规定："本法所称保险，谓当事人约定，一方交付保险费于他方，他方对于因不可预料或不可抗力之事故所致之损害，负担赔偿财物之行为。根据前项所订之契约，称为保险契约。"日本《保险法》第 2 条第 1 项规定"保险合同：无论名称是保险合同、共济合同或是其他任何名称，根据约定，一方当事人以发生一定事由为条件进行财产性给付（在人身保险合同以及疾病伤害保险合同中，仅限于金钱的支付。以下简称保险给付），对方当事人就此作为独营该一定事由

---

① ［美］欧文·M. 泰勒. 保险法［M］. 程会场，等译. 石家庄：河北人民出版社，1991：4.

发生的可能性支付保险费（包括共济分期缴款，以下相同）的合同。"

我们认为，上述两位学者对保险合同的解释简洁明了，但尚欠准确；美国纽约州《保险法》的解释晦涩难懂，过于复杂；而我国台湾地区"保险法"的规定，则让人困惑。正如郑玉波先生所指出的："法条所称之保险契约，似专指形式上所订立之保险单而言，不然其第一项既有'约定'，又有'行为'等字样，而第二项复有'根据前项'所订之'契约'等语，则第一项之约定及行为，与第二项之契约又将何以区别？"① 日本《保险法》的规定较能揭示保险合同的内涵。因此，一个完整而准确的保险合同的定义应该是：所谓保险合同，即是指投保人支付约定的保险费，保险人对保险标的因保险事故所造成的损失，在保险金额范围内承担赔偿责任，或者在合同约定期限届满时，承担给付保险金义务的协议。我国《保险法》第10条将保险合同定义为"保险合同是投保人与保险人约定保险权利义务关系的协议。"这个定义过于简单，未能揭示保险合同的基本内涵。事实上，由于立法者在第2条对保险下定义时，混淆了保险与保险合同的区别，因而很难再对保险合同作出准确的定义。

二、保险合同的分类

依据不同的标准，可对保险合同作不同的分类。然而要作以全面和系统的分类，显然是很困难的。这里研究的只是几种主要的分类方式。

（一）定值保险合同和不定值保险合同

依保险标的的保险价值确定与否为标准，可将保险合同区分为定值保险合同（valued policy）和不定值保险合同（unvalued policy）。

1. 定值保险合同，又称定价保险合同，是指双方当事人在订立合同时即已确定保险标的的保险价值，并将之载明于合同中的保险合同。定值保险合同成立以后，一旦发生保险事故，双方在合同中事先所确定的保险价值即应作为保险人给付保险赔偿金数额的计算依据。如果保险事故造成保险标的的全部损失，无论该保险标的的实际损失如何，保险人均应支付合同所约定的保险金额的全部，不必对保险标的的重新估价；如果保险事故仅造成保险标的的部分损失，则只需要确定损失的比例，该比例与双方确定的保险价值的乘积，即为保险人应支付的赔偿金额，同样无须重新对保险标的的实际损失的价值进行估量。例如，在全额保险的情况下，双方事先确定的保险标的的保险价值为12万元人民币，保险事故发生后，如果保险标的的损失比例为40%，则保险人应承担的赔偿金额应为4.8万元人民币。

定值保险合同中，保险标的的保险价值由双方自愿确定，其有可能高于或低于保险标的在遭受保险事故时的实际价值。但在发生保险事故后，除非保险人能够证明投保人在确定保险价值上有欺诈行为，否则，保险人不得以保险标的的实际价值与双方约定的价值不相符合为由，拒绝履行赔偿责任。实际生活中，定值保险合同多适用于以某些不易确定价值的财产（如字画、古玩、矿物标本等）为保险标的的财产保险合同。在海上保险、内陆运输货物保险中，由于运输货物的价值在不同时间、不同地点有可能存在很

---

① 郑玉波. 保险法论（第10版）[M]. 台北：三民书局股份有限公司，1988.

大差异，为避免在计算保险标的价值时发生争议，这些合同的当事人也常常采用定值保险的形式。

实务中曾发生这样一起案例：投保人以玉雕为保险标的投保内陆货物运输保险，投保时以发票金额180万美元确定保险金额。到达目的地后，被保险人发现玉雕破损，遂向保险人索赔。保险人经过市场调查，发现此玉雕的同类产品的市场价格仅为50万元人民币，遂以投保人未履行如实告知义务超额投保为由拒赔，发生诉讼。在这里，我们不论玉雕破损的原因，保险人该不该承担责任。只是指出玉雕的价值不易确定，民间流传玉无价之说，对此类特定物的承保应采用定值保险的形式。但是作为一个谨慎的保险人，在确定保险价值时，应作充分的市场调查，必要时应请有关专门机构或专家进行价值评估后，再来确定保险价值和保险金额。不能简单地以投保人提供的发票金额为依据确定保险金额，保险事故发生后，又以投保人未履行如实告知义务超额投保为由拒赔。除非保险人能证明投保人有欺诈行为，否则拒赔理由很难成立。

法律允许订立定值保险合同，并非默认超额保险（over insurance）是合法的。我国《保险法》第55条第3款规定："保险金额不得超过保险价值。超过保险价值的，超过部分无效。"但是，我们认为该款规定主要是针对第55条第2款的情况，即不定值保险合同而言的。当然，在定值保险合同中，如果保险金额大大高于保险标的的实际价值，保险人也可以按照《合同法》第54条的规定，以在订立合同时显失公平为由，请求人民法院或者仲裁机构变更或者撤销。我国台湾地区"保险法"第76条规定："保险金额超过保险标的价值之契约，系由当事人一方诈欺而订立者，他方得解除契约。如有损失，并得请求赔偿。无诈欺情事者，除定值保险外，其契约仅于保险标的价值之限度内为有效。无诈欺情事之保险契约，经当事人一方将超过价值之事实通知他方后，保险金额及保险费，均应按保险标的之价值比例减少。"这条规定也是把定值保险排除在超额保险适用范围之外的。

定值保险合同有两方面的优点：

一方面减少理赔环节。由于保险价值事先已经双方议定，发生保险事故时无须对保险标的的价值进行估价，故可减少理赔手续。

另一方面便于赔偿金额的确定。赔偿金额的确定常常是保险合同双方争议的焦点。在采用定值保险的情形下，赔偿金额完全以事先约定的保险价值为计算依据，只需确定损失的比例而无须考虑保险标的的实际损失价值。这样，赔偿金额的确定便较为简单方便。但是，由于定值保险中保险价值为双方所约定，如果保险人对保险标的的估价缺乏经验或专业知识（如对古玩的估价，需要具备文物鉴赏技能），投保人即有可能违背诚信原则，过高地确定保险价值，通过这种欺诈行为而在保险事故发生时获取非法利益。因此，为避免损失，保险人对于定值保险合同的订立多持谨慎态度，其适用范围受到一定限制。美国有些州的法律禁止这种保险合同。

2. 不定值保险合同，是指双方当事人在订立合同时不预先确定保险标的的保险价值，仅载明须至危险事故发生后，再行估计其价值而确定其损失的保险合同。不定值保险合同双方当事人仅约定了保险金额，而将保险标的实际价值的估算留待保险事故发生后，需要确定保险赔偿金额时去进行。一般财产保险，尤其是火灾保险，都采用不定值保险合同的形式。但我国台湾地区"保险法"规定，火灾保险也可采用定值保险合同的形式，但以明确订定者为限。该"法"第 73 条规定："保险标的得由要保人依主管机关核定之费率及条款，作定值或不定值约定之要保。保险标的，以约定价值为保险金额者，发生全部损失或部分损失时，均按约定价值为标准计算赔偿。保险标的未经约定价值者，发生损失时，按保险事故发生时实际价值为准备，计算赔偿，其赔偿金额，不得超过保险金额。"

在保险赔偿金额的计算上，不定值保险合同与定值保险合同具有完全不同的特点：不定值保险合同中，保险标的的损失额以保险事故发生之时保险标的实际价值为计算根据。其通常的方法，是以保险事故发生时当地同类财产的市场价格来确定保险标的的价值。由于在保险合同成立至保险事故发生这一期间，据以确定保险标的实际价值的市场价格会因供求关系及其他因素的变化而变化，所以，保险合同中所载明的保险标的的实际价值有可能发生变化。但是，无论保险标的的市场价格发生多大的变化，保险人对于保险标的所遭受的损失的赔偿，均不得超过合同所约定的保险金额。也就是说，不定值保险合同中，双方约定的保险金额是保险人的最高赔偿额，如果实际损失大于保险金额，保险人的赔偿责任仅以保险金额为限；如果实际损失小于保险金额，则保险人仅赔偿实际损失。例如，保险标的在合同订立时的市场价格为 20 万元人民币，保险合同约定的保险金额为 20 万元人民币，但在保险事故发生时，其市场价格仅为 18 万元人民币。在这种情况下，如果保险标的发生了全部损失，保险人有权按保险标的的实际损失（18 万元人民币）予以赔偿；反之，如果保险事故发生时，同一保险标的的市场价格上升为 22 万元人民币，则保险人只应在保险合同确定的保险金额范围内承担赔偿责任，即只应向被保险人赔偿 20 万元人民币。在不定值保险合同的情形下，如果保险标的的损失无法用市场价格进行估算，也可用重置成本（replacement cost）减折旧（depreciation）的方法或其他估价方法来确定保险标的的价值。

由于人的生命和身体无法用金钱衡量，故此种分类方法不适用于人身保险。

（二）个别保险合同和集合保险合同

依保险标的是否单一为标准，可将保险合同区分为个别保险（individual insurance）合同和集合保险（collective insurance）合同。

1. 个别保险合同，又称单独保险合同，是指以一人或一物为保险标的而订立的保险合同。大多数保险合同都是个别保险合同。

2. 集合保险合同，是指以多数人或多数物为保险标的而订立的保险合同。如投保人以寄存于仓库的许多货物为保险标的而订立的火灾保险合同。在人身保险方面，团体人寿保险和团体健康保险等，都属集合保险合同。有的学者把以多数人为保险标的者，称之为团体保险，如团体保险合同；把以多数物为保险标的者，标为集团保险。①

---

① 郑玉波. 保险法论（第 10 版）[M]. 台北：三民书局股份有限公司，1988：46.

（三）特定保险合同和总括保险合同

依保险标的是否特定为标准，可将保险合同区分为特定保险合同（specific policy）和总括保险合同（blanket policy）。

1. 特定保险合同，是指以特定的保险标的订立的保险合同。在个别保险和集合保险的场合下，均可能适用。

2. 总括保险合同，又称概括保险合同或统括保险合同，习惯上称为统保单，是指无特定保险标的，仅在一定标准所限定的范围内，泛指某种保险利益或某类保险标的，而投保一定金额的保险合同。它与集合保险合同的不同之处在于，构成集合的内容有无交替性。如以一仓库内的全部货物为保险标的，订立一个火灾保险合同，则为集合保险合同；但如果对全部货物不分类别、项目地一一估定价额，而以其总数为保险合同的，就属总括保险合同。又如承运人以全体旅客为被保险人，而不一一记出特定旅客姓名的人身保险合同，也属总括保险合同。这种合同保险标的内容可以交替，但保险金额一成不变，往往等到危险发生后，才查明实际状况，予以赔偿。

保险人在签订总括保险合同时，一定要注意控制道德风险，应尽可能地对全部保险标的进行承保。如果是就部分保险标的签订总括保险合同，必须列明哪些是承保标的，哪些是非承保标的。当保险标的无法区分或分列时，不能签订总括保险合同。实务中曾发生过这样的案件：承运人以旅客的80%为被保险人投保旅客意外伤害保险，保险人不列明参加投保的旅客姓名。发生保险事故造成部分旅客伤害后，保险人因无法区分受伤旅客是否属于投保范围，只能全额赔付。

此外，还有一种预约保险合同（floating or open policy），通常也被视为总括保险合同的一种，又称继续保险合同（running policy），与总括保险合同形似而实异，是指当事人以将来待确定的标的为条件，而预先订立一个总括的保险合同，日后标的确定时，再由投保人通知保险人。如在运输货物保险中，投保人往往与保险人事先订立预约保险合同，明确总的责任范围、保险期限和标的范围，当每一笔运输货物起运时，投保人必须将每一笔运输货物的发票和起运单证传真给保险公司，保险人据此出具单独的保险凭证。出险后，被保险人凭保险凭证向保险人索赔。目前，有关预约保险合同的实务操作相当不规范，有的保险人在与投保人签订预约保险合同后，不要求提供运输货物的发票和起运单证，更不对每笔运输货物出具单独的保险凭证，只是笼统规定每月底或每一季度末，甚至每一年末，统一结算保险费和赔款，于是引发了较大的道德风险。有的投保人对不出险的运输货物不如实申报，专门针对出险的运输货物交付保险费，并要求保险人赔偿。

对于预约保险合同的性质，理论界有不同看法。有的人认为预约保险合同即是保险合同。我们认为，预约保险合同不能与保险合同画等号。它只是约定了总的责任范围、保险期限和标的范围，对具体的保险标的、保险期限、运输区域等关系到保险金额、保险费和保险费率等保险合同的重要事项并没有明确。因此，预约保险合同只是双方当事人对有关范围的保险标的投保某一险种的保险意向书而已。而且由于双方当事人在订立预约保险合同时，为了显示友好，往往不约定违约责任条款，对双方当事人的约束力不强，相当于一个"君子协定"。实务中，签订了预约保险合同，又向其他保险人投保的现象也时有发生。因此，发生保险事故后，向保险人索赔时必须出具单独的保险凭证，而不能仅凭预约保险合同要求保险人对某一运输货物的损失进行赔偿。

（四）特定危险保险合同和一切危险保险合同

依保险人所承保危险的不同范围为标准，可分为特定危险保险合同（named peril policy）和一切危险保险合同（all risk policy）。

1. 特定危险保险合同，是指保险人仅承保特定的一种或数种危险的保险合同。在特定危险保险合同中，保险人承保的危险一般都在保险条款中予以列举约定，如火灾保险、地震保险、盗窃保险等。凡保险人仅承保一种危险的保险合同，称为单一危险保险合同；凡保险人同时承保两种以上危险的保险合同，称为多种危险保险合同。基于实际生活的需要和保险业务的发展，在现代社会，多种危险保险合同极为普遍，而单一危险保险合同的适用范围日趋缩小，许多原来的单一危险保险合同也逐渐发展为多种危险保险合同。如火灾保险已不再单纯以火灾为承保危险，还包括了雷电、地震、洪水、暴风雨、爆炸等多种自然灾害和意外事故所造成的危险。

2. 一切危险保险合同，又称为综合保险合同，指保险人承保的危险为合同列举规定的不保危险（除外责任，exclusions）之外的一切危险。由此可见，所谓一切危险保险合同并非意味着保险人承保一切危险，即保险人承保的危险仍然是有范围限制的，只不过这种限制采用的是"除外"的方法。在保险合同中，保险人并不列举规定其承保的具体危险，而是以"除外责任"条款确定其不承保的危险。凡未列入除外责任条款中的危险，均属保险人承保的危险范围。例如，中国人民财产保险股份有限公司《财产一切条款》（2009年版）第5条第1款规定："在保险期间内，由于自然灾害或意外事故造成保险标的直接物质损坏或灭失，保险人按照本保险合同的约定负责赔偿。"又如，该保险公司制定的《钻井平台一切险条款》（2009年版）第5条规定："根据保险条件和除外责任，本保险负责赔偿被保险财产的一切直接物质损失或损坏免赔额，但对被保险人、财产所有人或管理人的未恪尽职责所造成的损失不负责任"。上述有关规定均为一切危险保险合同的条款。

一切危险保险合同虽然存在某些缺点（如由于保险标的具体危险状态不易区别，投保人对投保危险所支付的费用分配不甚合理），但这种保险合同所承保的危险具有广泛性，有利于切实保障被保险人的利益。同时，这种保险合同所规定的危险具有概括性，在发生保险事故时，便于确定责任，易于理赔。所以，其在现代保险业务中被广泛适用，并不断得以发展。

（五）财产保险合同和人身保险合同

依保险标的的不同性质为标准，可将保险合同区分为财产保险（property insurance）合同和人身保险（personal insurance）合同（本书后面将专章分别论述）。

（六）补偿性保险合同和给付性保险合同

依设立保险合同的不同目的为标准，可将保险合同区分为补偿性保险（compensation insurance）合同和给付性保险（payment insurance）合同。

1. 补偿性保险合同，又称为"评价保险合同"，其设立目的在于补偿被保险人因保险事故所遭受的经济损失，即保险事故发生时，由保险人对被保险人所受损失进行评定，并在保险合同约定的保险金额范围内予以补偿。财产保险合同一般都属于补偿性保险合同。在不定值的保险合同中，只要保险事故造成被保险人的实际损失，该损失即可获得全部补偿，只是其补偿金额不得超过保险金额；在定值保险合同中，即使合同所约定的保险价值在全损时低于或高于实际价值，被保险人所获得的赔偿仍然具有补偿性质，只是其损失按照预先约定的保险价值计算，与实际价值可能有所偏差。

2. 给付性保险合同。给付性保险合同属于非补偿性保险合同，绝大多数人身保险合同为给付性保险合同。这是因为，作为人身保险合同标的的人的生命或身体无法用经济价值加以衡量，故当保险事故发生时，被保险人所遭受的人身伤害客观上是不能获得真正的"赔偿"的。与此同时，在生存保险等保险合同中，只要保险期限届满时被保险人仍然活着，保险人即应向其支付合同约定的保险金。在这种情形下，既无意外事故的发生，也无损失的存在，保险金的支付仅仅是为了满足被保险人的特殊需要。因此，人身保险合同中，保险金额一般是根据被保险人的需要及其支付保险费的能力而确定的，一旦发生保险事故或保险期限届满，保险人即根据保险合同约定的保险金额履行支付保险金的义务。由于人身保险合同中保险人应支付的金额是固定的，所以，人身保险合同又被称为"定额保险合同"。

总的来说，财产保险合同大都属于补偿性的保险合同，但一些国家和地区适用的所谓"总括保险合同"属于定额保险合同。此外，人身保险合同大都属于定额保险合同，但也有少数人身保险合同具有补偿性质，如疾病保险合同、意外伤害保险合同等。

（七）单保险合同和复保险合同

依是否以同一保险标的、保险利益、保险事故，与数个保险人分别订立几个保险合同为标准，可将保险合同区分为单保险（single insurance）合同和复保险（multiple insurance）合同。

1. 单保险合同，是指投保人对于同一保险标的、保险利益、保险事故，与一个保险人订立的保险合同。绝大多数保险合同都属此类合同。

2. 复保险合同，即重复保险合同，是指投保人对于同一保险标的、保险利益、保险事故，与两个以上保险人分别订立几个同类保险合同。它必须同时具备以下几个条件：

第一，必须是投保人与两个以上保险人分别订立几个保险合同。如果投保人与数个保险人共同订立一个保险合同，则属于共同保险的问题。如为了规范航空旅客意外伤害保险市场，各地均采取了共保的形式，由各地参加共保的保险人共同与旅客签订航空旅客意外伤害保险合同。参加共保的保险人按照事先约定的相应比例分得保险费，承担赔偿责任。这里应该指出的是：所谓共保必须是在不同的保险公司法人之间。同一保险公司的几个分公司联合承保某一项目，因同属于一个法人，不能称之为共保。实务中，有的保险项目，由一家保险公司出面承保，再由几家保险公司相互间签订一个协议，按约定的比例分得保险费，承担赔偿责任。这种做法，由于保险单上的承保人只有一个，也不能称之为共保。

第二，必须是基于同一保险标的、保险利益、保险事故。如货主就同一货物，基于所有权关系订立几个火灾保险合同就属此类。但如果对于非同一的保险利益，订立几个保险合同，如货主为其货物订立一个火灾保险合同，而仓库营业人基于保管责任，又订立了一个火灾保险合同，虽属同一保险标的、保险事故，也不构成复保险合同。

第三，必须是同一保险期限。几个保险合同须同时存在，如果不是同时存在，即其期间各异，就不是复保险合同。

有的学者认为所有合同保险金额的总和，并未超过保险标的实际价值的，才叫复保险；其保险金额总和超过保险标的实际价值的，应称为重复保险（double insurance）。但绝大多数国家，包括我国，并无此种划分。

复保险合同的效力比较复杂，各国法律规定也颇不一致，但通常有三种不同的方式。

（1）比例责任（pro rata liability）和优先承保（primary coverage）方式。日本《商法典》原先采用这种方式，将复保险合同分为两种：一是同时复保险合同。日本《商法典》原第 632 条规定："就同一标的同时订立数个保险契约，其保险金额超过保险价额时，各保险人的负担额按照各自保险金额的比例确定；数个保险契约的日期相同时，推定其为同时订立的契约。"二是异时复保险合同。日本《商法典》原第 633 条规定："逐次订立数个保险契约时，前保险人先负担损失。前保险人的负担额不足以赔偿全部损失时，则由后保险人负担其差额。"

（2）限制责任（limit of liability）和连带责任（joint liabilities）方式。采用这种方式的国家，如德国、英国等，不问保险合同成立的先后，均为有效。各保险人在其所承保的保险金额限度内对损失负补偿责任，但彼此负连带责任。给付保险金的保险人，有权按照各合同的保险金额与总保险金额的比例，向其他保险人求偿。2007 年修订的德国《保险契约法》第 77 条至第 79 条延续了原第 59 条，规定："①为一利益，对于同一危险，投保数保险，而其保险金额总计超过保险价值，或基于其他理由，每一独立的保险人在无其他保险存在时所应为给付的补偿总和超过损害总额时（复保险），多数保险人就每一保险人依照其契约对要保人应进行给付金额负连带债务人的责任，但要保人全部的请求不可以超过损害的总额。②多数保险人间彼此的分担义务，以其依照契约对要保人应进行给付而定。多数保险中之一适用外国法者，若该适用外国法的保险人依照其法律有求偿的义务，则可以对其他保险人行使求偿权。③要保人意图借由复保险的订立而获取财产上的不法利益者，以该意图而订立的保险契约无效；保险人于订立保险契约时不知其无效者，保险人可取得于其知悉的保险期间届满时为止的保险费。"这种方式对保护投保人的利益十分有利，但因所有保险合同全部有效，投保人须负担全部保险费，有失公平。对保险人来说，当其他保险人的偿付发生困难时，其所负责任过于重大。

日本新的《保险法》第 20 条第 2 款规定："当两个以上损害保险合同的各保险人应当履行的保险金给付金额的合计额超过损害补偿额（按照各损害保险合同算定的补偿损害额不相同时，为其中最高额。以下在本款中相同）的，保险人单方超过自己负担部分（指在没有其他损害保险合同的情况下各保险人应当履行的保险金给付金额在该合计额中所占比例乘以补偿损害额后所得的金额。以下在本款中相同）进行了保险金给付，并因此得到共同免责时，该保险人以超过自己负担的部分为限，对其他保险人就各自负担部分享有求偿权。"

（3）比例责任（pro rata liability）。法国《保险合同法》规定，不管复保险合同是同时的还是异时的，各保险人只按照其所承保金额与总保险金额的比例，承担补偿责任。瑞士《保险合同法》还进一步规定，其中某一保险人不能偿付时，其偿付的保险金额由其他保险人按比例分担。这种方式对投保人更为不利，因为投保人仍须负担全部保险费，并须向各保险人分别请求赔偿。

我国《保险法》第56条规定："重复保险的投保人应当将重复保险的有关情况通知各保险人。重复保险的各保险人赔偿保险金的总和不得超过保险价值。除合同另有约定外，各保险人按照其保险金额与保险金额总和的比例承担赔偿保险金责任。"我们认为，这样规定是不尽合理的，应该依投保人签订重复保险合同时的主观心理状态来确定重复保险合同的效力。凡投保人出于恶意而订立的重复保险合同，应归于无效；对因善意订立的重复保险合同，各保险人应按其所承保金额与保险标的的实际价值的比例承担赔偿责任。如同德国《保险契约法》第78条第3款和我国台湾地区"保险法"第37条对恶意重复保险效力的规定。

在人身保险合同中，各保险人应就其约定承保的金额分别给付，不存在复保险问题。

（八）原保险合同和再保险合同

依保险人所负保险责任的次序为标准，可将保险合同区分为原保险（original insurance）合同和再保险（reinsurance）合同。

1. 原保险合同，系相对再保险合同而言，是指保险人与投保人原始订立的保险合同。如无再保险合同，也就无原保险合同之称。为了区分方便，一般把原保险合同称为第一次保险合同，把再保险合同称为第二次保险合同。根据原保险合同，保险人对被保险人因保险事故所遭受的损害直接承担赔偿责任，即保险人承担的保险责任系由保险人与投保人订立的保险合同而产生，其责任的承担具有"原始"或"最初"的性质。在原保险合同中，当事人为保险人与投保人。

2. 再保险合同，是指保险人将其所承担的保险责任，以分保形式，部分转移给其他保险人而订立的保险合同。分出保险业务的为原保险人，又称分出人，接受分出业务的为再保险人，又称分入人。不少论著中，将再保险合同定义为：是指保险人将其所承担的保险责任，以分保形式，全部或部分转移给其他保险人而订立的保险合同。这是不准确的，如果保险人将其所承担的保险责任，以分保形式全部转移给其他保险人，则该保险人变成了一个纯粹的出单公司，只收取分保手续费而不承担责任，因此而订立的合同能否还称之为再保险合同是值得探讨的。不少国家的法律明确禁止此类做法。再保险合同最早仅适用于财产保险中，尤其是海上保险和火灾保险。近年来，在人身保险中亦被逐渐采用。我国修订以前的《保险法》（1995年6月30日通过）第28条第1款规定："保险人将其承担的保险业务，以承保形式，部分转移给其他保险人的，为再保险。"这个定义实际上是错误的，因为保险人要想将其承担的保险业务部分转移给其他保险人，必须采用分保形式才能实现其目的，如是以承保形式，又谈何转移给其他保险人？事实上，再保险合同是在原保险合同的基础之上建立起来的合同关系，是保险人为避免危险过于集中，不致因某一次巨大事故的发生而无法履行赔偿义务而采用的一种法律制度。根据再保险合同，原保险人将其所承担的保险责任部分转嫁给其他保险人并支付再保险费。保险人在分保业务中自己在规定的限额内所承担的部分称为"自留额"，超过自留额的部分称为"溢额"。2009 年 2 月 28 日修订后的《保险法》已纠正了此错误，其第 28 条第 1 款规定："保险人将其承担的保险业务，以分保形式部分转移给其他保险人的，为再保险"。

再保险合同还可分为固定再保险合同（固定分保合同）、临时再保险合同（临时分保合同）、预约再保险合同（预约分保合同）、比例再保险合同（分担再保险合同）、非比例再保险合同（超额损失再保险合同）等。由于再保险合同是以原保险人基于原保险合同所负的责任为保险对象，因此在性质上应属于责任保险合同的范畴。

原保险合同是再保险合同得以建立的基础，因此，再保险合同的内容（包括保险危险、保险金额、保险期限等）均要受原保险合同的制约。但是，再保险合同的缔约双方都是保险人，其仅在再保险人和原保险人之间产生法律上的权利和义务关系，即再保险合同对于被保险人不能产生约束力。这具体表现为：（1）被保险人仅有义务向原保险人依原保险合同的约定交付保险费，原保险人根据再保险合同向再保险人支付约定的保险费，即再保险人无权直接请求被保险人向其交付保险费。（2）再保险合同成立后，在保险期限内，如果发生保险事故，原保险人应依原保险合同的约定，在保险金额范围内，向被保险人履行赔偿义务。原保险人承担赔偿责任后，可依再保险合同的约定，向再保险人摊回赔款。但是，被保险人无权直接向再保险人请求赔偿。（3）再保险合同的无效，不影响原保险合同的效力。同时，再保险人不履行再保险合同所约定的义务，不能成为减免原保险人向被保险人承担的保险责任的正当事由。

在法律特征上，再保险合同与原保险合同也有很大区别：（1）两者主体不同。原保险合同是由经营保险业务的保险组织与投保人双方所订立的，而再保险合同的双方当事人均为经营保险业务的保险组织。（2）两者标的不同。原保险合同的保险标的可以是被保险人的财产及其有关利益或人身，而再保险合同的保险标的是分出人所承担的责任或危险。（3）两者性质不同。原保险合同可以是补偿性保险合同（如财产保险合同），也可以是给付性保险合同（如人身保险合同），但再保险合同无论是财产保险还是人身保险，其性质均具有补偿性。

近年来，随着保险市场竞争的加剧和保险经纪人的日益活跃，投保人或保险经纪人在很多大项目上往往要求在保险合同中加入"cutthrough"条款（即再保险人直接赔付条款）、"claim control"条款（即理赔控制条款），以及再保险权利转让条款等限制性规定，并以如不接受这些条款就不予投保相威胁。这些条款都与再保险有关，从内容上看，都是把保险人的理赔权以事先约定的方式转移给被保险人或其选定的再保险人。从实际操作上看，再保险人都是被保险人指定的关系企业或者贷款协议约定的国际再保险公司。接受此类条款，对该保险合同项下的理赔工作和再保险分保摊赔工作都会带来非常被动的局面，并会削弱保险人作为承保人的权利和整体市场经营能力；不接受此类条款又会丢失一些影响重大的业务，这使保险人处于两难的境地。

对此，国内保险人往往采取下列做法：保险人原则上不接受这类限制性条款，明确告知投保人或保险经纪人，我国《保险法》第29条规定，"再保险接受人不得向原保险的投保人要求支付保险费。原保险的被保险人或者受益人不得向再保险接受人提出赔偿或者给付保险金。"因此，"cutthrough"条款（即再保险人直接赔付条款）、"claim control"条款（即理赔控制条款）等均是违反法律规定的。但是出于市场的实际情况与维持客户关系的需要，国内保险人在作出上述详细说明后，投保人仍然坚持使用限制性条款时，为了稳定和争取业务，保险人只得有条件地接受，即把上述限制性再保险规定同样列明在直接承保保险单中，并要求投保人书面声明已被告知相关法律规定，自愿承担使用限制性条款的风险与后果。对于"claim control"条款（即理赔控制条款），在直接承保保险单上加批：被保险人同意所有索赔的赔付取决于再保险人的同意（Insured acknowledge and agree that all claims are subject to reinsurer's approval.）。对于要求增加限制性条款的业务，保险人都要求加批澄清条款：被保险人兹声明已被告知相关法律与规定，并同意在损失发生时，被保险人指定分出部分的损失保险人不负责赔偿（It is hereby declared and agreed that Insured has been fully aware of relevant legislation and regulations, in the event of a claim under the policy the Insurer shall not be responsible for paying the proportions subscribed by Reinsurers appointed by the Insured）。

我们认为，这些限制性条款是无效的，国内保险人的做法也是错误的，虽"情有可原"，但"法无可恕"。我国《保险法》第29条严格地将原保险合同和再保险合同区分为两个不同的法律关系。因此，"cutthrough"条款、"claim control"条款以及再保险权利转让条款都直接和《保险法》的规定相冲突，不具有法律效力。限制性条款的使用将严重影响到原保险人的权利。如在使用"cutthrough"条款时，原保险人并不能免除相应的赔偿责任，条款只是赋予被保险人向再保险接受人提出赔偿的权利，在再保险接受人拒绝赔偿或者丧失偿付能力时原保险人仍然应当承担赔偿责任。而"claim control"条款则为原保险人依据保险合同进行理赔设置了严格的限制，可能严重影响到原保险人的正常理赔程序，如果由于再保险人的原因原保险人无法正常理赔，通常要面对被保险人的诉讼并承担直接的赔偿责任。

（九）为自己利益订立的保险合同和为他人利益订立的保险合同

依订立保险合同是为谁的利益为标准，可将保险合同区分为为自己利益订立的保险合同和为他人利益订立的保险合同。

1. 为自己利益订立的保险合同，是指投保人为自己设立权利和义务，从而享有赔偿请求权的保险合同。一般有两种情形：（1）投保人自己为被保险人，而未另行指定受益人；（2）投保人以他人为被保险人，而指定自己为受益人。

2. 为他人利益订立的保险合同，是指投保人不自行享有赔偿请求权的保险合同。一般有三种情况：（1）投保人自己为被保险人，而指定他人为受益人；（2）投保人以他人为被保险人，而未另行指定受益人；（3）投保人以他人为被保险人，而又另行指定受益人。

第二节　保险合同的特征

保险合同是合同的一种。因此，它除具有合同的一般特征外，还具有以下特征。

一、保险合同目的的保障性

保险是分散危险、消化损失的最佳经济补偿手段。自从人类社会产生以来，人们在生产和生活中经常遇到各种各样的自然灾害和意外事故。这些时常发生的自然灾害和意外事故，对社会经济的发展和人们生活的安定构成了巨大的威胁，人们总是千方百计地想把由于自然灾害和意外事故带来的风险（或者不幸）转嫁出去或者限制在最小限度。要达到这个目的，人们就借助于保险合同这种法律形式。因此，对保险合同的投保人来说，是希望在发生自然灾害或意外事故造成其损失时，由保险人给予赔偿；对保险人来说，则是通过收取保险费，积累保险基金，保障投保人在遭受自然灾害或意外事故后生产或生活上的安定。而其他合同，如买卖、租赁、运输、保管合同等，则不具有这一特征。

二、保险合同客体的独特性

合同的客体，又称标的，是合同双方当事人权利义务所指向的对象。一般合同的客体，无外乎物、行为和智力成果三种，如买卖合同的客体即为买方所要买的、卖方所要卖的物。而在保险合同中，由于其可分为财产保险合同和人身保险合同两大类，在前一类合同中，其客体则是财产或与财产有关的利益；在后一类合同中，其客体则是人的生命或身体。如死亡保险是以人的生命为合同标的的，如被保险人在保险期限内死亡，受益人可以领取保险金；如果保险期限届满，被保险人尚生存，保险合同即终止。

三、保险合同对价的悬殊性

合同的对价（consideration）①，是英美法上特有的制度，对价是合同生效的通常要素之一。我国《合同法》上尽管没有这个概念，但有关法律规定也充分体现了对价制度的精神。《合同法》第5条规定："当事人应当遵循公平原则确定各方的权利和义务。"合同一方当事人履行一定的义务，另一方当事人就要付给相应的代价。如买卖合同，买方取得出卖物的所有权，必须向卖方支付出卖物的价款，而且这个出卖物与买方支付的价款在价值上应大体相等。但是，保险合同则不然，投保人所交付的保险费与保险人在其一旦发生保险事故后所承担赔偿的经济损失相比是微乎其微的，这是由保险业的特殊性决定的。因为保险业是经营风险的特殊企业，它根据大数法则，利用合作的原理来分散危险，即由众多参加保险的人共同积聚资金，一旦其中某个成员发生损失，就用这笔资金加以补偿。因此，保险合同不可能像其他合同一样，充分体现等价有偿的原则，否则保险就难以存在。

---

① 英美合同法上的"consideration"，也有不少人译为"约因"。

四、当事人履行义务的不同时性

在一般合同中，双方当事人均负有义务，任何一方在履行自己的义务之前，无权要求对方履行义务（法律规定或合同约定者除外）。只有双方都履行了各自的义务以后，才能达到订立合同的目的。如买卖合同，买方有支付约定价款的义务，卖方有支付出卖物的义务，买方或卖方在未履行自己的交款或交物义务之前，无权要求对方履行交物或交款义务。在保险合同中，投保人在合同成立后即负有按约交付保险费的义务，但保险人的最基本义务（承担赔偿责任），则不一定在每一个保险合同中都须履行（人身保险中有例外）。事实上，只有在少数保险合同中，保险人才履行该项义务，而且在保险合同成立以后，保险人就有权要求对方按约履行交付保险费的义务。如果对方未按约定交付保险费，保险人有权要求补交或者解除保险合同，并拒绝承担赔偿责任。

实务中，曾发生过这样一个案例：投保人投保企业财产保险，除保险金额、保险期限、保险费、保险责任和除外责任等与保险人协商一致外，还在保险单特别约定中载明：不交保险费，不承担保险责任。保险期限届满后，未发生保险事故，投保人未交付保险费。保险人要求投保人按约定交付保险费，投保人主张权利义务应一致，保险事故未发生，保险人没有承担赔偿责任，故无权要求其交付保险费。我们从上述保险合同特征的论述可以得出：投保人的主张是错误的。尽管保险事故未发生，保险人未承担赔偿责任，但保险人在保险期限内为投保人提供了保险保障，一旦发生保险事故造成损失，保险人承担赔偿责任。但这种损失发生的可能性十有八九是不会转化为现实性的，这正是保险合同与一般合同不同的地方。因此，不能将保险合同等同于一般合同，机械地理解一般合同中的权利义务相一致的原则。

第三节　必须澄清的几个理论问题

长期以来，有关保险合同的一些基本理论问题，颇有分歧，至今尚未取得一致意见，一直困扰着各国的保险业和司法实践。其中，下列四个方面更是突出。

一、保险合同是诺成性合同，还是实践性合同

根据合同的成立是否需要交付标的物，可将合同分为诺成性合同和实践性合同。诺成性合同是指当事人意思表示一致即可成立的合同。凡除当事人意思表示一致外，还须实际交付标的物才能成立的合同，为实践性合同，又称要物合同。区分诺成性合同和实践性合同的法律意义在于两者的成立和生效时间不同。诺成性合同自当事人就合同主要条款达成协议时成立生效。而实践性合同当事人只就合同主要条款达成协议，合同并不能成立。实践性合同没有一方当事人交付标的物的行为，合同不能成立生效。

保险合同是诺成性合同，还是实践性合同，学术界颇有争议。本书前面已经提到，在英美法国家，基于合同的对价（consideration）理论，交付保险费，是保险合同生效的通常要素之一。因此，很多人认为，在英美法国家，保险合同是一种实践性合同，即保险合同的成立必须以投保人交付保险费为条件。我们认为，这种看法是错误的，它混淆

了保险合同的成立和生效的不同概念，也不符合英美法国家的实际。在英美法国家，保险合同是"一诺即成"的，只要投保人提出投保申请（无论是书面还是口头），保险人一旦接受（无论是书面还是口头），保险合同即告成立。最突出的如电话投保订立的口头保险合同（by word of mouth）。没有一般的规则要求在保险人承担风险之前，投保人实际支付保险费。① 在我国，相当多的人，特别是保险界的同志认为，保险合同是实践性合同。只要投保人未交付保险费，即使双方当事人就合同的条款达成协议，保险合同也不成立，发生保险事故，保险人有权拒绝赔偿。我们认为，这种观点是缺乏法律和理论依据的。因为衡量一种合同是诺成性的还是实践性的，与该种合同的内容并无本质上的联系，而主要取决于国家立法如何规定。② 无论是从我国现有的法律规定来看，还是从理论上来分析，保险合同应是诺成性合同。

1. 我国《保险法》第13条规定："投保人提出保险要求，经保险人同意承保，保险合同成立……"从该法律规定来看，保险合同成立与否，取决于双方当事人是否达成一致意见。显而易见，保险合同是诺成性合同。

2. 《保险法》第14条规定："保险合同成立后，投保人按照约定交付保险费，保险人按照约定的时间开始承担保险责任。"这里投保人按照约定交付保险费，即是指按照保险合同的约定交付保险费，在合同成立之前，这种约定条款是不可能存在的，更谈不上交付保险费。因此，那种主张保险合同是实践性合同，即在保险费交付之前，保险合同尚未成立的观点是站不住脚的，与上述立法不符。

3. 如果一概主张保险合同的成立必须以投保人交付保险费为条件，那么是以投保人交付所有保险费为条件，还是以交付第一期（或部分）保险费为条件？对一些分期分批交付保险费的保险合同，又该如何解释？如果是以投保人交付所有保险费为合同成立的条件，那么在分期分批交付保险费的保险合同中，要等到投保人交付完最后一期保险费时，合同才能成立。换言之，保险人可以对前一期间被保险人因保险事故造成的损失，不承担赔偿责任，显然是行不通的！如果是以投保人交付第一期保险费为合同成立的条件，那么以后每期交付保险费，是否是投保人的义务？如果是义务，众所周知，义务是在双方当事人设立保险合同后才产生的，交付保险费是投保人的最基本义务（这一点，持保险合同是实践性合同观点的人均不否认）。为什么交付保险费这种合同义务，其部分（或第一次）却又成了合同成立的条件，在理论上无法自圆其说。

事实上，在英美法国家，对保险合同是诺成性合同还是实践性合同，并无分歧。即使当事人约定，保险合同须至保险费交清时才生效，也不能因此就认为保险合同是实践性合同，这只是当事人约定的保险合同何时生效的一种附加的延缓条件而已，与保险合同的成立是两个完全不同的概念。③

---

① John Birds. Birds' Modern Insurance Law, 9th ed. , p.191.

② 王源扩. 关于若干合同种类划分的异议 [J]. 法学研究, 1985 (5).

③ 保险合同的成立、生效和保险人责任的开始，是三个不同的概念。通常情况下，保险合同成立，也即开始生效，保险人开始承担保险责任。但是，如果对保险合同何时生效、保险人何时开始承担保险责任，法律有明确规定或合同有特别约定的，则必须依照法律规定或合同的特别约定。

前些年，由于保险公司（主要是财产保险公司）恶性竞争，承保后不及时收取保险费，致使应收保费金额畸大，严重影响保险公司的健康发展，为此，保险监管机构出台规定要求部分险种业务（主要针对机动车辆保险）"见费出单"。所谓"见费出单"，是指保险公司通过业务、财务系统控制，在保险费入账后，才可打印正式保单及发票。用意是不交费，不出单；不出单，合同不成立，保险人不承担赔偿责任。需要说明的是，"见费出单"并不影响保险合同诺成性合同的性质。从法律的角度来说，"见费出单"并没有实质意义，只要保险合同成立，即使不交保险费、不出保险单，通常保险人并不能以此为由拒绝承担赔偿责任。

二、保险合同是要式合同，还是非要式合同

根据合同的成立是否需要特定的方式，可将合同分为要式合同（formal contract）和非要式合同（informal contract）。要式合同是需要履行特定的方式才能成立的合同。如需要做成书面形式，需要鉴证、公证、第三人证明或有关机关核准登记的合同。非要式合同是不需要特定方式成立的合同。要式合同的方式由法律规定的，称为法定要式合同。法律没有规定为要式合同，当事人约定履行特定方式的，称为约定要式合同。区分要式合同和非要式合同的法律意义在于，要式合同未履行特定的方式，合同不算成立，原则上不发生法律效力。

保险合同是要式合同，还是非要式合同，各国立法并不相同。有的国家的法律明确规定，保险合同应当采用书面形式。俄罗斯联邦《民法典》第940条规定："（1）保险合同应以书面形式订立。不以书面形式订立的保险合同无效，但国家强制保险合同除外（第969条）。（2）保险合同可用编制一份文件的方式订立（第434条第2款）或者根据投保人的书面或者口头申请，由保险人发给投保人由保险人签署的保险单（证明书、证书、收据）的方式订立。在后一种情况下投保人对保险人提出的订约条件的承诺应以本款第一段所指的由保险人接受的文件确认。（3）保险合同订立时，保险人有权使用由其制作或者由各保险人联合制作的各种保险的标准合同格式（保险单）。"意大利《民法典》第1888条规定："保险契约应当以书面形式（参阅第2725条）证实（参阅第2697条）。保险人有义务给投保人保险单或由他签名的其他文件。在投保人请求并负担费用的情况下，保险人还要给予保险单的副本或复印件（参阅第2714条）。但是，在该情形下，得要求原件的提交或返还。"我国台湾地区"保险法"第43条规定："保险契约，应以保险单或暂保单为之。"我国澳门《商法典》第967条规定："（1）保险合同及其变更应以书面证明。（2）保险人有义务向投保人交付保险单，或临时交付承保通知书。"但多数国家的法律并没有规定保险合同应采用特定的方式。在我国，相当多的人，特别是保险界的同志认为，保险合同是要式合同，必须采用保险单或保险凭证等书面形式。否则，保险合同不成立，发生保险事故，保险人有权拒绝赔偿。国外有的学者也认为保险合同的成立，必须具备一定形式，在法律上才能有效。甚至还有人认为，保险单或保险凭证等所记载的事项，原则上不能任意变动。投保人对于保险单内记载的事项，如不同意，并不能提出不同的意见或建议。只有同意，才能成立保险合同。因此，保险合同是一种附合合同（contract of adhesion）。

我们这里姑且不论保险合同是一种附合合同的主张是否正确，依据我国《保险法》的规定，保险合同应是非要式合同。我国《保险法》第13条规定："投保人提出保险要求，经保险人同意承保，保险合同成立。保险人应当及时向投保人签发保险单或者其他保险凭证。保险单或者其他保险凭证应当载明当事人双方约定的合同内容。当事人也可以约定采取其他书面协议载明合同内容。依法成立的保险合同，自成立时生效。投保人和保险人可以对合同的效力约定附条件或者附期限。"从该法律规定来看，保险合同在保险单或其他保险凭证签发以前就已经成立，出具保险单或其他保险凭证，并不是法律规定的保险合同成立的特定方式，而是法律规定的保险人的义务。保险人的这种法律义务，不少国家的法律均有规定。德国《保险契约法》第3条规定："（1）保险人有交付由其签署关于保险契约文书的义务（保险单），亲笔签名的复印件即可。（2）保险单遗失或者灭失者，要保人可以请求保险人签发补充文书。保险单遭宣告无效者，保险人于宣告无效之后有再签发的义务。（3）要保人可以随时请求关于契约声明的复本。保险人于交付保险单时应告知其该权。要保人应于一定期限内对保险人的履行的行为而需复本，且在尚未支付给保险人之前，该期限的进行自请求时起至收复本止。（4）要保人应负担补充文书及复本的费用，并应经请求而预付……"前面提到的意大利《民法典》第1888条也规定，保险人有义务给投保人保险单或由他签名的其他文件。我国台湾地区"保险法"第44条规定："保险契约，由保险人于同意要保人申请后签订。利害关系人，均得向保险人请求保险契约之誊本。"我国《保险法》第13条只是规定，保险人应当及时向投保人签发保险单或者其他保险凭证，并在保险单或者其他保险凭证中载明当事人双方约定的合同内容。但是，如果保险人没有及时向投保人出具保险单或者其他保险凭证，由此产生的法律后果则应由其自行承担。依据合同理论，要求保险人出具保险单或其他保险凭证，也可以认为是投保人在保险合同成立后所享有的一项重要权利。

国内不少人主张保险合同是要式合同，其主要法律依据就是《保险法》第13条的规定，特别是该条第2款的规定（保险单或者其他保险凭证应当载明当事人双方约定的合同内容。当事人也可以约定采用其他书面形式载明合同内容）。这种主张是不正确的，理由有二：其一，第13条的规定没有排斥口头保险合同；其二，第2款的规定只是针对第1款中规定的保险单或者其他保险凭证而言，如实务中的保险协议书即是采用保险单或者其他保险凭证以外的其他书面协议形式订立的保险合同。另外，从多数国家的法律规定来看，保险合同虽然在事实上都作成保险单，但保险单的签发并非合同成立的要件，保险合同的成立始于双方当事人意思表示一致。如果当事人之意思表示一致，即使在形式上保险单尚未作成交付，保险合同亦已成立，并发生效力；反之，保险单纵已签发，当事人仍可以意思表示尚未一致而证明保险合同尚未成立，或证明保险合同所附的条件尚未成就，以阻止保险合同发生效力。

我们认为，主张保险合同是要式合同，其成立始于保险单或其他保险凭证签发的观点，对保险实践是有害的。

第一，不利于保护被保险人的合法权益，影响生产和生活的安定。实践中，有时出现投保人与保险人就投保事项协商一致，且投保人已交付保险费，但保险人尚未签发保险单或其他保险凭证的情形。产生这种情形的原因可能是多方面的，但也确实有少数保险人持观望态度，一旦发生保险事故造成被保险人损失，就以尚未签发保险单或其他保险凭证，保险合同没有成立为由，拒绝承担赔偿责任，使被保险人的经济损失得不到及时的补偿，从而影响了生产和生活的安定。

第二，损坏了保险人的信誉，不利于保险业的顺利发展。投保人对保险一般是比较生疏的，他们总以为一旦与保险人协商一致，且交付了保险费，保险合同就成立，在保险期限内其因保险事故造成的损失，由保险人赔偿。如果保险合同的成立始于保险单或其他保险凭证的签发，即在签发之前，保险人可以不负赔偿责任，就很容易挫伤人们参加保险的积极性，也有损于保险人的信誉，不利于保险业的顺利发展。

第三，容易使少数投保人不按约定的期限交付保险费，不利于保险基金的迅速积累。既然保险合同须等到保险人签发保险单或其他保险凭证时才成立，在此之前，投保人就有理由拖延交付约定的保险费。这样使保险人难以及时收取保险费，不利于保险基金的积累。

近年来，国外一些规模较大的保险公司，在特定情形下，为了适应投保人的特殊需要，往往自行拟订手写保险单（manuscript policy），以代替原已印就的保险单。另外，一些大企业的危险管理部门亦自行拟订保险单，以适应其个别需要，与保险人商订保险合同。在我国的保险实务中，由保险人和投保人协商签订保险协议书的方式来代替传统保险单或保险凭证的现象也已相当普遍。由此种情形所订立的保险合同，自然属于非要式合同。因此，所谓附合合同的性质，也须加以修正。[①]

尽管按照我国《保险法》的有关规定，保险合同是非要式合同，但是，为了避免和减少纠纷，明确保险当事人的权利和义务，准确、及时、合理地解决纷争，我们认为，在实务中，应尽可能地采用书面形式订立保险合同。对口头的保险合同，一旦双方当事人达成协议，保险人应马上出具保险单或其他保险凭证，以资证明。

三、保险合同是双务合同，还是单务合同

根据合同中当事人双方权利义务的关联性，可将合同分为双务合同（bilateral contract）和单务合同（unilateral contract）。双务合同是指当事人双方相互享有权利、相互负有义务的合同，如买卖合同。单务合同是指当事人一方只承担义务，另一方只享有权利的合同，如借用合同。区分双务合同与单务合同的意义在于：第一，双方义务履行顺序的意义不同。双务合同，如果法律没有另外规定或合同没有另外约定，任何一方在自己没有履行义务时，无权请求对方履行义务。而单务合同的义务只是由一方负担，义务履行的先后顺序没有意义。第二，因不可抗力不能履行合同的后果不同。双务合同，当事人一方因不可抗力不能履行时，无权要求对方履行。如对方已经履行，则应将其所得返还给对方。而单务合同不发生对等履行和返还问题。第三，因过错不能履行合同的后果不同。双务合同，当事人一方已经履行了合同，另一方由于自己的过错而未能履行合同时，一方可以请求另一方履行合同、支付违约金、赔偿损失或者解除合同。

---

① Mehr, R. I. and Cammack. E., Principles of Insurance, 7thed., pp. 128 – 129.

保险合同是双务合同，还是单务合同，也是一个有争论的问题。英美及我国的大多数学者主张保险合同是单务合同。主要理由是保险合同成立时，仅投保人单方面负缴纳保险费的义务，而保险人在承诺于特定事故发生时支付保险金后，并不能强制其再有任何义务。如果保险合同有效期间内，特定事故不发生，保险人就不负任何责任。我们认为，这种观点是错误的。在保险合同中，被保险人要得到保险人对保险标的所给予保障的权利，就必须向保险人交付保险费；而保险人收取保险费，就必须承担保险标的受损后的赔偿义务，双方的权利和义务是彼此关联的。主张保险合同是单务合同的人，实际上是把双方当事人权利和义务的关联性与合同义务履行的时间先后混同起来。在双务合同中，义务履行的先后，如果法律没有规定或合同没有约定任何一方有先履行的义务，任何一方在未履行自己的义务之前，无权请求对方履行；如果法律有规定或合同有约定的，则应按法律的规定或合同的约定。而保险合同恰是属于后一种情况。当然，保险合同的双务性与一般双务合同并不完全相同，即保险人的义务只有在发生约定事故时才履行，即是附有条件的。事实上，保险人并非在每个保险合同中均需履行赔偿义务。这是由于保险合同的特殊性决定的，也反映了保险合同的射幸性的特点。也正因为如此，《法国民法典》将保险合同明列为射幸契约的一种。该法第 1964 条规定："射幸契约是指当事人相互间的一种约定：所有当事人或者其中一人或数人，获利还是受到损失均依赖于某种不确定事件。射幸契约如下：保险契约；航海冒险的借贷；赌博及打赌；终身定期金契约。前一、二项应适用海商法的规定。"如果一定要像一般双务合同一样，双方当事人均需同时履行各自的义务，那么保险合同是不可能存在的，保险业也将无法存在。如前面提到，投保人投保企业财产保险，在保险单特别约定中载明："不交保险费，不承担保险责任"。保险期限届满后，未发生保险事故，投保人未交付保险费。保险人要求投保人按约交付保险费，投保人主张权利义务应一致，保险事故未发生，保险人没有承担赔偿责任，故无权要求其交付保险费。为此涉讼。法院认为，保险合同双方当事人的权利义务应相一致，保险人未履行赔偿义务之前，无权要求投保人交付保险费。显然，这种理解没有认识到保险合同双务性的特殊性，将其混同于一般双务合同。

四、保险人承担的是赔偿责任，还是补偿责任或给付责任

目前，一种颇为流行的说法是，保险人的最基本义务就是承担赔偿责任。如果我们仔细分析一下，这种说法是不妥当的。

保险人不具备承担赔偿责任的条件。从《合同法》《侵权责任法》《民法总则》等法律来看，承担赔偿责任的是因违约、侵权等行为给他人造成损失的人，通常以存在过错为基础。而保险人支付保险金，损失并非由于保险人造成。当然，个别情况下，保险人因为缔约过失、违约等原因，给被保险人造成损失，但这时候所承担的责任并非我们要讨论的保险责任。在财产保险中，尽管保险人的补偿方式有多种，但主要还是按照保险财产于保险事故发生时遭受的损失额，在保险金额限度内，通过支付货币（被保险人为单位时，一般通过转账的方式）的形式承担义务或责任。显然，这是对被保险人所受损失的一种经济补偿。事实上，保险财产受损后，真正承担赔偿责任的往往另有其人，在条件具备时，保险人对于赔偿责任人有代位求偿权。

　　在人身保险中，由于以无法用金钱衡量的人的生命或身体为保险标的，往往由保险人与投保人预先约定保险金额，在保险事故发生时，保险人按约定给付保险金即可。

　　严格来说，在财产保险合同中，保险人承担的是补偿责任；在人身保险合同中，保险人承担的是给付责任。当然，由于长期形成的习惯，一般统称为赔偿责任也未尝不可。本书为了论述上的方便，也沿用习惯称法。但也有个别学者认为，依契约所为之履行，应称为给付而非赔偿，故保险人所负之义务均为给付义务。①

思考题

　　1. 简述保险合同的概念和主要特征。

　　2. 简述各国法律中对于复保险合同保险人承担补偿责任的方式。

　　3. 试论定值保险合同与不定值保险合同的主要区别。

　　4. 试论补偿性保险合同与给付性保险合同的主要区别。

　　5. 试论保险合同是诺成性合同还是实践性合同。

　　6. 试论保险合同是双务合同还是单务合同。

---

　　① 施文森. 保险法论文（第一集）[C]. 台北：三民书局股份有限公司，1988：265.

第四章
保险合同的基本原则

学习目的和重点

通过学习保险合同的基本原则，准确把握保险合同的基本原理和保险合同法的内涵，重点掌握这些基本原则在具体法律规定和行业惯例上的体现。

第一节　诚实信用原则

一、诚实信用原则的含义

诚实信用（good faith）是民商法领域的一个基本法律原则，甚至被上升为"帝王规则"，尤其在大陆法系国家，"诚实信用原则几乎是民法的唯一基本原则，其系统而成熟的诚信原则理论，实际上是关于民法基本原则的理论"。① 话虽如此，但由于诚信原则内涵和外延上的模糊性，对其作一个准确定义是困难的。民商立法一般直接使用"诚实信用"或"善意"的概念，学者则努力去定义和阐述。不同法域甚至同一法域内，诚信概念的内涵和适用是有区别的，尽管其中无疑有着某些共同含义。对合同法上诚信原则的含义，欧洲学者从积极肯定和消极反面两个方向，有如下描述：第一，不诚实均构成恶意；第二，当事人要言而有信；第三，当事人一方不得以不合理的方式或没有任何合法利益的情况下行为，致使对方利益受损，即所谓合同忠诚义务；第四，有时诚实信用恰恰意味着不允许当事人依赖或保持非合理状态，虽然这个状态是协议的结果；第五，诚实信用有时与权利不得滥用原则紧密联系在一起。②

我国民商立法一直将诚实信用明确为基本原则。《民法通则》第 4 条规定："民事活动应当遵循自愿、公平、等价有偿、诚实信用的原则。"《合同法》第 6 条规定："当事人行使权利、履行义务应当遵循诚实信用原则。"2017 年 10 月起施行的《民法总则》

---

① 徐国栋. 民法基本原则解释［M］. 北京：中国政法大学出版社，1992：5.
② ［德］莱因哈特·齐默曼，［英］西蒙·惠特克. 欧洲合同法中的诚信原则［M］. 丁广宇，等译. 北京：法律出版社，2005：486 – 487.

第 7 条规定："民事主体从事民事活动，应当遵循诚信原则，秉持诚实，恪守承诺。"金融商事领域的立法也多明文昭示。① 学术界同样对诚实信用原则给予高度关注。按照通说，诚实信用原则，本质上属于市场经济活动的道德准则，是道德准则的法律化。它要求人们在市场经济活动中讲究信用、恪守诺言、诚实不欺，在不损害他人利益和社会公益的前提下，追求自己的利益。② 作为民法一般条款，诚实信用的含义不限于其字面含义，它实际成为对司法者的授权性规范，是法官追求社会公正而解释或补充法律的依据。③

二、保险法上的诚实信用原则——最大诚信

保险是一种特殊的民商事活动，遵循诚实信用无疑也是基本要求。《保险法》第 5 条同样规定："保险活动当事人行使权利、履行义务应当遵循诚实信用原则。"但与一般诚信概念不尽相同，学说上，保险法上的诚实信用被赋予更高程度的意义，即所谓最大诚信（utmost good faith）。保险合同是最大诚信合同，最大诚信原则是保险法基本原则之一，此为我国保险和保险法学界的通说。④

最大诚信的提法源于英美法。通说认为，英国 1766 年的 Carter 诉 Boehm 案是对最大诚信原则进行表述的最早案例，主审法官曼斯菲尔德勋爵（Mansfield）关于该案的审理意见被认为是保险最大诚信概念最原始和最权威的论断。曼斯菲尔德指出：保险合同是一种射幸合同，偶然发生事故概率的计算，更多地依赖于被保险人，保险人依赖其陈述，并依赖被保险人未作保留而获取收益；诚信原则禁止任何一方通过隐瞒其私下了解到的情况，来使对方基于对该事实的不知和对相反情况的相信而参与交易；被保险人未向保险人如实披露相关重要事实的行为构成对最大诚信义务的违反，保险人的隐瞒属于欺诈行为，保险单因而无效。英国《1906 年海上保险法》第 17 条规定："海上保险合同是基于最大诚信的合同，如果任何一方没有遵守最大诚信，另一方可以宣告合同无效。"这是最大诚信原则在成文法上的最早体现，并为后世英美法系的海商法所借鉴沿袭；实际适用中，最大诚信原则也逐渐从海上保险扩展到所有保险合同。美国的立法和司法在继受英国保险法传统的同时，也继受了最大诚信义务，并进行了进一步的发展完善。大陆法系国家，一向将诚实信用作为民商法律的"帝王条款"，保险活动的一切规则均在诚信原则统辖之下，因此其保险立法很少明确规定诚信或最大诚信原则，相关论述主要存在于学界。⑤

就含义界定而言，我国保险法教科书一般强调保险合同当事人在合同订立和履行中，必须以最大的诚意履行义务，互不欺骗和隐瞒，恪守合同约定，否则会影响合同的成立乃至效力延续。⑥ 有学者将保险法上（最大）诚信原则的本质总结为：从正向看，

---

① 如《商业银行法》第 5 条、《证券法》第 4 条、《信托法》第 5 条、《担保法》第 3 条等。
② 梁慧星. 民法总论［M］. 北京：法律出版社，2007：258.
③ 龙卫球. 民法总论［M］. 北京：中国法制出版社，2002：58.
④ 对此通说较系统的整理和反思，参见任自力. 保险法最大诚信原则之审思［J］. 法学家，2010（3）.
⑤ 任自力. 保险法最大诚信原则之审思［J］. 法学家，2010（3）：108 - 109.
⑥ 韩长印，韩永强. 保险法新论［M］. 北京：中国政法大学出版社，2010：51.

其本质是以善意真诚、守信不欺、公平合理等伦理道德为内容的强制性法律原则；从反向看，保险法上的"恶意"行为，是指行为人有意或者过失作出某种行为，不诚实地损害他方当事人利益的行为。① 这些表述似乎并未体现出最大诚信的特别之处。我们认为，我国的学说之所以坚持最大诚信概念，更多的可能是基于对保险制度渊源的尊重。论著在分析最大诚信的理论基础时，多是从投保人如实告知和披露义务出发，强调保险合同的射幸性、双方当事人的信息不对称等保险关系的特殊性。② 也有观点认为，保险合同之所以称为最大诚信合同，并非其与诚信内容有所不同，而是指保险合同诚信范围更广，如合同订立前就需要披露保险标的有关情况，以及对保险双方尤其是被保险人诚信的要求高于一般合同，才能防止逆选择。③ 因此，谈论最大诚信原则，相当程度上，仍然是受当年英美法的源头影响。尽管两个半世纪以前英国曼斯菲尔德法官的判例意见和《1906 年海上保险法》，都指出最大诚信是对合同双方的要求，但相当长历史时期内，最大诚信主要是对投保人和被保险人的要求，成为单边义务。④ 历史发展到今天，保险合同双方都应遵循诚实信用的要求，早已成为共识，无论作为原则还是具体规则，现代保险法所讲诚信或最大诚信，与当年不可同日而语。可以说，就现代保险法理念而言，最大诚信原则与诚信原则的本质无异，几可互相替代。⑤

最大诚信原则彰显了保险法的价值理念，但它本身并非可以直接适用的行为规则和裁判依据。"即使那些形式上用法条明确宣示的法律原则，如果还没有达到可以涵摄案件事实的那种真正意义的法条程度，仍然不能直接适用。"⑥ 因此，最大诚信原则，必须具体化为可以涵摄具体保险法律关系事实的规则，或者说被法律具体法条承载，才可以获得具体实现。一般认为，保险法上的如下规则是最大诚信的主要体现：投保人如实告知义务、保险人条款说明义务、保证制度、弃权和禁止抗辩等。以下结合我国《保险法》的规定，对如实告知义务与条款说明义务进行论述，探究最大诚实信用精神在其中的发挥与体现。⑦

三、投保人如实告知义务

（一）如实告知义务的含义和特点

保险关系是一种风险的转移，围绕保险标的产生的承保风险和提供的保险服务，风

---

① 梁鹏. 保险人抗辩限制研究 [M]. 北京：中国人民公安大学出版社，2008：21.
② 李玉泉. 保险法（第二版）[M]. 北京：法律出版社，2003：56；韩长印，韩永强. 保险法新论 [M]. 北京：中国政法大学出版社，2010：53.
③ 徐蓉. 保险中的诚实信用原则对如实告知义务的要求 [J]. 社会科学研究，2003（6）.
④ 梁鹏. 保险人抗辩限制研究 [M]. 北京：中国人民公安大学出版社，2008：26.
⑤ 有学者甚至认为最大诚信原则之称谓在理论和实践上均存在巨大的潜在危害性，应当以诚信原则取代之。参见任自力前述文《保险法最大诚信原则之审思》。其实，鉴于我国保险业所处的初级阶段，今天提及保险的最大诚信，毋宁是对保险业提出的更高要求，与保险历史上的最大诚信内涵可谓迥然不同。
⑥ 龙卫球. 民法总论 [M]. 北京：中国法制出版社，2002：63.
⑦ 从世界范围看，保证制度呈衰落之势，我国《保险法》对保证制度无任何规定，《海商法》第 235 条也仅是认可海上保险合同中可以约定保证条款。弃权与禁止抗辩是英美保险法上通过司法判例发展起来的重要制度，我国《保险法》上有些规定与其精神有相通之处，但并无对应概念和规则。鉴于此，本书对上述制度不进行专门论述。

险的接受者即保险人和风险的转移者即投保人（被保险人）彼此分别存在信息不对称。其特殊性在于，一方对于自己权利的把握是否确定很大程度上依赖于对方的承诺是否真实充分。换言之，对于保险关系，当事人彼此之间需要更高程度的诚实信用，所谓最大诚实信用原则构成保险合同的基础。对保险人来说，其承保的风险是未来可能发生的。由于保险标的来自于投保人或被保险人一方，影响和判断保险标的风险的各种客观因素一般掌握在投保人那里；保险人对于风险标的的了解，对所承保的风险责任的评估，主要基于投保人的信息提供。因此，为保证双方意思表示的真实，投保人应当将有关保险标的的各种事实情况对保险人进行告知和披露，此即保险法上的投保人如实告知义务。

如实告知义务是各国保险法的一个重要规则。如实告知义务最早源于海上保险。一般认为关于告知义务的较系统的阐述始于前述英国 1766 年的 Carter 诉 Boehm 案。英国《1906 年海上保险法》将其成文化。如实告知义务产生之初，就是针对投保人或被保险人的要求，而且主要适用于保险合同订立阶段。保险合同履行过程中的告知义务以及保险人一方的诚信义务，是在历史发展进程中逐渐得到重视和加强的。一般所谓的如实告知，是在狭义上使用的，指投保人的告知义务。

与一般的合同义务比较，如实告知义务有如下特点：第一，它是一种保险合同中特有的民事义务类型。一般合同中也有欺诈和错误陈述等有关告知的问题，但其只是基于一般的诚信原则，与合同的效力一般没有必然关系。而如实告知义务是基于一种最大程度的善意和诚信要求，它构成一个保险合同有效成立的基础。所谓保险法上的最大诚信原则，其主要体现就是如实告知义务。第二，它是一种法定义务。鉴于事实告知对于保险关系的决定性意义，保险立法一般都对告知义务作明确规定，使之成为一种当事人必须履行的法定义务。无论大陆法系还是英美法系的成文法大都对此设有明文，我国《保险法》第 16 条即是对如实告知义务的系统规定。第三，它本质上是一种前合同义务。从制度渊源上讲，如实告知主要发生在合同订立时，从合同法理论上讲，应当属于前合同义务。当然，现代保险立法和理论也有将保险合同履行期间关于危险增加情况的通知视为告知义务的延伸，如此则为告知义务的扩张。第四，它是一种不真正义务。如实告知是基于最大诚信原则的一种附随义务，投保人未履行如实告知义务时，保险人无法强制其实际履行，一般也不得请求损害赔偿，而只能解除合同或免予承担保险责任，违反方只是承担权利减损或利益丧失的不利后果。因此，法理上告知义务属于不真正义务，对当事人形成一种非利益的法律约束。[①]

（二）如实告知的范围：重要事实

保险合同订立时，投保人有义务将保险标的的有关情况向保险人进行如实说明和陈述。但作为一种制度安排，将有关保险标的所有的事实情况都进行告知，既不可能，也无必要；作为一种法定义务，投保人如实告知的范围应当有一个合理的界定。综观各国的立法与实践，其共识可以概括为：投保人应当如实告知的乃是其所知道的"重要事实"。如典型的英国《1906 年海上保险法》第 18 条（1）规定："在合同订立前，被保

---

① 刘学生. 如实告知义务研究［M］//王利明. 合同法评论（第 1 辑）. 北京：人民法院出版社，2004.

险人必须将其所知道的各种重要情况（material facts）告知保险人""如果被保险人没有进行这样的告知，保险人可以取消合同。"① 因此，如实告知义务的一个核心问题是确定哪些事实情况属于"重要事实"，投保人对其负有向保险人告知的义务。

根据各国法律实践以及理论上的共识，所谓重要事实，是指能够影响保险人决定是否承保或以何种费率承保的各种客观事实和情况。我国保险法关于如实告知范围的规定，同样采取了上述原则标准，即只有投保人未告知的事实"足以影响保险人决定是否同意承保或者提高保险费率的"②，保险人才有权解除合同。所谓"足以影响"应当理解为该事实对保险人的承保决定具有实质影响，即如果保险人因投保人未进行告知而不知晓该事实，他的承保行为会违背其真实意愿，而如果保险人知道该事实则将拒绝承保或提高费率水平。例如，投保机动车辆保险，车的用途是家庭自用还是营业使用，如作为出租车，对于保险人风险评估、费率适用是有实质影响的，如果投保人隐瞒或者误告了车辆使用性质，则视为违反了如实告知义务，保险人可以解除合同。但是，车辆的颜色，对于保险人是否承保和决定适用何种费率并没有影响，因此，即使投保人错误告知了车辆颜色，保险人也不得解除合同，因为该情况并非重要事实，不在投保人告知义务范围内。美国纽约州《保险法》则更明确规定，除非保险人如了解到该不实陈述的事实会导致其拒绝达成合同，否则不能被看做对重要事实的不实陈述。③

此外，采用当事人哪一方的标准来判断一个客观情况的重要性，对当事人的权利义务影响甚大。对一个具体的纷争来说，未告知的事实是否"足以影响"保险人，应当以谁的标准判断，是个重要的事实认定问题。如英国法上曾先后采用所谓"特定的被保险人标准""特定的保险人标准"和"谨慎的保险人标准"等认定原则，"谨慎的保险人标准"（prudent insurer test）为英国《1906年海上保险法》所采纳，并为后世许多国家的保险法所效仿，成为告知义务适用中判定事实重要性占据主导地位的规则。我们认为，"足以影响"是针对保险人的判断，逻辑上说，采用审慎的保险人标准是可行的，但基于利益平衡，同时考虑投保人一方的判断能力和合理期待可能更为合理。④ 当然，特定案例中进行判断，还应当综合各种具体情势具体分析。

（三）主动告知和询问告知

传统上，自英国《1906年海上保险法》开始，投保人告知义务的适用相当严格，其中的一个体现就是所谓无限告知，即投保人应当主动履行告知义务，无论保险人询问与否。在保险业发展的早期和海上保险等特殊领域，主动告知是有必要的。如我国《海商法》第222条规定，合同订立前，被保险人应当"将其知道的或者在通常业务中应当知

---

① 其他立法例，可参见德国《保险契约法》第19条，意大利《民法典》第1892条，日本《保险法》第4条、第37条、第66条，俄罗斯《民法典》第944条，我国台湾地区"保险法"第64条等。
② 参见我国《保险法》第16条第2款；《海商法》第222条。
③ 转引自陈欣．保险法［M］．北京：北京大学出版社，2000：58．
④ 至少在理论上，"谨慎的保险人标准"提供了一种独立于实际当事人尤其是保险人意志的客观可行的衡量工具。然而，由于它和所谓"专家证据"（expert evidence）在实践中的广泛结合，在许多方面，这种认定标准却主要偏向了保险人的立场。参见 Semin Park，*The Duty of Disclosure in Insurance Contract Law*，p. 75，Dartmouth publishing company，1996。

道的"重要情况，如实告知保险人，并不以保险人的询问为前提。但现代的保险立法和行业惯例，投保人告知义务呈现逐渐减轻的态势，保险人将需要知道的重要事实尽可能明确提出询问是现代保险业的发展趋势。[①] 我国即采取了询问告知的立法例，《保险法》第 16 条第 1 款明确规定："订立保险合同，保险人就保险标的或者被保险人的有关情况提出询问的，投保人应当如实告知。"因此，投保人如实告知义务的前提是保险人要进行相关的询问，保险人没有询问的情况，投保人没有告知，不构成违反告知义务。实务中，保险人的询问大都采取书面形式，如投保单上需要投保人填写的有关问题清单或者单独的询问表。

值得讨论的是，保险人提出询问的问题是否意味着都是重要事实？有观点认为只要保险人具体询问的情况就应当推定为是重要事实，投保人对任何询问的隐瞒或不实回答，都构成违反告知义务。[②] 我们认为，这种理解过于机械。询问告知的目的在于增强告知义务的可操作性，利于举证，减少纠纷；重要事实当然应包括在保险人询问的情况之内，但对具体问题的判断，仍然应当遵循前述重要事实的认定标准，不能望文生义。[③] 尤其是实务中，保险公司询问表的范围非常广泛，往往包含诸如"其他应告知事实"之类的兜底条款，正确认识这一点对于防止保险人权利滥用尤其重要。

（四）　如实告知事项的排除

即使明确了重要事实的认定标准和范围，其中关于保险标的有些事项和信息仍然不能或不必由投保人承担告知义务，换言之，下列情形下，投保人相应的告知义务可以免除。[④]

首先，投保人不知道的重要事实是不需要也不可能告知的。显而易见，投保人应当告知的重要事实是他已经知道或应当知道的。所谓应当知道，主要适用在商事保险情形，比如英国《1906 年海上保险法》就明确指出，"被保险人被视为知道每一个重要情况，这些情况在其一般业务过程中应当为其所知"。

其次，保险人知道或应当知道的重要事实投保人不必告知。这包括保险人已经知道和推定其应当知道的情况。保险人被推定知道公共信息和常识，以及在其一般业务过程中应当了解的情况。[⑤] 比如对一个海上保险的承保人来讲，海啸预报就是他自己应该关注和了解的。这实质上是减轻了投保人的告知义务负担，尤其是保险事故发生后，保险人不得以投保人未告知其实自己知道的事实为由而对抗对方的保险索赔，防止权利滥用。

再次，对保险人的影响为正面的重要事实不必告知。所谓重要事实，是对保险人决

---

① 立法上明确采取询问告知模式的有日本《保险法》、我国《保险法》及我国台湾地区"保险法"等。英国 2015 年《保险法》也部分采取这一原则，要求保险人为判断风险应当主动清楚地向被保险人询问所需信息。

② 陈欣. 保险法（第三版）［M］. 北京：北京大学出版社，2010：64.

③ 我国《保险法》第 16 条是对于如实告知义务规则的完整规定，应当体系化理解，结合该条第 1、2 款，此解为应有之义。

④ 刘学生. 如实告知义务研究［M］//王利明. 合同法评论（第 1 辑）. 北京：人民法院出版社，2004：60 - 61.

⑤ 参见英国《1906 年海上保险法》第 18 条—（3）—（b）；英国 2015 年《保险法》第 3 条第 5 款。

定是否承保和以何种保险费率承保有影响的那些客观情况，其潜在含义是，与不知该事实的状态对比，如果知道该事实，保险人将会要么拒绝承保，要么提高保险费率或增加承保条件。换言之，应当告知的事实对保险人的影响是负面的，比如会增加保险标的的风险程度，加大保险事故发生的概率，或者更容易被恶意索赔。当一个事实情况可以减轻保险标的风险，降低保险事故发生率，使保险欺诈的可能更小，保险人在不知的情况下作出的承保实际上更加有利，那么这些情况，投保人也不必要进行告知。严格地说，这种事实就不属于"重要事实"。

最后，保险人放弃或双方约定排除的重要事实不必告知。如前所述，如果采取询问告知主义，则意味着未经询问的事实则无须告知。虽然在理论上，这并不能必然免除投保人对询问范围之外重要事实的告知义务，但将需要知道的情况明确提出询问，是现代保险业的发展趋势。因此，未经询问很可能将成为投保人免除告知义务的一种抗辩理由。理论上讲，当事人不可以自行免除如实告知的法定义务，但由于告知义务实质价值在于当投保人违反此义务时，赋予保险人相应的救济权利，因此，只要双方同意，保险合同完全可以约定排除某种事实的告知义务，或者约定排除保险人的解除权或免责等救济权利。本质上讲，这种约定是一种权利放弃，与法定的告知义务并不冲突。①

（五）如实告知义务的违反及其后果

1. 投保人的主观过错。传统上，认定投保人或被保险人违反如实告知义务，并不考虑投保人或被保险人未予告知的主观动机和客观环境，投保人的行为是故意、过失还是无意的，无关紧要。随着现代保险业的发展，科学技术和保险承保技术的进步，对投保人的严格告知义务逐渐有所放宽，英美法的一些判例甚至认为只有投保人或被保险人故意不告知或故意隐瞒，保险人才可以撤销合同或免除保险赔偿责任。现代保险法认定投保人违反如实告知义务，以投保人存在故意或过失为要件。我国保险法关于如实告知的规则也明显体现了过错归责的精神，此为平衡保险人与被保险人的利益所必须，体现了法律的公正和公平。

根据《保险法》第16条第2款，投保人故意或者因重大过失未履行前款规定的如实告知义务，足以影响保险人决定是否同意承保或者提高保险费率的，保险人有权解除合同。结合如实告知义务在我国保险法上的演进，有两点值得指出：其一，投保人轻微过失未履行告知义务不视为违反告知义务，保险人不得解除合同。此与减轻告知义务负担的潮流相符，值得赞赏。其二，无论是故意还是重大过失不履行告知义务，其未告知的范围都应是"足以影响保险人决定是否同意承保或者提高保险费率"的重要事实，不符合此判断标准的事实情况，即使故意没有告知，投保人亦不属于违反告知义务，保险人不得为抗辩而解除合同。此亦为2009年修改后《保险法》进一步完善之处。②

---

① 在英国，这个问题引起商业便利与学术困境上的争论。参见 John Birds & Norma J Hird. *Modern Insurance Law*, p. 110, London, Sweet & Maxwell, 2001。

② 2009年修订前的原《保险法》只是对投保人过失不告知情形，将告知范围限定在"重要事实"，对投保人故意不告知则无此范围限定。因此，只要出于故意，投保人对任何事项和情况的隐瞒误告都构成告知义务违反，承担不利后果。此规则对投保人相当严苛。参见原《保险法》第17条第2款。

2. 保险人的救济权利。投保人违反告知义务，影响到保险人对该合同整体承保风险的评估，为保护保险人的利益，应当赋予其相应的救济权利。对此，除少数立法例将保险合同自始归于无效外，大多数国家和地区保险法是赋予保险人享有撤销或解除保险合同的权利，如英国、德国、意大利、日本及中国台湾地区。我国《保险法》采取主流模式，规定投保人违反告知义务，保险人享有的第一救济权利即为合同解除权。从尊重当事人意思自治的角度，赋予保险人合同撤销权或解除权比宣告合同无效的救济方式更为合理。

依据我国《保险法》的规定，投保人违反如实告知义务，无论是否已有保险事故发生，保险人都可以解除合同。保险合同解除，双方权利义务以恢复原状为原则，已交付的保险费一般应当返还给投保人；为体现对投保人故意行为的惩罚，投保人故意违反告知义务的，已交付的保险费保险人可不予退还。

投保人没有告知重要事实，保险事故发生后，保险人仍有权解除合同，但对已经发生的保险事故是否应当承担保险赔偿或给付责任，是需要解决的问题，也是实务中最关涉当事人利益之处。对此，我国《保险法》区别投保人的过错程度而分别采取不同的处理规则，颇具特色。根据《保险法》第 16 条第 4 款、第 5 款，投保人因重大过失未履行如实告知义务，"对保险事故的发生有严重影响的"，保险人对于合同解除前发生的保险事故，不承担保险责任。这意味着，投保人过失未履行告知义务，如果对保险事故发生没有影响或只有轻微影响，则保险人仍要承担保险赔偿或给付责任。但是对投保人故意不履行告知义务的情形，保险人不承担保险责任，无论未告知的事实对保险事故发生有无影响，不要求因果关系这个条件。在保险费的返还上，也因投保人的故意或过失而不同。对前者，保险人不承担保险责任，并不退还保险费；对后者，保险人不承担保险责任，但应当退还保险费。可见，我国《保险法》关于保险人救济权利的安排，既考虑投保人的主观过错程度，同时又考察告知义务违反与保险事故之间的因果联系，且行使解除权与承担已经产生的保险责任并不必然排斥，制度设计理念值得肯定。[①]

值得探讨的是，保险人对保险责任的承担与否，是否可以跳出"全有或全无"（all or nothing）的局限，而采取一种更合理和灵活的解决办法。国外有些立法采取的比例赔付规则值得借鉴，即投保人非欺诈性地或一般过失违反告知义务，发生保险事故的，保险人按照违反告知情形下实际收取的保险费与若如实告知应当收取的保险费的比例，对被保险人进行保险金赔付。[②]

---

① 对于故意违反告知义务，保险人不承担保险责任是否以存在因果关系为条件，各国立法不一。如德国、日本、我国台湾地区采取肯定原则；意大利和我国则采取否定原则，即无论是否存在因果关系，保险人都不承担保险赔偿责任。鉴于实践中保险人主张权利大都是在保险事故发生以后，本身也存在逆选择的道德风险，笔者认为除非投保人之故意构成明显恶意或欺诈，不能完全排除因果关系因素对故意不告知情形的适用。

② 韩长印，韩永强. 保险法新论［M］. 北京：中国政法大学出版社，2010：59. 相关立法例参见法国《契约法》第 113 - 9 条、意大利《民法典》第 1893 条、澳大利亚 1984 年《保险契约法》第 28（3）条等。具体规则各国不尽相同，如法国法是按照已交保费和应交保费的比例实际承担保险责任，而澳大利亚则是保险人应承担已发生的保险赔偿责任，但可以从保险金中扣除应收的保费。2015 年英国《保险法》对此亦有重大突破，摒弃了《1906 年海上保险法》确立的合同自始无效的救济方式，而是区分被保险人违反义务的主观过错程度，对保险人的"违约救济"进行了细化，其中包括"按比例扣减"索赔额的处理方式。

3. 保险人解除权的行使期限。为维持交易秩序，督促权利人及时行使权利，各国立法对于保险人的合同解除权或撤销权都设有行使期限，超过期限不行使则权利丧失，不得再以投保人未履行告知义务而拒绝承担保险责任。如依德国法、日本法，该期限为1个月，自保险人知道该告知义务的违反或知悉解除原因时起算；依意大利民法，保险人解除权的期限则为3个月。我国《保险法》原先对保险人基于投保人违反告知义务而享有的合同解除权没有规定行使期限，是很大的立法缺陷。现行《保险法》第16条第3款则明确规定，保险人的合同解除权，应自知道有解除事由之日起，超过30日不行使而消灭。自保险合同成立之日起超过2年的，保险人亦不得解除合同。因此，投保人未如实告知，保险人因此行使合同解除权的期限为30日，逾期不行使，解除权消灭。此为一般权利期限，应当有权利人得以为之的起算点，即"知道有解除事由之日起"，实践中，应当理解为自知道投保人未履行告知义务起。如果因主客观原因，保险人长期不知晓投保人未履行告知义务的事实，合同解除权也不能无限期存在，根据本条，此时有一个最长期限，即2年，自保险合同成立之日起计算，属于客观有效期限。理论上，合同解除权属于形成权，保险人合同解除权的行使期限，属于除斥期间，保险人未在法定期限内行使解除权，则实体权利消灭。

保险人合同解除权的最长行使期限为2年，可以理解为解除权的最长除斥期间，是对30日的一般除斥期间的补充。此规则是对大陆法系相关保险立法例的借鉴，具体期限则不同，如德国为10年，日本为5年，韩国为3年，中国台湾地区为2年。从规范目的上看，此规则与英美法上的不可抗辩条款也异曲同工。[①] 所谓不可抗辩条款，主要存在于人寿保险合同和其他长期性的人身保险合同，属于一种责任限制条款，它把保险人可以因投保人或被保险人不告知、不实陈述、隐瞒、违反条件等享有的使合同无效或其他抗辩的权利限制在一定时段以内，一般为2年，2年以后，该保险合同视为不可争议的，保险人不能再基于上述事由对抗被保险人的索赔主张，不得对保险单的有效性提出争议。不可抗辩条款，广泛运用于寿险合同中，其目的是保护被保险人或受益人能够对抗保险人合同无效的抗辩，同时保护被保险人和受益人的合理期待。现行《保险法》设定保险人合同解除权的最长期限，既是反映和解决现实问题，也是对发达国家立法和行业惯例的有益借鉴。值得注意的是，与英美法的不可抗辩条款相比，我国《保险法》规定的"两年"期限，是对保险合同的一般规定，不仅适用于人身保险合同，也适用于财产保险合同。不过，由于财产保险主要为短期险种，一般不会超过2年，因此，所谓"不可抗辩条款"极少有机会可以适用到财产保险。

（六）投保人的抗辩：保险人的权利限制

投保人未履行告知义务，保险人依法享有救济权利，可以解除合同，并且对发生的保险事故免予承担保险责任。针对保险人的救济权利或者抗辩，在某些情形下，投保人也享有相应的抗辩或反抗辩。

---

① 对《保险法》第16条第3款的详细解读，可参见刘学生．论不可抗辩规则［M］//谢宪．保险法评论（第三卷）．北京：法律出版社，2010.

综合上述分析，结合法理，针对保险人解除合同或责任免除的主张，投保人、被保险人或受益人一般可有如下抗辩事由：未告知的情况不属于重要事实，未告知的事实未经保险人询问，未告知的事实为投保人不知道或不可能知道，未告知的事实对承保的影响是正面的，未告知的事实为保险人所明知或应当知道的，等等。

《保险法》第 16 条第 6 款规定，保险人在合同订立时已经知道投保人未如实告知的情况的，保险人不得解除合同；发生保险事故的，保险人应当承担赔偿或者给付保险金的责任。告知义务本质在于保险人充分了解信息，正确评估风险，确定承保条件，如果有关情况已为其所明知，基于风险管理的自身要求和诚信原则，保险人应主动作为，否则视为权利放弃。此规则实质上是减轻了投保人的告知义务负担，促进保险人的勤勉尽责，充分考虑了利益平衡，值得赞赏。而此立场早已为司法机关所认可和采纳。最高人民法院《关于审理海上保险纠纷案件若干问题的规定》第 4 条规定："保险人知道被保险人未如实告知海商法第二百二十二条第一款规定的重要情况，仍收取保险费或者支付保险赔款，保险人又以被保险人未如实告知重要情况为由请求解除合同的，人民法院不予支持。"国外立法亦有此例，如日本法和韩国相关立法都有"保险人已知该事实或因过失不知时"，保险人不得解除合同的规定①，比我国法的规定更为严格。此规则与英美法上的弃权和"禁止反言"制度颇有类似，都是对保险人某些作为或不作为赋予一定效力，侧重保护投保人、被保险人一方的信赖和期待，真正将最大诚信原则贯穿到具体订约和履约行为中。

四、保险人条款说明义务

（一）条款说明义务的含义及其理论基础

条款说明义务，是指保险合同订立时，保险人应当将保险条款内容，尤其是其中的保险人免责条款，对投保人进行陈述说明、提示和解释的义务。该义务源于我国《保险法》第 17 条规定："订立保险合同，采用保险人提供的格式条款的，保险人向投保人提供的投保单应当附格式条款，保险人应当向投保人说明合同的内容。对保险合同中免除保险人责任的条款，保险人在订立合同时应当在投保单、保险单或者其他保险凭证上作出足以引起投保人注意的提示，并对该条款内容以书面或者口头形式向投保人作出明确说明；未作提示或者明确说明的，该条款不产生效力。"依据该条规定，条款说明义务实际上包括两个层次：一是一般条款的说明义务，即对保险合同条款的一般内容，保险人对投保人负有一般说明义务；二是免责条款的提示和明确说明义务，即保险合同中免除保险人责任的条款，保险人首先应当对投保人进行合理提示，同时对其内容进行明确说明。这两个层次的义务强度也有所不同。违反一般说明义务，法律未规定不利后果，此义务可视为一种倡导性规定；② 违反免责条款明确说明义务，该条款不产生效力，无疑属强制性义务规范。与如实告知义务类似，条款说明义务也是一种法定义务、先合同

---

① 参见日本《保险法》第 28 条、第 55 条、第 84 条，韩国《商法典》第 651 条。

② 对此理论上有不同主张。有观点认为保险人应按照合同法规定，适用缔约过失责任或重大误解撤销或变更合同规则。参见韩长印，韩永强．保险法新论［M］．北京：中国政法大学出版社，2010：64.

义务，也具有不真正义务的特征，但该义务的履行不以投保人询问或提出请求为条件，属于主动告知的义务。

保险人条款说明义务的理论基础，可以从两个方面分析：

其一，最大诚信之要求，是对最大诚信原则的发展。实践上看，长期以来，最大诚信要求被单方面约束投保人和被保险人一方，尤其订约时投保人对保险标的重要事实的如实告知是保险合同成立以及保险机制正常运转的前提，早期的观念和实务也就更强调被保险人的诚信。但从最大诚信的内涵看，无论是当年曼斯菲尔德的阐述还是英国《1906 年海上保险法》的规定，最大诚信都应是对被保险人与保险人的共同要求。随着时代的发展，自 20 世纪 80 年代开始，学说和司法判例开始真正重视保险人对被保险人所应负的诚信义务。① 我国有学者从当事人权利义务对等性、保险人特殊地位、保险作为一种商品及保险条款内容复杂难懂之要求四个方面论述了最大诚信约束保险人之依据。② 而在立法上，我国《保险法》更是走在了前沿。1995 年颁布施行《保险法》时即已规定了保险人的条款说明义务。我们可以遵循与如实告知义务同样的最大诚信的法理基础来分析该规定。正如保险人是基于信赖投保人对保险标的的如实告知而接受承保，投保人相当程度上也是信赖保险人对其保险产品的解释或说明而投保的，只有如此，双方订立的保险合同才是意思表示真实一致成立的。因此，可以说，针对保险人设立的保险条款的说明义务，是投保人对保险标的如实告知义务的对等规则。如有学者所言，保险法设立这两个义务的目的"均在于平衡当事人之间的信息不对称，维护公平交易赖以实现的解除条件"。③ 通说更是将我国《保险法》确立的保险人条款说明义务，尤其是免责条款的明确说明义务视为创新之举，发展和超越了最大诚信义务的传统规则，开世界保险立法之先河。④

其二，格式条款规制之要求，以体现契约自由与实质公正的协调。众所周知，保险合同是典型的附合合同，保险合同内容主要体现为格式化和标准化的保险条款，属于保险人预先拟定好单方提供给投保人和被保险人的保险产品。而鉴于格式条款之特点，民商立法向来对针对格式条款设定特殊调整规则，以规制弊端，平衡条款提供方和接受方的利益，追求形式上的契约自由与实质合同公平的协调一致。订约时的条款说明义务是格式条款规制的规范体系之一环。保险条款内容一是专业性较强，保险人作为专业经营者，对保险条款的术语和含义更加了解；二是保险条款由保险人预先制定，存在利用优势地位损害被保险人利益的可能，尤其是其中的保险人免责条款更是对被保险人利益关系甚大，在保险合同订立时，由保险人对保险条款内容，尤其是免责条款在订约时进行解释说明，以供投保人和被保险人了解明晰合同含义，进行缔约与否的选择。比较我国

---

① 20 世纪 80 年代末 90 年代初英国发生的 Skandia 案例，关于诚信义务适用于保险人或者说保险人也应履行告知义务的认识似乎才真正具有了实际意义，尽管初审法院的开创性判决并未得到上诉法院的支持。参见 John Lowry & Philip Rawlings, *Insurance Law*, p. 91, Hard Publishing, 1999。

② 梁鹏. 保险人抗辩限制研究 [M]. 北京：中国人民公安大学出版社，2008：29 – 31.

③ 韩长印，韩永强. 保险法新论 [M]. 北京：中国政法大学出版社，2010：61.

④ 覃有土，樊启荣. 保险法学 [M]. 北京：高等教育出版社，2003：174.

《合同法》第39条规定、《保险法》第17条规定的保险条款说明义务，比一般格式合同的说明义务更加严格，既不需投保人提出要求，同时要求说明的范围更广、形式更多，未说明的后果更严重。[①]

（二）条款说明义务的范围

保险合同为投保人与保险人约定权利义务的协议。从法律行为讲，投保人不可能对合同内容一无所知，从交易成本考量，亦不必要对所有事项一一解说。《保险法》对保险人设定条款说明义务，但说明义务针对的合同内容范围无疑应当有必要的限定。结合立法、法理及司法实践，条款说明义务的范围应当把握以下几点。

1. 应当限于格式化保险条款。无论是一般说明义务还是免责条款明确说明义务，其前提都是该合同是采用保险人提供的格式条款而订立。换言之，只有对格式化保险条款的内容才有条款说明义务适用之余地。如果保险合同中有关条款为当事人完全协商而成，如某些特约条款，投保人当然应当了解相关内容及其含义且已接受，若仍使保险人承担说明义务，既无必要也有失公允，因此，对非格式化条款要求说明义务欠缺法理依据，此亦为保险法所认可。此外，若合同所使用之保险条款为投保人一方或经纪人提供，即使构成格式条款，但既非保险人提供，也不得由保险人再担负说明义务。

2. 一般说明义务，理论上包括保险条款的所有内容，但不具可操作性；免责条款明确说明是保险人说明义务的核心。按照《保险法》第17条第1款文义，保险人一般说明的内容并无任何限定，则除免责条款由第2款明确说明义务履行外，其他内容都应进行说明。然而由于不具现实可操作性，尤其是立法并未明确规定违反该义务的后果，实务中保险人或其业务人员几乎不会真正履行此义务。事实上，一般条款说明义务，从来都是形同虚设，法院也不会援引其作为审判依据。[②] 此问题与其归咎于立法之漏洞，不如对条款说明义务进行体系化合理解释。我们认为，一般条款说明义务本来即为倡导性规定，保险人说明义务的着力点在于免责条款的明确说明。与如实告知的范围限定在关于保险标的的"重要事实"一样，保险人说明义务的范围也限定在保险人免责条款这一关系风险保障的重要内容。

3. "免责条款"的界定与除外。《保险法》第17条第2款规定保险人应当进行提示和明确说明的"免除保险人责任的条款"，对此免责条款的内涵和外延的认定，向来是理论和实务难题，保险行业和司法裁判莫衷一是。不少人认为，应仅指保险条款中除外责任或责任免除部分的内容；也有相当一部分人认为，应包括任何可以实质性免除或减轻保险人赔付责任的条款，包括除外责任条款以及保险人可以援以终止、解除保险合同或减轻、免除保险责任的条款。[③] 我们认为，界定免责条款范围，不能仅仅从概念文义出发，应当结合明确说明义务规则整体进行分析。从立法本意上看，将之限于责任免除

---

① 《合同法》第39条："采用格式条款订立合同的，提供格式条款的一方应当遵循公平原则确定当事人之间的权利和义务，并采取合理的方式提请对方注意免除或限制其责任的条款，按照对方的要求，对该条款予以说明。"

② 梁鹏. 保险人抗辩限制研究［M］. 北京：中国人民公安大学出版社，2008：180.

③ 有些地方法院采取此种立场，如《福建省高级人民法院民二庭关于审理保险合同纠纷案件的规范指引》（2010年7月12日印发）第17条。

或除外责任条款固然过窄,① 但将其扩展至所有包含有免除、减轻或限制保险人责任的条款内容,也不符合明确说明规则所追求的目的。尤其是未进行明确说明的法律后果是该条款自始无效,此规范构成要件本身即意味着须对免责条款进行必要的限定,法律解释和规则适用时,一些逻辑上或许涵盖的内容应当进行合理排除。综合各种观点以及最高人民法院司法解释的立场,认定明确说明义务所指的免责条款,应当注意以下几点。

(1)免责条款的含义。通说认为,免责条款是指保险格式条款中的责任免除条款、免赔额、免赔率、比例赔付或者给付等免除或减轻保险人责任的条款。法理上,所谓免责,应当以保险人应承担保险责任为前提,如果本就无须承担责任,则无所谓免除之说。因此,保险条款中的保险责任条款是确定保险人风险保障责任和承保范围的条款,是确定免除保险人责任条款的前提,故不属于免责条款。②

(2)投保人、被保险人违反法定或约定义务,保险人因此享有合同解除权的条款应当排除在免责条款之外。最高人民法院保险法司法解释明确规定,保险人因投保人、被保险人违反法定或约定义务而享有的合同解除权利的条款,不属于保险人明确说明义务所指的"免除保险人责任条款"。③ 其理由是认为合同解除条款虽然可能导致保险人不承担责任,但这是保险人解除保险合同的结果,而不是直接免除保险责任,故将其排除在免责条款外。④ 我们认为进一步的理由还在于,与其他免责条款不同,投保人、被保险人违反法定或约定义务,保险人享有的救济权利,即违法或违约行为的不利后果,是由可归责的投保人和被保险人承担,此类条款本身构成对投保人、被保险人的行为约束,与本来意义的免责条款意义不同,不应列入免责条款。从此理由讲,除解除权条款外,投保人、被保险人不履行法定或约定义务,保险人据以享有的保险人减轻或免除保险责任的条款,是否也应排除在免责条款之外,不无探讨余地。

(3)保险人法定免责条款不必进行说明。如果免责条款不过是将保险法或其他法律、行政法规中规定的保险责任免除或减轻的规则纳入合同条款,换言之是法定条款的载入,其意不过是重申或强调,即使不载入合同,保险人亦可依法主张;保险人未进行明确说明,法定规则亦不能失其效力。可见,这些法定免责条款,即使在一般意义上应进行提示和说明,但不应受"未明确说明即不生效力"的规则约束。保险法司法解释支持此见解,而且更进一步,认为保险人将法律、行政法规中的禁止性情形作为保险合同免责条款事由,保险人对此类条款作出提示后,被保险人一方不得以保险人未履行明确说明义务主张条款无效。司法解释的立场是,基于诚信原则,此情形下实际是减轻保

---

① 原《保险法》第18条规定明确说明的范围是"保险人责任免除条款",而2009修订之现行《保险法》将之改为"免除保险人责任的条款",当属有意为之,扩大了明确说明的条款范围。

② 最高人民法院民二庭. 最高人民法院关于保险法司法解释(二)理解与适用 [M]. 北京:人民法院出版社,2013:234.

③《最高人民法院关于适用保险法若干问题的解释(二)》(法释〔2013〕14号),第9条第2款。

④ 最高人民法院民二庭. 最高人民法院关于保险法司法解释(二)理解与适用 [M]. 北京:人民法院出版社,2013:232.

人对该类免责条款说明义务的举证责任。①

（三）　条款说明义务的履行

如前所述，一般条款说明义务为倡导性规定，实务中形同虚设，司法实践上也基本不予关注其履行与否。保险人说明义务的履行集中在免责条款的明确说明义务上，而明确说明义务其实包含两个步骤：一是免责条款的合理提示，即对该条款在投保单、保险单或者其他保险凭证上作出足以引起投保人注意的提示；二是对条款的内容以书面或口头形式进行"明确说明"。提示义务虽为《保险法》2009年修订时所增设，但学理上争议不大，实务上也易于掌握。一般来说，在投保单、保险单或其他保险凭证上，对保险人免责条款，以足以引起投保人注意的文字、字体、符号或其他明显标志作出提示的，即可认为履行了提示义务。

条款内容明确说明义务的履行，则始终存在操作上的困难，究竟如何程度才算"明确说明"，客观标准还是主观标准，如何举证，可谓众说纷纭。关于说明程度的标准，学理上一般认为应当采用"理性外行人标准"，即具有一般知识或智力水平的普通保险外行人，如果保险人的解释说明能使其了解条款含义，则视为达到明确说明要求。而在个案中也有必要适当兼顾具体被保险人的实际情况。② 而从实务角度，应当有些相对明确的操作方法和认定标准供保险行业和司法机关判断和参考，否则，明确说明义务会成为"不可能完成的任务"，或被不适当地滥用。

针对实务上的困境，司法机关和保险监管机构都曾对明确说明义务的理解和认定进行过探索性解释，基本上形成提示、适当方式解释说明、以普通人理解程度为限等几个原则性标准。③ 保险行业为应对保险纠纷案件中面对明确说明义务履行举证上的被动，有些公司在投保单中设计了"投保人声明"栏目，要求投保人签字盖章。声明一般包含类似措辞：保险人已经将免除保险人责任的条款，向我作了明确说明，我已对该保险条款的内容充分了解，同意按该保险条款与保险人订立保险合同。发生纠纷时，保险人将此声明及投保人的签字盖章作为义务履行证据。法院对此做法态度不一，多数法院认为仅此证据并不充分。

2013年最高人民法院颁布的保险法司法解释（二）在总结司法实践的基础上，首先，规定了明确说明的原则标准，即"保险人对保险合同中有关免除保险人责任条款的概念、内容及其法律后果以书面或者口头形式向投保人作出常人能够理解的解释说明的"，法院应当认定保险人履行了明确说明义务。其次，在明确义务履行举证责任由保险人承担的同时，对保险实务上的一些做法进行了有条件的认可，即投保人对保险人履

<hr />

① 《最高人民法院关于适用保险法若干问题的解释（二）》（法释〔2013〕14号），第10条；最高人民法院民二庭. 最高人民法院关于保险法司法解释（二）理解与适用［M］. 北京：人民法院出版社，2013：249.

② 梁鹏. 保险人抗辩限制研究［M］. 北京：中国人民公安大学出版社，2008：201.

③ 参见《最高人民法院研究室关于对保险法第17条规定的"明确说明"应如何理解的问题的答复》（法研〔2000〕5号）；2003年《最高人民法院关于审理保险纠纷案件若干问题的解释（征求意见稿）》；中国保监会《关于保险合同纠纷案件有关问题的复函》（2004年3月29日），以及江苏、浙江、福建等高级人民法院出台的审理保险纠纷案件的指导意见。

行了符合前述原则标准的明确说明义务在相关文书上签字、盖章或以其他形式予以确认的，应当认定保险人履行了该项义务，但另有证据证明保险人未履行明确说明义务的除外。[①] 应当说，司法解释的上述规定，兼顾了法理和现实需求，提高了明确说明义务的可操作性，有利于减少纠纷。保险人一方面在举证责任上有所减轻，但另一方面需要规范改进说明义务履行方式，以符合司法解释认定规则的构成要件。

（四） 条款说明义务违反的后果

保险人一般条款说明义务，为倡导性规定，并无法定不利后果可执行。保险人不履行免责条款明确说明义务，法定后果是"该条款不产生效力"，即未进行明确说明的那些保险人免责条款自始不产生效力，意味着该保险合同中不包括这部分格式化条款，或者说保险合同部分无效，这对保险人和被保险人利益有相当大的影响，某种程度上，甚至影响到一个保险合同存在的基础，实务中可能一个保险原理上完全成立的免责条款，由于明确说明这一程序性义务的违反，而无法成为保险人的抗辩依据。正因为如此，一方面，明确说明义务被认为是我国《保险法》的创举；另一方面，这种严格的不利后果设计，也引起比较大的争议。有学者认为，该种规定将使所有免责条款均处于效力未定状态，会诱发纠纷，不利于保险业务发展，若保险人违反明确说明义务，投保人可行使解约权或通过条款不利解释原则得到充分保护，条款不生效的规定并无必要。[②] 但既为法所明定，明确说明义务应当得到尊重，实务操作方式的完善和司法认定标准的明确更有意义。

第二节　保险利益原则

一、保险利益原则的含义

保险利益（insurable interest），又称可保利益，是指投保人或被保险人对保险标的具有的法律上认可的利益。保险利益产生于投保人或被保险人与保险标的之间的经济联系。它是投保人或被保险人可以向保险人投保的利益，体现了投保人或被保险人对保险标的所具有的法律上承认的利害关系，即投保人或被保险人因保险标的未发生保险事故而受益，因保险标的发生保险事故而遭受损失。综合国际惯例和我国的立法，可以将保险利益表述为：保险利益是一种合法的经济利益，它反映了投保人或被保险人和保险标的以及承保危险之间的一种经济上的利害关系，它是一种合法的可以投保的法定的权利。[③]

事实上，无论学说还是立法，对保险利益内涵的认识不尽一致。主要有经济利益说

---

① 《最高人民法院关于适用保险法若干问题的解释（二）》（法释〔2013〕14号），第11条第2款、第13条。

② 覃有土，樊启荣. 保险法学［M］. 北京：高等教育出版社，2003：177. 更有学者认为此种规定并非善举，在已有不利于保险人的条款解释规则的条件下，其实没有条款明确说明义务存在的必要。参见邹海林. 保险合同的基本理论［M］//王保树. 商事法论集（第1卷）. 北京：法律出版社，1997：251.

③ 陈欣. 保险法（第三版）［M］. 北京：北京大学出版社，2010：43.

和利害关系说两种。经济利益说着眼于投保人或被保险人对保险标的所具有的经济利益，保险利益就是保险标的物上之价值，该价值可以金钱衡量和计算。利害关系说认为保险利益是投保人或被保险人对保险标的所具有之利害关系，此种利害关系包括经济上的利害关系和精神上的利害关系。由于经济利益说对人身保险中保险利益的解释力不够，而利害关系说可概括解释财产保险和人身保险中的保险利益，因此，该说为现代保险立法和学说普遍接受。我国《保险法》将保险利益明确定义为"投保人或被保险人对保险标的的具有的法律上承认的利益"①，有的学者认为，该规定兼顾了保险利益的利益性及合法性，是一种新的合法利益理论。② 我们认为，关于保险利益内涵的不同认识，其实并无本质分歧，这与立法和学说对人身保险中是否必需保险利益的不同立场和态度有关，对主张保险利益原则只适用于财产保险而不适用于人身保险者来说，以经济利益解释保险利益并无不妥；而即使承认人身保险适用保险利益要求，特定人身关系而产生难以经济利益衡量的精神上的利害关系，其在具体的人身保险合同中仍需体现为可以计量的经济价值即具体的保险金额。或许，根本的解决之道是对财产保险和人身保险两个领域的保险利益区别对待，各自界定，不必强求统一。我国《保险法》以法律上承认的利益概括，与其说是定义上的创新，不如说是一种立法智慧。

保险利益是保险法上的一个核心概念。保险利益作为保险法的基本原则之一，既影响到保险合同效力及保险金请求权的行使，也与保险法的诸多问题息息相关，可以说是保险制度的重要基石。

二、保险利益的功能及其对保险合同效力的影响

早期保险实务及保险法则，并无投保人或被保险人对保险标的的保险利益要求，因而引发以保险为赌博、谋财害命等严重违背保险机制真谛的流弊和道德危险。一般认为，最早确立保险利益原则的是英国的 1745 年《海上保险法》。该法规定："没有可保利益，或者除保单以外没有其他可保利益证明的，或者通过赌博方式订立的海上保险合同无效。"该法的颁布标志着保险利益原则作为一个法律规则的诞生。英国其后的海上保险法均坚持了对保险利益的要件要求，尤其是《1906 年海上保险法》，不仅规定没有保险利益的海上保险合同以及以保单自证保险利益的保险合同为无效，而且对保险利益的定义、保险利益须存在的时间及保险利益的种类进行了系统规定。③ 英国 1774 年《人寿保险法》则确立了人寿保险也须具有保险利益的规则。英美法系的保险立法大多沿袭英国传统，一般都将保险利益要件作为财产保险和人身保险的共同要求，不过在具体认定上有所不同。对财产保险，保险利益为被保险人对保险标的所具有的经济上可衡量之物质利益关系，人身保险利益则是基于投保人和被保险人之间的特定关系而形成的。④此外，保险制度初期是将保险利益作为某一主体得以成为投保人的资格要件，其后逐渐

---

① 《保险法》第 12 条第 6 款。
② 韩长印，韩永强. 保险法新论［M］. 北京：中国政法大学出版社，2010：40.
③ 英国《1906 年海上保险法》第 4 – 14 条。
④ 立法例可参见美国纽约州《保险法》第 3205 条和第 3401 条分别对生命保险利益和财产保险利益所作的界定。

扩展为被保险人或受益人索赔的要件。[1]

大陆法系保险法关于保险利益理论的发展，经历了一般性保险利益学说、技术性保险利益学说和经济性保险利益学说三个阶段[2]，体现了就保险利益的认定从所有权到其他权利类型乃至经济利益本质的发展过程，但其理论纯粹就损失补偿保险而言，绝少涉及定额给付即人寿保险，相关立法亦反映了此倾向，从而形成了有别于英美法系的保险利益适用原则，即反对人身保险适用保险利益规则，人身保险合同道德危险的防范采取被保险人同意要件主义。尽管如此，通常意义上，保险利益对人身保险仍有相当意义，保险利益原则仍不失为涵盖财产保险与人身保险的一项基本原则。

保险关系必须有保险利益存在，是保险法的一项基本原则，其功能或意义主要在于：

第一，避免使保险行为变为一种赌博。无保险利益存在则不构成保险。赌博是凭借单纯的偶然事件以决输赢而牟取不正当利益的行为，正因为赌博之标的与当事人之间不具备任何利害关系，有违公序良俗，多为法律所禁止。自保险诞生之日起，赌博就如影随形对保险形成威胁。赌博和保险均属射幸行为，但因为有保险利益原则的约束，保险才得以与赌博区别开来，否则，保险也难免沦为赌博。

第二，防范道德风险。道德风险是指投保人、被保险人或受益人为骗取保险金而违反法律或合同，故意造成保险事故和扩大损失的风险。如果允许投保人为没有保险利益的保险标的或被保险人任意投保，则保险事故发生不仅投保者无任何损失，还能获得高额的保险赔偿，极易诱发保险欺诈等道德危险。保险历史上，英国在没有确立保险利益原则之前，利用保险行为谋财害命的事情时常发生。确立保险利益原则后，可以尽量避免保险欺诈以及其他违法行为，保护被保险人或财产标的的安全，维护社会安定和公序良俗。

第三，限制赔偿程度，防止不当得利。损失补偿性保险中，保险的目的在于补偿被保险人因保险事故发生而遭受的经济损失，以恢复物质损失状况为目的，保险金请求权人不得借此获取不当得利。保险赔偿以保险事故造成的实际损失为限，而实际损失则以保险利益为基础认定；保险利益关系的存在可以正确评估被保险人受到的实际损失，从而合理限定保险赔偿的最高数额。

综上所述，对于保险机制和社会公众，保险利益原则可谓善莫大焉。因此，各国立法都将保险利益规定为保险合同生效或保险责任承担的必要条件，只有对保险标的具有保险利益的人才有投保的资格或者才有权请求保险赔偿，即所谓"无保险利益者无保险"。当然，由于保险利益在损失补偿性保险和定额给付性保险上的不同含义，其功能的发挥也呈现不同的状态。例如，禁止赌博和防范道德风险是在人身保险投保时着重发挥的功能，而限制赔偿程度、防止不当得利则是在财产保险中保险事故发生时要实现的功能。所以，保险利益要件的欠缺，对财产保险合同和人身保险合同的效力或保险金请

---

① 覃有土，樊启荣. 保险法学 [M]. 北京：高等教育出版社，2003：83.
② 江朝国. 保险法基础理论 [M]. 北京：中国政法大学出版社，2009：56.

求权的影响也不尽相同。依据我国《保险法》，对人身保险合同，投保人在合同订立时对被保险人不具有保险利益的，合同无效；对财产保险合同，保险事故发生时，被保险人对保险标的不具有保险利益的，不得请求保险金赔偿。[1]

三、财产保险合同的保险利益

财产保险的标的是财产及其有关利益，因此财产保险的保险利益就是被保险人对作为保险标的的财产及其有关利益所具有的某种合法的经济上的利害关系。财产保险的保险利益，应当是法律所允许的利益，以法律所明确禁止的或违反公序良俗所生的利益所投的保险应为无效；应当是可以货币衡量的经济利益，如果利益无法计算，则损失也无法以金钱补偿，保险的损失补偿作用无法达到；应当是确定的利益，无论是现有利益还是期待利益，保险事故发生时应当都是可以确定的，否则无从进行损失认定，保险赔偿无法实现。

（一）财产保险合同的保险利益的认定

财产保险的保险利益产生于当事人与保险标的的利害关系，因此根据财产保险合同主体和客体不同的法律关系，可将保险利益分为现有利益、期待利益、责任利益和合同利益等类型。一般来说，投保人或被保险人具有下列情形之一的，可认定有保险利益存在：

1. 对财产标的具有所有权或其他物权等。凡是对财产享有法律上的财产权利，无论是所有权，还是抵押权、留置权、经营权等其他物权，也不论此种权利是现有的还是将来的，都可认定有保险利益。

2. 对财产标的物依法占有、使用或保管。经济生活中，通常会出现当事人依法或依约定对他人所有的财产占有、使用或保管的情形。此时占有使用人或保管人对财产标的物的毁损灭失依法或依约也具有经济上的利害关系，应认定当事人有保险利益，可以就所占有、使用、保管的物进行投保。

3. 基于合同关系产生的利益。当事人根据彼此之间的合同，需要承担财产损失的风险时，则对该财产具有保险利益。如根据租赁合同或承揽合同，承租人或承揽人对租赁物、加工承揽物负有毁损灭失风险的，则承租人、承揽人对该标的物具有保险利益，可以投保。

4. 基于股权产生的利益。股东对于公司财产是否有保险利益，主要取决于股东对公司的责任形式。无限责任股东与公司关系密切，对于公司财产有管理、处分的权限，并对公司债务承担无限连带责任，因此应认定其对公司财产具有保险利益；而有限责任股东因为对公司的财产无管理、处分的权利，其对公司的责任承担较轻，应认为无保险利益为妥。但是，兼任董事、监事的有限责任股东，因其与公司关系密切，也可认为其对公司财产具有保险利益。[2]

5. 法律责任。自然人或法人依法对他人承担的赔偿责任，也是一种保险利益。当事

---

[1] 《保险法》第31条、第48条。

[2] 梁宇贤. 保险法新论（修订新版）［M］. 北京：中国人民大学出版社，2004：65-66.

人可以将其可能对他人负有的法律责任进行投保，此时认为他对其法律责任负有保险利益。这种保险利益称为责任利益，一般是指民事赔偿责任，包括侵权责任和合同责任。保险实务上，责任利益包括雇主责任、公众责任、职业责任、代理责任等。

6. 期待利益。包括消极的期待利益和积极的期待利益。消极的期待利益指基于现有利益而期待某种责任不发生的利益，主要针对责任保险而言，责任利益就是一种消极的期待利益。积极的期待利益，即当事人对于其现有财产或事业的安全而可获得的利益，如利润、营业收入、租金收入等。当事人对积极的期待利益可以投保，保险范围、赔偿标准等一般须在保险单中明确，而且投保人或被保险人对期待利益的存在负有证明之责。

（二）财产保险合同的保险利益的归属主体

通常认为，投保人与保险人是保险合同的当事人，被保险人是保险合同的关系人。然而事实上，保险合同关系中，被保险人是其财产标的或其人身受保险合同保障，且享有保险金请求权的人，因此，被保险人是保险关系权利义务的核心之一。对财产保险合同而言，除极个别情形下，投保人与被保险人为同一人，缔约时为投保人，缔约后为被保险人，此时所谓投保人或还是被保险人对保险标的具有保险利益，其实为一回事。但在某些特定业务类型，或者投保人无因管理为被保险人投保，投保人与被保险人非为同一人，此时被保险人对保险标的则当然须具有保险利益，投保人是否须对保险标的具有保险利益则无关紧要。因为受保险保障的是被保险人的财产或其相关利益，因保险事故受损享有请求权者也是被保险人，投保人不过作为缔约主体交付保险费而已，其对保险标的是否有保险利益对保险合同效力或保险请求权的行使应无影响，也不影响保险利益对保险机制功能的发挥。因此，概言之，对财产保险，保险利益的主体应包括为其财产或利益受保险保障的被保险人，而非单纯作为缔约主体的投保人。

（三）财产保险合同的保险利益的存在时间

我国《保险法》曾经统一规定："投保人对保险标的应当具有保险利益。投保人对保险标的不具有保险利益的，保险合同无效。"[①] 对财产保险合同而言，此规定不仅混淆保险利益的主体，对欠缺保险利益要件的合同一概以无效处理，而且对应当存在保险利益的时间也语焉不详，因而长期以来广受批评。[②] 那么，保险利益的要求适用于保险合同的哪个阶段，值得探讨。传统保险法上曾有段时期一度坚持认为投保和保险事故发生时，皆须有保险利益存在；或将保险利益作为缔约阶段合同生效的一个必要条件。[③] 随着社会经济特别是海上货物运输的发展，越来越多的观点认为强调投保时须有保险利益

---

① 参见 2009 年修订前的原《保险法》第 12 条。

② 有学者认为，原《保险法》的关于保险利益的上述规定，不分险种、不分时间，对保险利益的合同要件效力的绝对化规定属立法首例，可谓"空前绝后"。参见杨芳. 可保利益效力研究 [M]. 北京：法律出版社，2007：11.

③ 参见我国原《保险法》第 12 条；我国澳门地区《商法典》第 995 条："损害保险合同，如订立时被保险人对损害赔偿无保险利益，则无效"；美国有 3 个州的《保险法》至今仍要求在投保时和保险事故发生时均须存在保险利益。

既无必要，甚至会禁锢保险业务的发展，仅要求保险事故发生时具有保险利益足以防范道德风险和不当得利。此说渐为通说，各国立法也随之适时修正，放宽对于保险利益时间效力的要求，其基本要义是：保险事故发生时，被保险人必须对保险标的具有保险利益，否则保险合同失去效力，保险人不承担保险责任或者被保险人失去保险请求权；至于合同订立时是否有保险利益存在，在所不问。① 此模式既符合财产保险补偿功能，也利于实践中各类财产保险业务的开展，为我国《保险法》所采纳。根据《保险法》第12条、第48条，财产保险的被保险人，在保险事故发生时，对保险标的应当具有保险利益；保险事故发生时，被保险人没有保险利益的，不得请求保险金赔偿。该规定关于保险利益欠缺的后果，并未以合同无效处理，而是对保险金请求权进行限制和禁止，至于合同的存续与否，则依据具体情形及当事人意愿而定，既贯彻了损失补偿原则，同时尊重了契约自由，也体现尽力发挥保险功能的宗旨，理念进步，逻辑严谨，为立法之重大进步。

四、人身保险合同的保险利益

（一）人身保险合同的保险利益的不同模式

人身保险是否适用保险利益原则，英美法系与大陆法系的保险法有着不同的立场和模式。英美法将保险利益要件作为对财产保险和生命保险同样适用的规则，不过在保险利益的内涵界定上有所区别，人身保险利益更强调由特定关系而产生的感情上的利益。如美国纽约州《保险法》第3205条规定：生命保险利益是指"在由血缘或法律紧密维系的人们间，挚爱和感情所产生的重大利益，以及在其他人中，对被保险人的生命延续、健康或人身安全所具有的合法的和重大的经济利益，以区别于那种由于被保险人的死亡、伤残或人身伤害而产生的或因之增加价值的利益"。而在大陆法国家，关于保险利益的学说主要集中在损失补偿保险，绝少涉及人身保险；人身保险中由保险利益原则防范道德风险的功能，在人身保险中通过采用被保险人同意要件主义的规则来实现。"于人身保险，欧陆保险法自19世纪中开始即不适用保险利益之概念，盖容易引起道德危险也，故以被保险人之书面同意代之。"② 包括台湾地区在内的我国保险法，虽然属于大陆法系，但学界通说仍然承认保险利益原则对人身保险的适用，只是其存在方式与适用的意义与财产保险不尽相同；立法上则采英美与欧陆之间"折中主义"原则，即人身保险也必须有保险利益要件，但保险利益的界定，或者以投保人和被保险人相互间是否存在特定的身份关系或者其他利害关系为判断依据，或者以投保人取得被保险人的同意为判断依据。

人身保险以被保险人的生命或身体为保险标的。因此，人身保险的保险利益是投保人对被保险人的生命或身体所具有的利害关系。这种利害关系要求一个合理的基础，或

---

① 立法例可参见意大利《民法典》第1904条："在保险应当开始时，如果被保险人对损害赔偿不存在保险利益，则该损害保险契约无效"；英国《1906年海上保险法》第6条第1款："在保险契约订立时，被保人对于标的物固无发生利益关系之必要，但在标的物发生灭失时，被保险人必须享有保险利益"。香港《海上保险条例》第6条第1款："在保险立出时受保人不必对受保标的物具有权益，但在损失发生时，他必须对受保标的物具有权益"。

② 江朝国.保险法基础理论［M］.北京：中国政法大学出版社，2002：156.

者是经济上的，或者是血缘的，或者是姻亲的，投保人能够从被保险人生存或身体健康中受益或得到好处，尽管这种受益未必体现为精确的经济估价。

（二） 人身保险合同的保险利益的认定

按照投保人与被保险人是否为同一人，可将人身保险分为为自己投保和为他人投保两大类。任何人对自己的生命或身体都具有毋庸置疑的利益。因此，为自己投保的人身保险，其保险利益不言而喻。为他人投保的人身保险是以他人的生命或身体为保险标的，故有判定保险利益有无的必要。依保险法理，投保人在两种情况下对他人具有保险利益：一是投保人与该他人具有基于血缘、姻亲或法律构成的密切的亲属关系，因此种亲属感情产生的重大利益是认定保险利益存在的基础。二是投保人对该他人的生命、健康或身体安全的延续具有合法的重大的经济利益，如债权债务关系、合伙关系和雇佣关系等。简单地讲，投保人与被保险人的关系只有两种：家庭关系和非家庭关系。以他人为被保险人投保人身保险，要求有保险利益，实际上要求投保人与被保险人的生命或身体之间具有一种支持保险的合法关系，以防止利用保险危害他人获取非法利益的道德危险。

我国《保险法》第 31 条，首先采用关系列举的方式，以投保人和被保险人相互间的身份关系为判断依据，推定投保人拥有保险利益的被保险人范围；除此之外的人员，是否具有保险利益，由被保险人统一来判断。具体讲，投保人对下列人员具有保险利益：

1. 本人。这是不言而喻的。

2. 配偶、子女、父母。这些人相互间具有亲属、血缘以及经济上的利害关系，相互之间具有保险利益。配偶是指与投保人具有合法婚姻关系的另一方，夫妻互为配偶。投保人的子女包括投保人的婚生子女、非婚生子女、养子女和有扶养关系的继子女。父母包括生父母、养父母和有赡养关系的继父母。

3. 除配偶、父母、子女之外的存在扶养、抚养、赡养关系的其他家庭成员或近亲属之间互有保险利益。家庭其他成员、近亲属，主要包括投保人的祖父母、外祖父母、孙子女以及外孙子女等直系血亲，投保人的亲兄弟姐妹、养兄弟姐妹、有扶养关系的继兄弟姐妹等旁系血亲。投保人对他们是否有保险利益，以投保人与他们之间是否存在抚养关系、扶养关系或者赡养关系为前提。

4. 与投保人有劳动关系的劳动者。所谓劳动关系，是指用人单位招用劳动者为其成员，劳动者在用人单位的管理下提供有报酬的劳动而产生的权利义务关系。此处所称劳动关系是指劳动合同法调整的劳动关系，即中华人民共和国境内的企业、个体经济组织、民办非企业单位等组织与劳动者通过劳动合同建立的劳动关系，以及国家机关、事业单位、社会团体与劳动者通过劳动合同建立的劳动关系。

5. 上述人员以外的人，同意投保人为其投保的，投保人对其具有保险利益。如果说前述基于特定身份或利益关系而具有保险利益，是以法律推定方式来确认保险利益，那么以被保险人同意方式来确定保险利益的，则无须投保人与被保险人之间另存利益关系。因为只要被保险人同意以其寿命或身体为保险标的，则可防范道德危险，投保人是否对之具有利益关系，并无实质意义。

此外，在我国，投保人不得为无民事行为能力人投保以死亡为条件的人身保险，保险人也不得承保；如果被保险人有民事行为能力，也必须经被保险人书面同意并认可保险金额，合同方可有效。① 可见，对人身保险，我国《保险法》以保险利益原则为基础，以被保险人同意与法定限制为补充，以解决为他人投保的道德风险问题。

（三）　人身保险合同的保险利益的存在时间

与财产保险不同，对人身保险，投保人的保险利益必须在合同订立时存在，投保人没有保险利益的，合同自始无效。至于保险事故发生时或保险金给付期限届至时是否仍有保险利益存在，无关紧要。如为配偶投保，合同有效成立后夫妻离婚，彼此之间失去保险利益，则保险合同不会因此失效，被保险人和受益人的权利不受影响。之所以如此，源于人身保险合同的如下因素：一是无论是为亲属，还是其他人，为他人投保的人身保险，合同有效成立后，即为被保险人或受益人的利益而存在，只要被保险人不发生变更，保险风险不会因此而增加，保险金领取权始终属于被保险人或受益人，而受益人的确定或变更必须出于被保险人的意志，强调投保人对被保险人的保险利益现实意义不大。二是人身保险，尤其是人寿保险，不仅是一种风险保障手段，更具有储蓄投资的功能。一份人寿保险单，具有有价证券的性质。只要求保险利益存在于合同订立时的原则，可以使得保险投资价值得到充分保护，并可促进这种投资价值的流通。三是合同订立时要求有保险利益，可以避免保险变成赌博，减少诱发谋财害命之类的道德危险；而合同期间不要求保险利益的必然存在，则可以保证人身保险尤其是长期的寿险或健康保险合同不会被拒绝履行，否则显失公平。

第三节　损失补偿与风险预防相结合的原则

一、损失补偿原则的含义

损失补偿原则，是指在补偿性的保险合同中，当保险事故发生造成保险标的毁损致使被保险人遭受经济损失时，保险人给予被保险人的赔偿数额，恰好弥补其因保险事故所造成的经济损失。损失补偿原则是由保险的经济补偿性质和功能所决定的。英国大法官布莱特曾精辟地指出"补偿（indeminity）是掌握保险法的基本原则"。② 损失补偿原则主要适用于财产保险以及人身保险中具有损失补偿性质的保险合同。鉴于其对保险本质的基础性说明意义，尽管它对人寿保险等完全定额给付型的保险合同意义有限，我们仍将其作为一项保险合同的基本原则。保险法上许多重要制度，如定值保险与不定值保险、代位求偿权、超额保险、重复保险等均由损失补偿原则派生而来。

损失补偿原则包含三层含义：一是质的规定。无损害则无保险补偿，即只有保险事

---

① 参见《保险法》第 33 条、第 34 条。

② ［英］约翰・T. 斯蒂尔. 保险的原则与实务［M］. 孟兴国，译. 北京：中国金融出版社，1992：57.

故发生造成被保险人损失时，保险人才承担实际赔偿责任，全部损失时全部赔偿，部分损失时部分赔偿，补偿程度与实际损害大小一致。二是量的限定。即被保险人可获得的补偿数额，仅以其保险标的遭受的实际损失为限，即保险赔偿恰好可以使保险标的在经济上恢复到保险事故以前的状态。三是经由保险对被保险人的补偿，受到合同约定的保险金额以及保险标的保险价值的限制，保险金额超过保险价值的，保险赔偿数额受到保险价值的限制。①

二、损失补偿原则的意义

损失补偿原则的意义有两个方面：一是有利于保障保险功能的实现。补偿损失是保险的基本职能之一，损失补偿原则恰好体现了保险的这一基本职能，损失补偿原则的质的规定和量的限定都是保险基本职能的具体反映。如果被保险人由于保险事故遭受的经济损失不能得到补偿，就违背了保险的功能和宗旨。二是有利于防止被保险人不当得利，减少道德风险。损失补偿原则要求有损失则赔偿，无损失则不赔偿，被保险人并不能因投保而得到超过损失的补偿，即被保险人至多得到恢复到与损失发生前相同的财务状况的赔偿，这种原则限定有利于防止甚至避免被保险人利用保险而额外获利的可能，抑制了道德风险的增加。

三、损失补偿的范围

损失补偿的范围，是指保险事故发生后，保险人对被保险人进行保险赔偿的项目和种类。保险赔偿首先必须以保险事故发生造成保险标的损失为前提；其次，保险补偿范围既包括保险标的的实际损失，也包括其他依法或依约定应予补偿的相关费用。具体包括：

1. 保险标的实际损失。实际损失的计算，通常以保险事故发生时，保险标的的实际现金价值为准，同时保险赔偿的最高限额为保险合同约定的保险金额。鉴于保险金额不得超过保险价值，保险赔偿标准一般以保险金额和保险标的损失之间低者为限。

2. 施救费用。施救费用，是指保险事故发生后，被保险人为防止或减少保险标的所受损失所支付的必要的合理的费用。《保险法》第57条第2款规定："保险事故发生后，被保险人为防止或者减少保险标的的损失所支付的必要的、合理的费用，由保险人承担；保险人所承担的费用数额在保险标的的损失赔偿金额以外另行计算，最高不超过保险金额的数额。"施救费用由保险人承担且在保险金额外另行计算，为多数国家立法认可。② 应该注意的是，施救费用以必要、合理为限，倘若施救成本已超出保险标的可能发生的损失，则施救无意义。因此，除极个别情形外，不会导致保险人承担双倍保险金额赔偿的后果。否则，对保险经营和社会成本都将造成适得其反的额外负担。

3. 其他合理费用。依据我国《保险法》，一是查勘定损的必要费用。《保险法》第64条规定："保险人、被保险人为查明和确定保险事故的性质、原因和保险标的的损失

---

① 韩长印，韩永强. 保险法新论［M］. 北京：中国政法大学出版社，2010：208.

② 参见德国《保险契约法》第83条，日本《保险法》第23条，意大利《民法典》第1914条，韩国《商法典》第680条，俄罗斯《民法典》第962条等。

程度所支付的必要的、合理的费用，由保险人承担。"二是有关诉讼或仲裁费用。《保险法》第66条规定："责任保险的被保险人因给第三者造成损害的保险事故而被提起仲裁或诉讼的，被保险人支付的仲裁或者诉讼费用以及其他必要的、合理的费用，除合同另有约定外，由保险人承担。"值得注意的是，保险人承担此类费用，并非法定义务，而是基于合同约定。

四、损失补偿的方式

损失补偿的具体方式主要依据受损保险标的性质以及受损状况，通常有以下几种。

1. 现金赔付。现金赔付是最常用的保险赔偿或给付方式，给付简便，准确高效，争议也少。尤其是人身意外伤害保险、责任保险等，由于保险标的之无形性，通常都采用现金赔付的方式。

2. 修理。当保险标的发生部分损失或部分零部件的残损时，通常保险人委托有关维修部门，对受损标的物予以修理，修理费用由保险人予以承担。机动车辆保险中，修理是广泛使用的补偿方式。欧洲一些国家，这种修理补偿的方式越来越得到人们认可。保险人可以委托第三方对受损的保险标的进行修复，也可以由保险人在协商确定的金额内自行选择修理厂进行维修。

3. 更换。更换作为一种损失补偿方式，在个别情况下也是有效的。当受损标的物的零部件因保险事故灭失而无法修复时，保险人通常采用替代、更换的方式对标的物受损害部分进行部分或全部更换，如玻璃保险。严格来说，此种做法与损失补偿原则有一定背离，如以新换旧，因此保险人通常享有一定折扣。

4. 重置。重置是指当被保险标的损毁或灭失时，保险人负责重新购置与原被保险标的等价的标的，以恢复被保险人财产的原来面目。此方式通常适用于火灾保险等需要保险人负责修复或重建被火灾烧毁的房屋建筑等情形。此方式不仅要重置之物与保险标的基本相同，而且往往不受保险金额限制，保险人赔付成本较大。因此，除非有特殊约定，保险人很少采取这种方式。

五、损失补偿的派生原则

（一）分摊原则

1. 分摊原则的含义。所谓分摊原则，是指在被保险人遭受损失时，由于不足额保险、重复保险、其他保险等情形的存在，要求将被保险人的损失在被保险人与保险人之间、保险人与保险人之间进行分摊，从而使被保险人的损失得以合理分配的一项原则。

2. 坚持保险分摊原则的意义。首先，在不足额保险的情形下，运用分摊原则有利于使保险事故造成的损失在被保险人与保险人之间合理分配，防止被保险人在未完全投保时获得全额赔偿；其次，在重复保险或其他保险的情形下，有利于防止被保险人在保险人之间进行多重索赔，获得多于实际损失额的赔偿金，以确保保险补偿原则的顺利实现；最后，有利于维护社会公平原则，坚持被保险人的损失在保险人之间进行分摊，可以防止多个保险人就同一危险收取保费而由其中一个保险人承担全部损失赔偿的不公平现象。

3. 分摊方法

（1）不足额保险。不足额保险，是指保险金额小于保险价值的保险，它也可以看做是保险人与被保险人按比例共同承担保险标的损失风险的一种保险。在不足额保险的场合，除采取第一危险赔偿原则外，保险人须按保险金额与保险价值的比例计算赔偿金额。即，赔偿保险金数额 = 保险金额/保险价值 × 损失金额。例如：保险价值为100万元的房屋，投保80万元的财产损失保险，在损失50万元的情况下，保险人应赔偿的保险金数额为40万元。

（2）重复保险。重复保险，是指投保人对同一保险标的、同一保险利益、同一保险事故分别向两个以上保险人订立保险合同的保险。在重复保险情况下，对于损失后的赔款，保险人如何进行分摊，各国做法有所不同，主要有比例责任制、限额责任制、顺序责任制等，但均涉及不同保险人之间责任的分摊问题，被保险人不会因重复投保而获得重复赔付。

（3）其他保险。其他保险，是指在同一保险标的的相同利益上存在一张以上保单的情况，即一个事故构成数个保单的保险责任的情形。其他保险情形下，也涉及对被保险人的损失进行分摊的问题。分摊方式主要有以下几种：①溢额原则。某一损失发生，如还有其他保险人的，本保险人仅就全部损失扣除其他保险人应负担赔偿额之后的余额（即超额部分）负责赔偿。②不负责任原则。某一损失发生，如还有其他保险人的，保险人不负责赔偿。③比例分摊条款。即按照各个保险人的承保金额为依据进行分摊。

（二）代位原则

代位原则，是指保险人依照法律规定或保险合同约定，对被保险人所遭受的损失进行赔偿后，依法取得向对财产损失负有责任的第三者进行求偿（或追偿）的权利或取得被保险人对保险标的的所有权。

代位原则主要在于防止被保险人因损失而获取不当利益，即当被保险标的发生的损害是由第三者的过失或故意行为所造成且该种损害的原因又属保险责任时，被保险人依据保险合同从保险人获得保险赔偿后，不得再向第三者要求赔偿，以免获得双重补偿。此外，代位原则还可以通过权利转让、追究致害的第三者的赔偿责任，防止不法行为逃脱法律制裁。代位原则包括代位求偿权和物上代位权两个方面的内容。

1. 代位求偿权。代位求偿权，是指当保险标的因遭受保险责任事故而造成损失，依法应当由第三者承担赔偿责任时，保险人自支付保险赔偿金之日起，在赔偿金额的限度内，相应取得向对此损失负有责任的第三者请求赔偿的权利。代位求偿权是一种权利即债权的代位。保险人行使代位求偿权，应当具备两个前提条件：一是造成保险标的损失的保险事故是由于第三者行为所致；二是保险人取得代位求偿权是在履行了赔偿责任之后。

2. 物上代位权。物上代位权，是指保险标的因遭受保险事故而发生全损或推定全损，保险人在全额支付保险赔偿金之后，即拥有对该保险标的物的所有权，即代位取得对受损保险标的的权利和义务。其中，海上保险中的委付制度即典型例证。委付是海上保险中的一种赔偿制度，是被保险人在保险标的处于推定全损状态时，用口头或书面形式提出申请，愿意将保险标的所有权转移给保险人，并请求保险人全部赔偿的行为。物上代位是一种所有权的代位。与代位求偿权不同，保险人一旦取得物上代位权，就拥有了该受损标的的所有权。处理该受损标的的所得的一切收益，归保险人所有，即使该利益超过保险赔款仍归保险人所有。

六、损失补偿与风险预防的结合

保险事故发生，保险人依约定对被保险人进行损失补偿，是保险制度功能发挥的主要表现。但应当认识到，保险不只是一种灾后补偿的消极手段，它同时还具有风险预防的积极意义。风险预防，在财产保险上，又称为防灾防损。为全面防范和化解自然灾害和意外事故，在大力推进保险经济补偿机制的同时，还必须认真做好防灾防损工作，尽量使保险事故消灭于未然。这种积极的方法，无论对整个保险业，还是对具体的保险合同，都是不容忽视的。现代保险业，即使是人身保险，也越来越重视风险防范的作用。比如，长期健康保险业务中，保险合同约定保险人对被保险人健康状况的检查、疾病预防、诊疗过程的干预等健康管理的理念和做法就是风险预防的具体体现。

坚持损失补偿与风险预防相结合，主要有两方面的意义：

一是有利于提高保险企业经济效益，增强保险行业风险保障能力。做好防灾防损，加强风险防范，而不是单纯地在保险事故发生后消极补偿，可以降低风险发生概率，降低保险赔付率，减少保险赔款支出，同时增强保险基金的积累，有利于保险企业经营稳定，提高保险偿付能力，促进保险行业健康发展，更好发挥保险服务经济社会的功能。

二是有利于提高保险的社会效益，维护社会稳定和民众生活安定。对因保险事故遭受损失的被保险人来说，保险赔偿的补偿作用是相对的，受到许多限制，完全恢复原状几乎是不可能的。对全社会来说，损失的发生意味着社会财富的毁损和灭失，这些财富往往是金钱无法替代的，由物质损失带来的其他影响更是无法用经济估量。因此，某种意义上，保险人做好风险防范工作比其在保险事故发生后提供经济补偿更为重要，也更为社会所需要。[①] 这正是我们强调损失补偿与风险预防结合作为保险合同基本原则的根本目的所在。

七、风险预防的规则体现与实务做法

保险防灾防损，通常包含三层含义[②]：一是指保险人对承保风险所直接采取的预防和减少损失的措施。如依据《保险法》第51条规定，被保险人应当遵守国家消防、安全、生产操作、劳动保护等方面的规定，维护保险标的的安全。保险人可以按照合同约定对保险标的的安全状况进行检查，及时向投保人、被保险人提出消除不安全因素和隐患的书面建议。投保人、被保险人未按照约定履行其对保险标的的安全责任的，保险人有权要求增加保险费或者解除合同。保险人为维护保险标的的安全，经被保险人同意，可以采取安全预防措施。事实上，保险人加强对保险标的安全的预防措施，既减少风险发生概率，又有利于保险赔付成本支出，对保险合同双方当事人是双赢的。

---

① 李玉泉. 保险法（第二版）[M]. 北京：法律出版社，2003：55.
② 李玉泉. 保险法（第二版）[M]. 北京：法律出版社，2003：51－52.

二是指保险人通过保险费率和拨付预防费为杠杆，督促被保险人预防和减少损失的发生。如对消防设施良好的建筑物投保火灾保险，保险费率可以享受一定优惠。又如保险人可以按照国家规定在其每年总保险费收入中提取一定比例的预防费，用于支持被保险人的防灾防损工作。

三是指保险事故发生后，被保险人应当尽量防止或减少损失的发生，履行施救义务。依据《保险法》第57条规定，保险事故发生时，被保险人应当尽力采取必要的措施，防止或减少损失。该施救减损行为发生的必要的、合理的费用，由保险人承担。此亦为各国保险法之通例。

风险预防工作，其实贯穿于整个保险期间。尽管不同险种具体采取的防灾防损措施不同，但一般包括以下内容①：

1. 调查分析。即调查分析保险标的的风险状况，包括一般调查和重点隐患的调查。通过对保险标的风险状况的收集、分析和整理，为制定预防和整改措施提供资料。

2. 提出合理建议。根据调查分析结果，提供合理建议，供被保险人采取防范措施。实务中，往往体现为保险人的隐患整改通知书或建议书。

3. 监督检查。提出合理建议后，保险人可以对被保险人的执行落实情况组织专人进行监督检查，并可以视具体情况采取保险费调整或解除合同等手段，督促风险防范措施的执行。

4. 提供必要的技术力量。对被保险人风险防范措施中的技术问题，保险人可以提供必要的协助，这也包括了保险事故发生，施救过程中的技术力量支持。

5. 采取安全预防措施。特定情况下，无论出于自身利益，还是社会利益考虑，为维护保险标的安全，保险人可以直接采取安全预防措施，如检查更新消防设施，保险标的物往安全地带转移，对运输的货物重新包装等。当然，这种措施的采取一般需要经过被保险人的同意或认可。

6. 配合协作。主要指保险人应与社会有关部门协调行动，如主动与消防、公安、民政、防汛等部门相互配合，制定防灾防损规划和措施等。

第四节　对价平衡原则

一、对价平衡原则的含义

保险合同为双务合同，保险人的主要义务为承担保险责任，投保人的主要义务为交付保险费。保险费与保险责任之间具有一种对价关系，即投保人交付的保险费是保险人风险承担及实际保险赔偿的对价。为求保险制度的合理运作，保险费之支出与收取必须合理，且保险人承担之风险与投保人交付的保险费之间，应维持必要的平衡，此即保险

---

① 李玉泉．保险法（第二版）［M］．北京：法律出版社，2003：54．

法上所称"对价平衡原则"。① 具体而言,对价平衡,是指保险人所承担之风险,与投保人所交付之保险费即所谓保险"对价",须具有精算上的平衡。换言之,保险人所收取之保险费,必须对应该被保险人之风险程度加以计算,并能反映保险人所承担之风险。②

保险法上的对价平衡原则,源于保险学上的"给付与对待给付均等原则"。"给付与对待给付均等原则",日本学者又称之为"个别的收支相等原则",为德国学者 Wilhelm Lexis 提出。Lexis 在其 1909 年的著作中有关"保险概念"指出:保险人所为保险金给付并不具有救济性质,投保人所缴纳的保险费亦非慈善捐款,众投保人之间必须存在着一种"给付与对待给付相等原则",并以数学算式表示保险费与风险保障及保险事故发生概率之间的关系,每个保险加入者所应缴纳保险费的多少,是按照保险人对该保险加入者之危险所负的责任来计算,危险发生概率越高者,所应负担的保险费越高,彼此之间相当。③ 因此,保险加入者所支付保险费乃危险之正当对价,无论加入者之间,还是保险人对加入者之间,都不存在救济或慈善关系。此一对待给付是建立在严格计算基础上的,这是现代保险制度与其他类似制度最大的不同之处。④

由此可见,给付与对待给付均等原则,建立在保险核心技术之上,为保险制度之基础。但就现实而言,此原则无法完全贯彻,危险评估、核保技术等多种因素限制,导致特定保险关系中的给付与对待给付只能尽量均等,而不可能完全均等;危险共同体即所有保险加入者之间,亦不可能避免"内部补助"。⑤ 因此,无论是作为保险技术的给付与对待给付均等原则,还是作为保险合同原则的对价平衡,很大程度上为理想或应然状态。对保险个案而言,其实很难完全实现,所谓平衡有其局限所在,保险个案或者具体保险关系只能实现相对意义上的平衡。

对价平衡,是从保险个案或特定保险合同法律关系而言。从广义上说,作为分散风险的保险机制,保险人所承担的实际风险与所有转移同类风险者即危险共同体支付的保险费总额尚有总体上的对价平衡。此广义上的对价平衡,与保险学上的收支相等原则有关。收支相等原则,是指保险人收取的总体保险费(纯保费)之总额,必须等于保险金支出之总额。此意义上的收支相等,是从危险共同体角度,运用保险大数法则的数理统计方法计算而来。换言之,保险人对保险加入者所支付的保险金额总和,须由保险加入者全体负担之。⑥ 从技术角度讲,收支相等是保险制度成立之基础,是从总体保险团体

---

① 欧千慈. 保险法上对价平衡原则之研究 [D]. 嘉义县:台湾中正大学,2007:7.

② 郑子薇. 论保险法上告知义务之改革——以对价平衡原则与消费者保护为中心 [D]. 台北:台湾政治大学,2013:9.

③ 最高人民法院民二庭. 最高人民法院关于保险法司法解释(二)理解与适用 [M]. 北京:人民法院出版社,2013:7.

④ 郑子薇. 论保险法上告知义务之改革——以对价平衡原则与消费者保护为中心 [D]. 台北:台湾政治大学,2013:8.

⑤ 郑子薇. 论保险法上告知义务之改革——以对价平衡原则与消费者保护为中心 [D]. 台北:台湾政治大学,2013:9.

⑥ 欧千慈. 保险法上对价平衡原则之研究 [D]. 嘉义县:台湾中正大学,2007:10.

之角度所导出之原则，而从个别保险交易角度，则可得出对价平衡原则。①

综上所述，保险法上对价平衡原则源于保险制度的技术性规则，其功能在保证于具体保险关系中投保人或被保险人与保险人之间，风险移转与风险承担的成本对价的合理均衡，从而维系保险机制的正常运转。因此，对价平衡乃一种客观中性之原则，并不包含价值判断因素。相对于"最大诚信""消费者保护"等具有道德判断之法理，基于对价平衡所设计出的法律规则和内容，纯以保险费与危险负担之间关系而定而不带有全面剥夺一方权利的惩罚性效果。为维持保险制度之健全与稳定，对价平衡必须作为保险法制度设计的最后一道防线。否则，保险机制赖以存续的基础将不复存在。②

二、对价平衡原则的规则体现

对价平衡原则，是保险技术规则在具体保险关系中的反映和要求。也许正因这一技术性渊源的特点，我国保险法学说对此很少涉及。③ 事实上，作为调整保险这一特殊民商事关系的保险法，其许多规则都贯彻了对价平衡原则和精神，隐而不彰。保险法上一些特定权利义务关系的理解，以对价平衡进行解释可能更为准确。考察我国《保险法》，举其要者，以下具体规则可谓是对价平衡原则的体现和落实。

（一）合同解除时的保险费扣除

保险合同订立后，除保险法另有规定或合同另有约定外，投保人可以解除合同，保险人不得解除合同。④ 可以说，投保人享有一种自由合同解除权。实务中的"退保"行为即是如此。与一般合同解除不同，保险合同解除一般不溯及既往，其重要的一个特点是保险人有权收取保险合同有效存续期间的保险费。如依据《保险法》第 54 条规定，保险责任开始后，投保人要求解除保险合同的，保险人应当将已收取的保险费，按照合同约定扣除自保险责任开始之日起至合同解除之日止应收的部分后，退还投保人。再如，依据《保险法》第 58 条规定，保险标的发生部分损失，该次保险赔偿完成后，投保人和被保险人都可以解除合同。合同解除的，保险人应当将保险标的未受损失部分的保险费，按照合同约定扣除自保险责任开始之日起至合同解除之日止应收部分后，退还投保人。上述规定明显为对价平衡的要求。保险责任开始到保险合同解除，即使并未发生保险事故，但保险人一直在履行风险承担义务，作为风险承担的对价，相应的保险费应当进行扣除。⑤ 保险期间内，即使没有保险事故发生但保险保障也一直存在，有保险则有对价，对价平衡的内在基础正在于此。

（二）危险程度增加或减少时的通知义务及保险费调整

对价平衡原则要求，保险人承担的风险与投保人交付的保险费之间应具有精算上的

---

① 郑子薇. 论保险法上告知义务之改革——以对价平衡原则与消费者保护为中心 [D]. 台北：台湾政治大学，2013：22.

② 郑子薇. 论保险法上告知义务之改革——以对价平衡原则与消费者保护为中心 [D]. 台北：台湾政治大学，2013：9.

③ 总体看，对价平衡原则在德国、日本保险法学说中较受重视，我国包括台湾地区在内的为数不多的论述也主要参考德日学者的阐释。

④ 参见《保险法》第 15 条。

⑤ 此时的保险费应当限缩解释，指与风险承担直接相关的风险保费或纯保费。

平衡，因而投保人应交付的保险费多少与其所转移的风险大小、发生概率等影响风险程度的因素直接相关。保险合同存续期间，如果保险标的危险程度增加或减少，或者其他影响保险费率的情况发生变化，保险费应当进行相应的调整，增加或者减少。如《保险法》第 53 条规定，当据以确定保险费率的有关情况发生变化，保险标的危险程度明显减少的，或者保险标的的保险价值明显减少的，保险人应当降低保险费，并按日计算向投保人退还相应的保险费。再如，依据《保险法》第 52 条规定，保险期间内保险标的危险显著增加的，被保险人应当按照合同约定及时通知保险人，保险人有权要求增加保险费或者解除合同。保险人解除合同的，应当将已收取的保险费，按照合同约定扣除自保险责任开始之日起至合同解除之日止应收的部分后，退还投保人。如被保险人未履行此通知义务，因保险标的的危险程度显著增加而发生的保险事故，保险人不承担赔偿保险金的责任。

（三）　超额保险与重复保险时的保险费返还

超额保险，是指保险金额超过保险价值的保险合同。禁止超额保险是保险法的基本规则，也是损失补偿原则的要求。保险费率确定的情形下，具体保险合同关系中，保险费数额取决于合同约定的保险金额。依据《保险法》第 55 条第 3 款规定，保险金额超过保险价值的，超过部分无效。这意味着，虽然保险人基于超过保险价值的保险金额收取了保险费，但对超出部分的保险责任将不会承担，因而其多收取的保险费明显欠缺危险承担的对价关系，依法应当退还给投保人。

重复保险，是指投保人就同一保险标的、同一保险利益、同一保险事故分别与两个以上保险人订立保险合同，且保险金额总和超过保险价值的保险。依据《保险法》第 56 条规定，重复保险的各保险人赔偿保险金总和不得超过保险价值。除合同另有约定外，各保险人按照其保险金额与保险金额总和的比例承担赔偿保险金的责任。基于上述同样的理由，重复保险的投保人可以就保险金额总和超过保险价值的部分，请求各保险人按比例返还保险费。

（四）　投保人如实告知义务规则设计

投保人如实告知义务，为最大诚信原则之主要体现。除此之外，告知义务的另一目的为借此如实告知义务要求投保人提供保险人评估危险所必要的保险标的或被保险人的信息和状况，以求风险移转与承担的对价平衡。因此，如实告知义务立法原则应为诚实信用与对价平衡并立。[①] 以下两个方面，可帮助我们理解对价平衡在如实告知义务制度中之表现。

一是投保人告知的范围限定为"重要事实"。对价平衡原则要求，保险人需要在对承保风险充分评估后，根据危险程度核定保险费。因此，保险人为核定保险费询问投保人之内容，应当限于对保险费或者保险合同条件有所影响的情况，如此才能使得对投保

---

① 江朝国．保险法论文集（三）［C］．台北：瑞兴图书股份有限公司，2002：181．其实，在具体规则中，最大诚信抑或对价平衡，分析角度不同而已，相辅相成，并非泾渭分明。

人设定如实告知义务具有法理上的正当性。① 此重要事实的认定，是实务上的难题，但一般标准则有共识。我国《保险法》第 16 条第 2 款规定的"足以影响保险人决定是否同意承保或者提高保险费率"的判断原则，正好契合了对价平衡的内涵，即投保人告知的事实情况，应当与保险人危险承担有关，与危险承担的对价有关，以此追求保险关系中危险承担与风险对价真实准确的对等平衡。如果仅以诚实信用原则解释，则非属重要事实的那些情况和信息，投保人也不应回避、隐瞒或误告，毕竟，诚信的外延更为宽泛，何况保险还要求"最大诚信"。

二是保险人解除权 2 年的除斥期间。投保人违反告知义务，保险人享有合同解除权，对发生的保险事故原则上免予承担赔偿责任。合同解除权为形成权，法理上应有除斥期间。源于英美法，保险法上产生不可抗辩条款制度，即因投保人违反缔约时的告知义务，保险人享有的解除权或撤销权，经过一段合理时间不行使则归于消灭。针对被保险人的索赔主张，保险人不得基于告知义务违反进行合同撤销或无效等抗辩，保险合同视为不可抗辩。《保险法》第 16 条第 3 款规定了保险人解除权 2 年的除斥期间，确立我国保险法上的不可抗辩规则。解除权的除斥期间或者不可抗辩规则，其目的一方面在于督促权利及时行使，维持法律关系稳定；另一方面也在于保护信赖利益，防止保险人的权利滥用。从对价平衡原则看，更重要的理由还在于：投保人违反告知义务的状态，若能持续相当长一段时间没有改变（如保险事故未发生），实际上对保险人风险评估应已无妨碍，即保险人订约时原本应有的风险评估与投保人违反告知义务所导致的风险评估之间所有误差，但一段时间经过，若保险事故仍未发生，应足以表明该风险评估的误差已经不至于影响本来的对价平衡要求，为顾及危险共同体之公平性与风险共担特点，则允许被保险人继续保有其危险共同体成员之地位，从而限制保险人合同解除权的行使。②

三、保险法上强调对价平衡原则的意义

对价平衡原则，蕴含着保险机制的运作原理，也是保险法诸多规则制度的解释基础。鉴于我国保险发展及保险法治实践的实际状况，认真研究和强调对价平衡原则，至少有以下两个方面的重要意义。

（一）有助于正确理解保险制度及其法律规则的特殊性

我国保险业自 20 世纪 80 年代初恢复发展以来，虽取得不俗成就，但总体来说，仍处于初级阶段。其表现之一即是社会公众保险意识不强，虽然这与保险公司经营不善、行业形象不佳有关，但民众保险常识的缺乏也是重要因素。比如，很多人认为，如果保险期间不发生保险事故，那么保险就是没有意义的，投保人所交的保险费就被保险公司白得；只要投保人交过保险费，那么无论发生什么事故，保险公司就必须承担赔偿责任。一些理论观点也不够严谨，如通说将保险视为射幸行为，因为保险事故的发生是不

---

① 郑子薇. 论保险法上告知义务之改革——以对价平衡原则与消费者保护为中心 [D]. 台北：台湾政治大学，2013：10.

② 江朝国. 保险法论文集（三）[C]. 台北：瑞兴图书股份有限公司，2002：188. 基于此说，《保险法》第 16 条第 3 款规定的 2 年除斥期间经过，保险人不得解除合同，应当作目的性限缩解释，以 2 年内未发生保险事故为条件。

确定的，但其实从危险共同体的整体保险机制看，保险无所谓射幸的特点；再如，对于保险责任的认识上，往往强调保险事故发生时的保险赔偿或给付义务，而忽视保险合同存续期间的风险保障或者危险承担责任。凡此种种，都是对于保险的误解所致。而对价平衡可以作为一个理解保险制度和保险合同特点的基础工具，有助于澄清偏见和误会，普及保险理念和基础知识。对保险从业者亦是如此，如人身保险业务中普遍存在的先收取保险费后核保出单的惯例，保险公司对决定承保前发生的保险事故是否应承担保险赔偿责任，引发很大争议。如果以对价平衡观点看，既然不承担保险责任，在承保前收取危险的对价即欠缺充分理由。因此，保险实务乃至法律规则往往对此设定特殊规则，即保险人对承保前发生的保险事故，应当承担全部或部分保险赔偿或给付责任。① 究其实质，正是对价平衡之必然要求。

（二）有助于正确理解保护被保险人利益与尊重保险合同特点的冲突与协调

现代保险法，普遍重视投保人、被保险人和受益人的权益保护，立法和司法实践也有意追求此目标。这一方面是消费者权益保护运动的社会影响，另一方面也是保险关系在现代社会实际状况的必然结果。保险经营的规模化、产业化，保险格式条款的普遍运用，保险缔约模式的附和性，专业谈判能力的不对等，这些因素都导致保险法应当对保险关系中处于弱势地位的投保人、被保险人尤其是个人保险消费给予更充分的保护，这体现在立法理念和规则设计的价值取向调整。概括说，保险法经历了从早期对投保人、被保险人设定更多诚信义务以维护保险机制正常运转，到逐渐加大对被保险人一方利益保护以追求保险合同关系实质公正的过程。加强对被保险人利益的保护，其合理性是不言而喻的。但仍然需要指出，被保险人利益保护不能机械教条，有适用的条件和要素构成，尤其是在司法实践中，不能完全不顾具体情形，凡有争议，即认定当然由保险人承担不利后果。很重要的一点，就是同时也要充分尊重保险的对价平衡原则。对价平衡，既是保险要素之一，也是实现保险机制的保险技术，体现在保险法上，就是合同当事人之间权利义务的对等均衡。如果一味片面强调消费者权益保护，过于矫枉过正，不仅会造成具体保险关系上的另一种失衡，保险机制的正常运转也会受到影响，损害对危险共同体的利益。保险产品必须限定风险范围，保险合同必然包含除外责任或责任免除条款，保险金额是保险赔付的最高限额且不得超过保险价值，免赔额、免赔率等风险自负数额的约定，保险金额实际交付约定为保险责任承担的条件等，这些保险法上的规则制度和保险实务中的做法，形式上都体现了保险责任的限定，其实皆为保险机制特点使然，并非想当然即构成对被保险人利益的损害。因此，充分了解对价平衡原则的保险技术性基础，及其贯穿其中的种种具体法律规定和实务操作的规则，可以帮助我们更准确地把握被保险人利益保护精神和必要边界，辨析尊重保险合同法理和技术上的特殊性，从而实现社会利益、契约公正和行业合理诉求的协调统一。

---

① 可参见本书第六章第三节有关内容。

思考题

1. 简述投保人的如实告知义务。

2. 简述保险人的说明义务。

3. 损失补偿的派生原则有哪些？哪些制度是损失补偿原则的具体体现？

4. 保险利益原则在财产保险合同和人身保险合同中的不同要求及其对合同效力的影响？

5. 对价平衡原则的含义是什么？坚持对价平衡的现实意义有哪些？

第五章
保险合同的当事人和关系人

学习目的和重点

通过学习保险合同的当事人和关系人，重点掌握保险合同当事人和关系人在保险实践中的定位和准确运用。

第一节　保险合同的当事人

保险是一种法律关系，而法律关系则以权利义务关系为内容，故必有主体以享受权利或承担义务，但究竟谁为保险合同的当事人，理论上却有不同看法。有的人认为，保险合同的当事人是保险人和投保人；也有人认为，保险合同的当事人是保险人和被保险人。基于前一种认识，有人主张当投保人与被保险人不是同一人时，除被保险人以书面形式明确表示同意外，被保险人可以不受保险合同中为其设置义务的条款的约束。因为保险合同当事人不能在合同中为第三人设置义务。

我们认为，上述两种主张都是不正确的。保险合同的当事人是相当特殊的，与一般合同的当事人不同。投保人、被保险人都是保险合同的当事人，相对于保险人来说，他们是合同的另一方当事人。投保人与被保险人是同一人时，保险合同当事人形式上为三方，实质上是两方；投保人与被保险人不是同一人时，保险合同当事人实际上为三方。但无论保险合同当事人为两方，还是三方，洽谈订立保险合同的只能是投保人与保险人两方，合同签字双方也只能是投保人与保险人。这也正是保险合同与一般合同的区别所在。保险合同通常由投保人与保险人订立，投保人主要履行如实告知和按约交付保险费义务。保险合同订立后，出现了被保险人的概念，他与保险人成为保险合同的主角。保险合同成立后，投保人除需按合同约定交付保险费外，被保险人成为保险合同权利义务的一方主要享有者和履行者。无论投保人与被保险人是否为同一人，各国法律均规定，被保险人主要有四项义务：（1）维护保险标的安全的义务；（2）危险程度增加的通知义务；（3）保险事故发生时的施救义务；（4）保险事故发生后的通知义务。这些义务，即使投保人与保险人在订立合同时未约定，被保险人也不能免除。因为这是法律明确规定的被保险人义务。因此，当投保人与被保险人不是同一人时，投保人与保险人在保险合同中约定的被保险人义务条款，不能认为是为被保险人设置义务条款，其只不过是将法律的规定在保险合同中进行了重复而已，效力自不能否认。

一、保险人

保险人（insurer），又称承保人（underwriter），是指依法成立的，在保险合同成立时，有权收取保险费，并于保险事故发生时，承担赔偿责任的人，也即经营保险事业的组织。我国《保险法》第 10 条第 3 款将保险人定义为："保险人是指与投保人订立保险合同，并按照合同约定承担赔偿或者给付保险金责任的保险公司。"在英国，由于特殊的历史原因，存在个人形式的保险人，这只是唯一的例外。保险人必须具备下列三个条件：

首先，必须是依法成立的经营保险事业的组织。由于保险人责任重大，其经营好坏，不仅关系到保险合同当事人的权益，而且还影响到整个社会的安全与稳定，故各国法律对保险人的组织形式均有严格规定。

其次，在保险合同成立后，有权收取保险费（参见本书第十二章的有关论述）。

最后，在保险事故发生时，应按法律规定和保险合同约定承担赔偿责任。

保险人必须在核准的经营范围内经营保险业务，如果超出经营范围，则其进行的保险活动无效。

二、投保人

投保人（applicant），又称要保人，是指对保险标的具有保险利益，向保险人申请订立保险合同，并负有交付保险费义务的人。我国《保险法》第 10 条第 2 款将投保人定义为："投保人是指与保险人订立保险合同，并按照合同约定负有支付保险费义务的人。"投保人可以是自然人，也可以是法人，但必须具备下列三个条件：

首先，要有完全民事行为能力。民事行为能力是自然人或法人通过自己的行为，取得民事权利和承担民事义务的资格。通常无民事行为能力人或限制民事行为能力的未成年人所订立的保险合同无效。按照我国《民法总则》第 17—21 条的规定，18 周岁以上的成年人及 16 周岁以上不满 18 周岁，但以自己的劳动收入为主要生活来源的人，是完全民事行为能力人，可以成为保险合同的一方当事人，即投保人。8 周岁以上、不满 8 周岁的未成年人及不能辨认自己行为和不能完全辨认自己行为的精神病人是限制民事行为能力或无民事行为能力人，不能作为投保人。

其次，对保险标的须有保险利益（详见本书第四章的有关论述）。

最后，须负有交付保险费的义务（参见本书第十二章的有关论述）。

保险合同中的投保人可以是单一的，也可以是多数人，但再保险合同的投保人必须由原保险人充当。

三、被保险人

被保险人（insured），是指保险事故发生时，遭受损失，享有赔偿请求权的人。我国《保险法》第 12 条将被保险人定义为："被保险人是指其财产或者人身受保险合同保障，享有保险金请求权的人。"无论财产保险合同，还是人身保险合同，投保人与被保险人既可为同一人，也可为不同的人，但在投保人与被保险人为同一人时只限于为自己的利益而订立的保险合同。被保险人必须具备下列两个条件：

首先，必须是保险事故发生时遭受损失的人。在财产保险中，被保险人必须是保险标的的所有人或其他权利人（如享有财产经营管理权、使用权、抵押权的人等），因为只有保险标的的所有人或其他权利人才会在保险事故发生时遭受损失；在人身保险中，由于人身保险是以被保险人的生命或身体作为保险标的，故保险事故发生时被保险人必然遭受损失。因此，被保险人在财产保险中是保险标的的主体，在人身保险中同时又是保险标的。

其次，必须是享有赔偿请求权的人。被保险人因保险事故发生而遭受损失，自然应享有赔偿请求权。但此点在人身保险和财产保险中并不相同：在财产保险中，由于只是财产的毁损或灭失，被保险人既可以自己行使赔偿请求权，也可以委托他人行使赔偿请求权；在人身保险中，尤其是人寿保险中的死亡保险，一旦保险事故发生，被保险人无法自己行使赔偿请求权，故法律规定，可由受益人享有赔偿请求权。

第二节　保险合同的关系人

一、受益人的指定与变更

保险合同的关系人，主要指受益人（beneficiary），又称保险金受领人，是指由投保人或被保险人在保险合同中指定的，于保险事故发生时，享有赔偿请求权的人。我国《保险法》第18条第3款将受益人定义为："受益人是指人身保险合同中由被保险人或者投保人指定的享有保险金请求权的人。投保人、被保险人可以为受益人。"受益人必须具备下列两个条件：

首先，必须是享有赔偿请求权的人。受益人也即享受保险合同利益，领取保险金的人。他并非保险合同的当事人，故不负交付保险费的义务，保险人不得请求其交付保险费。由于受益人的赔偿请求权属于固有权，并非继受而来，因而受益人所应领取的保险金不能作为被保险人的遗产。

其次，必须是由投保人或被保险人在保险合同中指定的人。投保人或被保险人可以在保险合同中明确指定受益人，也可以在保险合同中约定指定受益人的方法。在保险实务中，经常出现受益人指定不明确的情况，特别在航空旅客意外伤害保险中，投保人或保险代理人通常在保险单受益人一栏中只写上"法定"两字。当然，保险代理人未经投保人同意就填写上"法定"两字是无效的。但对投保人填写"法定"两字时，保险金应如何处理？目前有两种不同看法：一是由于"法定"两字不能明确指定受益人，应视为未指定受益人，保险金应作为遗产来继承；二是"法定"就是指"法定继承人"，明确说明受益人就是"法定继承人"。保险金的请求权应为法定继承人的固有权利，不能作为遗产处理。最高人民法院保险法司法解释（三）采用该看法。我们也倾向于这种看法，因为这样保险金就不用清偿被保险人应缴纳的税款和债务，能更好地保护受益人的权益，体现投保人及被保险人参加保险的初衷。当受益人为法定继承人时，一定要有相应的证据，证明与被保险人的亲属关系，避免发生保险金给付错位的现象。

保险合同生效后，投保人或被保险人可以中途撤销或变更受益人，无须征得保险人的同意，但必须通知保险人，由保险人在保险单上作出批注后才能生效。如果投保人与被保险人不是同一人，投保人变更或撤销受益人时，需征得被保险人的同意。如果投保人或被保险人没有在保险合同中指明受益人的，则由被保险人的法定继承人按被保险人的遗产来继承。

二、受益人受益权的丧失

我国《保险法》第43条第2款规定："受益人故意造成被保险人死亡、伤残、疾病的，或者故意杀害被保险人未遂的，该受益人丧失受益权。"第42条规定："被保险人死亡后，有下列情形之一的，保险金作为被保险人的遗产，由保险人依照《中华人民共和国继承法》的规定履行给付保险金的义务：……（三）受益人依法丧失受益权或者放弃受益权，没有其他受益人的。""受益人与被保险人在同一事件中死亡，且不能确定死亡先后顺序的，推定受益人死亡在先。"

根据前述规定，关于受益人受益权丧失应作如下理解：

1. 受益人依法丧失受益权是指依据我国《保险法》第43条第2款的规定，因受益人故意造成被保险人死亡、伤残、疾病的，或者故意杀害被保险人未遂的，该受益人丧失受益权。

2. 该受益人丧失受益权后，如果还有其他受益人的，则保险人对其他受益人进行赔付。如何进行赔付，规定在我国《保险法》第40条第2款和《最高人民法院关于适用〈中华人民共和国保险法〉若干问题的解释（三）》第12条中，即（1）如果保险合同对此有约定，则按保险合同约定办理。（2）被保险人或者投保人可以确定受益顺序和受益份额。（3）保险合同没有约定或者约定不明的，该受益人应得的受益份额按照以下情形分别处理：（i）未约定受益顺序及受益份额的，由其他受益人平均享有；（ii）未约定受益顺序但约定受益份额的，由其他受益人按照相应比例享有；（iii）约定受益顺序但未约定受益份额的，由同顺序的其他受益人平均享有；同一顺序没有其他受益人的，由后一顺序的受益人平均享有；（iv）约定受益顺序和受益份额的，由同顺序的其他受益人按照相应比例享有；同一顺序没有其他受益人的，由后一顺序的受益人按照相应比例享有。

3. 受益人依法丧失受益权或者放弃受益权的，又没有其他受益人的，保险金列入被保险人的遗产。

思考题

1. 什么是投保人？投保人和被保险人有什么区别？
2. 什么是受益人？谁有权指定受益人？
3. 简述保险合同的当事人。
4. 简述受益人丧失受益权时保险金的处理。

第六章
保险合同的成立、
生效和保险责任的开始

学习目的和重点

通过学习保险合同的成立要件和生效要件，判断保险合同关系是否存在，是否具有法律效力，以及保险人何时开始和应当承担保险责任，重点掌握保险责任的承担与保险合同成立和生效的关系，以及保险责任开始的特殊情形。

第一节　保险合同的成立

一、保险合同成立和生效的含义

在民法理论上，法律行为的成立与生效是两个不同的范畴。法律行为成立与否是一个事实判断问题，它解决的是一个法律行为是否存在，当事人的行为具备哪些要素才构成该法律行为；法律行为的生效与否是一个法律价值判断问题，它解决的是已经成立的法律行为是否符合法律的精神和规定，从而取得为法律认可的效力。[①] 保险合同是一种法律行为，因此也可以按照合同的成立与生效两个方面来分别讨论。就保险合同的成立，我们可以分析投保人与保险人应当进行哪些行为和活动才可以订立保险合同，符合哪些条件和要素，保险合同才能被视为成立和存在，即成立要件问题；就保险合同的生效，我们可以分析该保险合同是否产生双方追求的法律效力，要取得法律效力应当具备哪些法定的或者约定的条件，即生效要件问题。遵循这样一个逻辑，可以帮助我们更好地了解保险合同法律规则的适用以及具体问题的分析与判断。

二、保险合同的订立

保险合同的订立与成立含义不尽相同。保险合同的订立是指投保人和保险人当事人为设立保险合同关系而进行意思表示并达成合意的状态和过程，是动态行为与静态结果

---

① 董安生. 民事法律行为［M］. 北京：中国人民大学出版社，1994：184.

的统一体。它包括要约、反要约、承诺等几个阶段。保险合同的成立，是指当事人通过缔约过程达成合意的结果，标志保险合同关系的产生和存在。其中，需要考察的主要是合同成立要件问题。因此，保险合同成立以合同订立为起点和前提，又是合同订立的目的和结果。

（一）保险合同订立的一般原则

保险合同是一种特殊的民商事合同，在保险关系的缔结即合同的订立上，应遵循民法有关意思自治和契约自由的基本原则。《民法总则》和《合同法》中自愿平等、公平互利、协商一致、守法重德、不得损害社会公共利益等一般要求，无疑同样适用于保险合同。《保险法》第 11 条规定："订立保险合同，应当协商一致，遵循公平原则确定各方的权利和义务。除法律、行政法规规定必须保险的外，保险合同自愿订立。"从该条规定看，特别强调保险合同的公平和自愿订立原则。该条第一款重点在于"遵循公平原则确定各方的权利义务"，鉴于保险合同主要体现为保险人提供的格式条款的客观事实，此原则应理解为规制保险格式条款的总体要求，有很强的针对性。该条第二款则以限定除外范围的方式强调了保险合同订立的自愿性。保险合同自愿订立是保险合同订立的核心原则。具体来说，投保人和保险人在平等互利、等价有偿的原则基础上，通过协商一致，双方完全自愿订立保险合同关系。换言之，是否投保和承保，参加什么保险，以怎样的保险金额和费率投保，具体权利义务内容，完全由双方自愿自主决定，不受任何第三者的干预。

自愿原则要求，保险合同不得通过强制的方式订立。但在某些情形下，比如国家通过立法规定的一些强制保险行为，则属于保险自愿原则的例外。所谓强制保险，是指根据国家的有关法律法规，某些特殊的群体或行业，不管当事人愿意与否，都必须参加特定的保险。例如，世界各国一般都将机动车辆第三者责任保险规定为法定强制保险。法定强制保险的法理基础在于，对于那些特殊的群体或者行业，所涉及的风险不仅限于当事人之间，而是涉及不特定的第三者或者公共安全，具备相当程度的社会危害性，为了保障社会公众利益和稳定社会秩序，国家有必要强制将其风险进行分散，参加保险就成为一种法定选择。

鉴于强制保险某种意义上表现为国家权力对私人关系的干预，所以强制保险的范围是受到严格限制的。依据《保险法》第 11 条，强制保险的设定权只授予了法律和行政法规。可见，在我国，只有法律或者行政法规才能规定强制保险，其他诸如部门规章、地方性法规、规范性文件都不得创设强制保险。因此，除依据法律、行政法规必须参加保险的领域或者险种外，其他的保险合同都必须自愿订立，任何单位或个人不得强制他人订立保险合同。例如，依据《中华人民共和国道路交通安全法》和《机动车交通事故责任强制保险条例》，机动车道路交通事故责任保险属于法定强制保险险种，车辆所有人必须依法投保，保险公司也必须依法承保，无论内心是否愿意。但是商业性的机动车辆第三者责任险的投保和承保，投保人和保险人有自由选择的权利，不受任何他人限制和强迫。

（二）保险合同订立的程序

我国《保险法》第13条规定，"投保人提出保险要求，经保险人同意承保，保险合同成立。"《合同法》第13条规定："当事人订立合同，采取要约、承诺方式。"依据上述规定及关于要约承诺的法定规则，并结合保险业务实践，保险合同的订立程序要述如下。

1. 保险要约。所谓要约，是指行为人希望和他人订立合同的意思表示，该意思表示的内容应当明确具体，并且表明一旦经过受要约人承诺，要约人即受该意思表示约束。保险实务中，通常是有转移风险需求的投保人作为要约人，提出投保要求。形式上，一般是投保人将填写好的投保申请书（一般为投保单）提交给保险人，作为向保险人提交希望订立保险合同的书面意思表示。投保单上大都列有确定保险内容的必备事项，投保人填写提交的行为，即视为其希望订立保险合同并愿意一经承诺即受其约束的要约意思表示。

一般情况下，投保人都是要约人。但某些情形下，保险人成为要约人。比如保险人接到投保单后，向投保人提出了某些附加条件，此时保险人的意思表示就并非是完全接受投保人的要约，而是希望以新的条件订立合同，构成新要约，保险人就是要约人，而投保人成为了受要约人。再如，在续保业务中，保险人为维持业务并方便客户，常常在保险期间即将届满之前，保险人向投保人发出未保留核保权的续保通知，除保险期间予以更新外，保险合同的其他内容并无变化，只待投保人的同意。此时保险人亦为要约人。① 此外，应当明确，保险人事先拟订的格式化的保险条款向社会公布或向某一个消费者散发，都只是一种要约邀请，而不是要约。

2. 保险承诺。所谓承诺，是指受要约人同意要约的意思表示。保险合同中，保险人接到投保人的投保单或其他形式的投保要求后，经过核对、查勘、体检、信用调查等核保程序，以对承保风险进行全面准确的评估，确定能否承保以及费率适用，确定符合承保条件的同意承保，即为承诺。保险人的承诺一般采取签发保险单或其他保险凭证的书面方式，也可以是在投保单上直接签章表示同意，还可以是口头同意承保。如前所述，保险人也并非必然就是受要约人或承诺人，有时保险人也可以作为要约人，而投保人成为承诺人。实践中的情形不一而足，通过要约承诺订立保险合同是一个反复的过程，投保人与保险人对标准保险条款以外的内容也可以进行协商。总之，当投保人与保险人经过要约和承诺两个基本阶段，中间或许还会经过反要约、反反要约等诸种情形，双方就投保承保的内容条款达成一致意见，保险合同即告成立。

三、保险合同的成立要件

保险合同是一种双方法律行为，因此其成立要件要包括两个不可分割的基本条件：当事人双方订立合同的意思表示，双方的意思表示一致。《保险法》第13条规定，"投保人提出保险要求，经保险人同意承保，保险合同成立"。如前所述，投保人与保险人就投保与承保经过要约和承诺的意思表示，意见达成一致，保险合同即告成立。应当说，无论从立法还是合同法理论，认定保险合同的成立，其构成要件是清晰明确的。但

---

① 温世扬. 保险法［M］. 北京：法律出版社，2003：81.

实务中，仍存在不少争议，相关理论问题值得讨论和澄清。

（一）除合意外，保险合同是否需要特别成立要件？

意思表示一致，是保险合同这一双方法律行为的一般成立要件。除当事人就投保承保达成合意这一条件外，是否还需其他的条件或要求，保险合同才能被认定成立？这涉及以下两个问题。

1. 保险合同是要式合同还是非要式合同？要式合同，是指除当事人合意外，尚需采取特定的形式或履行特定程序方可成立的合同。非要式合同的成立则无此特定形式或程序的要求。保险合同是否为要式，不同国家和地区立法例不尽相同。有规定要式者，如俄罗斯、意大利、中国台湾地区，立法要求保险合同应以保险单等书面形式订立，[①] 但多数国家并没有规定保险合同应当采用特定的形式。我国《保险法》第 13 条规定："投保人提出保险要求，经保险人同意承保，保险合同成立。保险人应当及时向投保人签发保险单或者其他保险凭证。保险单或其他保险凭证应当载明当事人双方约定的合同内容。当事人也可以约定采用其他书面形式载明合同内容。"分析《保险法》上述规定，可以得出如下结论：首先，投保人和保险人达成合意，合同即成立，当事人的意思表示并无须采取特定形式；其次，签发保险单或其他保险凭证是合同成立后保险人的义务；[②] 再者，保险单或其他保险凭证或其他书面形式是对合同内容的记载和证明，本身并非合同成立的特定形式要求。因此，尽管实务和习惯上，保险单等往往被视为保险合同的同义词，保险合同的载体通常也是书面形式的，但就立法而言，保险合同为非要式合同，其成立并不以保险单等书面形式或保险单等的签发为条件。[③]

2. 保险合同是诺成性合同还是实践性合同？诺成性合同，指当事人意思表示一致即可成立的合同，又称"一诺即成"合同。除意思表示一致外，尚需交付标的物或完成其他现实给付才能成立的合同，则为实践性合同，又称要物合同。保险合同是否是实践性合同，争议颇大，主要集中在保险合同的成立是否以保险费的交付为条件。保险实务中，保险人大多将交付全部或部分保险费作为合同生效或保险责任承担的条件，尤其是长期人身保险业务一直坚持投保人预先交首期保险费而后核保出单的惯例，导致很多人将保险合同成立与保险费交付联系起来，从而视保险合同为实践性合同。其实，考察我国立法，保险合同是诺成性合同，确定无疑。如前所述，《保险法》第 13 条明确规定保

---

① 俄罗斯联邦《民法典》第 940 条规定：保险合同应当以书面形式订立。不以书面形式订立的合同无效，国家法定强制保险除外；保险合同可用编制一份文件的方式订立或根据投保人的申请由保险人签署的保险单的方式订立；保险合同订立时，有权使用其制作的标准合同格式。我国台湾地区"保险法"第 43 条规定："保险契约，应以保险单或暂保单为之。"

② 许多立法例对此有大致相同的规定，如德国《保险契约法》第 3 条，日本《保险法》第 6 条、第 40 条、第 69 条。

③ 需要指出的是，我国 2009 年修订前的《保险法》对此的表述略有不同。原《保险法》第 13 条规定："投保人提出保险要求，经保险人同意承保，并就合同的条款达成协议，保险合同成立。保险人应当及时向投保人签发保险单或者其他保险凭证，并在保险单或其他保险凭证应当载明当事人双方约定的合同内容。经投保人和保险人协商同意，也可以采取前款规定以外的其他书面协议形式订立保险合同。"有观点据此认为我国《保险法》对保险合同规定有特别书面要求，当事人不得订立口头的或无书面形式可佐证的保险合同。参见覃有土，樊启荣. 保险法学[M]. 北京：高等教育出版社，2003：108.

险合同以投保人和保险人达成合意而成立；同时第 14 条规定，保险合同成立后，投保人按照约定交付保险费，保险人按照约定的时间承担保险责任。在立法上，保险费的交付与否，从来不是保险合同成立的条件。至于保险条款约定保险费未交付，发生保险事故，保险人不承担保险责任，或者将保险费交付约定为保险合同的有效成立要件或保险责任开始条件，都不能更改保险合同"一诺即成"的特征。况且，衡量一种合同是诺成性还是实践性，与该种合同的内容并无本质联系，主要取决于国家立法的规定。[①]

（二）　保险合同是否可以特约成立要件？

从立法上看，保险合同为诺成性合同、非要式合同，当无疑问。保险单等保险凭证的签发、保险费的交付等，都非合同成立的法定要件。然而需要讨论的是，保险费的全部或部分交付、保险单签发或其他书面形式要求，可否由当事人约定为合同成立要件，即如果投保人未依约交付保险费，或保险人未签发保险单，保险合同不成立。事实上，许多的投保单或保险单即如此载明，这也是许多人支持保险合同为要式合同的理由所在。

如果完全从契约自由和意思自治的私法原则出发，只要不违背法律强制性规定，不损害公序良俗和他人利益，当事人间的任何约定都应受到尊重。有些论著也认为当事人可以特别约定保险合同成立要件。[②] 但我们认为，保险合同的成立应当依法定要件认定，当事人的某些特别约定，不足为认定合同成立与否的依据：一是正如有民法学者敏锐地指出，法律行为成立规则是一法律事实构成规则，依其仅能作出成立或不成立两种事实判断；"判断法律行为成立或不成立，不能依据具体当事人的主观认识和自定的标准，而必须根据法律规定的统一规则和客观标准"[③]。作为一个保险合同关系是否存在的法律事实认定，不能依据当事人的主观认识和约定，而应依据法定要件进行客观认定。否则，法定要件和客观标准可被自由排除，保险合同的认定将会充满随意性。这是强行法规范对民事法律行为控制的体现。二是从现实经验看，保险合同是一种附合合同，保险条款完全实现了格式化，即使此类约定成立，也都是保险人单方面的意志体现，其动机和目的显然不会为投保人和被保险人充分考虑，如果认可此类约定作为合同成立要件，会为被保险人依据保险合同主张权利增加不必要的障碍，合同都不存在，一切自然免谈。其实，将保险合同的成立与生效区别开来，事实存在和效力评价分离，则保险费交付、保险单签发等要素，并不需要在订约阶段关注，完全可以在合同成立后进行控制。

四、保险合同的体现形式

如上所述，保险合同为非要式合同，保险单等书面形式的采取或签发并非合同成立的法定要件；签发交付保险单或其他保险凭证是合同成立后保险人的法定义务。这既是尊重合同法理论，也符合商事交易从重形式到重意思的历史潮流，为保险承保实务留出自由空间。但鉴于保险合同的特殊性，为更好地明确权利义务，保护各方利益，签发保

---

①　王源扩．关于若干合同种类划分的异议［J］．法学研究，1985（5）．

②　韩长印，韩永强．保险法新论［M］．北京：中国政法大学出版社，2010：95．有学者认为当事人约定履行特定方式的合同，为约定要式合同。参见李玉泉．保险法（第二版）［M］．北京：法律出版社，2003：113．

③　董安生．民事法律行为［M］．北京：中国人民大学出版社，1994：188．

险单等书面保险凭证作为保险人的义务，成为保险合同内容的证明，亦为法所明定；保险业实践操作中，保险合同主要也是以保险单或其他保险凭证等特定形式作为载体和体现的。因此，分析讨论具体的保险合同，不可避免要从这些要式的书面载体谈起。具体讲，保险合同的体现形式主要包括以下内容。

（一）投保单

又称为投保书、要保书，是投保人进行保险要约的书面形式，即投保人向保险人申请订立保险合同的书面文件。它一般由保险人事先拟订，具有统一格式，列明申请订立合同的主要内容，包括投保人和被保险人的信息、保险标的的信息、所投保的险种类别、保险价值与保险金额、保险期间等。投保单是投保人保险要约的体现，也是保险人赖以承保的依据，其本身并非保险合同的正式文本，但一经保险人接受，作出承保承诺，即构成保险合同的组成部分。

（二）保险单

保险单是投保人与保险人之间订立的保险合同的正式证明文件，一般由保险人签发给投保人，是保险合同的正式载体。签发保险单并非保险合同成立的法定要件，但实践中保险单确是保险合同的主要部分甚至全部。现代保险业，保险单都是格式化的，由保险人事先拟订，将保险合同的权利义务内容详尽载明其中。保险单的正面一般采用表格方式，包括投保人和被保险人、保险标的情况、保险价值、保险金额和保险期限等内容，其背面则印有标准化保险条款，载明具体险种的保险责任范围和除外责任、投保人或被保险人与保险人其他的权利义务、退保退费以及争议解决等内容。

保险单是保险合同当事人以及关系人确定权利义务，保险事故发生后被保险人或受益人索赔、保险人理赔的主要依据。其法律意义在于：证明保险合同成立；确认保险合同内容；明确当事人履行保险合同的依据；特定情形下具有证券作用（尤其是长期人寿保险单）。[1]

实务中容易发生的纠纷是，当保险单的内容与投保单的内容有冲突时，以何者为准。通说认为，此时应以保险单为准。这也是保险合同解释规则中"五个从优"原则之一，即保险单优于投保单、暂保单等其他凭证。[2] 究其理由，有学者认为，保险单与投保单不一致构成对投保单内容的变更，保险单的签发应视为保险人的反要约，投保人若不反对表示同意，保险合同成立。可见，此时并非必然以保险单为准，关键要看保险单的签发是否构成反要约并为投保人全部接受。[3] 就此通说，我国司法实践似乎采取了一个不同的立场，最高人民法院保险法司法解释（二）采取了一个"以投保单为准"的认定原则，值得注意和研究。[4]

---

① 覃有土，樊启荣. 保险法学［M］. 北京：高等教育出版社，2003：111.
② 覃有土，樊启荣. 保险法学［M］. 北京：高等教育出版社，2003：193.
③ 韩长印，韩永强. 保险法新论［M］. 北京：中国政法大学出版社，2010：98.
④ 《最高人民法院关于适用保险法若干问题的解释（二）》（法释〔2013〕14号），第14条第1项："投保单与保险单或者其他保险凭证不一致的，以投保单为准。但不一致的情形系经保险人说明并经投保人同意的，以投保单签收的保险单或者其他保险凭证载明的内容为准"。

（三）　暂保单

又称临时保险单，是正式保险单或保险凭证签发之前，保险人向投保人签发的临时保险凭证。暂保单具有证明保险人已同意承保的效力，目的在于在正式保险单出具前为被保险人提供一种保险凭证和临时保障，是一种非正式却有效的保险合同，为被保险人提供了暂时但及时的保险保障。它有一个较短的有效期限，通常为 30 天。保险单正式出具时，暂保单自动失效。如果保险人欲使暂保单在保险单出具前中止效力，须提前通知投保人。暂保单内容比较简单，只载明被保险人姓名、保险险种、保险标的等重要事项；如果所依据的保险单是标准化的，则只需说明保险人责任以正式保险单为准。

暂保单一般适用于财产保险。实务中，暂保单的使用一般限于下列四种情况[①]：（1）保险代理人在接受投保后，但尚未向保险人办妥保险单手续前，给投保人开出的证明。（2）保险公司的分支机构，在接受投保后，根据其内部经营管理规定须经上级公司批准，在获得上级公司批准前，先出立的保障证明。（3）投保人和保险人已就保险合同的主要条款达成协议，但还有一些条件需要商讨，先由保险人出立的保险证明。（4）出口贸易结汇时，保险人在出具保险单或保险凭证前，可先出立暂保单，以资证明出口货物已经办理保险，作为结汇的凭证之一。人寿保险，由于多为储蓄性长期保险，且承保条件较为严格，一般不使用暂保单。有学者认为，暂保单与人身保险中的保费收据（conditional receipt）性质不同，后者是投保人投保并交纳首期保费的凭证，人身保险合同生效取决于保险人承保并签发保险单，虽然保险的效力可以追溯至保险费收据签发之日起。[②] 但如果该保费收据被赋予暂保单的效力，也不失为一种暂保单形式，称为暂保收据（binding receipt）。

（四）　保险凭证

又称小保单，是保险人签发给投保人证明保险合同已经成立或保险单已经正式签发的一种书面凭证。它一般不记载保险条款，但明确以某种保险单载明的保险条款为准，实质是一种简化的保险单，与保险单具有同等效力。保险凭证一般使用于团体保险、机动车辆强制责任保险和一些货物运输保险中，起到方便携带以资证明的作用。

（五）　批单

批单是应投保人或被保险人要求，保险人出具的更改保险合同内容的书面文件。通常在两种情况下使用批单：一是对格式化的标准保险条款进行部分修订，根据保险监管机构的规定，一般不得改变保险单的基本保险条件；二是保险合同成立后，当事人协商一致对合同内容进行修改。投保人想更改合同，应当先向保险人申请，保险人同意后出具批单。批单既可以是一张附贴便条，也可以体现为直接在保险单上的批注。批单一经签发，就成为保险合同的重要组成部分。

（六）　保险协议书

保险协议书，是指投保人与保险人约定保险权利义务关系的书面协议。保险协议书

---

① 李玉泉．保险法（第二版）［M］．北京：法律出版社，2003：157．

② 陈欣．保险法（第三版）［M］．北京：北京大学出版社，2010：23．

通常是针对特定的保险事项而订立的，所以应包括保险合同的全部内容。如投保人和被保险人名称和住所、人身保险的受益人名称和住所、保险标的、保险金额或责任限额、保险责任、责任免除、保险费率、保险费以及支付办法、保险期间和保险责任开始时间，等等。根据我国现行保险监管政策，保险协议书不得随意签订，需按规定程序上报备案。保险协议书一般限于特殊风险或标的的承保，但若已存在现成的保险条款，则不得以保险协议书方式承保。[①]

第二节　保险合同的生效

一、保险合同生效要件概述

如前所述，保险合同的生效与成立是两个不同的概念，将其区别看待，既符合法理逻辑，也具有现实意义。在认定合同成立以后，生效问题则是为确认已经存在的保险关系能否发生当事人所追求的为法律所认可和保护的效力。因此，保险合同的生效要件，即是指已经成立的保险合同发生完全的法律效力所应具备的条件，它着眼于当事人订立保险合同的意思表示的有效性品质，是对保险当事人设定权利义务的合同行为给予效力评价。保险合同符合生效要件，则产生法律效力，当事人据此享有合同项下的权利，承担其义务。不符合生效要件，则保险合同可能完全无效，或部分不生效力，或者效力待定，即使合同完全符合成立条件亦然。

保险合同的生效要件，一般为法定，亦可约定。法定要件，可分为一般要件和特别要件。一般生效要件，即作为一个合同法律行为发生效力所应具备的普遍性的法律条件，其规则见于民商基本法律和合同法；特别生效要件，是指保险法上对保险合同的有效认定所规定的特别法上的条件，这也是保险合同不同于一般民商事合同的特殊性体现。

二、保险合同的一般生效要件

保险合同要取得法律效力，首先应当符合一般合同行为的生效条件。我国《民法总则》第143条规定，民事法律行为应当具备三个条件：行为人具有相应的民事行为能力；意思表示真实；不违反法律、行政法规的强制性规定，不违背公序良俗。[②]《合同法》第52条、第54条进一步细化了合同行为的生效条件。根据上述立法，一个有效的保险合同应具备以下基本条件。

（一）主体适格，投保人和保险人具有相应的行为能力

对保险人而言，其应为依法成立的保险公司或其分支机构。保险机构缔结保险合同的民事行为能力，受到其业务经营范围的限制，保险机构只能在国家保险监管机关批准

---

① 李玉泉. 保险法（第二版）[M]. 北京：法律出版社，2003：162.

② 《民法总则》第143条与《民法通则》第55条的规定一脉相承，不过将第三项条件表述为"不违反法律、行政法规的强制性规定，不违背公序良俗"。

的业务范围内从事保险经营活动。① 如果保险公司超越经营范围订立合同，如寿险公司签署财产保险合同，或者非法设立的经营机构销售保险产品，均属保险主体资格欠缺，保险合同无效。②

对投保人而言，主要是对自然人投保人的要求。法人或其他组织具备缔结保险合同能力。自然人，则应为成年人即完全民事行为能力人。限制行为能力人订立保险合同，必须经其法定代理人同意或追认方为有效。例外的，如果限制行为能力人订立的保险合同与其年龄、智力和精神健康状况相适应，则该合同也可认为有效而不必经法定代理人追认，如未成年的中学生可以为自己投保学生平安保险。

（二）　意思表示真实，成立保险合同的行为和意志应当自愿真实

无论是投保人还是保险人，订立保险合同的内心意愿即所谓"效果意思"与其缔约行为如要约或承诺即所谓"表示行为"应当一致，即为意思表示自愿真实。任何一方采取了欺诈、胁迫手段或乘人之危，或者一方存在重大误解，或者合同内容显失公平，都将影响该保险合同的效力，学理上称为其效力处于未定状态，可以被撤销或变更甚至无效。

（三）　内容合法，保险合同不违反法律和损害社会公益

内容合法要件是对法律行为内容品质的控制。保险合同的内容应当合法，不言而喻。合法性是个明确而宽泛的要件，它包括：保险合同不得违反法律、行政法规的强制性规定；不得以合法形式掩盖非法目的；不得损害国家利益、社会公共利益和第三人利益；不得有违善良风俗；等等。否则，该保险合同将自始不产生法律效力。从某种意义上说，保险法上规定的那些特别效力规则，是合法性要件的具体化和特定化。

三、保险合同的特别生效要件

基于保险制度和保险行为的特殊性，保险法对保险合同还规定有一些特别的生效条件，其目的在于保证保险机制的正常运作，防止道德危险，避免保险沦为谋取不当利益的工具。概括起来包括：

（一）　人身保险缔约时的保险利益要求

保险关系必须有保险利益存在，这是保险合同法的基本原则之一。各国立法都将保险利益规定为保险合同生效或保险责任承担的重要条件。我国《保险法》曾对此作过严格的规定，即对所有保险合同，都要求投保人对保险标的应当具有保险利益；否则，保险合同无效。③ 该规则忽视了财产保险与人身保险对保险利益的不同要求及各自不同的调整规则，现行《保险法》进行了较大程度的修订完善：对财产保险，保险利益要件不再影响合同效力，但影响被保险人请求权的实现；对人身保险，则仍然规定：人身保险的投保人在保险合同订立时，对被保险人应当具有保险利益；投保人对被保险人不具有

---

① 参见《保险法》第95条。

② 对一般企业来说，并非所有超越经营范围订立的合同都为无效，但对于金融保险这类特许经营的企业则是从严掌握。这为司法实践所认可，参见《最高人民法院关于适用合同法若干问题的解释（一）》第10条。

③ 参见原《保险法》第12条。

保险利益的，合同无效①。因此，合同订立时，投保人对被保险人具有保险利益，是人身保险合同生效的前提条件。

若投保人为自己投保，人对自己的生命身体具有保险利益，不言而喻。若为他人投保，则须受到具有保险利益关系人员范围的限制。概括起来，投保人对配偶、直系亲属、其他近亲属，用人单位对有劳动合同关系的员工具有保险利益。其他关系如一般朋友、债权人对债务人、合伙人之间，如果相对人同意为其投保，则视为具有保险利益。②上述关系中为他人投保所订立保险合同为有效。

（二）为他人投保死亡保险的特殊限制

死亡保险是以被保险人死亡为给付保险金条件的保险合同的简称。为他人投保死亡保险，是以他人的身体和生命安全作为风险标的，且被保险人必然不是保险金的最终受益人，客观上存在较大的道德危险。因此，即使存在保险利益关系，投保人为他人投保死亡保险，保险法上仍设定了一些特别限制，③以充分防范道德危险，保护被保险人权益。这些特殊规则包括：

1. 以死亡为给付保险金条件的合同，必须经被保险人同意并认可保险金额，否则合同无效。

2. 投保人不得为无民事行为能力人投保死亡保险，保险人也不得承保。此为效力性、禁止性规定，即使被保险人同意投保，为无民事行为能力人投保和承保的死亡保险合同也自始无效。

3. 父母为未成年子女投保，可以不受上述禁止为无民事行为人进行死亡保险的规则约束，但死亡保险金总和不得超过国家保险监管机构规定的限额。④否则，超过限额的部分无效。

应当指出，仅承担死亡保险责任的人身保险合同实务中已非常少见，更多的是包括死亡、伤残、疾病、医疗费用补偿等在内的综合性的保险责任。因此，上述被保险人同意和不超过法定限额等生效要件，仅对死亡保险给付责任而言，其他部分不受影响。换言之，违反上述死亡保险的特别规则，保险合同可能是部分无效，部分有效。⑤

（三）财产保险中的超额保险禁止

保险价值与保险金额是财产保险中的两个基本要素。简要言之，保险价值即当事人

---

① 参见《保险法》第12条第1款、第31条第3款。

② 《保险法》第31条规定，投保人对下列人员具有保险利益：本人；配偶、子女、父母；此外与投保人有抚养、赡养或扶养关系的家庭其他成员、近亲属；与投保人有劳动关系的劳动者；上述人员之外的人，如果同意投保人为其订立合同，视为投保人对其具有保险利益。

③ 参见《保险法》第33条、第34条。

④ 中国保监会曾依法所授权，就父母为未成年人投保死亡保险金额几次调整限额，先是规定为人民币5万元，后将北京、上海、广州、深圳等四城市提高为10万元，2010年扩大到全国范围。2015年下发的《关于父母为其未成年子女投保以死亡为给付保险金条件人身保险有关问题的通知》（保监发〔2015〕90号）则将被保险人未满10周岁的提高到20万元，满10周岁未满18周岁的，提高到50万元，并作了某些例外排除。

⑤ 监管部门曾明确表明此立场，参见中国保监会《关于对保险法有关条款含义请示的批复》（保监复〔1999〕154号）。

对保险标的所享有保险利益之价值。其功能，一为订约时约定保险金额的基础，二为保险事故发生后损失评估和计算保险人赔偿责任数额之基础。保险金额，是指保险合同约定的保险人承担赔偿或给付保险金责任的最高限额。二者都具有界定风险、合理限定保险责任的意义。

基于财产保险损失补偿的性质，保险金额不得超过保险价值，是财产保险合同的基本要求，无论该合同为定值保险还是不定值保险。保险金额超过保险价值，构成超额保险。对于超额保险，各国立法例都采取限制立场，但具体调整规则不尽相同，有的区分当事人善意和恶意而规定部分无效或全部无效，如意大利、德国等；[①] 有的则不问善意还是恶意，保险金额超过保险价值的，超过部分一律无效。日本曾经如此，但近年有所变革，转而采取赋予善意投保人相关撤销权和请求权的模式。[②]

我国《保险法》采取了严格的立场，即对超额保险，无论当事人主观状态如何，不区分善意恶意，超过部分一概无效，且保险人应当退还超额部分的相应保险费。[③] 因此，在我国，不得存在超额保险情形，是财产保险合同全部有效的条件，否则合同部分生效，部分无效，无效部分按返还原状处理。当然，对我国超额保险的立法模式，学者大多认为不合理，有的主张客观条件变化导致的善意超额保险不发生合同无效问题，有的主张合同效力上应采取"得解除或得撤销合同"为宜。[④]

（四）可保风险的实际存在

保险的目的是转移风险，风险的存在是保险产生的前提，所谓"无风险即无保险"。风险的本质特征是不确定性，确定会发生和确定不会发生的"风险"，都不再称为风险，尤其不能成为通过保险进行转移、分散管理的风险。没有实际存在的可保风险，保险也就失去了存在意义。因此，对已经发生的保险事故，或者确定不可能发生的危险，如果允许就此订立保险合同，不仅有违保险原理，且会诱发极大道德风险，此种保险合同应视为无效。各国立法对此大都有原则规定，将可保风险的实际存在，作为保险合同生效的前提条件。如意大利《民法典》第 1895 条规定："如果风险从未存在过或契约缔结前已不再存在，则契约无效。"韩国《商法典》第 644 条规定："订立保险合同时，若保险事故已发生或不可能发生，该合同无效。"

---

①　如意大利《民法典》第 1909 条规定：保险金额超过保险物的实际价值的保险，如果保险方有恶意，则保险无效；如果是善意的，保险人有权主张保险期间的保险费。投保人无诈欺的，契约在保险物的实际价值范围内有效，且投保人有权要求按比例减少嗣后的保险费。

②　日本《商法典》第 631 条曾规定："保险金额超过保险标的价额的，保险契约就其超过部分无效。"2008 年从其商法中独立出的日本保险法，对超额保险采取了更细致的规定，参见日本《保险法》第 9 条：缔结损害保险契约时，保险金额超过了保险标的的物的价值，但投保人及被保险人对此为善意且无重大过失的，投保人可就超额部分主张撤销。第 10 条：损害保险契约缔结后保险价值明显减少的，投保人可以向保险人提出旨在面向将来的减额请求，就保险金额或约定保险价值可以请求减额至与减少后的保险价值相当的数额，就保险费可以请求减额至与减额后的保险金额相对应的保险费数额。

③　参见《保险法》第 55 条。我国《保险法》一直坚持超额保险超额部分无效的规则，但"保险人应当退还相应保险费"的规定，为 2009 年修订时所明确增加，这一返还保险费的要求不无争议。

④　李玉泉．保险法（第二版）[M]．北京：法律出版社，2003：198．韩长印，韩永强．保险法新论 [M]．北京：中国政法大学出版社，2010：104．

我国《保险法》并未明文规定风险实际存在对于保险合同效力的影响，但结合保险原理以及《保险法》第 2 条对于"保险"的立法界定，"风险存在"理所当然应当成为保险合同的生效条件。[①] 应当注意的是，对此亦有例外，如日本、韩国、中国台湾地区立法所示，如果当事人对风险不存在的事实不知情，不存在恶意欺诈等情形，则合同仍然有效。[②] 此调整模式既可尊重保险制度基础，又尽力发挥保险之经济补偿功能，值得参考和借鉴。

四、保险合同的约定生效要件

一般来说，具备法定生效要件的保险合同，即所谓"依法成立的合同"，自成立时起就自然产生效力。但实务中，投保人和被保险人对已经成立的保险合同，基于某些考虑，还可以约定在某一条件成就或某一期间届至时，保险合同才产生法律效力。此即我国《保险法》第 13 条第 3 款规定"投保人和保险人可以对合同的效力约定附条件或者附期限"的意旨所在，这符合意思自治原则，学理上属于附条件或附期限的法律行为。该内容为现行《保险法》修订时所增补，其实依据《合同法》保险合同当事人本来即有此权利，保险业务中也屡见不鲜。

关于生效附期限，保险实务中常有将保险合同的开始生效约定为缔约后的某一特定时点，如机动车辆保险单往往规定保险合同自投保次日的零时起生效，即保险行业普遍推行的"零时起保制"；[③] 或者某一行为完成的时间，如人寿保险单则大都约定保险合同自保险单正式签发之日起生效。其他诸如健康保险中的观察期、人寿保险中的延期承保也属此类。虽然此类约定的合理性引发许多争议，但争议缘由更多是因为该期限为格式化条款所预定，就其内容来说，其实符合保险合同可以特约生效时间的授权性规定。

关于生效附条件，常见的情形为，将保险费的交付或者保险单的签发作为生效条件，如人寿保险的投保单或保险单一般设专门条款规定：保险合同自首期保险费交付且保险单正式签发后起生效，或者保险人自保险费交付及保险单正式签发之日起开始承担保险责任，或者保险期限保险人自保险费交付及保险单正式签发之日起开始等。此类约定，性质上都应当理解为当事人将保险费的交付或保险单的正式签发等特别约定为合同生效或者主要合同义务承担（承担保险责任，可理解为合同某部分生效）的条件。对此，学理上有不同意见，有学者认为附条件民事法律行为中的"条件"，应为"将来发生且发生与否不确定的事实"，不是当事人以意思表示为内容的法律行为。因此，交纳保险费、签发保险单等履约行为，不构成保险合同生效的停止条件。[④] 我们认为，交纳保险费、签发保险单是合同成立后当事人的义务，无论作为一种意思表示还是事实行为，其发生并非确定无疑，将之作为一种法律事实约定为合同生效的条件，应可成立；

---

① 韩长印，韩永强. 保险法新论［M］. 北京：中国政法大学出版社，2010：102.

② 参见日本《保险法》第 5 条、第 39 条、第 68 条，韩国《商法典》第 644 条，中国台湾地区"保险法"第 51 条。

③ 有关该约定的效力分析，可参见刘学生. 保险期限次日零时开始条款的效力［M］//谢宪，李有根. 保险判例百选. 北京：法律出版社，2012：109.

④ 韩长印，韩永强. 保险法新论［M］. 北京：中国政法大学出版社，2010：105.

即使履约义务行为与严格意义上附条件法律行为中条件的含义不尽相符，但从意思自治以及规范保险交易条件出发，也以肯定为宜。

第三节　保险责任的开始

一、保险责任承担的性质

保险责任承担是保险关系的核心内容，也是保险合同项下保险人的主要义务。因此，对双方当事人而言，保险责任承担义务何时开始至关重要，甚至可以说，讨论保险合同何时成立或生效，其最终目的仍在于确立保险责任何时开始。这首先需要明确保险人承担保险责任的含义和性质。保险责任虽名为责任，其实为一种保险合同义务，该义务的履行方式和性质，不无争议，主要有以下两种观点[1]：

第一，金钱给付说。该说认为，保险人保险责任的承担义务只有在保险事故发生时才实际履行，并且大多是以支付金钱的方式履行，故称之为"金钱给付说"。

第二，危险承担说。该说反对金钱给付说，认为保险人保险责任的承担义务并非始于保险事故发生之时，而是在整个保险期间内均负有承担危险的义务，例如提取责任准备金义务。对投保人而言，即使保险事故未发生，保险合同所提供的保障也具有精神及经济上的价值。因此，保险期间开始之时，被保险人即具有期待权，一旦发生保险事故，危险的承担便由隐性的阶段进入现实的阶段，即期待权的实现。

危险承担说可以解释为什么在没有保险事故发生的情况下解除保险合同时，保险人虽没有实际履行保险金赔付的义务，也有权收取已经过保险期间的保险费。危险承担说强调保险人的保险责任承担义务在于提供风险保障，包括在保险事故发生前承担危险，使被保险人在精神及经济上免予忧患，以及保险事故发生，损失既成事实，而履行实际损害补偿义务。而金钱给付说只强调保险事故发生时的金钱给付，不足以涵盖保险的全部功能和意义，其理论解释价值缺陷明显。因此，危险承担说更为科学，成为通说。我们也是从此意义出发探讨保险责任的开始问题。

二、保险期间、保险合同生效与保险责任的开始

（一）保险责任开始的一般情形

保险责任的开始，与保险期间和保险合同的生效密切相关。保险期间，按照我国多数论著的表述，是保险合同的有效期限，即保险合同生效到终止的期间，同时也是保险责任的起讫期限，即保险人开始承担保险责任到终止承担保险责任的期间。[2] 换言之，保险期间与保险合同期间、保险责任期间基本上是同一含义。我们认为，就一般意义而言，这种认识是成立的，也符合大多数现实情形，学理和实务中也的确把这几个概念混

---

① 江朝国. 保险法基础理论 ［M］. 北京：中国政法大学出版社，2009：38－39.

② 李玉泉. 保险法（第二版）［M］. 北京：法律出版社，2003：149. 陈欣. 保险法（第三版）［M］. 北京：北京大学出版社，2000：117.

用。但若讨论保险责任的开始，至少在中文语境下，我们需要对相关概念作进一步的辨析界定，这当然不是文字游戏，而是更好地理解和解释保险法上的某些特别规则或保险合同的某些特别约定，明晰法理，解决实际问题。

保险人承担保险责任，除风险范围界定和风险排除等基本条件外，还有一个重要的时间约束，即只对在一定期间内发生的保险事故，承担风险损失的赔偿或给付，此保险人提供风险保障的期间，称为保险期间。保险期间是保险合同中的重要且必备条款之一。保险合同有效期间，或保险合同期间，指保险合同生效到终止的期间。① 保险合同生效，合同项下的各项权利义务开始履行，保险期间内保险责任的承担是其核心内容。一般意义上，这两个期限应当是一致的。但保险合同项下其他的权利义务内容，其履行期间可能不限于保险期间，比如保险费的交付、代位求偿权的协助执行、保险金的具体给付等，因此，逻辑上，保险合同的期间可以更宽泛。保险合同的效力终止有许多情形，有时可能合同效力已经结束，比如保险标的发生全损，但保险期间仍然不变；也可能保险期间结束，合同仍发挥其效力，如保险期间后提起保险索赔。可见，至少在期间结束这个角度，保险期间和保险合同期间不能混为一谈。

从开始时间看，如果没有特别约定，保险合同生效意味着保险期间开始；保险期间开始，意味着保险责任开始，如此，保险合同的有效成立对被保险人才有意义。因此，一般意义上，保险合同生效时间、保险期间开始与保险责任的开始时间应当是统一的。保险单或其他保险凭证上载明的保险合同的生效时点，或者保险期间的开始时点，除非有其他特别约定，则保险人自该时点开始承担保险责任。而综合保险实务经验看，保险责任的开始和结束，不仅取决于合同订立日期、保险单签发日期，还取决于不同的险种和保单种类所产生的一些特别法律规则或行业惯例。

（二）保险责任开始的特殊情形

我国《保险法》第 14 条规定："保险合同成立后，投保人按照约定交付保险费，保险人按照约定的时间开始承担保险责任。"依法成立的保险合同，自成立时生效。该条规定意味着，合同生效后，保险责任开始时间可以另行特别约定，即保险合同生效时间与保险责任开始时间可以不一致。《保险法》第 18 条规定，保险合同的应备事项包括"保险期间和保险责任开始时间"，据此，保险期间与保险责任开始时间也可以不一致。从立法上看，保险期间开始、保险合同生效时间与保险责任的开始时间并不必然一致。

法律规则反映并调整现实法律关系。《保险法》的授权性规则，赋予当事人根据交易需要意思自治的空间。保险责任开始时间与保险期间不一致，在一些保险业务中也属正常。如责任保险业务中，"索赔责任保险单"（claim - made policy）项下保险人承担的保险责任可以回溯到保险期间之前。② 而在有些情形，保险责任开始则可能晚于保险期间开始，例如货物运输保险，投保人往往根据运输计划确定一个较早的保险期间开始时

---

① 实际上，泛泛而言合同期间，意义不大。任何合同，所约期限都是对具体的权利义务履行而言，笼统的"合同期间"指向并不明确。对保险合同，其最具意义的就是保险期间；除此之外，所谓保险合同期间是个大而无当的概念，实践中使用也基本上将之等同于保险期间。

② 陈欣. 保险法（第三版）［M］. 北京：北京大学出版社，2000：117.

间，而保险人一般按照"仓至仓"承担保险责任，即保险责任一般自保险货物运离发货人在起运地的最后一个仓库或储存场所时才开始。

保险合同生效是保险人承担保险责任的前提，但如前所述，保险合同生效时，保险期间或保险责任未必开始。人身保险合同大都将保险费的交付或者保险单的签发作为保险责任开始的条件，而并不是作为合同生效的条件，此时，保险责任开始迟于保险合同生效时间。[①] 更典型者，如长期健康保险业务，鉴于该险种的特殊性，健康保险条款一般都规定有观察期，即在合同生效一定期间后（一般是 60 日或 90 日）发生的疾病，保险人才开始承担保险责任，此时实际约定了特别的保险保障期间。

特定情形下，保险责任的实际承担还会早于保险合同的有效成立。此为保险立法所认可。德国《保险契约法》第 2 条规定："保险契约的效力可以约定溯及契约订立前适合的时点开始。"此规定可理解为保险合同可以约定一种溯及力。韩国和中国台湾地区保险立法则明定，保险合同订立时保险事故已发生的，若当事人皆不知情，保险合同为有效。[②] 如我国台湾地区"保险法"第 51 条规定："保险契约订立时，保险标的之危险已发生或已消灭者，其契约无效；但为当事人双方所不知者，不在此限。"该种立法例确立了一种法定的追溯保险，即保险责任承担追溯至保险合同订立以前的保险事故，早于保险合同的成立和生效，即将"实质的保险始点"移到"形式的保险始点"之前，其规范性质亦为绝对强行规定，不得由保险合同排除。[③] 这不仅是对保险机制的灵活运用，也是保险法理上的一种突破。值得指出的是，台湾学术界及司法界对追溯保险的认识并不一致，有的人认为追溯保险仅发生于海上保险。普通保险，"若保险单无此项订立者，任何契约，皆不溯及既往"。[④] 有的人认为该追溯规定为任意性规定，可由当事人约定排除。另有的人结合德国法上追溯保险的精神，认为中国台湾地区"保险法"第 51 条仅适用于追溯保险而非适用于所有保险类型，即当事人首先将保险契约的效力约定提前至契约订立前之合适时点开始，才有善意不知保险事故已发生，而契约有效的规则适用，且不得另行约定排除，否则有违追溯保险契约的目的。[⑤]

三、缔约阶段的保险责任承担

保险业务承保的通常做法是投保人填写投保单，提出投保要求，保险公司经过核保程序，决定承保的，签发保险单。其中典型者，莫过于长期人身保险一直坚持的惯例：保险人接受投保要约时（一般是投保单）即先收取首期或全部保险费，而后经过体检等

[①] 财产保险条款则多规定：保险费未依约定交付的，发生保险事故，保险人不承担赔偿责任。此约定将保险费交付作为具体保险赔偿责任承担的条件，但也意味着保险期间内保险人实际并不承担风险保障责任，发生保险事故，保险人固然可以拒赔，但若未发生保险事故，保险期间经过，保险人亦无权请求保险金的补交。此点保险人不可不察。

[②] 参见韩国《商法典》第 643 条、第 644 条，中国台湾地区"保险法"第 51 条。

[③] 叶启洲. 保险法专题研究（一）[M]. 台北：元照出版公司，2007：25 - 30.

[④] 桂裕. 保险法（增订新版）[M]. 台北：三民书局股份有限公司，1984：131.

[⑤] 参见叶启洲. 保险法专题研究（一）[M]. 台北：元照出版公司，2007：29. 此说结合德日等大陆法国家关于约定追溯保险的制度，探寻立法本意，值得肯定。但从立法条文辨析，除非有明确的立法说明，否则很难将台湾法的上述规定如此限缩解释，若将其理解为本身创设了法定的追溯保险类型，适用于所有保险契约，亦不无道理。

核保程序，同意承保的，签发保险单，不同意承保的，通知拒保或要求变更保险条件如提高保险费等。因此产生的焦点问题即是，被保险人在保险人同意承保或签发保险单之前发生保险事故的，保险人应否承担保险责任？此类纠纷属保险典型案例，聚讼纷纭。从我国的实践看，认识不一，多数司法判例认定保险人应当承担全部或部分保险责任；即使保险单或投保单中明确将保险费交付、保险人同意承保或签发保险单定为保险合同生效或保险责任开始的条件，此类约定的抗辩效力也受到质疑和限制。保险行业则多坚持保险人尚未完成核保和同意承保，保险合同尚未成立，自然不承担保险责任。社会公众则以直觉认为既然已交付保险费，则保险公司应当承担相应赔偿责任。此现象遂成为保险法理论与实践的重大争议问题。

（一）境外立法例及实务

无论大陆法系还是英美法系，对此问题的立场基本一致，即如果投保人交付了全部或部分保险保费，在保险人作出承保意思表示之前发生的保险事故，保险人原则上应当承担保险责任。具体规则上，又各有特点。韩国《商法典》第 638 条规定："在保险人从投保人处接受保险合同要约及全部或部分保险费后作出承诺之前，若发生保险合同约定的保险事故，除非有正当理由能够拒绝外，保险人应当承担保险合同上的责任。但是，人寿保险合同的被保险人应当接受体检而未接受体检的除外。"日本的生命保险实务中，为避免误会，通常将收取的首期费用称为"充当首期保险费金额"，由保险公司暂时保管，保险合同成立后，再充当正式的保险费。但日本大量判例仍认为只要投保人缴纳了充当首期保险费的金额之后，无论保险人是否承诺，均视为保险合同成立，保险责任已经开始。[①] 我国台湾地区"保险法施行细则"第 27 条规定："产物保险之要保人在保险人签发保险单及暂保单前，先交付保险费而发生应予赔偿之保险事故时，保险人应负保险责任。人寿保险人于同意承保前，得预收相当于第一期保险费之金额。保险人应负之保险责任，以保险人同意承保时，溯自预收相当于第一期保险费金额时开始。"从上述立法和实务看，保险人对承诺前发生的保险事故承担保险责任的共同前提条件是保险人预先收取了部分或全部保险费，而对人寿保险，韩国法还要求被保险人进行体检，台湾地区"法"则要求保险人同意承保。

英美法上多是采取临时保险制度来解决这一问题，通常做法是保险人签发暂保单或附条件保费收据来提供保险费收取到承诺签单前这一空白期的风险保障。暂保单一般用于火灾、汽车或责任保险等财产保险中，其性质属于一个临时性的保险合同，保障内容与正式保险合同基本相同。附条件保费收据多见于人寿和健康保险，是保险人在收到首期保险费后给投保人出具的收费凭证，并附加了一种可以提供临时保险保障的条件。实务中附条件保费收据有多种类型，最常见的是保费收据规定：本保险自本收据出具之日起或体检之日起生效，但以被保险人在该日符合承保条件为限。[②] 英美保险法学者多将附条件收据看作临时保险合同的形式。值得注意的是，大陆法系的德国，其2008 年修订

---

① 沙银华. 日本经典保险案例评释［M］. 北京：法律出版社，2011：10－11.

② 陈欣. 保险法（第三版）［M］. 北京：北京大学出版社，2000：29.

后的《保险契约法》，增加了独具特色的临时保险制度，规定在正式保险合同订立之前，根据暂保条款，可以存在临时保险保障，保险人有权收取相应保险费，并承诺保险合同起保时间为保险费缴纳时间。[1]　与前述韩国、日本、中国台湾地区立法直接认定保险责任承担不同，其临时保险更多强调保险合同的约定，更接近英美法旨趣。

（二）　理论依据与归责基础

保险人预收保险费后，对同意承保前之发生的保险事故应当承担赔偿责任，其理论依据为何，有学者总结了三个方面的解释[2]：一是履行义务提前的对等解释。鉴于保险人签发保险单前预收保险费已成为一种行业惯例，使本应作为合同义务履行的保险费交付变为保险合同生效的要件，必须在合同成立前作出。因此，出于公平对等考虑，保险人也应在合同生效前承担保险责任。二是保险合同对价平衡。预收保险费产生的利息可以视为交费后至保险人承诺期间的保险费。因此，投保人提前交付保险费，保险人提前承担保险责任，符合对价平衡原则。三是被保险人的合理期待。投保人交付保险费后，几乎都会相信自己已经获得保险保障，交费后发生保险事故，保险人会负责赔付。这为法官和社会公众一般观念所认同，因而符合英美法上"合理期待原则"，被保险人的期待利益应当得到保护。

保险人承担此缔约阶段保险赔偿责任的归责基础，或者义务性质，有不同认识，各有侧重。有的人认为此时保险人承担的是缔约过失责任。若保险人或其代理人过失未处理要保人之要约、预定拒保或已完成内部核保却未将结果及时通知要保人，均应认为保险人已违反要保人利益的诚信照顾义务，应负缔约过失责任。[3]　但多数情形下，从交付保险费到保险人核保承诺是一客观间隔，保险人未作出承保表示并无过失，即使保险人存在迟延核保等过失因素，保险事故造成被保险人损失亦并非该过失所致。有的人认为保险人承担的是一种侵权行为责任。该说认为保险人收取保险费后，因过错未能及时提供保险保障或及时拒保的，对此过错后果应当对被保险人承担侵权赔偿责任。日本和美国的有些判例即采此立场，但并未成为通说。学者多认为如此处理与一般侵权行为法则有所不符，且不足以保护缔约当事人利益，故不宜按侵权行为法规范。[4]　有的人则认为此时保险人承担的是一种法定保险责任，"其特征符合'实质保险始点先于形式保险始点'之客观要件"，属于法定追溯保险制度。[5]　但传统上追溯保险解决的是对订约前已发生的保险事故，当事人均不知情时的保险责任追溯问题，与保险费收取后决定承保前的保险责任承担不属同一范畴。

（三）　我国的立法及司法实践

考察我国立法，尽管收费在先承保在后的行业惯例长期存在，但对此等待期内发生保险事故的责任承担问题，法定规则却是空白；而立法上又明确规定保险合同可以特约

---

①　参见德国《保险契约法》第50条、第51条。

②　梁鹏. 候保期间事故之赔付探讨［J］. 法学家，2011（2）：109.

③　叶启洲. 保险法专题研究（一）［M］. 台北：元照出版公司，2007：186.

④　施文森. 保险法论文（第一集）［M］. 台北：三民书局股份有限公司，1988：54.

⑤　叶启洲. 保险法专题研究（一）［M］. 台北：元照出版公司，2007：180.

生效条件及保险责任开始时间，因此导致实务操作自行其是，保险行业也多援引法律的授权性规定及保险单条款以为抗辩。针对现实案例，各级法院率先进行了许多审判实践探索，尤其一些省级人民法院陆续出台了一些地方性审判指导意见。综合来看，法院基本立场是，保险人接受保险单和预收保险费后，对承保决定作出前发生的保险事故，应当承担赔付责任。具体认定规则，不尽相同①：有的还要求满足"符合承保条件"和"保险人有过错"（如未及时对投保单进行处理）两项条件；有的主张人身保险合同需要等待体检结果；有的认为无须其他条件，但如果保险合同对合同成立、生效等另有约定的除外。

司法的上述立场，可以看出对域外立法和经验的借鉴，但不尽一致甚至不无冲突。例如，若尊重保险合同约定，则此问题几乎无讨论必要，行业惯例上的约定已完全将之排除。反观保险业务实践，一个显而易见的事实是，保险业坚持先收费后核保出单的惯例，但如英美的保险业一样提供临时保险保障的保险公司极为罕见，法律调整规则的欠缺，迫使司法机关进行创造性的审判。有学者呼吁，应当以临时保险制度解决候保期间的保险事故的赔偿责任问题，其方向为：投保人已经交付保险费的，保险人必须提供不附条件的临时保险；投保人未交付保险费的，保险人可以自愿为被保险人提供临时保险。② 2009 年 7 月，中国保险行业协会在一个关于人身保险产品修订的通知文件中，曾建议若保险公司对保险合同的生效约定附条件或附期限，"鼓励各公司根据实际情况，在投保人交付首期保险费至本公司同意承保或发出拒赔通知书并退还保险费期间为被保险人提供临时保障"③。该倡导性要求具有积极意义，但行业进展仍然缓慢。

（四）司法解释确立的审判规则

2013 年 6 月，最高人民法院发布施行《关于适用〈中华人民共和国保险法〉若干问题的解释（二）》。该解释第 4 条规定："保险人接受了投保人提交的投保单并收取了保险费，尚未作出是否承保的意思表示，发生保险事故，被保险人或者受益人请求保险人按照保险合同承担赔偿责任或者给付保险金责任，符合承保条件的，人民法院应予支持；不符合承保条件的，保险人不承担保险责任，但应当退还已经收取的保险费。保险人主张不符合承保条件的，应承担举证责任。"

针对收费在先的行业惯例，本条司法解释确立的规则，可谓开创性的，不仅统一了各地法院的不同做法，而且有填补立法空白之效，与境外立法与实务比较，也具有独特价值，对保险实务的影响更不言而喻。最高人民法院的司法解释，在我国实为一种重要的法律渊源，某种意义上，可视其为法律施行细则。因此，本条司法解释值得重视和研究。我们认为，理解该规则，应当把握以下几点：

第一，该规则适用于所有保险合同，但有几个适用条件：（1）保险人收取了保险

① 较系统的整理，参见最高人民法院民二庭. 最高人民法院关于保险法司法解释（二）理解与适用［M］. 北京：人民法院出版社，2013：114－116.

② 梁鹏. 候保期间事故之赔付探讨［J］. 法学家，2011（2）：115.

③ 参见中国保险行业协会《关于推荐使用〈人身保险产品条款部分条目示范写法〉的通知》，中保协发［2009］161 号文.

费。收取保险费一般即被视为接受了投保要约。因此，所谓"接受了投保人提交的投保单"并无特别含义，不能理解为一项独立要件。（2）保险人尚未作出是否承保的意思表示。至于保险人对此有无过错，在所不问。（3）发生保险事故，被保险人提出保险赔付请求。（4）符合承保条件。该条件是指符合客观可保条件而非保险人的主观标准。① 保险人以不符合承保条件为抗辩的，负举证责任。

第二，该规则属于一种强制责任推定，且不以被保险人有过失为条件。因此，不属缔约过失责任范畴。② 究其基础，最重要的因素是保险费的收取，即保险人在作出是否承保风险的决定前，即先收取了风险的全部或部分对价，而行业并未对此提供类似英美法上临时保险的保障，有违情理和公平原则，因此需要责任法定，以满足利益平衡和合理期待。

第三，该规则应属于相对强制性规定。③ 保险事故发生，对保险责任承担的认定，不受保险合同相反约定的影响，如常见的"本保险合同自投保人交付首期保险费及保险人同意承保时生效"或"保险责任自保险人同意承保并签发保险单之日起开始"，保险人不得依据此类约定进行抗辩。但如果保险合同对此已承诺提供临时风险保障或者其他有利于被保险人的约定，此种约定应当受到尊重，优先适用。

第四，该规则毕竟是裁判规则，且针对保险事故发生情形而言，如果并没有发生保险事故，应当尊重保险合同关于合同生效或保险责任开始的特别约定。因此，严格意义上讲，该规则只为解决保险费交付至承保前这一期间内保险事故的赔偿的问题，并非意味着保险期间必然提前到保险费交付时开始。而如果保险人承担了保险赔偿责任，保险合同仍然有效延续的，保险期间届满时间也应当相应提前，这同样也是贯彻权利义务的对等原则。④

思考题

1. 区分保险合同的成立与生效的意义是什么？

2. 保险责任承担的准确含义是什么？保险责任开始的一般情形和特殊情形有哪些？

3. 缔约阶段保险责任承担的法理基础是什么？如何理解我国的立法现状及司法上的突破？

---

① 最高人民法院民二庭. 最高人民法院关于保险法司法解释（二）理解与适用［M］. 北京：人民法院出版社，2013：136.

② 值得注意的是，保险法司法解释（二）数次征求意见稿都曾将保险人"在合理期间内未作出是否承保的意思表示"作为条件，隐含了保险人过错因素的考量。

③ 所谓相对强制规定，即立法原意为保护被保险人所设，原则上不得变更，但若有利于被保险人者不在此限。参见江朝国. 保险法论文集（三）［M］. 台北：瑞兴图书股份有限公司，2002：130.

④ 此见解亦为司法解释起草者所认可，参见最高人民法院民二庭. 最高人民法院关于保险法司法解释（二）理解与适用［M］. 北京：人民法院出版社，2013：137.

第七章
保险合同的内容

学习目的和重点

通过学习格式化保险条款的特征、分类和内容，重点掌握保险条款中的主要概念和保险术语的含义。

第一节　保险条款的特征和分类

保险合同的内容就是当事人双方约定的权利和义务。现代保险业中，保险合同一般都是以格式化保险条款的形式出现的，因此保险合同双方的权利义务主要体现在这些保险条款上。所谓保险条款（insurance clauses），是指由保险人拟订的有关不同保险种类的投保人、被保险人和保险人主要权利义务的具体规定，它具有合同法中标准合同的特点，记载了各种保险合同的最基本的事项，其载体一般称为保险单。

一、保险条款的特征

概括讲，保险条款具有以下三方面的特征。

（一）保险条款的格式化和标准化

保险条款的格式化和标准化是社会经济发展的必然产物。随着保险业的发展，保险合同的内容逐渐定型化和格式化，保险人将承保范围和承保条件等要素以标准条款的形式提供给投保人，投保人或被保险人只能接受或不接受，一般不能进行实质改变。现代保险业已经完全实现了这种保险合同的格式化，保险条款都是由保险人事先拟订好投入保险市场，投保人绝大多数情形都只能被动选择或不选择，并没有如一般合同那种充分协商合同内容的自由。这种限制实质合同自由的做法也带来相应的弊端，因而保险法上针对保险条款的格式化上设立了特别调整规则。①

保险条款一般都是由保险人事先根据不同的险种拟定，一般所谓保险条款的格式化

---

① 如我国《保险法》第 17 条规定的免责条款明确说明义务、第 19 条规定的条款内容效力认定以及第 30 条规定的不利解释原则都是针对为规制格式化保险条款之弊端而设的规则。

即不言而喻也就此而言。但需注意的是，在保险经纪发达的市场上，也有保险条款是由保险经纪人拟定提出，个别情形下实力强大的投保人甚至也会提出自己的标准条款，此时，纵然该条款成为保险合同的组成部分，但该条款之格式化或该保险合同之附合性已是完全相反的指向，保险人成为格式条款的接受方，上述保险法的调整规则自然不得适用。

世界上少数规模大、信誉好的保险人的条款或著名保险组织的条款，影响力极大，往往为其他国家保险人所效仿和采用。如在西方国家的海上保险市场中，很多国家的保险人就直接采用"伦敦海上保险人协会条款"（Institute of London Underwriters clauses）。①

（二）保险条款体现保险合同的主要内容

保险条款规定的是各险种的最基本事项，如保险对象、承保范围、除外责任、投保人和被保险人义务、赔偿处理等。投保人与保险人签订保险合同，必须接受该险种的保险条款，否则无法订立保险合同。当然，投保人与保险人可在此基础上协商订立有关附加条款，也可以通过特别约定的方式，对保险条款的内容进行变更。因此，可以说，保险条款不仅是具体保险合同权利义务内容的主要体现，也是区分不同保险类型的标志，实务上甚至直接以保险产品代称保险条款。

（三）保险条款受到外部监管约束

鉴于保险条款的格式化特征，除个别国家采取保险产品自由化政策外，多数国家和地区对保险条款采取不同程度的监管措施。比如，根据我国《保险法》第135条规定，关系社会公众利益的保险险种、依法实行强制保险的险种和新开发的人寿保险险种等的保险条款和保险费率，应当报国家保险监管机构批准；其他保险险种的保险条款和保险费率，应当报国家保险监管机构备案。概言之，在我国，保险公司使用的保险条款必须经过国家保险监管机关的审批或备案。否则，保险公司对监管机关将承担违规的行政责任，其条款效力甚至会受到影响。②

二、保险条款的分类

按照不同的标准，保险条款可作不同的分类。以下是两种基本的分类：

（一）基本条款和附加条款

依据条款的独立性，保险条款可以分为基本条款（general clauses）和附加条款（additional clauses）两大类。基本条款，也称普通条款，指保险人根据不同险种设计规定的双方权利义务的基本事项。它们构成保险合同的基本内容。实务中，一般把基本条款规定的承保风险种类或保险责任称为基本险或主险，比如机动车辆保险中的车辆损失保险和第三者责任保险就是基本险或主险。

附加条款，也称单项条款，是指保险合同当事人在基本条款基础上附加的，用于扩

---

① 李玉泉. 保险法（第二版）[M]. 北京：法律出版社，2003：145.
② 有观点认为经审批的条款已经具有某种行政强制力的规范性文件的性质，还有观点认为依据未经依法审批或备案的保险条款订立的保险合同是无效的。此类观点有误。保险条款的审批或备案，实质是格式条款的行政规制手段，其性质仍属格式条款的规制范畴，问题探讨仍应在民商事合同范畴内分析。即便如保险条款这种金融产品更关系公众利益，如果未经审批或备案，保险机构或受到行政责任追究，但并不必然影响据此订立的保险合同的效力。

大或限制基本条款中所规定的权利义务的补充条款。它一般也是由保险人事先拟订好的，与基本条款放在一起供投保人选择，也可以是双方作出对保险责任范围等基本条款特别约定后附贴在基本条款上。附加条款的目的或作用在于：第一，扩大基本条款的伸缩性，以适应投保人的特别需要；第二，变更保险单原规定的内容。如扩大承保危险责任、增加保险标的或被保险人等，或者用于减少原规定的除外责任或减少原规定的承保范围。实务中，一般把附加条款所规定的保险种类或保险责任称为附加险。

区分基本条款和附加条款，主要是保险实务的需要，旨在说明同一保险类型下两类条款的特殊构成与适用，即基本险是可以单独投保的险种，附加险是不能单独投保的，投保人只有在投保了基本险的基础上，才能投保附加险。例如，投保人只有在投保了车损险的基础上，才能投保全车盗抢险的附加险，而不能只选择投保盗抢险。

（二）法定条款和约定条款

依据条款内容的效力基础，还可将保险条款分为法定条款和约定条款。法定条款，是指其权利义务内容为法律所直接规定的条款，该条款内容即使未在保险合同中载明，也同样对保险合同当事人有约束力。法定条款一般源自保险法上的强制性行为规范，如根据我国《保险法》第26条，人寿保险的被保险人或受益人向保险人请求保险金给付的诉讼时效期间为5年，而非寿险的被保险人或受益人向保险人请求保险金赔付的诉讼时效期间为2年。保险条款一般都有保险金索赔时效或诉讼时效的约定，其期限亦与立法保持一致，不得任意缩减或延长。应该注意的是，法定的免责条款，一般也是保险条款的基本内容之一。如各国保险法一般都明确规定，保险欺诈为保险人法定免责事由，保险条款一般也都会列明。此外，对于保险法上的任意性行为规范，如果保险条款直接采纳该示范性权利义务设计，而不另行特别约定，该条款亦可称为法定条款。法定条款也可表现为禁用条款，以防止被保险人的利益受到损害。如美国纽约州《保险法》规定，保险合同不得含有对被保险人的特定行为所致的死亡或被保险人处于特定情况下遭遇的死亡的责任列入免责或予以限制的条款。但下列情况除外：被保险人服务于陆海空以及后勤部队期间或服务后6个月以内的战争所致死亡；附属于前项服务的特别危险所致的死亡；合同成立后两年内自杀所致的死亡；合同成立后两年内从事特定危险职业或居住于特定外国所致的死亡等。我国《保险法》第39条第2款规定：投保人为与其有劳动关系的劳动者投保人身保险，不得指定被保险人及其近亲属以外的人为受益人。

约定条款是相对于法定条款而言的，它是指其内容由当事人自由选择决定的条款。保险合同为民商事合同之一种，保险合同的订立亦遵循平等自愿原则，尽管保险法上对保险合同的权利义务设定了许多强行性规定，但契约自由与意思自治仍然是保险合同的基础。因此，理论上，只要不违反法律强制性规定和损害公序良俗，保险合同的任何内容皆可由当事人自行约定。事实上，就风险移转与承受这一保险合同的核心内容而言，无论是承保风险的范围、除外责任的界定，还是保险费率的确定、保险金额的约定、保险金的赔付，皆有赖于保险条款的格式化确定或协商约定，保险法一般并不直接设定规则。即如合同履行中的一般权利义务，亦多由保险条款自定。不过鉴于保险条款的格式化特点，对保险条款的立法规制、司法规制和行政规制，亦多是针对约定条款而言，目的在于追求形式契约自由与实质公平的协调统一。

第二节 保险合同的基本条款和特约条款

作为一种风险移转协议，保险合同尽管以保险条款为核心，但保险合同的内容不限于此。因此，所谓保险合同的基本条款和特约条款也就不以格式化保险条款为限，其完全可以由当事人协商一致而定。

一、保险合同的基本条款

此处所指保险合同的基本条款，是从保险合同一般内容而言，与前述保险条款中的基本条款含义不尽相同。我国《保险法》第 18 条第 1 款所谓"保险合同应当包括"的事项，可以视为保险合同的基本条款。根据该条规定，保险合同应当包括的事项，既有一般合同角度应具备的内容，如保险合同当事人名称和住所、违约责任和争议处理以及合同订立时间，也有作为保险合同独具特点的内容，如保险标的、保险责任和除外责任、保险期间和保险责任开始时间、保险金额、保险费及其支付办法、保险金赔偿或给付办法等。①

（一）当事人及关系人的姓名（名称）和住所

当事人和关系人身份的内容要素，是对保险合同主体的确定，也是合同履行的必要条件。投保人、被保险人、受益人的姓名（名称）和住所以及保险人的名称和住所，与合同订立后许多权利行使与义务履行，如保险费的交付、危险程度增加的通知、危险发生原因的调查、保险索赔的提起、保险金请求权人的确定等有关事项，无不相关。保险人事先印制的保险单一般都印有保险人的名称和地点，因此在保险单上要填明的主要是投保人和被保险人的姓名（名称）和住所。保险合同中如果还有受益人，也应将被保险人或受益人的姓名和住所载明。事实上，除姓名、住所外，保险合同往往还需载明自然人当事人或关系人的性别、年龄、职业甚至身份证件信息，这在人身保险合同中最为常见。

（二）保险标的

保险标的，即保险合同的客体，是指保险合同当事人权利义务共同指向的对象。保险标的是保险合同存在的基础，也是确定承保条件、保险金额、计算保险费率和赔偿标准的依据。我国 2009 年修订前的《保险法》曾明文定义，保险标的是指作为保险对象的财产及其有关利益，或者人的寿命和身体。② 对财产保险合同，其保险标的包括物质财富、物质利益、民事责任等有形财产或无形财产及其相关利益；对人身保险合同，其

---

① 应当指出，《保险法》第 18 条第 1 款所谓保险合同"应当包括的事项"，并非意味着这些内容皆为必备条款，缺一不可，如违约责任与争议处理显然即非必需的内容，因此该条应视为示范性或倡导性规范。有关事项的欠缺对保险合同成立或效力的影响，原则上应依该欠缺事项是否有损于该保险合同的实质而定。参见覃有土，樊启荣. 保险法学 [M]. 北京：高等教育出版社，2003：114.

② 参见原《保险法》第 12 条第 4 款："保险标的是指作为保险对象的财产及其有关利益或者人的寿命和身体"。

保险标的形式上体现为被保险人的生命或身体等财产或者人身利益，实质则为因被保险人生存、死亡、伤害或疾病所具有的利益。因此，保险标的的本质为与被保险人的财产或人身相关的利益。

保险标的以合同约定的范围为限，保险合同明确排除和约定之外的财产或人身利益，不构成保险标的。法律规定不得作为保险对象的财产或者利益，自然也不得成为保险标的。

（三）保险责任和除外责任

保险责任（insurance liability），是指保险合同中约定的，在保险事故发生时或者约定的被保险人年龄、期限等条件成就时，由保险人承担赔偿或给付保险金责任的风险范围或种类。保险事故是和保险责任密切相关的一个概念，指保险合同约定的保险责任范围内的，被保险人承担保险赔付责任的各种事故或事件。[①] 保险责任范围同时也界定了哪些客观事件构成保险事故。保险责任依保险种类的不同而有所差异，通常由保险人根据保险原理确定并明确载于保险条款中，如财产保险基本险保险责任主要包括火灾、爆炸、雷电、空中运行物体的坠落等。

在保险合同中，保险责任条款也称危险条款，它具体规定了保险人所承担的风险范围。保险责任通常包括基本责任和特约责任两部分。基本责任是针对基本险而言的，一般可分为三种类型：（1）单一险责任。即保险人只承担某种特定危险事故造成的损害赔偿责任。（2）综合险责任。即多种危险责任，通常称为综合险或混合险，指保险人所承担的几种特定危险事故造成的损害赔偿责任。（3）一切险责任。即保险人承担除外责任外的一切危险事故造成的损害赔偿责任，是承担风险范围最为广泛的一种保险责任。如海洋运输货物保险一切险、建筑工程一切险、安装工程一切险等。

特约责任是针对附加险或特别危险而言的，指保险人承担的由双方当事人特别约定的保险责任，原则上都是单一险责任。如在海洋运输货物保险业务中，投保人在投保平安险或水渍险基础上，可选择加保偷窃、提货不着险、淡水雨淋险、短量险、混杂玷污险、渗漏险等十一种附加险。[②]

除外责任（excluded risks exclusions）与保险责任相对，又称为责任免除[③]，是指保险人依法或依据合同约定，不承担保险金赔偿或给付责任的风险范围或种类，其目的在于适当限制保险人的责任范围。除外责任涉及保险合同当事人的切身利益，因此也必须明确在保险条款上载明。最常见的作为除外责任的风险有被保险人道德危险、战争、核辐射和核污染、保险标的的自然损耗和自身缺陷等。

在保险合同中同时载明保险责任和除外责任，是保险条款的基本结构，目的在于进一步明确保险责任范围，明确保险事故种类，明确保险赔偿或给付范围。保险责任之

---

① 参见《保险法》第16条第7款。

② 参见李玉泉. 保险法（第二版）［M］. 北京：法律出版社，2003：149.

③ 除外责任本来是保险业的通行术语，但我国自1995年《保险法》起，即称之为责任免除，因此，我国现行保险条款也一概将有关内容称为"责任免除"。从立法逻辑看，二者应指同一内容，属于承保风险的界定和排除范畴，或许望文生义的缘故，司法实务中往往将"责任免除"等同于"免责条款"，造成诸多误解和困扰。

外，同时规定除外责任，其主要作用有二：一是基于道德风险防范或险种划分，将保险责任中的部分风险剔除，如人身保险中，死亡属于保险责任事故，但被保险人自杀导致的死亡则为除外责任；再如机动车辆损失保险中保险责任包括车辆的燃烧爆炸，但除外责任条款则将车辆的自燃排除在保险责任范围之外。二是进一步明确条款含义，消除误解。有些风险事故本来就不属于保险责任范围，但理解和认知上容易产生误解，因此通过除外责任条款进行强调和明确以减少可能的纠纷和争执。如意外伤害保险条款的保险责任事故是意外事故导致的死亡或伤残，但为避免疾病也属于意外事故的误解，保险条款又将疾病导致的死亡或伤残明确规定为除外责任。

（四）　保险期间和保险责任开始时间

保险期间，又称保险期限，是指保险合同的有效期限，即当事人约定的保险人承担保险责任的期限。它既是计算保险费的依据，也是保险人和被保险人享有权利、承担义务的有关时限界定的根据。一般来说，保险期间是保险责任的起讫期间，保险人只对保险期间内发生的保险事故承担保险金的赔偿或给付义务。保险期间必须在合同中载明，确定保险期间一般采取自然时间期间和行为事件时间期间两种方式。如财产保险的保险期间一般为1年，人身保险则较长，有5年、10年、15年、20年等，这是以自然时间计算；建筑、安装工程保险一般以工程施工日起至预约验收日止为保险期限，这是以行为或事件的开始结束期间计算。值得注意的是，保险期间与一般合同中约定的当事人义务履行期限不同，保险人实际履行保险赔偿义务可能并不在保险期间内。

保险责任开始时间，是指保险人开始承担保险赔偿责任的时间。根据《保险法》第14条规定，投保人和保险人可以就保险责任开始时间进行特别约定。[1] 因此，保险责任开始时间未必与保险期间的开始时间完全一致。一般情况下前者必然在后者的期间之内，但基于保险法上的特别规定或和约定，特定情形下，保险责任开始时间可能会早于保险期间的开始时间。[2]

（五）　保险金额

保险金额，简称保额，是指保险合同项下保险人承担赔偿或给付保险金责任的最高限额，即投保人对保险标的的实际投保金额，也是保险人收取保险费的计算基础。保险金额体现了对保险人承保风险责任的一种约定限制。

对财产保险合同，与保险金额密切相关的另外一个概念是保险价值[3]。保险价值，即投保人与保险人订立保险合同时约定的保险标的的实际价值，体现了被保险人对保险标的所享有的保险利益的货币价值，它是确定保险金额的基础。确定保险价值的方式一般有两种：一是根据合同订立时保险标的的实际价值确定并在合同中载明，此为定值保

---

[1] 《保险法》第14条规定："保险合同成立后，投保人按照约定交付保险费，保险人按照约定的时间开始承担保险责任。"

[2] 详见本书第六章第三节有关内容。

[3] 原《保险法》第19条保险合同基本内容中规定有"保险价值"。鉴于人身保险中并无保险价值因素，因此，2009年修订后的《保险法》未将保险价值规定为保险合同的基本内容。

险；二是不事先约定，以保险事故发生时保险标的的实际价值确定，此为不定值保险。①财产保险合同中，对保险价值的估价和确定直接影响保险金额的大小。保险金额等于保险价值是足额保险；保险金额小于保险价值是不足额保险，保险标的发生部分损失时，除合同另有约定外，保险人按照保险金额与保险价值的比例赔偿；保险金额超过保险价值是超额保险，超过保险价值的保险金额无效，恶意超额保险是欺诈行为，可能导致保险合同无效。

对人身保险合同，不存在保险标的价值问题。保险金额完全由双方当事人约定，一般没有限制，保险事故发生时，保险人按照约定的保险金额进行给付即可。因此，人身保险被称为定额给付保险，一般不存在超额、不足额保险以及重复保险问题。

（六）保险费和保险费率

保险费，简称保费，是保险人为被保险人提供保险保障而向投保人收取的价金，它是投保人向保险人支付的费用，作为保险人承担保险金赔偿或给付责任的对价。依照约定交付保险费，是投保人在保险合同项下的主要义务，往往也是保险人承担赔付责任的条件。保险费的多少，主要取决于保险金额与保险费率两个因素。保险费等于保险金额与保险费率的乘积，保险金额大，保险费率高，保险费就越多，反之就越少。保险费的具体交付方式一般也应规定于保险合同中。所谓保险费率，是指每一保险金额所应支付的对价比率，通常用百分比或千分比来表示。保险费率一般由纯保险费率和附加费率两部分组成。纯保险费率也称净费率，是保险费率的核心部分。对财产保险，纯保险费率通常依据保险标的损失发生概率的大数法则确定；对人身保险，则是根据人的生命表和利率等因素确定。附加费率则是指一定时期内保险人业务经营费用和预定利润的总数同保险金额之间的比率。保险赔偿基金是以纯保险费率计算收取的保险费而形成的。

（七）保险金赔偿或给付办法

保险金赔偿或给付的办法，包括赔付的计算标准和方式，应当在保险合同中载明。保险金的赔付一般都是现金支付的方式，但当事人也可以约定实物补偿或修复等非现金支付的方式。此外，对保险理赔中的免赔率和免赔额也应当在保险合同中载明，以免理赔时引起争议。

（八）违约责任和争议处理

违约责任，是指合同当事人不履行或不适当履行合同义务时所应承担的法律后果，它是合同法律效力的体现。违约责任的构成和形式既可能基于法定，也可以是当事人约定。保险合同的权利义务，有的源于法定，有的基于约定，因此保险合同的违约责任，也有法定责任和约定责任之分。事实上，保险合同的违约责任，相当程度上由保险立法明定，且与一般民事合同的违约责任不尽相同，往往限于保险责任的免除或承担、保险费的返还或扣除等。此外，当事人也可以约定一些特定的违约责任，比如保险人迟延支

---

① 此处采用通说。实际笔者对此有不同见解，认为不定值保险中，保险价值应是就整个保险期间保险标的的保险利益价值而言，不能以保险事故发生时的特定时点的保险标的价值为准确定保险价值，进而认定是否构成超额或不足额保险。详请参见刘学生.保险价值与保险金额［M］//任自立，尹田.保险法前沿（第一辑）.北京：法律出版社，2012.

付应当赔付的保险金时的损害赔偿责任的计算方式。

争议处理是指保险合同发生纠纷后的解决方式，主要有协商、仲裁和诉讼三种。曾有很长一段时间，保险条款一般都会规定，因本合同发生争议，应协商解决，协商不成的，提交诉讼或仲裁。这些即属于争议处理条款。其实，此类条款除了一般提醒作用外，没有实质意义。如根据我国《仲裁法》，没有约定明确具体的仲裁机构的仲裁条款是无效的，而将纠纷提交法院诉讼是当事人不可剥夺的法定权利，约定与否，不影响权利行使。[1]

（九）订约的时间和地点

在保险合同中应当写明订约的具体时间，即要写明订约的年、月、日甚至时点，不能太笼统。因为订约的时间是确定投保人是否有保险利益、保险危险是否发生或消灭、保险费的交纳期限以及合同生效时间等的重要依据。保险合同的缔结地，往往会影响争议发生后的诉讼管辖、法律适用等问题，所以也应订明。

二、保险合同的特约条款

特约条款，是指除前述保险合同基本条款之外，当事人另行约定以解决某些特别事项的内容。我国《保险法》第18条第2款规定："投保人和保险人可以约定与保险有关的其他事项。"这类针对其他事项所作的约定即为特约条款。

对特约条款的范围，法无明文。通说认为，凡与保险合同有关之事项，无论过去、现在与将来，也无论本质上是否重要，皆可以订为特约条款，一经特约，即称为保险合同组成部分，产生约束力，当事人不得违背。[2] 特约条款可以解决基本保险条款与投保人个体需求不相适应的问题，可以使与保险标的有关联的利益得到更充分的保障，投保人如有某些特殊的保险需求或相关要求，双方协商可以特约条款的形式，明确有关内容。如企业财产保险合同中，一般会就被保险人的消防安全或生产操作等防灾减损义务或保险人对企业设备的安全状况检查权利作出特约，这无疑是双方皆受其益，围绕保险标的的风险事故防范而设定的特约条款。

思考题

1. 如何理解保险条款的格式化和标准化？保险条款与保险合同的关系是什么？

2. 基本条款和附加条款的关系是什么？

3. 保险责任和除外责任的含义是什么？二者是否为保险条款的必备要素？

---

① 中国保监会曾于1999年下发《关于在保险条款中设立仲裁条款的通知》，要求保险公司在保险条款中设立保险合同争议条款的，应当采用统一格式，"合同争议解决方式由当事人在合同约定从下列两种方式中选择一种：（一）因履行本合同发生的争议，由当事人协商解决，协商不成的，提交某某仲裁委员会仲裁；（二）因履行本合同发生的争议，由当事人协商解决，协商不成的，依法向人民法院起诉"。该通知提供了争议解决条款的一种示范格式，但有的保险公司采用时照搬全部，不进行选择，真正形同虚设。

② 覃有土，樊启荣．保险法学［M］．北京：中国政法大学出版社，2010：114.

第八章
保险合同的变更、解除和终止

学习目的和重点

通过学习保险合同变更的概念和种类、保险合同解除的分类、保险合同终止的原因和效果，重点掌握保险合同在变更、解除和终止方面相较于一般合同变更、解除和终止的特殊性。

保险合同是继续性合同，其效力一般都要存续一定的期间。但是，保险合同经投保人与保险人达成合意而成立后，并非一成不变地处于静止状态，很多时候都会随着各种主客观情况的改变而发生变更、解除或者终止的情形。保险合同作为合同的一种典型形式，其变更、解除和终止的原理与一般合同基本一致，同时又具有保险合同的一些特点。因此，本章在介绍一般合同变更、解除和终止的基本制度的基础上，重点探讨保险合同在变更、解除和终止方面的特殊性。

第一节 保险合同的变更

合同的变更，有广义与狭义之分。广义的合同变更包括合同的主体和内容的变更。狭义的合同变更仅指内容的变更。所谓合同主体的变更，又称合同的转让，是指新的主体代替原合同关系的主体，即新的债权人、债务人代替原来的债权人、债务人。我国《合同法》第 79 条、第 84 条、第 88 条规定的就是合同主体的变更；而合同内容的变更，一般是指合同成立以后尚未履行或履行完毕之前，当事人就合同的内容进行修改和补充，我国《合同法》第 77 条规定的"当事人协商一致，可以变更合同"，就是指合同内容的变更。

一、保险合同内容的变更

保险合同内容的变更，是指在保险合同主体不变的情况下，保险合同当事人对合同中原约定的某些事项予以改变。保险合同成立生效后，由于某些情况发生变动，影响到了当事人的利益，故法律允许当事人协商变更保险合同的相关内容。在财产保险合同中，常见的变更事项包括保险财产坐落地点的变更、保险财产用途的变更、保险费率的变更等；在人身保险合同中，常见的变更事项一般包括保险期限的变更、保险金额的变更、交费方法的变更等。

二、保险合同主体的变更

（一）财产保险合同主体的变更

财产保险合同主体的变更通常由保险标的的权属变动引起。在现代经济生活中，财产的流转十分普遍，相应地会引起财产权属的变化。由于财产保险的保险利益主要体现为人与财产的关系，所以当保险标的的权属发生变更时，被保险人即对保险标的失去保险利益，此时，保险标的的权属承继人一般会取代原权属人的地位，保险合同的主体，通常都是被保险人，也因此而发生变更。

对于在保险标的的权属变更的情况下保险合同变更的方式，即保险标的的权属变更是否导致保险合同的必然变更，各国法律有不同规定。大陆法系国家和地区，如德国、意大利、韩国、俄罗斯、中国台湾地区、中国澳门特别行政区等，允许保险合同随保险标的的转让而自动转移，保险合同为保险标的的受让人而继续存在，不需要保险人的同意。但是，出于平衡保险人利益的考虑，一般都要求保险标的出让人或受让人负有及时通知保险人的义务，而保险人则拥有一定期间内的解除权。英美法系国家和地区，如英国、中国香港特别行政区、美国（部分州）等，多数规定保险合同不随保险标的的转让而自动转移，未经保险人同意，原保险合同不再对受让人发生效力。与前一种立法模式相比，后一种立法模式更加保护保险人重新评估风险的权利，但这种模式下在保险人作出决定前，存在一段时间的空白期，对于保护受让人的利益确实存在缺陷。

我国对财产保险主体变更的立法模式有一个变化的过程。2009 年修订前的《保险法》基本上采纳了英美法系的非自动转移的立法模式。经过实践的不断探索，为了加强对投保人、被保险人利益的保护，2009 年修订后的《保险法》对财产保险合同主体的转让，采用了自动转移的立法模式。《保险法》第 49 条规定："保险标的转让的，保险标的的受让人承继被保险人的权利和义务。保险标的转让的，被保险人或者受让人应当及时通知保险人，但货物运输保险合同和另有约定的合同除外。因保险标的转让导致危险程度显著增加的，保险人自收到前款规定的通知之日起三十日内，可以按照合同约定增加保险费或者解除合同。保险人解除合同的，应当将已收取的保险费，按照合同约定扣除自保险责任开始之日起至合同解除之日止应收的部分后，退还投保人。被保险人、受让人未履行本条第二款规定的通知义务的，因转让导致保险标的的危险程度显著增加而发生的保险事故，保险人不承担赔偿保险金的责任。"但是，对于作为特殊财产的船舶，《海商法》第 230 条规定："因船舶转让而转让船舶保险合同的，应当取得保险人同意。未经保险人同意，船舶保险合同从船舶转让时起解除；船舶转让发生在航次之中的，船舶保险合同至航次终了时解除。"因此，在我国，除船舶保险合同以外，其他财产保险合同主体的变更不以保险人的同意为生效要件，保险标的的受让人承继被保险人的权利和义务。具体来讲：

1. 一般财产保险合同，其主体的变更随财产的所有权转移而自动变更，无须经保险人同意，但被保险人或者受让人应当及时将保险标的转让的情况通知保险人，因保险标的转让导致危险程度显著增加的，保险人自收到通知之日起三十日内，可以按照合同约定增加保险费或者解除合同。如被保险人、受让人未履行通知义务的，因转让导致保险标的危险程度显著增加而发生的保险事故，保险人不承担赔偿保险金的责任。如企业财产保险的被保险人在发生企业合并或分立，保险财产的经营管理权转移时，财产保险合同的被保险人也随之变更，且合并或分立的企业应当将相关情况告知保险人，否则因转让导致保险标的危险程度显著增加而发生的保险事故，保险人可以拒赔。

2. 货物运输保险合同和另有约定的合同，其主体的变更随财产的所有权转移而自动变更，无须经保险人同意，也无须及时通知保险人。因为运输货物具有流动性，货物从起运地到目的地的过程中，物权可能几经易手，保险利益也就随之转移。如每次被保险人的变更及时告知保险人，必然影响商品流转，不利于贸易交往。[①]

（二）人身保险合同主体的变更

与财产保险合同相比，人身保险合同主体变更的范围更加广泛。在保险实务中，人身保险合同主体的变更一般是基于当事人的意思或者法律的规定。

1. 投保人的变更。如投保人死亡或者夫妻离婚，不能再按约支付保险费，被保险人为了保持合同的效力，往往会选择自己继续交纳保险费，从而发生投保人的变更。

2. 被保险人的变更。在人身保险合同中，一般不会出现被保险人发生变更的情形。这是因为，人身保险合同以被保险人的寿命和身体为保险标的，如果被保险人发生变更，即构成了原合同的根本性条款发生了变更，应当视为订立了新的保险合同，而非保险合同的变更。但是，在某些团体人身保险合同中，为了维持合同的稳定性，简化手续，也可以发生被保险人变更的情形。例如，在单位为职工订立的团体人身保险合同中，如果有职工调入或者调离，投保单位往往会向保险公司申请变更合同的被保险人。

3. 受益人的变更。人身保险合同中的受益人系投保时由被保险人指定，如果被保险人与受益人之间的法律关系或者信赖关系发生变化，被保险人当然可以根据自己的意志来变更受益人。如我国《保险法》第 41 条规定："被保险人或者投保人可以变更受益人并书面通知保险人。保险人收到变更受益人的书面通知后，应当在保险单或者其他保险凭证上批注或者附贴批单。投保人变更受益人时须经被保险人同意。"

4. 保险人的变更。关于保险人的变更，常见于国外，通常发生于保险公司或保险合作社合并时，保险人将全部或部分保险合同转移于其他保险人的情形。保险人的变更，即保险合同的转移，实质上是承担保险金给付责任的主体的变更，直接关系到被保险人的合法权益能否得到确实保障的问题，在法律上十分复杂，有的国家通过专门的立法来解决保险合同的转移[②]。我国《保险法》第 92 条规定了经营人寿保险业务的保险人发生变更的情形，即"经营有人寿保险业务的保险公司被依法撤销或者被依法宣告破产的，其持有的人寿保险合同及责任准备金，必须转让给其他经营有人寿保险业务的保险公司；不能同其他保险公司达成转让协议的，由国务院保险监督管理机构指定经营有人寿

---

① 李玉泉. 保险法（第二版）[M]. 北京：法律出版社，2003：223.

② 李玉泉. 保险法（第二版）[M]. 北京：法律出版社，2003：224.

保险业务的保险公司接受转让。转让或者由国务院保险监督管理机构指定接受转让前款规定的人寿保险合同及责任准备金的，应当维护被保险人、受益人的合法权益。"

第二节 保险合同的解除

合同的解除，是指合同成立生效后，当具备合同解除的条件时，因当事人一方或双方的意思表示而使合同关系提前消灭的一种行为。合同解除作为一项独立的法律制度，与合同的其他制度，如合同无效、合同变更、合同担保等制度相互配合，共同构成合同法的完整体系。

根据合同解除产生的原因，合同解除一般分为两种，一种是基于约定的解除，即双方当事人协商一致解除合同，或者行使约定的解除权而导致合同解除。我国《合同法》第93条，就是对约定解除的规定。另一种是基于法定的解除，在合同没有履行或者没有履行完毕前，当事人一方根据法律的规定，单方行使解除权使合同的权利义务归于消灭。我国《合同法》第94条就是对法定解除的规定。约定解除与法定解除可以并存。

一、保险合同的约定解除

保险合同作为合同的一种基本形式，是合同双方当事人合意的结果。同样，双方当事人也可根据合意，以约定的方式解除合同。对此，我国《保险法》虽然没有直接规定，但是根据《合同法》第93条可以得出结论。可以说，在约定解除的有关问题上，保险合同与一般合同并无二致。至于解除的方式，可以在合同成立后由保险人与投保人、被保险人协商一致解除，也可以在订立保险合同时，由双方在保险合同中约定解除保险合同的条件，当该条件成就时，享有解除权的一方当事人可以依约解除合同。一般来说，只要这种约定不违反法律的强制性规定，不违反公序良俗，就应当有效。例如，双方可以在保险合同的"特别约定"中约定，投保人如果未按约定时限交足保险费，保险人有权解除保险合同。

二、保险合同的法定解除

与约定解除相比，保险合同在法定解除方面的特殊性较为明显。其中，投保人的法定解除与保险人的法定解除，财产保险合同的法定解除与人身保险合同的法定解除都有所不同。

（一）投保人的法定解除权

基于平衡保险合同双方利益的考虑，各国法律一般都赋予投保人充分的法定解除权，以平衡投保人在订立合同时的弱势地位，即以投保人可以随时解除为原则，以不得解除为例外。例如，我国《保险法》第15条规定："除本法另有规定或者保险合同另有约定外，保险合同成立后，投保人可以解除合同，保险人不得解除合同"，即只要没有《保险法》另有规定或者保险合同另有约定，投保人有权随时解除合同。日本《保险法》（2008年修订版）第27条规定："投保人可以随时解除损害保险契约。"

但是，在某些特殊的险种中，投保人的解除权是受到一定限制的。如我国《保险法》第 50 条规定:"货物运输保险合同和运输工具航程保险合同,保险责任开始后,合同当事人不得解除合同";我国《海商法》第 227 条规定:"除合同另有约定外,保险责任开始后,被保险人和保险人均不得解除保险合同。"这是因为,货物运输保险合同和运输工具航程保险合同的保险责任开始后,保险标的往往已经处在运输途中,风险不可控制,如果赋予投保人或保险人任意的解除权,对于被保险人来说是极不公平的。

（二） 保险人的法定解除权

保险合同属于射幸合同,保险事故是否发生,保险人是否赔付都具有很大的不确定性。因此,实践中保险人往往寄望于在保险期限内不发生保险事故,因而很少会主动地解除保险合同。但是,作为保险人的一项重要权利,保险人的解除权对于维护其合法权益具有重要的意义。

与投保人的解除权相反,法律对于保险人的解除权的限制则要严格得多,即以保险人不得解除为原则,以得解除为例外。这是因为,一方面保险人作为经营者,专业优势明显;另一方面保险人不仅是保险合同的一方当事人,更加重要的是,保险人在一定意义上还承担着分散风险、转嫁损失的社会责任,如果赋予保险人广泛的解除权,对于社会经济的稳定也会产生不利影响。如上所述,我国《保险法》第 15 条规定:"除本法另有规定或者保险合同另有约定外,保险合同成立后……保险人不得解除合同。"

一般来说,各国法律赋予财产保险合同的保险人在以下情形下具有法定解除权。

1. 投保人未履行如实告知义务。保险合同是最大诚信合同,保险人完全依赖投保人对于保险标的的描述来决定是否承保以及保险费率。因此,如果投保人在如实告知问题上出现重大过错,导致保险合同双方当事人的信息不对称时,法律往往赋予保险人以法定解除权,来平衡双方当事人的利益,这是各国立法的通例。例如,我国《保险法》第 16 条第 2 款规定:"投保人故意或者因重大过失未履行前款规定的如实告知义务,足以影响保险人决定是否同意承保或者提高保险费率的,保险人有权解除合同。"[①] 又如,日本《保险法》第 28 条规定:"投保人或被保险人因故意或重大过失就告知事项没有如实告知或予以不实告知的,保险人可以解除损害保险契约。"

但是,在人寿保险中,保险人在投保人年龄误告情形下的解除权却受到一定的限制,即并非只要一出现投保人错误地告知被保险人的年龄,保险人就可以解除合同。只有当被保险人的真实年龄超出了保险合同的年龄限制时,保险人方可解除合同,或者保险人解除权的行使受到一定的时间限制。例如,我国《保险法》第 32 条第 1 款规定:"投保人申报的被保险人年龄不真实,并且其真实年龄不符合合同约定的年龄限制的,保险人可以解除合同,并按照合同约定退还保险单的现金价值。保险人行使合同解除权,适用本法第十六条第三款、第六款的规定。"这是因为,人寿保险合同往往时间较

---

① 为正确审理保险合同纠纷案件,切实维护当事人的合法权益,《最高人民法院关于适用〈中华人民共和国保险法〉若干问题的解释（二）》第 6 条规定,"保险人以投保人违反了对投保单询问表中所列概括性条款的如实告知义务为由请求解除合同的,人民法院不予支持。但该概括性条款有具体内容的除外"。第 7 条规定,"保险人在保险合同成立后知道或者应当知道投保人未履行如实告知义务,仍然收取保险费,又依照《保险法》第 16 条第 2 款的规定主张解除合同的,人民法院不予支持。"

长，且关系着生老病死的重要补偿，而不同年龄阶段的风险差异值比较固定，从维护合同的稳定性及保护被保险人、受益人的利益出发，如果年龄误告只是涉及保险费的调整，对于保险人是否承保影响不大，各国法律一般都倾向于限制保险人的解除权。

2. 保险欺诈。我国《保险法》规定了两种保险欺诈情形下的合同解除。一种是第27条第1款规定的被保险人或者受益人在未发生保险事故的情况下，谎称发生了保险事故，向保险人提出索赔或者给付保险金请求的，保险人有权解除保险合同；另一种是第27条第2款规定的投保人、被保险人故意制造保险事故的，保险人有权解除保险合同。

3. 被保险人未履行安全维护义务。保险与防灾防损相结合是保险法的一项重要原则。在财产保险合同中，为了防止投保后被保险人产生麻痹思想或是采取放任态度，各国法律一般都规定被保险人负有维护保险标的安全的法定义务。当被保险人违反这一法定义务时，保险人有权解除保险合同。如我国《保险法》第51条第3款规定："投保人、被保险人未按照约定履行其对保险标的的安全应尽责任的，保险人有权要求增加保险费或者解除合同。"

4. 保险标的的风险发生变化。在财产保险合同中，保险合同成立后，保险标的的风险状况可能时刻处于变动中。当保险标的的风险状况发生变化，并且这种变化可能导致保险人在承保时作出不同决定时，就应当赋予保险人以法定解除权。

综观各国立法例，最常见的规定是，当保险标的的危险程度增加时，保险人有权解除保险合同。如我国《保险法》第52条第1款规定，"在合同有效期内，保险标的的危险程度显著增加的，被保险人应当按照合同约定及时通知保险人，保险人可以按照合同约定增加保险费或者解除合同。"日本《保险法》（2008年修订版）第29条也作了类似规定。当保险标的的危险程度显著降低时，保险人往往不会主动解除合同。但是，意大利《民法典》第1897条的规定比较特别，当风险程度的降低直接导致保险费的减少时，保险人可以行使解除权，即"如果投保人通知保险人发生了风险减少（参阅第1896条、第1898条）的变化，并且当这一变化会产生假如保险人在缔约时知道这一变化并会与之缔结一个保险费较少的契约的结果时，则自保险费到期之日起或者前述通知后的下一次分期支付的保险费到期之日起，保险人只能就较少的保险费提出主张。但是，保险人在被通知之日起的2个月内有契约解除权"。

另外，法律一般还规定因特定行为引起保险标的风险发生变化的情况下的保险人的解除权。例如，保险标的转让，因被保险人的风险程度不同，可能引起保险人所承担的保险责任与承保时发生显著变化。因此，法律有必要规定此种情形下，保险人有合同解除权。我国《保险法》第49条第3款规定，"因保险标的转让导致危险程度显著增加的，保险人自收到前款规定的通知之日起三十日内，可以按照合同约定增加保险费或者解除合同。"

5. 人身保险合同效力中止后逾期未复效。我国《保险法》第37条规定，"合同效力依照本法第三十六条规定中止的，经保险人与投保人协商并达成协议，在投保人补交保险费后，合同效力恢复。但是，自合同效力中止之日起满二年双方未达成协议的，保险人有权解除合同。"

6. 财产保险合同中保险人部分履行责任。保险合同的部分履行也可能导致保险人解除权的产生。我国《保险法》第 58 条第 1 款规定："保险标的发生部分损失的,自保险人赔偿之日起三十日内,投保人可以解除合同;除合同另有约定外,保险人也可以解除合同,但应当提前十五日通知投保人。"

以上保险人法定解除权的各种情形,有的是《保险法》将《合同法》第 94 条的相关规定在保险领域的具体化,如人身保险合同逾期未复效的情形就符合《合同法》第 94 条第（三）项"当事人一方延迟履行主要债务,经催告后在合理期限内仍未履行"的规定,更多的还是《保险法》在《合同法》规定之外,根据保险合同的特殊性所作的规定。但无论是哪一种,保险人行使解除权的一个共同前提是,投保人、被保险人或受益人一方存在过错或客观情况发生重大变化,打破了保险合同当事人双方的利益均衡,致使原合同的成立基础无以为继。

三、保险合同解除的时间和方式

（一） 保险合同解除的时间

合同解除权,在性质上属于形成权。根据一般的民法原理,形成权的存续受除斥期间的限制。除斥期间经过,形成权归于消灭,而且除斥期间为不变期间,不存在中止、中断或延长的情形。对于约定解除的时间,情况比较简单,一般由双方当事人协商一致即可,没有约定的,解除权人一般也应当在合理期间内行使权利。

而法定解除的时间限制一般有赖于法律的直接规定。为了防止保险合同当事人利用保险法律关系的不确定性拖延时间,获取不正当利益,各国保险法一般都对保险人的法定解除权设置了较为完善的除斥期间制度,对保险人行使法定解除权作出了时间限制。如日本《商法典》第 28 条对保险人因投保人未履行如实告知义务的解除权规定了行使期限："第一款所规定的解除权,自保险人知道其解除原因后一个月内未行使的,自动消灭。自损害保险契约缔结开始五年后未行使的亦相同。"

我国《合同法》第 95 条虽然对于合同解除权的行使期限作了原则性的规定,即"经对方催告后的合理期间",但是这一规定操作性比较差,不能解决实践中的种种问题。我国 2009 年修订前的《保险法》对于法定解除权的行使期限规定较少,仅在第 54 条年龄误告情形下规定了保险人行使解除权的期限。2009 年修订后的《保险法》第 16 条增加了在投保人未如实告知情形下保险人行使解除权的期限,即"前款规定的合同解除权,自保险人知道有解除事由之日起,超过三十日不行使而消灭。自合同成立之日起超过二年的,保险人不得解除合同";第 49 条增加了在保险标的转让导致危险程度显著增加的情况下保险人行使解除权的期限,即"因保险标的的转让导致危险程度显著增加的,保险人自收到前款规定的通知之日起三十日内,可以按照合同约定增加保险费或者解除合同"。其他情形下的解除权,如投保人、被保险人或受益人违反各项法定义务时的解除权,则没有规定。

（二） 保险合同解除的方式

保险合同解除的方式与一般合同的解除方式并无二致,各国保险法一般对此都没有特别规定。根据我国《合同法》第 96 条的规定,当事人一方主张解除合同的,应当通知对方，合同自通知到达对方之时起解除，否则不发生合同解除的效力。保险合同解除权属于形成权，一方行使保险合同解除权无须征得对方当事人的同意。对方当事人有异议的，可以请求人民法院或者仲裁机构确认合同的效力。实践中，保险合同的解除一般通过给对方当事人发送合同解除通知的方式行使。

四、保险合同解除的法律后果

合同解除意在提前使合同关系归于消灭，保险合同的解除也是如此。但是，合同关系从何时开始消灭，即合同的解除是否具有溯及力，是合同解除的一个重要问题。根据我国《合同法》第97条规定，我国法律对于合同解除的基本态度是，承认合同的解除向将来发生效力，即对于尚未履行的应当终止履行，同时承认合同的解除可以溯及既往，即已经履行的，可以根据履行情况和合同性质，要求恢复原状或采取其他补救措施。目前学界通说认为，非继续性合同的解除，如买卖合同，原则上具有溯及力，合同解除后当事人可以要求恢复原状或采取其他补救措施；继续性合同的解除，如租赁合同，原则上无溯及力，合同解除后已经进行的使用或收益不具返还性[1]。

保险合同是典型的继续性合同，因此一般情况下，保险合同的解除不产生溯及既往的效力，即保险人对于合同解除之前发生的保险事故承担保险责任，仅退还合同解除日之日起至保险期限结束之日止的保险费。例如，《保险法》第54条第1款规定："保险责任开始前，投保人要求解除合同的，应当按照合同约定向保险人支付手续费，保险人应当退还保险费。保险责任开始后，投保人要求解除合同的，保险人应当将已收取的保险费，按照合同约定扣除自保险责任开始之日起至合同解除之日止应收的部分后，退还投保人"；又如《保险法》第47条规定，人身保险的"投保人解除合同的，保险人应当自收到解除合同通知之日起三十日内，按照合同约定退还保险单的现金价值"。

保险合同与一般的继续性合同相比，又具有特殊性。因此，我国《保险法》还规定了在几种特殊情形下，保险合同的解除产生溯及既往的后果，具体表现为保险人对于合同解除前发生的保险事故不承担赔偿责任，或者保险人退还全部保险费。典型的情形如《保险法》第16条规定的投保人故意未履行如实告知义务保险人解除保险合同的，保险人对于合同解除前发生的保险事故不承担赔偿或者给付保险金的责任，并不退还保险费；第27条第2款规定的投保人、被保险人或者受益人故意制造保险事故的，保险人有权解除保险合同，不承担赔偿或者给付保险金的责任，一般也不退还保险费（除本法第43条规定外）。这里，法律规定保险人可以不退还保险费并不是否认保险合同溯及既往，而是体现对于存在主观故意的投保人、被保险人或受益人的一种惩罚。

第三节　保险合同的终止

保险合同的终止，又称保险合同的消灭，是指当事人根据合同所确定的权利义务因

---

[1]　温世扬. 保险法 [M]. 北京：法律出版社，2003：172.

一定事由的出现而归于消灭。

一、保险合同终止的原因

引起保险合同终止的原因是多种多样的，归纳起来，不外乎以下几个方面：

（一）当然终止

1. 期限届满。保险合同因期限届满而终止，又称自然终止。保险合同作为债的一种，一般都受到约定期限的限制，期限届满，合同之债归于消灭。保险合同的期限因险种性质以及当事人约定的不同而有长有短。无论是长期保险合同，还是短期保险合同，凡合同订明的期限届满时，合同即告终止。由于保险事故的发生毕竟只是偶然的，所以期限届满是财产保险合同终止的最普遍、最基本的原因。

2. 履行完毕。保险合同的全部履行完毕，一般是保险人赔偿或支付了全部保险金，合同双方当事人权利义务的全部实现和完成，保险合同即告终止。

3. 保险标的灭失或被保险人死亡。如果非因保险事故的原因导致保险标的灭失或者被保险人死亡，保险合同一般都会因此终止。在财产保险合同中，如果保险标的非因保险事故的原因而灭失，则保险保障的对象，保险事故再无发生的可能，根据"无危险则无保险"的理念，保险合同效力终止。如我国台湾地区"保险法"（2004 年修订版）第81 条规定："保险标的物非因保险契约所载之保险事故而完全灭失时，保险契约即为终止。"

4. 保险人破产。如我国台湾地区"保险法"（2004 年修订版）第 27 条规定："保险人破产时，保险契约于破产宣告之日终止，其终止后之保险费，已交付者，保险人应返还之。"

（二）任意终止

1. 解除。如本章第二节所述，保险合同的解除是使合同关系提前归于消灭的一种行为，解除因此也是保险合同终止的一种情形。

2. 投保人或被保险人破产。如我国台湾地区"保险法"（2004 年修订版）第 28 条规定："要保人破产时，保险契约仍为破产债权人之利益而存在，但破产管理人或保险人得于破产宣告三个月内终止契约。其终止后之保险费已交付者，应返还之。"

二、保险合同终止的法律后果

保险合同终止的法律后果与一般合同相同，即终止只对将来失去效力，并不溯及既往，当事人不承担恢复原状的义务。对终止前投保人所交付的保险费，保险人无须返还，发生保险事故，由保险人承担保险责任；但终止后的保险费已给付的，则投保人有权请求返还。

思考题

1. 什么是保险合同的变更？
2. 简述投保人的法定解除权。
3. 简述保险人的法定解除权。
4. 简述保险合同终止的原因与法律后果。

第九章
保险合同的解释

学习目的和重点

通过学习保险合同的解释原则和相关法律规定，重点掌握我国《保险法》第30条的内涵和适用情形。

第一节　保险合同的解释原则

保险合同素有"最大善意合同"之称，但是现实生活中，当保险合同订立后，当事人在主张权利和履行义务过程中，也会对合同中使用的语言文字发生争议，甚至引起仲裁或诉讼，从而影响合同的履行。为了正确地判明当事人的真实意图，保护双方当事人的合法权益，准确处理保险纠纷，必须确立保险合同的解释原则。

一、英美保险合同的解释原则

（一）英国保险合同的解释原则

英国法院解释保险合同所采用的原则，归纳起来，主要有以下14项。

1. 当事人的真实意思须受尊重。保险合同的解释，首先应探求当事人的真实意思。而当事人的真实意思应从保险单及其他有关文件本身来探求，除非事实上有必要参照订立合同当时的有关情况，否则法院不得臆断当事人的意思。

2. 应从保险合同整体加以观察。保险单条款前后自成一体，相互衔接，具有严密的逻辑性。因此，对保险合同的解释，不得仅注意或偏重某一特定条款，而必须就保险合同的整体规定来确定其含义。

3. 书写条款的效力应优先于印刷条款。保险单条款通常都按标准格式预先印就，但保险人也可针对个别约定在保险单上以书写或打字方式加载某些条款。保险单上加载有书写条款时，书写条款与印刷条款均须加以考虑，不得因为是书写条款或印刷条款而赋予不同的含义和效果。但书写条款与印刷条款发生冲突时，书写条款的效力应优先于印刷条款。因为书写条款是当事人在订约时自由选择作成的，更能表达双方当事人的真实意思。

4. 文法解释原则。保险单条款均由专家拟订，其用词造句极为严谨，对于保险单上的用语，自然应该按其文法上的意义加以解释。但海上保险所使用的劳合社保险单，其用词并不完全符合文法，如严格按文法解释，几乎不可能。海上保险单如加载担保或其他附件的，则仍应适用文法解释原则。

5. 保险单用语按其通俗的意义解释。解释保险单与解释其他文件相同，应按其用语所具有的通俗意义解释，不得局限于保险单用语的特定意义。所谓通俗意义，是指具有一般知识及常识的人对于保险单用语所给予的通俗及简明的意义。如果保险单用语同时具有主要与次要两种意义时，除非后者是商务上所常用并为当事人所熟知，否则应采用前者来解释保险单。但保险单上除一般用语外，还使用法律及其他专业术语。对于这种专业术语，应按其在专业上所特别具有的意义加以解释。

6. 保险单用语可由其上下文确定其含义。保险单某一用语有时受其上下文的限制，应参照上下文确定其含义。英国法院在这种场合，一般采用下列原则作为解释的依据。

一是同类解释。保险单条款所列举的事项如属于同一类的，则紧接列举事项后的用语，其所表示的也属同一类，而不属另一类，此即所谓的同类解释原则（the ejusdem generis rule）。如保险单规定保险人对于钟表、首饰、照相机、望远镜及其他易碎或高价物品的意外损失负赔偿责任。其中的"易碎或高价物品"就是指与前文中所列举的同类物品而言，并非兼指其他不同类的物品。

二是限制解释。限制用语紧接概括用语之后的，则在前面的概括用语不得按其原有的含义解释，而应受后面的用语的限制。

7. 保险单用语按其表面意义解释。除非有充足的理由作不同的解释，否则保险单用语应按其表面意义或自然含义解释。如果保险单用语十分清晰与明确，仅容许作一种解释的，则不论此种解释合理与否，法院应受此种解释的约束。

8. 保险单用语须从宽解释。保险单用语须尽可能地从宽解释，使其能按当事人的真实意思发生效力，以达到当事人签订保险合同的目的。在 Trew v. Railway Passenger's Assurance Co. 一案中，保险单规定被保险人因意外事故受伤或受伤后 3 个月内死亡，保险人负给付义务。被保险人因溺毙立即导致死亡，但英国法院仍判认溺毙在上述承保范围以内，而责令保险人给付。[①] 对于保险单用语是否可一律从宽解释，我们认为，应区分情况，具体分析。一般来说，如果从宽解释显然违背当事人的真实意思或保险单用语的通俗含义，或将导致错误结果的，应力求避免援引。

9. 尽量采用合理的解释。保险单用语如含义不清，有两种或两种以上的解释的，应尽量采用合理的解释，以合理的解释推定为当事人的真实意思表示。

10. 疑义利益的解释原则（verba chartarum fortius accipiuntur contra proferentem rule）。保险合同是附合合同，一般是依照保险人拟定的保险单条款订立的，并非真正由双方当事人协议订立，投保人要么接受，要么不接受，因此对保险单条款和用语，只有保险人最为清楚。如有关条款或用语的含义不清，或应如何解释发生争议时，应作有利于被保

---

① 转引自施文森. 保险法总论 [M]. 台北：三民书局股份有限公司，1990：38.

险人的解释。

11. 保险单规定应尽量使之趋于一致。如果同一保险单中的规定或用语发生抵触，法院在解释时，应尽量加以协调，使之趋于一致。法院在协调时，下列原则可资遵循：

其一，如当事人的真实意思可以确定，则保险单中任何与其真实意思相抵触的规定或用语无效；

其二，保险单的规定或用语前后发生抵触的，除非有特定理由，否则前者的效力应优先于后者；

其三，如果保险单上的用语与投保申请书或其他附件的用语发生抵触时，除非有相反的证明，否则应以保险单上的用语为准。

12. 明示条件优先于默示条件。保险单所具有的默示条件与明示条件发生抵触时，应以后者为准。如投保人的说明不实，隐瞒或遗漏足以变更或减少保险人对于危险的估计的，保险人可解除合同。这是保险单的默示条件，无须另行载明。但如果保险单规定：促成损害发生的危险事故与投保人的不实说明或隐瞒间无因果关系，保险人仍须负赔偿责任的，则保险单的规定应优先于前述默示条件。

13. 以后确定与原先确定的效力相同。保险合同成立时，其关于保险期限、地点、标的物的数量及船名等须以后按当事人约定的方式予以确定的，这种以后确定视为与原先确定的效力相同。

14. 印刷字体不论大小，效力相同。保险单所使用的字体大小不一，有的小到须用放大镜才能阅读。这种以极小的字体印就的条款，其效力是否低于以较大的字体印就的条款，英国有的法官主张以极小字体印就的条款效力低些，但在惯例上则不论条款所使用字体的大小，均产生相同的效力。

（二）　美国保险合同的解释原则

美国法院对保险合同的解释，不像英国法院那样偏重于保险单的技术性，而是从保险的目的及保险合同的性质出发，其所采用的原则主要如下。

1. 公平原则。20 世纪以后，附合合同在美国逐渐盛行，所谓契约自由几乎已不再存在。无论保险合同或其他资金周转合同，其内容完全由当事人一方所控制，他方仅能表示接受与否，因此合同内容难免有失公平。为此，美国《统一商法典》（*Uniform Commercial Code*）第 2 篇第 302 条第 1 款明确规定："法院如在法律上判认合同或合同中任何条款显失公平的，可宣告该合同或该条款无效，或仅确认不公平条款以外部分的效力，或限制不公平条款的适用，以免产生不公平的结果"。《统一商法典》虽未进一步规定不公平（unconscionable）的含义，但美国学者们认为所谓不公平应从实质上及程序上加以考虑。一般来说，如合同是在毫无选择以及在程序上显然是使用不公平方法签订的，则法院通常均判认合同中的任何苛刻规定（oppressive provisions）就属于不公平。《统一商法典》就附合合同所创设的这一新原则，目前也已普遍适用于保险合同的解释。

2. 合理期待。合理期待原则（doctrine of reasonable expectations），即指"购买保险单的社会大众有权获取满足其合理期待所必要的保护"。美国保险法权威学者 Keeton 教授在其《保险法基础》（*Text on Insurance Law*）一书中，曾将合理期待总结为："即使保险单规定的条款完全否定将投保人或受益人所期待的危险承保在内，但其就保险单条款所存有的客观上的合理期待仍须尊重。"（The objectively reasonable expectations of applicants and intended beneficiaries regarding the terms of insurance contracts will be honored even though Painstaking study of Policy Provisions would have negated those expectations）但这一原则如无限制地加以援引，无异允许法院可完全忽视保险单的规定，而为当事人另外创设一种新的合同，因而美国法院已有逐渐限制的趋势。

3. 标题是合同的一部分。美国法院鉴于社会大众投保时，绝大多数人只以保险单的标题作为投保与否的依据，极少仔细研读有关条款内容，于是在判例中特别指出："标题如含有保险单索引性质的通常名称，则标题构成合同的一部分，应与保险单上所载的条款一并予以解释。"（When a Caption Contains gengeral words in the nature of an index of the policy's contents, it forms a part of the contract and should be construed with the detailed provisions of the provision）

4. 禁止抗辩（estoppel）。这里的禁止抗辩是指保险人对于保险单条款、合同内容或效力故意作不实说明，以致被保险人因善意信赖而遭受损害的，不管保险单上的规定如何，保险人应受其不实说明的拘束，不得援引保险单的规定进行抗辩。

5. 弃权（waiver）。如前所述，保险人明知依据保险单规定可以行使抗辩权，而以明示或默示方式所抛弃的，以后不得再引用。其与上述禁止抗辩原则的不同在于，前者是依保险人的意思发生效力，后者是禁止依保险人的意思发生效力，二者对保险合同的解释均能产生重要作用。

此外，英美法院解释保险合同时，还受口头证据法则（parol evidence rule）的约束。即保险单签发前的任何口头或书面约定，除非保险单明确规定为合同的内容，否则均在排斥之列。当事人不得以保险单签发前的口头或书面约定变更保险单的规定。换言之，即必须从保险单本身来探求当事人的真实意思。

二、我国保险合同的解释原则

目前，我国保险合同的解释尚不够规范统一，远未形成一个相对系统完善的解释制度。我们认为，保险合同是合同的一种，首先必须遵守合同的一般解释原则，然后再参照国际上的通行做法。我国《合同法》第 125 条规定："当事人对合同条款的理解有争议的，应当按照合同所使用的词句、合同的有关条款、合同的目的、交易习惯以及诚实信用原则，确定该条款的真实意思。"该条确立了合同解释的文义解释原则、整体解释原则、目的解释原则、交易习惯解释原则、诚实信用解释原则，这些都是保险合同解释应当遵循的原则，另外，结合保险行业的特点，保险合同还有一些特殊的解释原则。总体来看，我国保险合同的解释应当遵循下列原则。

（一）文义解释原则

文义解释原则，就是按保险条款文字的通常含义解释。因为保险合同双方当事人协商一致的意思表示往往是通过一定的文字形式表现出来的。因此，当合同的某些内容产生争议而条款文字表达又很明确时，首先应按照条款文义进行解释，切不能主观臆断、牵强附会。如 1996 年 5 月 30 日，中国人民银行印发的《财产保险基本险》条款与条款解释、《财产综合险》条款与条款解释，其承保危险之一"火灾"，是指在时间或空间上失去控制的燃烧所造成的灾害。构成火灾责任必须同时具备以下三个条件：（1）有燃烧现象，即有热有光有火焰；（2）偶然、意外发生的燃烧；（3）燃烧失去控制并有蔓延扩大的趋势。因此，根据文义解释原则，仅有燃烧现象并不等于火灾责任。在生产、生活中有目的用火，如为了防疫而焚毁玷污的衣物、点火烧荒等属于正常燃烧，不属于火灾责任。因烘、烤、烫、烙造成焦煳变质等损失，既无燃烧现象，又无蔓延扩大趋势，也不属于火灾责任。电机、电器、电气设备因使用过度、超电压、碰线、弧花、漏电、自身发热所造成的本身损毁，不属于火灾责任。但如果发生了燃烧并失去控制蔓延扩大，则构成火灾责任，并对电机、电器、电气设备本身的损失负责赔偿。而有的被保险人把平时用熨斗烫衣被造成焦煳变质损失也列为"火灾"责任要求赔偿，显然，按文义解释原则，就可以作出明确的判断。

（二）合乎逻辑的解释原则

当保险条款前后用语不一或用词含糊不清而引起歧义时，应根据条款上下文，进行逻辑性的分析和推理，从而探明当事人订立保险合同的真实意图，不能拘泥于条款中的某些词句。在听取当事人的陈述后，还必须根据签约背景、有关具体情况进行合乎逻辑的分析，作出合乎事实的判断。

（三）专业解释原则

在保险条款中，常常使用某些专门术语，对其应以所属行业通常理解的专业含义来解释。如1993年4月9日，中国人民银行下发的《企业财产保险条款》中所承保的"暴风""暴雨"危险的含义，就须按我国气象部门对"暴风"（根据气象部门制定的风力等级表规定，暴风指风速在28.3米/秒以上，即风力等级表中的11级风。本保险条款的暴风责任扩大至8级风，即风速在17.2米/秒以上即构成暴风责任）、"暴雨"（每一小时降雨量达16毫米以上，或连续12小时降雨量达30毫米以上，或连续24小时降雨量达50毫米以上）的规定来理解。不符合上述规定条件的大风、大雨所造成保险财产的损失，均不构成保险危险，保险人不负赔偿责任。必须注意的是，由于保险条款的暴风责任扩大至8级风，其暴风的概念与气象部门的专业解释不同，因此，应在保险条款中注明。

（四）诚实信用解释原则

最大诚实信用原则是保险法的一项重要原则。它要求保险合同当事人实事求是，讲诚实、守信用，以善意的方式全面履行合同义务，不得规避法律和合同。在解释保险合同时，该原则同样必须遵循。当保险条款的歧义是由于重大误解或措辞不当未能表达当事人真实意图时，就应本着诚实信用的精神进行解释。

（五）有利于被保险人的解释原则

这条原则已被世界各国解释保险合同条款时所普遍采用，也称为疑义解释原则，其对于保护被保险人的合法权益有着积极意义。但并不意味着一旦保险合同发生争议，就作有利于被保险人的解释，而应当是首先按照前四个原则解释。只有当保险合同条款模棱两可、语义含混不清或一词多义，而当事人的意图又无法判明时，才能采用该解释原则。

除了上述这些原则和方法外，保险合同的解释还应参考一些其他有关情况，如投保单、风险询问表、健康告知书、暂保单、保险凭证、批单等书面文件。另外，当事人有特约条款的，解释时也应充分考虑进去。

综上所述，我们可以简单归纳为：对于保险合同的条款，保险人与投保人、被保险人或者受益人有争议时，应当按照通常理解予以解释，即按保险合同的有关词句、有关条款、合同的目的、交易习惯以及诚实信用原则，确定该条款的真实意思。其中词句解释和有关条款的解释，根据相关司法解释的规定，可以按下列规则作出认定：

1. 投保单与保险单或者其他保险凭证不一致的，以投保单为准。但不一致的情形系经保险人说明并经投保人同意的，以投保人签收的保险单或者其他保险凭证载明的内容为准；

2. 非格式条款与格式条款不一致的，以非格式条款为准；

3. 保险凭证记载的时间不同的，以形成时间在后的为准；

4. 保险凭证存在手写和打印两种方式的，以双方签字、盖章的手写部分的内容为准。

按照通常理解予以解释，仍然有两种以上解释的，应当作出有利于被保险人和受益人的解释。

第二节　保险合同的疑义解释原则

一、疑义解释原则的概念

疑义解释原则，是指当保险人与投保人、被保险人或者受益人对合同内容发生争议时，应作有利于被保险人和受益人的解释。保险立法史上，疑义利益解释规则的援引与创设，初始系针对保险人与投保人（被保险人）之间不平等的交易地位而进行司法调整以实现公平交易，并体现对保险交易中的弱势群体——被保险人倾斜性保护的价值关怀。[①] 它最早是从 1536 年一个英国判例开始形成的。在英国，有一承保海上保险的人叫理查德·马丁。他在公历 1536 年 6 月 18 日将他的保险业务扩大到人身保险，并为他一位嗜酒的朋友威廉·吉朋承保人寿保险，保险金额 2000 英镑，保险期限为 12 个月，保险费 80 英镑。被保险人吉朋于 1537 年 5 月 29 日死亡。受益人请求保险人依约给付保险金 2000 英镑。但马丁声称吉朋所保的十二个月，系以阴历每月 28 天计算的，不是指日历上的 12 个月，因而保险期限已于公历 5 月 20 日届满，无须支付保险金。但受益人认为应按公历计算，保险事故发生于合同有效期限内，保险人应如数给付保险金。最后法院判决，应作有利于被保险人和受益人的解释，马丁有义务给付保险金。之后，"疑义

---

① 樊启荣. 保险合同"疑义利益解释"之解释——对《保险法》第 30 条的目的解释和限缩解释 [J]. 法商研究，2002（4）.

利益"的解释原则便成为保险合同的一大解释原则。目前，世界各国司法上在解释保险合同时，均采用此项原则。

我国《保险法》亦遵循了这一先进立法理念，移植并确立了疑义利益解释规则。原《保险法》第31条规定："对于保险合同的条款，保险人与投保人、被保险人或者受益人有争议时，人民法院或者仲裁机关应当作有利于被保险人和受益人的解释。"这一规定的立法精神无疑是正确的。但由于该条规定过于笼统，缺乏合理的限制条件，导致适用上有无限扩大的倾向，反而影响了保险合同的正确解释。一方面，不恰当地加重了保险人的责任，不利于保护保险人的合法权益。另一方面，容易使被保险人产生侥幸心理，强词夺理，寻找种种理由，以图取非法利益，既不利于防止道德危险，也不利于保险合同争议的及时处理。为改变这一状况，修改后的《保险法》结合多年来的理论与实践成果，对该条作了一定修改，使之更符合客观实际。《保险法》第30条规定："采用保险人提供的格式条款订立的保险合同，保险人与投保人、被保险人或者受益人对合同条款有争议的，应当按照通常理解予以解释。对合同条款有两种以上解释的，人民法院或者仲裁机构应当作出有利于被保险人和受益人的解释。"这一规定，较为明确地解决了保险合同疑义解释原则在实践中究竟应如何适用的问题。

二、疑义解释原则的正确适用

根据《保险法》第30条的规定，对疑义解释原则的正确理解与适用应当是：

第一，该原则的适用不具有唯一性和排他性。保险合同的解释原则有多个，而且多数情况下乃是多个原则综合适用。疑义解释原则仅仅为解释保险合同的歧义条款提供一种手段或者途径，它本身并不能取代合同解释的一般原则，也不具有绝对性，不能排除解释合同的一般原则或者方法的适用，以对保险合同任意作不利于保险人的解释。

第二，该原则的适用不具有优先性。合同解释的一般原则及保险合同的其他解释原则的适用是前提和基础，应当首先应用合同解释一般原则对有争议性条款的文字进行解释。由于保险合同是典型的格式合同，还应适用有关格式化条款的合同解释原则，唯这些原则的适用都不足以明确合同条款真实内容，亦可对文字进行有利于保险人或投保人、被保险人解释的场合，才作为最后的王牌，使用疑义解释原则。一旦其他主要原则得适用并能很好地消除歧义时，则疑义解释原则应服从于其他主要原则而被放弃适用。

第三，只有在对保险合同条款有争议而引起纠纷时，才能适用疑义解释原则。因为保险合同当事人双方产生纠纷的原因很多，有因合同条款争议，也有因当事人违反合同义务。对于非因合同条款争议而引起的纠纷，不应当适用该原则。保险合同解释只发生在有争议的文字应该如何按其订约时所包含的本意去加以说明与释义的情形，而不是按照合同的条款去对照考察当事人是否违反合同义务。至于说合同当事人是否违反义务与保险合同的条款解释无关。

第四，对于下列情形，可以排除适用疑义解释原则：（1）合同当事人的真实意图可以通过其他途径加以证实的；（2）保险合同条款的歧义经当事人的解释已被排除的；（3）保险合同用语经司法解释已经明确而不再产生歧义的。

第五，适当考虑被保险人类型的差异。参与投保的不仅有经济能力微弱和对保险知识欠缺了解的自然人，而且也有经济实力雄厚和对保险事宜较为了解、具备较强判断力的法人，甚至有专门聘请从事保险业务的保险经纪公司代理其投保。因此出现合同条款解释纠纷时对他们应有所区别。从法理上说，第 30 条乃是基于合同当事人双方主体地位的相对不平等考虑的，其保护对象一般是经济上的弱者（主要是自然人），以体现公平正义，但对于有同样地位甚至经济实力更强的法人，则第 30 条就失去了保护弱者的基础，如果仍然一味强调适用疑义解释原则，就显失公平正义。①

第六，疑义解释原则应当仅适用于格式保险条款。在民事合同解释原则中普遍存在的"对条款提供者作不利解释的原则"仅适用于格式条款。疑义利益原则产生的法理基础与"对条款提供者作不利解释的原则"是一致的。因此，疑义解释原则也应当仅适用于格式保险条款。《保险法》第 30 条对此作了明确规定。而所谓格式条款，根据我国《合同法》第 39 条规定，是当事人为了重复使用而预先拟定，并在订立合同时未与对方协商的条款。对于双方当事人共同商定的条款、投保人或被保险人提供的条款等都不能适用。

最高人民法院在《关于适用〈中华人民共和国保险法〉若干问题的解释（二）》第 17 条中对于格式条款中非保险专业术语的解释作出了规范。该条规定，"保险人在其提供的保险合同格式条款中对非保险术语所做的解释符合专业意义，或者不符合专业意义，但有利于投保人、被保险人或者受益人的，人民法院应予以认可"。

根据司法解释的上述规定，人民法院认可术语的专业意义而不适用疑义解释原则仅限于保险人在其提供的保险合同格式条款中对非保险术语所做的解释符合专业意义这一情形。也就是说要同时满足"非保险专业术语""对该术语做了解释""所做解释符合专业意义"这三个条件。在不满足任何上述条件的情形下仍然应该适用疑义解释原则。

✔ 相关案例
孙某诉某保险公司车辆保险合同纠纷案

一、案件事实

1998 年 4 月 8 日，孙某购买了一辆黑色桑塔纳轿车。同年 4 月 9 日，孙某与某保险公司签订了一份机动车辆保险单，约定：孙某为该桑塔纳轿车投保包括机动车辆盗抢险在内的车辆损失险、第三者责任险、附加险全部险种，保险金额为 185000 元；保险期限自 1998 年 4 月 10 日起至 1999 年 4 月 9 日，孙某交纳了保险费。上述保险单背面附有机动车辆保险条款、机动车辆保险特约条款、机动车辆盗抢保险特约条款（代号 G）等。1998 年 11 月 30 日，孙某投保的桑塔纳轿车在本市 S 区孙某居住地被盗。当日，孙某向市公安局 S 区分局报案并通知了保险公司。后经公安机关侦查，该被盗车在异地 C 市被发现，且该车已被 C 市高某在不知是被盗车辆的情况下将车购得。1999 年 1 月 2 日，市公安局 S 区分局派员前往 C 市提取被盗车辆，因购车人高某阻挠未能将车提回。该车现仍扣在 C 市公安局。孙某因此向保险公司提出索赔要求，但遭到拒绝，故孙某诉

---

① 张世增. 如何正确理解和适用保险合同的解释原则 [J]. 河北法学，2003（5）.

至法院，请求法院依法判决保险公司承担保险责任。

在庭审过程中，原被告双方争议的焦点集中在对机动车辆盗抢保险特约条款第一条约定如何理解上。该条款规定："保险车辆因全车被盗、被抢劫或被抢夺在三个月以上，经公安机关立案侦查未获者，保险人对其直接经济损失按保险金额计算赔偿。"孙某认为，"经公安机关立案侦查未获者"中"未获者"指的是被保险人，因此在公安机关立案三个月后，孙某未获得该车，保险公司就应承担保险责任；而保险公司认为"未获者"是指公安机关，不是指被保险人，现在公安机关已经实际掌握该车，保险公司就不应承担保险责任。双方对此各执一词。

二、判决结果和理由

法院在审理此案的过程中，产生了三种不同的意见：

第一种意见认为保险公司不构成保险责任。因为在机动车辆盗抢保险特约条款第一条中明确规定"经公安机关侦查未获者"，就此语句在文字上的理解，很明显"未获者"指的是公安机关，而本案中公安机关已经实际掌握了被盗车辆，只是因为其他原因而未能将车发还失主，这不能认为是未获。

第二种意见认为保险公司构成保险责任。理由是孙某投保的车辆被盗后，该车在三个月内虽已被公安机关查获，但盗车案尚未被破获，现也无证据证明 C 市购车人高某的购车行为是恶意的，最后导致孙某对该车的权益无法实现。根据公平原则，保险公司应承担保险责任。

第三种意见也认为保险公司构成保险责任，但理由与第二种意见不同。《保险法》第 30 条规定"对于保险合同的条款，保险人与投保人、被保险人或者受益人有争议时，人民法院或者仲裁机关应当作出有利于被保险人和受益人的解释"，① 即疑义解释原则。根据此原则，在本案中孙某与保险公司对保险合同条款的争议，法院应作出有利于孙某的解释，那么保险公司就应承担保险责任。

最终，法院采纳了第三种意见，判决保险公司承担赔偿责任。

三、分析与评论

本案涉及的焦点问题是保险合同的解释问题，即在被保险人与保险人对保险合同的具体含义理解发生分歧时，应如何对争议条款进行合理的解释。本案中，根据文义解释的原则即可对争议进行处理，因为在机动车辆盗抢保险特约条款第一条中明确规定"经公安机关侦查未获者"，就此语句在文字上的理解，很明显"未获者"指的是公安机关，而不可能是被保险人。在这种情况下，法院还适用疑义解释原则要求保险公司承担赔偿责任，显然是有欠妥当的，最终造成一种名为公平而实为不公平的结果，损害保险人的利益，曲解了法条的本义。

思考题

1. 简述我国保险合同的解释原则。
2. 简述保险合同疑义解释原则。
3. 简述在哪些情况下应该排除疑义解释原则的适用。
4. 试述我国保险合同疑义解释原则的适用范围。

---

① 审理本案时《保险法》尚未修改。

第十章

时 效

学习目的和重点

通过学习《民法总则》关于诉讼时效的规定以及《保险法》《海商法》关于诉讼时效的规定，重点掌握《保险法》和《海商法》关于诉讼时效的特殊规定。

第一节　民法上的时效

一、时效制度

时效制度，是法律专门规定的促使权利人及时行使权利的制度，目的在于能够及时消除权利义务关系的不稳定或者不确定状态，以减少纠纷的发生，稳定社会秩序。时效，是指法律规定的、产生或者消灭权利状态的期间制度，有取得时效和消灭时效之别。与权利的不行使状态相关联的时效，为消灭时效。消灭时效，又称之为诉讼时效，逾法定期间权利人若不行使权利，其权利将归于消灭或者不受法律保护。

二、民法上诉讼时效的主要内容

（一）诉讼时效适用的客体

诉讼时效适用于民法规定的请求权，主要有债权请求权和物权请求权。债权请求权包括基于合同、侵权行为、无因管理以及不当得利而产生的请求权。物权请求权能够适用诉讼时效的，仅以返还财产请求权和恢复原状请求权为限。上述请求权，当事人在时效期间没有行使的，因为法律规定的时效期间完成，不受法院的保护。被保险人或者受益人对保险人享有的保险给付请求权，属于财产上的请求权，基于保险合同而发生，应当适用民法规定的诉讼时效制度。再者，保险人因为欠缺保险给付的原因而享有请求返还或者赔偿已给付的赔偿或保险金的权利，保险人对第三人享有的保险代位权，投保人因法定事由或者合同约定事由对保险人享有的请求退还保险费的权利等，同属债权请求权的范畴，亦应当适用民法规定的诉讼时效制度。

（二）时效期间

时效期间，分为普通诉讼时效期间和最长权利保护期间两个概念。2017 年颁布实施的《民法总则》改变了以往《民法通则》关于普通诉讼时效期间的规定。《民法总则》第188条规定，向人民法院请求保护民事权利的诉讼时效期间为三年。法律另有规定的，依照其规定。所谓法律另有规定，主要考虑在一些民商事领域，考虑到交易习惯、交易方式等特殊性要求，可能需要特别法作出不同于《民法总则》普通时效的规定。对于最长权利保护期间而言，《民法总则》则沿用了《民法通则》20年的规定。

（三） 时效期间的起算

时效期间的起算问题，也存在普通诉讼时效起算和最长权利保护期间起算两个问题。

普通诉讼时效起算问题，《民法总则》在沿用《民法通则》主观主义起算原则的基础上做了一些完善。依照《民法总则》第188条规定，自权利人知道或者应当知道权利受到损害以及义务人之日起计算。相比以往《民法通则》的规定，《民法总则》从立足国情实际的角度，从更为公平的角度明确了两个需要同时适用的条件，一是原有的条件"知道或应当知道权利受到损害"，二是新增了"知道或者应当知道义务人"的规定。考虑到不同情形下的请求权的行使差异，法律另有规定的，依照其规定。若其他法律对于诉讼时效期间的起算另有规定的，应当适用其他法律的规定。例如，我国《保险法》第26条规定："人寿保险以外的其他保险的被保险人或者受益人，向保险人请求赔偿或者给付保险金的诉讼时效期间为二年，自其知道或者应当知道保险事故发生之日起计算。"

最长权利保护期间的起算，《民法总则》继续沿用了《民法通则》客观主义起算标准的规定，《民法总则》第188条规定，自权利受到损害之日起超过二十年的，人民法院不予保护。为避免极端情况出现，《民法总则》也保留了人民法院可根据权利人申请进一步延长时效的相关规定。

为解决和保护当事人在同一债务分期履行时的合法权益，《民法总则》第189条进一步明确了该类债务的诉讼时效自最后一期履行期限届满之日计算的规定。

（四） 时效期间的中止

诉讼时效制度的目的在于督促权利人积极行使权利，如果权利人因为客观原因导致权利行使受阻的，从而引发诉讼时效经过这一法律后果的，从目的上不符合诉讼时效制度的基本出发点。因此，法律规定了时效期间中止的制度。

《民法总则》在诉讼时效中止问题上，对《民法通则》的相关制度作了进一步的补充和完善。一方面对权利人不能行使请求权的障碍作了列举和细化，明确列举了法定代理人缺位、未确定继承人、权利人被控制等情形。另一方面也对诉讼时效中止的原因消除之后的诉讼时效期间进行了补足，规定了自中止时效的原因消除之日起权利人有六个月的必要准备时间。

（五） 时效期间的中断

《民法通则》对时效期间的中断有比较原则性的规定。《民法总则》在继承《民法通则》原则的基础上，根据境内外法律实践经验做了进一步的完善。

关于时效中断的情形，《民法总则》第195条规定了四种情况：一是权利人向义务人提出履行请求；二是义务人同意履行义务；三是权利人提起诉讼或者申请仲裁；四是与提起诉讼或者申请仲裁具有同等效力的其他情形。

对时效如何重新起算问题，《民法总则》也做了进一步区分。在权利人提出履行请求和义务人同意履行义务的情形下，分别以履行请求到达义务人和同意履行的表示到达权利人起重新计算。在权利人提起诉讼或仲裁以及其他同等效力情形时，从有关程序终结时起重新计算。

（六）时效利益的抛弃、预先放弃和法院主动适用

在时效利益抛弃、预先放弃和法院主动适用问题上，《民法总则》在制定过程中采纳了目前主流的立法模式和学术观点，即抗辩权发生主义，分别规定了诉讼时效届满后，债务人同意履行不得再以时效进行抗辩；时效利益债权人不得预先放弃和非经当事人提出法院不得主动适用时效制度等规定。

第二节　特别法上的时效

《民法总则》颁布实施后，对民法整体的诉讼时效制度进行了系统性更新。对于特别法的时效问题，从《立法法》的原理和一般规定看，新法优于旧法，特别法优于一般法，但《民法总则》的出台可能引发的一个问题是，新出台的一般规定和旧的特别规定不一致的问题。尽管《民法总则》对此做了相应立法衔接，规定了特别法可以有例外规定。但对于部分情况下的诉讼时效如何确定，仍有待立法或司法上的进一步明确。

保险领域的时效问题需要区分一般保险合同的诉讼时效和海上保险合同的请求时效分别讨论。《保险法》和《海商法》分别对一般的保险合同诉讼时效和海上保险合同的请求时效作了规定。从立法的历史沿革上看，《海商法》制定时间较早，其中规定的时效没有明确为诉讼时效，而表述为请求权时效期间，但学界一般认为其属于诉讼时效的概念。[①] 二者的关系是，《保险法》有规定的，应当适用《保险法》的规定。《保险法》可以适用于海上保险，但是仅以《海商法》没有规定者为限，《海商法》对海上保险的时效已有规定的，应当适用《海商法》的规定。

根据《保险法》和《海商法》的规定，人寿以外的一般保险和海上保险的时效为两年，人寿保险的时效为五年。《民法总则》第 188 条规定的"法律另有规定的，依照其规定"，是允许特别法对诉讼时效作出不同于普通诉讼时效期间的规定[②]。按照通常理解，《保险法》对人寿保险 5 年的诉讼时效规定，是一种法律的另有规定。

关于人寿以外的一般保险和海上保险是继续适用原来两年的规定，还是适用《民法总则》三年的新规定，目前看尚无定论，尚待立法和司法实践的进一步阐明。其中主要的不确定性在于，对《民法总则》生效之前制定的特殊法规定了与《民法通则》一致的两年时效期间，是认定为法律另有规定，还是认定是对《民法通则》诉讼时效的重述。

---

① 司玉琢. 海商法［M］. 北京：法律出版社，2012：435.

② 李适时. 中华人民共和国民法总则释义［M］. 北京：法律出版社，2017：592.

如果认为《保险法》和《海商法》两年的规定是一种法律的特别规定，则相应时效应继续保持两年时效期间，如认为《保险法》和《海商法》的规定是对《民法通则》的重述，则应当适用三年的新标准①。从《民法总则》修订诉讼时效制度的立法目和《保险法》《海商法》强调保护投保人、被保险人利益的大方向出发，笔者倾向于认为，人寿以外的一般保险和海上保险应当适用《民法总则》三年的时效规定，这种观点也在很多司法实践中得到了支持。

第三节 《保险法》和《海商法》保险请求和给付的时效

一、人寿保险以外的其他保险

人寿保险以外的其他保险，是指不包括海上保险的财产保险和人寿保险以外的其他人身保险，即除海上保险以外的所有种类的财产保险、意外伤害保险以及健康保险。被保险人或者受益人依照人寿保险以外的其他保险，向保险人请求保险给付的权利，适用短期时效期间 2 年。2 年的短期时效期间，自被保险人或者受益人知道或者应当知道保险事故发生之日起计算。

二、人寿保险

人寿保险，是指以死亡或者生存作为给付保险金条件的长期人身保险，包括死亡保险、生存保险和生死两全保险等。在发生保险事故后，或者被保险人生存到合同约定的年龄、期限时，被保险人或者受益人依照人寿保险，向保险人请求给付保险金的权利，适用长期时效期间 5 年。5 年的长期时效期间的计算，自被保险人或者受益人知道或者应当知道发生保险事故之日起计算。经过 5 年的时效期间，人寿保险的被保险人或者受益人不向保险人请求给付保险金的，其保险金给付请求权归于消灭。

三、海上保险

海上保险的保险人的保险给付请求权，适用《海商法》规定的两年诉讼时效期间。但是，该两年诉讼时效期间的起算，与《民法总则》和《保险法》的规定存在差异。海上保险的保险给付请求权的两年诉讼时效期间，自"保险事故发生之日起"计算。在保险事故发生后经过两年，不论被保险人是否知道保险事故的发生，若其不向保险人请求履行保险给付义务，则其权利归于消灭。

思考题

1. 简述我国《民法总则》关于诉讼时效的相关规定。
2. 简述我国《保险法》和《海商法》关于诉讼时效的相关规定。

---

① 余文唐. 民法总则：普特时效之适用关系论 [EB/OL]. 人民法院网，http://www.chinacourt.org/article/detail/2017/04/id/2822690.shtml.

第三编

财产保险合同

第十一章
财产保险合同概述

学习目的和重点

通过学习财产保险合同的概念、特点、分类，重点掌握财产保险合同是补偿性合同，准确处理实践中的相关问题。

第一节　财产保险合同的概念和特点

一、财产保险的概念

根据我国《保险法》第 12 条规定，财产保险是以财产及其有关利益为保险标的的保险。由于它以物质财富及与此有关的利益为保险标的，因此在我国台湾等地区将其称为"产物保险"。同时，由于它严格坚持损失补偿原则，以对财产的实际损失进行补偿为目的，因此也被有的学者称为损害保险、填补具体需要保险。①

财产保险起源于海上保险，在火灾保险的基础上得以发展。18 世纪以来，随着产业革命的兴起和发展，人类步入工业化社会。工业化产生了大量的保险需求，特别是随着汽车的发明和广泛使用，以汽车损失保险和汽车责任保险为核心的汽车保险迅速发展。2017 年，我国保险行业共实现原保险保费收入 3.1 万亿元，其中财产保险业务实现原保险保费收入达 8724.5 亿元。在财产保险业务原保险保费收入中，车险业务实现原保险保费收入为 6834.55 亿元②。可见，在我国当前的保险行业中，财产保险业务在市场中占有重要地位，车险是财产保险业务中的主要险种。

在理论上，财产保险有广义与狭义之分。广义的财产保险泛指以财产及其有关利益为保险标的的保险，其保险标的既包括有形财产，如汽车、房屋等，也包括无形财产，如知识产权，还包括财产权利，如债权等。狭义的财产保险仅指以有形财产为保险标的的保险。我国《保险法》第 95 条规定，"财产保险业务，包括财产损失保险、责任保

---

① 江朝国．保险法基础理论［M］．北京：中国政法大学出版社，2002：82.
② 中国保险年鉴编委会．中国保险年鉴 2017［R］．北京：中国保险年鉴社，2017：1.

险、信用保险、保证保险等保险业务。"可见，我国《保险法》所称财产保险是指广义的财产保险。对狭义的财产保险，《保险法》将其称为财产损失保险。

二、财产保险合同的概念和特点

财产保险合同，是指以财产及其有关利益为保险标的的保险合同。它是投保人向保险人支付保险费，保险人对合同约定的可能发生的事故因其发生所造成的财产及其有关利益损失承担赔偿责任的合同。

作为保险合同的一种，财产保险合同一方面具有保险合同的共同特点，如射幸性、继续性、附合性、有偿性等，另一方面也具有与人身保险合同相比所特有的特点。与人身保险合同相比，财产保险合同具有以下特点。

（一）保险标的是财产及其有关利益

财产保险合同的保险标的是财产及其有关利益，这是财产保险合同区别于人身保险合同的首要特点，也是财产保险合同其他特点赖以存在的前提和基础。由于财产保险合同的保险标的为财产及其有关利益，发生保险事故时，被保险人的损失就可以用金钱加以确定和量化。而人身保险合同的保险标的是被保险人的生命和身体。基于生命无价的观念及对人之尊重的考虑，当被保险人死亡、伤残或者疾病时，被保险人所受损失不能用金钱加以量化。这就决定了财产保险合同可以适用损失补偿原则，而人身保险合同不能适用损失补偿原则。

（二）是补偿性保险合同

所谓补偿性保险合同，是指发生保险事故时，保险人根据保险合同约定负责填补被保险人因保险事故发生所受损失的保险合同。与此相对应的为给付性保险合同（又称定额保险合同），是指发生保险事故时，保险人根据保险合同约定向被保险人或者受益人给付特定金额的保险合同。人身保险合同多为给付性保险合同。

财产保险合同是补偿性保险合同，在理论上有两个方面的意义：一是防止被保险人通过保险获得不当利益；二是防范被保险人为获取超过实际损失的保险赔偿而故意制造保险事故或放任保险事故发生。根据财产保险合同的这一特点，发生保险事故时，保险人只对被保险人实际遭受的损失根据保险合同约定进行赔偿，保险赔偿不能超出被保险人所受实际损失。基于此，又衍生出了财产保险合同的另外三个特点：一是保险金额受上限限制的保险合同；二是存在重复保险可能的保险合同；三是保险人具有代位求偿权的保险合同。

（三）是保险金额受上限限制的保险合同

保险金额是保险人承担赔偿或者给付保险金责任的最高限额。由于生命、身体无法用金钱确定其价值，因此法律并不对人身保险合同项下保险人给付保险金的责任进行限制，保险人承担给付保险金责任的大小只受合同约定的保险金额的限制。然而，在财产保险合同中，受损失补偿原则的影响，被保险人不能因保险事故发生而额外受益。如果保险金额超过保险标的的价值，保险事故发生时被保险人就有可能从保险人处获得超过实际损失的保险赔偿，从而因保险事故发生而额外受益。为防止出现此种情况，我国《保险法》第55条第3款规定，"保险金额不得超过保险价值。超过保险价值的，超过部分无效，保险人应当退还相应的保险费"。

（四）　是存在重复保险可能的保险合同

重复保险是投保人对同一保险标的、同一保险利益、同一保险事故分别与两个以上保险人订立保险合同，且保险金额总和超过保险价值的保险。财产保险合同的保险金额不得超过保险价值。超过保险价值的，超过的部分无效。如果投保人重复投保，虽然单个保险合同未构成超额保险，但是保险金额总和已经超过保险价值，构成超额投保。因此，《保险法》针对财产保险合同特别规定了重复保险制度。《保险法》第 56 条规定，"重复保险的各保险人赔偿保险金的总和不得超过保险价值。除合同另有约定外，各保险人按照其保险金额与保险金额总和的比例承担赔偿保险金的责任。重复保险的投保人可以就保险金额总和超过保险价值的部分，请求各保险人按比例返还保险费。"

（五）　是保险人享有保险代位求偿权的保险合同

保险代位求偿，是指因第三者对保险标的的损害而造成保险事故的，保险人在向被保险人赔偿保险金后，在赔偿金额范围内代位行使被保险人对第三者请求赔偿的权利。人身保险合同不适用损失补偿原则。即使被保险人的死亡、伤残或者疾病是由第三者造成的，保险人在给付保险金后也不享有向该第三者代位求偿的权利，对该第三者索赔的权利仍旧归属于被保险人。但是，财产保险的保险人依保险合同约定赔偿了被保险人的损失，可向对保险标的的损害负有法律责任的第三者行使代位求偿的权利。保险人代位求偿制度可以有效地防止被保险人因保险事故发生而获利，同时可以避免第三者逃避法律责任，是财产保险合同显著特点之一。

第二节　财产保险合同的分类

一、财产保险合同的分类标准

按照不同标准，可对财产保险合同进行不同的分类。例如，依投保人是否有订立或不订立财产保险合同的选择权，可将财产保险合同划分为自愿财产保险合同与强制财产保险合同；依保险标的的不同，可将财产保险合同划分为财产损失保险合同、信用保险合同、保证保险合同、责任保险合同等；依承保风险分布空间的不同，可将保险标的划分为海上保险合同、陆上保险合同等。

从保险立法上看，一般国家主要依保险标的、风险分布空间或二者兼采为标准，对财产保险合同进行分类。我国《保险法》将财产保险分为财产损失保险、责任保险、信用保险、保证保险等，另外《海商法》还规定了海上保险。韩国《商法典》将损害保险分为火灾保险、运输保险、海上保险、责任保险、汽车保险。我国澳门特别行政区《商法典》将损害保险分为火灾保险、信用保险、民事责任保险。我国台湾地区"保险法"将财产保险分为火灾保险、海上保险、陆空保险、责任保险。下面以我国法律对财产保险合同分类的规定为基础，对各类财产保险合同进行介绍。由于责任保险、信用保险和保证保险本书有专门章节论述，此处主要就财产损失保险合同中的企业财产保险合同、家庭财产保险合同、机动车辆损失保险合同，以及海上保险合同中的船舶保险合同、货物运输保险合同作一简单介绍。

二、财产损失保险合同

（一）财产损失保险合同概述

财产损失保险合同，即狭义的财产保险合同，是指以各种有形财产为保险标的的财产保险合同。财产损失保险合同的保险标的，必须是以物的形式存在且能以一定价值尺度进行衡量的有形财产，无形财产及财产权利不能成为财产损失保险合同的保险标的。财产损失保险中的"损失"仅指直接损失，即作为保险标的的有形财产因毁损、灭失所造成的损失。

财产损失保险合同是最典型、最有代表性的保险合同，是财产保险合同中最重要的组成部分，在保险市场中占有重要地位。财产损失保险起源于海上保险的货物运输保险及船舶保险，随后在火灾保险范围内得到较大发展。随着保险技术的提高和保险人承保能力的加强，财产损失保险的种类不断增多。目前，几乎所有的有形财产均可成为财产损失保险的保险标的。相应地，财产损失保险合同的种类也很多。在我国，按保险标的不同，财产损失保险合同主要有以下几种：

1. 企业财产保险合同，即以国家、企事业单位、人民团体等所有或者经营的财产为保险标的的保险合同。从国内主要保险公司的企业财产保险条款看，企业财产保险承保的标的是在保险合同载明地址内的，被保险人具有保险利益的财产。一般不承保下列财产：土地、矿藏、水资源及其他自然资源；矿井、矿坑；货币、票证、有价证券；违章建筑、危险建筑、非法占用的财产；枪支弹药；领取公共行驶执照的机动车辆；动物、植物、农作物等。对于一些特殊的财产，很多企业财产保险条款也规定需投保人和保险人作出特别约定并在保险合同中载明保险价值方予以承保。这些特殊财产包括：金银、珠宝、钻石、玉器等珍贵财物；矿井（坑）内的设备和物资；便携式装置、设备；尚未交付使用或验收的工程等。除"财产一切险"条款承保风险范围为自然灾害和意外事故造成的保险标的直接物质损坏外，其他企业财产保险条款一般采取列举的方式明确承保风险范围。[①]

2. 家庭财产保险合同，即以家庭或者公民个人所有的财产为保险标的的保险合同。从国内主要保险公司的家庭财产保险条款看，家庭财产保险主要承保的标的是被保险人所有或使用并坐落于保险单载明地址内的房屋及其室内附属设备、室内装潢、室内财产、家用电器等。但对于金银、首饰、珠宝、货币、手表、有价证券、票证、动植物、邮票、古玩等特殊财产不予承保。家庭财产保险条款承保的风险主要包括火灾、爆炸等

---

① 见中国人民财产保险股份有限公司《财产基本险条款（2009版）》、中国平安财产保险股份有限公司《商业楼宇财产综合险条款》、中国太平洋财产保险股份有限公司《工业财产一切险条款》等国内主要保险公司的企业财产保险条款。

事故；自然灾害；飞行物体及其他空中运行物体坠落等。[①]

3. 运输工具保险合同，即以船舶、飞机、机动车辆等运输工具为保险标的的保险合同，又可分为船舶保险合同、飞机保险合同和机动车辆保险合同。须注意的是，根据目前国内各保险公司使用的船舶保险条款、飞机保险条款、机动车辆保险条款的约定，这些保险不仅承保船舶、飞机、机动车辆等本身因自然灾害等原因遭受直接毁损而造成的损失，还承保这些运输工具对第三者造成损失的民事赔偿责任等风险。其中，仅承保船舶、飞机、机动车辆等运输工具自身所受损失部分的保险属财产损失保险，承保运输工具对第三者造成损失的民事赔偿责任风险的保险则属于责任保险。

机动车辆保险合同，是近年来我国财产保险市场上使用最多的保险合同。当前市场使用的机动车辆保险合同主要是中国保险行业协会2015年推出并由各主要财产保险公司使用的机动车综合商业保险示范条款。该示范条款第一章即为机动车辆损失保险。

依据机动车综合商业保险示范条款中关于机动车辆损失保险的规定，保险期间内，被保险人或其允许的驾驶人在使用被保险机动车过程中，因下列原因造成被保险机动车的直接损失，且不属于免除保险人责任的范围，保险人依照本保险合同的约定负责赔偿：（1）碰撞、倾覆、坠落；（2）火灾、爆炸；（3）外界物体坠落、倒塌；（4）雷击、暴风、暴雨、洪水、龙卷风、冰雹、台风、热带风暴；（5）地陷、崖崩、滑坡、泥石流、雪崩、冰陷、暴雪、冰凌、沙尘暴；（6）受到被保险机动车所载货物、车上人员意外撞击；（7）载运被保险机动车的渡船遭受自然灾害（只限于驾驶人随船的情形）。

（二）　财产损失保险合同的保险金额

保险金额是保险人承担赔偿或者给付保险金责任的最高限额，它是投保人对保险标的的实际投保金额，也是保险人计算保险费的依据。财产损失保险的保险金额是按照保险标的的价值确定的，由于财产损失保险的目的在于补偿财产所遭受的实际损失，因此，保险金额不得高于保险价值；保险金额超过保险价值的，超过的部分无效。

然而，保险价值是依保险事故发生时保险标的价值确定的。由于一些财产保险的保险标的本身价值处在不断变动之中，投保人很难保证投保时确定的保险金额与保险价值持续保持一致。另外，投保人出于种种考虑还会自留一部分风险。这样，在保险实务中就会出现以下三种情况：

1. 足额保险（full insurance）。又称全额保险、全部保险，是指保险金额与保险标的价值相等的保险。足额保险是一种比较理想的保险，保险标的可以得到充分的保险保障；在发生保险事故时，被保险人能够得到充分的赔偿。

2. 不足额保险（under insurance）。又称低额保险、部分保险，是指保险金额低于保险标的价值的保险。在不足额保险中，不足额部分所对应的风险由被保险人自身承担。在发生保险事故时，除保险合同另有约定外，保险人按照保险金额与保险价值的比例承

[①]　见中国人民财产保险股份有限公司《家庭财产综合保险条款（2012版）》、中国平安财产保险股份有限公司《平安家庭财产保险（白金版）条款》、中国太平洋财产保险股份有限公司《家庭财产保险条款（2019版）》等国内主要保险公司的家庭财产保险条款。

担赔偿责任。

3. 超额保险（over insurance）。是指保险金额高于保险标的价值的保险。导致超额保险的原因有多种，有的是因为投保人不了解市场行情高估保险财产的价值并相应设定较高的保险金额所致，有的是因为投保人希望出险时多获赔偿而故意高估保险财产的价值、设定较高的保险金额所致，有的是因为保险标的价值在保险期间内减少所致。在发生超额保险时，超过保险价值的保险金额部分无效，被保险人只能按其所受实际损失并以保险价值为上限获得赔偿。

（三）财产损失保险合同的损失赔偿范围

对保险标的的因保险事故所致损失进行赔偿，是保险人的主要义务。根据我国《保险法》规定，保险人对被保险人的损失赔偿范围主要包括以下三部分：第一部分是保险标的遭受的实际损失，即保险标的因保险事故发生所受到的直接损失，而且该损失不能超过保险金额，对超过保险金额的部分，保险人不负责赔偿；在不足额保险时，保险人仅负比例赔偿责任。第二部分是施救费用，即被保险人为防止或者减少保险标的的损失所支付的必要的、合理的费用，由保险人在保险标的的损失赔偿金额以外另行计算，最高不超过保险金额的数额。第三部分是为查明和确定保险事故的性质、原因和保险标的的损失程度所支付的必要的、合理的费用。

必须特别指出的是，财产损失保险的保险人所承保的是保险标的因发生保险事故而遭受的直接损失，对保险标的因发生保险事故而导致的市场价格降低等间接损失，保险人一般不予赔偿。例如，机动车辆因发生交通事故而遭受损失，保险人只在保险金额范围内赔偿修车的费用，而不能对该车因事故而致市场价格降低的部分进行赔偿。

三、海上保险合同

（一）海上保险合同概述

海上保险合同（maritime insurance contract），是指保险人与被保险人约定，由被保险人向保险人支付保险费，而由保险人在保险标的发生承保范围内的海上事故遭受损失时负责赔偿的保险合同。与财产损失保险合同、责任保险合同、信用保险合同、保证保险合同等按保险标的的差异进行分类不同，海上保险合同是按保险风险的空间分布不同对财产保险合同进行的分类，与其相对应的概念是陆上保险合同、航空保险合同。

英国《1906年海上保险法》第1条规定，"海上保险合同是一种合同，根据这种合同，保险人按照约定的方式和范围，对被保险人遭受的与航海有关的海上损失承担赔偿责任。"我国《海商法》第216条规定，"海上保险合同，是指保险人按照约定，对被保险人遭受保险事故造成保险标的的损失和产生的责任负责赔偿，而由被保险人支付保险费的合同。"可见，海上保险合同的保险标的既包括因海上风险而遭受的有形财产（如船舶、货物等）、无形财产和财产权利（如运费、租金、旅客票款、货物预期利润、船员工资和其他报酬等），还包括被保险人对第三者的民事责任（如船舶碰撞责任等）。须指出的是，船舶作为海上保险合同的标的，不仅限于船舶本身，还包括船机、属具、材料、用品、备件和船员给养在内的各个项目。当然，船舶所有人或管理人将船舶作为保险标的进行投保时，既可将船壳、船机和属具分别投保，也可将其合并成一个保险标的进行投保。

按不同的标准，可将海上保险合同进行不同的分类。例如，依保险标的不同，可将海上保险合同分为海上货物运输保险合同、船舶保险合同、运费保险合同等；依是否明确保险价值为标准，可将海上保险合同分为定值海上保险合同、不定值海上保险合同；依保险期间不同可将海上保险合同分为航次保险合同、定期保险合同。

海上保险起源于 12 世纪末到 13 世纪初意大利北部的汉萨商人与伦巴第商人之间。① 近代以来，英国的海上保险得到了蓬勃发展。英国的"劳氏 SG 保险单格式"（The Lloyd's SG Form of Policy）于 1779 年开始在伦敦保险市场上采用，并逐步成为船舶和货物运输保险的标准保险单。英国《1906 年海上保险法》将 SG 保险单作为该法的附件予以公布。由于英国在国际海上保险市场上的重要地位，SG 保险单逐步被国际海上保险市场所接受，成为世界船舶保险和货物运输保险的标准保险单。

1975 年，联合国贸易和发展会议在对各国海上保险合同做了深入研究后，提出了一份报告，对英国劳氏 SG 保险单存在的问题提出了批评。因此，英国劳氏保险人协会和伦敦海上保险人协会研究制定了新的船舶保险和货物运输保险的保险条款。因此，目前国际海上保险市场上通行的船舶保险条款包括：1983 年协会定期船舶保险条款、1995 年协会定期船舶保险条款、2003 年国际船舶保险条款；通行的货物运输保险条款包括：1982 年协会货物运输保险条款和 2009 年协会货物运输保险条款。②

（二）　海上货物运输保险合同

海上货物运输保险合同，是指保险人与被保险人约定，对特定货物在海上运输途中因遭受自然灾害和意外事故所造成的损害给予经济补偿的一种财产保险合同。在这种合同中，被保险人为货主，应按一定金额向保险人投保约定险别并缴纳相应的保险费；保险人应对保险标的因遭受保险责任范围内的风险受到的损失承担赔偿责任。

在实务中，无论从境外进口货物还是从境内出口货物，只要货物是经由海上运输的，均可以投保海上货物运输保险。因此，海上货物运输保险业务量极大，在国际货物贸易中占有重要地位。

国内海上保险市场影响最大的海上货物运输保险条款，是 1981 年原中国人民保险公司修订、1994 年中国人民银行下发的《海洋运输货物保险条款》。目前国内各主要财产保险公司使用的此类保险条款大多是在该条款基础上修改完善的。该条款分为平安险、水渍险和一切险三个险别。保险标的遭受损失时，保险人按照保险单上订明的承保险别承担赔偿责任。平安险承保范围包括：保险标的在运输途中由于恶劣气候、雷电等自然灾害造成的整批货物的全部损失或推定全损；由于运输工具遭受搁浅、触礁、失火、爆炸等意外事故造成货物的全部或部分损失；在运输工具发生意外事故的情况下，货物在此前后又在海上遭受自然灾害所造成的部分损失；在装卸或转运时由于整件货物落海造

①　［英］Donald O'may & Julian Hill. OMAY 海上保险法律与保险单［M］. 郭国汀，等译. 北京：法律出版社，2002：1.

②　杨良宜，等. 英国海上保险条款详论（第二版）［M］. 大连：大连海事大学出版社，2009：2 - 4，14，456.

成的全部或部分损失；被保险人对造成承保责任内危险的货物采取施救措施而支付的合理费用；运输工具遭遇海难后，在避难港由于卸货引起的损失以及在中途港、避难港由于卸货、存仓等产生的特别费用；共同海损的牺牲、分摊和救助费用；运输契约订有船舶互撞责任条款，根据该条款应由货方偿还船方的损失。水渍险的承保范围，除上述平安险的各项责任外，还负责保险标的由于自然灾害造成的部分损失。一切险的承保范围，除上述平安险和水渍险的各项责任外，还负责保险标的在运输途中由于外来原因所致的全部或部分损失。在主险之外，《海洋运输货物保险条款》还有 11 种一般附加险、6 种特别附加险以及承保战争和罢工风险的特殊附加险。

（三）海上船舶保险合同

海上船舶保险合同，是指保险人与被保险人约定，由被保险人向保险人支付约定保险费，当特定船舶在保险责任范围内遭受损失或产生责任时，由保险人负责赔偿的合同。船舶风险可分为三大类：一是船舶本身遭受财产损失的风险；二是船舶营运过程中发生的责任风险；三是船舶的营运损失风险，即租金损失风险。[①] 实践中，最常见的海上船舶保险合同是以航行中的船舶本身为保险标的的合同，即船壳保险（hull insurance）。[②] 而对于船舶营运过程中的责任风险，则主要是由保赔保险来承保的。目前国内各主要财产保险公司使用的此类保险条款大多是在原中国人民保险公司制定、中国人民银行 1994 年下发的《船舶保险条款》和原中国人民保险公司制定、中国人民银行 1996 年下发的《沿海内河船舶保险条款》基础上修改完善的。

1. 远洋船舶保险合同。《船舶保险条款》规定，作为远洋船舶保险合同标的的船舶，包括其船壳、救生艇、机器、设备、仪器、索具、燃料和物料。本保险分为全损险和一切险两个险别。全损险的承保范围包括：由于地震、火山爆发等自然灾害；搁浅、碰撞、触碰任何固定或浮动物体等海上灾害；火灾或爆炸；来自船外的暴力盗窃或海盗行为；抛弃货物；核装置的故障或意外事故等原因造成的保险标的全损。一切险的承保范围包括：全损险承保范围内的上述原因造成保险标的的全损和部分损失；碰撞责任；共同海损和救助费用的分摊、施救费用。

2. 沿海内河船舶保险合同。《沿海内河船舶保险条款》规定，作为沿海内河船舶保险合同标的的船舶，是指在中华人民共和国境内合法登记注册从事沿海、内河航行的船舶，包括船体、机器、设备、仪器和索具。船上燃料、物料、给养、淡水等财产和渔船不属于沿海内河船舶保险合同标的范围。本保险包括全损险和一切险两个险别。全损险的承保范围包括：由于八级以上大风、洪水、地震等自然灾害；火灾、爆炸；碰撞、触碰；搁浅、触礁；由于上述灾害或事故导致的倾覆、沉没；船舶失踪等原因所造成的保险标的全损。一切险的承保范围包括：全损险承保范围内的上述原因造成保险标的全损或部分损失；碰撞、触碰责任；共同海损、救助和施救费用。

3. 保赔保险。所谓保赔保险，又称船东保赔保险，是指船东联合起来以保障和赔偿

① 汪鹏南. 海上保险合同法详论（第三版）［M］. 大连：大连海事大学出版社，2011：254.
② 温世扬. 保险法［M］. 北京：法律出版社，2003：312.

为目的，对普通船壳险承保范围外的，由海上风险引起的船东对他人的责任风险予以承保的相互保险。保赔保险合同，是指船东与船东互保协会所签订的保险合同。

保赔保险产生的原因，是普通船壳保险对很多责任风险不予承保，但船东又有分散这些风险的需求。为分散风险，船东互保性质的组织——船东互保协会或船东保赔协会（P & I club）应运而生。船东保赔协会是会员船东相互保险的非营利性保险组织，其会员各自缴纳保险费，共同分担各个会员因承担船东责任而引起的损失。在保赔保险中，船东作为保赔保险协会的会员，既是投保人，又是自保组织的一员。这与保险市场上以盈利为目的的商业保险公司存在很大差异。船东保赔协会以其丰富的理赔经验，遍布全球各大港口的代理网络及广为接受的资信担保，为船东提供了大量服务，成为国际船运业中不可或缺的船东责任保险机构。

保赔保险的保险标的主要是船东对第三人的赔偿责任。普通商业保险公司承保的船舶保险主要是财产损失保险。对于船舶运营中面临的责任风险，多数商业保险公司仅在船舶保险中承保四分之三的船舶碰撞责任。但船东所面临的责任风险远不止于此，还包括基于运输合同的责任及对第三人的责任等。船东保赔协会主要针对这些普通商业保险公司不承保的责任风险提供保险保障、分散船东风险。在实践中，保赔保险一般均以船舶保险为基础，以船东已投保船舶保险为先决条件。保赔保险是对商业保险公司承保的船舶保险的一种必要补充。

思考题

1. 什么是财产保险合同？
2. 简述财产保险合同的特点。
3. 按照保险标的不同，财产保险合同可以如何分类？

第十二章
财产保险合同当事人的
权利和义务

学习目的和重点

通过学习财产保险合同当事人的权利和义务，重点掌握财产保险合同投保人、被保险人和保险人的义务以及相对方对应权利的主要内容。

第一节　投保人、被保险人的权利和义务

投保人、被保险人是保险合同的当事人，享有合同权利，负有合同义务。按照法律的规定和保险合同的约定，投保人、被保险人的权利主要包括获得保险保障与保险赔偿的权利、要求保险人履行说明义务的权利等。而投保人、被保险人的义务主要有交付保险费义务、如实告知义务、维护保险标的安全义务、危险显著增加之通知义务、出险通知义务、有关资料之提供义务及施救义务。投保人、被保险人的权利与保险人的义务是相互对应的，是一个事物的两个方面。因此，投保人、被保险人的权利可参见本章第二节保险人的义务相关内容。本节则主要介绍投保人、被保险人的义务。

一、交付保险费义务

交付保险费，是投保人主要的合同义务。保险合同生效后，投保人应当按照合同约定的数额、时间、地点和方式，向保险人交付保险费。

（一）交付保险费义务概述

《保险法》第2条规定，"本法所称保险，是指投保人根据合同约定，向保险人支付保险费，保险人对于合同约定的可能发生的事故因其发生所造成的财产损失承担赔偿保险金责任，或者当被保险人死亡、伤残、疾病或者达到合同约定的年龄、期限等条件时承担给付保险金责任的商业保险行为。"根据上述定义，保险合同为双务有偿合同，保险人负有危险承担义务的同时投保人也负有交付保险费义务。投保人所负交付保险费义务，既是投保人的一项重要义务，也是投保人、被保险人或受益人取得保险合同权利的

对价。投保人、被保险人支付的保险费汇集在一起形成资金池，共同构成了保险人承担危险、负担义务的资金基础。

（二） 交付保险费的义务人

《保险法》第 10 条第 2 款规定，"投保人是指与保险人订立保险合同，并按照合同约定负有支付保险费义务的人。"按照上述规定，投保人负有交付保险费义务，不因为自己利益订立的保险合同，还是为他人利益订立的保险合同而有区别。[1] 即使在为他人利益订立的保险合同中，如果投保人未依约交付保险费，也构成违约，在合同有明确约定的情况下，可能影响保险人对被保险人或受益人的赔付。

（三） 保险费的交付数额

保险人与投保人在订立保险合同时，保险人会依据保险监管机关批准或备案的费率规章计算出保险费金额，并记载于保险单上。

在普通的民事合同中，除非双方当事人就合同变更达成协议或由人民法院或仲裁机关依法对合同予以变更，否则合同一旦成立就不得变更。相应地，作为合同重要内容之一的交易价格也不得轻易变更。但在保险合同中，情况则有所不同。在保险期间内，如果保险标的的风险程度发生变化，保险人应有权相应增加保险费或有义务相应减少保险费，以实现其危险承担义务与保险费收取权利的匹配。我国《保险法》第 52 条第 1 款规定："在合同有效期内，保险标的的危险程度显著增加的，被保险人应当按照合同约定及时通知保险人，保险人可以按照合同约定增加保险费或者解除合同。"第 53 条规定："有下列情形之一的，除合同另有约定外，保险人应当降低保险费，并按日计算退还相应的保险费：（一）据以确定保险费率的有关情况发生变化，保险标的的危险程度明显减少的；（二）保险标的的保险价值明显减少的。"

（四） 保险费的交付时间

我国《保险法》未对保险费的交付时间作出强制性的规定。依契约自由原则，保险合同当事人有权自由约定保险费的交付时间。在保险合同约定了保险费交付时间的情形，投保人应依约定交付保险费；在保险合同未约定保险费交付时间时，保险人应有权随时请求投保人履行交付保险费义务，但应给予投保人合理的时间。

（五） 保险费的交付地点

关于保险费的交付地点，即交付保险费义务的履行地点，我国法律未专门规定。如果合同有约定的，应依约定。如果出现合同未约定或约定不明确的情况，因交付保险费属支付金钱义务，故应依《合同法》第 62 条关于"履行地点不明确，给付货币的，在接受货币一方所在地履行"的规定，由投保人在保险人所在地履行。

（六） 保险费的交付方式

所谓保险费的交付方式，是指投保人是一次性交付保险费，还是分期交付保险费。一次性交付，就是指投保人一次付清保险合同约定的全部保险费；分期交付，就是指对保险合同约定的保险费，投保人依据合同约定的时间分若干次交付。对保险费的交付方

---

① 温世扬. 保险法 ［M］. 北京：法律出版社，2003：111.

式，我国《保险法》等法律未予强制性规定，属保险合同当事人自由约定的范围。但当事人一旦约定了，就应严格遵守。

二、如实告知义务

具体内容，请参见本书第四章第一节。

三、维护保险标的安全义务

（一）维护保险标的安全义务概述

投保人与保险人订立保险合同，将与保险标的有关的特定风险转移给保险人后，保险标的的安危与被保险人已没有很大的经济利益关系。但是，如果被保险人在保险合同生效后即对保险标的的安全不负任何维护义务，被保险人就必然对保险标的的安危漠不关心，这将导致保险事故大量发生。对社会而言，这意味着社会财富遭受无谓的损失；对保险人而言，这意味着保险赔偿的大量增加；对投保人而言，这意味着保险费率的上涨。因此，绝大多数国家《保险法》规定被保险人在保险合同成立后负有维护保险标的安全的义务。我国《保险法》第51条规定，"被保险人应当遵守国家有关消防、安全、生产操作、劳动保护等方面的规定，维护保险标的的安全。保险人可以按照合同约定对保险标的的安全状况进行检查，及时向投保人、被保险人提出消除不安全因素和隐患的书面建议。投保人、被保险人未按照约定履行其对保险标的的安全应尽责任的，保险人有权要求增加保险费或者解除合同。保险人为维护保险标的的安全，经被保险人同意，可以采取安全预防措施。"

（二）维护保险标的安全义务的适用范围

在我国，被保险人维护保险标的安全的义务规定在《保险法》"财产保险合同"部分。因此，从立法本意看，该义务仅适用于财产保险合同的被保险人。对此，有人持不同意见，认为"此项义务同样应当适用于人身保险合同。在人身保险合同中，投保人、被保险人也负有须注意安全，避免发生人身伤亡的义务。这不仅符合保险制度原理，而且亦是保险合同关系的本质要求"[①]。从理论上讲，上述观点有一定的道理，但从我国《保险法》的规定看，该义务仅规定在"财产保险合同"部分，而未规定在"一般规定"或"人身保险合同"部分，应认为该义务不适用于人身保险合同。

（三）维护保险标的安全义务的履行

首先，维护保险标的安全义务的主体是被保险人和投保人。这是因为：被保险人是指其财产或者人身受保险合同保障，享有保险金请求权的人。保险标的处于被保险人控制之下，被保险人最有条件维护保险标的的安全。由被保险人负维护保险标的安全义务最有效率，也最合理。另外，投保人是与保险人订立保险合同之人，一般与被保险人具有委托等基础法律关系，对被保险人具有一定影响力，有必要要求投保人也负有该义务。

其次，维护保险标的安全义务的履行，主要表现为三个方面：一是"被保险人遵守国家有关消防、安全、生产操作、劳动保护等方面的规定，维护保险标的的安全"；二

---

① 温世扬.保险法［M］.北京：法律出版社，2003：114.

是被保险人应允许保险人对保险标的的安全状况进行检查，在适当情况下应同意保险人对保险标的采取安全预防措施；三是投保人、被保险人依合同约定，针对保险人提出的消除不安全因素和隐患的书面建议采取整改措施。

（四） 违反维护保险标的安全义务的法律后果

《保险法》第51条第3款规定："投保人、被保险人未按照约定履行其对保险标的的安全应尽责任的，保险人有权要求增加保险费或者解除合同。"可见，在投保人、被保险人未履行维护保险标的的安全义务时，保险人既可要求增加保险费，也有权主张解除合同。

四、危险程度显著增加通知义务

（一） 危险程度显著增加通知义务概述

危险程度显著增加通知义务，是指保险合同有效期内，如果保险标的的危险程度显著增加，被保险人应当按照合同约定及时将该情况通知保险人的义务。在订立保险合同时，保险标的的危险程度是保险人决定是否承保及以何种费率承保的一个重要因素。如果保险合同订立后，保险标的的危险程度显著增加，保险人还依合同约定条件承保，则就会出现保险人收取较低的保险费、承担较高的风险责任的情况，这对保险人很不公平。

（二） 危险程度显著增加通知义务的义务人

如前所述，保险标的一般处于被保险人控制之下。对于保险合同成立后保险标的的危险程度的变化，被保险人最了解。要求被保险人履行危险程度显著增加通知义务最合理。我国《保险法》第52条第1款规定："在合同有效期内，保险标的的危险程度显著增加的，被保险人应当按照合同约定及时通知保险人，保险人可以按照合同约定增加保险费或者解除合同。保险人解除合同的，应当将已收取的保险费，按照合同约定扣除自保险责任开始之日起至合同解除之日止应收的部分后，退还投保人。"可见，在我国，危险程度显著增加通知义务的义务人为被保险人。

（三） 违反危险程度显著增加通知义务的法律后果

《保险法》第52条第2款规定："被保险人未履行前款规定的通知义务的，因保险标的的危险程度显著增加而发生的保险事故，保险人不承担赔偿保险金的责任。"须特别强调的是，保险人有权拒赔的前提是，因保险标的危险程度显著增加而发生保险事故。对非因保险标的危险程度显著增加而发生的保险事故，保险人仍须按合同约定予以赔偿。

五、出险通知义务

（一） 出险通知义务概述

出险通知义务，是指保险合同有效期内，如果发生保险合同所约定的保险事故，投保人、被保险人或者受益人在知道事故发生后应及时将出险事实通知保险人的义务。法律之所以规定投保人等负有出险通知义务，是为了使保险人在事故发生后能够及时介入，一方面可以采取必要措施防止损失扩大，减少损失；另一方面可以保全证据、勘查事故，确定事故的性质、原因和损失程度，从而准确地处理理赔案件。

（二）　出险通知义务的义务人

《保险法》第 21 条规定："投保人、被保险人或者受益人知道保险事故发生后，应当及时通知保险人。"在财产保险合同中，合同当事人没有受益人的概念。因此，出险通知义务的义务人就是投保人与被保险人。

（三）　出险通知的通知期限

保险事故发生后，出险通知义务人应于何时履行通知义务？对此，有两种立法例：一种明确规定义务人履行出险通知义务的具体期限；另一种规定义务人应尽快通知保险人，而不规定具体的期限。采纳前一种立法例的有意大利。意大利《民法典》第 1913 条规定，"被保险人应当自保险事故发生或被保险人知道保险事故发生的 3 日内向保险人或有缔约权限的保险代理人发出保险事故发生的通知。如果保险人或有缔约权限的保险代理人在上述期间内介入了救助或灾害勘验活动，则不必通知。除有相反的约款，在有关牲畜死亡保险中，通知应在 24 小时内发出。"我国采纳了后一种立法例。我国《保险法》第 21 条仅规定投保人、被保险人或者受益人知道保险事故发生后，应当及时通知保险人，没有规定具体的通知期限。

在保险合同中，当事人对出险通知义务的履行期限通常有具体的约定。例如，中国保险行业协会制定的《机动车综合商业保险示范条款》第 13 条载明："发生保险事故时，被保险人或其允许的驾驶人应当及时采取合理的、必要的施救和保护措施，防止或者减少损失，并在保险事故发生后 48 小时内通知保险人"。在此情况下，被保险人履行出险通知义务的期限即为"保险事故发生后 48 小时内"。

（四）　违反出险通知义务的法律后果

关于违反出险通知义务的法律后果，主要有六种立法例：

1. 保险人对因义务人违反出险通知义务而致损失扩大的部分不承担赔偿责任。韩国《商法典》第 657 条第 2 款规定，"投保人或被保险人、保险受益人怠于第 1 款的通知导致损失增加的，保险人不承担该增加损失的赔偿责任。"

2. 保险人有权向义务人请求损害赔偿。我国台湾地区"保险法"第 63 条规定："要保人或被保险人不于第 58 条、第 59 条第 3 项所规定之期限为通知者，对于保险人因此所受损失，应负赔偿责任。"

3. 保险人有权拒绝保险赔偿。俄罗斯联邦《民法典》第 961 条第 2 款规定，不履行通知义务时，"保险人有权拒绝给付保险赔偿金，除非能够证明，保险人已及时获悉保险事故的发生，或者保险人不掌握有关情况并不影响其给付保险赔偿金的义务。"

4. 根据出险通知义务人未履行通知义务的主观状态规定不同的法律后果。例如，意大利《民法典》第 1915 条规定："被保险人恶意不履行通知义务或救助义务，丧失赔偿请求权。如果被保险人因其过错而未履行上述义务，保险人有权根据因此所受损失的情况减少损害赔偿金。"

5. 保险人有权就因此无法确定的损失不予赔偿，即未及时通知致使保险事故的性质、原因、损失程度等难以确定的，保险人对无法确定的部分，不承担赔偿或者给付保险金的责任。

6. 未规定相应法律后果。例如，2009 年修订前的我国《保险法》就未明确规定义务人未履行出险通知义务的法律后果。由于法律未规定义务人未履行出险通知义务的法律后果，保险条款中对此约定并不一致。有的保险条款约定，被保险人不履行出险通知义务的，保险人有权拒绝赔偿。例如，中国保险监督管理委员会 2000 年下发的《机动车辆保险条款》第 28 条规定："保险车辆发生保险事故后，被保险人应当采取合理的保护、施救措施，并立即向事故发生地公安交通管理部门报案，同时在 48 小时内通知保险人。"第 30 条规定："被保险人不履行本条款第二十四条至第二十九条规定的义务，保险人有权拒绝赔偿或自书面通知之日起解除保险合同；已赔偿的，保险人有权追回已付保险赔款。"有的保险条款则约定：被保险人不履行出险通知义务，保险人对因此造成损失无法确定或扩大的部分不承担赔偿责任。例如，中国人民财产保险股份有限公司原《非营业用汽车损失保险条款》第 17 条规定："发生保险事故时，被保险人应当及时采取合理的、必要的施救和保护措施，防止或者减少损失，并在保险事故发生后 48 小时内通知保险人。否则，造成损失无法确定或扩大的部分，保险人不承担赔偿责任。"

我国现行《保险法》采纳了第五种立法例。《保险法》第 21 条规定："投保人、被保险人或者受益人知道保险事故发生后，应当及时通知保险人。故意或者因重大过失未及时通知，致使保险事故的性质、原因、损失程度等难以确定的，保险人对无法确定的部分，不承担赔偿或者给付保险金的责任，但保险人通过其他途径已经及时知道或者应当及时知道保险事故发生的除外。"根据该规定，投保人、被保险人或者受益人知道保险事故发生后，如因故意或重大过失未及时通知的，保险人仅对因未及时通知而致使保险事故的性质、原因、损失程度等无法确定的部分，不承担赔偿或给付保险金责任，对其他损失，保险人仍旧要按照保险合同约定承担赔偿或给付保险金责任。当然，在保险人通过其他途径已经及时知道或应当及时知道保险事故发生时，保险人不得以被保险人一方未及时通知予以抗辩。这充分体现了既保护被保险人利益又维护保险人合法权益的指导思想，具有合理性。

六、证明、资料提供义务

（一）证明、资料提供义务的意义

证明、资料提供义务，是指保险事故发生后，按照保险合同请求保险人赔偿或者给付保险金时，投保人、被保险人或者受益人应当向保险人提供其所能提供的与确认保险事故性质、原因、损失程度等有关证明和资料的义务。在保险事故发生后，被保险人向保险人请求保险赔偿时，其应举证证明其所受损失属于保险责任范围，并证明损失大小。为履行此证明义务，被保险人就应向保险人提供与确认保险事故性质、原因、损失程度等有关的证明、资料。在保险实务中，此"有关的证明和资料"，通常包括保险协议、保险单或者其他保险凭证、保险费交费证明、保险财产证明、被保险人身份证明、保险事故证明、保险标的损失程度证明、必要的鉴定结论、评估结论和索赔申请书等。

（二）违反证明、资料提供义务的法律后果

对义务人未履行证明、资料提供义务的法律后果，我国《保险法》未予明确，仅规定"保险人按照合同的约定，认为有关的证明和资料不完整的，应当及时一次性通知投

保人、被保险人或者受益人补充提供"。如果投保人、被保险人仍不提供，或提供的材料仍不符合约定的法律后果，则未作规定。对于这种情况，如果一概规定保险人有权拒赔，对投保人、被保险人或受益人并不公平。保险条款中可以对此约定，被保险人未履行前款约定的单证提供义务，导致保险人无法核实损失情况的，保险人对无法核实的部分不承担赔偿责任。这种约定充分考虑到保险合同各方的利益，比较合理。

七、施救义务

（一）施救义务的意义

所谓施救义务，又称防止或者减少保险标的损失义务，是指保险事故发生后，投保人、被保险人应当尽力采取必要的措施，防止或者减少损失的义务。我国《保险法》第57条第1款规定，"保险事故发生时，被保险人应当尽力采取必要的措施，防止或者减少损失。"

保险事故发生后，如果被保险人能够及时采取必要措施防止或者减少损失，不仅被保险人减少了损失，保险人也可以减少保险赔偿，整个社会更是减少了社会财富的损失。因此，法律应当对被保险人在保险事故发生后防止或减少损失义务的行为予以鼓励，对被保险人不予施救的行为予以否定。很多国家的保险法都规定了施救义务。我国《保险法》第57条第2款规定，"保险事故发生后，被保险人为防止或者减少保险标的的损失所支付的必要的、合理的费用，由保险人承担；保险人所承担的费用数额在保险标的损失赔偿金额以外另行计算，最高不超过保险金额的数额。"

（二）施救义务的履行

1. 义务人。从《保险法》上述规定看，施救义务的义务人为被保险人，投保人不负施救义务。这是因为，保险标的处于被保险人控制之下，由被保险人承担施救义务最现实，也最合理。

2. 施救时间。须特别指出的是，被保险人施救义务产生的要件之一是保险事故已经发生；在保险事故未发生或将发生时，被保险人并无施救义务。因此，如果被保险人在保险事故发生前即采取防止损失发生的行为，则不属施救行为，因此支出的必要的、合理的费用，被保险人不能以施救费用为名要求保险人予以补偿。

3. 施救费用。根据我国《保险法》第57条第2款规定，施救费用由保险人承担。保险人所承担的费用数额在保险标的损失赔偿金额以外另行计算，最高不超过保险金额的数额。这就是保险业务实践中常提及的"两个保额"，即保险人的保险赔款以一个保额为限，施救费用以另一个保额为限。值得注意的是，施救费用的上限已经由法律明确规定，保险条款中不应对此再作出其他约定，特别是不应通过保险条款的约定降低施救费用上限，以避免损害被保险人利益。

第二节　保险人的权利和义务

保险人作为保险合同一方当事人，负有危险承担义务、说明义务及通知义务。同时也享有相应的权利，主要包括收取保险费的权利、代位求偿权、要求投保人履行如实告知义务的权利、要求被保险人维护保险标的安全的权利、要求被保险人通知危险显著增加情况的权利、要求被保险人通知出险的权利、要求被保险人防止和减少保险标的损失的权利等。保险人的权利主要体现为投保人、被保险人的义务，有关内容可参见本章第一节及本书关于保险代位求偿制度一章的论述。本节重点对保险人的义务作一介绍。

一、危险承担义务

（一）危险承担义务与损失赔偿义务

保险合同为双务合同。保险人根据保险合同约定享有收取保险费的权利，同时也应当承担被保险人转嫁的风险。保险人的这种承担风险的义务就是危险承担义务。危险承担是保险人所负最主要的义务，也是投保人、被保险人与保险人订立保险合同的主要目的。保险人的危险承担义务体现在两个方面：一是保险事故发生后保险人按照保险合同约定负有损失赔偿的义务，又称为损失赔偿义务；二是保险合同成立生效后、保险事故发生前保险人承担被保险人转嫁的风险的义务。正如有的学者所说，"所谓危险承担之精义，不仅显现于保险事故发生后保险人负有保险赔偿之义务——无论是填补具体损害或抽象损害，而且亦于保险契约发生效力后保险事故发生前即发挥其作用。"①

可见，保险合同成立生效后，保险人就按合同约定负有危险承担义务，它是保险人在保险事故发生后向被保险人或受益人赔偿损失的前提与基础。但是，保险期间内并不一定发生保险事故，保险人可能并不需要对被保险人或受益人实际进行损失赔偿。在这种情况下，危险负担义务的意义就具体体现为，被保险人向保险人转嫁了风险后，消除了经济上遭受实际损失的可能，免除了精神上的忧虑。

（二）保险人损失赔偿责任的范围

根据我国《保险法》的相关规定，在财产保险合同中保险人损失赔偿责任范围一般包括②：

1. 保险标的所遭受的实际损失。财产保险的目的是补偿受害人因保险事故发生所受经济损失，因此严格遵循损失补偿原则。在足额保险时，保险人应赔偿保险标的遭受的实际损失，且最高不得超过保险金额，未遭受损失部分则不予赔偿。在不足额保险时，除合同另有约定外，保险人按照保险金额与保险价值的比例承担赔偿责任。

2. 必要的、合理的施救费用。为减少保险标的的损失，各国保险法一般都规定，被保险人在发生保险事故时有责任采取必要的措施防止或减少损失。同时，保险人应在一定限额内赔偿被保险人因采取必要的、合理的施救措施而发生的费用。此费用即为施救费用。一般来说，施救费用主要包括：一是保险事故发生时，为抢救保险标的或者防止灾害蔓延损毁保险标的而采取必要措施所造成的损失。例如，为防止火灾蔓延烧毁作为保险标的的多幢房屋而将其中一幢房屋或附近的其他房屋拆除。二是为施救、保护、整理保险标的所实际支出的合理费用。

---

① 江朝国. 保险法基础理论［M］. 北京：中国政法大学出版社，2002：281.
② 李玉泉. 保险法（第二版）［M］. 北京：法律出版社，2003：216－218.

关于施救费用的最高限额，我国《保险法》第 57 条第 2 款有明确规定，本章第一节专门做了分析，此处不再赘述。

3. 仲裁或者诉讼费用以及其他必要的、合理的费用。此种赔偿一般限于责任保险。在责任保险的被保险人因给第三者造成损害的保险事故而被提起仲裁或者诉讼时，保险人须赔偿被保险人因此支付的仲裁费用或者诉讼费用以及其他必要的、合理的费用。对该项费用，国内保险合同一般称为法律费用。关于法律费用赔偿的适用范围有两个问题须特别加以注意：一是法律费用赔偿仅适用于责任保险，对其他种类的财产保险不适用；二是在责任保险中，保险人赔偿的是被保险人与第三者之间发生的法律费用，对被保险人与保险人之间发生纠纷而支出的法律费用，保险人不负责赔偿。

在保险实务中，有人认为，只要责任保险的被保险人发生了法律费用，不管保险合同如何约定，保险人均应承担给付法律费用义务。其理由是，责任保险中被保险人支出的法律费用属施救费用的一种，根据《保险法》第 57 条的规定，保险人应在保险金额范围内予以赔偿。这种观点是不正确的。首先，我国《保险法》第 66 条规定，"责任保险的被保险人因给第三者造成损害的保险事故而被提起仲裁或者诉讼的，被保险人支付的仲裁或者诉讼费用以及其他必要的、合理的费用，除合同另有约定外，由保险人承担。"依该规定，保险合同有权对法律费用的负担进行约定，如果保险合同未对法律费用负担作出约定，保险人须承担被保险人支出的法律费用。可见，依《保险法》第 66 条的规定，并非只要被保险人支出法律费用，保险人就应予以赔偿。其次，《保险法》第 57 条关于施救费用的规定适用于所有财产保险合同。责任保险属财产保险合同的一部分，按理也应适用该规定。但是，《保险法》第 66 条对法律费用的赔偿作了专门的规定，其适用范围限于责任保险。即使把责任保险的法律费用视为财产保险施救费用的一种特殊表现形式，《保险法》第 66 条也构成了对该问题的特别规定。特别规定应优先于一般规定。因此，在责任保险合同中，保险合同当事人完全有权就法律费用的赔偿进行约定。

4. 为查明和确定保险事故的性质、原因和保险标的损失程度所支付的必要的、合理的费用。在财产保险中，保险标的因保险事故发生而遭受损失时，为正确判断保险人是否应承担赔偿责任及承担多大的赔偿责任，必须首先查明和确定该事故的性质、原因和保险标的的损失程度。为查明和确定该事故的性质、原因和保险标的的损失程度，当然会发生一定的费用。对此费用，我国《保险法》第 64 条规定，"保险人、被保险人为查明和确定保险事故的性质、原因和保险标的的损失程度所支付的必要的、合理的费用，由保险人承担"。

（三）损失赔偿义务的履行

财产保险合同成立生效后，保险人就开始对被保险人承担危险承担义务。当保险合同约定的保险事故发生，保险人的危险承担义务就转化为现实的损失赔偿义务。保险人须依照法律规定与合同约定全面履行该义务。对损失赔偿义务履行的几个重点环节，我国《保险法》均有明确规定。如对核定损失问题，《保险法》第 23 条第 1 款规定："保险人收到被保险人或者受益人的赔偿或者给付保险金的请求后，应当及时作出核定；情形复杂的，应当在三十日内作出核定，但合同另有约定的除外。保险人应当将核定结果通知被保险人或者受益人……"对于支付赔偿问题，《保险法》第23条第1款规定："……对属于保险责任的，在与被保险人或者受益人达成赔偿或者给付保险金的协议后十日内，履行赔偿或者给付保险金义务。保险合同对赔偿或者给付保险金的期限有约定的，保险人应当按照约定履行赔偿或者给付保险金义务。"对于先行赔付问题，《保险法》第25条规定："保险人自收到赔偿或者给付保险金的请求和有关证明、资料之日起六十日内，对其赔偿或者给付保险金的数额不能确定的，应当根据已有证明和资料可以确定的数额先予支付；保险人最终确定赔偿或者给付保险金的数额后，应当支付相应的差额。"

（四）　不履行损失赔偿义务的法律后果

关于保险人不履行损失赔偿义务的法律后果，《保险法》第23条第2款规定："保险人未及时履行前款规定义务的，除支付保险金外，应当赔偿被保险人或者受益人因此受到的损失。"第116条规定："保险公司及其工作人员在保险业务活动中不得有下列行为：……（五）拒不依法履行保险合同约定的赔偿或者给付保险金义务……"《保险法》第161条规定："保险公司有本法第一百一十六条规定行为之一的，由保险监督管理机构责令改正，处五万元以上三十万元以下的罚款；情节严重的，限制其业务范围、责令停止接受新业务或者吊销业务许可证。"《保险法》第179条规定："违反本法规定，构成犯罪的，依法追究刑事责任。"可见，保险人如果不依法律规定或合同约定履行损失赔偿义务，则须承担相应的法律责任，包括民事责任、行政责任和刑事责任。其中，民事责任主要有两种：一是实际履行，即向被保险人支付赔偿金；二是赔偿损失，即赔偿被保险人因此受到的损失。

二、说明义务

具体内容，请见本书第四章第一节。

三、通知义务

保险合同技术性较强，在核定事故损失、收集索赔单证等方面对投保人、被保险人或受益人提出了一系列要求。但投保人、被保险人或受益人大多对保险法了解不多，对自己有哪些义务，如何履行义务并不清楚。因此，《保险法》规定财产保险合同的保险人负有补充证明和资料的通知义务、核定赔付结果的通知义务。

（一）　补充证明和资料的通知

《保险法》第22条第1款规定："保险事故发生后，按照保险合同请求保险人赔偿或者给付保险金时，投保人、被保险人或者受益人应当向保险人提供其所能提供的与确认保险事故的性质、原因、损失程度等有关的证明和资料。"对于投保人、被保险人或者受益人提供的有关证明和资料，保险人应当及时进行审核。如果保险人经审核认为有关的证明和资料不完整，其无权以此为由拒绝赔偿。保险人应当按照《保险法》第22条第2款的规定，及时一次性通知投保人、被保险人或者受益人补充提供有关的证明和资料。

（二）核定赔付结果的通知

《保险法》第 23 条、第 24 条规定，保险人收到被保险人或者受益人的赔偿或者给付保险金的请求后，应当及时作出核定；情形复杂的，应当在三十日内作出核定，但合同另有约定的除外。经核定，如果损失属于保险责任范围之内，保险人须将核定结果通知被保险人或者受益人；如果损失不属于保险责任范围之内，保险人应当自作出核定之日起三日内向被保险人或者受益人发出拒绝赔偿或者拒绝给付保险金通知书，并说明理由。

思考题

1. 简述投保人、被保险人的主要义务。
2. 简述保险人的主要义务。
3. 试述投保人、被保险人违反出险通知义务的法律后果。
4. 试述保险人损失赔偿责任的范围和不履行损失赔偿义务的法律后果。

第十三章
重复保险和保险竞合

学习目的和重点

通过学习重复保险和保险竞合，重点掌握在重复保险情形下各保险人之间的分担规则，在保险竞合情形下保险人之间如何确定相关赔偿责任。

第一节　重复保险

在保险实务中，绝大多数情况都是投保人对于同一保险标的、保险利益、保险事故，与一个保险人订立保险合同，称为"单保险"。但是，在某些特殊情况下，由于各种主客观原因，也会出现投保人对于同一保险标的、保险利益、保险事故，分别向两个以上的保险人投保的情况。例如，货物在运输过程中几易其手，风险变化难以确定，买卖双方及承运人等各方利益主体为了获得更为充分的保障，往往会出现重复投保的情况。另外，随着投资型家财险产品的出现，买保险作为赠礼已不新鲜，如果被赠者已投保了类似险种，也会出现重复保险的情况。在保险市场竞争日趋激烈的情况下，各保险公司展业力度都特别大，有的公司为了照顾人际关系或者出于其他原因，同时在多家保险公司投保等。这就是本章要讨论的"重复保险"，简称"复保险"，是相对于"单保险"而言的一个概念。

一、重复保险的构成要件

关于重复保险的定义或称构成要件，我国《保险法》第56条第4款规定："重复保险是指投保人对同一保险标的、同一保险利益、同一保险事故分别与两个以上保险人订立保险合同，且保险金额总和超过保险价值的保险。"但是，该规定并未对重复保险的构成要件作出完整表述。一般来说，构成重复保险须具备以下两方面的要件。

（一）形式要件

重复保险的形式要件，简单概括起来就是"四个同一，两个不同"。即同一保险标的、同一保险利益、同一保险事故、同一保险期间，不同保险人、不同保险合同。

第一，必须是基于同一保险标的、保险利益、保险事故。若投保人就同一保险标的上的不同保险利益或者不同保险事故向不同保险人投保，则不构成重复保险。如货主甲为其货物订立一个保险合同，而仓库保管员乙基于保管责任，又订立了一个保险合同，虽属同一保险标的、保险事故，但不构成重复保险合同。又如，甲就其房屋分别向保险人 A 投保了火灾保险，向保险人 B 投保了地震保险，也不构成重复保险。

第二，必须是同一保险期间或者几个保险期间之间存在重叠期间，如果不存在重叠期间，就不构成重复保险合同。

第三，必须是投保人与数个保险人分别订立数个保险合同。重复保险要求保险人必须为两个以上，保险合同也必须为两个以上。如果投保人与一个保险人订立了数个保险合同，仍为单保险。如果投保人与数个保险人共同订立了一个保险合同，则属于共同保险，而非重复保险。

（二）实质要件

有的学者认为[1]，只有当各个保险合同的保险金额总和超过保险标的的价值时，才能构成真正的重复保险，此为重复保险的实质要件。这种观点被称为重复保险的"狭义说"，立法上以中国、英国为代表；另一种"广义说"，即只要投保人对同一保险标的、同一保险利益、同一保险事故与数个保险人分别订立数个保险合同，就构成重复保险，而各保险合同的保险金额总和是否超过保险标的的价值则在所不问。意大利、中国台湾地区、中国澳门特别行政区则采取此种立法模式。[2]

"狭义说"更能体现重复保险法律制度设计的初衷。这是因为，如果各保险合同的保险金额之和未超过保险标的的价值，则各个保险合同均未足额投保。在这种情况下，按照惯常的不足额保险的比例分摊赔偿方式[3]，各保险人仅就部分损失（即全部损失乘以保险金额与保险标的的价值的比例）承担责任，那么被保险人获得的赔偿总额应当不会超过其损失金额，不存在不当得利的情形。当然，如果保险合同中特别约定不足额保险采取第一危险赔偿方式，还是可能存在不当得利的情形。

2009 年经过对《保险法》的修订，我国法律统一了对于海上保险和非海上保险关于重复保险问题的规定。对于海上保险，《海商法》第 225 条规定："被保险人对同一保险标的就同一保险事故向几个保险人重复订立合同，而使该保险标的的保险金额总和超过保险标的的价值的，除合同另有约定外，被保险人可以向任何保险人提出赔偿请求。被保险人获得的赔偿金额总和不得超过保险标的的受损价值。各保险人按照其承保的保险金额同保险金额总和的比例承担赔偿责任。任何一个保险人支付的赔偿金额超过其应当承担的赔偿责任的，有权向未按照其应当承担的赔偿责任支付赔偿金额的保险人追偿。"只有当保险金额总和超过保险标的的价值时，才构成重复保险。对于非海上保险，我国

---

[1] 江朝国. 保险法论 [M]. 台北：瑞兴图书股份有限公司, 1990：221；林勋发. 保险法论著译作选集 [M]. 台北：今日书局, 1991：102；施文森. 保险法总论 [M]. 台北：三民书局股份有限公司, 1985：220；孙积禄. 保险法论 [M]. 北京：中国法制出版社, 1997：86.

[2] 意大利《民法典》第 1910 条，我国台湾地区"保险法"第 35 条，澳门地区《商法典》第 1002 条。

[3] 不足额保险的比例分摊赔偿方式：赔偿金额 ＝ 损失金额 × （保险金额/保险价值）；第一危险赔偿方式：赔偿金额 ＝ 损失金额。两种赔偿方式的赔偿金额都以不超过保险金额为限。

《保险法》第56条第4款中规定，"保险金额总和超过保险价值的保险"，明确了对重复保险实质要件的要求。

二、重复保险的适用范围

重复保险制度作为损失补偿原则的具体体现，其适用于财产保险毋庸置疑。但是，重复保险制度可否适用于人身保险，学界历来存在争论。一种观点认为重复保险不适用于人身保险，其理由为人身保险的保险利益和保险价值无法以金钱计算，不适用损失补偿原则，因此也无重复保险之适用。另一种观点认为重复保险制度并非完全排除人身保险之适用。

我国《保险法》将重复保险的有关规定置于"财产保险合同"一节中，似乎只有财产保险方可适用重复保险制度，人身保险则不能适用。其实，重复保险制度旨在防止投保人利用多次投保获取超过保险标的本身价值的不当得利，其与损失补偿原则紧密相连，而与保险种类并无必然关系。因此，对于人身保险中，要区分不同情况来判断是否适用重复保险制度。人寿保险以人的生命、身体为保险标的，无保险价值的限制，不适用损失补偿原则，因此也无重复保险的适用余地，投保人可以重复投保，并获得所有赔偿。另外，意外伤害保险和健康保险中的"定额给付型"产品（以死亡伤残赔偿金居多），其保险标的的性质与人寿保险大致相同，也不适用重复保险制度。但是，随着近年来人身保险产品形式的不断丰富，特别是"费用报销型"产品（以医疗费用居多）的问世，业界逐渐达成共识，该类人身保险由于具有损害保险的性质，其损失可以以金钱来计算，有禁止不当得利的要求，因此可以适用重复保险制度。

三、重复保险的通知义务

由于重复保险可能导致被保险人得到超额补偿，为了避免不当得利，控制道德风险，各国法律一般都课以投保人通知的义务。我国《保险法》第56条第1款规定："重复保险的投保人应当将重复保险的有关情况通知各保险人。"

投保人如果没有履行重复保险的通知义务，其法律后果如何？我国《保险法》第56条仅规定了投保人应当将重复保险的有关情况通知各保险人的行为模式，并未规定违反通知义务的后果模式。如此一来，无论投保人是否履行重复保险通知义务，一旦出险，都能够按比例得到赔偿，毫发无损，《保险法》设置重复保险的通知义务也就变得毫无意义。不少国家和地区都规定了违反重复保险通知义务的法律后果。例如，我国台湾地区"保险法"（2004年修订版）第37条规定："要保人故意不为前条之通知，或意图不当得利而为重复保险者，其契约无效"；我国澳门地区《商法典》第1002条第2款规定："如被保险人恶意不作出通知，所有保险人均不承担支付赔偿责任"；意大利《民法典》第1910条规定："如果被保险人对发出通知有恶意懈怠，诸保险人不承担支付保险金的责任"。我们认为，我国《保险法》应该参考其他国家和地区的立法模式，对于恶意不履行通知义务规定相应的法律后果，以示惩戒。

四、重复保险的法律效力

根据投保人的主观心理状态的不同，可以将重复保险分为善意重复保险和恶意重复保险。许多国家和地区的立法都对投保人的主观心理状态作出区分，再根据不同的类型来界定重复保险的法律效力。

（一）善意重复保险的法律效力

善意重复保险，是指投保人因估计错误，或者因保险标的的价值下跌，导致保险金额总和超过保险标的的价值，或者投保人在投保后方知道存在重复保险而立即通知各保险人的情形。由于善意重复保险不存在主观上的恶意，而且客观上，善意重复保险还具有增强安全保障的效果，特别是当出现保险人破产或者偿付能力不足的情形，可以防止投保人和被保险人的利益不致落空。[①] 因此，各国法律一般都对其效力予以肯定。

（二）恶意重复保险的法律效力

恶意重复保险，是指投保人为牟取不当得利而订立的保险合同，或者投保人明知重复保险的存在而不为通知，或者为虚假通知。恶意重复保险的投保人企图牟取不当利益，破坏了财产保险中损失补偿原则的宗旨及功能，主观恶性较高。多数国家都对恶意重复保险规定了比较严重的颇具惩罚性的法律后果，即各重复保险合同均为无效。如德国《保险契约法》第59条第3款规定："要保人意图借由重复保险的订立而获取财产上的不法利益者，以该意图而订立的保险契约无效；保险人于订立保险契约时不知其无效者，保险人可取得于其知悉的保险期间届满时为止的保险费。"

从我国《保险法》第56条和《海商法》第225条的规定来看，我国法律并没有对重复保险的主观心理状态作出区分，也没有对其法律后果作出不同规定，而是统一认定重复保险合同有效。这样规定不尽合理，有必要借鉴国际惯例，依据投保人订立重复保险合同时的主观心理状态来确定重复保险合同的效力：凡投保人出于恶意而订立的重复保险合同，应归于无效；对因善意订立的重复保险合同，则应当认定其效力。

五、重复保险的赔偿原则和分摊原则

（一）重复保险的赔偿原则

在赔偿原则上，即各保险人如何向被保险人进行赔偿，或被保险人如何向各保险人进行索赔，各国法律规定各不相同，通常有以下两种基本方式：

1. 连带赔偿主义。采用这种方式的国家和地区为数不少，如德国、英国、意大利、韩国以及中国澳门地区等，即不问保险合同成立的先后，被保险人可以按照自己的意愿选择一个或数个保险人进行部分或者全部的索赔，每一保险人均对被保险人负全部赔偿责任，各保险人之间承担连带责任。同时，为了防止某些保险人可能获得不当得利，采取连带赔偿主义的国家和地区一般都规定，各保险人有权按照一定的比例，就自己多支付的部分，向其他保险人追偿。这种立法模式视各保险人为被保险人的连带债务人，给予被保险人更大的索赔自由度，对于被保险人一方利益的保护最为周全。而对保险人来说，所负责任过于重大，一旦承担了连带的垫付责任，还要向其他保险人进行追偿，存在一定的风险和成本。

2. 按份赔偿主义。在这种立法模式下，不论各保险合同成立的先后，各保险人仅按照一定的比例，承担赔偿责任，对于超过这个比例的部分，不负连带赔偿责任。我国台湾地区"保险法"（2008年修订版）第38条规定："善意之复保险，其保险金额之总额

---

① 覃有土，樊启荣. 保险法学 [M]. 北京：高等教育出版社，2003：235.

超过保险标的之价值者，除另有约定外，各保险人对于保险标的之全部价值，仅就其所保金额负比例分担之责。但赔偿总额，不得超过保险标的之价值。"

（二）　重复保险的分摊原则

在以上两种赔偿方式中，大多数情况下都存在各保险人如何分摊保险赔款的问题，也就是重复保险的分摊原则。重复保险的分摊原则与赔偿原则是两个不同的问题，如果说赔偿原则处理的是各保险人与被保险人的关系，那么分摊原则处理的则是各保险人之间的关系。关于重复保险的分摊原则，大多数国家的立法都作了规范，不同的是有的规定得比较清楚明确，有的则语焉不详、不够明晰。根据各国法律以及习惯判例，各保险人之间的分摊方式一般有以下几种。

1. 最大责任分摊法（maximum liability method）。最大责任分摊法，即各保险人按照每一保险人应当承担的保险单项下的最高赔偿限额（保险金额或者责任限额）的比例分摊保险赔款，即

每张保单应当分摊的赔款＝损失金额（≤各保单保险金额总和）×（每张保单的保险金额/各保单保险金额总和）

最大责任分摊法的优点是简便易行，直接根据各保险金额的比例即可算出结果，不需要过多的计算步骤，因此为多数国家和地区所采用。如韩国、中国台湾地区、中国澳门地区等都规定各保险人按照各自承保的保险金额的比例分摊保险赔款。我国台湾地区"保险法"（2004年修订版）第38条规定，"各保险人对于保险标的之全部价值，仅就其所保金额负比例分担之责。但赔偿总额，不得超过保险标的之价值。"

2. 独立责任分摊法（independent liability method）。独立责任分摊法，是指各保险人按照在不考虑重复保险的情况下，每一保险人依据各自的保险合同实际应当赔偿金额的比例分摊保险赔款，即

每张保单应当分摊的赔款＝损失金额（≤各保单保险金额总和）×（每张保单实际应承担的赔款/各保单实际应承担的赔款总和）

独立责任分摊法的计算较最大责任分摊法复杂，须先计算出在不存在重复保险的情况下，每一保险人实际应当承担的赔偿责任，再按照这个比例进行分摊。立法明确规定采用"独立责任分摊法"的，如日本《保险法》第20条第2款规定："两个以上损害保险契约所应支付的保险给付额之合计额超过填补损害额的情形下，当保险人中的一人支付了超过自己负担部分（填补损害额乘以各保险人无其他损害保险存在情形下所应支付的保险给付额与其合计额之比所得之数额。以下本款中相同）的保险给付，由此使全部保险人得以共同免责时，该保险人可以就超过自己的负担部分，向其他保险人按其各自的负担比例求偿。"而英国和美国部分州的法律由于语焉不详①，在司法实践中也衍生出

---

① 英国《1906年海上保险法》第80条第1款规定："Where the assured is over-insured by double insurance, each insurer is bound, as between himself and the other insurers, to contribute rateably to the loss in proportion to the amount for which he is liable under his contract"。美国加利福尼亚州《保险法》第591条规定："In case of double insurance, the several insurers are liable to pay losses thereon as follows：(a) In fire insurance, each insurer shall contribute ratably, without regard to the dates of the several policies…"

173

不少关于"独立责任分摊法"的判例。① "独立责任分摊法"并不停留于保险金额（责任限额）这一表面现象，而是透过现象看本质，充分考虑不同损失类型的具体情况，更为公平合理。

3. 共同责任分摊法（common liability method）。共同责任分摊法，又称"双重责任分摊法"（double liability method），即将投保的价值分为两部分，一部分为各保险人重叠承保的部分，一般为各保险人中保险金额的最低值，这部分由各保险人平均分摊，剩余部分由承担了较高保险责任的保险人承担。例如，船东为船舶分别向甲、乙两家保险公司投保，保险金额分别为 800 万元和 600 万元，船舶保险价值为 800 万元。船舶因发生海难而全损，如果按照"共同责任分摊法"来计算，则先在双方重合的保险金额部分平均分摊，甲、乙各承担 300 万元，剩余的 200 万元由甲公司单独承担，即甲公司一共承担 500 万元，乙公司承担 300 万元。"共同责任分摊法"鲜见于各国立法例，一般也都是由判例确立②。

4. 平均分摊法（equal shares）③。平均分摊法，即每一保单承担与其他保单相同的损失份额，直到损失得到全部补偿或者保险金额用尽为止。责任保险经常采用这种分摊方式。例如，有甲、乙、丙三张责任险保单，责任限额分别为 10 万元、30 万元和 50 万元，索赔金额为 80 万元，那么按照"平均分摊法"各张保单的损失金额分摊如下：

	责任限额	第一次分配	第二次分配	第三次分配	总　计
甲：	10 万元	10 万元	—	—	10 万元
乙：	30 万元	10 万元	20 万元	—	30 万元
丙：	50 万元	10 万元	20 万元	10 万元	40 万元

我国《保险法》第 56 条和《海商法》第 225 条对于重复保险的赔偿原则和分摊原则的规定还是比较清楚明确的。在赔偿原则上，区分海上保险和非海上保险作出不同规定：海上保险采用连带赔偿主义，被保险人可以向任何保险人提出赔偿请求，各保险人在保险标的的受损价值内承担连带赔偿责任；非海上保险采用按份赔偿主义，各保险人仅按照一定的比例承担部分责任，而没有为其他保险人垫付的义务。当然，无论是海上保险，还是非海上保险，法律均规定保险合同可以对赔偿原则作出另外的约定。在分摊原则方面，《保险法》和《海商法》的规定一致，都采用"最大责任分摊法"，即按照各保险人承保的保险金额的比例来分摊保险赔款。

---

① 在 *Commercial Union Assurance Co. Ltd. v. Hayden*（1977）一案中，投保人分别向甲、乙两家保险公司投保了公众责任险，责任限额分别为 10 万镑和 1 万镑，后被保险人被第三人索赔 4425 镑。上诉法院的大部分法官均认为，从公平的角度出发，本案应当适用"独立责任分摊法"来计算两个保险公司的赔款比例，即甲、乙两家保险公司应当均摊赔款，各支付一半，而非依据"最大责任分摊法"，按照双方责任限额的比例（10:1）来分摊赔款。

② *Newby v. Reed*, 1763.

③ 陈欣. 保险法 [M]. 北京：北京大学出版社，2000：223.

第二节　保险竞合

一、保险竞合的概念

"竞合"在英语中称为"copetition"，是 competition（竞争）和 cooperation（合作）的组合词语，表示双方或多方保持着既竞争又合作的关系。保险竞合是指同一保险事故发生导致同一保险标的受损时，两个或两个以上的保险人对此均负保险赔偿责任的情形。保险竞合是法律上的竞合在保险法上的体现，法律上的竞合分为"请求权竞合"与"责任竞合"。当保险事故发生时，从被保险人的角度看，保险竞合表现为"请求权竞合"；从保险人的角度看，保险竞合则表现为"责任竞合"。在保险事故发生后，被保险人请求权的实现依赖于保险人赔偿责任的承担和履行。因此，保险竞合的准确定位应为保险人之间赔偿责任的竞合。[①]

保险竞合有广义和狭义之分。广义的保险竞合是指同一保险事故发生后，多个保险人根据多张保单对同一保险事故损失均应承担赔偿责任的情形。广义的保险竞合应当包括重复保险。重复保险是指投保人对于同一保险标的、保险利益、保险事故，分别向两个以上的保险人投保的情况，并且保险期间存在重叠。在同一保险事故发生后，在重复保险中也会存在多个保险人对同一保险事故损失承担赔偿责任的情况。

狭义的保险竞合是指投保人就同一标的投保不同的险种，当保险事故发生时，多个保险人对同一事故损失均应承担赔偿责任的情形。通常包括两种情况：一是投保人以自身为被保险人投保两个以上种类不同的保险；二是不同的投保人投保不同种类的保险，在保险事故发生时导致两个以上的保险人对同一保险事故所致同一保险标的物的损失都应对同一人负赔偿责任。本书以下探讨的保险竞合为狭义的保险竞合。

二、保险竞合的特征

（一）保险竞合适用损失补偿原则

损失补偿原则是保险制度中的一项基本原则，可以有效防止被保险人从保险中获得额外利益，从而减少道德风险的发生。在保险竞合的情形下，权利人可以在多张保单项下，向多个保险人请求支付保险赔偿金，但其获得的赔偿总额，仍然应当以保险事故造成的损失为限。尤其是在多张保单的保险金额之和超过损失金额的情况下，在处理保险竞合问题时，应当遵循损失补偿原则，避免权利人通过保险获得额外利益。

（二）保险竞合不受当事人主观状态的影响

在重复保险的情形下，重复保险的投保人应当将重复保险的有关情况通知各保险人，这是为了避免出现投保人恶意投保，侵害保险人利益。但是随着保险行业的不断发展，产品种类不断丰富，各种保险产品的保障范围存在重叠，从而出现了保险竞合的情

[①]　徐民，缪晨. 保险竞合研究——兼论我国保险法的完善［M］//王保树. 中国商法年刊2007——和谐社会构建中的商法建设. 北京：北京大学出版社，2008：723.

形。因此，保险竞合的出现，更多的是源于保险产品不断丰富发展的客观环境，投保人的主观状态对保险竞合的成立没有影响。

（三）保险竞合的投保人对同一保险标的可以具有不同的保险利益

重复保险设立的主要目的是规制投保人为获得超额保险金所实施的恶意重复投保行为。因此，重复保险的构成要件着重限制了若干并存的保险合同所载保险利益的同一性。但是在保险竞合的情形下，投保人或者被保险人对同一保险标的可以具有不同的保险利益。例如，针对储藏在同一所仓库内的同一批货物，仓库方对该批货物具有基于仓储责任产生的保险利益；货物所有人则具有基于物权产生的保险利益。两种保险利益的性质不同，但是保障的标的却是一致的。

三、财产保险中的保险竞合类型

财产保险是以补偿被保险人财产损失为目的，是保险人对被保险人的财产及其有关利益在发生保险责任范围内的事故而遭受经济损失时，给予补偿的保险。财产保险分广义的财产保险和狭义的财产保险。广义的财产保险泛指以财产及其有关利益为保险标的的保险，其保险标的既包括有形财产，也包括无形财产，还包括财产性权利。我国《保险法》对财产保险采用了广义的定义，包括财产损失保险、责任保险、信用保险、保证保险等业务。

（一）财产损失保险和责任保险的保险竞合

案例：2003 年 1 月 11 日，A 电脑公司以其货物——电脑液晶显示器向甲保险公司投保了"国内水路、陆路货物运输保险——综合险"，保险期限 1 年。2003 年 2 月 6 日，被保险人 B 货物运输公司以其所承运货物向乙保险公司投保了"国内货物运输承运人责任险"，保险期限 1 年。2003 年 8 月 15 日，B 货物运输公司司机驾驶的货车按约定运送一批 A 电脑公司的液晶显示器，途经高速公路某处时不慎与另外一辆货车相撞，导致两车和货物受损。B 货物运输公司车辆损失 1 万元，货物损失 10 万元。后经过交通事故管理部门认定，这起交通事故应由 B 货物运输公司负全部责任。此后，A 电脑公司向甲保险公司提出 10 万元的保险赔偿要求，同时根据货物运输合同向 B 货物运输公司索赔，B 货物运输公司向乙保险公司提出 10 万元索赔。最后，由乙保险公司赔偿 A 公司 10 万元，了结此案。[①]

上述案例中，"国内水路、陆路货物运输保险——综合险"属于财产损失保险，"国内货物运输承运人责任险"属于责任保险，是典型的财产损失保险与责任保险的竞合。

（二）责任保险的保险竞合

案例：2001 年 6 月，A 将自己的富康牌轿车向 B 财产保险公司投保了车辆损失险、第三者责任险，保险期限 1 年。同年 9 月，C 商场为其聘用的所有员工向 D 财产保险公司投保了雇主责任险，保险期限 1 年。2001 年 12 月，A 驾车不慎驶入非机动车道，撞上了骑自行车送货的 E。A 见状，立即将 E 送到附近医院救治，住院期间 E 共花去医药费等 10200 元。经交警部门认定，这起事故由 A 负完全责任，E 没有责任。A 付清了 E

[①] 宋卓. 我国保险立法与保险理论中补充保险竞合思考 [J]. 保险研究，2005（1）：81.

所有的医药费等费用后，向 B 保险公司提出索赔。2002 年 1 月，C 商场也向 D 保险公司索赔。因 E 恰好是该商场聘用的雇员，在由哪家保险公司赔偿和如何赔偿的问题上，A、C 商场、B 保险公司和 D 保险公司产生纠纷。后经反复协商，由 B 保险公司赔偿 10200元，终止了相关纠纷。①

实践中，责任保险发生保险竞合的情况较为多见。在同一保险事故中，会出现多方或因侵权行为，或因违约行为，应对损害结果承担赔偿责任的情形。责任保险承保的就是被保险人对第三者应当依法承担的赔偿责任，包括侵权责任和违约责任。保险市场发展成熟的一个重要标志，就是责任保险的种类日益繁多，与社会经济联系的发展和复杂程度成正比。在保险市场发达的国家，责任保险在非寿险保费收入中占很大比例，因此责任保险竞合的情况较为多见。

（三）财产损失保险的保险竞合

财产损失保险中常见的保险竞合有两种情形。一是不同的投保人就同一保险标的投保种类不同的保险而发生保险竞合。例如，在货物运输中，货物所有人 A 向甲保险人投保货物损失险，保险期间自货物交付给运输人 B 的时候起，至在目的地由 B 交付给收货人为止。此次运输由 B 全权负责。与此同时，C 为降低风险向乙保险人投保货物运输平安险，并指定货物所有人 A 为被保险人，保险期间自货物运离起运地之时起，至在运输目的地交付给收货人之时止。如果货物运抵目的地后，未按时提取货物，则保险责任最多延长至卸离运输工具后 15 日为止。假若在存入 B 的仓库后第 5 日，发生火灾导致货物损失毁灭，则甲保险人与乙保险人均应对此保险事故承担保险责任，保险赔偿金的给付对象同为 A，形成保险竞合。②

二是同一投保人就同一保险标的投保两个以上种类不同的保险而发生保险竞合。例如，投保人向甲保险人投保家庭财产火灾险，保险金额 30 万元（其中包括房屋、家具、电视机等财产价值）。后来，投保人又向乙保险人投保电视机综合险（火灾、窃盗等），保险金额 3 万元。若发生保险事故，甲保险人与乙保险人就电视机的毁损灭失均负保险给付责任，但甲保险人与乙保险人所承保的保险险种不同，因此发生保险竞合问题。③

四、保险竞合的解决途径

目前，我国法律仍未对保险竞合作出明确规定。由于保险竞合不同于重复保险，因此无法按照《保险法》关于重复保险的规定进行处理。从法律责任来说，受到损失或侵害的当事人有权向负有责任的任何一方或所有责任方提出索赔，被索赔的一方应该依法承担赔偿责任，然后再按照法律规定或保险合同的约定对承保该事故的保险人提出索赔或分摊赔偿责任。

实务中，由于商业保险合同的当事人可以对合同内容进行约定，保险人在开发保险产品时，会考虑可能发生的保险竞合的情形，并通过在保险合同中加入"其他保险条

---

① 华山. 该赔还是不该赔——保险理赔疑难案件选编 100 例 [M]. 北京：长虹出版公司，2005：196 - 197.
② 乔国旗. 财产保险竞合的类型分析及对策研究 [J]. 法学研究，2012，28（2）.
③ 刘宗荣. 新保险法：保险契约法的理论与实务 [M]. 北京：中国人民大学出版社，2009.

款"的方式，明确保险竞合的处理原则和方式。

第三节 "其他保险条款"

一、"其他保险条款"的概念和目的

由于许多国家和地区的保险法都允许当事人在保险合同中作出与法律规定不同的有关重复保险或保险竞合的约定，这种约定在存在其他保险合同时如何进行赔偿的条款一般就称为"其他保险条款"（other insurance clause）。"其他保险条款"在美国运用得尤其多，已经成为美国保险实务中的一项特色制度。这主要是因为美国作为全球最大的保险市场，保险业极为发达，保险产品极为丰富，再加上人们防范风险的意识很强，经常出现为同一风险多方投保的情形，保险保障范围出现重叠，需要"其他保险条款"来协调不同保单之间的关系。特别是随着综合保险和一揽子保险的广泛运用，重复保险和保险竞合的频率日渐增高，人们更加注重保险人之间如何分担承保损失。

重复保险和保险竞合的存在并没有使保险标的本身的风险有所增加，保险人在保险合同中使用"其他保险条款"的主要目的是维护保险的损失补偿原则，防止被保险人不当得利，减少道德风险。

二、"其他保险条款"的种类

"其他保险条款"一般有以下四类。

一是"禁止其他保险条款"，即如果被保险人有其他保险的，则本保单宣告无效。"禁止其他保险条款"一般出现在很早的保险条款中。例如1918年纽约标准火险保单中规定，"除非有附加在保单上的书面明示同意，否则禁止其他保险"；美国早期的屋主保单和农场主保单也规定，禁止对其承保范围下的农场民宅投保其他保险，除非其他保险所承保的风险属于本保单的除外责任。[①] "禁止其他保险条款"对于其他保险持排斥态度，对于保险责任的分担也过于简单和苛刻，随着保险的进一步普及，这种条款已经渐渐被实务淘汰。

二是"避责条款"（escape clause），主要内容为若存在其他有效保险，本保险不承担任何赔偿责任。"避责条款"较"禁止其他保险条款"而言更为宽松，一般视为"禁止其他保险条款"的改良版本。

三是"比例赔偿条款"（pro rata clause），即存在其他有效保险时，无论其他保险获赔与否，本保险仅承担一定比例的赔偿责任。"比例赔偿条款"充分考虑了各保险人之间的利益平衡，是现代保险实务中运用得最广泛的"其他保险条款"类型。

四是"超额责任条款"（excess clause），即只承担其他保险合同赔付后的补充责任。"超额责任条款"多用于刑事犯罪保险、锅炉和机器保险以及业主综合保险一类的保单

---

① ［美］S. S. Huebner, Kenneth Black Jr., Bernard L. Webb. 财产和责任保险［M］. 陈欣，译. 北京：中国人民大学出版社，2002：85，87.

中。上述早期农场主保单中的"禁止其他保险条款"到了现在也被修改为"超额责任条款"，规定"若其他保险的保单格式与本保险不同，则本保险仅承担超额责任"。

三、"其他保险条款"的冲突与协调

当重复保险和保险竞合的各张保单同时出险时，若有一张保单载明其为"首要保险"（primary policy），而其他保单载有"超额责任条款"或"避责条款"，那么这些"其他保险条款"之间并无冲突，被保险人可以根据几个保单的责任顺序分别依次向各保险人索赔。但是，这种理想的状态并不多见。现实的情况是，各保险人往往从自己的立场以及业务习惯出发拟定了不同类型的"其他保险条款"，这些条款难免发生冲突。例如各保险合同都约定了"避责条款"或者"超额责任条款"，或者一个合同约定了"避责条款"，另一个合同则约定了"比例赔偿条款"，那么各保险人之间就会就各自的赔偿数额发生争议，导致被保险人的损失得不到充分赔偿。

（一）协调"其他保险条款"冲突的前提

协调不同"其他保险条款"之间的冲突是一个非常棘手的问题，要找出所有保险人都满意的分摊方式也相当困难。但是，无论最后采用何种解决方式，一个各方都公认的前提是，一个或几个保险人所应支付的保险赔款不得大于被保险人所实际遭受的损失数额，即应严格遵守损失补偿原则。

（二）美国法院处理"其他保险条款"冲突的原则

当各保险人对于其他保险的分摊方式发生争议而诉诸法律时，就需要由法庭来确定其他保险的分摊方法。美国法院在处理"其他保险条款"冲突这个问题上虽然积累不少判例，但是各派意见分歧，一直未形成较为统一的看法。

以一种最常见的情形为例，当一张保单使用了"比例赔偿条款"，而另一张保单使用了"超额责任条款"时，两个保险人应当如何承担责任？对于这类争议引发的诉讼，美国判例存在两种不同的观点和判决。大多数法庭认为使用"比例赔偿条款"的保单应该是提供了"首要保险责任"（primary coverage），应当先予承担责任；而使用"超额责任条款"的保单所提供的是"继发性保险责任"（secondary coverage），仅承担补充责任。他们的理由是，既然保险人在保险合同中规定了"超额责任条款"，那么他的意图就是在存在其他有效保障时不提供保险保障。相反，如果保险人在保单中使用了"比例赔偿条款"而未使用"超额责任条款"，则表明他要与其他保险人共担赔偿责任。[1]

另一种意见则以1959年的Lamb–Weston, Inc. v. Oregon Automobile Insurance Co. 案为代表，认为如果几张保单中的"其他保险条款"相互矛盾，则必须放弃此种条款，而由各保险人分摊责任。这种处理"其他保险条款"争议的方法被称为"Lamb–Weston原则"。在之后的Werkey v. United Services Automobile Association（1969）案中，法官详细阐述了采用这一原则的理由：法庭不能任意从相互抵触的"其他保险条款"中选择一个并赋予其效力，也不能随意剥夺被保险人的保险保障；法庭不能以损害一个保险人为代价而使其他保险人获得不当利益，也不鼓励保险人之间互相诉讼；这一原则使用起来

---

[1]　参见 Jones v. Medox, Inc.（1981）案。

更加简明、方便和易于操作。①

（三） 美国保险行业协会处理 "其他保险条款" 冲突的相关指导原则

与法院相比，美国保险行业协会在处理 "其他保险条款" 冲突的问题上有着不同的做法。为了避免冗长的诉讼程序和昂贵的法律费用，美国各保险行业协会组织在很早的时候就开始制定指导原则或协议，来指导和协调在保险责任重叠的情况下各保险人之间的关系。

早期的指导原则或协议大致有三个。最早的是 1936 年内陆运输保险人协会（the Inland Marine Underwriters Association） 制定的内陆运输保险分摊协议（Inland – Inland 1936）。这个协议仅仅涉及内陆运输保险，规定对特定指明财产的保险是基本保险，受托人保险（bailee policy） 也是基本保险。然后是 1945 年制定的意外伤害 – 内陆运输保险协议（Casualty – Inland 1945）。这个协议同样明确了对特定指明财产的保险为基本保险，并规定指明地点的总括保单的保险责任先于流动财产保单。最后的早期指导原则是 1946 年的火险 – 内陆运输保险协议（Fire – Inland 1946）。该协议规定，若承保同一财产的火险保单与内陆运输保单保险责任重叠时，则需要对损失进行分摊。

这些早期的指导原则在各自的领域里都发挥了应有的作用，使得数以千计的索赔案件能够按照保险合同的意图和保险公司的承保原则予以和平解决。但是，随着综合保险和一揽子保险的广泛运用，原有的单项协议很难适应新的形势要求，制定普遍的、综合的新指导原则的呼声越来越高。

1959 年 6 月，美国全国火灾保险人协会、内陆运输保险人协会、意外和保证保险人协会以及全国汽车保险人协会等组织共同制定了 "1959 年指导原则"（New Guiding Principles 1959），对不同条件下的其他保险赔偿原则和分摊方式作出了规范，并要求各协会的成员保险公司遵守。1963 年，各协会又对上述指导原则进行了修订，形成了 "1963 年指导原则"（New Guiding Principles 1963）。总的来说，新的指导原则建立了一个迅速确定基本保险和超额保险的程序，以及各保单之间分摊赔款的合理方法。新的指导原则被美国大部分保险公司所采纳，并在各项业务中全面推行。保险行业作为一个整体，已经完全认识到了新的指导原则存在的目的和益处，上述指导原则在美国保险实务中发挥了十分重要的作用。②

四、我国保险合同中的 "其他保险条款"

我国《保险法》第 56 条和《海商法》第 225 条在规定重复保险的分摊原则时，均强调了 "除合同另有约定外" 这一前提条件。可见，我国法律允许保险合同对重复保险的赔偿原则和分摊方式作出有别于法律的约定。目前，我国各保险公司的保险产品或没有设置 "其他保险条款"，或虽然设置了该条款，但仅仅是对法律规定的简单重复，并未有意识地将 "其他保险条款" 作为一种承保技术或者防止道德风险的手段。可以说，

---

① 陈欣. 保险法 [M]. 北京：北京大学出版社，2000：227 – 228.

② [美] S. S. Huebner, Kenneth Black Jr., Bernard L. Webb. 财产和责任保险 [M]. 陈欣，译. 北京：中国人民大学出版社，2002：91 – 93.

我国保险合同中的"其他保险条款"机制还未真正形成。随着我国保险市场的进一步发展，保险中介特别是保险经纪人逐渐参与到投保过程中来，越来越多的经纪人条款引入市场，必然会引进内容丰富的"其他保险条款"。

思考题

1. 简述重复保险的概念和构成要件。
2. 简述保险竞合与重复保险的区别。
3. 简述财产保险中常见的保险竞合的类型。
4. 试述重复保险的责任分担方法。

第十四章
保险人代位求偿制度

学习目的和重点

通过学习保险人代位求偿制度的概念、构成要件、法律属性和社会功能，重点掌握保险人行使代位求偿权的名义和对象、被保险人应承担的义务并对保险人代位求偿诉讼实践中的问题有准确的了解和认识。

第一节　保险人代位求偿制度概述

一、保险人代位求偿制度的概念

保险人代位求偿制度，是指由于第三人的原因，导致保险标的发生保险责任范围内的损失，保险人向被保险人赔付后，可以代位行使被保险人对第三人的请求权的制度。该制度赋予保险人代位求偿权，即保险人赔偿被保险人的损失后，所取得的被保险人享有的依法向负有民事赔偿责任的第三者请求赔偿的权利。①

保险人代位求偿制度是保险法中的损失补偿原则所派生的代位原则的核心。根据保险代位原则，保险人的代位权可分为代位求偿权和物上代位权。代位求偿权是求偿权利的代位，也称为请求权的代位，该权利产生的依据是合同的约定或法律的规定，权利的大小受保险人实际赔付金额的限制；物上代位权主要表现为海上保险中的委付制度。无论代位求偿制度，还是物上代位制度，都以保险法中的损失补偿原则为理论基础，仅适用于以填补被保险人损失为目的的财产保险合同。

二、保险人代位求偿制度的构成要件

综观各国保险法律，保险人代位求偿制度一般须具备以下要件：

一是因第三人原因导致保险标的发生保险责任范围内的损失，被保险人对第三人有损害赔偿请求权。这种损害赔偿请求权可因侵权行为发生，也可因违约行为、不当得利、共同海损等原因发生。但是，无论是由于第三人侵权行为或依照合同关系产生的损

---

① 李玉泉. 保险法（第二版）［M］. 北京：法律出版社，2003：228 – 229.

害赔偿请求权，都应当限于因保险标的受损或灭失而直接产生的损害赔偿请求权，不包括因其他法律关系间接产生的请求权。

二是保险人代位求偿权的取得必须以保险人履行赔偿义务为前提。保险人之所以能对第三人享有损害赔偿请求权，是因为被保险人与保险人之间存在保险合同关系，保险人给付保险赔偿后，被保险人不得再就已经获得赔偿的部分向第三人请求赔偿，保险人取代被保险人向第三人行使请求权。

三是保险人代位求偿的金额以不超过保险人对被保险人赔付金额为限。如果保险赔付金额少于第三人应赔偿的金额，保险人仅能以保险赔付金额为限进行代位求偿。第三人向保险人履行赔偿义务后剩余的金额，仍应向被保险人赔偿。

四是第三方责任人不得具有特殊身份。我国《保险法》第 62 条规定，"除被保险人的家庭成员或者其组成人员故意造成本法第六十条第一款规定的保险事故以外，保险人不得对被保险人的家庭成员或者其组成人员行使代位请求赔偿的权利。"因此，保险人不能对被保险人的家庭成员或者其组成人员等具有特殊身份的第三方责任人行使代位求偿权。这些具有特殊身份的第三方责任人或者是被保险人的家庭成员与被保险人的财产混同，或者是被保险人的工作人员，其行为应当视为被保险人的行为，应当由被保险人负责。向这些具有特殊身份的第三方责任人追偿，等于保险人将支付给被保险人的保险赔款又从被保险人处取回。《保险法》作出上述规定的目的正是防止因被求偿的亲属或雇员与被保险人具有一致的利益，而使保险赔偿失去实际意义。

对于"特殊身份"的范围，各个国家或地区的相关法律规定有所不同。例如，澳大利亚 1984 年《保险合同法》规定，"家庭成员或有其他私人关系者；投保人允许其使用投保的汽车的人及投保人的雇员……"另外，上述规定只适用于第三人的非故意行为，如果是第三人的故意行为导致了损害的发生，则不受上述规定的限制。[①]

三、保险人代位求偿的法律属性

保险人代位求偿的法律属性是法定的债权转移，同时也是诉讼程序上的权利、义务的转让和承担。[②]

（一）保险人代位求偿是债权转移

因第三方责任人的侵权、违约、共同海损等原因，在被保险人与第三方责任人之间产生特定的债权债务关系，被保险人对第三方责任人享有损害赔偿请求权。同时，如果上述侵权、违约、共同海损等事实属于保险合同约定的保险责任，被保险人与保险人之间也产生了保险赔偿关系，被保险人对保险人享有保险赔偿请求权。在这种情况下，被保险人可以选择向第三方责任人索赔或向保险人请求支付保险赔款。如果被保险人选择向保险人索赔，保险人赔偿了被保险人的损失后，被保险人的损失就得到补偿。被保

---

① 邓成明，等．中外保险法律制度比较研究［M］．北京：知识产权出版社，2002：94 - 95.

② 关于保险人代位求偿的法律属性，在英国法中有两种观点。一种认为，保险人的代位权是衡平法上的权利，如 Hardwicke 勋爵在 1748 年的 Randajl v. Cochran 案中就提出了这种认识，这是主流的观点。另一种认为，保险人的代位权是保险合同中的默示条款，属于普通法上的权利。英国上议院于 1993 年对 Napier 案的判决确立了保险人对第三人损害赔偿金的财产性权利，这种权利是一种衡平法上的财产权利。

人对第三人的损害赔偿请求权就依法相应转移给了保险人。这一过程就是债权转移。

（二） 这种债权转移具有法定性

与普通的债权转移主要依据是双方当事人的约定不同，在代位求偿制度中，债权转移是法定的。这主要体现在：保险人的代位求偿由法律直接规定，保险代位求偿权的形成法定、权利取得和行使条件法定、权利行使名义法定、行使范围法定。总之，在实体法上，我国的保险人代位求偿制度的性质是法定的债权转移。

（三） 同时也是诉讼程序上的权利、义务的转让和承担

《海事诉讼特别程序法》第 94 条规定保险人可以自己的名义向第三人提起诉讼；第 95 条规定保险人可以向法院提出将原告由被保险人变更为保险人。这些规定说明，在我国的程序法上，保险人代位求偿制度是诉讼程序上的权利、义务的转让和承担。所谓诉讼程序上的权利、义务转让和承担，是指在诉讼进行中，一方当事人因发生了法定事由，将其诉讼权利转让给案外人，由该案外人继续进行诉讼。例如，非人身关系诉讼的当事人死亡或者消灭，其权利义务承受人代替原当事人继续诉讼；法人分立合并，由分立合并后的权利义务承受人继续诉讼等。在这种情况下，诉讼程序是继续进行而不是重新开始，原当事人进行的诉讼行为一般对新的当事人有法律效力。

四、保险人代位求偿制度与其他类似制度的比较

（一） 与普通债权转让的区别

《合同法》第 80 ~ 83 条规定了普通债权转让。与保险人代位求偿制度相比，二者有以下不同：

1. 保险人代位求偿制度的目的是避免被保险人不当得利和防止责任人逃避责任，是保险法损害补偿原则的具体表现，体现了当事人之间的利益平衡；而普通债权转移是债权人实现债权的一种方式。

2. 保险人代位求偿制度转让的债权不限于合同之债，还包括侵权行为、共同海损等产生的债权；而我国法律所规定的普通债权转让则仅限于合同债权。

3. 保险人代位求偿制度具有法定性，只要符合法律规定，保险人就自动取得代位求偿权，无须双方当事人约定；而普通债权转移体现当事人意思自治原则，具有意定性，只有在当事人协商一致时，债权才能够转让给他人。

4. 保险人取得代位求偿权无须通知债务人，只需要满足《保险法》第 60 条规定的条件即可；而普通债权转移除应当由双方当事人协商一致外，还必须通知债务人，否则根据《合同法》第 80 条，该债权转让无效。

（二） 与债的保全制度中债权人代位权的区别

我国《合同法》第 73 条规定了债的保全制度中的债权人的代位权。虽然合同法上的代位权与保险人代位求偿权都是代位行使合同对方当事人对第三人的权利，但二者也存在诸多不同。

1. 合同法上的代位权产生的基础是代位权人对合同对方当事人享有债权；而保险人代位求偿产生的基础则是保险人对保险合同对方当事人即被保险人负有给付保险金义务。

2. 合同法上的代位权制度中，权利主体并没有变更，只是行使权利的主体发生了改变，代位权人行使的权利仍然属于被代位人；保险人代位求偿制度则是权利主体发生变更，保险人行使自己享有的权利。

3. 合同法上的代位权行使的条件是债务人怠于行使权利，危及债权人的利益；而保险人代位求偿权行使的前提是保险人已经做出赔付和第三人对保险事故的发生负有法律责任。

4. 合同法上的代位权必须通过向人民法院提起代位权诉讼的途径实现；保险人代位求偿权既可以通过诉讼途径实现，也可以通过非诉讼途径实现，法律并未对此作出规定。

五、保险人代位求偿制度的社会功能

保险人代位求偿制度的目的，是为了平衡保险人、被保险人与第三人之间的权益。保险是以保险人对于被保险人因遭受保险事故所致损失予以赔偿为目的的补偿性法律制度。在保险合同中约定的保险事故发生之后，保险人应根据被保险人所遭受的实际损失，对被保险人进行赔付，从而使被保险人在经济上恢复到事故发生前的状态。但是，当保险标的的损失既属于保险人的承保风险，又同时涉及第三人的责任时，被保险人同时享有依据保险合同向保险人的请求权和向第三人的请求权，可能得到两份赔偿。这既违反了保险法的损失补偿原则，又会导致不当得利，诱发道德风险，因此，保险法就规定了保险人代位求偿制度，使保险人在赔付了被保险人损失后，依法取得代位求偿权，并可以越过被保险人向第三人追偿。正如在 1883 年的 Castellain v. Preston 案中，Bowen 大法官指出的那样，"期望自其保险人获得全损赔偿的人不能两者兼得。如果他有办法减少损失，采取这些措施所取得的结果归属于保险人。"① 可见，保险人代位求偿为解决被保险人的保险给付请求权和损害赔偿请求权发生重叠时的利益归属问题提供了依据，是保险法损失补偿原则的派生和必然结果。

综上所述，保险人代位求偿制度的社会功能主要有以下几个方面：

（一）防止被保险人不当得利

损失补偿原则是保险法的基本原则之一。根据损失补偿原则，被保险人不能因发生保险事故、获得保险人的赔付而获得额外的利益。否则，保险就背离了其防范风险、填补损失的初衷，变成了牟利工具。从理论上讲，为了防止被保险人不当得利，可以采取在保险赔付金额中事先扣除被保险人可从第三人处获得赔偿部分的方法。但是该方法把向第三人索赔或诉讼的费用都转嫁给了被保险人，把向第三人索赔失败的风险也转嫁给了被保险人承担，不符合被保险人投保的目的。而设立代位求偿制度则可以在为被保险人提供全面保险保障的前提下，防止被保险人不当得利。

（二）避免第三人逃脱法律责任

尽管保险是一种以补偿经济损失为目的的社会风险管理机制，但设法防止、减少保

---

① ［英］Donald O'may & Juliam Hill. Omay 海上保险法律与保险单［M］. 郭国汀，等译. 北京：法律出版社，2002：567.

险事故的发生频率，也是保险制度的功能之一。如果仅仅因为受害人已经投保，就免除造成损害的第三人的赔偿责任，就纵容了第三人危害保险标的的行为，变相鼓励了保险事故的发生，不利于全社会的风险管理和风险防范。而建立保险人代位求偿制度则可以使责任人最终在经济上承担赔偿责任，有助于制约第三人实施违法行为，减少因人为因素造成保险事故的发生。另外，对于同样是造成他人损害的行为人，如果有人因受害人向保险公司投保而免除赔偿责任，有人则需要全额承担赔偿责任，并不公平。从法律的公平性出发，也应当建立保险人代位求偿制度，避免上述不公平的情况出现。

（三）减少保险赔付负担、降低整体保费水平

这是前两项功能所派生的功能。保险人通过行使代位求偿权获得一定的赔偿给付，可以在财务上减少保险人的整体保险赔款金额，降低保险人的赔付率，改善保险人的盈利能力和利润水平。在承保利润得到保证的前提下，保险人就可以进一步降低保险费率，使社会整体保费水平下降，[①] 使投保人、被保险人得到实惠。同时，比较好的承保利润也有利于保险人经营状况的稳定和保险行业的持续健康发展。

第二节 保险人代位求偿权的行使

一、行使保险人代位求偿权的名义

行使保险人代位求偿权的名义问题，即保险人是以自己的名义，还是以被保险人的名义行使代位求偿权的问题。这个问题决定了保险人是否可以直接向责任方代位求偿，是否可以直接提起追偿诉讼。

（一）保险人应当以自己名义行使代位求偿权

保险人应当以自己的名义行使代位求偿权。这是因为，行使代位求偿权的名义取决于保险人代位求偿的法律属性。如前所述，依据我国法律，保险人代位求偿制度是一种法定的债权转让，被保险人转让债权后，已经不再具有债权人的身份，无权请求第三人赔偿损失。因此，保险人在赔付后再以被保险人的名义提起追偿，缺乏法理基础。

但是，对于这一问题，国内学者的观点并不统一。

第一种观点认为，代位求偿权应以被保险人的名义行使。因为债权具有相对性，是特定主体之间的民事法律关系，保险人与第三人之间没有直接的法律关系，不能就特定的债向债务人主张权利，而且海上保险的发源地英国的做法就是如此。[②]

第二种观点认为，保险人既可以自己名义，也可以被保险人名义向第三方责任人追偿，因为两种情形下追偿目的是一致的。

第三种观点则认为，保险人应以自己的名义行使代位求偿权。多数学者持这种观

---

① 刘宗荣. 保险法 [M]. 台北：三民书局股份有限公司，1995：243.
② 李唯军. 论海上保险代位求偿权的行使 [J]. 海事审判，1997 (2)：22.

点，其理由主要有：我国《海商法》《保险法》赋予保险人以自己名义代位求偿的权利；① 保险人代位求偿权是被保险人转移给保险人的债权，保险人取得该权利后应当以自己的名义行使；② 保险人的代位求偿权依法律规定而发生，不以被保险人移转赔偿请求权的行为为要件，只要具备代位权的行使条件，即可径行以自己的名义行使。③

对于这个问题，国外的立法规定各有不同。有的国家规定保险人一般只能以被保险人名义行使代位求偿权，例如，英国、意大利、加拿大、泰国、马来西亚等。英国《1906 年海上保险法》第 79 条的规定虽然没有明确保险人行使代位求偿权的名义，但从英国众多判例可以看出，英国法的一般规则是：保险人须以被保险人的名义行使代位求偿权，如果被保险人将与保险标的损失有关的诉权以转让协议的形式正式转让给保险人时则可以存在例外。对此，英国学者形象地称之为 "step into the shoes of the insured"④。还有一些国家则规定保险人既能以保险人的名义，也能以被保险人的名义行使代位求偿权，例如日本、印度、菲律宾、委内瑞拉等。⑤

有的学者建议允许保险人支付赔偿金后选择以被保险人的名义诉讼，这更多的是依据外国法的规定，与我国法律上保险人代位求偿的法律属性不符。在实践中，保险人以自己名义代位求偿能够比较圆满地解决问题。在足额保险且全额赔付的情况下，保险人赔付后，所有追偿权益都转让给保险人，法院可以依法变更当事人，这有利于保险人更方便地行使代位求偿权。在不足额保险或者足额保险但未全额赔付的情况下，被保险人和保险人作为共同原告，可在诉讼中各自维护自身的利益。因此，第三种观点比较合理。

（二） 我国法律、司法解释关于保险人行使代位求偿权名义规定的发展变化

1.《保险法》《海商法》关于代位求偿的规定对此没有明确。但是，有观点认为，《海商法》第 254 条第 2 款规定："保险人从第三人取得的赔偿，超过其支付的保险赔偿的，超过部分应当退还给被保险人"，这暗示允许保险人选择以被保险人的名义行使代位求偿权。⑥

由于长期以来，保险人以何名义行使代位求偿权缺乏程序法依据，在保险代位求偿案件中，当事人对保险人的诉讼主体资格争执不休，法院也深感棘手。例如，某海事法院审理的原告中国饲料进出口公司诉被告塞浦路斯瓦赛斯航运公司海难救助费用分摊追偿案中，原告与其保险人于 1998 年以被保险人已经取得保险赔偿、保险人已经受让保险代位求偿权为由，共同申请将原告中国饲料进出口公司变更为保险人。被告认为这种变更没有法律依据，要求法院驳回原告请求。海事法院向省高级人民法院请示后，于 2000 年 4 月才准许保险人以原告身份进入诉讼，并通知中国饲料进出口公司退出诉讼程序。

2. 2000 年施行的《海事诉讼特别程序法》对此的规定则较为明确。我国《海事诉

---

① 汪淮江. 谈海上保险人的代位求偿权 [J]. 海事审判，1997（2）：18.

② 邹海林. 保险代位权研究 [M] //梁慧星. 民商法论丛（第 6 卷）. 北京：法律出版社，1998：214.

③ 施文森. 保险法总论 [M]. 台北：三民书局股份有限公司，1994：204.

④ 林威. 试论我国海上保险人代位求偿权的行使名义 [J]. 中国海商法年刊，1999：134.

⑤ 郑田卫. 海上保险代位权论 [J]. 中国海商法年刊，2002：218.

⑥ 林威. 试论我国海上保险人代位求偿权的行使名义 [J]. 中国海商法年刊，1999：134.

讼特别程序法》第 94 条规定："保险人行使代位请求赔偿权利时，被保险人未向造成保险事故的第三人提起诉讼的，保险人应当以自己的名义向该第三人提起诉讼。"第 95 条第 1 款规定："保险人行使代位请求赔偿权利时，被保险人已经向造成保险事故的第三人提起诉讼的，保险人可以向受理该案的法院提出变更当事人的请求，代位行使被保险人对第三人请求赔偿的权利。"第 2 款规定："被保险人取得的保险赔偿不能弥补第三人造成的全部损失的，保险人和被保险人可以作为共同原告向第三人请求赔偿。"

《海事诉讼特别程序法》的上述规定首次从立法上明确了保险人提起代位求偿诉讼的名义，并根据被保险人尚未提起诉讼和已经提起诉讼两种不同情况，规定了保险人行使代位求偿权的不同程序，有利于保险人充分行使代位求偿权，开展追偿工作。另外，上述规定确立的保险人、被保险人作为共同原告向第三人请求赔偿的制度在程序法上确保被保险人可以就未取得赔偿的部分继续向第三方责任人请求赔偿的同时，免去给第三方责任人可能带来的诉累，解决了司法实践中存在的被保险人和保险人需要凭借一套索赔单证分别提起诉讼的矛盾，有利于我国保险人代位求偿制度的完善。

在《海事诉讼特别程序法》公布后，有学者指出了上述规定存在的不足，主要包括：被保险人在诉讼中申请财产保全、扣押船舶而获得的有关权益，保险人是否可以在变更为诉讼当事人或成为共同原告之后享有；[1]《海事诉讼特别程序法》第 95 条规定的保险人"可以"请求法院变更当事人，"可以"作为共同原告的规定是否意味着保险人对此有选择权，如果保险人没有请求变更为当事人，后果如何？是保险人以被保险人的名义继续诉讼，还是保险人另案起诉该第三人进行代位求偿，或者意味着保险人自行放弃了代位求偿权。[2]

3. 对于上述问题，2003 年 2 月施行的最高人民法院《关于适用〈中华人民共和国海事诉讼特别程序法〉若干问题的解释》作出了规定。第 65 条规定："保险人依据海事诉讼特别程序法第九十五条规定行使代位请求赔偿权利，应当以自己的名义进行；以他人名义提起诉讼的，海事法院应不予受理或者驳回起诉。"根据该规定，保险人行使代位求偿权必须以自己的名义进行，如果保险人不申请变更当事人或作为共同原告，就意味着保险人放弃了追偿诉讼。

该司法解释第 67 条规定："保险人依据海事诉讼特别程序法第九十五条的规定参加诉讼的，被保险人依此前进行的诉讼行为所取得财产保全或者通过扣押取得的担保权益等，在保险人代位请求赔偿权利范围内对保险人有效。被保险人因自身过错产生的责任，保险人不予承担。"该规定明确保险人可以享有被保险人取得的财产保全、担保权益，并从保护保险人利益出发，规定被保险人的责任，保险人不予承担。

目前，我国法律、司法解释中关于海上保险人行使代位求偿权名义问题的规定，比较全面、具体，操作性较强。但这些规定无法适用于海上保险之外的其他保险代位求偿

① 陈三明. 中国法中的代位求偿权 [J]. 中国海商法年刊，2000：130.
② 沈军. 论保险代位求偿权的行使名义 [M] //北京大学法学院海商法研究中心. 海商法研究. 北京：法律出版社，2003：88.

问题。《保险法》有必要对行使代位求偿权的名义问题作出统一的规定。

二、行使保险人代位求偿权的对象

行使保险人代位求偿权的对象即保险人代位求偿所追偿的对象。根据《保险法》第60条关于代位求偿的定义，行使代位求偿权的对象自然应当是对保险标的造成损害、导致保险事故的第三人。因此，该第三人可以是侵权行为人、违约当事人、应分摊共同海损的当事人等。

如果投保人就是对保险标的造成损害、导致保险事故的人，保险人是否可以对投保人开展代位求偿呢？这个问题在保险实践中存在争议。一般而言，投保人与被保险人具有特殊的关系，有时候是被保险人的家庭成员或组成人员，有时候与被保险人存在股权关系。当保险人对投保人开展代位求偿时，投保人和被保险人往往对此提出异议，认为保险人无权追偿投保人。实际上，这种观点没有法律依据，我国法律并没有禁止保险人对投保人开展追偿。虽然投保人是保险合同的当事人，但如果确实造成了保险标的的损害，就可以构成代位求偿中的"第三人"。如果投保人不属于《保险法》第62条规定的被保险人的家庭成员或组成人员，保险人完全可以对投保人进行代位求偿。

三、保险人代位求偿诉讼中对保险合同的司法审查问题

保险人代位求偿诉讼中对保险合同的司法审查问题，是指保险人在行使代位求偿权时，法院是否应当对保险合同是否有效、保险人赔付是否合理等问题进行审查，第三方责任人是否可以以保险人的赔付不在保险责任范围之内为由对抗保险人的代位求偿权。

（一）目前国内外主要有三种不同观点

第一种观点认为，保险人必须根据保险合同履行赔偿责任，如果保险人对其不应承担保险责任的损失进行了保险赔付，则不能向第三人行使代位求偿权。[1]

第二种观点认为，对于保险人超出保险责任范围所作的保险赔偿，如果保险人的保险赔付明显超出保险责任范围，保险人不得行使代位求偿权；如果对于保险人的保险赔付是否超出保险责任范围问题存在争议，保险人仍有权进行代位求偿。[2]

第三种观点认为，保险人行使代位求偿权，仅以事实上赔付保险金为必要条件，至于保险人的赔付是否属于保险责任范围，则可不予考虑。[3]

（二）法院不应当对保险合同进行实质性审查

从《保险法》《海商法》和《海事诉讼特别程序法》中关于代位求偿权的规定来看，法律没有明确规定保险人在保险责任范围内做出赔付是保险人行使代位求偿权的前提，但《海商法》第252条中有"保险标的发生保险责任范围内的损失是由第三人造成的"、《保险法》第60条中有"因第三者对保险标的的损害而造成保险事故"的表述，第三方责任人可能根据上述表述要求法院对保险合同做实质审查。我们认为，上述法律规定并不意味着法院应当对保险合同进行实质性审查。这是因为：

---

①　施文森.保险法总论［M］.台北：三民书局股份有限公司，1994：205.

②　Jonh F. Dobby. *Insurance Law*, West Publishing Co., 1981, p. 240.

③　邹海林.保险代位权研究［M］//梁慧星.民商法论丛（第6卷）.北京：法律出版社，1998：223.

第一，保险人代位求偿制度的立法目的是，防止被保险人因保险合同不当得利，同时避免第三人逃避法律责任。只要被保险人所遭受的损失本应由第三方责任人承担赔偿责任，那么保险人的赔付是否超出保险责任范围都不影响保险人行使代位求偿权。除外责任、免赔额，或不足额保险时的比例赔偿原则等都是保险人用来限制其保险责任的方法，是保险人的权利，保险人有权放弃。放弃这种权利并未加重被保险人或第三人的责任，不应当影响保险人的代位求偿权。

第二，在实务中，保险人赔付后，被保险人通常会向保险人签发"权益转让书"。这本身就意味着无论保险人的赔付是否在保险责任范围内，被保险人都同意将自身的债权在赔付范围内转让给保险人。正如有学者指出的，"在法律未做修改之前，保险人摆脱此困境的方法是不依赖法定的债权转移，而转向依赖约定的债权转移——被保险人签发的'收据及代位求偿书'，在此标准信函中，被保险人明确将其对第三人的债权全部转移给保险人"。[①] 显然，这种做法借鉴了英美法中"转让"制度，对保险人较为有利。

第三，随着保险市场主体的竞争意识和效益观念逐步增强，保险人的代位求偿行为将大量增加，代位求偿诉讼案件也会随之增加。同时，由于保险业务专业性较强，要想准确判断某一损失是否属于保险责任也需要耗费大量时间和精力。若法院在每一起代位求偿诉讼都对保险合同进行实质性审查就会出现本末倒置的情况，不利于集中精力处理保险代位求偿纠纷。

第四，如果法院曾经就保险人和被保险人之间的保险责任争议作出过判决，审理保险代位求偿诉讼的法院再次对保险责任做实质性审查，就会使已经生效的判决变得不确定，同一个案件在不同法院，甚至同一法院作出完全不同的判决。这种做法与我国《民事诉讼法》的精神是完全相悖的。

第五，在目前的司法实践中，保险人向法院提起追偿诉讼时通常必须提交以下几方面证据：保险合同、支付赔款的凭证以及被保险人出具的"权益转让书"、第三人应对保险标的损失承担责任的初步证据。而没有涉及证明保险责任的证据，这种做法本身就意味着法院在审理代位求偿权诉讼中不对保险合同做实质性审查。

正是基于上述理由，2007年1月实施的最高人民法院《关于审理海上保险纠纷案件若干问题的规定》第14条规定："受理保险人行使代位请求赔偿权利纠纷案件的人民法院应当仅就造成保险事故的第三人与被保险人之间的法律关系进行审理。"根据该规定，法院在审理海上保险代位求偿权诉讼时不应当对保险合同进行实质性审查。

四、被保险人与第三人之间的仲裁条款对保险人代位求偿的效力

在保险实践中，被保险人与第三人之间为明确双方发生纠纷后的争议解决问题，常常会约定将双方的纠纷提交仲裁机构仲裁。这样的约定有时体现为单独的仲裁协议，有时体现为被保险人与第三人之间的仓储合同、货物运输合同中的仲裁条款。一旦发生纠纷，被保险人就可以根据《仲裁法》和仲裁机构的仲裁规则将该纠纷提交仲裁解决。即

---

① 汪鹏南. 对海上保险法若干问题的探讨 [M] //汪鹏南. 现代海上保险法的理论与实践. 大连：大连海事大学出版社，2004：125.

使对方当事人向法院起诉，法院也将以双方已约定仲裁为由不予受理该案。

在保险人代位求偿的情况下，保险人已经向被保险人履行了赔付义务，并取得了代位求偿权。当保险人向第三人追偿时，是否也应按照被保险人与第三人之间订立的仲裁条款将追偿纠纷提交仲裁？这是保险代位求偿实践中还存在争议的问题。该问题的实质就是，被保险人与第三人之间的仲裁条款对代位求偿是否有效。

从传统的仲裁理论看，当事人申请仲裁必须有合法有效的仲裁协议。1958年《纽约公约》第2条规定，书面仲裁协议应为当事人所签订或者在互换函电中所载明的契约仲裁条款或仲裁协定。如果当事人没有在书面的仲裁协议上签字，仲裁协议就没有成立，也就不可能对当事人产生法律效力。从这一观点出发，保险人没有在被保险人与第三人之间的仲裁协议上签字，因此，该仲裁条款似乎对保险人没有法律效力，保险人代位求偿纠纷似乎不应提交仲裁解决。

对于这种观点，存在不同看法。例如，有人运用合理利益原则，认为第三人与被保险人在订立仲裁协议时就表明其同意该合同关系项下的有关争议提交仲裁解决，保险人行使代位求偿权并未改变合同关系的内容。仲裁协议约束保险人代位求偿才符合第三人的正当利益和合理期待。[①]

对于这一问题，应当从保险人代位求偿的法律属性入手分析。如前文所述，保险人代位求偿是法定的债权转移。保险人代位求偿具有债权转移的性质，保险人取得的代位求偿权实质上就是被保险人向第三人的损害赔偿请求权。因此，保险人的代位求偿权并非一个新的权利。被保险人与第三人之间订立的仲裁条款对被保险人行使损害赔偿请求权有效，也自然对保险人行使代位求偿权有效。

从当前仲裁实践看，中国国际经济贸易仲裁委员会、中国海事仲裁委员会等国内主要仲裁机构在审查保险人代位求偿案件的管辖权问题时，一般都认可被保险人与第三人订立的仲裁协议对保险人代位求偿的效力，认为此类案件应由仲裁机构仲裁，不应由法院审理。

五、保险人代位求偿中被保险人的义务

（一）提供必要的文件、情况并协助保险人追偿

保险人代位求偿权，是代位行使被保险人的债权。被保险人与第三人之间的债权、债务关系独立于保险合同之外，保险人无权干涉且并不了解有关情况。因此，保险人行使代位求偿权时必须得到被保险人的协助，提供必要的文件和有关情况，以便向第三人提起索赔。我国《保险法》第63条规定："保险人向第三者行使代位请求赔偿的权利时，被保险人应当向保险人提供必要的文件和所知道的有关情况。"这些文件和情况，主要是指被保险人债权成立的依据，包括能够证明其债权存在以及债权债务内容的文件或其他依据。在必要时，被保险人也应当以出庭作证等形式履行协助保险人向第三人追偿的义务。

---

① 赵月林，李倩. 合同当事人之间的仲裁协议能否约束保险代位求偿权人的探讨 [J]. 大连海事大学学报（社会科学版），2005 (2).

（二） 不得妨害保险人代位求偿权的行使

我国《海商法》第253条规定："被保险人未经保险人同意放弃向第三人要求赔偿的权利，或者由于过失致使保险人不能行使追偿权利的，保险人可以相应扣减保险赔偿。"《保险法》第61条规定："保险事故发生后，保险人未赔偿保险金之前，被保险人放弃对第三者请求赔偿的权利的，保险人不承担赔偿保险金的责任。保险人向被保险人赔偿保险金后，被保险人未经保险人同意放弃对第三者请求赔偿的权利的，该行为无效。被保险人故意或者因重大过失致使保险人不能行使代位请求赔偿的权利的，保险人可以扣减或者要求返还相应的保险金。"

在实践中，被保险人妨害保险人行使代位求偿权的情形可分为以下几种：保险合同成立前，被保险人放弃向第三人索赔权利；保险合同成立后，被保险人未经同意放弃向第三人索赔权利；[1] 被保险人虽未明确表示其放弃索赔权利，但由于其过错行为导致保险人不能行使追偿权利。

针对上述情况，保险人可以分别采取不同的方式主张权利。

1. 针对保险合同成立前，被保险人放弃向第三人索赔权利的情况。此时，保险公司和客户尚不具备保险人和被保险人的身份，客户也无法就其放弃向第三方索赔征得保险人同意。但是，被保险人应当在订立保险合同时告知保险人上述情况。否则，被保险人放弃向第三人索赔权利构成"影响保险人据以确定保险费率或者确定是否同意承保的重要情况"的，保险人可以根据《保险法》《海商法》关于如实告知义务的规定解除合同。

2. 针对保险合同成立后，被保险人未经同意放弃向第三人索赔权利的情况。保险人可以依照《保险法》《海商法》的上述规定扣减保险赔款或不承担赔偿责任。如果保险赔款已经支付，则可以主张被保险人的放弃行为无效。

3. 针对被保险人虽未明确表示其放弃索赔权利，但其故意或者因重大过失导致保险人不能行使追偿权利的情况。根据《保险法》第61条的规定，保险人可以扣减或者要求返还相应的保险金。对此问题，《保险法》和《海商法》的规定并不一致。《海商法》第253条仅规定，被保险人过失行为导致保险人不能行使追偿权利，保险人可以相应扣减保险赔款。但是，对于被保险人故意行为导致保险人不能行使追偿权利没有涉及，这是《海商法》第253条立法中的缺陷。《保险法》第61条规定了"故意或者重大过失"两种情况，则弥补了这一缺陷。

在保险实务中，被保险人妨害保险人行使代位求偿权行为最突出的是货运险的被保险人（货主）与第三人（承运人）签订协议，放弃对承运人造成损失的索赔；被保险人出于维护客户关系等方面的考虑，不提供证明责任方责任的证据，导致保险人无法追偿。根据《保险法》《海商法》的上述规定，保险人在这些情况下有权扣减或者要求返还相应的保险金，但相应的保险金如何计算，法条并无明确规定。一般理解，被保险人

---

[1] 《海商法》第253条和《保险法》第61条规定的立法原意应该是指被保险人放弃已经转让给保险人的权利，对于不足额保险等情况下，被保险人就未转让给保险人的权利放弃向第三人索赔，无须取得保险人同意。

的行为给保险人造成多大损失，保险人就可以扣减或者要求返还多少保险赔款。但由于保险人代位求偿诉讼尚未进行，责任人应承担的赔偿金额并不明确，被保险人的行为给保险人造成多大损失也很难衡量。保险人无法依据上述规定扣减保险赔款，法院也很难就此类纠纷作出判决。

六、保险人代位求偿权与被保险人损害赔偿请求权冲突

保险人代位求偿权与被保险人损害赔偿请求权冲突，是指被保险人在获得保险赔付之后还有部分的损害未得到赔偿的情况下，保险人行使代位求偿权影响到被保险人向第三人行使损害赔偿请求权，使被保险人在保险赔付之外的损害无法得到完全填补。这种情况主要发生在投保人不足额投保、保险合同存在除外责任或免赔额等情形下，被保险人的部分损失不属于保险赔付范围。保险人赔付后，被保险人和保险人分别向第三人索赔，第三人无法同时满足上述两个索赔时，保险人代位求偿权和被保险人的损害赔偿请求权就发生了冲突。

对于此类问题如何处理，主要有三种观点。影响最大的观点是"被保险人优先说"。这种观点认为，当保险人代位求偿权与被保险人的损害赔偿请求权发生冲突时，应以被保险人的损害赔偿请求权优先，被保险人获得全部清偿之前，保险人不得行使代位权。[①]另外的观点还有"保险人优先说"和"比例受偿说"，即认为在这种情况下应以保险人的代位求偿权优先，或者认为保险人的代位求偿权与被保险人的损害赔偿请求权处于对等的地位，双方应按比例受偿。

从保险代位求偿制度设计的社会功能看，保险人代位求偿可以避免被保险人不当得利，同时防止造成保险标的损害的第三人逃脱法律责任。如果因保险人行使代位求偿权而影响被保险人的损害赔偿请求权，使被保险人的损害无法得到完全补偿，则违背了该制度的立法目的。因此，"被保险人优先说"具有合理性。我国《保险法》第60条第3款规定："保险人依照本条第一款规定行使代位请求赔偿的权利，不影响被保险人就未取得赔偿的部分向第三者请求赔偿的权利。"该规定实际上就体现了"被保险人优先说"的内容，对处理保险人代位求偿权与被保险人损害赔偿请求权的冲突提供了依据。

思考题

1. 什么是保险人代位求偿制度？
2. 简述保险人代位求偿制度的构成要件。
3. 保险人行使代位求偿权的名义和对象分别是什么？
4. 简述保险人代位求偿中被保险人的义务。
5. 试述保险人代位求偿制度的法律属性和社会功能。

---

① 江朝国．保险法基础理论［M］．北京：中国政法大学出版社，2002：397.

第十五章
责任保险合同、
信用保险合同和保证保险合同

学习目的和重点

通过学习责任保险、信用保险、保证保险三类保险合同，重点掌握责任保险、信用保险以及保证保险之间的区别，熟悉三类保险合同的常见类型。

第一节 责任保险合同

一、责任保险合同概述

责任保险合同（liability insurance），是指以被保险人对第三者依法应负的损害赔偿责任为保险标的的保险合同。责任保险合同的保险标的是被保险人对第三者依法应负的赔偿责任，这种赔偿责任既可以是侵权责任，也可以是合同责任，还可以是法定责任。

人们在社会中的行为都是在法律制度的一定规范之内，所以人们在进行生产、业务活动或日常生活中，很有可能因为法律规定或合同约定而造成第三者的财产损失或人身伤亡时必须承担起经济赔偿责任。责任保险就是保险人为转移赔偿义务人赔偿责任风险而开发的一种保险产品。现代社会纷繁复杂，为防止任何法律规定或合同约定等所产生行为人财产上的负担而创设的责任保险，有日益重要的趋势。

（一）责任保险的意义

当今世界，责任保险的发展水平已成为判断一个国家保险业发展水平的重要标志。责任保险作为市场经济条件下风险管理、社会互助机制和社会管理机制的基本手段，在提高公共服务供给能力、提升公共服务资源配置效能和社会管理效率上发挥着重要的作用，对于充分保障公众的合法权益、有效调解公众矛盾纠纷具有重要意义。

（二）责任保险承保标的的特征

一般财产保险承保的是有形的财产、物资及其相关利益，而责任保险承保的却是被保险人在法律上的无形的各种民事法律风险，没有实体的标的。对每一个被保险人来说，其责任风险金额存在较大不确定性，在投保时通常无法预知，故保险人对所保的各种责任风险及其可能导致的经济赔偿责任大小无法采用保险金额的方式来确定。通常，责任保险均无保险金额的规定，而是采用在承保时由保险双方约定责任限额的方式确定保险人承担的责任限额。

（三）　责任保险的第三者利益属性

责任保险中的第三者（受害人），是指对被保险人享有赔偿请求权的人。责任保险合同赔付以被保险人向第三者的赔付为基础或前提。基于有利于保护无辜受害人权益的价值取向，我国《保险法》第65条规定，在法律规定或合同约定、被保险人请求保险人向受害人直接支付、被保险人怠于向保险公司索赔等三种情形下，受害人获得向保险人直接请求赔偿的权利。上述规定使得受害人的权益保护从程序到实体，得到相对全面周密的法律安排。

与其他保险合同相比，责任保险合同出现较晚。它是19世纪初才在欧美一些国家产生的。在中国，其发展起步是在1979年中国保险业务恢复经营以后，首先开展的是汽车保险的第三者责任保险。到了20世纪80年代末以后，责任保险才开始陆续进入中国市场。一般认为，当今世界上责任保险最发达的地方，也是各种民事损害赔偿责任法律制度最完备、最健全的地方，它表明了责任保险产生与发展的基础是健全的民商事法律制度。

二、责任保险合同的常见种类

责任保险作为以损害赔偿责任为保险标的的保险制度，与民事损害赔偿法律制度相辅相成，与一个国家的社会、经济政策运行的方式也密不可分。成熟的责任保险具有较强的公益性和正外部性，在辅助社会管理方面具有独到的优势，在保障和改善民生方面能够发挥独特的作用。

20世纪末是责任保险的快速发展期。伴随着我国社会主义市场经济体制的确立，保险领域各项改革逐步深化，法制环境也日臻完善，我国责任保险市场走入了快速发展的轨道，职业责任保险、公众责任保险、雇主责任保险成为市场主流责任保险产品。加入世界贸易组织和国务院"23号文"发布后，我国责任保险市场取得了长足发展，险种日益丰富，火灾公众责任险、校园方责任险、承运人责任险、安全生产责任险、旅行社责任险、环境污染责任险、医疗责任险等一系列具有中国特色的责任保险产品在中国得到迅速发展，赎金保险、艺术品保险、促销保险、电影保险、董事及高管人员责任保险（D&O）、错误和遗漏责任保险（E&O）等新产品也逐渐进入中国。

21世纪是责任保险的发展机遇期。2010年7月《侵权责任法》正式实施，大大拓展了责任保险的可保范围，给责任保险带来了巨大的发展机遇。《侵权责任法》对产品责任、机动车交通事故责任、医疗损害责任、环境污染责任等七大类侵权责任进行了详细规定，从而有利于责任保险供给的增加，最大限度地服务社会管理需求。

我国责任保险领域从承保传统的财产保险不断延伸至民生和公共服务领域。首台（套）设备保险、新材料保险、政府救助类保险、法律救助类保险、食品安全类保险、互联网类保险、电梯保险等新产品也进入经济社会及人们的日常生活。2016年，从市场整体来看，责任保险原保险保费收入 362.35 亿元，同比增长 20.04%，占财产险业务的比例为 4.15%。

从市场主流产品来看，责任保险合同主要包括雇主责任保险合同、公众责任保险合同、产品责任保险合同、职业责任保险合同等。近年来，随着市场经济的发展和需求的多样化，又涌现出诉讼财产保全责任保险合同、法律费用补偿保险合同等创新产品。现对几类典型责任保险合同简述如下。

（一）雇主责任保险合同

雇主责任保险（employer's liability insurance contract），是指承保雇员在受雇期间发生的人身伤亡或根据雇佣合同应由雇主承担的经济赔偿责任的一种保险。它在责任保险中最先产生，且最先成为发达国家的普遍性险种。投保人和被保险人都是雇主，但最终受益人是具有雇佣关系的雇员。商业性雇主责任保险的发展与社会工伤事故保障制度的发展密切相关。我国的雇主责任保险主要承保在保险期间内，雇员在受雇过程中，从事与业务相关工作而遭受意外或患与业务有关的国家规定的职业性疾病，所致伤残或死亡，对被保险人根据劳动合同和中华人民共和国法律、法规，须承担的医疗费及经济赔偿责任。

（二）公众责任保险合同

公众责任保险（public liability insurance contract），又称普遍责任保险或综合责任保险，是责任保险的主要业务来源之一。商场、酒店、超市、写字楼、学校、展览馆、影剧院、公园、游乐场等各种公共场所，都有可能产生公众责任风险。随着法律的健全和完善以及公民依法维护自身权益意识的提高，公众责任风险日益有分散和转嫁的必要。由于公众责任保险承保范围的多样性，不同的公众责任保险条款的责任范围也不尽相同。我国的公众责任保险合同主要承保致害人在公众活动场所的过错行为致使他人的人身或财产遭受损害，依法应由致害人承担的对受害人的经济赔偿责任。目前国内保险市场上专用的公众责任类责任保险，主要有火灾公众责任保险、餐饮场所责任保险、停车场责任保险、电梯责任保险、风景名胜区责任保险、校园方责任保险等。

（三）产品责任保险合同

产品责任保险（product liability insurance contract），是指以产品制造者、销售者、维修者等的产品责任为承保风险的一种责任保险。而产品责任又以各国的产品责任法律制度为基础，即以被保险人因其产品的质量缺陷致使产品使用者或者消费者遭受人身伤亡或者财产损失而依法应承担的赔偿责任为保险标的的保险合同。我国的产品责任保险主要承保在保险期间内，由于被保险人所生产、出售的产品或商品在承保区域内发生事故，造成使用、消费或操作该产品或商品的人或其他任何人的人身伤害、疾病、死亡或财产损失，依法应由被保险人承担的经济赔偿责任。

（四）职业责任保险合同

职业责任保险（professional liability insurance contract），是以各种专业技术人员在从事职业技术工作时因疏忽或过失造成合同对方或他人的人身伤害或财产损失所导致的经济赔偿责任为承保风险的责任保险。职业责任保险所承保的职业责任风险，是从事各种专业技术工作的单位或个人因工作上的失误导致的损害赔偿责任风险，它是职业责任保险存在和发展的基础。目前，我国的职业责任保险合同，主要有医生职业责任保险合同、律师职业责任保险合同、注册会计师职业责任保险合同、注册资产评估师职业责任保险合同、董事及高级管理人员责任保险合同、保险经纪人职业责任保险合同、保险代理人职业责任保险合同等。

（五）　其他创新型责任保险合同

近年来，随着经济社会的发展和保险需求的多样化，一些创新型责任保险合同不断涌现，并占据责任险市场重要地位。例如诉讼财产保全责任保险合同、法律费用补偿保险合同、专利执行保险合同等。诉讼财产保全责任保险合同，是指对于保险期间内被保险人向法院提起的诉讼财产保全申请，如被保险人诉讼财产保全错误致使被申请人遭受损失的，经法院判决由被保险人承担经济赔偿责任的，保险人按照保险合同约定赔偿；法律费用补偿保险合同，一般保障被保险人发生约定案由而导致参加或准备参加诉讼或仲裁所产生的法律费用。法律费用补偿保险可使诉讼风险在社会上得到最大限度的分散；专利执行保险合同，则主要承保第三方未取得授权而首次实施保单列明的专利，被保险人获取证据、提起诉讼或仲裁发生的必要的、合理的调查费、公证费、交通费、住宿费、伙食补助费等。

三、责任保险合同的责任限额和赔偿范围

在赔偿限额和赔偿范围上，与普通财产保险合同相比，责任保险合同有以下三个方面的特殊之处。

（一）　责任限额

责任保险合同使用责任限额代替普通财产损失险中的保险金额。在财产损失保险中，保险人承担赔偿责任的最高限额为保险金额，而且保险金额还受保险标的的保险价值的限制，即不得超过保险标的的保险价值。但在责任保险中，保险标的为被保险人对第三者依法应负的赔偿责任，没有确定的价值判断标准，此种赔偿责任的具体数额在责任确定之前并不能准确确定，有时这种责任的具体数额会很大。因此，为了有效控制风险，并便于计算保险费，所以责任保险中使用责任限额来代替保险金额，以作为保险人对被保险人承担最大赔偿责任的金额限制和计算保费的标准。责任限额由投保人和保险人根据投保人的支付能力和保险人的风险承受能力协商确定。发生保险事故时，保险人只在责任限额内承担赔偿责任，对超过责任限额的部分，不予赔偿。

责任保险中不存在不足额投保或超额保险的问题。财产损失保险的保险标的有具体的价值衡量标准，依据保险价值就可以确定保险金额，根据保险金额与保险价值的关系，就可以判断是否存在不足额投保或超额保险的问题。

（二）　施救费用

在财产损失保险中，保险事故发生后，对被保险人为防止或者减少保险标的的损失所支付的必要的、合理的费用由保险人在保险标的损失赔偿金额以外另行计算，最高不超过保险金额的数额。这即通常所说的"两个保额"。在责任保险中，保险事故发生后，被保险人为防止或减少自己的赔偿责任，也会采取一些合理措施，如交通事故发生后，

加害人对受伤人员积极进行抢救，并支出一些合理的、必要的费用。对这些费用，是否属于施救费用？理论界与实务界一直存在较大争议：有的认为属于施救费用，有的认为不属于施救费用。如属于施救费用，则责任保险中保险人事实上可能承担两个保额的赔偿责任；如不属施救费用，则保险人只需承担一个保额的赔偿责任。可见，如何正确界定此种费用的性质，对保险合同当事人利害关系甚大。我们认为，在责任保险中不存在施救费用。理由有：（1）从《保险法》第57条规定看，施救费用的发生时间为保险事故发生后。在责任保险中，保险事故是被保险人接到赔偿请求，而非损害事故的发生。例如，在前述交通事故中，机动车辆第三者责任保险的保险事故是受害人对被保险人提出赔偿请求，而非交通事故的发生。而责任保险中所谓的"施救费用"，多发生在损害事故发生之后、保险事故发生之前。这与《保险法》关于施救费用的界定在时间上大不相同。（2）损害事故发生后，被保险人为防止或减少自己的赔偿责任所采取措施而支出的费用，为其赔偿责任的一部分。如将这种费用作为"施救费用"，则将难以区分哪些是赔偿责任、哪些是施救费用。（3）《保险法》第57条规定，施救费用是被保险人为防止或者减少"保险标的的损失"所支付的必要的、合理的费用。责任保险的保险标的是赔偿责任，如认为责任保险中也有施救费用，则必然得出施救费用是"被保险人为防止或者减少""赔偿责任的损失"所支付的必要的、合理的费用这一结论，这在逻辑上不合理。

（三）法律费用

《保险法》第66条规定："责任保险的被保险人因给第三者造成损害的保险事故而被提起仲裁或者诉讼的，被保险人支付的仲裁或者诉讼费用以及其他必要的、合理的费用，除合同另有约定外，由保险人承担。"这些费用，一般称为法律费用。从《保险法》的规定看，责任保险中保险人对法律费用的赔偿与财产损失保险中保险人对施救费用的赔偿不一样。后者只要发生施救费用，保险人就须在保险金额范围内进行赔偿，且保险人不得约定不予赔偿；前者，如果保险合同没有相反约定，保险人就须对法律费用进行赔偿，且只要费用是必要的、合理的，其不受责任限额的限制，但是，保险合同也可约定保险人不对法律费用进行赔偿，或只在约定限额内进行赔偿。

（四）责任保险第三人直接请求权

第三人直接请求权，是指在责任保险中，基于保护受害人的目的，法律赋予受害人因事故而受有损害时，可以直接向保险人请求赔偿的权利，无须经被保险人同意，且保险人不得援引其保险契约中得对抗被保险人的事由，来对抗受害人的请求权。

通常来说，一般的财产保险关注的是被保险人的损害赔偿，而责任保险除关注被保险人的损害赔偿外，也关注受害第三人的损失补偿。20世纪以来，随着经济社会与受害人保护法律思想的发展，责任保险的功能逐渐从"填补被保险人因向第三者赔偿所致之损失"向"填补第三者之损害"发展。如果从责任险的法律关系来看，在责任保险的保险人、被保险人、侵权损害的受害人之间，存在两个独立的法律关系，即保险人与被保险人之间因保险合同而发生的"保险关系"和被保险人与受害人之间因侵权损害而发生的"侵权责任关系"。在保险人与受害人之间，并不存在任何法律关系。根据合同的相对性原则，受害人作为责任保险合同当事人之外的第三人，并不具有根据保险合同直接向保险人索赔的权利，仅可向被保险人行使赔偿请求权，但为达到对受害人的损害补偿目的，只有法律赋予受害人直接请求权才能突破合同的相对性，进而最大限度保护受害人。

对于第三人直接请求权的理论基础，学术界的观点可以总结为三种：一是"担保性直接请求权说"。这种学说认为直接请求权的存在是为了使被害人对加害人的损害赔偿请求权得以迅速实现，直接请求权具有担保的属性。但是这种学说只是强调了直接请求权的担保价值，并不能为第三人在侵权责任法之外获得救济提供依据。二是"权利转移说"。这种学说认为保险给付请求权是被保险人依照责任保险合同而享有的权利，在符合法律规定的条件时，将之转移给第三人，第三人得以取得对保险人的直接请求权，第三人与被保险人享有完全相同的权利。但是在这种学说中，如果被保险人有保险合同所援引的保险人可以抗辩的事由，那么保险人就可以就这一事由进行抗辩，这实际上对第三人的权利造成了局限。三是"法定权利说"。这种学说认为受害第三人的请求权，其行使要件和范围由法律和责任保险合同来规定或约定，属于法定的权利。我们认为，在"法定权利说"下，受害第三人的请求权依据法律原始取得，并且其权利与被保险人同等内容、完全独立，由法律直接赋予，而与保险合同无关，可以形成对受害第三人最大限度的保护，也与第三人直接请求权制度的本质最为贴近。

我国《保险法》是否赋予了第三人直接请求权，学术界一直存在争议。我们认为，我国《保险法》并未直接规定第三人的直接请求权，而是采取淡化合同相对性的方式，赋予了受害人一种附条件的请求权。首先，《保险法》并没有赋予受害人直接的请求权，而只是赋予了受害人直接获赔的可能性。《保险法》第 65 条第 1 款规定："保险人对责任保险的被保险人给第三者造成的损害，可以依照法律的规定或者合同的约定，直接向该第三者赔偿保险金。"也就是说，保险人拥有选择权，可以选择向被保险人赔付，也可以选择向受害人赔付，受害人仍然存在无法获赔的风险，仅仅是获得了直接获赔的可能性。其次，《保险法》对第三人的请求权的赋予是附条件的。《保险法》第 65 条第 2、3 款规定："责任保险的被保险人给第三者造成损害，被保险人对第三者应负的赔偿责任确定的，根据被保险人的请求，保险人应当直接向该第三者赔偿保险金。被保险人怠于请求的，第三者有权就其应获赔偿部分直接向保险人请求赔偿保险金。责任保险的被保险人给第三者造成损害，被保险人未向该第三者赔偿的，保险人不得向被保险人赔偿保险金。"这也就意味着，受害人的请求权行使必须是在"赔偿责任确定且经被保险人请求"或者"在被保险人怠于请求的情况下"，必须以此为前提。设立第三人直接请求权制度的一个重要目的就是提高受害人获得赔偿的效率，因此，第 65 条的规定显然还是认为被保险人的请求权优先于第三人的直接请求权。这种规定仍然不能实现第三人直接请求权的目的，实际上是在"合同相对性原则"与"第三人直接请求权"之间作出了一个平衡性的妥协。

值得一提的是，基于第三人直接请求权制度的权利救济性，第三人直接请求权制度常常与强制责任保险制度相结合，成为保障强制责任保险得以实施的手段。第三人遭受损害时根据法律规定即可获得赔偿，降低了受害第三人得到赔付的难度。但是，在强制责任保险领域，我国法律仍未赋予受害第三人完全的直接请求权。我国《道路交通安全法》第 76 条第 1 款规定："机动车发生交通事故造成人身伤亡、财产损失的，由保险公司在机动车第三者责任强制保险责任限额范围内予以赔偿。"而《机动车交通事故责任强制保险条例》第 31 条规定："保险公司可以向被保险人赔偿保险金，也可以直接向受害人赔偿保险金。"受害人获得的仍是获赔的可能性，而并不是直接的请求权。

对比外国立法例，德国《保险契约法》第 156 条第 2 款规定："要保人对第三人所生给付经和解、承认或判决确定时，保险人于要保人事前通知之后，可以对第三人支付；在要保人请求时，保险人有向第三人支付的义务。"意大利《民法典》第 1917 条第 2 款规定："在预先通知被保险人的情况下，保险人得直接向受损失的第三人支付其应得的补偿，并在被保险人的请求下，承担直接给付的义务。"韩国《商法典》第 724 条规定："对因可归责于被保险人的事故而发生的损害，保险人在通知被保险人或接到被保险人的通知后，可以直接对受害之第三人支付保险金额的全部或一部分。"上述国家和地区中的相关立法例，对受害人的请求权均未设置前提条件，对受害人的权利保护也相对完善。

在国际法领域，第三人直接请求权制度也被广泛采用。《国际油污损害民事责任公约》《燃油公约》等都确立了第三人直接诉权。在船舶油污强制责任保险中，《国际油污损害民事责任公约》第 7 条第 8 款规定："对油污损害的任何索赔可向承担船舶所有人油污损害责任的保险人或提供财务保证的其他人直接提出。在上述情况下，即使船舶所有人有实际过失或私谋，被告可援引第 5 条第 1 款所规定的责任限制。被告还可以进一步援引船舶所有人本人有权援引的抗辩（船舶所有人已告破产或关闭者不在此列）。除此之外，被告可以提出抗辩，说明油污损害是由于船舶所有人的有意不当行为所造成，但不得提出他在船舶所有人向他提出的诉讼中可能有权援引的其他任何抗辩。在任何情况下，被告人有权要求船舶所有人参加诉讼"。可见，公约规定了保险人或保证人作为第一层的赔偿主体，索赔人可以直接向保险人或保证人提出索赔请求，从而在船舶油污损害赔偿领域创立了受害人对油污责任保险人的直接请求权。

四、责任保险和人身意外伤害保险的区别

由于被保险人对第三者的赔偿责任多产生于人身意外伤害事故，因而在实务中，由于对责任保险和人身意外伤害保险的性质、特点等认识不清，常常产生所谓的业务交叉问题。一些保险公司故意违规经营，"偷梁换柱"现象时有发生。因此，必须弄清此二者之间的区别。

（一）保险标的不同

责任保险的保险标的是被保险人对第三者依法应承担的民事赔偿责任，人身意外伤害保险的保险标的是被保险人的生命和身体。例如，学生在学校教学楼中上楼梯时，因楼梯太过湿滑而不小心滑倒滚落下来，造成小腿骨折。此时，校方应对该学生的骨折负赔偿责任，这种责任就是校方责任保险承保的对象，而学生本人的意外伤害事故则应由学生意外伤害保险承担。

（二） 赔偿依据不同

责任保险只有当被保险人依据法律对第三者负有民事赔偿责任时，保险人才履行赔偿责任；人身意外伤害保险则不论事故起因，凡属于保险责任范围内的事故造成被保险人死亡、伤残的，保险人均负责赔偿。

（三） 赔偿原则不同

责任保险适用损失补偿原则，责任限额就是赔偿限额。保险事故发生后，保险人按被保险人对第三者实际承担的民事赔偿责任核定保险赔款，且保险赔偿金额以责任限额为限，保险人赔偿后依法享有代位求偿权；人身意外伤害保险适用定额给付原则，根据保险合同中约定的死亡或伤残程度给付标准确定赔偿金额，保险人给付保险金后不产生代位求偿权。

（四） 赔偿范围不同

责任保险的赔偿范围，既包括财产损失，也包括人身伤害；人身意外伤害保险的赔偿范围仅限于人身伤害。

（五） 保险的目的不同

投保责任保险，目的是要解决被保险人可能承担的民事赔偿责任。被保险人承担民事赔偿责任，会使被保险人在资金上受到损失，无论企业还是个人，需要将此风险做转嫁；投保人身意外伤害保险，目的是要解决被保险人受到意外事故伤害后可能发生的财务损失，例如丧失劳动能力后的收入损失、被抚养人的生活费来源等。

（六） 保险合同的性质不同

责任保险属于财产保险范畴，适用补偿原则，即被保险人造成第三者损害后，保险人对被保险人的赔偿金额不超过被保险人对第三者的赔偿金额；人身意外伤害保险属于人身保险范畴，适用定额给付原则，即发生人身意外伤害的保险事故后，保险人按照保险合同约定的保险金额，向被保险人给付保险金。人的生命是无价的，自己为自己投保人身意外伤害保险，只要能够支付得起保险费，保险人也同意接受投保，则投保多高金额的人身意外伤害保险都是允许的。发生保险事故后，保险人就要按照合同约定的保险金额给付给被保险人保险金。

第二节　信用保险合同

一、信用保险合同概述

信用保险合同（credit insurance），又称商业信用保险合同，是指被保险人向债务人提供信用销售，当债务人因承保风险未能履行债务致使被保险人遭受信用利益损失时，由保险人向被保险人承担保险赔偿责任的保险合同。

信用销售是企业通过分期付款、延期付款等方式销售商品或服务的交易方式，是市场经济中商业信用销售的基本形态。信用销售中如果债务人不能履行债务，债权人将受到损失。信用保险就是保险人为转移债权人的此种风险而开发的一种保险产品。

（一）信用保险发展的历史沿革

国内贸易信用保险最早产生于欧洲并先于出口信用保险出现，已经有100多年历史。在各种信用产生最早的欧洲，开始是由一些银行和商人来承担信用风险。后来，法国的一些保险公司开始经营商业信用保险，但不久便接连遭到失败，而美国信用保险公司却获得了成功。

1919年，鉴于东方和中欧诸国的政治局势险恶，英国政府被迫出面对这些国家的贸易实行担保，为此专门成立了出口信用担保局，创立了一套完整的信用保险制度，成为以后各国争相效仿的样板。第一次世界大战后，信用保险得到了迅速发展，欧美等国出现了众多的商业信用保险公司，一些私人保险公司联合组织了专门承保出口信用保险的机构。1934年，英国、法国、意大利和西班牙的私营和国营信用保险机构成立了"国际信用和投资保险人联合会"，简称"伯尔尼联盟"。其目的在于交流出口信用保险承保技术、支付情况和信息，并在追偿方面开展国际合作。这标志着出口信用保险已为世界所公认。

自1979年以来，我国海外直接投资在企业数量和投资规模上取得了长足发展。尤其是在"一带一路""走出去"等国家倡议背景下，越来越多的企业积极参与到海外投资、并购中，为了进一步鼓励海外投资，就需要依据现实国情建立可行的海外投资保险法律制度。海外投资保险制度是世界各资本输出国的通行制度。

（二）信用保险的意义

作为风险转移和防范的重要手段，信用保险可以帮助企业降低信用销售风险，提升企业信用，缓解企业融资困难，既可以促进国内贸易、扩大内需，又可以稳定外贸出口、鼓励企业"走出去"，对于开拓国内国际两个市场都有着重要意义。当前，伴随着国家"一带一路"倡议实施的步伐逐步加快，信用保险对提高我国企业抵御国际市场风险的能力，助推中国品牌、中国装备、中国标准"走出去"，进而促进我国开放型经济水平的全面提高方面，将发挥日益重要的作用。

（三）我国信用保险发展的现状

为进一步提高出口信用保险覆盖面，着重加强对小微企业的风险保障服务，更好地服务我国对外贸易增长，我国短期出口信用险市场于2013年底获准开放。先后有中国人民财产保险股份有限公司、中国平安财产保险股份有限公司、中国太平洋财产保险股份有限公司、中国大地财产保险股份有限公司等四家财险公司获得试点经营短期出口信用险业务许可，打破了自2001年以来短期和中长期出口信用保险一直由我国唯一的政策性保险公司——中国出口信用保险公司承保的现状。目前，包括中国出口信用保险公司、中国人民财产保险股份有限公司等共5家保险公司可经营短期出口信用险业务。

2014年8月国务院发布的"新国十条"提出："加快发展小微企业信用保险和贷款保证保险，增强小微企业融资能力"以及"加大保险业支持企业走出去的力度。着力发挥出口信用保险促进外贸稳定增长和转型升级的作用"。为信用保险业务更有力、更有效地发挥风险保障、融资增信的独特作用提供了全新空间。

信用保险对于促进企业生产经营活动的稳定发展、商品交易的健康发展、促进出口创汇以及对保险业自身的发展的作用早已成为共识。近年来，信用保证保险成为增长较快的险种。据统计，2016 年，信用保险原保险保费收入 200.60 亿元，同比增长 4.18%，占财产险业务的比例为 2.3%。

（四）信用保险合同的主体

保险合同中的当事人包括投保人、被保险人和保险人，具体到信用保险合同来说，被保险债权债务法律关系中的债权人是投保人。因为只有债权人才能为保险人提供准确的拟投保债权债务法律关系的详细信息，以帮助保险人决定是否承保。同时，债权人享有被保险债权债务法律关系中的信用利益，并将因被保险信用风险事故的发生而导致损失。因此，债权人也是信用保险合同的被保险人。

保险人是具有经营信用险业务资格的商业保险公司或者政策性信用保险公司。政策性信用保险公司一般从事支持国家对外经济贸易发展与合作有关的政策性信用保险业务。

被保险债权债务中的债务人虽不是保险合同的当事人，但却是对信用保险合同有重要影响的第三人。一方面债务人的情况直接决定了保险人是否承保以及承保条件如何，另一方面债务人在出现保险理赔后将成为保险人的追偿对象。

（五）信用保险合同的保险标的和保险利益

信用保险合同的保险标的，应当理解为被保险人在被保险债权债务关系中的债权。常见的债权形态包括债权人的应收账款以及履行义务时发生的费用。

被保险人对保险标的具有保险利益，是保险法的基本原则。信用保险中被保险人在发生承保风险时因对债务人产生的信用利益而导致了债权的损失，只要这种债权损失是被法律所认可的，则可以认定该信用保险的被保险人对保险标的具有保险利益。

（六）信用保险合同的承保风险

信用保险合同的承保风险，主要包括债务人因自身或外部原因无法履行债务。自身原因主要指债务人破产、丧失债务清偿能力或延迟履行等情况；外部原因主要指债务人因政治原因或自然灾害等不可抗力而无法履行债务的情况。

二、信用保险合同的分类

按照信用保险合同所涉债权债务的性质不同，可分为以下几类。

（一）出口信用保险合同

出口信用保险（export credit insurance），指承保出口商在经营出口业务的过程中，因进口商的商业风险或进口国的政治风险而遭受损失的一种信用保险。根据出口信用保险合同，投保人向保险人缴纳保险费，保险人赔偿保险合同项下买方信用及相关因素引起的经济损失。根据信用期限的长短，出口信用保险业务可以分为短期出口信用保险和中长期出口信用保险。

短期出口信用保险，是指承保信用期不超过 180 天（根据实际情况，可扩展承保放账期在 180 天以上、360 天以内的出口），出口货物一般是常规商品、服务贸易及大批的初级产品和消费性工业产品出口收汇风险的一种保险。短期出口信用保险是目前各国出口信用保险机构使用最广泛、承保量最大、比较规范的出口信用保险种类。

中长期出口信用保险，是指承保信用期限超过 2 年的资本性或半资本性货物的出口项目，例如，工厂或矿山的成套生产设备，船舶、飞机等大型运输工具，高科技、高附加值的大型机电产品和成套设备等，海外工程承包以及专项技术转让或服务等项目的出口收汇风险的一种保险。由于中长期出口项目的金额较大，合同执行期限较长，涉及的业务环节较多，运作复杂，而且项目很少重复，所涉及的产品或服务均需要专门设计、专项制造，因此，保险合同没有固定统一的格式，而是由保险合同双方当事人根据不同的出口产品或服务内容、不同的交付条件及支付方式等情况逐项协商拟定保险条件、保险费率和收费方法等。

实践中，这类保险合同还可以细分为普通出口信用保险合同、寄售出口信用保险合同、出口融资信用保险合同、托收方式出口信用保险合同、中长期延付出口信用保险合同和海外工程出口信用保险合同等。

（二） 海外投资信用保险合同

海外投资信用保险（investment risk insurance）主要为投资者因投资所在国发生的征收、汇兑限制、战争及政治暴乱、违约等政治风险造成的经济损失提供风险保障。承保业务的信用期限一般为 1 ~ 15 年。该保险为投资者因遭受政治风险而产生的投资损失提供经济补偿，维护投资者和融资银行权益，避免因投融资损失而导致的财务危机或坏账。另外，还可以通过承保政治风险，为投资者提供融资便利，同时也为投资者降低了融资成本，帮助投资者获得较为优惠的信贷支持，为投资者赢得更具竞争力的发展空间。随着我国对外直接投资活动的不断增强，"一带一路"和自由贸易试验区等对外投资和贸易新形式、新机遇、新挑战的不断涌现，海外投资保险业务也呈现增长态势。

（三） 国内商业信用保险合同

国内商业信用保险（domestic commercial credit insurance）主要保障在国内贸易中，卖方企业向保险公司投保，保障的是企业应收账款的安全，保险公司承保的风险是买家的信用风险，即买方破产或无力偿付债务以及买方拖欠货款而产生的商业风险。当上述商业风险发生，如果卖方企业不能收回货款、造成应收账款损失时，由承保的保险公司提供损失补偿。

信用保险保单具有融资功能。信用保险项下的融资业务指在国内赊销结算方式下，卖方企业投保国内贸易信用保险，并以特定买方的国内应收账款向银行申请融资，以销售款项作为还款来源，在银行、保险公司、卖方企业就该保险项下相应赔款达成转让协议的前提下，银行给予卖方企业在货物交付后、收款前的一种短期授信业务。当上述商业风险发生，如果卖方企业不能收回货款、造成应收账款损失时，由承保的保险公司提供损失补偿，并通过保险公司、卖方、银行三方"赔款转让协议"的约定，由保险公司将应付给卖方企业的赔款直接支付给银行。

三、信用保险合同中贸易真实性问题

近几年，由于受国内经济形势波动较大、国内融资性贸易形式复杂多样等多种因素影响，保险公司识别可保风险的难度越来越大。特别是很多国内生产型企业在经济转型

升级过程中，受企业自身生存压力所迫或企业部分核心人员内外勾结等主观因素冲击，国内企业间贸易脱实向虚的冲动逐渐增加，大量未基于发生真实货权转移的纯单证流转的贸易信用保险投保欺诈隐藏在投保需求当中，且隐蔽性较强，给贸易信用险的承保、理赔带来了很大挑战。

（一） 实践中虚假贸易的表现形式

通常，信用保险承保的贸易合同要求真实、合法、有效，必须是有实体货物交付的贸易，要求走单又走货，既有单证交付，又有货物流转，一旦出现虚假贸易合同或其他欺诈行为，保险公司将会拒赔。目前发生在贸易信用保险业务中的道德风险，在融资保单领域最为常见。主要表现形式有：（1）卖方单独虚构交易，买方真实存在，但买方不知情、不参与；（2）卖方在与买方真实交易中，虚构若干笔交易，真假混杂；（3）卖方与买方联合虚构交易，两家企业都真实存在，但交易行为或实施是虚假的；（4）买卖双方或存在直接/显性关联关系，或存在非常隐性的关联关系；（5）交易双方中，买方指定商品供应商，卖方向供应商采购后销售给买方，买方与供应商之间存在显性或隐性的关联关系，或货物由供应商直接发送给买方的情况下，没有货物转移，甚至根本就不存在货物等。

（二） 保险公司承保环节的关注重点

在宏观经济下行的大背景下，贸易型融资日益增多，虚假贸易骗保的道德风险时有发生。保险公司应不断总结同类案件在承保业务环节的规律性特征，慎重考虑采取激进的还是保守的承保政策，并一定要慎重选择被保险人。保险公司应加强风险识别及防范能力，做好事前、事中、事后的风险控制，尤其是把事前控制提升到更高的地位，从严审核投保主体的交易历史、交易逻辑和投保动机，正本清源排除虚假贸易欺诈的风险，设计合理的承保条件及信用限额，并密切关注批复后的被保险人及买方的风险变动情况。同时，要明确约定要有实体货物交付，可以在保险单明细表中，以投保人声明或特别约定的方式，约定被保险人与买卖双方之间的贸易必须要有实体货物交付。另外，要明确约定必须提供运输单据，例如约定在索赔单证明细表中，必须提供运输单据等。

（三） 保险公司理赔环节的关注重点

鉴于虚假贸易的隐蔽性极强，保险公司往往很难举证，而保险公司赔款的前提是真实、合法、有效的贸易合同，因此对疑似虚假贸易的赔案调查，时间是最关键的因素。保险公司应尽可能第一时间主动地开展有效的调查，必要时可调阅包括工商、税务、经侦等多种材料，有效地了解疑似虚假贸易的背景信息和询问笔录，给予涉及疑似虚假贸易的各方以强大调查压力。

最后，保险行业应积极协调法律界、实务界对信用保险虚假贸易问题的重视，加强交流和沟通，促进组织贸易融资交易主体、司法部门等提高对信用保险虚假贸易问题的重视程度，加大对参与虚假贸易欺诈人员的惩处力度，保护贸易信用保险承保主体的合法利益、承保能力和承保意愿，联手营造一个健康、科学、可持续发展的信用贸易发展环境。

四、信用保险合同的特点

（一）信用调查

一般保险合同的保险人仅对被保险人的有关情况进行调查，信用保险合同承保的是因特定原因导致的债务人履约风险。因此，保险人除对被保险人自身的风险控制水平进行调查外，还需对被保险人的债务人进行信用调查。调查的方式主要依靠保险人自身调查或聘请独立第三方资信调查机构进行调查为主。

（二）授信管理

一般财产保险合同的保险保障额度通过保险金额或者责任限额进行量度，信用保险合同一般以责任限额进行承保体量的描述。但信用保险合同中，除被保险人自身风险控制水平以外，还存在不同债务人信用风险等级差异的问题，从而导致除通过累计赔偿限额对被保险人的整体赔付进行控制外，还会对每一债务人进行单独的授信管理。

统括信用保险合同成立后，保险人一般都要根据被保险人在保险合同项下就某一具体债务人的信用情况申请的信用额度进行审核，保险人仅对审核通过的债务人在其信用额度内对被保险人承担赔偿责任。

（三）索赔管理

信用保险合同在索赔方面有两个主要特点：

一是被保险人的可能损失报告制度。一般保险合同都是在保险事故发生后，被保险人才向保险人进行损失情况的报告，信用保险合同的保险标的是到期债务，被保险人对该债务人的财务状况等可能导致损失发生的因素存在合理预期的能力，因此一般都建立了被保险人基于能力范围的可能损失通知制度。

二是赔款等待期制度。赔款等待期制度的设立为了实现保险人、被保险人尽可能对出现的风险进行控制减损的目的。赔款等待期制度是信用保险合同中保险人在知悉发生保险事故后，并不立即进行保险赔款支付，而选择等待一段时间再进行理赔处理的制度。该制度的作用主要表现在以下三方面：首先是给保险人在复杂情况下对事故原因、性质进行调查研究留出充分合理的时间；其次是逾期债务仍可能在等待期内因债务人的履行阻却因素消失或保险人的协助追款而使被保险人得到债权的补偿；最后是帮助保险人赢得建立对债务人债务保存的合理时间。

五、信用保险合同与其他相似合同的异同

（一）信用保险合同与保证保险合同的异同

从目的上看，信用保险合同与保证保险合同具有相同的方面，都是为保障债权人债权的实现；从合同属性上看，二者都属于保险合同。但应该明确的是，二者还是存在明显差异，主要表现在以下方面。

1. 保险性质不同。信用保险合同属于为自己利益之保险。信用保险合同的投保人和被保险人都是债权人，债权人为了防范债务人违约的风险而为自己投保信用保险。

保证保险合同属于为他人利益之保险。保证保险合同的投保人是债务人，债权人是被保险人。保证保险合同是债务人为了争取更大的交易机会，而为债权人提供的一种增信方式。

2. 债权人和债务人参与方式不同。一般来说，信用保险合同的保险人与被保险人都需要就被保险人投保信用保险对债务人进行保密，以防止出现债务人的风险逆选择。债务人不是信用保险合同的当事人，不受信用保险合同约束。

保证保险合同则由债务人向保险人进行投保，债权人、债务人和保险人均了解保证保险有关情况，都是保证保险合同的当事人，均受保证保险合同约束。

（二）信用保险合同与保证合同的异同

从功能上看，信用保险合同与保证合同具有相同的目的，都是为保障债权人债权的实现。但这两种合同的区别还是显著的，主要表现在以下方面。

1. 保障的债权合同的关系不同。保证合同是主债权合同的从合同，其形成的不是独立的法律关系；信用保险合同是独立的，不是所保障的债权合同的从合同，其形成的是另一个独立的法律关系。

2. 对合同主体的要求不同。保证合同的主体是债权人与保证人，法律对保证人并无特别要求，除了依法不得担任保证人的国家机关等主体外，任何人（包括法人、自然人）均得为保证人；信用保险合同的主体为投保人（同时也为债权关系中的债权人）与保险人，保险人必须是经国家保险监督管理机构特许的有权经营信用保险业务的保险公司。

3. 订立合同的发起和费用负担者不同。在保证合同中，一般由债务人寻找第三者为其债务提供担保，因此债务人需承担该第三者（即保证合同中的保证人）的相关费用；在信用保险合同中，是债权人为防范债权不能实现而要求与保险公司订立合同，相应费用也由债权人向保险人支付。

4. 是否有偿不同。在保证合同中，虽然债务人可能因保证人为其提供担保而向保证人支付一定的费用，但保证合同本身是无偿的，被保证人（即所保障债权关系中的债权人）依保证合同无须向保证人支付任何报酬或费用；在信用保险合同中，投保人（即所保障债权关系中的债权人）需依合同约定向保险人支付保险费。

第三节　保证保险合同

一、保证保险合同概述

保证保险合同（bond insurance contract），是指保险人向权利人承诺，当特定义务人的作为或者不作为致使权利人遭受经济损失时，保险人负责赔偿权利人损失的保险合同。

保证保险是随着商业信用的普遍化和道德危险的频繁发生及保险技术的提高而发展起来的，其出现时间并不很长。保证保险制度源起于美国，英美法学者一般认为，保证保险是保险公司开办的保证业务。基于保证与保险的密切关系，在美国有专门成立的保证保险业的行业协会——美国保证保险协会（SAA），保证保险事实上已被作为一种与财险、寿险并列的业务，但该险种业务的开展需申请单独的执照。最早开办保证保险业务的是美国，其后西欧、日本等也陆续开办了该项保险业务，例如，法国的住宅质量保证保险制度，原名为"潜在缺陷保险"（Inherent Defects Insurance，IDI），又称"建筑物年期责任保险"（Liability For Ten years）、日本的住宅性能保证保险制度等。

我国的保证保险立法最早出现于国务院 1983 年 9 月 1 日颁布的《财产保险合同条例》之中，保证保险是作为与信用保险等其他以财产或利益为保险标的的一种保险。1985 年 4 月 1 日施行的《保险企业管理暂行条例》第 21 条第 2 款中将"保证保险"和"信用保险"作为两个独立的险种提出来。1996 年 7 月 25 日，中国人民银行也将保证保险列入《保险管理暂行规定》所附的"主要险种名单"。我国 2002 年《保险法》并未对保证保险有相应规定，我国 2009 年修订的《保险法》第 95 条第 2 款明确规定了保证保险属于财产保险的一种。

二、保证保险合同的种类

保证保险合同，一般可分为诚实保证保险合同与确实保证保险合同两大类①。

（一）诚实保证保险合同

诚实保证保险合同（fidelity bond insurance contract），又称雇员忠诚保证保险合同，是指因特定义务人行为不诚实或者疏于职守给权利人造成经济损失时，由保险人给予赔偿的一种财产保险合同。

根据诚实保证保险合同，权利人应认真履行相关义务，即权利人必须完善组织内部的管理制度，不给员工渎职提供诱因和方便。同时，要采用公平待遇，忠诚服务有相应报偿。承保的保险事故包括雇员的欺骗、偷盗、伪造、失职等。保险人承担责任的期限通常是雇佣期间以及被解雇或退休后 6 个月内造成的损失，超过此期间不再承担责任。

诚实保证保险合同又可分为个人保证保险合同、团体保证保险合同、总括保证保险合同、流动保证保险合同、超额流动保证保险合同和职位保证保险合同等。在美国，诚实保证保险合同保险人的承保范围十分广泛，通常包括因盗窃、侵占、伪造、私用，非法挪用、故意误用所致的财产或金钱损失等。

目前，国内保险市场上较为常见的主要为雇员忠诚保证保险合同。其主要承保风险为，雇员在雇佣期间内，因欺骗或不忠实行为，使雇主遭受的直接经济损失，保险人负责赔偿。

（二）确实保证保险合同

确实保证保险合同（surety bond insurance contract），指特定义务人不履行其法律或者合同义务给权利人造成损失时，由保险人负责赔偿的一种财产保险合同。该合同以法律义务或债务的存在为前提。确实保证保险合同并不限于商业交易关系中，也适用于非商业关系中需要提供经济担保的任何场合，只要所应履行的义务系于合法原因引发的即可。这类保险合同主要有合同保证保险合同、行政保证保险合同和司法保证保险合同等。

目前国内保险市场上，较为常见的包括合同履约保证保险、个人信用贷款保证保

---

① 李玉泉．保险法（第二版）［M］．北京：法律出版社，2003：189 – 190.

险、汽车消费贷款保证保险、个人贷款抵押房屋综合保证保险等。

贷款保证保险在近几年迅速兴起并呈高速发展态势。贷款保证保险合同是承保投保人（借款人）不能按贷款合同约定的期限偿还所欠贷款的风险，当借款人不能按期偿还贷款时，由保险公司承担偿还责任。目前，贷款保证保险有两类：一是"银行＋保险"模式，由金融机构进行商业化运作；二是"政府＋银行＋保险"模式，在金融机构商业化运作的同时，地方政府提供资金补贴保费和分担赔付损失。长期以来，由于自身财务制度的欠缺、信用缺失等原因，小微企业一直面临融资困难的局面，资金短缺的不良循环严重制约了企业的发展，贷款保证保险为小微企业提供了一种新型的融资保障方式，有利于解决小微企业融资难的问题，充分发挥保险促进经济发展的重要作用。

三、保证保险合同的特点

保证保险合同，特别是确实保证保险合同，与传统的财产保险合同有很大的不同。从发达国家看，保证保险一般由专业的保证保险公司经营，商业保险公司很少涉足。保证保险的赔付率很低，一般在10%以下，但订立保证保险合同前，保险人对投保人的资信等的调查费用极高，通常在80%～90%。只有经过充分调查，发现投保人资信相当可靠，保险人才予以承保，这也正是保证保险赔付率很低的原因。另外，保险人还建立了完善的追偿制度，一旦赔付后，立即向被保险人追偿。对分期付款还款保证保险等，还设法适时监督贷款的用途等。

所有这些，给我们国内保险公司予以重要启示：（1）应重视保证保险合同的特殊性，要采用与其特殊性相适应的经营管理办法，不能用传统财产保险业务的经营管理办法来对待保证保险。（2）做好投保人的资信调查工作。通过各种方法和途径，如委托律师事务所等中介机构，查清投保人的资信状况。对资信差的投保人，坚决不予承保。（3）对分期付款还款保证保险等，要做好投保人贷款用途的监控工作，确保专款专用。（4）建立完善的追偿制度，切实开展好追偿工作。（5）建立有效的反担保制度。实务中，保险人在提供保证保险时，通常都要求投保人提供反担保。对投保人提供的反担保，无论是保证、抵押或质押，均须按法律规定，办理各项手续，确保反担保的有效性。由于国内保险公司对保证保险合同的特殊性认识不够，导致已经开办的分期付款购车还款保证保险和分期付款购房还款保证保险等保证保险业务出现不少问题，产生了较大的经营风险。

四、我国保证保险的新发展

（一）国内保证保险市场快速发展

目前来看，我国保险市场中，保证保险仍属于非传统险种，加之社会信用体系、监管制度、经营管理技术等方面的缺乏，与发达国家相比仍有一定差距。总体而言，保证保险的业务总量不大，但发展速度很快。自2009年中国平安财产保险股份有限公司推出的"易贷险"得到迅速发展后，整个保证保险市场迎来大发展，近几年增幅都超过了100%。国内不少保险公司都在大力开展贷款履约保证保险业务，市场上也逐渐出现了专门的信用保证保险公司，且保证保险业务逐渐成为这些信用保证保险公司的主要业务。在整个保险市场中，保证保险规模呈几何式增长，与信用保险的规模对比，已经由

2010 年只占信用保险保费规模的 20% 快速拉升至 2014 年双方基本持平。从保证保险业务规模来看，2016 年，保证保险保费收入 184.12 亿元，占财产险业务的比例为 2.11%。以平安财险为例，2016 年保证保险保费收入达 81.36 亿元，仅在车险保费收入之下。

2014 年 8 月，国务院发布的"新国十条"明确强调了要"推动保险服务经济结构调整"，并具体提出了要"加快发展小微企业信用保险和贷款保证保险，增强小微企业融资能力"；要"积极发展个人消费贷款保证保险，释放居民消费潜力"。在政策支持下，保证保险市场的发展潜力巨大。

（二）保证保险承保范围扩大

保证保险与信用保险一同构成信用风险管理的有效工具，是信用风险转移系统的重要组成部分。受近几年全球经济下行导致的风险累积需要缓释、新兴金融市场需要担保、担保公司资质欠缺等因素影响，保证保险重新焕发活力，产品类型丰富、承保范围扩大。从产品种类来看，融资性保证保险除传统的个人购房贷款保证保险外，个人消费类贷款保证保险、小微企业贷款保证保险等份额逐步提升；非融资性保证保险也出现了诉讼保全类保证保险、商业预付卡履约保证保险等新型产品种类；从服务形式上来看，随着互联网保险的发展和网贷平台的兴起，保证保险与互联网的结合也成为趋势。

（三）保证保险经营模式发展

尽管近年来大型保险公司已实现保证保险承保盈利，但集团运营的盈利模式对于中小保险公司来说难以复制。保证保险的经营模式仍在摸索中，保证保险背后的高风险赔付仍使很多中小保险公司望而却步。

针对保证保险业务所可能出现的风险，保险监督管理部门对保证保险频频发声。2016 年，保监会发布《关于加强互联网平台保证保险业务管理的通知》，此后又发布《关于进一步加强保险业风险防控工作的通知》，连续 6 次提到保证保险，强调严控信用保证保险业务风险。2017 年 7 月，保监会发布《信用保证保险业务监管暂行办法》，明确规定了保证保险业务开展的偿付能力要求，划定经营红线，开展网贷平台业务的要求等。

有鉴于此，大型保险公司在经营保证保险业务时，对风险评估和风险控制极为重视。企业类业务倾向于采取风险共担业务模式，将风险分散到银行、再保险公司等其他主体；个人类业务加入客户准入标准，对底层风险采取穿透式排查。

五、保证保险合同的法律性质

（一）保证保险合同法律性质的争议

在我国，保证保险的法律性质存在以下两种争议。

1. 保证说。保证说认为，"保证保险合同实际属于保证合同的范畴，只不过采用了保险的形式，保证保险是一种由保险人开办的担保业务"。①

2. 保险说。保险说认为，保证保险是以转嫁被保险人所面临的投保人不能履行债务的风险为目的的一种保险。从形式上看保证保险很类似于担保，但其只是财产保险的一

---

① 邹海林. 保险法 [M]. 北京：人民法院出版社，1998：354.

种，是保险公司以保证的名义经营的一种财产保险业务。

（二）司法实践中对保证保险性质的认识

关于保证保险的性质，司法实务界的认识也不统一。

最高人民法院关于中保财产保险有限公司青岛市分公司与中国银行山东省分行、青岛惠德工艺礼品有限公司追索信用证垫付款纠纷案民事判决书（最高人民法院（1998）经终字第 291 号）认为："基于该险种的特殊性，以普通财产保险的法律规定不能调整该险种所涉及的三方当事人之间形成的法律关系。所以，从其所形成的民事法律关系来看，更符合保证的法律特征""对这一关系应适用《中华人民共和国担保法》及相关的司法解释予以调整"。最高人民法院对湖南省高级人民法院关于《中国工商银行郴州市苏仙区支行与中保财产保险有限公司湖南省郴州市苏仙区支公司保证保险合同纠纷一案的请示报告》的复函［最高人民法院（1999）经监字第 266 号复函］认为："保证保险虽是保险人开办的一个险种，其实质是保险人对债权人的一种担保行为。"最高人民法院经济审判庭编写的《经济审判指导与参考》认为："保证保险法律关系从实质上分析是一种担保法律关系，与单纯的保险法律关系不同。"最高人民法院在《关于审理保险纠纷案件若干问题的解释（征求意见稿）》第 34 条规定："保证保险合同是为保证合同债务的履行而订立的合同，具有担保合同性质。"

但是，最高人民法院关于神龙汽车有限公司与华泰财产保险股份有限公司保险合同纠纷管辖权争议上诉案民事判决书［最高人民法院（2000）经终字第 295 号］认为："在保险合同法律关系中，其他民事合同的权利义务虽是保险人确定承保条件的基础，但其不能改变两个合同在实体与程序上的法律独立性，其他民事合同与保险合同之间不存在主从关系"，肯定了保证保险的保险合同性质。最高人民法院关于神龙汽车有限公司、华泰财产保险股份有限公司与神龙汽车有限公司北京销售服务分公司保险合同纠纷上诉案民事判决书［最高人民法院（2002）民二终字第 152 号］则直接适用《保险法》作出实体判决的方式，也明确肯定保证保险的法律性质是保险而不是保证。另外，1999年 8 月 30 日，中国保监会在《关于保证保险合同纠纷案的复函》（保监法〔1999〕第16 号）中指出："保证保险是财产保险的一种，是保险人提供担保的一种形式。"

（三）保证保险合同是保险合同

判断一个合同的法律性质，可以结合当事人的意思表示、合同的本质特征以及合同的外在形式进行综合分析。当事人的意思表示，反映了合同主体的真实意志，尊重当事人的意思表示是契约自由原则的集中体现；合同的本质特征，就是此合同区别于彼合同的最显著标志，具备了这样的标志就可以归为这一类合同。例如，《合同法》附则部分关于有名合同的规定以及合同法的特别单行法的规定，就是反映了特定合同的本质特征；合同的外在形式，既是当事人真实意思的直接表现，同时也是合同本质特征的外化，可以作为判断合同性质的重要参考。根据以上标准，我们认为，保证保险合同是保险合同，而非保证合同。

1. 订立保险合同符合当事人的意思表示。在整个保证保险业务流程中，各方当事人的真实意思始终是订立保险合同，而非保证合同。以机动车辆消费贷款保证保险为例，从借款人方面看，在明明已经有第三人充当保证人的情况下，再向保险公司投保，可见他们想买的就是一个保险服务。从银行方面看，银行是因为信任保险公司具备经营保证保险业务的能力，而与保险公司签订合作协议，共同开展保证保险业务。尤其是银行在第三人已经向其提供保证的情况下，仍要求借款人向保险公司投保，说明银行对于保证与保险区分得相当明确。从保险公司的角度看，保险公司的本意也是拓展新的业务险种，而不是开展监管机关不允许的担保业务。

2. 保证保险合同具有保险合同的本质特征。

（1）保证保险合同的投保人对保险标的具有保险利益。保险利益是投保人对于保险标的具有的法律上承认的利益。投保人对保险标的不具有保险利益的，保险合同无效。保证保险合同中的投保人即债务人对债务的承担负有义务，与债务的履行具有利害关系，因此其对保险标的具有保险利益。

（2）保证保险合同承保的保险事故符合保险原理。保证保险合同的保险事故是投保人自己不履行债务的行为，虽然投保人是否履行债务受主观因素的影响，但实践中大多数投保人还是因经济状况恶化或遭受意外而无力偿还贷款导致保险事故，具有偶然性和客观性，保证保险所保障的正是这种性质的风险，完全符合保险原理。

（3）保证保险合同体现了最大诚信合同的特征。保险合同是射幸合同，保险人所支付的保险金往往数十倍、数百倍于投保人交纳的保险费，具有保障风险的职能。保险合同的上述职能决定了保险合同必须建立在一种极度诚信的基础之上，其对于当事人诚实信用的要求远远高于其他合同，这就是保险法上的最大诚信原则。最大诚信原则贯穿保险合同的始终，体现了保险合同的本质特征，常常作为区分保险合同与其他合同最为灵敏的标尺。

综观保证保险合同，无论从合同的内容还是各方当事人订立和履行合同的过程看，都处处凸显了保险合同作为最大诚信合同的特征。例如，在机动车辆消费贷款保证保险中，投保和承保阶段保险公司通过书面或口头形式就借款合同以及所购车辆向投保人即借款人提出询问，投保人应当据实作答。与此同时，保险公司以口头或书面形式向投保人解释合同的相关内容。在合同履行过程中，被保险人即银行有义务及时催收欠款，以保障借款人按时履约，一旦发现借款人有潜在的不还款风险导致危险程度增加时，应及时通知保险公司。此外，保险事故发生时，被保险人还应当按照约定的时限通知保险人，并且采取必要措施防止损失扩大。

（4）保证保险合同是三方当事人订立的双务合同。保证保险合同的当事人涉及投保人、被保险人和保险人三方。在保证保险合同订立阶段，投保人和保险人协商确定合同的内容，投保人向保险人交纳保险费，保险人承诺承担保险责任。在保证保险合同的履行阶段，被保险人作为当事人也参与进来，履行相关义务，享有请求保险金的权利。

3. 保证保险合同符合保险合同的外在形式。在保证保险合同订立和履行的过程中，保证保险合同的外在形式表现为一系列的保险单证。保险人根据风险状况计算出保险费，向投保人出具保险单。发生保险事故后，债权人向保险人提交索赔申请书，保险人向债权人支付保险金，与债权人签订保险赔偿协议。在合同订立和履行的每一个环节，合同双方当事人都通过这些保险单证清清楚楚地告诉我们，订立保险合同是他们的本意。

因此，如果合同的外在形式体现出了强烈的保证合同的色彩，如保险人出具了类似"承还保证书"的文件，或者明确约定承担保证责任或者连带责任的，还是可以认定为保证合同。因此，对于保证保险合同的认定还应结合司法实践中的具体情况。

此外，保证保险业务的运作方式以及保险监管部门对于保证保险的态度，也从另一个侧面印证了保证保险合同的性质。保险是保险公司采用风险控制技术，以大数法则为基础，通过汇聚大量风险，建立保险基金，最终达到分散风险的目的。在保证保险业务的经营中，保险公司通过承保大量的风险形成规模，运用精算技术厘定保险费率，实现风险的汇聚和分散，完全符合保险经营的特征，这是保证制度不可能具备的功能。从保险监管的角度来看，保证保险是作为一种经保险监管部门核准的保险产品推向市场的，这一点《保险法》第95条和《保险公司管理规定》第47条已经规定得相当明确。相反，根据《保险法》以及《保险公司管理规定》的规定，保险公司的业务范围仅限于保险业务，不包括担保业务，保险资金的运用范围也未拓展到担保业务。如果将保证保险定性为保证合同，保险公司有违反强制性法律规定和超越经营范围之嫌。

弄清了保证保险合同的性质，法律适用问题也就迎刃而解了。保证保险合同纠纷应当适用《保险法》，如果适用《担保法》，就会改变保证保险合同的性质。实践中，《保险法》几乎可以解决保证保险合同的所有问题。当然，保证保险合同作为合同的一种具体形式，还应当毫无疑问地适用合同法总则的有关规定。

六、保证保险合同和保证合同的区别与并存时的处理

（一）保证保险合同和保证合同的区别

保证保险合同和保证合同在功能上存在本质不同，主要表现在：

1. 保障的对象不同。保证合同所保障的是已经存在的债权关系，保证保险合同所保障的对象则不限于已经存在的债权关系，还可能是将来发生的债权。如在诚实保证保险合同中，保险人所承保的即为雇主因雇员的不诚实行为或疏于职守而受到的损失。

2. 与所保障的债权合同的关系不同。保证合同是主债权合同的从合同，其形成的不是独立的法律关系；保证保险合同是独立的，不是所保障的债权合同的从合同，其形成的是另一个独立的法律关系。

3. 对合同主体的要求不同。保证合同的主体是债权人和保证人。其中法律对保证人并无特别要求，除了依法不得担任保证人的国家机关等主体外，任何人（包括法人、自然人）均得为保证人；信用保险合同的主体为投保人和保险人。其中保险人必须是经国家保险监督管理机构特许的有权经营保证保险业务的保险公司。

4. 是否有偿不同。保证合同中，虽然债务人可能因保证人为其提供担保而向保证人支付一定的费用，但保证合同本身是无偿的，被保证人（即所保障债权关系中的债权人）依保证合同无须向保证人支付任何报酬或费用；保证保险合同中，投保人需依合同约定向保险人支付保险费。

（二） 保证保险合同与保证合同并存时的处理

虽然一般认为保证保险合同和保证合同性质不同，前者为保险，后者为保证，但这两类合同的主要目的却基本一致，即均为保障基础法律关系之中权利人的利益。然而，问题是，如果同一基础法律关系之上同时存在保证保险合同和保证合同时，保险人与担保人应如何承担各自的法律责任呢？实务中，此种情况经常发生，分歧也较大。例如，在消费贷款购车或购房交易中，银行在要求购车人或购房人购买还款保证保险时，还要求购车人或购房人向银行提供担保。这样，当购车人或购房人不履行还款义务时，保险人、担保人该如何承担责任？在目前的司法实践中，往往要求保险人承担赔偿责任。甚至是当银行起诉购车人或购房人及担保人时，一旦发现有还款保证保险合同存在，法院就主动追加保险人为第三人，直接判决保险人承担赔偿责任。我们认为，这种做法是错误的。同一基础法律关系之上并存保证保险法律关系与民事担保法律关系时，担保人应当首先承担担保责任。担保人不足以清偿的部分，由保险人承担。主要理由如下。①

1. 担保合同与基础法律关系的联系比保险合同更为密切。担保合同是从合同，依附于基础法律关系而存在，不是独立的法律关系。保险合同虽然是根据基础法律关系而产生，但它是独立的法律关系。因此，当银行起诉购车人或购房人及担保人时，法院不能主动追加保险人为第三人。另外，作为民事案件，银行（权利人）不向保险人行使请求权，法院无权替银行行使。

2. 有利于保护债权人的利益。债权人要求同时得到担保保障和保险保障，目的在于就此项债权获得多重保障，以切实保护自己的利益。如果要求保险人首先承担责任，在保险人赔偿后，主债务即行消灭，担保合同也归于无效。实际上免除了担保人的担保责任，剥夺了债权人获得多重保障的可能性，对保护债权人的利益是不利的。这样，债权人要求设立担保就无任何意义，与债权人要求设立担保的真实意图完全相悖。

3. 要求保险人首先承担赔偿责任的做法，不利于保护债权人的利益。保险合同中，一般都约定"债务人未按合同约定履行还款义务三个月以后，视为保险事故发生"。也就是说，保险人在债务人不履行还款义务三个月以后，才承担保险责任。债权人在债务人不履行还款义务的三个月内，无权请求保险人赔偿。如果首先要求担保人承担担保责任，恰好能弥补保险合同对债权人权益保障的不足，有利于切实保护债权人的利益。这也正是债权人在得到保险保障的同时，还要求债务人提供担保的原因所在。

七、关于欺诈行为对保险责任的影响

由于社会信用体系的缺失，欺诈行为和道德风险始终伴随着保证保险业务的发展。以机动车辆消费贷款保证保险为例，这些欺诈行为从参与的主体来看，有经销商、购车人，甚至包括银行内部人员；从欺诈的手段来看，有假借身份证明，伪造车辆行驶证、合格证、购车发票，虚开收入证明文件等；从欺诈的表现方式来看，更是多种多样，空车骗贷、一车多贷、旧车新贷，层出不穷；从欺诈行为的结果来看，又有套贷行为和非套贷行为之分。前者如虚构购车行为套取贷款或者虚增新车购置价套取贷款，后者如伪

① 李玉泉 . 保险法（第二版）［M］. 北京：法律出版社，2003：192 - 193.

造身份证明或收入证明以获取贷款资格但没有套取贷款的行为。由于保险合同以及合作协议中均没有对欺诈行为的法律后果作出明确约定，因此一旦出现这种情况，银行与保险公司往往各执一词，司法机关也无所适从。我们认为，如果确有证据证明行为人存在欺诈，保险人可以不承担保险责任。

（一）欺诈行为不属于可保风险

保险合同是射幸合同，投保人以特定的小额的保险费来换取不特定的高额的赔偿。这也就决定了保险只可能承保不确定的风险，而必然发生的风险是保险制度无力承担的，否则将打破收入与赔付之间的平衡，保险公司将不堪重负。

欺诈行为显然不满足可保风险对于不确定性的要求。如果机动车辆消费贷款保证保险中的购车人或经销商采取欺诈手段骗取银行贷款，他们的目的就是非法占有贷款，绝无归还的意图，保险事故必然发生。对于保险人而言，却要以小额的保险费去赔付必定要发生的巨额损失，不但有违保险原理，也有失公平。

（二）投保人违反了如实告知义务

同样还是由于保险合同是射幸合同，保险所保障的风险具有不确定性，保险人必须依据投保人对保险标的的告知和保证来决定是否承保和保险费率的大小。这就是投保人的如实告知义务。在保证保险业务中，保险公司就保险标的的有关情况向投保人即借款人提出询问，包括投保人的基本身份、投保人的偿债能力、所购车辆的基本情况、贷款合同的基本内容等。如果借款人为了早日得到贷款，利用欺诈手段故意违反如实告知义务，如没有固定收入却填写夸大的收入状况，没有实际购车却捏造虚假的车辆情况，根据《保险法》的规定，保险人可以解除保险合同，并不承担保险责任。

（三）欺诈将导致保险合同无效

实务中大量的借款人单独或与经销商合谋利用欺诈手段骗取贷款的行为，特别是套贷行为，违反了国家金融管理法律法规的规定，其目的的非法性无可置疑。借款人或经销商为了达成这一非法目的，借助了购车合同、贷款合同等合法形式，即以合法形式掩盖非法目的，根据《合同法》第52条第（三）项的规定，购车合同、贷款合同均应依法归于无效。贷款合同无效，借款人基于贷款合同而产生的还款义务不复存在，保证保险合同的保险标的灭失，保证保险合同应当归于无效。另外，在保证保险条款中一般也有类似约定，由于被保险人过错或投保人与被保险人的共同过错导致订立的机动车辆消费贷款合同被依法认定无效或被撤销的，保险人不承担责任。

（四）保险合同无效后的责任分担

机动车辆消费贷款保证保险合同无效后，银行和保险公司应当根据过错程度分担损失。在司法实践中，双方对于过错程度认定的争议主要集中在审贷义务上面。所谓审贷义务，就是对借款人的资信状况进行调查和审核的义务。在贷款业务中，银行通过对借款人的相关情况进行调查审核，估算借款人的履约能力，以保障贷款资金的安全。但在许多合作协议中，银行与保险公司通常约定，由保险公司单独承担审贷义务，或者由银行与保险公司共同履行审贷义务。尽管有此约定，我们认为：

1. 银行的审贷义务是法定义务，不得通过协议约定免除或转移。银行的审贷义务是

《商业银行法》《贷款通则》等金融管理法律法规规定的法定义务。例如，《商业银行法》第35条规定："商业银行贷款，应当对借款人的借款用途、偿还能力、还款方式等情况进行严格审查。商业银行贷款，应当实行审贷分离、分级审批的制度。"《贷款通则》第六章规定了贷款发放的一系列法定程序，包括贷款申请、债务人信用评估、贷款调查、贷款审批、签订借款合同、贷款发放、贷后检查和贷后归还等。由此可见，审贷义务作为银行应当承担的法定义务，无论合作协议中作何约定，银行、保险公司各自承担审贷义务也好，完全由保险公司承担审贷义务也好，都不能被免除或转移。

2. 保险公司的审贷义务是一项附加义务。保险公司在开展保证保险业务之初，为了急于拓展市场，发展规模，往往以降低承保条件、忽视业务质量为代价，具体表现为在合作协议中明确承担审贷义务，主动为自己附加法律之外的义务。在没有其他证据证明这一约定不是出于保险人真实意思表示的情况下，这种附加义务的约定应为有效。即使如此，由于银行的审贷义务是法定的，保险公司的审贷义务既不能免除银行的审贷义务，更不能代替银行的审贷义务，而只可能居于次要的、辅助的地位。

思考题

1. 简述责任保险合同的概念和责任范围。
2. 简述信用保险合同的概念和责任范围。
3. 简述保证保险合同的概念和责任范围。
4. 试述保证保险合同和信用保险合同的主要区别。

第十六章

机动车交通事故责任强制保险

学习目的和重点

通过学习机动车交通事故责任强制保险，了解机动车交通事故责任强制保险的概念、功能、性质和特征，机动车交通事故责任强制保险起源和发展，掌握《机动车交通事故责任强制保险条例》《道路交通事故社会救助基金管理试行办法》的主要内容，重点掌握机动车交通事故责任强制保险合同的订立、内容、限额、变更和解除等问题。

第一节　机动车交通事故责任强制保险概述

一、机动车交通事故责任强制保险的概念和功能

为完善道路交通事故处理办法，保障交通事故受害人得到及时补偿，缓解城市道路交通拥堵，《中华人民共和国道路交通安全法》（以下简称《道路交通安全法》）引入了交通事故责任强制保险制度。[①] 该法第 17 条明确规定："国家实行机动车第三者责任强制保险制度，设立道路交通事故社会救助基金。具体办法由国务院规定。"2006 年 3 月 1 日，国务院第 127 次常务会议通过了《机动车交通事故责任强制保险条例》（以下简称《条例》），自 2006 年 7 月 1 日起施行。2009 年 10 月，经国务院同意，财政部、保监会、公安部、卫生部和农业部联合发布了《道路交通事故社会救助基金管理试行办法》（以下简称《办法》），自 2010 年 1 月 1 日起施行。自此，我国的机动车交通事故责任强制保险（以下简称交强险）及相关配套制度已经完整建立起来。

依据《条例》第 3 条规定，交强险是指由保险公司对被保险机动车发生道路交通事故造成本车人员、被保险人以外的受害人的人身伤亡、财产损失，在责任限额内予以赔偿的强制性责任保险。

交强险是机动车交通事故救济或者补偿制度的重要内容，该制度的完善与否，直接

[①] 参见 2001 年 12 月 24 日时任公安部部长贾春旺在第九届全国人民代表大会常务委员会第二十五次会议上所作关于《中华人民共和国道路交通安全法（草案）》的说明。

关系民众的出行安全，意义重大。具体来说，交强险主要功能是：有利于道路交通事故受害人获得及时有效的经济保障和医疗救治；有利于减轻交通事故肇事方的经济负担；有利于促进道路交通安全，通过"奖优罚劣"的费率经济杠杆手段，促进驾驶人增强安全意识；有利于充分发挥保险的社会保障功能，维护社会稳定。

二、机动车交通事故责任强制保险的起源和发展

从历史上看，机动车与保险很早就结下了不解之缘。早在汽车发明之前，英国已有使用蒸汽的机动车。鉴于其危险性，英国于 1865 年制定了《红旗法案》，要求蒸汽机动车的驾驶须有三人参加，须有一人持红旗（夜间为红灯）行于车前 50 米，车速限制在每小时 4 英里。直到 1896 年，即机动车发明后 11 年，持红旗行于车前的规定才被取消。为此，英国举行了从伦敦到南布莱登的纪念行车。这时，有一家有远见的保险公司意识到机动车保险是一项有发展前途的事业，自愿为这些机动车保了险，从而开创了机动车保险的先河。之后，美国于 1898 年也开办了机动车责任险，但第三人财物损毁责任险自 1902 年才得以开办。①

随着机动车使用的普及，加之购车往往花去车主几乎所有积蓄，当发生事故时，很多加害人都已无法赔偿受害者的损失，大部分机动车事故的受害者得不到救济。为了改变这种状况，许多国家都制定了相关法令，强制机动车所有人投保机动车对人赔偿责任保险，对受害者予以救济。美国的马萨诸塞州最早从理论上将车辆损害视为社会问题，并试图改革机动车责任保险制度，谋求对社会大众提供保护。该州认为，道路应视为为全体行人修建的，以车辆代步者，应该预先提供具有赔偿能力的证明。这种赔偿能力证明的方法即投保责任保险或依法提供保证金。马萨诸塞州根据这一理论，于 1925 年着手起草保险史上举世闻名的强制汽车责任保险法，并于 1927 年公布实施。

目前，为充分保护车祸受害人的合法权益，各国立法通常都要求车主投保强制机动车保险。我国台湾地区学者江朝国认为，其立法例择其要者大致可以分为两类：一类为以机动车保有人之危险责任为立足点的强制责任保险体制；另一类为美国十几州所采以体伤损失保险（personal injury loss insurance）为出发点之无过失保险制度（no - fault insurance）。②

（一）强制机动车责任保险立法例

采用这种立法例的国家有德国、日本等国。这种立法例具有如下特征：第一，以受害人之保障为其出发点，规定与机动车有一定关系的人如机动车保有人为投保义务人，而以任何使用被保险机动车之人为被保险人，于机动车交通事故发生时，对于被保险人所造成之民事赔偿责任，由保险公司负责赔偿。德国《机动车保有人强制责任保险法》第 1 条就明确规定，机动车保有人有义务缔结并维持一责任保险契约。③ 第二，为充分保护受害人，该种立法例规定机动车一方对损失承担"危险责任"，即侵权行为的成立不以行为人的故意或过失为构成要件，以避免受害人举证之不利。如日本《自动车损害

---

① 陈继尧. 机动车保险理论与实务 [M]. 台北：智胜文化出版社，1999：12.
② 江朝国. 强制汽车责任险之适用疑问 [J]. 月旦法学杂志（台湾），1997（22）.
③ 江朝国. 强制汽车责任保险法 [M]. 台北：元照出版有限公司，2006：120.

赔偿保障法》第 3 条规定："为自己而将机动车供运行之用者，因其运行而侵害他人之生命或健康时，就因而所发生之损害，应负赔偿责任。但证明自己及驾驶人关于机动车之运行未怠于注意，且被害人或驾驶人以外之第三人有故意或过失，以及机动车无构造上之缺陷或机能之障害者，不在此限。"德国 1952 年《道路交通法》第 7 条也对这种"危险责任"作出了规定。第三，为使受害人得以迅速获得保险的保障，这种立法例赋予受害人直接请求权，即在被保险人负有损害赔偿责任的情况下，受害人可直接向保险人行使其赔偿请求权。如德国《机动车保有人强制责任保险法》第 3 条以及日本《自动车损害赔偿保障法》第 16 条都有此类规定。

在这种立法体例下，保险人的赔偿责任必须以被保险人的侵权损害赔偿责任为基础。这是由责任保险的基本原理决定的。

（二） 无过失机动车保险立法例

采用这种立法例的国家主要为美国。美国马萨诸塞等州采用此种立法例。无过失机动车保险是借鉴美国劳工赔偿险制度并结合美国普通家庭都拥有机动车这一基本国情而制定的。依据美国劳工保险法律，工人在工作中受伤后，无论其事故的原因如何，均可得到医疗费用及部分收入损失的补偿。作为回报，受伤工人必须放弃起诉其雇主的权利。在某种意义上，这是解决双方纠纷的一个方法。鉴于工厂事故和机动车事故的共性以及劳工赔偿险实行无过失责任的成功经验，美国许多机动车保险的改革者在 20 世纪 70 年代早期便提出了尽早将无过失责任法律制度推广到机动车保险中的要求。在改革者的呼吁和公众的压力下，一些州的立法者着手考虑并最终采纳了这种意见。

在无过失机动车保险立法体例下，被保险人以购买财产保险的方式购买机动车保险，在保险范围内，各被保险人自己的机动车保险将会支付其机动车损失及其个人或家庭成员在驾车时受到的人身伤害。受害人不得再起诉侵权者，因为其损失已由无过失保险赔偿。因此，在损失补偿前需确立机动车事故责任的这一法律程序已被取消。至于无过失保险的被保险人可获得保险人的多少赔偿，一般由其购买的保险金额决定。无疑，无过失机动车保险是被保险人自己的保险，而不是第三者的保险。[①]

由于许多美国人并不想真正放弃根据侵权法可以获得赔偿的权利，也由于法律界人士的强烈要求，各州的无过失机动车保险法律仅部分地限制受害人起诉肇事者的权利，但并不取消这一权利，各州立法机关通过相关立法均为修正了的无过失机动车保险法律。在这些法律下，一旦人身伤害损失超过了某一界限，被保险人仍可通过起诉的方式要求对方赔偿。虽然各州规定的起诉界限各不相同，但基本上可归纳为两类：一是金钱数额上的限度，即受伤者如果在医疗费用上超过了某一金额，仍可起诉肇事者；二是在受伤程度上的限度，即受伤者如果受伤达到规定的某一严重程度，仍可起诉对方。

上述两种立法例，各有其长处。从保障范围看，无过失保险制度保障范围更大。但这种保险制度涵盖了第一人责任（即投保人的损失）、第二人责任（即车上乘客的损失）、第三人责任（即行人的损失），可能导致保费过高，不利于该保险制度的推广实

---

① 段昆. 当代美国保险［M］. 上海：复旦大学出版社，2001：29 - 33.

施。该制度以保障第一人（即投保人）的损失为出发点，这就要求投保人不限于车辆所有人，而应包括所有潜在的驾驶人员，制度实施难度大。[①] 与之相反，强制机动车责任保险制度的保障范围较小，但重点解决了机动车交通事故中对受害人的损失赔偿问题，有利于解决尖锐矛盾，促进社会和谐。

三、机动车交通事故责任强制保险的性质

（一）机动车交通事故责任强制保险是特殊的责任保险

1. 机动车交通事故责任强制保险是责任保险。责任保险，是指以被保险人对第三者依法应负的赔偿责任为保险标的的保险。交强险保障对象是道路交通事故的受害人，实质上替代了被保险人对受害人应当承担的赔偿责任，符合责任保险的概念。另外，从立法的本意来看，立法者一直强调我国要建立的是一种"责任"强制保险。无论是《道路交通安全法》所称的"机动车第三者责任强制保险"，还是《条例》所称的"交通事故责任强制保险"，都没有抛开"责任"二字，强制保险保障的首先还是肇事方的民事责任赔偿能力，通过这种保障使交通事故受害人能够得到及时赔偿，避免出现因肇事方赔偿能力不足而使受害人求告无门的局面。

2. 机动车交通事故责任强制保险具有一定特殊性。依据《道路交通安全法》第76条的规定，在机动车发生交通事故造成人身伤亡、财产损失时，首先由保险公司在交强险责任限额范围内予以赔偿，对于超过交强险责任限额的，再区别机动车与机动车之间发生的交通事故以及机动车与非机动车驾驶人、行人之间发生的交通事故，适用不同的归责原则。交强险实行的这种限额内保险公司完全赔偿的原则，与普通责任保险先确定被保险人的赔偿责任、再确定保险公司的赔偿责任的做法不同。因此，有人质疑交强险是否还属于责任保险的范畴，其最主要的理由是，责任保险的基本原理是先依法确定被保险人的民事赔偿责任，再依据责任保险合同的约定确定保险公司的赔偿责任，也就是说，责任保险中保险人的赔偿责任是被保险人民事赔偿责任的"替代"，不能想象在确定被保险人民事赔偿责任时，在责任限额内是一种归责方式，在责任限额外又是一种归责方式。

从《道路交通安全法》第76条确定的归责体系来看，交强险确实与责任保险的基本理论有一定冲突，但这并不能否定交强险作为责任保险的性质。虽然《道路交通安全法》对未投保交强险的肇事方如何承担赔偿责任没有作出明确的规定，但北京、上海等地颁布的《道路交通安全法》的实施办法，或者处理交通事故损害赔偿的指导意见，都明确规定了在交强险责任限额内，肇事方对受害人遭受的人身伤亡、财产损失都要予以赔偿；如果肇事方投保了交强险，这种责任由保险公司承担；如果肇事方未投保交强险，这种责任须由肇事方自己承担。[②] 可见，立法机关的本意就是在交强险责任限额内

---

① 江朝国. 强制汽车责任保险法［M］. 台北：智胜文化事业有限公司，1999：24.

② 例如，《北京实施〈中华人民共和国道路交通安全法〉办法》第69条规定：机动车发生交通事故造成人身伤亡、财产损失的，肇事车辆参加机动车第三者责任强制保险的，由保险公司在机动车第三者责任强制保险责任限额范围内先行赔偿；肇事车辆未参加机动车第三者责任强制保险的，由肇事车辆按照相当于第三者责任强制保险的责任限额先行赔偿。

实行一种类似绝对责任的归责方式，而在交强险责任限额外，则分别不同情形适用不同的归责原则确定肇事方的赔偿责任。如果说交强险不是一种责任保险，而是一种损失保险，则在肇事方未投保时，就不能要求肇事方自己承担这种绝对赔偿责任。而这种做法对受害人是绝对不公平的，因为如果这样，受害人仅因肇事方是否投保交强险，就要在获得的赔偿上有巨大差别。

总之，我们认为，交强险在性质上是责任保险，但《道路交通安全法》第76条所规定的归责体系又使交强险具有了不同于普通责任保险的特殊性。交强险因此成为特殊的责任保险。

（二）机动车交通事故责任强制保险是商业化运作的强制保险

1. 机动车交通事故责任强制保险是强制的、非自愿的。强制保险是国家为了保障特定事故的受害人依法得到赔偿而通过立法设立的保险制度。强制保险制度的主要特点是投保、承保、理赔等方面具有强制性。

交强险的强制性，首先体现在中华人民共和国境内道路上行驶的机动车的所有人或者管理人，应当依照《道路交通安全法》的规定投保交强险，同时也体现在具有经营该险种资格的保险公司一律不得拒保或解除保险合同。

为保障投保的强制性，《条例》第39条规定，机动车所有人、管理人未按照规定投保交强险的，由公安机关交通管理部门扣留机动车，通知机动车所有人、管理人依照规定投保，处依照规定投保最低责任限额应缴纳的保险费的2倍罚款。《条例》第40条规定，上道路行驶的机动车未放置保险标志的，公安机关交通管理部门应当扣留机动车，通知当事人提供保险标志或者补办相应手续，可以处警告或者20元以上200元以下罚款。《道路交通安全法》第98条也规定，机动车所有人、管理人未按照国家规定投保机动车第三者责任强制保险的，由公安机关交通管理部门扣留车辆至依照规定投保后，并处依照规定投保最低责任限额应缴纳的保险费的2倍罚款。

为保障承保的强制性，《条例》第38条规定，保险公司违反本条例规定，拒绝或者拖延承保交强险的，由中国保险监督管理委员会责令改正，处5万元以上30万元以下罚款；情节严重的，可以限制业务范围、责令停止接受新业务或者吊销经营保险业务许可证。另外，交强险的强制性还体现在理赔程序的强制性、受害人诊疗标准的强制性、赔偿限额的强制性等。交强险从承保、投保到理赔都具有强制性，这些强制性在国家行政法规中都有明确规定。因此，交强险是典型的强制保险。

2. 机动车交通事故责任强制保险采取商业化运作模式。从各国情况看，机动车强制责任保险的经营模式有两种：一是由政府主导，商业保险公司代办，不以盈利为目的。例如，我国台湾地区采取"政府"主导、保险公司代办的模式。保险公司不承担经营风险，其收取的纯保费和支出的赔款均转入共保基金，在各公司间按份额分摊，保费收入完全免税。二是商业化运作模式，即由商业保险公司根据市场规律，自主经营、自负盈亏。

我国的交强险采取了商业化运作的模式，商业保险公司作为交强险的经营主体自主经营该险种。同时，我国交强险的商业化运作是在政府的严格监管下进行的，以体现交强险制度注重社会效益的特点，避免业务经营放任自流。例如，交强险实行统一费率，保监会按照总体上不盈利不亏损原则进行审批。又如，交强险的经营不以盈利为目的，且交强险业务必须与保险公司其他业务分开管理、实行单独核算。保监会定期核查保险公司经营交强险业务的盈亏情况，以保护广大投保人的利益。

四、机动车交通事故责任强制保险的特征

（一）机动车交通事故责任强制保险针对的是道路交通事故

按照 1991 年实施的《中华人民共和国道路交通事故处理办法》的规定，道路交通事故是指车辆驾驶人员、行人、乘车人以及其他在道路上进行与交通有关活动的人员，因违反《中华人民共和国道路交通管理条例》和其他道路交通管理法规、规章的行为，过失造成人身伤亡或者财产损失的事故。在《道路交通安全法》实施后，上述办法已经废止。而《道路交通安全法》则规定，交通事故是指车辆在道路上因过错或者意外造成的人身伤亡或者财产损失的事件。可见，两者有较大的差别，前者强调有关人员要有过失，而后者则将意外事件也包括在内。根据《道路交通安全法》的规定，道路交通事故应当具备以下几个要件：

1. 道路交通事故必须是机动车与机动车之间或机动车与非机动车驾驶人、行人之间所发生的事故。

2. 机动车的范围。根据《道路交通安全法》之规定：机动车，是指以动力装置驱动或者牵引，上道路行驶的供人员乘用或者用于运送物品以及进行工程专项作业的轮式车辆。它包括各种机动车、电瓶车、无轨电车、摩托车、拖拉机、轮式专用机械车，但火车、各种航空器、船只不属于本法调整范围。

3. 关于道路的范围。《道路交通安全法》规定：道路，是指公路、城市道路和虽在单位管辖范围但允许社会机动车通行的地方，包括广场、公共停车场等用于公众通行的场所。公路就是一般意义上的公路，而城市道路包括城镇街道、胡同（里巷），农村可供机动车通行的便道也属于道路的范围。

4. 必须是机动车在使用过程中所发生的事故。所谓"使用"是指行为人对于车辆的控制与支配。对于超出人力控制与支配范围的，如自然灾害造成的损失，不应属于道路交通事故的范畴。

（二）机动车交通事故责任强制保险保障对象是本车人员和被保险人以外的道路交通事故的受害人

本车人员、被保险人以外的受害人通常又称为"第三者"。对于"第三者"的界定，在不同的国家、地区，甚至不同的场合、时期有较大的区别。依据《条例》的规定，只有本车人员、被保险人以外的受害人才称为"第三者"，本车人员、被保险人则不能称为第三者，不在交强险的保障范围之内。

所谓本车人员，也称车上人员，是指被保险机动车上所载乘客，与车下人员相对应。所谓被保险人，在美国是指受保险合同保障的人，不以投保人或机动车所有人为限。其范围包括：（1）保险单记载的被保险人及家庭成员；（2）使用被保车辆的任何人；（3）任何对被保险人代表其利益使用被保车辆过程中的行为或疏忽负有法律责任的

个人或组织；（4）任何对被保险人代表其利益使用任何车辆或拖车（而不是被保车辆或该个人或组织所有或租用的车辆）过程的行为或疏忽有法律责任的个人或组织。[①] 保单载明的被保险人，即记名被保险人是保险合同所保护的主要对象，是被保险人群中的核心人物。因此记名被保险人必须是被保险机动车的所有人或依租赁合同长期租用机动车者，即以保险机动车作为自己所有物，可以自由支配使用该车的人。一般一辆机动车只能有一个记名被保险人。

依据我国《保险法》第 12 条的规定，被保险人是指其财产或者人身受保险合同保障，享有保险金请求权的人，投保人可以为被保险人。在我国保险实践中，被保险人通常为在保险单上列明的人，它既可以是自然人，也可以是法人或非法人组织。但依据《条例》第 42 条的规定，交强险的被保险人是指投保人及其允许的合法驾驶人，而投保人是指与保险公司订立交强险合同，并按照合同负有支付保险费义务的机动车的所有人、管理人。也就是说，交强险的被保险人与一般意义上的被保险人有显著区别，其是依据投保人而确定，并不限于在保险单上载明的人，这一点应引起必要的注意。《条例》之所以作这一规定，目的在于扩大交强险的保障范围，以凸显出由"随人主义"向"随车主义"转变的痕迹，即只要被保险的机动车肇事，保险公司在一般情况下就需赔偿，而不论驾驶车辆的人是否为车主本人。

（三） 机动车交通事故责任强制保险赔偿范围是受害人的人身伤亡和财产损失

根据《条例》的规定，交强险对于交通事故受害人的人身伤亡和财产损失都予以赔偿，这并非各国通例。从其他国家和地区的相关立法看，强制保险的保障范围分为两类：一类是对人身伤亡和财产损失皆给予补偿，如英国、美国等；另一类仅保障受害人的人身伤亡，对财产损失不予赔偿，如日本、韩国及中国台湾地区等。出现这种区别绝非偶然，这是由各国各地区的国情、区情决定的。首先，强制保险保障范围大小取决于保险业的发达程度。实行全面保障的英美等国皆为保险业发展较早的老牌发达国家。这些国家的保险制度较为完善，保险业本身实力雄厚，保险保障的覆盖面较宽。而后一类除日本外都是二战后才发展起来的新兴国家和地区，相较欧美国家而言，这些国家和地区的保险业还不够发达，保险业的实力也相对薄弱，保险保障的范围窄一些。其次，强制保险保障范围受到各国各地区社会理念的影响。在欧美近代社会，曾有过一个"重财产而轻人身"的历史时期。近代民法的"私权神圣"原则，指的就是以所有权为核心的财产权，那时人们的人身权意识是相当淡薄的。后来随着人权运动的兴起，人身权才日益受到重视。所以现代欧美国家的社会观念是人身权和财产权并重的。而新兴国家兴起之时，正是人权观念大彰的时代，这些国家和地区很自然地接受了人权至上的理念，对人身权的重视超过财产权也就顺理成章了。这不可避免地会对强制保险的保障范围产生影响。

另外，从我国交强险的实践看，我国保险公司往往会花很大的精力和理赔资源处理社会效益很小的财产损失赔偿。从我国某财产保险公司数据看，2013 年，交强险项下财

---

① ［美］乔治·E. 瑞达，等. 个人保险［M］. 北京：北京大学出版社，2003：54.

产损失赔款占比为 25.8%，但该公司同期处理的交强险案件数量中有 75% 是纯财产损失案件，另外 25% 的案件中既包括纯人身伤害案件也包括人身伤害和财产损失并存的混合案件。可见，保险公司为处理财产损失案件付出了远超过三分之二的理赔资源，交通事故受害人却只享受到交强险整体赔款约占三分之一的财产损失保障。从法律实施的经济效益分析，交强险保障范围很不合理。

交强险设立的目的是保障机动车道路交通事故受害人依法得到赔偿，促进道路交通安全。从以人为本的价值追求和保证受害人及时得到医疗救治、化解社会矛盾的立法目的出发，当前我国交强险应当聚焦于人身损害和医疗费用损失。另外，将财产损失纳入交强险保障范围占用了大量的理赔资源，社会效益不大却大大加重了保险公司的运营成本，不利于保险公司在保持保费不变的情况下继续提高保障限额，不利于交强险制度持续健康发展。因此，借鉴日本、韩国和中国台湾地区的立法经验，调整我国交强险的赔偿范围成为一个亟须研究的问题。

（四）机动车交通事故责任强制保险实行分项责任限额

一般来说，机动车第三者责任保险的责任限额因其个别设定的金额不同，而分为下列几种：

1. 单一责任限额：指保险人对于第三者的伤害、死亡或财产损失责任仅约定一个责任金额，并以此作为保险人对每一意外事故的最高赔偿责任。

2. 分项责任限额：指保险人对于第三者的伤害、死亡或财产损失分别约定一个责任限额，每一事故定有一个最高赔偿责任限额。

依据《条例》的规定，交强险采取的是分项责任限额制，即对于每次交通事故，分别设定死亡伤残责任限额、医疗费用责任限额、财产损失责任限额、被保险人在交通事故中无责任的责任限额。前三项责任限额是被保险人在交通事故中有过错的情况下，对受害人死亡伤残、医疗费用以及财产损失等不同类型的赔付项目分别设置的最高赔偿金额。实行分项限额有利于结合人身伤亡和财产损失的风险特点进行有针对性的保障，有利于减低赔付的不确定性，从而有效控制风险，降低费率水平。第四项责任限额是对于被保险机动车在交通事故中无过错的情况下设置的赔偿限额。这一方面体现了对受害人的保护，无论交通事故受害人在交通事故中是否有过错，均能获得一定的经济补偿。另一方面也兼顾投保人以及社会公众的利益，设定了较低的限额，体现公平性原则。

（五）机动车交通事故责任强制保险在责任限额内完全赔偿

交强险与普通责任保险相比，最为重要的区别就在于其实行限额内完全赔偿的原则。所谓限额内完全赔偿，是指除法定免责事由外，只要被保险机动车发生道路交通事故造成受害人的人身伤亡和财产损失，保险公司就要在责任限额内予以完全赔偿，而不论被保险人是否负有责任。这里需特别指出的是，所谓"负有责任"不仅指交通事故责任，也指民事赔偿责任，但更主要的是指交通事故责任。因为依据《道路交通安全法》第 76 条的规定，机动车一方与非机动车、行人发生交通事故时，机动车一方无交通事故责任并不必然就无民事赔偿责任，但无民事赔偿责任则必然无交通事故责任。

限额内完全赔偿的原则，秉承了《道路交通安全法》的立法宗旨，对于切实保护道路交通参与者人身财产安全、维护道路安全和畅通具有重要的作用，减少了法律纠纷，简化了处理程序，有利于受害人获得及时有效的赔偿。

第二节　《机动车交通事故责任强制保险条例》和《道路交通事故社会救助基金管理试行办法》的制定和主要内容

一、《机动车交通事故责任强制保险条例》制定的背景

对于交通事故责任的强制保险，国家很早就予以了重视，并陆续颁布了一系列的规定、命令，试图在全国范围推行这一制度。早在1983年，国务院发布的第27号文件就要求个人与联户的机动车及拖拉机必须参加保险。1984年，在《关于农民个体或联户购置机动车船和拖拉机经营运输业的若干规定》中规定，对农民个人或联户经营运输的机动车辆必须投保第三者责任保险。1988年，国务院在《关于加强交通运输安全工作的决定》中又提出要"研究制定运输工具、货物、旅客人身意外伤害和第三者责任的强制保险制度等"。同年，中国人民保险公司、公安部、农业部即联合发文，要求实施拖拉机第三者责任法定保险。1989年，公安部又发布公告，要求对所有在华外国人的机动车辆实行第三者责任强制保险。1991年出台的《道路交通事故处理办法》又专门提及"在实行机动车第三者责任法定保险的行政区域"问题。1992年，中国人民保险公司、公安部还联合发布《关于贯彻实施〈道路交通事故处理办法〉有关保险问题的通知》，指出"实行机动车第三者责任法定保险是维护国家利益、稳定社会、促进经济发展，保障道路交通事故当事人合法权益和妥善处理道路交通事故的重要措施。各级公安机关和保险公司要根据有关规定，继续协力推行、深化机动车第三者责任法定保险工作。对于国家规定实行全国性机动车第三者责任法定保险的机动车和已实行机动车第三者责任法定保险行政区域的所有机动车都要按照有关规定向中国人民保险公司投保第三者责任保险。尚未实行机动车第三者责任法定保险的省、自治区、直辖市，当地保险公司和公安机关也要积极努力，密切配合，争取尽快实行，认真做好事故预防工作"。此后，全国有24个省、自治区、直辖市政府先后通过地方规章实施机动车辆第三者强制保险，同时公安部也曾多次规定，机动车不参加第三者责任保险不发牌照、不准上路。从这个意义上讲，在《保险法》生效前，我国已经实行了实际意义上的交通事故责任强制保险。

但是，在1995年《保险法》生效后，有人对于这个问题的合法性提出了质疑。1995年《保险法》第11条规定："投保人和保险人订立保险合同，应当遵循公平互利、协商一致、自愿订立的原则，不得损害社会公共利益。除法律、行政法规规定必须保险的以外，保险公司和其他单位不得强制他人订立保险合同。"该条明确否定了通过地方性规章确立强制保险制度的合法性。当时各地在治理政府部门"乱收费"的过程中，有些地方也将交通管理部门的相关行为列入"乱收费"的范畴。这些原因导致机动车辆第三者责任保险问题的解决出现倒退，给交通事故受害者的利益和社会矛盾的解决带来严

重不利影响。

为改变这一现状，同时也为了与《保险法》的有关规定相衔接，有关部门开始着手通过法律或行政法规确立机动车第三者责任强制保险制度。1999 年，《机动车辆第三者责任法定保险条例》正式列入国务院立法计划。2004 年 5 月 1 日起施行的《道路交通安全法》第 17 条又明确规定，国家实行机动车第三者责任强制保险制度，设立道路交通事故社会救助基金。同时还规定，机动车所有人、管理人未按照国家规定投保第三者责任强制保险的，由公安机关交管部门扣留车辆至依照规定投保后，并处依照规定投保最低责任限额应缴纳的保险费的 2 倍罚款，罚款全部纳入道路交通事故社会救助基金。这确立了我国普遍实行机动车第三者责任强制保险制度的法律基础，为维护交通事故受害人的合法权益起到了积极作用。

二、《机动车交通事故责任强制保险条例》的主要内容

（一）基本概念

交强险，是指由保险公司对被保险机动车发生道路交通事故造成本车人员、被保险人以外的受害人的人身伤亡和财产损失，在责任限额内予以赔偿的强制性责任保险。其中，被保险人包括投保人及其允许的合法驾驶人。投保人是指与保险公司订立交强险合同，并按照合同负有支付保险费义务的机动车的所有人或管理人。

（二）保险条款和费率

《条例》规定，交强险实行统一的保险条款和基础保险费率。保监会按照交强险业务总体上不盈利不亏损的原则审批保险费率。保监会在审批保险费率时，可以聘请有关专业机构进行评估，可以举行听证会听取公众意见。交强险的保险费率贯彻从车及从人因素，实行费率浮动机制，根据被保险人是否发生道路交通事故和有道路交通安全违法行为等情况，提高或者降低。

（三）经营原则

保险公司经营的交强险业务，应当与其他保险业务分开管理、单独核算。保监会应当每年对保险公司的交强险业务情况进行核查，并向社会公布；根据保险公司交强险业务的总体盈利或者亏损情况，可以要求或者允许保险公司相应调整保险费率。调整保险费率的幅度较大的，保监会应当进行听证。

（四）强制投保

《条例》规定，在中华人民共和国境内道路上行驶的机动车的所有人、管理人应当依照《道路交通安全法》的规定投保交强险。未参加交强险的机动车，不得上道路行驶。为落实这一目标，《条例》还明确了相关部门的职责：保监会依法对保险公司经营交强险业务实施监督管理；公安机关交通管理部门、农业（农业机械）主管部门应当依法对机动车参加交强险的情况实施监督检查。对未参加交强险的机动车，机动车管理部门、机动车安全技术检验机构不得予以登记、检验。并且，公安机关交通管理部门及其交通警察在调查处理道路交通安全违法行为和交通事故时，应当检查机动车交强险标志。交强险合同订立后，投保人不得解除交强险合同，但有下列情形之一的除外：（1）被保险机动车被依法注销登记的；（2）被保险机动车经公安机关证实丢失的。被保险机动

车所有权转移后，投保人应当办理交强险合同变更手续。

（五）强制承保

《条例》规定，投保人在投保交强险时，应当选择具备经营交强险业务资格的保险公司，保险公司不得拒绝或拖延承保。保险公司不得解除交强险合同。但是，投保人对重要事项未履行如实告知义务的除外。

（六）责任限额

《条例》规定，交强险在全国范围内实行统一的责任限额。责任限额分为死亡伤残赔偿限额、医疗费用赔偿限额、财产损失赔偿限额以及被保险人在道路交通事故中无责任的赔偿限额。交强险责任限额由保监会会同国务院公安部门、卫生主管部门、农业主管部门规定。

（七）赔偿处理

在赔偿对象上，《条例》回避了受害人的直接请求权，只规定由被保险人向保险公司请求赔偿，但《条例》赋予了保险公司一定的主动权，即保险公司可以向被保险人赔偿保险金，也可以直接向第三者赔偿保险金。这从一定程度上可以缓解未确立受害人直接请求权而带来的矛盾。在赔偿责任的确立上，《条例》重申了《道路交通安全法》第76条的规定，即被保险机动车发生道路交通事故造成第三者人身伤亡、财产损失的，由保险公司在交强险责任限额内予以赔偿。

（八）抢救费用的支付与垫付

《道路交通安全法》第75条规定："肇事车辆参加机动车第三者责任强制保险的，由保险公司在责任限额范围内支付抢救费用。"《条例》对抢救费用的垫付情形作了补充，即被保险机动车发生道路交通事故造成第三者人身伤亡，有下列情形之一的，由保险公司在责任限额内垫付抢救费用：（1）驾驶人未取得驾驶资格或者醉酒的；（2）被保险机动车被盗抢期间肇事的；（3）被保险人故意制造道路交通事故的。保险公司对垫付的抢救费用，有权向致害人追偿。因抢救受伤人员需要保险公司支付或者垫付抢救费用的，保险公司在接到公安机关交通管理部门通知后，经核对应当及时向医疗机构支付或者垫付抢救费用。

（九）救助基金

《条例》规定，国家设立道路交通事故社会救助基金。有下列情形之一的，道路交通事故中受害人人身伤亡的丧葬费用、部分或者全部抢救费用，由救助基金先行垫付，救助基金管理机构有权向道路交通事故责任人追偿：（1）抢救费用超过交强险责任限额的；（2）肇事机动车未参加交强险的；（3）机动车肇事后逃逸的。因抢救受伤人员需要救助基金管理机构垫付抢救费用的，救助基金管理机构在接到公安机关交通管理部门通知后，经核对应当及时向医疗机构垫付抢救费用。救助基金的来源包括：（1）按照交强险的保险费的一定比例提取的资金；（2）对未按照规定投保交强险的机动车的所有人、管理人的罚款；（3）救助基金管理机构依法向道路交通事故责任人追偿的资金；（4）救助基金孳息；（5）其他资金。

（十）罚则

《条例》在罚则一章规定了对违反《道路交通安全法》及《条例》的种种违法行为的处罚措施。主要涉及未经保监会批准，非法从事交强险业务的；保险公司未经保监会核定从事交强险业务的；保险公司拒绝或拖延承保交强险的；保险未按照统一的保险条款和基础保险费率从事交强险业务的；保险公司未将交强险业务和其他保险业务分开管理、单独核算的；保险公司违反规定解除交强险合同的；保险公司拒不履行强制合同约定的赔偿保险金义务的；未按照规定及时支付或者垫付抢救费用的；机动车所有人、管理人未按照规定投保交强险的；上道路行驶的机动车，未放置交强险标志的；伪造、变造或者使用伪造变造的交强险标志的；等等。

三、《道路交通事故社会救助基金管理试行办法》的制定和主要内容

救助基金制度是交强险制度的重要补充，旨在保证道路交通事故中受害人不能按照交强险制度和从侵权人处得到赔偿时，可以通过救助基金的救助，获得及时抢救或者适当补偿。这项制度在设计上坚持了以人为本的原则，充分体现了国家和社会对公民生命安全和健康的关爱和救助，是一种新型社会保障制度。它对于化解社会矛盾、促进和谐社会建设具有十分重要的意义。

《道路交通事故社会救助基金管理试行办法》（以下简称《办法》）主要规定了以下内容。

（一）基本概念

救助基金，是指依法筹集用于垫付机动车道路交通事故中受害人人身伤亡的丧葬费用、部分或者全部抢救费用的社会专项基金。

（二）资金来源

如前所述，根据《条例》第25条的规定，救助基金来源包括五个方面。在制定《办法》的过程中，为了进一步加大救助基金的保障力度，扩大救助基金资金来源，经国务院批准，《办法》将地方政府按照保险公司经营交强险缴纳营业税数额给予的财政补助，作为救助基金的重要资金来源。这部分资金与按照机动车交强险的保险费的一定比例提取的资金共同构成救助基金的主要来源。同时，《办法》还明确，救助基金可以接受社会捐款。

（三）适用范围

救助基金除适用于机动车道路交通事故外，根据《办法》的规定，机动车在道路以外的地方通行时发生事故、造成人身伤亡的，比照适用本办法。主要是将拖拉机在田间作业发生的事故纳入救助基金垫付范围，比照执行。

（四）救助范围

《办法》根据《条例》第24条的规定，对救助基金先行垫付抢救费用作了进一步明确：救助基金一般垫付受害人自接受抢救之时起72小时内的抢救费用，特殊情况下超过72小时的抢救费用由医疗机构书面说明理由。具体应当按照机动车道路交通事故发生地物价部门核定的收费标准核算。抢救费用，是指机动车发生道路交通事故导致人员受伤时，医疗机构按照《道路交通事故受伤人员临床诊疗指南》，对生命体征不平稳和

虽然生命体征平稳但如果不采取处理措施会产生生命危险，或者导致残疾、器官功能障碍，或者导致病程明显延长的受伤人员，采取必要的处理措施所发生的医疗费用。《办法》还明确规定：丧葬费用是指丧葬所必需的遗体运送、停放、冷藏、火化的服务费用。具体费用应当按照机动车道路交通事故发生地物价部门制定的收费标准确定。

（五）垫付程序

依据《办法》第三章的规定，救助基金垫付抢救费用的基本程序如下：需要救助基金垫付部分或者全部抢救费用的，公安机关交通管理部门应当在3个工作日内书面通知救助基金管理机构。救助基金管理机构收到公安机关交通管理部门垫付通知和医疗机构垫付尚未结算抢救费用的申请及相关材料后，应当在5个工作日内进行审核，对符合垫付要求的，救助基金管理机构应当将相关费用划入医疗机构账户。

救助基金垫付丧葬费用的基本程序则为：需要救助基金垫付丧葬费用的，由受害人亲属凭处理该道路交通事故的公安机关交通管理部门出具的《尸体处理通知书》和本人身份证明向救助基金管理机构提出书面垫付申请。救助基金管理机构收到丧葬费用垫付申请和有关证明材料后，对符合垫付要求的，应当在3个工作日内按照有关标准垫付丧葬费用，并书面告知处理该道路交通事故的公安机关交通管理部门。对无主或者无法确认身份的遗体，由公安部门按照有关规定处理。

（六）基金管理

为加强救助基金管理，《办法》重点就以下几个方面作出了规定：一是省级人民政府应当设立救助基金。救助基金主管部门及省级以下救助基金管理级次由省级人民政府确定。二是救助基金主管部门的职责包括：制定本地区救助基金具体管理办法，依法确定救助基金管理机构，监督检查救助基金的筹集、垫付、追偿情况并定期予以公告，委托会计师事务所对救助基金年度财务会计报告进行审计并予以公告，依法对救助基金管理机构及其工作人员的违法行为进行处理、处罚。三是救助基金管理机构履行以下职责：（1）依法筹集救助基金；（2）受理、审核垫付申请，并依法垫付；（3）依法追偿垫付款；（4）其他管理救助基金的职责。四是救助基金实行单独核算、专户管理，并应当按照规定用途使用。救助基金管理机构的费用支出，包括人员费用、办公费用、追偿费用、委托代理费用等，应当按照有关规定，由同级财政部门在年度预算中予以安排，不得在救助基金中列支。

第三节　机动车交通事故责任强制保险合同

一、机动车交通事故责任强制保险合同的概念

所谓交强险合同，是指由交强险条款、投保单、保险单、批单和特别约定共同组成的，明确交强险当事人之间权利义务的书面协议。交强险条款是交强险合同的最重要组成部分。

《机动车交通事故责任强制保险条例》颁布之后，在中国保监会的布置下，中国保

险行业协会组织各家财产保险公司的工作人员，经过反复研究论证，制定了全国统一的交强险保险条款，并以"中保协条款〔2006〕1号文"报经中国保监会审批，之后再由各家具有经营交强险资格的财产保险公司申请使用。该条款在2008年做过修改并沿用至今。该条款是中国保险行业协会组织制定的第一个行业条款，开创了我国保险行业协会制定保险条款的先河，具有十分重要的意义。

二、机动车交通事故责任强制保险合同的订立

交强险合同的订立与一般商业保险合同的订立程序相同，都要经过要约和承诺两个阶段。但是，交强险合同在订立上具有强制性，这是与一般商业保险合同不同的。依据合同自由理论，当事人订立不订立合同、与谁订立合同、订立什么样的合同，均有其自由。但《条例》提出了强制缔约（强制投保与承保）的要求。于机动车所有人、管理人而言，必须选择一家具有交强险经营资格的保险公司，与其订立强制机动车保险合同；于保险公司而言，非有法定理由不得拒绝承保或拖延承保，拒保无理由的，视为同意承保，在法定时限内未有拒保的意思表示，也视为同意承保，此时仅凭投保人的投保申请就得以成立保险合同。这种强制缔约义务是交强险合同的重要特点。

三、机动车交通事故责任强制保险合同的内容和形式

交强险条款第2条规定，交强险合同由条款、投保单、保险单、批单和特别约定共同组成。凡与交强险合同有关的约定，都应当采用书面形式。可见，在交强险合同的构成上，基本沿用了目前商业性保险合同构成的要素，并为法律界和保险界普遍认可。在合同的形式上，条款要求所有涉及合同的约定，均应采用书面形式，以利于明确合同当事人的权利和义务。

四、机动车交通事故责任强制保险合同的责任限额和保险费率

《条例》颁布后，为确保制度顺利实施，在保监会的组织和指导下，中国保险行业协会从国内各财产保险公司抽调精算和产品开发的骨干力量，并聘请亚洲知名的精算师事务所参与，对保险行业机动车保险有关历史经营数据进行系统的收集整理，设定不同的责任限额方案，运用精算模型和方法，对不同责任限额方案项下的费率水平进行了测算，并报保监会审批。其中，被保险机动车在道路交通事故中有责任的赔偿限额为：死亡伤残赔偿限额为50000元人民币；医疗费用赔偿限额为8000元人民币；财产损失赔偿限额为2000元人民币。被保险机动车在道路交通事故中无责任的赔偿限额为有责任责任限额的20%，即死亡伤残赔偿限额为10000元人民币；医疗费用赔偿限额为1600元人民币；财产损失赔偿限额为400元人民币。保监会还同时公布了经审批的交强险的费率方案。费率方案将机动车分为8大类42小类，分别规定了不同的保费水平。以家庭自用汽车6座以下为例，价格为1050元。依据保监会的要求，各经营交强险业务的保险公司应当按照保监会公布的费率方案实行全国统一的价格，除将来制定的费率浮动办法规定的优惠外，保险人不得给予投保人任何返还、折扣和额外优惠。

2008年1月，在综合分析各方意见的基础上，保监会又会同有关部门对交强险责任限额进行了调整。新的死亡伤残赔偿限额为110000元人民币；医疗费用赔偿限额为10000元人民币；财产损失赔偿限额为2000元人民币。被保险机动车在道路交通事故中

无责任的赔偿限额为：死亡伤残赔偿限额为 11000 元人民币；医疗费用赔偿限额为 1000 元人民币；财产损失赔偿限额为 100 元人民币。上述责任限额从 2008 年 2 月 1 日零时起实行。截至 2008 年 2 月 1 日零时保险期间尚未结束的交强险保单项下的机动车在 2008 年 2 月 1 日零时后发生道路交通事故的，按照新的责任限额执行；在 2008 年 2 月 1 日零时前发生道路交通事故的，仍按原责任限额执行。同时，中国保险行业协会对交强险费率方案也进行了调整，在保监会批准中国保险行业协会上报的交强险费率方案中，新的交强险费率方案对"交强险基础费率表"42 个车型中的 16 个进行费率下调，下调幅度从 5% 至 39% 不等，下调的平均幅度为 10% 左右。

五、机动车交通事故责任强制保险合同的效力

（一）投保人、被保险人的义务

投保人、被保险人在订立和履行交强险合同时，主要负有以下义务。

1. 如实告知义务。交强险条款第 12 条规定："投保人投保时，应当如实填写投保单，向保险人如实告知重要事项，并提供被保险机动车的行驶证和驾驶证复印件。重要事项包括机动车的种类、厂牌型号、识别代码、号牌号码、使用性质和机动车所有人或者管理人的姓名（名称）、性别、年龄、住所、身份证或者驾驶证号码（组织机构代码）、续保前该机动车发生事故的情况以及保监会规定的其他事项。投保人未如实告知重要事项，对保险费计算有影响的，保险人按照保单年度重新核定保险费计收。"对于未履行如实告知义务的后果，能否依照《保险法》第 16 条处理，值得探讨。我们认为，由于交强险免责事由具有严格的法定性，保险公司不能以投保人故意不履行如实告知义务或者过失未履行如实告知义务且对保险事故发生有重大影响为由拒绝承担赔偿责任。但是，保险公司可以依据《条例》及条款的规定，对未履行如实告知义务的投保人主张解除保险合同。

2. 一次性交付保险费的义务。交付保险费是投保人的最重要义务。依据我国《保险法》第 14 条的规定："保险合同成立后，投保人按照约定交付保险费，保险人按照约定的时间开始承担保险责任。"投保人可以依照合同的约定，在合同成立时向保险人一次交付全部保险费，也可以按照保险合同约定分期交付保险费。但依据交强险条款第 3 条的规定，签订交强险合同时，投保人应当一次交付全部保险费。此条作为一项强制性规定，从根本上排除了投保人分期交付交强险保费的可能性。

投保人一次性交付全部保险费，有利于交强险的贯彻实施。目前，由于保险市场主体增多，竞争日趋激烈，不规范市场行为层出不穷，有的保险人经常将允许投保人分期交付保险费作为吸引客户的一项手段，在客户到期仍未交付保险费的情况下也不积极主动催收，导致保险公司的应收保费剧增，严重影响了保险公司的现金流和偿付能力。可以说，应收保费剧增已成为保险市场的一个毒瘤。为避免交强险经营陷入这一怪圈，条款要求投保人在签订保险合同时应当一次性交付保险费，旨在促进交强险的正常经营。但是，应当看到，即使有这一规定，如果保险人自愿同意投保人分期交付保险费，将并不影响交强险合同的效力。因此，为规范交强险的经营行为，保险公司还需加强行业自律，避免恶性竞争行为。

3. 依法维持交强险合同效力的义务。依据《条例》第16条和条款第23条的规定，投保人不得解除交强险合同，但有下列情形之一的除外：（1）被保险机动车被依法注销登记的；（2）被保险机动车办理停驶的；（3）被保险机动车经公安机关证实丢失的。这与商业保险合同也截然不同。依据《保险法》第15条的规定，保险合同成立后，投保人可以任意解除保险合同，除非《保险法》另有规定或者合同另有约定。《条例》之所以这样要求，目的在于确保交强险合同的效力，促使道路交通事故受害人能够依法得到赔偿。

4. 危险程度增加的通知义务。条款第15条规定，在保险合同有效期内，被保险机动车因改装、加装、使用性质改变等导致危险程度增加的，被保险人应当及时通知保险人，并办理批改手续。否则，保险人按照保单年度重新核定保险费计收。

5. 合同主体变更的通知义务。条款第22条规定，在交强险合同有效期内，被保险机动车所有权发生转移的，投保人应当及时通知保险人，并办理交强险合同变更手续。但是，为保障受害人的保险金请求权，即使投保人、被保险人违反此项义务，保险人仍应对受害人承担给付保险金的义务。

6. 保险事故发生后的通知、施救和协助义务。条款第16条、第17条规定了被保险人在保险事故发生后的通知、施救和协助义务，在商业性机动车保险中，被保险人也负有此项义务。但在商业性机动车保险中，如果被保险人违反此项义务，保险人可能对由此导致的全部损失或扩大的损失部分拒赔。而在强制机动车保险中，纵使投保人、被保险人违反此项义务，保险人仍须负责赔偿。但从《合同法》的原理看，保险人因投保人、被保险人的违约行为受到损害的，可对投保人、被保险人主张损害赔偿。

（二）保险人的义务

条款未对保险人的义务作出具体规定。在交强险合同中，保险人应当按照《条例》的规定履行如下义务：

1. 签发保险单和保险标志。《条例》第12条规定，签订交强险合同时，保险公司应当向投保人签发保险单和保险标志。保险单、保险标志应当注明保险单号码、车牌号码、保险期限、保险公司的名称、地址和理赔电话号码。

2. 解除保险合同前通知投保人。《条例》第14条规定，投保人对重要事项未履行如实告知义务，保险公司解除合同前，应当书面通知投保人，投保人应当自收到通知之日起5日内履行如实告知义务；投保人在上述期限内履行如实告知义务的，保险公司不得解除合同。

3. 解除保险合同后收回保险单和保险标志。依据《条例》第15条的规定，保险公司解除交强险合同的，应当收回保险单和保险标志，并书面通知机动车管理部门。

4. 赔偿被保险人或者受害人。《条例》第21条规定，被保险机动车发生道路交通事故造成本车人员、被保险人以外的受害人人身伤亡、财产损失的，由保险公司依法在交强险责任限额范围内予以赔偿。《条款》第19条还规定，保险事故发生后，保险公司将按照国家有关法律法规规定的赔偿范围、项目和标准以及交强险合同的约定，并根据国务院卫生主管部门组织制定的交通事故人员创伤临床诊疗指南和国家基本医疗保险标准，在交强险的责任限额内核定人身伤亡的赔偿金额。第 20 条规定，因保险事故损坏的受害人财产需要修理的，被保险人应当在修理前会同保险人检验，协商确定修理或者更换项目、方式和费用。否则，保险人在交强险责任限额内有权重新核定。

对于赔偿的程序，《条例》第 27 条至第 31 条作了详细的规定。概括起来是：被保险机动车发生道路交通事故，被保险人或者受害人通知保险公司的，保险公司应当立即给予答复，告知被保险人或者受害人具体的赔偿程序等有关事项。被保险人向保险公司申请赔偿保险金，保险公司应当自收到赔偿申请之日起 1 日内，书面告知被保险人需要向保险公司提供的与赔偿有关的证明和资料。保险公司应当自收到被保险人提供的证明和资料之日起 5 日内，对是否属于保险责任作出核定，并将结果通知被保险人。对不属于保险责任的，应当书面说明理由；对属于保险责任的，在与被保险人达成赔偿保险金的协议后 10 日内，赔偿保险金。保险公司可以向被保险人赔偿保险金，也可以直接向受害人赔偿保险金。

5. 支付或垫付抢救费用。根据《条例》第 42 条的规定，抢救费用是指被保险机动车发生交通事故导致受害人受伤时，医疗机构对生命体征不平稳和虽然生命体征平稳但如果不采取处理措施会产生生命危险，或者导致残疾、器官功能障碍，或者导致病程明显延长的受害人，参照国务院卫生主管部门组织制定的交通事故人员创伤临床诊疗指南和国家基本医疗保险标准，采取必要的处理措施所发生的医疗费用。依据《条例》第 31 条规定，被保险机动车发生道路交通事故造成本车人员、被保险人以外的受害人人身伤亡的，如需送医院进行抢救，保险公司在接到公安机关交通管理部门通知后，经核对应当及时向医疗机构支付或垫付抢救费用。垫付抢救费用，是指在发生下列情形时，为确保受害人及时得到救治，保险公司应先行垫付抢救费用，之后再向致害人追偿：（1）驾驶人未取得驾驶资格或者醉酒的；（2）被保险机动车被盗抢期间肇事的；（3）被保险人故意制造道路交通事故的。除上述情形外，均属于应当支付抢救费用的情况，是保险公司承担赔偿义务的一部分。

（三）交强险合同的除外责任

依据条款第 10 条的规定，下列损失和费用，交强险不负责赔偿和垫付：（1）因受害人故意造成的交通事故的损失；（2）被保险人所有的财产及被保险机动车上的财产遭受的损失；（3）被保险机动车发生交通事故，致使受害人停业、停驶、停电、停水、停气、停产、通信或者网络中断、数据丢失、电压变化等造成的损失以及受害人财产因市场价格变动造成的贬值、修理后因价值降低造成的损失等其他各种间接损失；（4）因交通事故产生的仲裁或者诉讼费用以及其他相关费用。此外，根据条款第 9 条的规定，对于前述垫付抢救费用的情形下被保险机动车造成的除抢救费用以外的其他损失和费用，保险人不负责垫付和赔偿，这也可以看做是交强险的除外责任。

六、机动车交通事故责任强制保险合同的保险期间

依据《条例》第 20 条的规定，交强险的保险期间为一年，但有下列情形的，投保人可以投保短期交强险：（1）境外机动车临时入境的；（2）机动车临时上道路行驶的；（3）机动车距规定的报废期限不足 1 年的；（4）保监会规定的其他情形。

七、机动车交通事故责任强制保险合同的变更和解除

（一）交强险合同的变更

《条例》第 18 条和条款第 22 条规定，在交强险合同有效期内，被保险机动车所有权发生转移的，投保人应当及时通知保险人，并办理交强险合同变更手续。

（二）交强险合同的解除

《条例》第 16 条和条款第 23 条规定，在下列三种情况下，投保人可以要求解除交强险合同：（1）被保险机动车被依法注销登记的；（2）被保险机动车办理停驶的；（3）被保险机动车经公安机关证实丢失的。

保险人解除保险合同的情形，《条例》和交强险条款只规定了投保人未履行如实告知义务，对于《保险法》规定的其他保险人可以解除保险合同的情形，如危险程度增加、保险欺诈、未尽到维护标的安全义务等，是否可以适用于交强险，值得探讨。我们认为，鉴于《条例》对交强险合同的存续性有严格的要求，除《条例》规定的投保人未履行如实告知义务情形外，其他任何情形包括《保险法》规定的前述情形，保险人均不得解除交强险合同。

思考题

1. 什么是机动车交通事故责任强制保险？
2. 简述机动车交通事故责任强制保险的性质。
3. 简述机动车交通事故责任强制保险的特征。
4. 简述机动车交通事故责任强制保险合同当事人的主要义务。

Master Series

21st Century

第四编

人身保险合同

第十七章

人身保险合同的概念和特点

学习目的和重点

通过学习人身保险合同的概念和特点，了解人身保险合同与财产保险合同的不同，重点掌握人身保险合同的特殊性。

第一节　人身保险合同的概念

我国《保险法》是从保险标的的角度来定义人身保险合同的概念的，第 12 条第 3 款规定："人身保险是以人的寿命和身体为保险标的的保险。"具体而言，人身保险合同是指投保人和保险人约定，由投保人向保险人支付保险费，保险人于被保险人死亡、伤残、疾病或者生存到约定的年龄、期限时，向被保险人或受益人给付保险金的合同。人身保险合同分为人寿保险、年金保险、健康保险、意外伤害保险等合同。

实务中，一份人身保险合同可能包含数项不同的保险责任，但据以组合的基本保险责任主要有以下几项：

1. 死亡保险责任。即当被保险人死亡时，保险人按约定给付死亡保险金。

2. 生存保险责任。即当被保险人生存到约定的年龄、期限时，保险人按约定给付生存保险金。

3. 年金保险责任。即在被保险人达到约定的年龄、期限后的生存期内，保险人按约定每年、每半年、每季度或每月给付一次保险金，直至被保险人死亡。从性质上看，年金属于生存保险金，但习惯上将其单独列为一类保险责任。

4. 伤残保险责任。即当被保险人因意外伤害或疾病造成残疾时，保险人按约定给付伤残保险金。

5. 医疗保险责任。即当被保险人因意外伤害或疾病需要医疗时，保险人按约定给付医疗保险金。

6. 收入损失保险责任。即当被保险人因意外伤害或疾病，尚未确定为残疾但不能正常工作导致收入减少时，保险人按约定给付收入损失保险金。

第二节　人身保险合同的特点

人身保险合同，除具有诺成性、双务性、有偿性、非要式性、继续性、射幸性、附合性等保险合同的一般特点外，与财产保险合同相比，还具有以下几个方面的特点。

一、保险标的的人格化

人身保险合同的保险标的是人的寿命和身体，这与财产保险合同的保险标的，即财产及其有关利益是截然不同的。保险标的人格化具有的特殊属性，是人身保险合同区别于财产保险合同的最大特点，也是人身保险合同的其他特点存在的前提和基础。一方面，人的寿命和身体不是商品，不能用货币来评估、衡量、表现其价值，故而人身保险合同不存在保险价值；另一方面，人的寿命和身体遭受保险事故造成的后果，可以表现为生命的丧失、健康的损害或身体的伤害，也可能是产生经济上的需要或丧失劳动能力，甚至包括精神和肉体上的痛苦，基于生命无价和对人之尊重，这些后果是无法用货币加以准确衡量的，因而也是无法用货币对其进行充分赔偿或补偿的。

二、保险金额确定的特殊性

由于人的寿命和身体的价值不能用货币来衡量，因此人身保险合同的保险金额无法以保险价值为依据来确定。一般情况下，是由投保人根据被保险人的人身保障需要和投保人交付保险费的能力提出保险金额的要求，保险人根据对被保险人风险的评估和承保风险的能力决定是否接受投保，审核保险金额。因此从本质上看，人身保险合同的保险金额是由投保人和保险人协商确定的。由于人身保险合同不存在保险价值，也就不能把保险金额和保险价值进行比较，所以不存在不足额保险、足额保险、超额保险以及重复保险的问题，也不存在财产保险采用的比例赔偿方式或第一危险赔偿方式的问题。[①]

三、保险金的定额给付性

人身保险合同的保险保障职能，是通过保险人给付保险金来实现的。在大多数情况下，人身保险的给付不是对物质损失的一种经济补偿，而是按照合同约定，给被保险人或其受益人提供物质上的帮助和经济上的支持。因此，根据人身保险合同的约定，只要发生保险事故造成被保险人死亡、疾病或者伤残的，或者合同约定的期限届满时，保险人就要按照约定的保险金额向被保险人或受益人给付保险金，而不能以被保险人的实际损失为前提，也不论被保险人或者受益人是否已从其他途径得到补偿。这有别于财产保险合同的损失补偿性质，因为财产保险合同是以补偿为目的的，保险人履行保险责任的前提是因保险事故发生造成保险标的损失，并且保险人的赔偿数额是在保险金额范围内，以保险标的的实际损失为依据。同时，基于财产保险合同的补偿性，被保险人只能

---

① 秦道夫. 保险法论［M］. 北京：机械工业出版社，2000：235.

获取一笔补偿，而不能获取额外补偿。

四、保险期限的长期性

大多数人身保险合同，尤其是人寿保险合同，保险期限比较长，可以是几年、几十年甚至终身。原因在于，被保险人的年龄越大，其寻求保险保障的需要越大，而其缴费的能力却在下降，所以人身保险合同采取长期保险形式，有利于降低保险费用，增强对被保险人的保障作用。而相比之下，财产保险合同的保险期限要短得多，一般为一年或一年以下。

五、责任准备金的储蓄性

人身保险合同中的大多数人寿保险合同，在为被保险人提供风险保障的同时，兼具储蓄性的特点。由于人寿保险在技术上采用均衡保险费率，相应地，人寿保险的纯保险费一般由两部分组成，即危险保险费和储蓄保险费。投保人早期交纳的保险费高于被保险人当年根据保险金额计算出来的危险保险费，多余的部分构成储蓄保险费，由保险公司以预定的利率进行积累。历年储蓄保险费积存的终值即成为责任准备金。正因为人寿保险中含有储蓄因素，所以人寿保险的被保险人在保险单的责任准备金额度内，可以用保险单作抵押，向保险公司借款；中途解除保险合同的，有权要求返还现金价值（责任准备金）。而财产保险合同是单纯的营业性质，限于在保险金额范围内补偿保险标的的实际损失，不存在责任准备金的退还问题。

六、不存在代位求偿权

在财产保险合同中，因第三者对保险标的的损害而造成保险事故的，保险人自向被保险人赔偿保险金之日起，在赔偿金额范围内代位行使被保险人对第三者请求赔偿权利。而人身保险合同中，不存在所谓的代位求偿权问题，因此被保险人因第三者的行为而发生死亡、伤残或者疾病等保险事故时，被保险人或受益人既可以依保险合同约定要求保险人给付保险金，又可以依侵权损害赔偿关系要求第三者赔偿，不存在保险人给付的保险金与第三者赔偿之和是否超过被保险人的实际经济损失问题。

七、被保险人的限定性

由于人身保险合同的保险标的是人的寿命和身体，寿命和身体只能为自然人所拥有，法人和其他组织并不作为生命体而存在，因此人身保险合同的被保险人只能是自然人，不能是法人和其他组织。而财产保险合同的保险标的是财产及其有关利益，由于自然人、法人和其他组织都可以拥有财产及其有关利益，因此都可以成为财产保险合同的被保险人。

八、人身保险费不得诉讼请求

人身保险合同的投保人交付保险费有趸交和分期交付两种方式，如采用分期交付，投保人超过约定的期限60日未交付当期保险费的，保险合同效力中止，或者由保险人按照约定减少保险金额，保险人并不享有诉讼请求投保人支付保险费的权利。而财产保险合同成立并生效后，保险费即成为投保人对于保险人的债务，与一般债务无异，保险人当然可以诉请交付保险费。

思考题

1. 简述人身保险合同的概念。
2. 试述人身保险合同的特点。

第十八章
人身保险合同的分类

学习目的和重点

通过学习人身保险合同的分类，了解人寿保险合同、意外伤害保险合同、健康保险合同、年金保险合同、投资型人身保险合同的概念和种类，重点掌握投资型人身保险合同兼具保险保障功能和投资理财功能，是在传统人身保险合同之上的发展与创新，认识分红保险合同、万能保险合同和投资连结保险合同之间的差异。

第一节　人寿保险合同

一、人寿保险合同的概念

人寿保险合同，是以被保险人的寿命为保险标的，以被保险人在保险合同约定的期限内生存或者死亡作为给付保险金条件的人身保险合同。人寿保险合同的被保险人只能限于自然人，法人或未出生的胎儿，均不能作为保险对象。

人寿保险合同是人身保险合同的主要类型。人身保险合同区别于财产保险合同的诸多特点，如定额性、给付性、长期性和储蓄性等，都集中表现在人寿保险合同中。人寿保险合同中不存在超额保险的问题，投保人可以以本人为被保险人同时订立几种人寿保险合同，并从各种合同中得到约定的保险金。人寿保险合同中也不存在代位求偿的问题，如果被保险人的死亡是由第三者所造成的，其受益人除可以向责任者索赔外，还可以从保险人处取得保险金，保险人不得行使代位求偿权。

二、人寿保险合同的种类

（一）死亡保险合同、生存保险合同和两全保险合同

人寿保险合同，可以按照不同的标准，划分为不同的种类。最常用的分类是以保险事故为区分标准，分为死亡保险合同、生存保险合同和两全保险合同。

1. 死亡保险合同，是指以被保险人的死亡为保险事故的保险合同。一般包括定期死亡保险合同和终身保险合同两种。

（1）定期死亡保险合同，习惯上称为定期保险合同，是一种以被保险人在约定期间

内发生死亡事故而由保险人负责给付保险金的保险合同。这种合同不附生存条件，往往为期不长，大都是因被保险人短期内担任一项有可能危及生命的临时工作，或短期内因被保险人的生命安全而影响投保人的利益而投保的。由于定期保险合同如果在保险期满前未发生保险事故，保险费不再返还，不含储蓄因素，因而其保险费低于任何一种人寿保险合同，从而投保人只要花费极为低廉的保险费就可以得到较大的保险保障，因而对经济负担能力较低而又需要保险保障的人来说是最为适宜的。

（2）终身保险合同，是一种不定期的死亡保险合同，亦不附生存条件，保险人要一直负责到被保险人死亡时为止，亦即保险人对被保险人要终身负责，而且最终要给付一笔保险金。由于终身保险合同保险期限长，而且必然要给付保险金，因此它的费率就高于定期保险合同。

应该注意的是，无论何种死亡保险合同，被保险人本人是不可能领到保险金的，其实质往往是被保险人为其家属在其死后筹措一笔生活费用。

2. 生存保险合同。与死亡保险合同恰恰相反，生存保险合同是指以被保险人在约定期限内生存作为给付保险金条件的保险合同。被保险人如果在保险期限内死亡，保险合同即告终止，投保人所交的保险费不予退还。订立生存保险合同的目的主要是使被保险人到一定年龄时，可以领取一笔保险金以满足其生活上的需要。如为养老所需而投保生存保险，生存到退休年龄，即可领取保险金。一般来说，保险人很少单独开办生存保险，通常都是将其附加在其他种类的保险上，如生死两全保险。事实上，年金保险（annuity insurance）合同也可视为生存保险合同。

3. 两全保险合同，又称生存和死亡两全保险合同、养老保险合同，是指被保险人不论在保险期限内死亡、或生存到保险期限届满时，均可领取约定保险金的一种保险合同。它是由生存保险合同和死亡保险合同合并组成的，所以称为生存和死亡两全保险合同，简称两全保险合同。我国澳门《商法典》称之为生存死亡两合保险合同，我国目前的简易人身保险合同即属此类。

（二）个人人寿保险合同、联合人寿保险合同和团体人寿保险合同

以被保险人的人数为标准划分，人寿保险合同可分为个人人寿保险合同、联合人寿保险合同和团体人寿保险合同。[①]

1. 个人人寿保险合同，是指以特定某个人为被保险人的人寿保险合同。

2. 联合人寿保险合同，是指由二人或二人以上为被保险人，且保险金的给付以其中一人死亡为条件的人寿保险合同。如父母、夫妻、兄弟姐妹或合伙人等，以其中一人的死亡或达到约定年龄仍生存为保险事故的人寿保险合同。联合被保险人中一个人死亡，即将保险金给付其他生存的人。如果保险期限内无一人死亡，保险期限届满，即将保险金给付所有联合被保险人或其指定的受益人。联合人寿保险合同自保险人给付保险金时即行终止。

3. 团体人寿保险合同，是指以一定社会团体内的全部成员为被保险人，以被保险人

---

① 梁宇贤. 保险法新论［M］. 北京：中国人民大学出版社，2002：230.

指定的家属或其他人为受益人的人寿保险合同。团体人寿保险合同有一张总保险单，每一被保险人都持有一张保险单证明书，以行使其应有的各项权利。被保险人的人数有最低人数的限制。团体人寿保险合同的保险期限通常为一年，附有续保条款的，期满可以续保，即延长保险合同，保险人不得拒绝。在保险合同有效期内，被保险人因疾病、请假或被解雇，只要继续缴纳保险费，保险合同继续有效。如被保险人永久离职，则保险合同的效力至被保险人离职后满一定期间为止。在此期间内，被保险人可另外投保个人保险合同或加入其他团体人寿保险合同。保险金额可以依照被保险人的类别或等级制定，在同一类别之内的员工，保险金额是一致的。①

（三）普通人寿保险合同和特种人寿保险合同

以承保技术为标准，分为普通人寿保险合同和特种人寿保险合同。

1. 普通人寿保险合同，是指以个人作为投保人和承保对象，运用一般的技术方法经营的死亡、生存和混合保险。在我国的保险实务中，普通人寿保险多附加意外伤害保险。

2. 特种人寿保险合同，是指相对于普通人寿保险合同以外的各种人寿保险合同。从承保技术上说，人身保险最初是为了保障和救助的生命作为主要事故（生和死）所致的损害后果，此后其保障范围扩展到有关身体和健康的事故（疾病、伤残、丧失工作能力等）以致的灾难，进而扩展到社会成员在日常生活中的特殊事故（诸如儿童的成长教育、子女的婚姻、妇女的怀孕等）导致的经济困难。其中，多数是将保障"生、老、病、死"等基本灾难的人身保险列为普通人寿保险合同。其他人身保险合同则是从普通人寿保险合同派生出来的，称为特种人寿保险合同。②

（四）资金保险合同和年金保险合同

以保险金的给付方法为标准，人寿保险合同可分为资金保险合同和年金保险合同。

1. 资金保险合同，是指保险事故发生时，保险人向被保险人或者受益人一次性给付全部保险金的人寿保险合同。普通的人寿保险合同如无特别约定的，均采用一次性给付的方法。

2. 年金保险合同，是指以被保险人生存为条件，在其终身或一定期间中，每年给付一定金额的保险。

第二节　意外伤害保险合同

一、意外伤害保险合同的概念

意外伤害保险合同，是指被保险人在保险期限内，因遭受意外事故而导致身故或残疾时，保险人依约给付保险金的合同。依照意外伤害保险合同，被保险人受到意外伤害

---

① 温世扬. 保险法［M］. 北京：法律出版社，2003：373.

② 贾林青. 保险法［M］. 北京：中国人民大学出版社，2003：378.

或者因意外事故导致身故或残疾，保险人应当支付确定金额的保险金。构成意外伤害，必须具备下列三个条件：

1. 必须是外来的或外界原因造成的事故。如果是由于被保险人身体内在的原因造成的，如因脑出血引起跌倒而死亡就不属于伤害保险合同的责任范围，而应当属于疾病保险合同的范畴。通常造成伤害大多可归于外部作用，如交通事故、跌伤等都是由于外部作用而引起的伤害。又如误食毒菇致死，是因食物有毒引起死亡；失足落水溺毙，是由于水造成窒息。因此，一般来说，凡是来自自身外的原因遭受的伤害，都可以称为外部而来的事故。

2. 必须是不可预料的意外事故，而不是故意制造的事故。不可预料的意外事故是指事故的发生及其导致的结果都是偶然的。如在行驶中的车门附近的乘客，被人碰撞落车，坠地身亡，是属于不可预料的意外事故。但是如果车辆拥挤，车子将要启动，而乘客强行吊车，虽经售票员一再劝说，不予理会，以致在车辆启动时坠地重伤，这种后果不是不可预料的，而是完全可以防止的，因而就不构成意外伤害。

3. 必须是突然发生，且一瞬间发生剧烈变化的事故。像交通事故、天空坠落物体引起的伤亡，都是突然发生瞬间造成伤害的，而像因长途行军，以致双脚磨损或长时期在冰天雪地露天操作造成冻伤，就不能构成伤害事故。但是有些事故造成的伤害后果虽非立即显示，而身体损伤却是剧烈原因造成的，也可以作为伤害事故。如发生剧烈的碰撞以致内出血，当时虽然尚未立即出现，但后来因内伤而死亡，也可作为伤害事故。

意外伤害保险合同虽也属于定额给付性保险合同，但其不具有储蓄性，有关人寿保险合同的保险条款不适用于意外伤害保险合同。由于意外事故风险与被保险人的职业和其所从事的活动关系密切，较少受到被保险人的年龄、性别的影响，所以厘定意外伤害保险合同的保险费率不考虑被保险人的年龄、性别，不适用生命表，主要取决于被保险人的职业和其所从事的活动所涉及的危险程度，即根据损失率来计算。

意外伤害保险合同一般是短期保险，或者以一年作为保险期限，或者以约定的特定期间（如旅游期间、乘坐交通工具期间）作为保险期限。

二、意外伤害保险合同的分类

（一）普通意外伤害保险合同和特种意外伤害保险合同

按被保险人的范围分类，可以分为普通意外伤害保险合同和特种意外伤害保险合同。

1. 普通意外伤害保险合同，是指专门为被保险人因意外事故以致身体蒙受损伤而提供保险保障的人身保险合同。此类保险可以适用于各行各业的公民。

2. 特种意外伤害保险合同，通常为某种特殊需要或特种危险而承保，保险期限一般较短，多是一年以下的短期或某一事项的过程。特种意外伤害保险合同的保险范围仅限于特种原因或特定地点所造成的伤害，主要包括旅游伤害保险合同、交通事故伤害保险合同和电梯乘客意外伤害保险合同等。

（二）团体人身意外伤害保险合同和个人人身意外伤害保险合同

按投保人的范围分类，可以分为团体人身意外伤害保险合同和个人人身意外伤害保险合同。

1. 团体人身意外伤害保险合同，是指机关、团体、企事业单位作为投保人，为其在职人员投保人身意外伤害险的保险合同。

2. 个人人身意外伤害保险合同，是指公民本人投保或由有关单位（公共游乐场所、旅馆、饭店等）代为办理的人身意外伤害保险合同。

另外，由于适用依据不同，意外伤害保险合同又可分为自愿保险和强制保险。其中，自愿保险的适用依据是双方当事人的独立意思表示，是否投保由投保人自行决定，是否承保也取决于保险人的意愿；而强制保险适用依据则是有关法律法规的规定，是否投保或承保不取决于当事人的自愿，必须签订相应的意外伤害保险合同。

相关案例
李某与保险公司航空旅客意外伤害保险纠纷案

一、基本事实

2010 年 12 月 21 日，李某从所在城市搭乘某航空公司的飞机前往外地出差。在机场，李某向某保险公司购买了航空旅客意外伤害保险，保险金额为 20 万元。飞行途中，飞机由于遭雷电袭击，一机翅部分受损，飞机紧急迫降在途经的 A 市机场。在迫降过程中，由于飞机失去平衡，机身剧烈抖动，导致李某心理紧张，突发脑出血。李某虽经医院抢救脱离了生命危险，但全身瘫痪。事故发生后，李某委托其家属向保险公司报案并提出索赔，要求保险公司给付自己医疗费、护理费、残疾补助费等共计 25 万元。

保险公司接到李某家属的报案后，及时进行了核实，因李某没有投保附加医疗费用保险，且护理费不在保险责任范围内，保险公司提出只给付 18 万元的残疾保险金，对超过部分不予给付。李某坚持认为其因交通意外实际支付的医疗费、护理费也应计算在内。双方协商不成，李某诉至人民法院。

二、判决结果和理由

一审法院经审理后认定：李某在乘机前与保险公司签订的保险合同有效，李某的身残系由客机在飞行过程中遭遇的意外事故所引起，属航空旅客意外伤害保险责任范围。保险公司应对李某的残疾承担给付责任。根据航空旅客意外伤害保险合同的约定，医疗费用和护理费不在保险责任范围内，故保险公司应按保险合同约定向李某给付残疾保险金 18 万元。对李某提出的支付医疗费和护理费的请求，法院没有支持。

三、分析与评论

本案主要涉及意外伤害保险合同的概念和赔付问题。李某与保险公司签订了航空旅客意外伤害保险合同，并且向保险公司缴纳了保险费，因此，该保险合同是合法有效的，是李某向保险公司索赔的重要依据。由于李某所乘飞机因雷电袭击受损迫降造成了李某伤残，符合意外伤害保险的三个构成要件，即外来、突然和非本意三要素，属航空旅客意外伤害保险责任范围内的事故，因此，根据保险合同的约定，保险公司应当承担向被保险人给付保险金的义务。然而李某的实际伤残损害额为 18 万元，根据航空旅客意外伤害保险合同的约定，每份保险保险人给付的保险金数额，最高不超过 20 万元。因此，法院判决保险公司给付李某 18 万元的残疾保险金是合理的。至于李某要求保险公司承担的医疗费和护理费，因上述费用不在航空旅客意外伤害保险合同约定的保险责任范围内，且李某没有投保附加险，故不应支持。

第三节　健康保险合同

一、健康保险合同的概念

健康保险合同，是指以被保险人在保险期限内因健康原因导致损失为给付保险金条件的人身保险合同。健康保险分为疾病保险、医疗保险、失能收入损失保险、护理保险等。

健康保险合同具有损害补偿因素。特别是医疗给付，主要是补偿医疗费用的实际损失，因而在美国、日本等国家，都把它作为损害保险合同的一种，财产保险公司也可以经营。在合同的变更和解除方面，也参照损害保险的方式办理。有些国家还把公民医疗保障纳入社会保障制度，实施各种医疗保健服务措施和发放生活补贴，使人们在患病时可以通过保险或社会保险取得物质上的帮助，并使人们能够得到必要的医疗，得以早日恢复健康，从而缓解因疾病而带来人们的生活困难。我们认为，尽管健康保险合同带有一定的损失补偿因素，但它毕竟是以人的生命和身体为客体的，特别是因疾病而导致的死亡，更不属经济损失的补偿，而是定额给付。更何况有时对医疗费用给付采用定额的方式。因此，应纳入人身保险合同的范畴。

二、健康保险合同的分类

（一）疾病保险合同、医疗保险合同、失能收入损失保险合同和护理保险合同

根据承保风险的不同，健康保险合同可以分为疾病保险合同、医疗保险合同、失能收入损失保险合同和护理保险合同。

1. 疾病保险合同，是指以约定的疾病发生为给付保险金条件的健康保险合同。

2. 医疗保险合同，是指以约定的医疗行为发生为给付保险金条件，按约定对被保险人接受诊疗期间的医疗费用支出提供保障的健康保险合同。

3. 失能收入损失保险合同，是指以因约定的疾病或者意外伤害导致工作能力丧失为给付保险金条件，按约定对被保险人在一定时期内收入减少或者中断提供保障的健康保险合同。

4. 护理保险合同，是指以因约定的日常生活能力障碍引发护理需要为给付保险金条件，按约定对被保险人的护理支出提供保障的健康保险合同。

根据我国《健康保险管理办法》规定，长期健康保险中的疾病保险，可以包含死亡保险责任，但死亡给付金额不得高于疾病最高给付金额，其他健康保险不得包含死亡保险责任。另外，医疗保险和疾病保险不得包含生存保险责任。作出这一限制的目的主要

是将健康保险与人寿保险相区分。

（二）总括医疗保险合同和特定医疗保险合同

根据保险人的保险金给付范围分类，健康保险合同可以分为总括医疗保险合同和特定医疗保险合同。

1. 总括医疗保险合同，是指保险人对于被保险人因疾病支出的各项费用（医药费、住院费、手术费、检查费、化验费等）不分项目，在保险合同约定的总的限额内予以给付，如住院费用保险合同、手术费用保险合同等。

2. 特定医疗保险合同，即保险人只是对于保险合同约定的特定费用项目或特定疾病作为给付保险金的根据，如癌症保险合同等。

第四节 年金保险合同

一、年金保险合同的概念

年金保险合同，是指以被保险人生存为给付保险金条件，并按约定的时间间隔分期给付一定金额生存保险金的人身保险合同。这种一定金额（又称年金）可按年、按月等分期给付，主要目的是使被保险人更为有效地使用保险金，有计划地安排生活。

年金保险，具体可以从以下三个方面理解：（1）年金保险是人身保险的一种，与人寿保险同类，关于人寿保险的规定，可以适用于年金保险。（2）年金保险是于被保险人生存期间或特定期间给付年金金额的人身保险。年金保险以被保险人生存为条件，在其生存期间内依约给付一定金额的，称之为"终身年金保险"；在一定期间内依约给付一定金额的，谓之"定期年金保险"。前者以被保险人的生存为给付年金的条件；后者则与人的生死不发生关联，年金的给付期间由当事人事先加以确定。（3）年金保险是依约一次或分期给付一定金额的人身保险。保险人应给付之年金金额由当事人事先约定，保险人须按照合同定额给付保险金（即年金），而不得增减，无所谓按实际损害计算给付之问题。年金给付，原指每年一次而言，但事实上按期给付，每月、每季或每半年给付一次均可。如一次给付，容易造成浪费或因投资运用方法不当而耗失，无法满足安定老年生活的实际需要及投保年金保险的目的。①

年金可以说是纯粹生存保险的一种变则，两者同以被保险人或年金受领人之生存为给付条件，前者为受领人达到一定年龄后分期给付，后者则为被保险人达到一定年龄时一次给付。但一般保险与年金比较而言，前者的主要目的是在创造整笔资金，后者则在分解整笔资金。虽然如此，两者存在相同的基本原理：（1）同为预防收入的损失。其他人寿保险是在预防因早死而造成的收入损失，年金则为预防因生存过久而造成的收入损失。（2）同为互助精神的发扬。其他人寿保险是以活得较久的人多付的保费，补贴死得较早的人所少付的保费。而年金则相反，是以死得较早的人多付的保费，补贴活得较久

---

① 郑玉波. 保险法论［M］. 台北：三民书局股份有限公司，1998：210－211.

的人所少付的保费。(3) 两者在计算其保险的代价时同以生命表中生存或死亡的或然率为基础(但两者所用的生命表,并不完全相同)。(4) 两者在计算其保险的代价时,同以保险公司可能赚取的复利率为依据(即就将来可能发生的给付,依一定复利率折算为现在价值,或就此以将来给付的现金价值,依一定复利率折算为将来分期应收之保费)。①

年金保险有利于个人养老、安排子女教育以及企业配合员工退休等,是维持个人生活稳定的最佳方式,可起到保障社会安定的作用。

二、年金保险合同的分类

(一) 终身年金保险合同和定期年金保险合同

根据保险人支付年金的具体方式,年金保险合同又可分为终身年金保险合同、定期年金保险合同。

1. 终身年金保险合同,是指保险人从约定给付的始期起支付年金直至被保险人死亡时止的合同。

2. 定期年金保险合同,是指保险人从约定给付的始期起支付年金到一定的年数为限的合同。

(二) 即期年金保险合同和延期年金保险合同

根据年金给付的起期,可分为即期年金保险合同和延期年金保险合同。

1. 即期年金保险合同,是指保险人从保险合同成立之时起按约定给付年金的合同。

2. 延期年金保险合同,是指保险人在保险合同成立后的一定时间开始支付年金的合同。

终身年金保险合同和定期年金保险合同均可采用即期支付或延期支付的方法。

(三) 定额年金保险合同和变额年金保险合同

根据年金给付金额是否固定,可以分为定额年金保险合同和变额年金保险合同。

1. 定额年金保险合同,即其每期给付金额在订立合同时就已经确定,在给付期间内维持不变的合同。

2. 变额年金保险合同,即其每期给付金额,可以按照一定的计算标准而变动,具有应对通货膨胀而确保保险金实质价值的功能。

(四) 趸交保费年金保险合同和分期交费年金保险合同

根据保险费的交付方式,可以分为趸交保费年金保险合同和分期交费年金保险合同。

1. 趸交保费年金保险合同,是由投保人将应交的保险费一次全部交清,以一次交费方式投保的即期年金保险合同。

2. 分期交费年金保险合同,是由投保人在年金开始给付前,分期缴纳保险费,直至年金开始给付时止的合同。延期年金保险合同多采用此种方式。

---

① 汤俊湘. 保险学 [M]. 台北:三民书局股份有限公司, 1986:417.

相关案例
某百货公司与保险公司养老纠纷案[①] ▐▐▐▐▐▐▐▐▐▐▐▐▐▐▐▐▐▐▐▐▐▐▐▐▐▐▐▐▐▐▐▐▐▐▐

一、基本事实

1999 年 11 月 2 日，某百货公司与某保险公司签订团体增值养老保险合同，为总经理胡某等所属员工 31 人办理了金额不等的"团体新世纪增值养老保险"，保险总金额为 3153084.06 元，保费合计 2020000 元。同时，百货公司还为上述 31 人中的胡某、王某、张某 3 人办理了金额不等的"团体新世纪增值养老保险"，总保险金额为 701658.93 元，保费合计 480000 元。当日百货公司即以支票转账方式交足上述保费，同时保险公司同意被保险人个人可以办理退保手续。同月 3 日，保险公司向百货公司开具保费收据。同月 4 日，保险公司向百货公司出具保单及被保险人个人分单。保单特别约定：凭身份证明及个人分单办理领取。同日，保险公司亦接受了一份百货公司提交的证明，上面载明："我公司同意被保险人个人办理变更、退保或委托手续并按特别约定事项办理"，视为对上款特别约定的补充。2000 年 2 月 18 日，百货公司原人事培训部经理樊某持胡某等 31 名被保险人提交的退保申请、委托书及身份证等相关证件到保险公司要求退保，保险公司表示可以退保，在分别扣留 218203.72 元和 33938.34 元手续费后，将余款 1801796.28 元和 446061.66 元以转账支票形式入账其各自在银行开立的户头，银行于同年 3 月 2 日接受保险公司的委托，依其提供的名单及分配金额将上述款项分别存入 29 名和 3 名被保险人的活期存折。另有二人未申请退保。

百货公司认为，原总经理胡某等 31 人的保险纯属侵占公司财产的行为，意在利用保险合同的形式非法洗钱，保险合同应为无效，保险公司因该合同取得的 250 万元应返还百货公司。遂诉至法院，请求法院判令合同无效并返还所支付的保险费。

二、判决结果和理由

一审法院经审理，依据《中华人民共和国合同法》第 52 条第 3 项、第 58 条之规定，判决如下：（1）原告百货公司与被告保险公司签订的保险合同为无效经济合同。（2）被告保险公司于判决生效后 10 日内返还原告百货公司款 2020000 元和 480000 元。案件受理费共 29280 元，由被告保险公司负担，于本判决生效后 7 日内缴纳。理由是：养老保险合同的根本目的是待被保险人达到法定年龄后，由保险公司向其支付相应的保险金以解决养老之需。百货公司与保险公司在签订保险合同之初已为如何退保做出约定，并在领取保单后三个多月时，29 名和 3 名被保险人同时退保获取保费。这种以签订保险合同为形式，实际占有保费为目的迂回做法，不但避开法律的规定，从而也改变了该项资金的使用目的及保险合同的性质，损害了公司和国家的利益。该保险合同系虚假合同，亦为无效合同。尽管本案在审理过程中被保险人全部如数将收取的保费返还给保险公司，仍然不能改变合同的性质。对合同的无效，双方均有过错，应承担相应的责任。保险公司因该合同而扣留的手续费属不当利益应连同保费一并返还予百货公司。

三、分析与评论

本案中，争议的焦点是百货公司与保险公司的养老保险合同有无法律效力？如果保险合同无效，双方应如何承担责任？

---

① 案例选自：http：//www.zgbxlp.com/prog/showDetail.asp？id＝343。

1. 本案养老保险合同是否为有效合同？

本案中，投保人百货公司为其职工投保了养老保险。养老保险是劳动者在达到法定年龄而退休后，或因年老丧失劳动能力退出劳动岗位后，保险公司向其支付保险金以保障其以后的生活需求、为其提供稳定可靠的生活来源的保险。这其中，达到法定退休年龄是被保险人领取保险金的必要条件，而谋求保障退休后的生活来源是购买养老保险的主要目的。

本案中，百货公司与保险公司在签订保险合同之初就为如何退保做出约定，并在领取保单后三个多月时，29 名和 3 名被保险人同时提出退保并获取保费。这表明投保动机一开始就不是为解决退休后的生活问题而是为退保从而由被保险人获取保费为目的的。这种以保险为名、占有保费为实的行为无疑改变了该项资金的使用目的及保险合同的性质，通过损害公司的利益来达到"肥己"的目的。

我国《合同法》第 52 条规定，"有下列情形之一的，合同无效：（一）一方以欺诈、胁迫的手段订立合同，损害国家利益；（二）恶意串通，损害国家、集体或者第三人利益；（三）以合法形式掩盖非法目的；（四）损害社会公共利益；（五）违反法律、行政法规的强制性规定。"本案即符合此条中"以合法形式掩盖非法目的"的合同无效情形，法院据此认定保险合同无效，是正确的。

2. 本案保险合同被认定无效后，双方如何承担责任？

我国《民法通则》第 61 条及《合同法》第 58 条规定，合同无效或者被撤销后，因该合同取得的财产，应当予以返还。本案保险合同被判无效，法院并判决保险公司将因保险合同而取得的 2500000 元保费返还百货公司。同时《民法通则》第 61 条及《合同法》第 58 条还规定，有过错的一方应当赔偿对方因此所受到的损失，双方都有过错的，应当各自承担相应的责任。那么如何看待本案中双方的过错和责任呢？

百货公司在此无效保险合同中的过错较为明显，即通过保险的形式非法将公司的资金转为个人所有。

保险公司在此保险业务的办理中，违反了《保险法》关于保险合同解除的相关规定。《保险法》第 10 条规定："保险合同是投保人与保险人约定保险权利义务关系的协议。"《保险法》第 15 条规定："除本法另有规定或者保险合同另有约定外，保险合同成立后，投保人可以解除保险合同，保险人不得解除合同。"由此可以看出，法律将解除保险合同的权利赋予了投保人，而不是被保险人，被保险人没有解除保险合同的权利。本案中，投保人是百货公司，根据《保险法》的上述规定，只有百货公司才有权退保，除此之外，包括被保险人在内的其他人并不享有退保的权利。保险公司同意非投保人退保，并将保险费退给非投保人的行为违反了《保险法》的上述规定。

可以看出，本案中双方当事人均有过错，且过错程度大致相当，可由各自对己方的损失负责。法院判决保险公司如数退回保费，此外未再提及双方的赔偿责任，应该说是公正的。

第五节　投资型人身保险合同

一、投资型人身保险合同的概念

投资型人身保险合同，是将保险功能与投资功能相结合的人身保险合同。具体说，即保险人将投保人缴纳的投资型人身保险的投资金用于资金运作，按照合同约定的方式，计提保险费、承担保险责任，并将投资金及其合同约定的收益支付给投保人或被保险人的人身保险合同。

与传统的人身保险相比，投资型人身保险将保险的保障功能与其他金融产品功能进行结合，既考虑到了投保人和被保险人的方便和利益，同时也兼顾了保险人自身经营风险的分散。鉴于投资型人身保险产品具有一定的创新性，且相比传统人身保险出现时间较晚，因此，有人又称其为"人身保险新型产品"。

投资型人身保险是在传统人身保险产品仅提供保障功能的基础上衍生出来的，此类保险合同兼具保险功能和投资功能。投保人在保险合同约定的风险事故发生或者达到了合同约定的年龄、期限时，保险人会按照保险合同的约定提供经济补偿或给付保险金。因此，投保人缴纳的保费中有一部分是作为向保险人转移风险而支付的对价。除此之外，投保人交付的保费中还有一部分是投资的资金，由保险人进行投资，投资收益将归投保人所有，投保人的投资收益随资产投资收益状况变动，其收益具有不确定性。

二、投资型人身保险合同的分类

（一）分红保险合同、万能保险合同和投资连结保险合同

投资型人身保险合同，按其设计类型可以分为分红保险合同、万能保险合同和投资连结保险合同。

1. 分红保险合同，是指保险人将其实际经营成果优于定价假设的盈余，按一定比例向根据保险合同约定的享有保险合同利益和红利请求权的人进行分配的人身保险合同。

分红保险合同的主要功能依然是保险，红利分配是分红保险合同的附属功能。分红保险合同的红利分配方式包括增加保额或现金分配等。但是，分红保险合同的红利收益具有不确定性，与保险人的实际经营成果挂钩，可能会出现没有红利分配的情况。

2. 万能保险合同，是指包含保险保障功能并设立有保底收益投资账户的人身保险合同。

万能保险之所以"万能"，并非指其保险的保障范围广泛，而是指它的保险金额的可调节性和保费缴纳的灵活性。投保人所交保费被分成两部分，一部分用于保险保障，另一部分用于投资。其中，保险保障额度和投资额度的设置主动权在投保人，投保人可根据自身需求对二者进行调节。

万能保险合同通常设定最低保证利率，定期结算投资收益。其为投资账户提供最低收益保证，并且可以与保险人分享最低保证收益以上的投资回报。

3. 投资连结保险合同，是指包含保险保障功能并至少在一个投资账户拥有一定资产价值的人身保险合同。该类保险合同的最大特点是保单现金价值直接与保险人的投资收益挂钩。

投资连结保险合同的保险金额一般由基本保险金额和额外保险金额两部分组成。基本保险金额是被保险人无论何时都能得到的最低保障金额；额外保险金额部分则另行设立账户，由投保人选择投资方向并委托保险人进行投资，额外保险金额将根据资金运作的实际情况而变动。

投资连结保险合同的投保人缴纳首期保费后，可不定期不定额地缴纳保费。由于投资连结保险通常具有多个投资账户，不同投资账户具有不同的投资策略和投资方向，投保人可以根据自身偏好将用于投资的保费分配到不同投资账户，按合同约定调整不同账户间的资金分配比例，并可在合同约定条件下灵活支取投资账户的资金。

投资连结保险合同通常不设定最低保证利率，这是其与分红保险合同、万能保险合同最大的区别。其投资部分的回报率是不固定的，投资收益随具体投资账户的投资业绩波动，投资收益可能会出现负数。

（二） 预定收益型投资保险合同和非预定收益型投资保险合同

投资型人身保险合同，按其是否事先约定投资收益，可以分为预定收益型投资保险合同和非预定收益型投资保险合同。

1. 预定收益型投资保险合同，是指在保险合同中事先约定固定的或浮动的收益率，保险人在保险合同履行完毕时，将投资金及其约定的资金运用收益支付给投保人或被保险人，或者在保险合同解除或终止时，将依照合同约定计算得出的返还金额支付给投保人或被保险人的保险合同。

2. 非预定收益型投资保险合同，是指在保险合同中不事先约定投资金收益率，保险人在保险合同履行完毕、解除或终止时，依照保险合同约定的计算方法，将投资金及其实际的资金运用收益（亏损）支付给投保人或被保险人的保险合同。

三、投资型人身保险合同的法律关系分析

投资型人身保险合同包含了人身保险和投资两部分内容，是否包含了保险和投资两种法律关系呢？由于投资型人身保险合同属于新型的人身保险合同，在我国产生时间不长，司法实践中案例尚不多见。理论上，我国对此研究也很少，更没有形成共识。

我们认为，不能笼而统之地谈投资型人身保险合同的性质，必须根据目前理论、保险监管和业务实践所做的分类，类型化地分析。目前，通行的分类，即上述第一种分类，是分红保险合同、万能保险合同和投资连结保险合同。以下就这三类合同分别做简要分析。

分红保险合同，其主要功能是保险，经营分红只是附属功能。投保人向保险人交付的资金性质上是保险费，资金的所有权已经转移给保险人，保险人作为营业收入计入其资产负债表。保险人有按照合同的约定计算方式给予保险合同约定的请求权人确定回报的义务。同时，如保险人实际经营成果优于定价假设的盈余，应按一定比例分配额外的收益。合同约定的保障回报是确定的，而分红则是不确定的。分红保险并不明确区分保险账户与投资账户，即分红设计并不独立于保险保障功能。利差、死差和费差的损益是人身保险经营的基础，分红保险的实质是保险人将一定比例的利差、死差或者费差收益让渡给被保险人或受益人，以此提升保险产品本身的价值。因此，从合同的这些要素和内容看，与传统的人身保险合同所包含的收取保险费、按约定给予确定的回报，基本上是一致的，分红保险合同还是属于保险合同。对于可能存在的分红，虽然和传统的人身保险合同不同，但由于其次要的地位和辅助的功能，并不足以改变分红保险合同的保险性质。在理论上可能不是很完美、很精细，但商法特别是保险法上这样的问题可以说是

普遍存在的。反过来说，如果将分红保险合同或其分红的部分定性为委托投资或信托投资合同或者其他性质的合同，更是站不住脚的。

投资连结保险合同所包含的保险和投资两部分内容，功能相对独立，容易分开。基本保险金额是被保险人无论何时都能得到的最低保障金额，对应这一部分保障金额，投保人交付的资金属于保险费，这部分法律关系和传统人身保险合同相同，属于保险。而对于额外保险金额，投保人交付的资金，并无确定的回报，而且保险人要设立独立的账户，对于资金的收益不设定最低保证利率，投资部分的回报率是不固定的，投资收益随具体投资账户的投资业绩波动，投资收益可能会出现负数。从这些合同内容和要素来看，投保人交付的投资资金实际上不是保险费，所有权没有转移给保险人，所以也称为投资金。投保人、被保险人或受益人可获得收益不确定，甚至为负数，这显然也不是传统人身保险合同的特性。与信托合同对照，再具体一些，与开放式基金法律关系对照，都更具有一致性和同质性，所以可以将投资连结保险合同中投资部分的法律关系界定为信托法律关系可能更为科学。当然这只是理论上从民事法律关系的角度的探讨，在我国立法上，金融业总体还是分业经营的模式下，认为保险公司在经营信托业务，在监管上也存一定问题。

万能保险合同，如前所述，投保人所交保费被分成两部分，一部分用于保险保障，另一部分用于投资。投资账户提供最低收益保证，并且可以与保险人分享最低保证收益以上的投资回报。这既有分红保险合同的特征，又有投资连结型保险的特征。就投资部分而言，万能保险的投保人所交付资金的所有权转移给了保险人，这与分红保险是一致的；并且，就回报部分而言，万能保险和分红保险一样，也是确定的回报（最低保证利率），加不确定的收益（投资收益、分红）。基于前述分红保险合同性质分析的相同理由，万能保险合同定性为保险合同更为妥当。关于投资型人身保险合同的法律关系的认定，特别是万能保险合同、投资连结保险合同目前尚无统一认识，理论上仍需逐步深入，随着司法实践的不断发展，才能逐步完善，形成通说和共识。

思考题

1. 简述人身保险合同的分类。

2. 什么是投资型人身保险合同？

3. 简述投资型人身保险合同的分类。

4. 简述分红保险、万能保险、投资连结保险三类合同之间的异同。

5. 试述人寿保险合同、意外伤害保险合同、健康保险合同、年金保险合同、投资型人身保险合同的概念和种类。

第十九章
人身保险合同当事人的权利和义务

学习目的和重点

通过学习人身保险合同当事人的权利和义务，重点掌握投保人、被保险人和保险人的权利和义务，并能在实践中准确运用。

第一节　投保人、被保险人的义务

按照法律规定与合同约定，人身保险合同中，投保人、被保险人的义务主要有交付保险费义务、如实告知义务、出险通知义务、有关资料之提供义务。可见，从大的方面看，与财产保险合同相比，人身保险合同中投保人、被保险人所负义务中没有维护保险标的安全义务、危险显著增加之通知义务和施救义务。这是由人身保险合同与财产保险合同保险标的之不同而决定的。就投保人、被保险人所负的出险通知义务、有关资料提供义务而言，人身保险合同中与财产保险合同项下并无特别的不同，故此处不再赘述。但对交付保险费义务、如实告知义务而言，虽然投保人、被保险人在人身保险合同与财产保险合同项下均负此类义务，但其具体内容与适用规则并不完全相同，故需作特别说明。

一、交付保险费义务

在人身保险合同中，交付保险费是投保人的一项主要合同义务。保险合同生效后，投保人应当按照合同约定的数额、时间、地点和方式，向保险人交付保险费。就给付保险费义务而言，人身保险合同在以下两方面不同于财产保险合同。

（一）给付保险费义务的履行

民事义务是指根据民事法律有关规定或当事人约定，义务人应为一定的行为或不行为。民事义务产生以后，对义务人即有法律拘束力。这种拘束力主要表现为义务人不履行义务时，应承担相应的民事责任。基于民事法律关系的平等自愿原则，在义务人不履行义务时，权利人不能强制义务人履行该义务，但为使权利人的权利得以实现，法律赋予权利人以请求法院强制义务人履行义务的权利。在财产保险合同中，如果投保人未履行其给付保险费义务，保险人有权请求法院强制投保人履行该义务。此时，根据有关法律规定，要使法院强制投保人履行交付保险费义务，保险人须以诉讼方式为之。

然而，我国《保险法》第38条规定："保险人对人寿保险的保险费，不得用诉讼方式要求投保人支付。"在人寿保险合同中，在投保人未履行给付保险费义务时，保险人无权以诉讼方式要求投保人履行该义务。法律之所以作出这种规定，原因主要有三：一是人寿保险合同是以人的寿命和身体为保险标的的保险，保险标的具有特殊性，应允许投保人在投保后以不交付或不继续交付保险费的方式选择不使保险合同生效或中止保险合同的效力。二是人寿保险合同一般约定，投保人未交付首期保险费的，保险合同不生效。《保险法》规定，投保人未按约定支付当期保险费超过一定时间的，除合同另有约定外，保险合同效力中止。既然投保人未履行给付保险费义务时，保险人无须承担相应的保险责任，则保险人应无权以诉讼方式强制投保人履行该义务。三是人寿保险合同具有储蓄性质，不能强制储蓄是法律的一项基本原则。

（二） 未履行交付保险费义务的后果

关于财产保险合同中投保人未履行交付保险费义务的法律后果，我国《保险法》未予明确规定。司法实践中的主要做法是，当事人有约定的，依约定；没有约定的，则保险人继续承担保险责任，投保人承担未履行给付保险费义务的违约责任。

对人身保险合同中投保人未履行给付保险费义务的法律后果，我国《保险法》第36条规定："合同约定分期支付保险费，投保人支付首期保险费后，除合同另有约定外，投保人自保险人催告之日起超过三十日未支付当期保险费，或者超过约定的期限六十日未支付当期保险费的，合同效力中止，或者由保险人按照合同约定的条件减少保险金额。被保险人在前款规定期限内发生保险事故的，保险人应当按照合同约定给付保险金，但可以扣减欠交的保险费。"第37条规定："合同效力依照本法第三十六条规定中止的，经保险人与投保人协商并达成协议，在投保人补交保险费后，合同效力恢复。但是，自合同效力中止之日起满二年双方未达成协议的，保险人有权解除合同。保险人依照前款规定解除合同的，应当按照合同约定退还保险单的现金价值。"可见，在人身保险合同中，投保人未依约履行交付保险费义务的法律后果不是向保险人承担违约责任，而是在一定情况下使保险合同效力中止，或使保险人享有保险合同解除权。

二、如实告知义务

就如实告知义务而言，人身保险合同在以下两方面不同于财产保险合同。

（一） 如实告知的内容

投保人负有如实告知义务的合理性根据，在于通过投保人对该义务的履行而使保险人掌握其所承保风险的有关情况，利于保险人决定是否承保及以何种条件承保。由于财产保险合同的标的是财产及其有关责任，因此，如实告知的内容主要是保险标的（即财产及有关责任）的有关情况。在人身保险合同中，保险的标的是被保险人的寿命和身体，因此，如实告知的内容应是被保险人的有关情况。

（二）违反如实告知义务的法律后果

在订立财产保险合同时，如果投保人未履行如实告知义务，其法律后果完全适用《保险法》第 16 条的规定，即"……投保人故意或者因重大过失未履行前款规定的如实告知义务，足以影响保险人决定是否同意承保或者提高保险费率的，保险人有权解除合同。前款规定的合同解除权，自保险人知道有解除事由之日起，超过三十日不行使而消灭。自合同成立之日起超过二年的，保险人不得解除合同；发生保险事故的，保险人应当承担赔偿或者给付保险金的责任。投保人故意不履行如实告知义务的，保险人对于合同解除前发生的保险事故，不承担赔偿或者给付保险金的责任，并不退还保险费。投保人因重大过失未履行如实告知义务，对保险事故的发生有严重影响的，保险人对于合同解除前发生的保险事故，不承担赔偿或者给付保险金的责任，但应当退还保险费"。

在订立人身保险合同时，如果投保人未履行如实告知义务，其也适用《保险法》第 16 条的规定。但是，在投保人未如实告知被保险人年龄时，其法律后果与《保险法》第 16 条的规定并不完全相同。《保险法》第 32 条规定："投保人申报的被保险人年龄不真实，并且其真实年龄不符合合同约定的年龄限制的，保险人可以解除合同，并按照合同约定退还保险单的现金价值……投保人申报的被保险人年龄不真实，致使投保人支付的保险费少于应付保险费的，保险人有权更正并要求投保人补交保险费，或者在给付保险金时按照实付保险费与应付保险费的比例支付。投保人申报的被保险人年龄不真实，致使投保人支付的保险费多于应付保险费的，保险人应当将多收的保险费退还投保人。"因此，在人身保险合同中，投保人如果未如实告知被保险人的年龄，其法律后果与《保险法》第 16 条的规定并不完全相同；投保人如果未如实告知被保险人除年龄以外的其他情况，则其法律后果完全适用《保险法》第 16 条的规定。

✔ 相关案例

马某诉某人寿保险公司人身保险合同纠纷案 ∷∷∷∷∷∷∷∷∷∷∷∷∷∷∷

一、基本事实

2013 年 2 月 6 日，马某受其胞妹委托，与某人寿保险公司（以下简称保险公司）签订了一份重大疾病终身及住院医疗定额给付的保险合同，合同约定被保险人为马某胞妹之子（生于 2012 年 9 月 21 日），保险金额为 6 万元，保险责任开始时间为 2013 年 7 月 2 日零时，受益人为马某。合同签订后，马某向保险公司交付了全部保险费。2013 年 9 月 2 日，被保险人马某胞妹之子因病死亡，医疗诊断为："青紫待查，先心病？"死亡原因为："循环呼吸衰竭。"当日，马某即向保险公司报险，申请保险金赔付。保险公司经审查，以被保险人在投保前已患有先天性心脏病、投保人未履行如实告知义务为由拒赔。

经法院审理查明，被保险人在出生后第四天即因病住入区人民医院治病，并在治病过程中被初步诊断为先天性心脏病。当时在被保险人的出院记录中没有关于被保险人患有先天性心脏病的确诊记录，但医院要求被保险人在半年后进行复诊，以明确其是否确实患有先天性心脏病。在投保时，投保人马某未将被保险人尚待确诊是否患有先天性心脏病的情况告知保险公司，而是在投保单上注明的"目前医师是否指出被保险人身体某部分出现异常并劝说治疗？""过去十年内是否因疾病或受伤住院或手术?""过去十年内是否患有先天性心脏病?""过去五年内是否接受过血液、尿液检查?"等项目中均填了"否"。

二、判决结果和理由

一审法院经审理认为,在医院都未能确诊的情况下,投保人不可能说明被保险人是否患有什么重大疾病,故被告保险公司以原告马某未履行如实告知义务为由拒赔理由不充分,因此判决被告保险公司向原告马某给付保险金6万元。

保险公司不服一审判决,上诉至市中级人民法院。二审法院经审理认为:(1)关于被保险人是否患有先天性心脏病,只能以被保险人的医院住院资料所反映的客观事实为准。医院对被保险人是否患有先天性心脏病未做结论性的诊断,但被保险人曾被初步诊断为先天性心脏病住院治疗并尚待初复查确诊的事实却是客观存在的。(2)投保人应当知道被保险人曾被初步诊断为先天性心脏病住院治疗并尚待初复查确诊这一事实,但在填写投保单时,却在所有的患病史栏目均填"否",未将被保险人曾被初步诊断为先天性心脏病住院治疗并尚待初复查确诊这一事实如实告知保险人。据此,二审法院认为投保人未诚实地履行如实告知义务,保险公司有权拒绝向受益人给付保险金,因此判决撤销一审民事判决,驳回马某的诉讼请求。

三、分析与评论

本案争议的焦点是投保人是否履行了如实告知义务。如果投保人履行了如实告知义务,保险公司即应向受益人给付保险金;如果投保人未履行如实告知义务,保险公司则有权拒赔。

本案被保险人虽未曾被确诊为患有先天性心脏病,但其曾被初步诊断为患有先天性心脏病,且医院也要求其在半年后进行复诊。对此事实,保险公司虽未进行直接询问,但保险公司在投保单中关于"目前医师是否指出被保险人身体某部分出现异常并劝说治疗……""过去十年内是否因疾病或受伤住院或手术?"的询问也涉及此事实。对此,投保人马某本应将被保险人曾住院接受诊断和治疗、曾被初步诊断为先天性心脏病及被医院要求进行复诊这一事实向保险公司如实告知。但是,投保人马某对前述询问均作了否定回答。投保人马某的回答,应被认为是故意隐瞒事实行为。因此,本案中投保人马某存在故意未履行如实告知义务行为。根据原《保险法》第17条规定,"投保人故意隐瞒事实,不履行如实告知义务的,……保险人有权解除保险合同。投保人故意不履行如实告知义务的,保险人对于保险合同解除前发生的保险事故,不承担赔偿或者给付保险金的责任,并不退还保险费",保险公司有权拒绝保险赔偿。

第二节　保险人的义务

按照法律规定或合同约定,人身保险合同中,保险人的义务主要有危险承担义务及在一定条件下的给付保险金义务、承保时的注意义务、说明义务、通知义务。就说明义务与通知义务而言,保险人在人身保险合同中所负义务与在财产保险合同项下几无不同。因此,这里将只就人身保险合同中保险人所负危险承担义务及在一定条件下的给付保险金义务作简要说明。

一、危险承担义务

与财产保险合同一样,人身保险合同也为双务合同。在人身保险合同中,保险人根据合同约定取得收取保险费权利的同时，亦需承担相应的危险承担义务及在一定条件下的给付保险金义务。就称谓而言，在财产保险合同中，保险人在发生保险事故时所负的义务称赔偿保险金义务；在人身保险合同中，保险人在发生保险事故时所负的义务称给付保险金义务。反映在赔付的实际内容上，在财产保险合同中，保险人履行赔偿保险金义务严格适用损失补偿原则；在人身保险合同中，由于作为保险标的的人之寿命和身体无法以金钱予以衡量，故损失补偿原则并无适用余地。因此，人身保险合同中不存在超额保险与代位求偿权问题。

二、承保时的注意义务

人身保险合同是以被保险的寿命和身体为保险标的的合同。在死亡保险中，保险事故的发生是被保险人的死亡，而且死亡保险的受益人只能是被保险人以外的人，故在这种保险中，往往容易发生受益人为获取保险金而杀害被保险人的情况。可见，对被保险人本人而言，拥有死亡保险有时并不是一件"好事"。为了保护被保险人免于因拥有死亡保险而陷入危险，不少国家保险法均对死亡保险的投保与承保作了严格的规定。

我国《保险法》第 33 条规定："投保人不得为无民事行为能力人投保以死亡为给付保险金条件的人身保险，保险人也不得承保。父母为其未成年子女投保的人身保险，不受前款规定限制。但是，因被保险人死亡给付的保险金总和不得超过国务院保险监督管理机构规定的限额。"第 34 条规定："以死亡为给付保险金条件的合同，未经被保险人同意并认可保险金额的，合同无效。按照以死亡为给付保险金条件的合同所签发的保险单，未经被保险人书面同意，不得转让或者质押。父母为其未成年子女投保的人身保险，不受本条第一款规定限制。"依此规定，对死亡保险，除了父母在一定条件下可为未成年子女投保外，其他情况下均须被保险人书面同意。对未经被保险人书面同意的死亡保险，保险人不得承保。可见，在承保死亡保险时，保险人须尽审查被保险人是否书面同意并认可保险金额的义务，否则，即违反了该注意义务，如果因此给被保险人造成损害的，保险人应承担相应的民事责任。

📝 相关案例
王某诉某保险公司人身保险合同纠纷案 ▪▪▪▪▪▪▪▪▪▪▪▪▪▪▪▪▪▪▪▪▪▪▪▪▪▪▪▪▪▪▪▪▪▪▪▪

一、基本事实

2003 年 1 月 18 日，投保人史某通过某人寿保险公司（以下简称保险公司）的保险代理人王某某与保险公司签订了国寿千禧两全保险（分红型）合同。其中，被保险人为史某之子史某某，受益人为史某之妻王某。保险合同签订后，投保人史某依合同约定向保险公司交付保险费 800 元。保险合同约定，被保险人身故，受益人应得保险金 1 万元。"国寿千禧理财两全保险（分红型）条款"第 7 条第七项约定，被保险人在本合同生效（或复效）之日起一百八十日内因疾病身故的，保险人不负赔偿责任。另外，在签订保险合同时，投保人签署了保险公司提供的"声明与授权"。该"声明与授权"在记载其他内容的同时，载明保险人已就保险合同的条款内容（包括责任免除部分）向投保人作了明确说明。

2003 年 6 月 25 日，被保险人史某某因急性病死亡。受益人王某向保险公司请求给付保险金 1 万元，保险公司以被保险人因病身故发生在保险合同签订之日起未满一百八十日为由拒绝赔付。王某认为保险公司代理人王某某未向自己说明被保险人在合同签订之日起未满一百八十日内因病身故时保险公司不给付保险金，因此向人民法院提起诉讼，请求法院判决保险公司履行保险合同约定的给付保险金义务。

二、判决结果和理由

一审法院经审理认为，投保人与被告保险公司所签保险合同依法成立，合法有效。保险合同是典型的格式合同，被告保险公司是格式条款的提供者，本案投保人所签署的"声明与授权"本身也是格式条款。在"声明与授权"中，被告不仅未将保险合同的免责条款提得更突出，而且罗列了其他内容，不符合《合同法》第 39 条的要求。本案双方对"声明与授权"的理解发生争议，根据《合同法》第 41 条规定，应当作出不利于被告保险公司的解释，认定被告保险公司未履行免责条款的明确说明义务。因此判决被告保险公司向原告给付保险金 1 万元。

一审判决后，保险公司不服，上诉至市中级人民法院。在二审过程中，经办本案所涉保险的保险公司保险代理人王某某作证其在保险合同订立之时并未就免责条款向投保人进行说明。二审法院经审理认为，保险公司在订立保险合同时未向投保人明确说明免责条款，"国寿千禧两全保险（分红型）条款"约定的免责条款不生效，因此判决驳回上诉，维持一审判决。

三、分析与评论

本案双方争议的焦点在于保险公司是否履行了对免责条款的明确说明义务。如果保险公司在订立保险合同时已将"被保险人在本合同生效（或复效）之日起一百八十日内因疾病身故的，保险人不负赔偿责任"这一条款向投保人史某作了明确说明，保险公司可依此条款拒赔。否则，该条款不产生效力，保险公司应向受益人给付保险金。

对保险公司在订立保险合同时是否就免责条款向投保人作了明确说明一事，保险公司与王某观点不同，也分别提出了自己的证据。保险公司持有投保人史某在投保时签署的"声明与授权"。在该"声明与授权"中，史某声明保险人已就保险条款向其作了说明，并就保险条款中的责任免除条款向其作了明确说明，保险公司据此认为其已经履行了免责条款的明确说明义务；王某在二审时则提供了经办本案所涉保险的保险业务员王某某的证言，王某某证明其在代理保险公司经办本笔保险业务时，并未就保险条款向投保人作说明，亦未对免责条款进行明确说明，王某据此主张保险公司未履行明确说明义务。可见，对保险公司在订立保险合同时是否就免责条款向投保人作了明确说明这一事实的认定，取决于如何认定保险公司与王某所提供的证据之证明力。

对此，《最高人民法院关于民事诉讼证据的若干规定》（法释〔2001〕33 号）第 64 条规定，"审判人员应当依照法定程序，全面、客观地审核证据，依据法律的规定，遵循法官职业道德，运用逻辑推理和日常生活经验，对证据有无证明力和证明力大小独立进行判断，并公开判断的理由和结果"。从法律规定看，我国现行法律并未明确规定前述两个证据的证明力哪个更大。但从逻辑推理和日常生活经验看，应认为王某某之证言的证明力更大。理由是：首先，王某某是保险公司的业务员，其对自己在经办该保险业务时是否代理被告保险公司履行了该明确说明义务最清楚，其有条件对该事实进行证明。其次，作为保险公司的业务员，王某某有义务在经办该保险业务时向投保人明确说明免责条款的内容。王某某未代理保险公司向投保人作此明确说明，存在失职行为，如果保险公司因此而多承担义务时，作为业务员的王某某不仅将难辞其咎，甚至可能因此对保险公司承担赔偿责任。按常理，王某某不应作损己利人的假证明。再次，在保险实务中，保险业务员在未向投保人明确说明免责条款内容的情况下要求投保人签署"声明与授权"的情形并不鲜见。最后，如果法院认定"声明与授权"的证明力强于保险公司业务员王某某之证言，则该"声明与授权"的证明力当然更强于订立保险合同时在场的其他人的证人证言（如果有的话）。这样，除非有录音录像证据，则即使保险公司在订立保险合同时确实没有向投保人明确说明责任免除条款，王某也将很难证明这一事实。其结果只能是，只要投保人于订立保险合同时在未了解"声明与授权"内容的情况下签署了作为格式条款的"声明与授权"，则即使保险人未履行其明确说明义务，投保人一方也几乎不可能以保险人未履行明确说明义务而主张该责任免除条款无效。从法律规定的本意看，这不符合我们的立法目的；于公平分配保险合同当事人之间的权利义务及保护被保险人利益而言也无任何益处。因此，应当认定保险业务员王某某之证言的证明力大于"声明与授权"的证明力。

第三节 投保人、被保险人和受益人的权利

一、投保人、被保险人和受益人权利概述

按照法律规定和合同约定，人身保险合同中，投保人、被保险人和受益人的权利主要有获得保险保障和保险金的权利、要求保险人履行说明义务的权利等。关于获得保险保障、要求保险人履行说明义务等权利，人身保险合同与财产保险合同并无不同，故此不再赘述。但是，人身保险合同中投保人、被保险人和受益人获得保险金的权利与财产保险合同中获得保险赔偿的权利有所不同，故需作特别说明。

二、被保险人或受益人获得保险金的权利

人身保险合同中获得保险金的权利与财产保险合同中获得保险赔偿的权利有以下区别：

1. 在财产保险合同中，享有保险赔偿权利的主体是被保险人；在人身保险合同中，享有获得保险金权利的主体是被保险人或受益人。

2. 在财产保险合同中，被保险人的保险赔偿权利不仅受保险金额的限制，而且还受被保险人实际损失的限制，即保险赔偿金额不得超过被保险人所受实际损失；在人身保险合同中，被保险人或受益人获得保险金权利与实际损失没有关系，更不受实际损失的限制。

3. 在财产保险合同中，被保险人向保险人请求赔偿或者给付保险金的诉讼时效期间为二年，自其知道或者应当知道保险事故发生之日起计算；人寿保险的被保险人或者受益人向保险人请求给付保险金的诉讼时效期间为五年，自其知道或者应当知道保险事故发生之日起计算。

第四节 保险人的权利

一、保险人权利概述

按照法律规定和合同约定，人身保险合同中，保险人的权利主要有收取保险费的权

利、要求投保人履行如实告知义务的权利、要求被保险人等履行出险通知义务的权利等。从权利的种类看，人身保险合同中，保险人的权利要比财产保险合同中少得多，如财产保险合同中保险人有代位求偿权、要求投保人和被保险人维护保险标的安全的权利、要求被保险人通知危险显著增加情况的权利、要求被保险人履行施救义务的权利，但在人身保险合同中则无此类权利。

人身保险合同中保险人要求被保险人等履行出险通知义务等权利，与财产保险合同并无区别。有区别的是，人身保险合同中保险人收取保险费的权利（限于人寿保险合同）、要求投保人履行如实告知义务的权利，因此须作特别说明。

二、收取保险费的权利

在财产保险合同和除人寿保险合同以外的人身保险合同中，如果投保人不履行交付保险费义务，保险人有权用诉讼方式要求投保人支付。但是，在人寿保险合同中，由于人寿保险具有储蓄性质及人寿保险标的的特殊性，情况有所不同。我国《保险法》第 38 条规定："保险人对人寿保险的保险费，不得用诉讼方式要求投保人支付。"可见，在人寿保险合同中，保险人虽有收取保险费的权利，但如义务人不履行相应义务，保险人不得以诉讼方式强制义务人履行。

三、要求投保人履行如实告知义务的权利

在财产保险合同中，保险人要求投保人履行如实告知义务的权利针对的主要是保险标的（即财产及有关责任）的有关情况；在人身保险合同中，保险人要求投保人履行如实告知义务的权利针对的主要是被保险人的有关情况。同时，在人身保险合同中，我国《保险法》第 32 条规定："投保人申报的被保险人年龄不真实，并且其真实年龄不符合合同约定的年龄限制的，保险人可以解除合同，并按照合同约定退还保险单的现金价值。保险人行使合同解除权，适用本法第十六条第三款、第六款的规定。投保人申报的被保险人年龄不真实，致使投保人支付的保险费少于应付保险费的，保险人有权更正并要求投保人补交保险费，或者在给付保险金时按照实付保险费与应付保险费的比例支付。投保人申报的被保险人年龄不真实，致使投保人支付的保险费多于应付保险费的，保险人应当将多收的保险费退还投保人。"可见，在人身保险合同中，保险人要求投保人履行如实告知义务的权利与财产保险合同不尽相同，主要体现在投保人违反前述义务的法律后果不完全相同。

思考题

1. 简述人身保险合同投保人、被保险人、受益人的权利与义务。
2. 简述人身保险合同保险人的权利与义务。

第二十章
人身保险合同的几个特殊问题

学习目的和重点

通过学习人身保险合同的几个特殊问题，了解人寿保险单的现金价值，人身保险合同效力的中止和恢复，人身保险合同的法定除外责任，重点掌握我国《保险法》对人身保险合同年龄误告的处理，对死亡保险的限制内容和对受益人的有关规定。

第一节　年龄误告的处理

年龄在人身保险中扮演着极其重要的角色，具有非同寻常的意义。被保险人的年龄是保险人评估危险程度、决定是否承保的依据，也是确定保险费率的重要依据，对于长期人寿保险合同而言，更是如此。一般来说，年龄越大，死亡的概率也越大，风险也越大，根据死亡情况的统计分析编制的、作为现代人寿保险业务数理基础的生命表，也清晰地体现了年龄与死亡率的这种正相关关系。尽管某人在一年内是否死亡还取决于许多其他非年龄的因素，如职业、健康状况、生活习惯、嗜好等，但年龄无疑是非常重要的因素。对于被保险人身体健康的人寿保险合同而言，年龄一般是决定是否承保和确定保险费率的最主要的，有时甚至是唯一的因素。

虽然被保险人的年龄对于人身保险合同的保险人来说至关重要，但是在保险实务中，保险人在订立保险合同时要逐一验明被保险人的实际年龄是相当困难的，保险人一般是在保险事故发生后核定保险责任或计算保险金给付金额时，才核实被保险人的年龄。因此，如果投保人在订立保险合同时错误地申报了被保险人的年龄，保险事故发生后才核实被保险人的申报年龄与实际年龄不符，此时可能自保险合同订立时起已经过了很多年，投保人也可能已经交付了多年的保险费，应当采用何种规则进行处理？由于各种各样的原因，年龄误告的情形在人身保险合同中并不少见，各国的保险法律也大多对此作出了专门规定。

我国《保险法》第32条规定："投保人申报的被保险人年龄不真实，并且其真实年龄不符合合同约定的年龄限制的，保险人可以解除合同，并按照合同约定退还保险单的现金价值。保险人行使合同解除权，适用本法第十六条第三款、第六款的规定。投保人申报的被保险人年龄不真实，致使投保人支付的保险费少于应付保险费的，保险人有权更正并要求投保人补交保险费，或者在给付保险金时按照实付保险费与应付保险费的比例支付。投保人申报的被保险人年龄不真实，致使投保人支付保险费多于应付保险费的，保险人应当将多收的保险费退还投保人。"可见，我国《保险法》是将年龄误告分为不符合投保条件、少付保险费、多付保险费三种情况分别进行规定的。

一、不符合投保条件

人身保险合同对被保险人的年龄条件一般都有限制，只有符合这些限制条件的人，才有资格成为被保险人。如果投保人申报的被保险人的年龄不真实，并且其真实年龄不符合合同约定的年龄限制的，我国《保险法》作出了以下规定。

（一）保险人有权解除保险合同

根据我国《保险法》第 32 条第 1 款规定，此时保险人可以解除保险合同，并按照合同约定退还保险单的现金价值。其实，对被保险人年龄进行告知，是投保人的如实告知义务的内容之一。由于被保险人的年龄是投保条件之一，误告足以影响保险人决定是否同意承保或者保险费率的高低，如果投保人因故意或重大过失误告年龄，保险人根据《保险法》第 16 条也有权解除保险合同。因此，根据《保险法》第 16 条和第 32 条得出保险人可以解除保险合同的结论是一致的，但是《保险法》第 32 条规定保险人解除保险合同时应按照合同约定退还保险单的现金价值，这与《保险法》第 16 条关于保险费退还的规定是不同的，应当予以注意。

（二）对合同解除权有一定的限制

《保险法》第 32 条第 1 款还规定，"保险人行使合同解除权，适用本法第十六条第三款、第六款的规定。"因此，在年龄误告的情况下，保险人享有的合同解除权，自其知道有解除事由之日起，超过三十日不行使而消灭。保险人在合同订立时已经知道投保人未如实告知的情况的，保险人不得解除合同。

2009 年修订前的《保险法》第 54 条第 1 款规定，在人身保险合同成立两年以后，即使被保险人的真实年龄不符合合同约定的年龄限制，保险人也不能解除保险合同。当时的《保险法》之所以如此规定，主要是基于以下考虑：一方面，依保险业的惯例，人身保险合同成立一定时间后（一般是两年），即成为不可争议文件，即使投保人在投保时违反如实告知义务，也不影响合同的效力，保险人不能据此主张合同无效或解除保险合同；另一方面，保险合同之所以约定年龄限制范围，是因为不符合年龄限制范围，则保险事故发生的概率较大。在被保险人的真实年龄不符合合同约定的年龄限制的情况下，如果在合同成立两年内发生保险事故，则保险人可以解除保险合同，不承担保险责任；如果在合同成立满两年仍未发生保险事故，则说明被保险人的年龄尽管不符合合同约定的年龄限制，但保险事故发生的概率并未明显增长，保险人无必要，也不应该再解除保险合同。

上述规定在现行《保险法》中得到了扩大适用。现行《保险法》第 16 条第 3 款规定，保险人因投保人不如实告知而享有合同解除权的，自合同成立之日起超过两年的，保险人不得解除合同；发生保险事故的，保险人应当承担赔偿或者给付保险金的责任。该规定可以适用于年龄误告的情形。因此，虽然现行《保险法》第32条没有再对此作出专门规定，但是在人身保险合同成立两年以后，即使被保险人的真实年龄不符合合同约定的年龄限制，保险人也不能解除保险合同。

二、少付保险费

如果投保人申报的被保险人的年龄不真实，但真实年龄仍符合合同约定的年龄限制，或者被保险人的真实年龄虽然不符合合同约定的年龄限制，但自合同成立之日起已超过两年，保险人无权解除保险合同，因此可能导致投保人支付的保险费少于应付保险费（通常情况是误告的年龄低于被保险人的真实年龄）。根据我国《保险法》第32条第2款规定，此时保险人有权更正并要求投保人补交保险费，或者在给付保险金时按照实付保险费与应付保险费的比例支付。保险实务中，如果保险人在保险事故发生前发现年龄误告，一般采用补交保险费的做法。由于利率是人身保险费厘定的一个因素，因此理论上投保人补交保险费时应当补交相应的利息，如果合同中对是否补交利息有明确约定，按约定进行处理。如果保险人在保险事故发生后发现年龄误告，一般采用比例给付保险金的做法，此时如果选择补交保险费的做法，一方面由于保险费相对于保险金数额要小得多，保险人因此将支付更多的保险金；另一方面保险人给付保险金后不可能再按照被保险人的真实年龄收取保险费，有损保险人的利益。

三、多付保险费

如果投保人申报的被保险人的年龄不真实，跟投保人因此可能少付保险费一样，投保人也可能因此多付保险费。根据我国《保险法》第32条第3款规定，不管保险人是在保险事故发生前还是保险事故发生后发现年龄误告，处理的方法都是保险人将多收的保险费退还投保人。至于保险人是否应当一并退还多支付的保险费的利息，我国《保险法》并未明确规定，我们认为，误告被保险人年龄并因此多付保险费，是投保人的过失造成的，与保险人无关，使投保人损失一些利息，并不违反公平、合理的原则。

◤ 相关案例
谢某诉某保险公司人寿保险纠纷案 ▮▮▮▮▮▮▮▮▮▮▮▮▮▮▮▮▮▮▮▮▮▮▮▮▮▮▮▮▮▮▮▮▮▮▮▮▮▮

一、基本事实

谢某向某人寿保险公司（以下简称保险公司）投保了人寿保险。一年后谢某因病不幸死亡，他的家人带了相关的证明资料，到保险公司申领保险金。保险公司在查验这些单证时，发现被保险人谢某投保时所填写的年龄与其户口簿上所登记的不一致，投保单上所填写的63岁是虚假的。实际上，投保时谢某实际年龄为67岁，已经超出了该人寿保险条款规定的最高投保年龄（65岁）。保险公司遂以谢某投保时误报年龄且谢某投保时的实际年龄已超出了保险合同约定的年龄限制为理由，拒付该笔保险金，只同意扣除手续费后，向谢某家人退还谢某的保险费。谢某家人则以谢某并非故意虚报年龄，谢某不存在过错要求保险公司按照合同支付保险金。双方争执不下，谢某家人将保险公司告上法院，要求该保险公司按照合同支付保险金。

二、判决结果和理由

本案在审理中，对保险公司是否应当支付谢某的保险金，合议庭存在以下分歧意见。

多数意见认为：保险公司不应当支付谢某的保险金。因为依据我国《保险法》相关规定，投保人申报的被保险人年龄不真实，并且其真实年龄不符合合同约定的年龄限制的，保险人可以解除合同，并按照合同约定退还保险单的现金价值。本案中谢某虽然不是故意，但仍存在谢某申报年龄不真实且真实年龄不符合合同约定的年龄限制的事实。故保险公司不应当支付谢某的保险金。

少数意见认为：保险公司应当支付谢某部分保险金。因为谢某并非是故意虚报年龄，且保险公司在订立保险合同时未尽审查义务，在投保人订立保险合同时未作审查，而在出险时解除合同，不予赔付，则显然对被保险人是极不公平的。故本案中保险公司存在一定过错，应当支付谢某部分保险金。

最后，合议庭按照多数意见，判决保险公司无须支付保险金，仅按照合同约定退还保险单的现金价值。

三、分析与评论

我们认为，法院的判决是正确的，理由如下：

1. 被保险人的年龄，指的是保险人与投保人订立保险合同时，被保险人已经生存的实足年数。人寿保险中，被保险人的年龄是决定保险费率的重要依据，也是保险公司在承保时测定危险程度、决定可否承保的依据。一般来说，在人寿保险中，被保险人年龄越大，发生意外死亡和疾病身故的概率越大，危险也越大。因此，被保险人的年龄作为决定是否承保和确定保险费率的重要事实，在订立保险合同时，投保人要如实告知保险人。但是在订立人寿保险合同时，保险公司要逐个验明被保险人的实际年龄是有困难的，实务中，保险公司往往是在发生保险事故或者在给付保险金时，才核实年龄，所以不可避免地就会产生许多年龄申报不实的情形。这其中有些是故意的，带有欺诈的成分，有些是投保人的偶然疏忽或过失所致，但结果是相同的，即对保险公司控制风险和稳健经营是非常不利的。

2. 为了规范投保时的年龄误告，减少保险人的经营风险，我国《保险法》对此类情况作出了明确规定。我国《保险法》第32条第1款明确规定："投保人申报的被保险人年龄不真实，并且其真实年龄不符合合同约定的年龄限制的，保险人可以解除合同，并按照合同约定退还保险单的现金价值……"可见，我国《保险法》并没有区分此类情况下投保人年龄误告的故意或过失的主观状态，一律规定保险人可以解除保险合同，并退还保险单的现金价值。

本案中，投保时申报的被保险人谢某的年龄大于保险合同约定的最高年龄限制，导致被保险人的实际死亡率将大大超过保险人据以计算保险费率的一般死亡率，构成了对保险最大诚信原则的违反，并且保险事故发生自保险合同成立之日起未超过二年。因此，本案中保险公司的拒付理由是充足的，完全符合《保险法》的有关规定。

第二节　对死亡保险的限制

在人身保险业务的发展早期，死亡责任是保险人承担的最主要的保险责任，人们也普遍认为过早死亡是自己面临的最大的人身风险，这也是早期的人身保险被广泛地称为人寿保险的一个很重要的原因。随着人身保险的发展，保险责任逐渐多样化，生存、伤残、疾病等也成为人身保险的保险责任，但死亡仍然是人身保险最基本的保险责任。

死亡保险和其他的人身保险相比，一个很大的不同之处在于保险金的受领人不可能是被保险人，而只可能是被保险人以外的其他人，或者是其他受益人，或者是其继承人，因此为图谋保险金而故意导致被保险人死亡的道德风险大大增加，保险合同的存在反倒可能成为被保险人受害的诱因，人身保险的宗旨被扭曲，正当性也受到极大挑战。

我国《保险法》对死亡保险的限制主要有三项。

一、对死亡保险被保险人资格的限制

我国《保险法》第 33 条规定："投保人不得为无民事行为能力人投保以死亡为给付保险金条件的人身保险，保险人也不得承保。父母为其未成年子女投保的人身保险，不受前款规定限制。但是，因被保险人死亡给付的保险金总和不得超过国务院保险监督管理机构规定的限额。"这是法律对死亡保险的被保险人资格作出的限制。

（一）一般情况

一般情况下，死亡保险的被保险人不能是无民事行为能力人。根据我国《民法总则》的规定，不满八周岁的未成年人和不能辨认自己行为的成年人是无民事行为能力人，由他们的法定代理人代理民事法律行为。由于无民事行为能力人心智不健全，缺乏足够的判断能力，自我保护能力也很弱，很容易受到伤害，如果允许任意为其投保死亡保险，则他人可以轻而易举地将其谋害以获取保险金。这种做法对无民事行为能力人的生命威胁极大。因此，我国《保险法》从投保人和保险人两方面禁止将无民事行为能力人作为死亡保险的被保险人，规定投保人不得投保，保险人也不得承保，以保护无民事行为能力人的生命安全。

（二）父母为未成年子女投保

作为例外，我国《保险法》规定父母可以为未成年子女投保死亡保险，但其死亡给付的保险金总和要受到《保险法》的限制，即不得超过国务院保险监督管理机构规定的限额，这同样也是为了保护未成年人的生命安全。根据保监会 2015 年 9 月 14 日下发的《关于父母为其未成年子女投保以死亡为给付保险金条件人身保险有关问题的通知》（保监发〔2015〕90 号），对于父母为其未成年子女投保的人身保险，在被保险人成年之前，各保险合同约定的被保险人死亡给付的保险金额总和、被保险人死亡时各保险公司实际给付的保险金总和按以下限额执行：对于被保险人不满 10 周岁的，不得超过人民币 20 万元。对于被保险人已满 10 周岁但未满 18 周岁的，不得超过人民币 50 万元。对于投保人为其未成年子女投保以死亡为给付保险金条件的每一份保险合同，以下三项可以不计算在前款规定限额之中：（1）投保人已交保险费或被保险人死亡时合同的现金价值；对于投资连结保险合同、万能保险合同，该项为投保人已交保险费或被保险人死亡时合同的账户价值。（2）合同约定的航空意外死亡保险金额。此处航空意外死亡保险金额是指航空意外伤害保险合同约定的死亡保险金额，或其他人身保险合同约定的航空意外身故责任对应的死亡保险金额。（3）合同约定的重大自然灾害意外死亡保险金额。此处重大自然灾害意外死亡保险金额是指重大自然灾害意外伤害保险合同约定的死亡保险

金额，或其他人身保险合同约定的重大自然灾害意外身故责任对应的死亡保险金额。

二、对死亡保险合同订立的限制

我国《保险法》第34条规定："以死亡为给付保险金条件的合同，未经被保险人同意并认可保险金额的，合同无效⋯⋯父母为其未成年子女投保的人身保险，不受本条第一款规定限制。"这是法律对死亡保险合同订立的限制。

（一）一般情况

订立以死亡为给付保险金条件的合同是否会诱发道德风险，是否会危及被保险人的生命，被保险人出于对自己生命的极大关注，理应拥有最终决定权。出于对被保险人生命安全的保护，我国《保险法》采用被保险人同意的原则来达到这个目的，并以此作为以死亡为给付保险金条件的合同的特殊生效条件。一方面，须被保险人同意投保人为其订立以死亡为给付保险金条件的合同；另一方面，须被保险人认可死亡给付的保险金额。上述两个条件必须同时满足，否则该合同无效。在保险实务中，一般的做法是要求被保险人在填写有保险金额的投保单上签字或盖章，保险公司业务人员和投保人均不得代替被保险人签字。根据最高人民法院《关于适用〈中华人民共和国保险法〉若干问题的解释（三）》的规定，"被保险人同意并认可保险金额"可以采取书面形式、口头形式或者其他形式；可以在合同订立时作出，也可以在合同订立后追认。

另外，需要注意的是，本处所称的"以死亡为给付保险金条件的保险合同"，并非仅限于严格意义上的死亡保险。根据中国保险监督管理委员会《关于对〈保险法〉有关条款含义请示的批复》（保监复〔1999〕154号），单纯以死亡为给付保险金条件的人身保险合同，未经被保险人书面同意并认可保险金额，该合同无效；含有死亡、疾病、伤残以及医疗费用等保险责任的综合性人身保险合同，如果未经被保险人书面同意并认可死亡责任保险金额，该合同死亡给付部分无效。

（二）父母为未成年子女投保

作为例外，我国《保险法》规定父母为其未成年子女投保以死亡为给付保险金条件的人身保险合同，不必经其子女书面同意并认可保险金额。这一方面是考虑父母与其未成年子女的特殊血缘和亲情关系，通常不会做出有损于他们利益的事情；另一方面也是因为未成年人是无民事行为能力人或限制民事行为能力人，由其法定代理人，也就是父母代理民事活动，因此该未成年人的同意并认可保险金额只能由其父母作出，但其父母是投保人，再由其父母代理未成年被保险人同意并认可保险金额，也没有实际意义。

三、对死亡保险合同转让和质押的限制

我国《保险法》第34条第2款规定："按照以死亡为给付保险金条件的合同所签发的保险单，未经被保险人书面同意，不得转让或者质押。"这是法律对死亡保险合同转让和质押的限制。

此处所谓的人身保险合同的转让，是指在保险事故发生前，投保人将非为自己投保的人身保险合同项下的权利和义务，一并转让给第三人。在这种情况下，被保险人并没有发生改变，实质是保险合同权益的转让。一般认为，人身保险合同权益主要包括两

项：一是解除保险合同，领取退保金的权利；二是保险事故发生时领取保险金的权利。①
因此，人身保险合同的转让是将领取退保金和领取保险金的权利转让给第三人，作为受
让人的第三人既可以行使合同解除权，领取退保金，也可以在保险事故发生后向保险人
领取保险金。

此处所谓的人身保险合同的质押，是指在保险事故发生前，投保人将非为自己投保
且具有现金价值的人身保险合同质押给第三人，作为债权的担保。如果投保人到期不能
偿还债务，第三人可以从退保金或保险金中优先受偿，先行扣除相对于未履行债务的
金额。

可见，无论是人身保险合同的转让，还是人身保险合同的质押，保险合同项下的利
益转移给了第三人，第三人可能为了自身的利益，影响被保险人原有的保险保障，甚至
可能危及被保险人的生命安全。因此，《保险法》将是否同意死亡保险合同的转让或质
押的决定权赋予给被保险人，如果被保险人确信转让或质押不会对自己的生命安全造成
威胁，则可以书面同意；如果被保险人认为转让或质押可能威胁自己的生命安全，则可
以拒绝同意。

相关案例
案例1 某人寿保险公司少儿安康保险纠纷案

一、基本事实

李某出生后不到半年，其母亲就因急性白血病离开人世。因其父亲长期在外地从事建筑工作，
李某从小住在外婆家里，其父亲每月按时支付他的生活费。李某八岁时，父亲再婚，李某便来到
父亲的居住地与父亲和继母生活在一起，并转学到该地读小学。在李某离开原住地前，外婆为其
在某人寿保险公司买了一份少儿安康保险，保险金额一万元，在保险合同中指定自己为受益人。
后来，李某在一次上学途中突遇交通事故死亡。事故发生后，其外婆持少儿安康保险单向保险公
司报案，并要求按保险合同约定给付保险金。保险公司经审查后认为，李某的外婆对其外孙李某
不具有保险利益，保险合同无效，保险公司不承担给付责任。李某的外婆不服，向人民法院提起
诉讼。

二、判决结果和理由

一审法院经审理认为，李某的外婆和李某之间是委托监护人与被监护人的关系。李某的外婆
作为委托监护人对李某不具有保险利益，因此，该保险合同无效，保险公司不应承担给付保险金
的责任。在审理中双方达成调解协议，由保险公司退还李某的外婆已缴纳的保险费。

三、分析与评论

本案的焦点是：李某的外婆为无民事行为能力外孙李某投保含死亡给付责任的保险是否有效？

一审法院是从李某的外婆对李某是否具有保险利益的角度进行分析的。根据我国《保险法》，
人身保险的投保人对被保险人应当具有保险利益，否则保险合同无效。对人身保险合同中的保险
利益问题，我国《保险法》作了明确规定。具体到本案，一方面，李某的父亲健在，且有抚养能

---

① 秦道夫. 保险法论［M］. 北京：机械工业出版社，2000：258.

力，根据我国《婚姻法》第 28 条，其外婆对李某并没有法定的抚养义务；另一方面，李某的父亲一直承担了李某的生活和学习费用，其外婆只是李某的委托监护人，也不存在事实上的抚养关系。所以，李某的外婆对李某不具有保险利益，一审法院据此认定保险合同无效，无疑是正确的。

然而，一审法院根据保险利益原则认定本案保险合同无效，在法律依据上似有舍近求远之嫌。其实，一审法院完全可以直接根据《保险法》第 33 条的规定认定保险合同无效，而无须做有无保险利益的考量。倘若李某的外婆与李某之间存在抚养关系，从保险利益角度是无法正确认定本案保险合同无效的。由于李某是无民事行为能力人，根据我国《保险法》第 33 条关于死亡保险被保险人的限制的规定，除了父母作为投保人以外，任何人不得为无民事行为能力人投保以死亡为给付保险金条件的人身保险，因此李某的外婆即使对李某具有保险利益，也不能为李某投保以死亡为给付保险金条件的少儿安康保险。据此，本案保险合同无效。但是，我国《保险法》第 33 条也明确规定了保险公司不得承保不符合条件的死亡保险，在承保时保险公司也负有审查的义务。因此，对于本案保险合同的无效，保险公司也有一定的过错，从公平的角度应依法承担一定的过错责任。

相关案例

案例2　王某诉某保险公司终身人寿保险纠纷案 ⅡⅡⅡⅡⅡⅡⅡⅡⅡⅡⅡⅡⅡⅡⅡⅡⅡⅡⅡⅡⅡⅡ

一、基本事实

2000 年 5 月 1 日，投保人王某为其 8 岁的女儿向甲保险公司投保终身人寿保险，保险金额为 4 万元，并一直按照合同约定交付保险费。投保时，甲保险公司业务人员询问王某是否为其女儿投保了死亡人身保险，王某予以否认。2003 年 7 月 8 日，王某与其女儿遭遇车祸，王某受轻伤，但其女儿不幸死亡。王某于 2003 年 7 月 15 日向甲保险公司提出给付保险金请求。甲保险公司受理王某的给付请求后，经查，发现王某在此之前已于 1999 年 10 月 1 日为其女儿在乙保险公司投保了三份 99 鸿福保险，保险金额为 3 万元，与此案所涉及的王某为其女儿投保的终身人寿保险一并计算，保险金额已达 7 万元。甲保险公司于是以其保险金额总和超过中国保监会〔1999〕43 号文规定的 5 万元限额为由，不同意按 4 万元保险金额给付保险金，只同意在 5 万元限额扣除在乙保险公司投保的 3 万元保险金额后，给付 2 万元保险金。王某认为已按 4 万元保险金额交付保险费，不接受甲保险公司只给付 2 万元保险金，于是成讼。

二、判决结果和理由

一审法院经审理认为：王某经甲保险公司询问，故意隐瞒已在乙保险公司为其女儿投保的事实，致使前后两次投保的保险金额总和超过保险监管部门规定的限额。对此，甲保险公司已尽其合理审查的义务，王某属于故意违反如实告知义务。因此，保险金额超过 5 万元的部分无效，甲保险公司扣除王某在乙保险公司投保的 3 万元保险金额后给付 2 万元保险金符合法律规定，于是判决驳回起诉。

三、分析与评论

根据当时的我国《保险法》第 55 条，尽管父母可以为未成年子女投保死亡保险，但其死亡给付保险金额总和仍然还要受到《保险法》的限制，即不得超过保险监督管理机构规定的限额，这是为了保护未成年人的生命安全，防止发生道德风险。中国保监会根据当时的《保险法》第 55 条第 2 款的授权，于 1999 年 3 月 22 日下发了《关于父母为其未成年子女投保死亡人身保险限额的通知》（保监发〔1999〕43 号），规定自通知发布之日起，父母为其未成年子女投保的人身保险，死亡保险金额总额不得超过人民币 5 万元。因此，王某为其女儿在甲、乙保险公司投保的人身保险虽然各自保险金额没有超过 5 万元，但其保险金额总和已经超过了 5 万元，因此超过的 2 万元保险金额部分无效。

王某在甲保险公司投保时，甲保险公司已就其是否在其他保险公司为其女儿投保死亡保险提出询问，而王某故意隐瞒事实，从而甲保险公司予以承保，导致保险金额总和超过 5 万元限额。可见，导致保险金额部分无效的原因在于王某故意违反如实告知义务，甲保险公司并无过错，根据当时的《保险法》第 17 条第 3 款的立法精神，甲保险公司还有权不退还保险金额超过部分的保险费。对此问题，中国保监会也有明确规定。中国保监会关于《对〈关于父母为其未成年子女投保死亡人身保险限额的通知〉中有关问题的请示》的答复（保监寿〔1999〕7 号）规定："'死亡保险金额不得超过 5 万元'指的是累计死亡保险金额的限额。在订立保险合同时，保险公司应要求投保人声明是否在其他保险公司为其未成年子女投保了死亡人身保险，如果投保人故意不履行如实告知义务，出现累计保险金额超过 5 万元的情况，超过部分保险公司不承担给付保险金的责任并不退还保险费。死亡保额的限定标准不得以任何方式提高。"因此，甲保险公司的给付决定是符合法律规定的。

相关案例

案例 3　何女士诉某人寿保险公司人寿保险纠纷案[①]　⫶⫶⫶⫶⫶⫶⫶⫶⫶⫶⫶⫶⫶⫶⫶⫶⫶⫶⫶

一、基本事实

1998 年 9 月 5 日，某人寿保险公司营销员李某到何女士家，动员何女士购买人寿保险。何女士听了李某的介绍后，就替丈夫吴先生买下保险金额为 80000 元的人寿保险，投保单上何女士代其丈夫签了名，并指定受益人为她和女儿吴婷。何女士投保当天即向营销员李某交了首期保险费，营销员李某则为她出具了收条，几天后，李某将保险公司签发的保险单交给了何女士。1998 年 10 月 7 日晚上 11 时前后，吴先生在驾驶小车回家途中突遇交通事故，与一辆大卡车迎面相撞，吴先生当场死亡。事发后，何女士即向保险公司报案，并要求给付死亡保险金 80000 元。保险公司工作人员赶到现场后发现吴先生满身酒气，于是要求检验，后公安刑事科学技术检验部门对死者吴先生心血检验后出具的检验报告显示，吴先生体内乙醇含量为 192.9/100 毫升血，并认定为酒后驾车。于是保险公司以何女士的投保险单未经被保险人书面同意认可，并且吴先生酒后驾车属保险条款除外责任为由拒付。何女士于是向当地人民法院提起诉讼，要求保险公司依约承担给付保险金责任。

二、判决结果和理由

一审法院经审理后，认为双方当事人签订的保险合同以被保险人死亡为给付保险金的条件，由于未经被保险人书面同意并认可保险金额，该合同自始无效，于是判决驳回何女士的诉讼请求，保险公司不承担责任。

三、分析与评论

本案尽管存在被保险人吴先生酒后驾车是否影响保险公司的给付责任等问题，但最关键的问

[①]　案例选自李玉泉. 保险法学案例教程［M］. 北京：知识产权出版社，2005：219 - 222.

题也是本案的焦点问题：以死亡为给付保险金条件的合同，未经被保险人书面同意并认可保险金额的，保险合同是否有效。

死亡保险是指以被保险人的死亡为保险事故的保险合同。死亡保险中，被保险人本人是不可能领取到保险金的，而是由保险合同约定的受益人或继承人来领取。考虑到这一复杂情况，为切实保障被保险人利益，避免道德风险，避免危害被保险人及社会公众利益的违法事件的发生，当时的《保险法》第56条明确规定："以死亡为给付保险金条件的合同，未经被保险人书面同意并认可保险金额的，合同无效。"也就是说，保险合同的被保险人是成年人的，如果未经被保险人书面同意并认可保险金额，也没有书面委托投保人代被保险人书面同意并认可保险金额，只有投保人签字而没有被保险人签名的保险合同是无效的，保险公司没有赔付保险金的义务。本案中，法院判决保险合同无效，保险公司不承担保险责任是正确的。现行《保险法》第34条虽然对以死亡为给付保险金条件的合同，不再要求被保险人"书面"同意，仅要求被保险人同意，但被保险人表示同意的文书或签名作为证明被保险人同意的证据仍然具有重要意义。

当前各家人寿保险公司一般要求工作人员及其代理人在开展业务过程中，对以死亡为给付保险金条件的合同中必须由被保险人本人签名，否则保险公司不予签发保险单。但是，一方面，保险代理人受利益驱动，另一方面，投保人对被保险人签名问题认识不够，被保险人没有签名的现象仍大量存在。对此，保险公司要加强对代理人的教育，并制定严格的惩罚措施，同时，在保险业务单证的设计时，在"投保人重要事项告知书"上，将"被保险人必须本人签名"的内容置于显著位置，并要求保险公司业务人员明确告知投保人，从而减少"被保险人未签名"保险单的数量，最大限度地维护被保险人、受益人的合法权益。

第三节　关于受益人的规定

我国《保险法》有关受益人的规定散见于"第二章保险合同"项下"一般规定"和"人身保险合同"两节，以下详述之。

一、受益人的概念

人身保险合同的受益人的概念，有广义和狭义之分。广义的受益人是指保险事故发生后享有保险金请求权的人；狭义的受益人是指死亡保险事故发生后对死亡保险金享有请求权的人。我国《保险法》第18条第3款规定："受益人是指人身保险合同中由被保险人或者投保人指定的享有保险金请求权的人。投保人、被保险人可以为受益人。"可见，我国《保险法》采纳广义受益人的概念。

关于受益人的概念，有以下两个问题需要注意：

首先，我国《保险法》第12条第5款规定："被保险人是指其财产或者人身受保险合同保障，享有保险金请求权的人。投保人可以为被保险人。"可见，被保险人也是享有保险金请求权的人，那么受益人和被保险人的保险金请求权何者优先呢？根据我国《保险法》的规定，我们可以认为，被保险人是法定的保险金请求权人，而受益人是约定的保险金请求权人，基于"约定优先"的合同法原则，如果人身保险合同中约定了受

益人，则应当由受益人行使保险金请求权，如果没有约定受益人、受益人在被保险人生存期间死亡或受益人丧失或放弃受益权的，则保险金请求权回归由被保险人行使。

其次，目前在我国保险实务中，绝大多数人身保险条款规定只能指定或变更死亡保险金受益人，而在被保险人仍生存情况下的保险金受益人是被保险人，并且保险公司不受理其他的指定或变更。尽管我国现阶段保险市场没有充分发展、消费者保险知识比较贫乏，保险条款规定生存保险金的受益人是被保险人，确实可以防止一些被保险人被人诱使轻率或错误指定受益人的情况，保险公司保护生存被保险人利益的目的无可非议，但这是否一定符合被保险人的意愿呢？被保险人指定或变更受益人，这是他处分自己私权利的行为且没有损害社会公众或任何第三人的利益，并且在保险事故发生后，被保险人一般因身体原因不便行使保险金请求权。保险公司没有必要出于高尚的动机而走到另一个极端，并且严格而言，这种做法是违反我国《保险法》规定的。

二、受益人的指定

我国《保险法》第 39 条规定："人身保险的受益人由被保险人或者投保人指定。投保人指定受益人时须经被保险人同意。投保人为与其有劳动关系的劳动者投保人身保险，不得指定被保险人及其近亲属以外的人为受益人。被保险人为无民事行为能力人或者限制民事行为能力人的，可以由其监护人指定受益人。"第 40 条规定："被保险人或者投保人可以指定一人或者数人为受益人。受益人为数人的，被保险人或者投保人可以确定受益顺序和受益份额；未确定受益份额的，受益人按照相等份额享有受益权。"这是我国法律对受益人指定的具体规定。

（一）指定受益人的权利主体

单从《保险法》第 39 条第 1 款规定来看，似乎被保险人和投保人均有权指定受益人，结合第 2 款规定，指定受益人的权利实质上乃被保险人独有，投保人经被保险人同意而指定受益人，与其说是投保人在行使权利，倒不如说是被保险人行使受益人指定权利的一种方式而已。最高人民法院《关于适用〈中华人民共和国保险法〉若干问题的解释（三）》第 9 条也明确规定，投保人指定受益人未经被保险人同意的，人民法院应认定指定行为无效。另外，《保险法》第 39 条第 3 款还规定，"被保险人为无民事行为能力人或者限制民事行为能力人的，可以由其监护人指定受益人。"

（二）受益人的资格

我国《保险法》规定人身保险合同的投保人在投保时必须对被保险人具有保险利益，但受益人对被保险人是否具有保险利益则在所不问。一般来说，被保险人或投保人可以指定任何自然人为受益人，并且受益人享有人身保险合同项下的利益，一般并不承担任何实质性的合同义务，故而对其也没有民事行为能力方面的要求。自然人中的无民事行为能力人、限制民事行为能力人都可以作为受益人，甚至连胎儿也可以作为受益人，不过以其出生时尚生存为条件。受益人可以与被保险人、投保人有血缘或亲属关系，也可以没有血缘或亲属关系。但是，《保险法》第 39 条第 2 款规定，"投保人为与其有劳动关系的劳动者投保人身保险，不得指定被保险人及其近亲属以外的人为受益人，"这是我国《保险法》对受益人资格作出的限制。

一些国家和地区的法律基于某种特定考虑，明确规定只有对被保险人有保险利益的人，才可成为受益人，无保险利益的人即使被指定为受益人，也无权请求给付保险金。如美国有的州的保险法规定：凡就自己生命投保人寿保险的人，可以书面形式指定任何人为受益人，但受益人须自始至终对被保险人有保险利益。我国台湾地区"简易人寿保险法"第 12 条也规定："以他人为被保险人时，须要保人或受益人与被保险人有经济上切身利害关系者，方得要约。"

（三）　指定受益人的时间和方法

被保险人或投保人既可以在订立合同时指定受益人，也可以在合同成立后指定受益人，但如果要指定受益人，必须在保险事故发生前指定。如果在保险事故发生后才指定，严格而言，指定的人并不是受益人，只能视为保险金的受领人，即被保险人将行使保险金请求权得到的利益转移给被指定的人。最高人民法院《关于适用〈中华人民共和国保险法〉若干问题的解释（三）》第 11 条即规定，投保人或者被保险人在保险事故发生后变更受益人，变更后的受益人请求保险人给付保险金的，人民法院不予支持。

对被保险人或投保人指定的受益人，无须征得其本人或保险人的同意，但需通知保险人，并在保险单上注明。我国《保险法》第 18 条规定的保险合同应包括事项中，就要求人身保险合同载明受益人的姓名或者名称和住所。如果被保险人或投保人指定数人为受益人，可以一并确定各受益人的受益顺序和受益份额。如果确定了受益顺序，则各受益人按顺序享有受益权，即保险事故发生后，如果第一顺序受益人健在，则由其受领保险金，第二及以后顺序受益人无权受领保险金；如果第一顺序受益人已死亡、依法丧失受益权或明示放弃受益权，则由第二顺序受益人受领保险金，第三及以后顺序受益人无权受领保险金，依此类推。如果确定了受益份额，则保险事故发生后，各受益人按确定份额受领保险金。如果指定数人为受益人而未确定受益份额的，则法律规定各受益人按相等份额享有受益权。

投保人或被保险人指定受益人时，一般只需记明受益人的住所、姓名或名称即可，无须说明受益人的身份或其与受益人的关系。投保人或被保险人如对受益人的身份或其与受益人的关系有记载的，也只属于叙述性质，不得视为合同的担保。即使其叙述有错误，也不影响受益人的受益权，但其错误说明导致不合格的人成为受益人的除外。如果投保人或被保险人对于受益人的身份或关系所作的声明，经与保险人约定为担保的，其错误则影响合同的效力。在实务中，投保人或被保险人有时往往以身份来标明受益人，如投保人或被保险人只指明继承人、配偶、子女等为受益人。

三、受益人的变更

（一）　有关受益人变更的两种立法主义

被保险人或投保人指定受益人后，是否有权加以变更，依被保险人或投保人是否享有变更权而不同。从世界各国来看，受益人的变更权主要有两种立法主义：[①]

1. 保留主义。即被保险人或投保人指定受益人时，须同时声明保留其处分权。否

---

① 李玉泉. 保险法（第二版）[M] 北京：法律出版社，2003：255.

则，受益人一经指定，被保险人或投保人就无权变更。在美国，依联邦最高法院的判例，投保人或被保险人在指定受益人时，未作保留处分权声明的，视为抛弃。

2. 直接主义。即被保险人或投保人指定受益人后，除声明放弃处分权外，仍可以依法变更受益人。换言之，被保险人或投保人未作明确抛弃的，即视为其保留处分权。

目前，多数国家的法律均采用直接主义。我国《保险法》第41条规定："被保险人或者投保人可以变更受益人并书面通知保险人。保险人收到变更受益人的书面通知后，应当在保险单或者其他保险凭证上批注或者附贴批单。投保人变更受益人时须经被保险人同意。"可见，我国法律采用的也是直接主义。

（二）变更受益人的权利主体

从本质上看，变更受益人其实就是重新指定受益人，因此有关指定受益人的法律规则当然适用于变更受益人。单从《保险法》第41条第1款规定来看，似乎被保险人和投保人均有权变更受益人，但结合第2款规定，则变更受益人的权利实质上乃属被保险人独有，投保人变更受益人的，须经被保险人同意。因此，与指定受益人一样，我国法律将受益人的最终决定权分配给被保险人。

（三）变更受益人的程序

根据我国《保险法》第41条规定，变更受益人的，应以书面形式通知保险人，并由保险人在保险单或者其他保险凭证上批注或者附贴批单。关于这一问题，有以下几点需要注意：

1. 被保险人基于自己的意志变更受益人，属于私法自治的范畴。变更受益人属于单方法律行为，是被保险人在法律许可的限度内，对自己私权利的处分，不会对保险人的利益产生不利影响，因此变更受益人无须经保险人同意。

2. 书面通知的法律效力。我国《保险法》规定变更受益人应当书面通知保险人，这表明变更受益人在我国属于要式行为，但书面通知在法律上是成立要件、生效要件抑或对抗要件，我国《保险法》未作进一步明确。我们认为，该书面通知在性质上应当属于对抗要件，未经通知，变更行为仅在变更权人、被变更人和变更后的受益人之间产生效力，但不得以此对抗保险人。变更受益人仅依据被保险人的单方意志即可生效，我国《保险法》设置书面通知义务，是要求变更权人将变更受益人的意思表示通知保险人，明确保险金的最终给付对象，否则保险人不受该项变更的约束，保险人在给付保险金时，依法仍然可以将保险金支付给原来指定的受益人。因保险金给付对象引起的纠纷，与保险人无关。日本《商法典》、韩国《商法典》等也采取对抗要件主义，只是未限定通知的方式而已。

3. 批注或者附贴批单的法律效力。我国《保险法》要求保险人收到变更受益人的书面通知后，应当在保险单或其他保险凭证上批注或者附贴批单，但对于批注或者附贴批单是否影响受益人变更的法律效果，则未有规定。上已述及，变更受益人乃变更权人意思自治范围内的单方法律行为，无须与保险人协商一致，也无须保险人的同意。在变更权人依法将变更受益人的事实书面通知保险人之后，保险人理应受该变更行为的约束，此时已无须任何其他行为使变更行为产生对内、对外的完全效力。我国《保险法》

之所以还规定了保险人的批注或者附贴批单义务，无非是为了进一步固化变更权人变更受益人的意思表示和强调保险人受该变更行为约束的对外法律效果，保险人是否批注或者附贴批单并不影响变更行为的效力。国外立法例在规定变更权人通知义务后，一般均未作保险人再作批注或者附贴批单的规定。

四、受益权的丧失

受益权的丧失，是指被保险人或投保人指定受益人后，因受益人实施严重危害被保险人生命或健康的行为，而由法律强制剥夺其受益的权利。尽管受益权的放弃也会产生受益人无权受领保险金的后果，但是与受益权的丧失是截然不同的。受益权的放弃，是指保险事故发生后，受益人以明示的方式向保险人做出放弃受益权的意思表示，从而消灭在保险人和受益人之间原本存在的保险金给付的权利义务关系。可见，受益权的放弃是受益人主观自愿的决定，而受益权的丧失则不管受益人愿不愿意，甚至也不管被保险人是否取消其受益权，而一律由法律强制剥夺。

我国《保险法》第43条第2款规定："受益人故意造成被保险人死亡、伤残、疾病的，或者故意杀害被保险人未遂的，该受益人丧失受益权。"依据上述规定，在我国，该受益人可能因为以下两个原因丧失受益权：

第一，故意造成被保险人死亡、伤残、疾病的。这是严重危及被保险人人身安全的行为，如受益人反从中受益，则会鼓励此类不法行为，显然违背保险的宗旨。另外，故意造成被保险人死亡与故意杀害被保险人是不同的。故意杀害被保险人是故意造成被保险人死亡的一种情况，此外，尚有其他若干情形也属于故意造成被保险人死亡，如被保险人受伤后故意不及时抢救或患病后故意不予治疗造成其死亡等。

第二，故意杀害被保险人未遂。此种情况下，如不剥夺其受益权，则其可能另寻机会杀害被保险人而从中受益，使被保险人的生命继续受到威胁。

需要注意的是，以上两种情况都不要求受益人出于谋取保险金的主观意图。

五、没有受益人时保险金的处理

我国《保险法》第42条第1款规定："被保险人死亡后，有下列情形之一的，保险金作为被保险人的遗产，由保险人依照《中华人民共和国继承法》的规定履行给付保险金的义务：（一）没有指定受益人，或者受益人指定不明无法确定的；（二）受益人先于被保险人死亡，没有其他受益人的；（三）受益人依法丧失受益权或者放弃受益权，没有其他受益人的。"

以上三种情况，本质上属于被保险人死亡后没有受益人。前已述及，受益人是约定的保险金请求权人，被保险人是法定的保险金请求权人，当没有受益人时，保险金请求权回归被保险人享有。因此，没有受益人的，保险合同推定为被保险人的利益而订立，保险金由被保险人受领，被保险人死亡后，保险金当然作为被保险人的遗产。

应当注意的是，本条规定的被保险人死亡后没有受益人时，保险金作为被保险人的遗产处理，与法定继承人作为受益人向保险人请求给付保险金在性质上是不同的，尽管在多数情况下，实际结果是相同的。二者的区别主要有以下几点：其一，法定继承人为受益人时，保险金全部由法定继承人受领；而将保险金作为被保险人的遗产处理，如果被保险人生前立有遗嘱，在遗嘱中指定了继承人的，则保险金由遗嘱继承人受领，如果被保险人未在遗嘱中指定继承人或生前未立遗嘱的，保险金才由法定继承人受领。其二，法定继承人以受益人身份受领保险金的，无义务偿还被保险人生前的债务；而将保险金作为被保险人的遗产处理，继承遗产的继承人有义务以受领的保险金为限偿还被保险人生前的债务。其三，法定继承人以受益人身份受领保险金的，无须缴纳遗产税，但需缴纳所得税；而将保险金作为被保险人的遗产处理，继承人受领保险金要缴纳遗产税，但无须缴纳所得税。

有学者认为，本条规范的是无受益人时死亡保险金的处理，对因被保险人伤残、疾病或生存到一定年龄给付的保险金（以下统称"生存保险金"）则不适用。[①] 他们的理由是：生存保险金本应由被保险人受领，但被保险人未来得及受领就死亡，那么由于保险金的所有权已归被保险人，已属于被保险人的财产，那么被保险人死亡后，保险金显然应按被保险人的遗产处理，无须再作规定。作出如此立论的前提是生存保险金不能指定受益人，一律由被保险人受领，这显然是与我国《保险法》规定的广义受益人的概念不一致。生存保险金也应首先由受益人受领；没有受益人的，由被保险人本人受领，被保险人尚未受领就死亡的，保险金同样作为被保险人的遗产处理。

六、有关受益人的几个特殊法律问题

（一）人身保险合同受益人栏填写"法定"应如何处理？

目前的人身保险实务中，在受益人一栏中填写"法定"二字的，已是由来已久、司空见惯，尤其是在航空意外伤害保险合同中几乎清一色全是"法定"。由于我国《保险法》规定的受益人产生的唯一方式是投保人或被保险人指定，并无"法定"产生受益人的方式，那么此种情况下保险人应向谁给付保险金呢？对此，实务中存在以下两种不同的理解，并相应导致不同的保险金分配方式。

1. 理解为未指定受益人。因为我国《保险法》并无"法定受益人"的概念，因此在受益人栏填写"法定"没有任何意义，应视为没有指定受益人，保险金请求权回归被保险人行使。如果被保险人死亡，则根据《保险法》第42条的规定，保险金作为被保险人的遗产，由保险人向被保险人的继承人履行给付保险金的义务，此时继承人是基于继承权而非受益权受领保险金。作为遗产处理就要遵循我国《继承法》的相关规定，受领人应当清偿被继承人依法应当缴纳的税款和债务。

2. 理解为"法定继承人"，即被保险人的法定继承人是受益人，由其对保险金享有受益权。受益人受领保险金后，无须缴纳遗产税，也无须清偿被保险人所欠的债务和税款，使得保险的保障功能得到最大实现。

根据最高人民法院《关于适用〈中华人民共和国保险法〉若干问题的解释（三）》第9条的规定，受益人约定为"法定"或者"法定继承人"的，以继承法规定的法定继承人为受益人。可见我国司法实践中采取第二种观点，即人身保险合同受益人栏填写"法定"时，应理解为指定法定继承人为受益人。

---

① 秦道夫. 保险法论［M］. 北京：机械工业出版社，2000：265–266.

（二）数名受益人中有部分受益人先于被保险人死亡或丧失受益权时，保险金应如何分配？

此时，死亡受益人或丧失受益权的受益人原本享有的受益份额如何处理？是由其他受益人平均分配或按比例受领，还是作为被保险人的遗产？我国《保险法》没有相关规定，实践中产生不少争议。最高人民法院《关于适用〈中华人民共和国保险法〉若干问题的解释（三）》第 12 条对此进行了规定："投保人或者被保险人指定数人为受益人，部分受益人在保险事故发生前死亡、放弃受益权或者依法丧失受益权的，该受益人应得的受益份额按照保险合同的约定处理；保险合同没有约定或者约定不明的，该受益人应得的受益份额按照以下情形分别处理：（一）未约定受益顺序和受益份额的，由其他受益人平均享有；（二）未约定受益顺序但约定受益份额的，由其他受益人按照相应比例享有；（三）约定受益顺序但未约定受益份额的，由同顺序的其他受益人平均享有；同一顺序没有其他受益人的，由后一顺序的受益人平均享有；（四）约定受益顺序和受益份额的，由同顺序的其他受益人按照相应比例享有；同一顺序没有其他受益人的，由后一顺序的受益人按照相应比例享有。"

（三）被保险人与受益人在同一保险事故中死亡，无法确定先后顺序，死亡保险金应如何处理？

对此问题，2009 年修订前的《保险法》没有规定，当时的保险实务中存在以下三种主张：

1. 保险金的给付应参照《继承法》的有关规定来解决。即参照最高人民法院《关于贯彻执行〈中华人民共和国继承法〉若干问题的意见》第 2 条规定，推定被保险人和受益人同时死亡，由他们的继承人各领取一半保险金。

2. 推定受益人先于被保险人死亡，保险金应作为被保险人的遗产，支付给其继承人。

3. 推定被保险人先于受益人死亡，保险金应作为受益人的遗产，支付给其继承人。

我国有关《继承法》的司法解释中共同死亡的继承原则，是基于继承人与被继承人之间存在的法定权利义务规定的，并不能适用于被保险人和受益人。继承人享有对被继承人财产的继承权与其对被继承人生前所尽的义务是对等的，而受益人的受益权源于被保险人或投保人的指定，因此不能以继承人和被继承人之间的关系衡量受益人与被保险人之间的关系。若按第一种主张，推定被保险人和受益人同时死亡，也只是解决了二者的死亡时间问题，据此推论由各自的继承人各领取一半保险金，则明显没有法律依据。若按第三种主张，推定被保险人先于受益人死亡，则保险金归受益人所有，由于受益人也已经死亡，保险金就成为受益人的遗产，由受益人的继承人继承。这种结果，使得保险金可能由与被保险人关系非常疏远甚至没有什么利益关系的人所得，违背了投保人为自己的利益或者为被保险人利益投保的初衷。因此，第二种主张较为合理。

从国外保险立法来看，对被保险人和受益人共同死亡时保险金的给付规定比较有代表性的是美国 1840 年制定的《统一同时死亡法令》。该法规定，人身保险的被保险人和受益人在同一事故中死亡，无法证明死亡先后顺序的，推定受益人先于被保险人死亡，保险金作为被保险人的遗产，由被保险人的继承人继承。该规定充分体现了投保人为自己的利益或被保险人的利益订立保险合同的精神，值得我们借鉴。基于上述理由，现行《保险法》第42条第2款规定："受益人与被保险人在同一事件中死亡，且不能确定死亡先后顺序的，推定受益人死亡在先"，从而较好地解决了这一类争议。

相关案例

案例1　某开发公司、李某诉保险公司团体人身保险纠纷案[①]　｜｜｜｜｜｜｜｜｜｜｜｜｜｜｜

一、基本事实

2008年10月，某开发公司以其85名员工为被保险人，向某保险公司投保了团体人身保险，每人保险金额达35000元，没有指定受益人。沈某为该公司工程师，2010年2月27日，沈某在某水泥厂进行回炉运行情况检测时发生意外死亡。开发公司按有关规定支付给沈某的妻子李某抚恤金等各种费用52000元。保险公司接到报案后，经现场勘查，认定沈某确系在观察仪器表盘时发生意外死亡，属于保险责任，应予赔付。当时，开发公司和沈某的妻子李某同时向保险公司索赔，李某认为，她作为被保险人的法定继承人，保险金应归其享有。而开发公司认为，给员工办理这项保险，是为了应付职工因不幸事故死亡后所需的丧事和善后抚恤金费用，以减少公司的经济开支，现在开发公司已向死者家属支付了抚恤金等费用，因此，保险公司的这笔保险金应归开发公司。双方争执不下，保险公司见双方意见不统一，就一直没有将保险金支付出去。开发公司、李某分别向法院起诉保险公司。

二、判决结果和理由

法院将此两案并案审理，经审理，认为本保险合同虽为团体人身保险合同，但仍为被保险人的利益而订立，在没有指定受益人的情况下，保险公司应向被保险人的法定继承人支付保险金。经调解，三方达成如下调解协议：由保险公司向李某支付保险金35000元。

三、分析与评论

本案涉及的保险合同为团体人身保险合同。团体人身保险合同是相对于个人人身保险合同而言的，它是指以团体单位为投保人、以该团体单位员工为被保险人，由保险公司签发一张总的保险单的保险合同。我国2009年修订后的《保险法》第31条新增加了一条规定，即投保人对与投保人有劳动关系的劳动者有保险利益，因此本案团体保险合同为有效合同。

那么，团体人身保险合同的受益人如何确定呢？按照修订前的《保险法》第61条，如果经被保险人签字同意，投保单位可以在团体人身保险合同中指定本单位为受益人，保险事故发生后保险人应当向投保单位履行给付保险金的义务。如果团体人身保险合同未指定受益人，被保险人死亡时，保险金作为被保险人的遗产，由保险人向其继承人给付，而投保单位无权请求保险金。但是，按照现行《保险法》第39条，"投保人为与其有劳动关系的劳动者投保人身保险，不得指定被保险人及其近亲属以外的人为受益人。"无论被保险人是否同意，单位都不能被指定为受益人享有受领保险金的权利。

另外，在团体人身保险中，被保险人、受益人或其继承人获得保险金是基于团体人身保险合同而成立的，其享有受《保险法》和《民法通则》保护的合法收入的所有权；而抚恤金是一种社

---

① 案例选自李玉泉. 保险法学案例教程［M］. 北京：知识产权出版社，2005：228－229.

会保障，是受《劳动法》保护的劳动者的权益。因此，保险金与抚恤金属于不同的保障范畴，它们之间有本质的区别，不能用保险金抵减抚恤金。

本案中，团体人身保险合同在没有指定受益人的情况下，保险公司应向被保险人的继承人支付保险金。李某作为被保险人沈某唯一的第一顺序法定继承人，有权取得该笔保险金，其单位开发公司无权取得。

相关案例
案例2　孙某、李大民诉某保险公司人身综合保险纠纷案①

一、基本事实

李某于2007年12月7日向某保险公司买了数份以其本人为被保险人的人身综合保险，其中死亡保险金为8万元，她在保险单上载明的受益人为丈夫孙某。2009年10月，李某因与丈夫孙某夫妻感情破裂，经法院调解离婚。2010年3月12日，李某在外地出差途中遭遇车祸，头部严重受伤，在送往医院的途中死亡。李某之父李大民在清理遗物时发现了李某的保险单，于是持保险单等相关材料向保险公司申请给付保险金。李某的前夫孙某在得知这一消息后也向保险公司提出给付保险金的申请。保险公司在收到上述申请后，一时决定不下。于是孙某、李大民分别将保险公司告上法院，要求保险公司给付死亡保险金。一审法院将两案并案审理，经审理后判决该笔保险金支付给指定受益人孙某。

二、分析与评论

本案的焦点是人身保险合同的指定受益人与被保险人关系发生变化时，是否仍有权请求给付保险金。以下从两个方面加以分析：

（一）尽管李某与孙某已经离婚，但李某并没有变更受益人

实务中，人身保险合同的受益人一般都是被保险人的利益关系人。投保人或被保险人之所以指定他作为受益人，其主要目的在于当被保险人发生保险事故后，他可以从保险人处领取一定数额的保险金，以弥补由于被保险人遭受不幸而可能给他带来的物质上或精神上的损害和负担。

受益人是根据投保人或被保险人的意思指定的，体现着指定人的意志。同时，投保人与被保险人在保险事故发生前的任何时间都可以随时变更受益人，这也同样体现着指定人的自由意志。因此，本案中，当投保人兼被保险人李某与孙某离婚后，李某完全可以变更受益人，从而使离婚后的孙某不再享有受益权。但事实上她并没有这样做，而仍继续保留孙某为受益人。

（二）在保险金给付中一般是排除遗产继承直接适用的

这是从私法领域充分尊重当事人"意思自治"原则而引申出的一条重要原则。与遗产继承制度相比，《保险法》规定的受益人优先原则，更能体现和尊重当事人的"意思自治"。据此，在保险金给付问题上，当遗产继承制度与《保险法》所确认的受益人制度发生冲突时，应优先考虑适用《保险法》中的受益人制度，而排除遗产继承制度的直接适用，只有在被保险人死亡后，没有受益人或者受益人没有受益权的情况下，才能将保险金作为被保险人的遗产，适用遗产继承制度由继承人继承。对此，2009年2月28日修订前的《保险法》第64条、现行《保险法》第42条

① 案例选自李玉泉．保险法学案例教程［M］．北京：知识产权出版社，2005：243－247.

也作出了明确规定。

综上所述，本案中，尽管李某与孙某已经离婚，但李某并没有申请变更被保险人，孙某作为受益人，保险公司应向其给付保险金，从而排除继承制度的直接适用。因此，法院的判决是正确的。

 相关案例

案例 3　林某诉保险公司人寿保险合同纠纷案

一、基本事实

2006 年 6 月 10 日，刘某到保险公司投保了人寿保险，保险金额为 3 万元，指定其妻子关某为受益人。后来，刘某与关某由于感情不和而离婚。不久，刘某又与林某结婚。婚后，刘某与林某便到当地司法局的公证处办理了一份写有"自本日起受益人由刘某的前妻关某变更为林某"的公证书。但是刘某并未将公证书变更受益人一事通知保险公司。2008 年 8 月 12 日，刘某到外地出差，在返回途中遭遇车祸身亡。刘某死后，林某即以受益人的身份向保险公司提出给付保险金的要求。保险公司在审查林某提交的资料和证明时，证实了林某与刘某结婚后，确实到公证处办理了变更受益人的公证书，但是，未将变更受益人的情况以书面的形式通知保险公司，因此认定该变更无效。保险公司按原合同的约定，将 3 万元的保险金付给原受益人即刘某的前妻关某。林某觉得保险公司这一做法太不近情理了，于是便到法院起诉保险公司。法院经过审理后认为，保险公司的做法符合法律规定，林某败诉。

二、分析与评论

保险事故发生后，保险公司不仅要履行支付保险金的义务，同时对保险公司而言，还存在支付对象的问题。那么，本案保险金应该支付给谁呢？

刘某与林某办理的变更受益人的公证书，其内容应该是真实合法的。我国《保险法》第 41 条第 1 款明确规定："被保险人或者投保人可以变更受益人并书面通知保险人。保险人收到变更受益人的书面通知后，应当在保险单或者其他保险凭证上批注或者附贴批单。"因此，投保人或被保险人在指定受益人后，仍有权加以变更，受益人不得反对，也无须经保险人同意。

然而，本案的关键问题在于刘某在变更受益人时，没有履行法定的程序。根据我国《保险法》第 41 条第 1 款的规定，变更受益人的，应当书面通知保险人，并由保险人在保险单或者其他保险凭证上批注或者附贴批单。法律之所以强调变更的法定程序的必要性，在于确认变更受益人这一重要法律事实，分清法律责任。从根本上讲，还是为了保护被保险人的利益，防止道德危险的发生。试想一下，如果变更受益人过于随意，不遵循法定的程序，什么人都可以拿着一纸证明到保险公司申请受益权，这是不是被保险人的真实意思呢？而保险公司也往往无从查证，加大了经营风险。

我国《保险法》设置书面通知义务，是要求变更权人将变更受益人的意思表示通知保险人，明确保险金的最终给付对象，否则变更对保险人不发生效力，保险人不受该项变更的约束，仍然可以将保险金支付给原来指定的受益人，并被法律认为是已经正确履行了给付义务，被保险人或变更后的受益人不得以之对抗保险人。

本案中，被保险人刘某因为没有按照法定的程序变更受益权，所以，该变更对保险人没有约束力。保险公司应依法将保险金交给刘某的前妻关某，法院的判决是正确的。

相关案例

案例4　郑某诉保险公司鸿寿养老保险纠纷案①　▪▪▪▪▪▪▪▪▪▪▪▪▪▪▪▪▪▪▪▪▪▪▪▪▪▪▪▪▪▪▪

一、基本事实

1999 年 3 月 16 日，姚某以自己为被保险人向某保险公司投保了"鸿寿养老保险"，保险单中约定姚某为被保险人，受益人一栏为空白，保险金额为 16 万元。2000 年 9 月 1 日，姚某与郑某结婚。2001 年 2 月 7 日，姚某在家中阳台晾晒衣服时，不慎失足坠楼，在送往医院途中死亡。事故发生后，其妻郑某向保险公司报案。保险公司经调查、审核后认为，这次事故属于保险责任范围，决定给付 16 万元人身保险金。

在该笔保险金的分配上发生了争执。姚某健在的父亲以法定继承人的身份要求分取该笔人身保险金的二分之一。而姚某的妻子郑某则提出，先分取该笔人身保险金的一半，剩下的八万元再由其本人与姚某的父亲均分。

保险公司认为，本保险合同中受益人一项下为空白，即未指定受益人，人身保险金应作为被保险人姚某的遗产，根据继承法的有关规定予以处理。姚某的妻子郑某、姚某的父亲为姚某的第一顺序继承人，因此这笔人身保险金应由郑某、姚某的父亲两人作为法定继承人受领。姚某妻子郑某的观点于法无据，未获采纳。郑某得知保险公司的意见后，认为保险公司提出的这种分配方法损害了自己的合法利益，于是向法院起诉保险公司。法院受理后，依法追加姚某的父亲为本案的第三人。在法院审理中，各方当事人达成调解协议：由姚某的父亲和郑某平分这 16 万元保险金。

二、分析与评论

本案争议的焦点：一是人身保险金是否可以作为夫妻共同财产来处理；二是人身保险合同未指定受益人时保险金如何处理。

（一）人身保险金是否为夫妻共有财产

我国《婚姻法》第 17 条规定，夫妻双方在婚姻关系存续期间所得的财产，包括工资、奖金、从事经营活动的收益、知识产权的收益等，除双方另有约定外，应为夫妻双方共有。同时，我国《婚姻法》第 18 条又规定，夫妻一方所有的婚前财产、因一方身体受到伤害获得的医疗费生活补助费等费用、遗嘱或赠与合同中指明归一方的财产等应为夫妻一方的财产，而不是夫妻共有财产。因此在发生继承的情况下，应当先确定哪些财产是夫妻共有财产，哪些财产是夫或妻一方财产。在此基础上再确定各个继承人所应分取的遗产范围和各自份额。本案中，如果涉及夫妻共有财产的，则需要先分割姚某妻子郑某的财产份额，以确认被继承人（亦即被保险人）姚某的遗产范围，再根据我国《继承法》的相关规定处理姚某的遗产。但是，本案中，一方面，被保险人姚某投保的人身保险合同签订于结婚之前，属于婚前的投保行为；另一方面，该笔保险金属于姚某因身体受到伤害而获得的费用，因此该笔保险金不能作为姚某与郑某的夫妻共同共有财产。郑某要求先分得这 16 万元保险金的一半的主张是不符合法律规定的。

（二）人身保险合同未指定受益人时保险金如何处理

对此问题，大部分国家是将保险金作为被保险人的遗产来处理。我国《保险法》第 42 条规定："被保险人死亡后，有下列情形之一的，保险金作为被保险人的遗产，由保险人依照《中华人

---

① 案例选自李玉泉. 保险法学案例教程［M］. 北京：知识产权出版社，2005：249－252.

民共和国继承法》的规定履行给付保险金的义务：（一）没有指定受益人的，或者受益人指定不明无法确定的……"可见，在我国，这笔人身保险金便要回归于被保险人名下，作为其个人遗产，由被保险人的继承人继承。

因此，本案保险公司所给付的 16 万元人身保险金不能作为夫妻共有财产，而应当作为被保险人姚某的个人遗产，由保险公司向被保险人的继承人履行给付保险金的义务。相应地，本案也由受益权的确认转变为遗产的继承纠纷问题。本案姚某的第一顺序继承人为其妻子郑某、其父亲两人，该案最终调解，由两位法定继承人平分保险金是符合法律规定的。

第四节　人寿保险单的现金价值

一、人寿保险单现金价值的产生

谈及人寿保险单的现金价值，不能不提到自然保险费和均衡保险费的区别。如果被保险人按其年龄和在未来一年内的死亡概率逐年支付保险费，则以这种方式确定的保险费是自然保险费。在采取自然保险费的模式下，由于不同年龄的人在未来一年内死亡的概率不同，一般而言，年龄越大，死亡概率也越大，因此在保险金额相等的条件下，被保险人为参加保险而支付的保险费将随着年龄的增加而逐年增多。达到一定的年龄后，被保险人的劳动能力将逐年减弱，导致收入也将逐年减少，而此时被保险人面临的死亡风险越来越大，对保险的需求也越来越强烈，但往往会由于无法负担高额的保险费而不得不退出保险。

为解决自然保险费带来的问题，现代人寿保险通常把保险期间延长，一般长达数年直至终身，在保险期间内，每年支付一次或数次保险费，每次支付的金额相等。在保险期间前一阶段的若干年内，支付的保险费多于按照被保险人的死亡概率确定的自然保险费，多出的部分由保险人进行运用，生息增值，形成保险责任准备金；在保险期间后一阶段的若干年内，支付的保险费少于自然保险费，不足的部分用以前形成的责任准备金弥补；保险期间结束时，责任准备金刚好用完。以这种方式确定的保险费就是均衡保险费。

在均衡保险费模式下，在保险期间内的任何时刻，均存在一定金额的保险责任准备金。均衡保险费超过自然保险费的部分相当于投保人预付以后的保险费，保险人对这部分要计算利息，形成保险责任准备金，同时保险责任准备金尚未用于弥补均衡保险费少于自然保险费差额的部分，保险人也要计算利息。保险责任准备金的所有权属于投保人。在保险期间内，如果合同解除或由于某种原因合同终止，保险人应将保险责任准备金扣除少量手续费后退还投保人。保险责任准备金扣除手续费后的差额在人寿保险经营中被称为现金价值。由于现金价值的所有权属于投保人，保险人不得以任何理由予以剥夺，因此持有人寿保险单就相当于持有有价证券，使得人寿保险单具有储蓄性和投资性的特征。可见，均衡保险费的交付方式是人寿保险单产生现金价值的原因。

在现代人寿保险业务中，普遍采用通过保险代理人订立合同、通过保险经纪人介绍业务的方式，保险人因此要向保险代理人、经纪人支付相应的手续费或佣金。由于手续费或佣金是由于投保人投保人寿保险而支付的，因此最终要由投保人承担，并且构成均衡保险费中附加保险费的最主要的部分。实务中，手续费或佣金的支出是不均衡的，一般在第一年最多，以后逐年减少，在5年后一般停止支付。这样，合同订立第一年收取的保险费，在扣除当年用于承担保险责任的自然保险费和附加保险费后，一般已无剩余，甚至为负数；合同订立第二年收取的保险费，扣除当年自然保险费和附加保险费后，一般略有剩余，可弥补第一年的不足；合同订立满二年后，收取的保险费扣除当年自然保险费和附加保险费后，能有剩余，这些剩余及其运用增值部分形成责任准备金。因此一般来说，分期支付保险费的人寿保险合同，只有交足二年以上保险费后，才能产生现金价值。

二、人寿保险单现金价值的处理

由于现金价值是由保险费及其增值形成的，因此现金价值的所有权属于投保人，保险人不得以任何理由予以剥夺，投保人有权选择有利于自己的方式处理现金价值，这也已成为人寿保险业的惯例。

（一）可以向保险人质押借款

人寿保险合同满一定期限产生现金价值后，投保人可以将人寿保险单质押给保险人，向保险人借款。质押借款金额一般不得超过保险合同的现金价值，并须支付利息。投保人应按时偿还借款本息，否则如果借款本息等于或超过保险合同的现金价值时，保险合同失其效力。

（二）可以垫交保险费

人寿保险合同具有现金价值后，如投保人停交保险费，保险人即可将此现金价值作为一次缴纳的保险费，仍可享受保险保障，保险责任不变，仅仅是减少保险金额，或保险金额不变而将原来的终身保险改为定期保险而已。不过，投保人如想以此种方式处理现金价值，则须在订立保险合同时作出该项选择，否则保险人不得以现金价值垫交保险费。

（三）退还现金价值

在保险期间内，当保险合同解除或终止，如果人寿保险单已经产生现金价值，保险人应予退还。

1. 无论是投保人解除保险合同还是保险人解除保险合同，保险人应当按约定退还保险单的现金价值。投保人可以在保险期间内随时解除保险合同，我国《保险法》第47条规定："投保人解除合同的，保险人应当自收到解除合同通知之日起三十日内，按照合同约定退还保险单的现金价值"。而保险人解除人寿保险合同并需退还保险单现金价值的仅限于《保险法》第37条规定的情形，该条规定："合同效力依照本法第三十六条规定中止的，经保险人与投保人协商并达成协议，在投保人补交保险费后，合同效力恢复。但是，自合同效力中止之日起满二年双方未达成协议的，保险人有权解除合同。保险人依照前款规定解除合同的，应当按照合同约定退还保险单的现金价值。"

2. 在保险期间内，无论因何原因导致保险合同终止，保险人均应按约定退还保险单的现金价值。我国《保险法》第43条规定："投保人故意造成被保险人死亡、伤残或者疾病的，保险人不承担给付保险金的责任。投保人已交足二年以上保险费的，保险人应当按照合同约定向其他权利人退还保险单的现金价值。"第44条规定："以被保险人死亡为给付保险金条件的合同，自合同成立或者合同效力恢复之日起二年内，被保险人自杀的，保险人不承担给付保险金的责任，但被保险人自杀时为无民事行为能力人的除外。保险人依照前款规定不承担给付保险金责任的，应当按照合同约定退还保险单的现金价值。"第45条规定："因被保险人故意犯罪或者抗拒依法采取的刑事强制措施导致伤残或者死亡的，保险人不承担给付保险金的责任。投保人已交足二年以上保险费的，保险人应当按照合同约定退还保险单的现金价值。"另外，如果被保险人因为其他除外责任而导致死亡的，由于保险标的不复存在，以后也不可能发生保险事故，因此保险合同终止，如果保险单已经产生现金价值，保险人也应退还。

✍ 相关案例

王某诉某人寿保险公司退还保险合同现金价值纠纷案 ∷∷∷∷∷∷∷∷∷∷∷∷∷∷∷∷∷∷∷∷∷∷∷∷∷∷∷

一、基本事实

1999年1月5日，王某经某人寿保险公司营销员李某介绍，向人寿保险公司投保主险康泰终身保险及附加险"意外伤害"险和"住院安心"险各5份。

合同订立后，王某于1999年1月5日、2000年1月9日各交保险费1384元。2000年9月，王某向人寿保险公司提出退保申请并交付了有关材料，但人寿保险公司仅同意退还现金价值725元。王某认为解除保险合同后，保险公司扣除手续费过高，于2001年1月17日向当地人民法院提起诉讼，请求法院判令被告返还多扣除的保险费2043元。

二、判决结果和理由

一审法院经审理后认为，原告王某在自愿的情况下，缴纳了保险金，购买了人寿保险，在投保时，被告已向王某明确说明了不丧失价值条款等内容，并书面声明中途退保会带来经济损失，而原告在投保时间未满二年的情况下申请解除保险合同，被告同意解除，双方意思表示一致，至此，原告、被告之间的保险合同关系解除。原告诉称在退保时被告扣除手续费过高，因未能提供相关证据证明被告扣除的手续费过高，故其诉讼请求法院不予支持。据此，一审法院判决驳回原告王某的诉讼请求。一审后，双方均未上诉。

三、分析与评论

本案涉及对人寿保险合同中"不丧失价值条款"，也就是对保险条款中"现金价值"的理解。

除定期保险外，一般人寿保险合同在交付保险费一定期间后都有现金价值，这种价值一般称之为不没收价值或不没收给付。也就是说，人身保险费交给保险人后，其中一部分用于支付保险人的费用，剩下的部分没有用出去，积存了一定的责任准备金。保险事故发生前，投保人也可以利用这部分现金价值。如果发生保险事故，投保人可以取回全部保险金，即使投保人不愿继续投保而致使保险合同失效时，也不能剥夺投保人应享有的现金价值的权利，因此称为不丧失价值条款。

　　人寿保险的保险费由两部分组成：纯保险费和附加保险费。前者用于保险金的给付，后者用于保险公司业务经营费用的开支。现代人寿保险采用均衡保险费收取的方式是产生现金价值的原因。因为在按均衡保险费交付的情况下，保险消费者在交费初期所交保险费高于纯保险费，因此有一部分剩余，于是就形成了责任准备金，退保时退的也是这部分价值，当然要扣除相关的退保手续费。

　　因为在保险期间的不同时刻，保险责任准备金的金额不同，所以人寿保险单的现金价值可能多于或少于已经支付的保险费。

　　在实际操作中，保险公司都会在保险合同中附上相关的现金价值表，列明各保险周年保险单的现金价值。当投保人退保时，保险公司即按照现金价值表，退还一笔现金。

　　本案中，王某在投保时，人寿保险公司在保险合同签订前已向王某明确说明了不丧失价值条款等内容，不存在保险公司未履行如实告知义务的问题，根据我国《保险法》及保险条款对不丧失价值条款及现金价值的规定，保险公司按现金价值支付退保金并无不妥。

第五节　人身保险合同效力的中止和恢复

一、人身保险合同效力的中止

　　我国《保险法》第36条第1款规定："合同约定分期支付保险费，投保人支付首期保险费后，除合同另有约定外，投保人自保险人催告之日起超过三十日未支付当期保险费，或者超过约定的期限六十日未支付当期保险费的，合同效力中止，或者由保险人按照合同约定的条件减少保险金额。"这是我国法律对人身保险合同效力中止的规定。

　　（一）　人身保险合同效力中止的原因

　　人身保险费在人身保险合同中具有极其重要的意义。人身保险费依其交付的方式分为一次交付和分期交付两种。由于人身保险合同大多是长期合同，一次支付的保险费金额较大，因而一般由投保人分期（每年、每半年、每季度或每月）交付，每次交付一笔较小的金额。尽管一次交付数年甚至十几年、几十年保险期间保险费的情形依然存在，但毕竟并不常见。

　　实务中，往往将投保人在保险合同订立时交付的第一期保险费称为首期保险费，而将以后陆续交付的保险费称为续期保险费。首期保险费和续期保险费不仅仅是交付时间不同，二者在性质及交付要求方面也具有根本的区别。首期保险费在人身保险合同中往往被约定为合同生效的条件，并且应该在保险合同订立之前或订立之时交付。人身保险实务中，投保人将填好的投保单和首期保险费同时交给保险人，保险人一旦同意，保险合同从约定的时间生效。我国目前大部分人身保险条款对此都有规定：只有在投保人或被保险人已经缴纳首期保险费，保险单于被保险人生存期间送达，被保险人仍然具有可保性，保险合同才开始生效。而续期保险费的及时支付是保险人继续承担人身保险合同项下保险责任的先决条件。一般情况下，投保人并未作出一定支付续期保险费的承诺，续期保险费并不是投保人对保险人的债务，保险人不得用诉讼方式要求投保人支付。但是，由于保险费是整个保险制度赖以存在的基础，投保人未支付续期保险费而保险人仍然要承担保险责任，将严重危及保险人的偿付能力，对其他投保人也是不公平的。因此，如果被保险人要继续得到保险保障，续期保险费就应该在保险合同约定的到期日之前支付，如果保险人给予宽限期，则应该在宽限期终止前支付，否则将会导致保险合同效力的中止。

综上所述，合同约定一次交付保险费的，往往采用保险费在保险合同成立时一次交清的方式，投保人的保险费支付义务已经履行完毕，一般不存在合同效力中止的问题；合同约定分期支付保险费的，如果投保人尚未支付首期保险费，则按照约定合同并未生效，也不存在合同效力中止的问题；只有合同约定分期支付保险费的，并且投保人已经支付首期保险费，保险合同已经生效的情况下，才存在合同效力中止的问题，效力中止的原因是投保人未按约定的时间支付续期保险费。

（二）人身保险合同效力中止的时间

理论上说，从投保人逾期不支付续期保险费的次日起，保险合同的效力就应该中止，然而实务中很少这样做，几乎所有的人身保险合同都载有"宽限期条款"，给予投保人交付续期保险费的宽限期。"宽限期条款"一般都规定：被保险人在保险合同约定的每次续期保险费交付期限届满之后的一段时间（即宽限期）内仍继续享有保险保障，但是该宽限期终止时投保人仍未支付已经迟付的续期保险费，则该保险合同的效力自动中止。宽限期的长短一般由保险合同条款具体规定。在我国，如果人身保险合同对宽限期没有具体约定，宽限期为自保险人催告之日起超过30日或超过约定的期限60日。

宽限期对于被保险人具有显而易见的好处。这种好处在于，自续期保险费到期日到宽限期终止日这段期间，即使投保人未缴纳保险费，保险人仍继续承担保险责任。实际上，这就等于允许投保人延迟支付续期保险费，从某种意义上说，被保险人获得了宽限期内的免费保障。这从表面上来看是对保险人不利的，但"宽限期条款"仍被广泛采用主要基于以下考虑：第一，大多数人身保险合同都是长期保险，投保人在缴纳了几年，甚至几十年保险费之后，仅因一次延迟支付保险费就使保险合同失效，这对被保险人不公平。第二，给予投保人一定的宽限期，通常并不会造成保险人承保风险的实质性改变。因为延迟支付保险费只是个别情况，而被保险人于宽限期内支付保险费之前发生保险事故又属极个别情况。此外，除非谋杀，保险单持有人很难预见被保险人会在宽限期期间内死亡，从而利用宽限期不交保险费而获利。第三，宽限期对保险人的保险营销具有潜在的好处。续保率一直是长期保险中保险人所关心的问题，宽限期有利于保险人提高续保率。投保人迟交或漏交保险费，可以在宽限期内补交，这就避免了被保险人转而向其他公司投保。因为在宽限期内补交保险费不仅使原保险合同继续有效，而且条件不变，重新投保有可能会因年龄增大等而使保险费提高或保险条件变更。

综上所述，分期支付保险费的人身保险合同，当投保人不按时支付续期保险费时，合同效力自宽限期结束的次日起中止；若合同未约定宽限期，合同自保险人催告之日起超过30日或者超过约定的交费期限60日后中止。

（三）　人身保险合同效力中止的法律后果

合同效力的中止，只是暂时地而非终局地使保险合同失去效力，保险人也只是暂时地而非终局地免除保险责任的承担，仍然可以依照一定的条件和程序恢复其效力。这与保险合同的解除和保险合同的终止是截然不同的。

二、人身保险合同效力的恢复

我国《保险法》第 37 条规定："合同效力依照本法第三十六条规定中止的，经保险人与投保人协商并达成协议，在投保人补交保险费后，合同效力恢复。但是，自合同效力中止之日起满二年双方未达成协议的，保险人有权解除合同。保险人依照前款规定解除合同的，应当按照合同约定退还保险单的现金价值。"这是我国法律对合同效力恢复的规定。

（一）　人身保险合同效力恢复的条件

人身保险合同效力中止后，只有符合一定的条件，才能恢复合同的效力。这些条件主要包括：

1. 被保险人的健康状况仍然符合投保要求，即具有"可保性"。这主要是为了减少逆选择的风险。因为合同效力中止一段时间以后，被保险人的健康状况可能发生了变化，只有那些健康状况恶化的人才会更加关注恢复合同的效力，而健康状况好转的人往往不急于恢复合同的效力。因此，如果允许投保人选择可以恢复合同效力而不要求被保险人具有可保性的话，那么就会导致被保险人群体的平均健康状况下降，发生保险事故的概率增大，使保险人的经营发生困难。

实务中，一般做法是对恢复效力的合同视同订立新合同，保险人要审查被保险人的健康状况，并且适用于订立新合同时对被保险人健康状况的要求和标准。如果订立合同时要求被保险人进行体检，那么恢复合同效力时被保险人仍应进行体检。如果被保险人的健康状况已不符合投保要求，保险人有权拒绝恢复合同效力。

2. 合同尚未解除。如果投保人或保险人已经解除合同，则当事人的权利义务终局地消灭，合同的效力已不可能再行恢复。根据我国《保险法》，自合同效力中止之日起满二年，保险人有权解除合同。这是因为保险人不可能无限期地等待投保人恢复合同效力而不作处理，如果保险人已决定解除合同，则保险合同的效力终止，不能再恢复效力，被保险人只有重新投保才能获得保险保障。另外，投保人也可以在未支付续期保险费后的任何时间解除合同，从而使保险合同终止。

3. 保险期间尚未结束。这是因为恢复合同的效力本质上是原保险合同的继续，而不是重新订立合同，因此合同中约定的保险期间并不因合同效力的中止和恢复而改变。如果保险期间已经结束，则合同的效力已经终止，不可能再恢复合同效力。

（二）　人身保险合同效力恢复的程序

根据我国《保险法》，恢复合同效力的程序为：

1. 保险人与投保人协商并达成协议。一般情况是投保人首先向保险人提出恢复合同效力的申请，并根据保险人的要求提供有关证明、资料，特别是一些涉及被保险人可保性的证明和资料，如被保险人的健康检查报告，经保险人审查同意，即达成恢复合同效力的协议。在上述过程中，如果被保险人的某些情况较投保时发生了变化，投保人应与订立合同时一样履行如实告知义务，如果投保人未履行如实告知义务，法律后果与投保时未履行如实告知义务相同。

这里涉及如何理解《保险法》第 37 条第 1 款规定的"二年"的问题。我们认为，此处的"二年"是投保人提出恢复合同效力申请的保留期限，即投保人在合同效力中止后二年内，可以随时提出申请，而保险人则不能在该期间内解除保险合同，从而剥夺保险人在此期间解除合同、阻止合同效力恢复的权利。但是，二年的保留期限并不是投保人提出恢复合同效力的条件，即投保人只能在此期间提出申请，超过该期间，投保人并不是不能提出申请，它仅构成保险人解除合同的理由之一。因此，如果在二年的保留期限结束以后，保险人没有解除合同，并且愿意接受投保人恢复合同效力申请的，在满足其他条件的情况下，合同效力仍然可以恢复。

2. 投保人补交保险费。投保人和保险人达成恢复合同效力的协议以后，投保人应补交合同效力终止期间的保险费，合同的效力才能恢复。至于投保人是否应一并补交合同效力终止期间的保险费的利息，《保险法》并无明确规定，理论上保险人在厘定保险费时已考虑了利息因素，投保人延迟支付保险费，使保险人遭受了利息损失，理应予以补偿，实务中在恢复合同效力时，保险人也都要求投保人补交相应利息。需要注意的是，尽管投保人支付了合同效力中止期间的保险费及其利息，但合同效力恢复后保险人对效力中止期间发生的保险事故，仍然不承担给付保险金的责任。否则，在合同效力中止后，发生保险事故的要求恢复合同效力，未发生保险事故的不要求恢复合同效力，对保险经营极为不利。

最高人民法院《关于适用〈中华人民共和国保险法〉若干问题的解释（三）》第 8 条明确规定："保险合同效力依照保险法第三十六条规定中止，投保人提出恢复效力申请并同意补交保险费的，除被保险人的危险程度在中止期间显著增加外，保险人拒绝恢复效力的，人民法院不予支持。保险人在收到恢复效力申请后，三十日内未明确拒绝的，应认定为同意恢复效力。保险合同自投保人补交保险费之日恢复效力。保险人要求投保人补交相应利息的，人民法院应予支持。"

相关案例
某保险公司康乐险附加住院安心险纠纷案[①]

一、基本事实

贾某于 1998 年 5 月 3 日向某人寿保险公司投保康乐险附加住院安心险一份。贾某已缴纳了 1998 年、1999 年两年的保险费，但没有按期缴纳 2000 年的保险费。2000 年 7 月 28 日，贾某以"排便困难二月余"为原因到医院检查，其病理被诊断为直肠癌，在医院做了直肠癌根除手术。9 月 9 日，贾某向保险公司申请办理复效手续，并在健康声明书中告知为正常。保险公司同意了贾

---

① 案例选自李玉泉．保险法学案例教程［M］．北京：知识产权出版社，2005：236 – 239．

某的复效申请，保险合同效力恢复。11月贾某因病情恶化，抢救无效死亡。受益人贾某的儿子向保险公司提出支付死亡保险金申请。保险公司接到给付申请后，了解到贾某在申请复效时没有向保险公司如实告知其患直肠癌的情况，于是拒绝了受益人的申请，并单方解除了保险合同。贾某的儿子不服，向人民法院提起诉讼。

二、判决结果和理由

一审法院经审理后认为，被保险人在申请复效时没有履行如实告知义务，且该未如实告知的事实足以影响保险公司决定是否同意承保或者提高保险费率。因此，保险公司有权解除保险合同并对发生的保险事故不承担保险责任。据此，判决驳回诉讼请求。贾某的儿子不服一审判决，提起上诉，二审法院经审理后驳回了他的上诉，维持原判。

三、分析与评论

本案涉及人身保险合同效力中止后如何恢复效力的问题。

人身保险的投保人因不能如期交付保险费而导致合同效力中止后，既可以重新投保订立新的保险合同，也可以依一定条件和程序要求恢复原保险合同的效力。对投保人来说，恢复原保险合同的效力，往往要比重新投保更为有利。特别是效力中止后如果被保险人已经超过投保年龄限制，也只有要求恢复原保险合同的效力，才有可能继续享有参加保险的权利。

本案中双方所使用的康乐险条款规定："除本合同另有约定外，投保人逾宽限期仍未交付保险费的，则本合同自宽限期满的次日零时起中止效力""本合同效力中止后二年内，投保人申请恢复合同效力的，应填写复效申请书，并按本公司规定提供被保险人健康声明书或本公司指定医疗机构出具的体检报告书，经本公司审核同意，双方达成复效协议，自投保人补交保险费及利息（按计算保险费的预定利率计算）的次日零时起，合同效力恢复"。

申请恢复合同效力一般须具备下列条件：首先，被保险人的健康状况仍然符合投保要求，即具有"可保性"。投保人申请恢复合同效力时，也要根据最大诚实信用原则，履行如实告知义务，必要时要按保险公司要求提交体格检验书或健康声明书等材料，以避免身体健康状况恶化的被保险人可能做出的逆选择风险。其次，投保人或保险人尚未解除保险合同。最后，保险期间尚未结束。恢复合同效力的程序为：（1）保险人与投保人协商并达成协议。一般情况是投保人首先向保险人提出恢复合同效力的申请，并根据保险人的要求提供有关证明、资料，特别是一些涉及被保险人可保性的证明和资料，经保险人审查同意，即达成恢复合同效力的协议。（2）投保人补交保险费及相应利息。

本案中，虽然被保险人在确诊为癌症后申请恢复合同效力，但投保人在复效时并未将被保险人已患癌症的情况向保险公司如实告知，因此构成故意不履行如实告知义务。根据《保险法》关于如实告知问题的规定，保险公司可以解除效力恢复的保险合同并不承担给付保险金的责任。法院的判决是正确的。

第六节　人身保险合同的法定除外责任

保险合同中的除外责任，是指保险人无须承担赔偿或给付保险金责任的事故或损失，一般可分为约定除外责任和法定除外责任两种类型。约定除外责任由投保人和保险人自愿约定，而法定除外责任则由法律直接规定，禁止保险人在某些情形下承担保险责任，如果保险人对此承担保险责任，则不仅损害被保险人利益，也会严重危害社会公共利益，是违法行为。实务中，保险人往往将这些法定除外责任也在保险合同中加以明确约定，但即使不列入合同，保险人也不得承担保险责任。

根据我国《保险法》，人身保险合同的法定除外责任有三项，以下详述之。[①]

一、投保人的故意行为

我国《保险法》第 43 条第 1 款规定："投保人故意造成被保险人死亡、伤残或者疾病的，保险人不承担给付保险金的责任。投保人已交足二年以上保险费的，保险人应当按照合同约定向其他权利人退还保险单的现金价值。"据此，在我国，投保人故意造成被保险人死亡、伤残或者疾病属于法定除外责任，保险人不承担给付保险金的责任。

投保人故意造成被保险人死亡、伤残或者疾病的，由于投保人并不享有保险金请求权，投保人不可能因此而获得保险金，但我国《保险法》仍然将其作为保险人的法定除外责任，主要是基于以下理由[②]：第一，投保人作为保险合同一方当事人，与保险人订立保险合同应当是善意和诚信的，其动机应当是使被保险人获得保险保障，如果投保人故意造成被保险人死亡、伤残或者疾病，则是对保险人的欺诈行为；第二，是为了保障被保险人的人身安全，否则投保人极有可能为了使受益人获得保险金，首先为被保险人订立保险合同，而后故意造成被保险人死亡、伤残或者疾病，这显然对被保险人的人身安全是极大的危险；第三，在大多数情况下，投保人与受益人之间存在密切的关系，或者是家庭成员，或者是近亲属，或者是其他密切的关系，如果保险人对投保人故意造成被保险人死亡、伤残或者疾病仍要给付保险金，就极有可能诱使投保人和受益人恶意串通，由投保人故意造成被保险人死亡、伤残或者疾病，而后由受益人受领保险金，而受益人领取的保险金又对投保人具有一定的利益，这对被保险人的人身安全也是极其不利的。

从我国《保险法》第 43 条规定来看，似乎只要投保人故意造成被保险人死亡、伤残或者疾病的，保险合同即行终止，若保险单已产生现金价值，保险人应予返还。但从法理上分析，保险合同终止和返还保险单的现金价值，应只适用于投保人故意造成被保险人死亡的情况，如果投保人只是故意造成被保险人伤残或者疾病，保险合同继续有效，以后发生保险事故而又不属于除外责任情形的，保险人仍应承担给付保险金的责任。

二、被保险人自杀

我国《保险法》第 44 条规定："以被保险人死亡为给付保险金条件的合同，自合同成立或者合同效力恢复之日起二年内，被保险人自杀的，保险人不承担给付保险金的责任，但被保险人自杀时为无民事行为能力人的除外。保险人依照前款规定不承担给付保险金责任的，应当按照合同约定退还保险单的现金价值。"据此，自保险合同成立或者

---

① 本节有关内容参考了秦道夫. 保险法论［M］. 北京：机械工业出版社，2000：286 - 296.

② 秦道夫. 保险法论［M］. 北京：机械工业出版社，2000：288 - 289.

合同效力恢复之日起二年内被保险人自杀属于法定除外责任，而自保险合同成立或者合同效力恢复之日起满二年后被保险人自杀的，允许保险人承担给付保险金的责任，是否承担由保险合同约定。

要正确理解和运用《保险法》的上述规定，首先就需要弄清自杀的概念。所谓自杀，就是故意结束自己生命、造成自己死亡的事件。一般而言，被保险人自杀要具备以下四个构成要件，缺一不可：被保险人主观上存在结束自己生命的故意，被保险人客观上实施了足以造成自己死亡的行为，造成了被保险人死亡的结果，行为和结果之间存在因果关系。因此，失足坠下致死、游泳时溺水而死、误食有毒物品致死，以及精神失常状态下致使自己死亡等，均不属于《保险法》中的自杀。

被保险人自杀是否当然属于除外责任，是一个存在争议的问题。一种观点认为对自杀不应承担保险责任，否则会鼓励有自杀意图的人在自杀前投保巨额的人身保险，从而诱发道德风险；再则自杀属于故意制造保险事故，不符合承保风险的偶然性特征。另一种观点认为对自杀应承担保险责任，因为被保险人本人不可能领取保险金，保险人给付的保险金在于为受益人即其遗属提供经济保障，否则保险就失去了意义；再则，作为人寿保险精算基础的生命表统计的死亡率，本身已经包含自杀原因而死亡的人数，保险费已经考虑了自杀死亡因素；另外，自杀的原因多种多样，并不一定是为了图谋保险金而自杀。两种观点争论的结果，导致保险实务中产生了这样一种惯例：如果被保险人在合同成立后一定期限内（一般为两年，少数为一年）自杀，极有可能是为谋取保险金而自杀，因此推定为以谋取保险金为目的，保险人不承担保险责任；如果被保险人在合同成立一定期限后自杀，则为谋取保险金而自杀的可能性极小，因此推定为非以谋取保险金为目的，保险人应当承担保险责任。

我国《保险法》即采用了上述惯例，以合同成立或者合同效力恢复是否满二年为界，分别予以规定。对于被保险人在合同成立或者合同效力恢复二年内自杀，作为法定除外责任，保险人不承担给付保险金的责任，但应按照合同约定退还保险单的现金价值；对被保险人在合同成立或者合同效力恢复二年后自杀，既不强制保险人承担保险责任，也不禁止保险人承担保险责任，保险人可以在保险合同中约定是否承担保险责任。

值得注意的是，《保险法》第44条对无民事行为能力人自杀作出了特别的规定。这是因为，保险法设立自杀免责条款的一个重要目的在于防止道德风险的发生，遏制被保险人通过保险图谋保险金而蓄意自杀。因此，这里所说的自杀应是故意自杀。故意自杀必须具备主客观条件，在主观上有结束自己生命的故意，并且对其行为所导致的后果死亡有足够的认知；客观上实施了足以导致自己死亡的行为，并发生了死亡的后果。无民事行为能力人的智力程度或精神状态不足以辨别自己的行为所造成的后果，不具备故意自杀的主观要件，不能构成故意自杀。因此，无民事行为能力人自杀不属于自杀免责条款规定的自杀范围。无民事行为能力人自杀的，保险人应当承担给付保险金责任。

三、被保险人故意犯罪

我国《保险法》第45条规定："因被保险人故意犯罪或者抗拒依法采取的刑事强制措施导致其伤残或者死亡的，保险人不承担给付保险金的责任。投保人已交足二年以上保险费的，保险人应当按照合同约定退还保险单的现金价值。"据此，被保险人故意犯罪或者抗拒依法采取的刑事强制措施导致其伤残或者死亡的，属于法定除外责任，禁止保险人承担给付保险金的责任。

我国《保险法》之所以规定被保险人故意犯罪或者抗拒依法采取的刑事强制措施导致其伤残或者死亡属于除外责任，是因为保险合同只能为合法的行为和事件提供保障，一切犯罪行为或者抗拒依法采取的刑事强制措施行为都是危害社会的违法行为，保险合同不能为这些行为实施过程中的风险提供经济保障，否则每个打算实施犯罪行为或者抗拒依法采取的刑事强制措施行为的人，都有可能去购买保险，从而更加肆无忌惮地实施上述违法犯罪行为，这无疑将导致"人类文明发展至今之最佳制度"的保险制度被滥用，也会构成对社会公共秩序和善良风俗的严重挑战。

实践中，对于被保险人在故意犯罪过程中死亡，保险人是否有权不承担给付保险金责任的问题存在争议。一种意见认为，根据我国《刑事诉讼法》，如果被保险人在实施故意犯罪行为过程中死亡，则不再追究其刑事责任，人民法院不会判决其有罪，因而就不能认定其故意犯罪，保险人缺乏拒绝给付保险金的依据；另一种意见认为，未经审判犯罪嫌疑人或被告死亡，《刑事诉讼法》只是规定不追究刑事责任，不等于其没有犯罪行为或者没有实施犯罪，若保险人仍给付保险金，显然损害社会公共利益。

之所以会产生上述适用中的争议，是因为我国保险法律中的"犯罪"概念未与刑事法律中的犯罪概念加以区分。刑事法律中构成"犯罪"的行为，应具备以下四个要件：一是社会危害性，二是刑事违法性，三是应受刑罚处罚性，四是行为人具有刑事责任能力。而在保险法领域，对犯罪应作区别于刑事法律领域的考量。在保险法领域，具有社会危害性、刑事违法性和应受刑罚处罚性的行为即可构成犯罪，而无须考虑刑事法律领域中的刑事责任能力。因为保险法的根本宗旨在于维护社会公共秩序和善良风俗，对于违背社会公共秩序和善良风俗的不法行为导致的保险事故，理应不受保险保障，从而防止保险制度被滥用，与刑事法律惩罚犯罪、保护人民的宗旨有根本区别。另外，由于民事和刑事对证据证明程度的要求明显不同，刑事上须举证到没有合理怀疑的程度才可定罪，而民事上则以证明力占优势为已足，因此同一行为在刑事和民事上作出截然不同的评价便不足为奇。因此，刑事上有罪或无罪的判决与民事上权利的得丧并不一致。从维护社会公共秩序和善良风俗、防止保险制度被滥用的目的出发，如果被保险人的行为本质上具备刑事法律的犯罪构成要件，具有明显的社会危害性和违法性，并因该行为导致死亡，尽管刑事上未作有罪判决，保险人仍可据以免除保险责任。况且，从行为的后果方面来考察，导致死亡的行为显比导致伤残的行为严重，导致伤残的行为尚可因行为人尚生存而受有罪判决，保险人据此而免责，而导致死亡的行为仅因行为人已死亡、由于刑事审判技术的运用而无法作有罪判决，保险人却无法免责，也未免有罚轻纵重之嫌疑。因此，即使被保险人在故意犯罪过程中死亡、法院无法判决其构成故意犯罪，只要从社会危害性、刑事违法性和应受刑罚处罚性三个方面可以认定其构成了故意犯罪，保险人就可以按照《保险法》第45条的规定不承担给付保险金的责任。

相关案例

案例1　李婷诉某保险公司 "福寿安康保险" 附加意外伤害保险纠纷案①　ⅠⅠⅠⅠⅠⅠ

一、基本事实

1998年6月25日，朱某向某保险公司投保了"福寿安康保险"及附加意外伤害保险，累计保险金额为22万元，保险单上约定朱某的丈夫李某及其女儿李婷为受益人。2001年7月3日，朱某与李某因家庭不和，发生口角，朱某被李某砍成重伤，在送往医院途中死亡。李某因故意杀人被当地公安部门依法逮捕。事发后，李婷持保险单等材料向保险公司索赔，认为其母亲被杀，已构成保险责任，并且由于保险单约定的另一受益人其父故意杀害被保险人母亲已丧失受益权，但自己并不能因此而丧失受益权，这时本人应为本保险合同唯一指定受益人，因此要求保险公司给付保险金22万元。保险公司则只同意退还保险单的现金价值。双方协商未果，李婷向当地人民法院起诉保险公司。

二、判决结果和理由

一审法院经审理认为，保险合同约定的受益人李某故意杀害被保险人朱某，根据我国《保险法》规定，投保人、受益人故意造成被保险人死亡的，保险人不承担给付保险金的责任，但应退还保险单的现金价值。于是，判决保险公司支付李婷保险单的现金价值6235元。

三、分析与评论

本案涉及受益人之一故意造成被保险人死亡时，保险公司是否承担给付保险金的责任。

本案中，受益人之一李某故意造成被保险人死亡，根据2009年修订前的《保险法》第65条第2款规定："受益人故意造成被保险人死亡或者伤残的，或者故意杀害被保险人未遂的，丧失受益权。"李某因此丧失受益权，对此应无异议。但对于保险公司是否可以免予承担保险责任，我国理论界和实务界当时存在以下三种不同的观点：

第一种观点认为保险人应全部免责。否则，会引发受益人为图谋保险金而故意杀害被保险人的道德风险，严重威胁被保险人的利益和人身安全，违背社会公共秩序和善良风俗，也有违保险的宗旨。而且，修订前的《保险法》第65条第1款明确规定受益人故意造成被保险人死亡、伤残或者疾病的，保险人不承担给付保险金的责任，只需返还保险单的现金价值。因此，保险公司应全部免责。

第二种观点认为保险人对杀害被保险人的受益人的给付部分免责。如果有其他受益人，保险人对其保险金之请求权不能免其责任。也就是说，如果保险合同只约定了一名受益人，保险公司可以完全免责；但如果有几个受益人时，保险公司仅就该不法受益人的部分免责，对其他受益人则不得免其责任。日本《商法典》第680条第1项第2款就是采纳这一观点。

第三种观点认为保险人并不因此免除责任。保险的根本目的在被保险人遭遇不测时给其遗属即受益人提供生活的保障，如果因此导致其他无辜的受益人丧失保险保障，则与保险的目的相左。因此，受益人故意杀害被保险人仅导致该受益人丧失受益权，保险人仍要对其他受益人给付全部保险金。英美保险法判例多采此观点。

从保险原理和社会公平公正的角度出发，当受益人故意杀害被保险人时，对该被保险人而言仍属不可预料之偶发性事故，是一种保险危险，应属保险责任，保险公司不宜免除给付保险金的

---

① 案例选自李玉泉.保险法学案例教程［M］.北京：知识产权出版社，2005：254−256.

责任。否则，对其他受益人、被保险人的继承人来说是不公平的。保险制度主要是为了保障被保险人的利益，所以，如果受益人故意杀害被保险人时，受到惩罚的应该是施害的受益人，剥夺该受益人之受益权即为已足，至于保险人则并未因此而当然免责。然而，在我国《保险法》于2009年修订以前，其他受益人请求保险人给付保险金缺乏直接法律依据。现行《保险法》第43条规定，受益人故意造成被保险人死亡、伤残、疾病的，或者故意杀害被保险人未遂的，该受益人丧失受益权。根据该规定，受益人的故意行为并非保险合同的法定免责事由，保险人仍然应承担给付保险金的责任。

因此，本案中，受益人之一李某故意杀害被保险人，依照修订前的《保险法》的规定，保险人不承担给付保险金的责任，而仅负向李婷退还保险单现金价值的义务，一审法院判决驳回李婷诉讼请求，并无不妥。但是根据现行《保险法》的规定，仅受益人李某丧失受益权，李婷仍然可以请求保险人给付保险金。

✒ 相关案例

案例2　李某与保险公司意外伤害保险、 少儿终身平安保险仲裁案 ⅠⅠⅠⅠⅠⅠⅠⅠⅠⅠⅠ

一、基本事实

李某为自己投保了一份意外伤害保险，保险金额20万元，之后又为正在上幼儿园的儿子李勇向某保险公司投保了少儿终身平安保险，保险金额5万元。一年后的一天傍晚，李勇在其父亲李某的携带下，从所住7层楼房的房顶跳下，父子俩当场死亡。后经当地公安机关调查取证后，认定其父子俩死因为自杀。事故发生后，李勇的母亲魏某持李某的意外伤害保险单和少儿终身平安保险单向保险公司索赔，请求给付二人的保险金。保险公司根据保险条款中关于自杀条款的规定，作出了拒赔的决定。魏某不服，向保险合同中约定的某仲裁委员会申请仲裁。

二、判决结果和理由

仲裁委员会受理仲裁申请后，认为李某的行为构成保险法意义上的自杀，而李勇则由于是无民事行为能力人且受其父亲携带，虽其行为导致了死亡的后果，但不构成保险法意义上的自杀，因此裁定保险公司对李某的自杀不承担保险责任，但对李勇的死亡应向魏某支付5万元保险金。

三、分析与评论

本案涉及的问题是如何理解和适用人身保险合同中的自杀条款。

（一）关于自杀条款

人身保险合同一般都约定自杀作为除外责任，主要是为了避免蓄意自杀者企图通过保险为家属图谋保险金，从而滋长道德风险，损害保险人的合法权益。然而，在人身保险的发展历程中，被保险人的自杀是否当然属于除外责任是一个有争议问题。如果自杀也能获得保险金，就可能会鼓励意图自杀的人在自杀前投保巨额的人身保险，从而诱发道德危险。但如果对并非为图谋保险金的原因而发生的自杀，一概不给予保险金，也将会影响受益人即其遗属的正常生活，而且人身保险的目的又是在于保障受益人或被保险人遗属的利益。因此，除少数国家，如德国、日本的法律规定被保险人自杀者，保险人不负给付保险金额的责任外，大多数国家对自杀都作了时间上的限制。只有在保险合同生效后若干年内所发生的自杀行为，才作为除外责任。超过若干年后的自杀，保险人仍应给付死亡保险金。

我国《保险法》第44条规定："以被保险人死亡为给付保险金条件的合同，自合同成立或者合同效力恢复之日起二年内，被保险人自杀的，保险人不承担给付保险金的责任，但被保险人自杀时为无民事行为能力人的除外。保险人依照前款规定不承担给付保险金责任的，应当按照合同约定退还保险单的现金价值。"因此，在我国，以死亡为给付保险金条件的合同，自成立之日不满二年的，被保险人自杀，保险人不承担给付保险金责任；满二年后，如果被保险人自杀，保险人是否承担给付保险金的责任，应按照合同的约定。

（二）无民事行为能力人自杀是否适用自杀责任免除条款

自杀可以从广义和狭义上理解。从广义上分析，自杀是指自己结束自己生命的行为，包括非故意自杀和故意自杀。非故意自杀是在精神失常、神志不清状态下的行为，例如失足高空坠落、误吞农药等。这类自杀的被保险人通常是无民事行为能力人或限制民事行为能力人，对其自杀可能造成的后果没有认识。故意自杀也就是有意图的自杀，是指在主观上明知死亡的危害结果，而故意实施的结束自己生命的行为。故意自杀必须具备主客观条件，在主观上有结束自己生命的故意，并且对其行为所导致的后果死亡有足够的认知；客观上实施了足以导致自己死亡的行为，并发生了死亡的后果，如畏罪自杀、图谋保险金自杀等。如前所述，设立自杀免责条款的一个重要目的在于防止道德风险的发生，遏制被保险人通过保险图谋保险金而蓄意自杀。因此，我们认为，保险法意义上的自杀应作狭义理解，也就是说，自杀免责条款中的自杀应是故意自杀。

本案中，李勇死亡时为无民事行为能力人，其智力程度尚不足以辨别自己的行为所造成的后果，况且其被父亲携带，可能也非自愿，因此其自杀显然非属故意自杀，不是保险条款中自杀免责条款之中所指的"自杀"。同时，我国《保险法》第44条也规定，"被保险人自杀时为无民事行为能力人的除外"。因此，无论从理论上还是立法规定上看，李勇死亡都应属于保险事故，保险公司应当给付保险金。而李某的行为显然构成故意自杀，且自保险合同成立之日起未满二年，故保险公司不承担保险责任。

相关案例

案例3　李乙诉保险公司人身意外伤害保险纠纷案[①]

一、基本事实

李甲系无业人员，于1999年2月16日向某保险公司投保了10000元的人身意外伤害保险，保险期间为一年。同年9月3日深夜，李甲伙同吴某到一农户家里偷了十余只鸡，因做贼心虚，加之天黑，李甲在逃离时不慎从楼上摔下来，脑颅出血，当场死亡。事发后，李甲的父亲李乙找到保险公司，要求保险公司支付人身意外伤害保险金。保险公司则认为，人身意外保险合同中责任免除条款部分已明确规定："被保险人的违法犯罪行为所致的伤残或死亡，保险人不承担保险责任。"现被保险人偷鸡本身是一种违法的行为，其在偷鸡过程中死亡，不属于保险责任，于是拒绝赔偿。双方引发争议，李乙于2000年2月7日向法院起诉。

二、判决结果和理由

一审法院经审理后认为，保险合同属格式合同，《保险法》规定的人身保险合同中的法定除外责任只有三种，其中第三种为被保险人故意犯罪导致其自身伤残或者死亡的。这里实际上已将被

----

① 案例选自李玉泉.保险法学案例教程［M］.北京：知识产权出版社，2005：226－227.

保险人因过失犯罪行为、一般违法行为而导致其自身伤残或者死亡的情形，排除在保险人免责情形之外。因此，本案保险合同的责任免除条款中将被保险人因一般违法行为及过失犯罪所致的伤残或死亡作为保险除外责任，违反了《保险法》的规定，具有《合同法》第52条第5款"违反法律、行政法规的强制性规定"的情形。根据《合同法》第40条的规定，保险合同中上述责任免除条款无效。本案中被保险人李甲虽参与偷窃，但情节显著轻微，并未构成犯罪，只是违法行为，他因违法行为而非犯罪行为致死，故保险公司不能以保险合同中上述无效条款为由拒绝赔偿，保险公司拒赔理由不成立。法院因此判决保险公司给付李乙意外伤害保险金10000元。

保险公司不服一审判决，提起上诉。二审法院经审理认为，原判认定事实清楚，适用法律正确，于是判决驳回上诉，维持原判。

三、分析与评论

本案争议的焦点其实有两个：一是保险合同中的上述责任免除条款是否违反法律、行政法规强制性规定而无效；二是被保险人偷盗中丧命，保险公司应否支付意外保险金。

（一）责任免除条款是否无效

《合同法》第52条明确规定只有违反了法律、行政法规的强制性规定的合同才为无效合同。强制性规定主要涉及国家利益或社会公共利益，当事人必须遵守。保险合同作为合同的一种，除《保险法》有特殊规定外，自然要适用《合同法》的规定。2009年修订前的《保险法》第67条规定："被保险人故意犯罪导致其自身伤残或者死亡的，保险人不承担给付保险金的责任。"这条规定应属强制性规定。如果违反这一规定，在保险合同中约定将被保险人故意犯罪致其自身伤残或死亡作为保险责任则当然无效。本案保险合同责任免除条款中规定的保险公司免责范围显然比修订前的《保险法》第67条规定的范围要宽泛些，但从修订前的《保险法》第67条规定中并不能推论出对于被保险人过失犯罪行为、一般违法行为导致其自身伤残或死亡不能作为保险除外责任的内容。根据《合同法》中的"意思自治"原则，被保险人过失犯罪行为、一般违法行为导致其自身伤残或死亡是否作为保险除外责任，由保险合同双方当事人自行协商确定，并没有违反《保险法》等法律法规的强制性规定，应为有效，对双方当事人均有约束力。法院的判决片面理解了《保险法》的规定，错误认定人身意外伤害保险合同中的上述免责条款无效，不利于维护保险合同当事人的合法权益。

（二）被保险人偷盗中丧命，保险公司应否支付意外保险金

尽管上述责任免除条款有效，但从另一角度来分析，保险公司仍应承担赔偿责任。本案保险条款中的"违法犯罪行为"可以有不同的解释，可以理解为其既包括犯罪行为，也包括其他违法行为；也可以理解为因违反法律规定而导致犯罪的行为。中国保监会在《关于保险条款中有关违法犯罪行为作为除外责任含义的批复》（保监复〔1999〕168号）中也认为，在保险条款中，如果将一般违法行为作为除外责任，应采取列举方式，如采用"违法犯罪行为"的表述方式，应理解为仅指故意犯罪。这实际上是在对保险条款内容有多种解释时，作出有利于被保险人和受益人的解释。本案中，李甲伙同他人偷鸡的行为，因其偷窃数额较小，尚不会构成盗窃罪，保险公司不能因此理由而拒赔。因此，我们认为，人民法院判决保险公司应承担保险责任是正确的，但其依据的理由却是不正确的。

思考题

1. 什么是年龄误告？我国《保险法》对于年龄误告的规定有哪些？

2. 简述我国《保险法》对死亡保险的限制主要有哪些?

3. 简述我国《保险法》关于人身保险合同受益人的有关规定。

4. 简述人寿保险单的现金价值。

5. 什么是人身保险合同的中止与复效?

6. 试述人身保险合同的法定除外责任。

Master Series

21st

Century

第五编

再保险合同

第二十一章
再保险合同概述

学习目的和重点

通过学习再保险合同的基本原理，重点掌握再保险合同的特点、原则及按照不同标准进行的分类。

第一节 再保险合同的概念和特点

一、再保险合同的概念

要了解什么是再保险合同（reinsurance contract），首先须弄清什么是再保险（reinsurance）。

再保险又称分保，是指保险人为了减轻自身直接承保的风险，将其所承担的风险责任的一部分，转移给其他保险组织的行为。这种转移保险风险的方法具有再一次保险的性质，因此，通常又把再保险称为保险的保险。[①]

与再保险接受人订立保险合同，并按照合同约定负有支付保险费义务的人，称为原保险人、再保险分出人（reassured）或分保分出人（cedant, ceding company）；与原保险人订立保险合同，并按照合同约定承担原保险人的保险责任的保险人，称为再保险人、再保险接受人（reinsurer）或分保接受人（ceded company）。如果分保接受人又将其接受的业务再分给其他保险人，这种业务活动称为转分保或再再保险（retrocession），双方分别称为转分保分出人（retrocedent）和转分保接受人（retrocessionaire）。再保险是再保险人与原保险人之间的合同关系，是原保险人将其承保的被保险人的风险转嫁给再保险人的合同行为，是以原保险合同为基础形成的新的法律关系。

在原保险人能否将其承担的保险责任全部转嫁给再保险人问题上，各个国家或地区法律的规定并不相同。有的允许全部分保，有的不允许全部分保。例如，我国《保险法》第28条第1款规定："保险人将其承担的保险业务，以分保形式部分转移给其他保

---

① 李玉泉. 保险法（第二版）[M]. 北京：法律出版社，2003：340.

险人的，为再保险。"我国台湾地区"保险法"第 39 条规定："再保险为保险人以其所承保之危险，转向他保险人为保险之契约行为。"美国有些州的立法例禁止再保险人承保原保险的全部风险责任，要求原保险人必须承担部分风险。

再保险合同又称分保合同，是规范再保险关系的合同。我国《保险法》仅规定了再保险的定义，未规定再保险合同的定义。结合《保险法》对再保险和《合同法》对合同的界定，可将再保险合同定义为：再保险合同是再保险分出人（原保险的保险人）与再保险接受人约定再保险权利义务关系的协议。

二、再保险合同的性质

关于再保险合同的性质，主要有三种观点：第一种观点认为从属于原保险合同的性质；第二种观点认为属财产损失保险合同；第三种观点认为是责任保险合同。① 这三种观点从不同的角度出发，描述了再保险合同的性质，都有一定的道理。但是，我国《保险法》有关再保险的条文放在保险合同的总则部分，既没有放在财产保险合同一节，也没有放在人身保险合同一节。可见，我国法律将再保险合同界定为一种不同于原保险合同的独立类型。在再保险法律关系中，原保险人转嫁了风险，再保险人取得了再保险保险费，双方通过"共命运"等条款的约定，再保险人在其利害关系范围内与原保险人同一命运。这种法律关系不同于原保险中的任何险种。事实上，通过逐条分析《保险法》关于财产保险合同（包括责任保险合同）的规定，我们会发现其均难以适用于再保险合同。因此，再保险不能归入原保险的某个险种，再保险合同是一种独立的保险合同。

三、再保险合同的特点

（一）再保险合同是双务合同

根据合同中当事人双方权利义务的关联性，可将合同分为双务合同和单务合同。双务合同是指当事人双方相互享有权利、相互负有义务的合同；单务合同是指当事人一方只承担义务、另一方只享有权利的合同。在再保险合同中，再保险分出人负有支付再保险费的义务，再保险接受人负有支付手续费、向再保险分出人赔偿损失的义务。在原保险合同中，投保人负有支付保险费的义务，保险人负有赔偿或给付保险金的义务。在原保险合同中，保险事故不一定发生，因此保险人最终不一定向被保险人或受益人承担保险赔偿或给付保险金。在再保险合同中，再保险接受人也不一定向再保险分出人给付保险赔偿，但其肯定须依再保险合同向再保险分出人支付手续费。因此，相比原保险合同而言，再保险合同的双务性特征更为明显。

（二）再保险合同是诺成性合同

根据合同的成立是否须交付标的物或履行其他给付为标准，可将合同分为诺成性合同和实践性合同。诺成性合同，是指不以交付标的物或履行其他给付为成立要件的合同；实践性合同，又称要物合同，是指以交付标的物和其他给付行为为成立要件的合同。再保险合同的成立，以再保险分出人与再保险接受人就合同条款达成一致为标准，无须一方向另一方交付标的或履行其他给付行为为条件。因此，再保险合同是诺成性

---

① 邹海林 . 试论再保险合同的基本问题 [J]. 法商研究，1996（5）.

合同。

（三） 再保险合同是非要式合同

根据合同的成立是否需要特定的方式，可将合同分为要式合同和非要式合同。要式合同是指必须依一定方式而为意思表示的合同，要式合同包括法定要式合同与约定要式合同；非要式合同是指意思表示不受一定方式限制的合同。我国法律未对再保险合同的形式进行特别规定。实践中当事人为了明确双方的权利义务，减少纠纷，多采取书面形式（包括纸质、电子等具体形式）订立再保险合同，但不会之前约定必须采取书面形式。因此，再保险合同为非要式合同。

（四） 再保险合同是补偿性合同

再保险合同是保险合同的一种，适用损失补偿原则。根据损失补偿原则，不论是财产保险的再保险，还是人身保险的再保险，均以补偿再保险分出人所受保险损失为目的，且不能超过再保险分出人所受损失的金额。因此，再保险合同是补偿性合同。

（五） 再保险合同是射幸合同

根据合同订立时当事人应为的给付及其范围是否确定，有偿合同可分为实定合同和射幸合同。实定合同是指在合同订立时，当事人应为的给付及给付的范围均已确定的合同；射幸合同是指在合同订立时，当事人应为的给付及给付的范围尚不能加以确定的合同。再保险合同是以原保险合同为基础的合同，再保险接受人的保险损失补偿义务虽然由再保险合同直接约定，但与原保险合同约定的保险事故是否发生及损失额大小具有紧密联系。原保险合同是典型的射幸合同。因此，再保险合同也属射幸合同。

（六） 再保险合同是独立于原保险合同的合同

再保险合同以原保险合同为基础，再保险分出人与接受人之间的权利义务与原保险合同具有紧密联系。然而，再保险合同为债权合同之一种，基于债权合同之"相对性"，原保险合同与再保险合同属于两个各自独立存在的合同，它们各有不同的当事人、不同的合同标的，当事人之间各有不同的权利义务关系。我国《保险法》第 29 条规定："再保险接受人不得向原保险的投保人要求支付保险费。原保险的被保险人或者受益人不得向再保险接受人提出赔偿或者给付保险金的请求。再保险分出人不得以再保险接受人未履行再保险责任为由，拒绝履行或者迟延履行其原保险责任。"该规定正是再保险合同独立于原保险合同在法律上的具体体现，在学说上称为再保险合同独立性之规定。此种独立性，具体言之，包括以下三方面[①]：

1. 保险费请求权的独立性。再保险合同与原保险合同虽然有较为密切的关系，但在法律上是两个相互独立的合同，再保险合同当事人为再保险接受人与再保险分出人，原保险合同当事人为投保人与保险人。基于合同"相对性"，原保险合同的保险人有权依据原保险合同约定向投保人请求支付保险费；再保险接受人有权依据再保险合同约定向再保险分出人（原保险人）请求支付保险费，但不得突破合同的"相对性"而向原保险合同的投保人请求支付保险费。我国《保险法》第 29 条第 1 款规定："再保险接受人不

---

① 宋云明，张建梅．再保险合同的性质探讨［J］．人民司法，2011（5）．

得向原保险的投保人要求支付保险费。" 此即为保险费请求权独立性的规定。

2. 赔偿请求权的独立性。原保险合同被保险人（或者受益人）的赔偿请求权，应依原保险合同决定；再保险合同仅规范再保险分出人的赔偿请求权。故原则上原保险合同的投保人（或被保险人、受益人）与再保险合同的再保险接受人之间不存在任何法律上的权益关系，除非另有约定，原保险合同的被保险人（或受益人）对再保险合同的再保险接受人当然无任何赔偿请求权可言。为此，我国《保险法》第29条第2款规定："原保险的被保险人或者受益人，不得向再保险接受人提出赔偿或者给付保险金的请求。"

3. 赔偿义务的独立性。再保险合同的存在，在事实上无疑将增加原保险人的赔偿能力，从而间接提升原保险合同的被保险人所受保障的实现可能性。但在法律上，由于原保险合同与再保险合同为两个相互独立的合同，原保险人的赔偿义务应依原保险合同决定，而与是否存在再保险合同没有任何法律上的关系，更与再保险合同接受人没有直接的法律关系。因此，在发生保险事故时，虽然事实上再保险合同的履行情况可能会对原保险合同的履行产生一定的影响，但在法律上，再保险合同接受人是否履行再保险合同约定的义务，与原保险合同的保险人（再保险合同分出人）是否对原保险合同的被保险人（或者受益人）履行赔偿或者给付保险金责任之间并没有关系。因此，再保险合同分出人不得以再保险接受人不履行再保险合同约定的赔偿义务（即再保险责任）为由，拒绝或延迟履行其对原被保险人的赔偿或给付保险金责任。此即为赔偿义务的独立性。

第二节 再保险合同的原则

一、诚实信用原则

我国《保险法》第5条规定："保险活动当事人行使权利、履行义务应当遵循诚实信用原则。"再保险属于保险之一种，诚实信用原则既为保险法的基本原则，自应适用于再保险业务。由于再保险合同订立与履行的特点，其对诚实信用的要求远远高于直接保险合同。很多再保险业务在世界范围内进行，再保险业务的接受和再保险合同的签订大都是根据对方提供的情况、数据来确定的，当事人很难进一步去实地了解核实，如要核实，成本也过大。在这种情况下，当事人更加依赖在长时间的业务合作中形成和积累的信任，依赖于诚实信用，否则再保险业务将无法开展。[①]

诚实信用原则要求再保险分出人对有关情况不得隐瞒和谎报，应当具体说明每个关系到原保险风险的灾害情况，在处理赔款事宜时恪守诚实信用原则。只要分出人遵守了上述原则，按照保单条款支付了赔款，接受人就不得存在异议，并负责分摊赔款。

在再保险合同中，如实告知义务是诚实信用原则的具体体现。再保险合同当事人不仅应当告知对方真实的情况，而且有义务完全披露全部重要事实，这种义务对再保险合

---

① 郑云瑞. 再保险合同适用原则研究 [J]. 河南金融管理干部学院学报，2004（5）.

同的双方当事人均适用。诚实信用原则要求双方当事人均有披露信息的义务，但是实际上披露信息的主要义务方是再保险分出人，而非再保险分入人。因为分出人了解分出业务的一切情况，而分入人则通常对所分入的业务一无所知。从《合同法》理论看，再保险分出人有如实告知义务，是基于再保险合同的射幸特征，为了平衡原保险人、再保险接受人之间的权利义务关系，以法律和商业惯例对其作出的特别要求。

例如，在 Sun mutual Ins. Co. v. Ocean Ins. Co. 案件中，法官指出，重大事实的告知义务，在再保险和直接保险中均属于最大诚信，而且原保险人的告知义务比被保险人的告知义务要求更高。因此，原保险人必须向再保险接受人披露全部的重要事实，或者法律上认为应当知道的事实，而这些事实再保险接受人是不知道的或者再保险接受人被认为是不知道的。这些事实与所承保的风险密切相关，即一个谨慎的保险人在决定是否承保以及承保的条件时应当考虑的因素。[①]

我国《保险法》第 16 条规定，投保人应当根据保险人的询问对重要事实予以告知。而《海商法》第 220 条规定，被保险人应当将其知道或者在通常业务中应当知道的有关影响保险人据以确定保险费率或者确定是否同意承保的重要情况，如实告知保险人。显然，二者并不相同，前者规定询问告知，后者要求主动告知。关于再保险分出人向再保险接受人履行如实告知义务的问题，法律没有明确规定。保险人经营保险业务，富有经验，在订立保险合同时，哪些事项属于重要事项，保险人依照其业务经验应当知道。另外，再保险合同对于诚实信用的要求较高，所以，原保险人在订立再保险合同时，无须经再保险接受人"询问"，只要再保险接受人提出告知要求，原保险人应当如实告知其自负责任及原保险的有关情况。

原保险人应当如实告知的事项主要包括：

第一，原保险人的自负责任。例如，自负责任的比例或者自负责任的限额。

第二，原保险的有关情况。主要有原保险合同的投保人、被保险人或者受益人的情况，原保险标的、保险价值、保险金额、保险费、保险期间、保险责任以及责任免除、保险金及其给付、违约责任及争议解决等。但是，对于再保险接受人已经知道的事项，原保险人无须告知。

原保险人在订立再保险合同时，若违反如实告知义务，再保险接受人有权解除再保险合同或者要求相应增加保险费；若原保险人非因故意违反如实告知义务，再保险接受人解除合同的，对于合同解除前发生的保险事故应当承担保险责任，但是，未告知或者错误告知的事项对保险事故的发生有影响的，不在此限。

二、损失补偿原则

再保险合同适用损失填补原则的具体表现为，只有原保险人（再保险分出人）因原保险合同约定的保险事故发生而应向被保险人承担赔偿或给付保险金责任、承担必要的合理的施救等费用时，其方有权在应赔偿或给付保险金及承担费用的范围内按照再保险合同的约定向再保险接受人请求赔偿。损失补偿体现在质与量两个方面："质"的方面

---

① 郑云瑞. 再保险合同适用原则研究［J］. 河南金融管理干部学院学报，2004（5）.

是指，只有原保险合同约定的保险事故发生且再保险分出人因前述保险事故发生而应向被保险人赔偿或给付保险金、承担必要的施救等费用时，再保险接受人方有义务向再保险分出人承担补偿义务；"量"的方面是指，再保险接受人承担的、应向再保险人分出人支付保险赔偿的金额，不超过再保险分出人因保险事故发生所实际受到的损失。此外，再保险接受人在向分出人履行填补损失的赔付义务时，有权要求分出人出示损失的证据，分出人应承担举证责任，否则，再保险接受人有权拒绝承担赔偿责任。

三、保险利益原则

保险利益是指投保人或者被保险人对保险标的具有的法律上承认的利益，保险利益是保险合同生效的要件。英国《1906 年海上保险法》最早承认了原保险与再保险之间的保险利益关系。该法第 9 条第 1 款规定："海上保险合同中的保险人对其承保的风险具有保险利益，并可将有关风险再保险"（the insurer under a contract of marine insurance has an insurable interest in his risk, and may reinsure in respect of it）。如果原保险人对保险标的具有可保利益，他就可以对原保单项下的风险进行再保险。

再保险的保险利益是以原保险的保险责任范围为限，再保险的保险事故与原保险的保险事故是一致的。再保险合同约定的保险期间不能超过原保险合同，风险大小也不能超出原保险合同。[①]

四、共命运原则

共命运（follow the fortunes）原则，是指再保险接受人在再保险合同约定范围内，与再保险分出人为同一命运，即共同承担保险标的遭受损失的风险，分享保险标的不发生或少发生损失的有利结果。共命运原则，是再保险合同有别于直接保险合同的一项基本原则。共命运原则并非不区分情况地要求再保险接受人与再保险分出人一律"共命运"，而是强调"在再保险合同约定范围内"。在比例再保险合同中，再保险保费之分享、再保险赔偿之分担，均以比例为基础；在非比例再保险合同中，其以损失为基础，当赔偿未达到起赔点时，再保险接受人无须承担再保险赔款义务。因此，比例再保险合同体现出的"共命运"较之非比例再保险合同更为明显。

第三节　再保险合同的分类

一、按照再保险安排方式划分

再保险安排方式主要有三种：临时分保、合同分保和预约分保。相应地，按照再保险安排方式划分，再保险合同可分为临时再保险合同（facultative reinsurance contract）、合同再保险合同（treaty reinsurance contract）和预约再保险合同（open cover contract）。

（一）临时再保险合同

临时再保险合同，是指再保险分出人根据业务需要，临时选择再保险接受人，双方

---

① ［美］John F. Dobbyn. 保险法［M］. 北京：法律出版社，2001：333.

就分保逐笔协商达成协议而签订的再保险合同。在临时再保险合同签订之前，双方之间并无合同存在，对于临时分保业务的分出与接受，再保险分出人与接受人均无义务，可以自由选择。

临时分保是最古老的分保方法，是再保险的最初形态①。在实践中，临时分保表现为再保险分出人就某一项目向再保险接受人寻求分保支持，经双方协商达成协议，逐笔成交。临时分保安排时，分出人将原保险的保险标的、被保险人、费率等具体情况和分保条件逐笔告知再保险接受人，而再保险接受人可自主决定是否接受和接受的份额。其优点是：再保险人接受人可以清楚地了解业务的具体情况，收取保费快、现金流好且有利于资金运用。其缺点是：需要逐笔谈判并签署合同，手续较烦琐；对分出人而言须将分保条件及时通知对方，对方是否接受事先无法掌握，容易影响原保险业务的承保。

（二）合同再保险合同

合同再保险合同，又称固定再保险合同，是指再保险分出人根据业务需要，就某一段时间内某个险种或特定的一揽子风险，与再保险接受人就分保范围、手续费、赔偿责任等分保条件，通过协商事先予以确定而签订的再保险合同。凡是合同中规定的业务，再保险分出人均有义务分出，再保险接受人均有义务接受，对双方均有约束力，双方均无权选择。合同再保险合同的正式文件一般由分保条件、合同文本以及附约组成。合同的内容和分保条件的内容相辅相成。分保条件是合同文本的基础和根据，合同是双方就分保意向和分保条件达成一致而形成的正式法律协议。附约是合同签订后修改分保条件的批单，是对合同文本有关内容的修改。

合同分保是当前再保险市场上的主要分保方法，这是因为单笔合同分保项下保费规模较大。合同分保对双方具有强制性，订约双方无自由选择权，双方的合作具有长期性，再保险分出人以其某一险种或一揽子业务的全部为基础办理分保，不能逆选择。其优点是：合同是事先安排的，再保险人分出人的业务自动得到再保险保障，不用逐笔安排再保险，再保安排的成本较低。其缺点是：再保险分出人不能根据每笔业务的情况安排再保险，通常情况下再保险接受人无法详细了解每一再保险标的等风险情况。

（三）预约再保险合同

预约再保险合同，是指再保险分出人与接受人事先约定，对某一范围内的保险业务，再保险分出人可选择是否进行分保，且只要分出人选择分保，再保险接受人即有义务按照约定条件接受的再保险合同。预约再保险合同相当于给予再保险分出人一项选择权，再保险分出人有权将合同中约定的业务分保给再保险接受人，也有权选择不将合同中约定的业务分保给再保险接受人，而一旦其选择分保，再保险接受人必须接受分入。

预约分保是介于合同分保和临时分保之间的一种分保方法。这种分保的特点是，对再保险分出人没有强制性，业务是否分出可由其自行决定，但对再保险接受人则具有强制性，一旦签订了预约分保的合同，就必须按照合同约定的条件接受再保险分出人分出的业务。

---

① 戴凤举. 现代再保险理论与实务［M］. 北京：中国商业出版社，2003：22.

二、按照责任分配方式划分

所谓责任分配方式，是指确定再保险分出人和接受人之间责任、保费份额的方式。按照责任分配方式不同，可将再保险合同分为比例再保险合同和非比例再保险合同。

（一）比例再保险合同

比例再保险合同（proportional reinsurance contract），又称金额再保险合同[1]，是指再保险合同当事人双方对于再保险之权利义务，以保险金额为基础，再保险接受人之再保费与其分摊之再保赔偿，均以其承受之保险金额比例分享或承担的再保险合同。比例再保险合同，主要包括成数分保合同和溢额分保合同。

成数分保（quota share reinsurance），是指再保险分出人就每一危险单位的保险金额，按照约定的比例分给再保险接受人的再保险。成数分保是一种简便的分保方式，再保险分出人的自留额和再保险接受人的接受额都按照双方约定的百分比确定，不论保险金额的大小，只要在合同约定的限额内，都按照双方约定的比例来分担责任、分摊赔款，并按照该比例分配保费。

假设某一成数分保再保险合同，每一危险单位的最高限额规定为 600 万元，自留部分为 40%，分出部分为 60%（即为 60%的成数再保险合同），则合同双方的权利与责任分配如下：

成数分保再保险合同计算表　　　　　　　　单位：万元

总额 100%			自留 40%			分出 60%		
保险金额	保费	赔款	保险金额	保费	赔款	保险金额	保费	赔款
200	2	0	80	0.8	0	120	1.2	0
400	4	100	160	1.6	40	240	2.4	60
600	6	200	240	2.4	80	360	3.6	120
800	8	700	440	4.4	340	360	3.6	360
1000	10	1200	640	6.4	840	360	3.6	360

溢额分保（surplus reinsurance），是指再保险分出人就其承保的每一危险单位，先确定自留额（retention），将超过自留额的剩余数额，根据分保合同约定的线数分给再保险接受人。通常再保险分出人自留的部分称为一线（line），再保险接受人的责任以线数表示。溢额分保中关键的三要素是：危险单位、自留额、线数。危险单位由再保险分出人根据相关规定和实际情况划定，溢额分保的自留额、保险接受人承保的线数、保费与赔款等，均按照危险单位为标准进行划分和确定；自留额由再保险分出人预先确定，将保险金额与自留额进行比较，即可确定分保额和分保比例；线数是再保险接受人愿意承担、分出人愿意分出的限额。可见，在溢额分保中，再保险接受人的责任额和分出人的自留额与总保险金额之间存在一定的比例关系，这是将溢额分保归属于比例再保险的原

---

①　胡炳志，陈之楚 . 再保险［M］. 北京：中国金融出版社，2006：58.

因所在①。只不过，在成数分保中比例是固定不变的，而在溢额分保中的比例关系随着保险金额的大小而变动。

假设一溢额分保合同的自留额为 50 万元，再保险接受人接受 10 线，现有 3 笔业务，溢额分保再保险合同双方的权利与责任分配如下：

溢额分保再保险合同计算表

单位：万元

业务序号	总额100%			自留部分			分出部分			
	保险金额	保费	赔款	保险金额	保费	赔款	保险金额	比例	保费	赔款
1	30	0.2	10	30	0.2	10	0	0	0	0
2	100	0.6	30	50	0.3	15	50	50%	0.3	15
3	500	5	100	50	0.5	10	450	90%	4.5	90

溢额分保与成数分保最大的区别在于：如果某一业务的保险金额在自留额以内，则无须办理分保；只有在保险金额超过自留额时，才将超过的部分分保给再保险接受人。因此，在溢额分保中，自留额是一个确定的金额，不随保险金额的大小而变动；而成数分保的自留额则表现为保险金额的固定百分比，随保险金额的大小而变动。

（二）非比例再保险合同

非比例分保与比例分保的最大区别是，非比例分保是以赔款为基础而非以保险金额为基础确定再保险责任，又称为超赔分保、损失再保险，包括险位超赔再保险、事故超赔再保险、赔付率超赔再保险等。

险位超赔再保险（excess of loss per risk basis），是以每个风险单位所发生的赔款来计算自负责任额和分保责任额的再保险。双方在合同中约定再保险分出人承担的自负责任额和再保险接受人承担的分保责任额。如果该风险单位发生的总赔款金额不超过自负责任额，全部损失由再保险分出人自担；如果该风险单位总赔款金额超过自负责任额，其超过部分由再保险接受人赔付。再保险接受人的赔付以双方约定的分保责任额为限。

事故超赔再保险（excess of loss per occurrence basis），是以一次保险事故或巨灾事故所发生的赔款总和来计算自负责任额和分保责任额的再保险。保险事故或巨灾事故发生的赔款总和超过自负责任额的部分由再保险接受人在分保责任额限度内承担。

赔付率超赔再保险（excess of loss ratio basis），又称停止损失再保险或损失中止再保险（stop loss reinsurance），是按照赔付率来确定自负责任额和分保责任额的再保险。即在再保险合同约定的某一年度内，由再保险接受人就赔付率超过某一标准以后至某一更高赔付率或金额以内的赔款承担再保险责任。

思考题

1. 什么是再保险合同？

① 胡炳志，陈之楚．再保险［M］．北京：中国金融出版社，2006：63.

2. 简述再保险合同的特点。

3. 简述再保险合同的原则。

4. 什么是比例再保险合同？成数分保和溢额分保的主要区别是什么？

第二十二章
再保险合同的基本内容

学习目的和重点

通过学习再保险合同当事人的主要权利和义务、再保险合同的基本条款和特殊条款，了解再保险合同的基本内容，重点掌握再保险合同当事人的主要权利和义务、共命运条款、错误与遗漏条款。

第一节 再保险合同当事人的权利和义务

一、再保险合同当事人的主要权利

（一）再保险分出人的主要权利

1. 摊回保险赔款的权利。再保险分出人订立再保险合同，向再保险接受人支付再保险费，其主要目的是为获取再保险保障，在发生保险赔款时能够按照再保险合同约定从再保险接受人处摊回保险赔款。因此，摊回保险赔款属于再保险分出人的主要权利。

2. 获得再保险手续费的权利。再保险分出人为获取保险业务，不仅需要付出展业成本，而且在再保险事务处理中也承担了大量的具体工作，发生相应的成本，这些成本理应转由再保险接受人承担。因此，实践中，再保险合同通常约定再保险分出人获得再保险手续费的权利。

3. 处理再保险合同涉及的原保险业务的权利。再保险合同分散的是再保险分出人承担的保险风险。为不影响再保险分出人办理原保险业务，再保险合同通常约定再保险接受人不干涉原保险人办理原保险业务，如对危险单位的划分、对原保险业务的风险选择、保费收取、赔偿处理（根据再保险合同约定的理赔控制条款进行理赔控制等除外）、支付防灾防损费和施救费、向第三方追偿等。同时，为维护再保险接受人的利益，在合同中，一般会约定再保险分出人要遵循既定的承保政策。

（二）再保险接受人的主要权利

1. 收取再保险费的权利。再保险接受人为分出人提供再保险保障是有对价的，这个对价是再保险分出人向其支付再保险费，这也是再保险分出人获得再保险保障的先决条件。

2. 检查权利。除再保险合同特别约定的例外情况下，再保险分出人全权处理再保险合同涉及的原保险业务。根据共命运原则，再保险分出人处理原保险业务的后果却由再保险接受人与再保险分出人共同承担。因此，一方面，这体现了再保险合同中再保险接受人对再保险分出人的高度信任，同时也要求再保险分出人遵守诚信原则，对再保险接受人不欺不瞒；另一方面，为维护再保险接受人利益，再保险合同通常赋予再保险接受人对再保险合同项下原保险业务的监督检查权，检查范围通常包括危险单位划分、承保政策执行、再保险费计算、准备金提取、赔款支付等，手段通常有对相关账册、单据、文件等记录进行检查或进行其他有关的检查或核实。

3. 特定情况下参与再保险涉及的原保险业务管理的权利。如前所述，原则上再保险接受人不参与再保险涉及的原保险业务的管理，但为平衡再保险合同双方利益，再保险合同通常约定，在某些特定情况下，再保险接受人有参与再保险涉及的原保险业务管理的权利。例如，再保险分出人突破既定承保政策承保业务、对原保险的被保险人进行通融赔付等情况下，应获得再保险接受人事先同意；在出现约定的重大赔案时，要事先通知再保险接受人并就理赔相关重要事项与再保险接受人达成共识；等等。

二、再保险合同当事人的主要义务

（一）再保险接受人的主要义务

1. 提供再保险保障的义务和再保险给付义务。与原保险合同成立后，原保险人即为被保险人提供了保险保障一样，再保险合同成立后，再保险接受人即为再保险分出人提供了再保险保障，此为再保险接受人所承担的最重要的义务。在再保险合同项下，原保险人承担原保险的保险责任后，再保险接受人即应依再保险合同约定承担再保险给付义务。除非再保险合同有相反约定，再保险接受人的给付义务，不以分出人对被保险人实际履行给付或者赔偿义务为要件，原保险人对被保险人是否实际为保险给付，与再保险接受人给付义务的发生时间无关。实际上，再保险接受人的给付责任，发生于原保险人依照原保险合同被确定应当对被保险人承担的给付义务时。原保险人依照原保险合同负有赔偿或者给付义务时，即使尚未对被保险人为保险给付，再保险接受人亦应当向原保险人履行再保险给付义务。须指出的是，基于再保险合同的补偿性质，在原保险人依照原保险合同被确定应当对被保险人承担给付义务但未实际向原被保险人为保险给付，且再保险接受人依再保险合同向原保险人承担了给付义务后，由于种种原因（如时效经过、被保险人放弃等），原保险人无须再向被保险人承担给付义务的，则原保险人应向再保险接受人返还再保险接受人已经支付的再保险赔款。在再保险期间内，原保险人依照原保险合同应当承担保险给付责任时，再保险接受人始负再保险给付义务。再保险期间，由原保险人和再保险接受人约定；没有约定再保险期间的，可以依照原保险和再保险相互依存的理论，以原保险的保险期间为再保险期间。原保险责任开始之日，为再保险人责任开始之日；原保险期间届满时，再保险合同亦告终止。再保险人的给付责任，以再保险合同约定的赔偿限额为限。[1]

---

① 邹海林. 试论再保险合同的基本问题 [J]. 法商研究, 1996 (5).

2. 保密义务。不论再保险合同是否成立或者是否有明确约定，凡因为再保险合同的订立而使再保险接受人知晓的原保险人的业务或者财产情况，再保险人应当保密，这属于合同的附随义务。根据诚信原则，原保险人负有如实告知的义务，但是原保险人因为履行如实告知义务，必然使得再保险接受人有接触、了解或者掌握原保险人的业务或者财产的有关情况。如果不要求再保险接受人承担相应的保密义务，就可能导致原保险人的商业秘密被他人知悉、利用，导致其利益受损。为了不使原保险人的业务或者财产情况被他人知晓，再保险接受人应严格保守原保险人的商业秘密。

3. 支付手续费义务。再保险合同一般约定，再保险接受人应当向再保险分出人支付一定的手续费。在比例再保险中，手续费包括分保手续费（再保佣金）和纯益手续费两种。其中分保手续费是再保险分出人向再保险接受人收取的报酬，其高低取决于再保险分出人营业费用的高低和分出业务质量的好坏，同时也要考虑采用的再保险方式和竞争等因素。分保手续费可以按照固定百分率计算，也可以按照累进百分率计算。纯益手续费，是在分保合同获得盈利的前提下提出一定的百分率作为再保险接受人对再保险分出人的一种报酬，所以又称为利润手续费、盈余佣金。如果分保合同出现亏损，就没有利润手续费。①

（二）再保险分出人的主要义务

1. 如实告知义务。前面在诚信原则部分已经阐述了再保险合同中的如实告知义务。这是再保险分出人的重要义务，也是再保险业务健康发展的基础。再保险分出人违反如实告知义务，应当承担相应的责任。

2. 支付分保费义务。分保费是指再保险分出人向再保险接受人支付的从被保险人处收到的原保险费和任何附加保险费。其中原保险费应当理解为再保险分出人收到的原始保险费总额减去注销部分的保费和退保费。这种分保费是再保险接受人承担部分风险的对价，是构成再保险人保险基金的来源。因此，再保险分出人必须承担支付分保费的义务。

3. 接受账目检查义务。再保险合同一般都明文规定了再保险接受人有权检查再保险分出人账目记录的权利。例如，在中国再保险市场上广泛应用的比例再保险合同范本规定，再保险接受人可在通常办公时间的任何时候和任何保存地点检查再保险分出人的记录、账册、账目和与本协议项下分出的业务有关的任何文件。但如果本协议双方之间有悬而未决的仲裁或诉讼程序，这一检查权只能通过再保险接受人雇员之外的代表行使。只要本协议一方因本协议项下业务向另一方提出索赔，那么，即使在协议终止、取消或无效之后，再保险接受人的检查权仍应存在。应再保险接受人的要求，再保险分出人应当向再保险接受人提供再保险分出人全部或部分与本协议项下业务有关的记录、账册、账目和文件的复本，费用由再保险接受人负担。这种检查账目的要求，看起来比较苛刻，但再保险接受人对于业务的了解完全依赖于再保险分出人，为了避免再保险分出人隐瞒真实情况，设定上述条款有其必要性。

---

① 何邦顺. 再保险［M］. 北京：中国金融出版社，2003：64 – 65.

第二节　再保险合同的基本条款

再保险合同条款，是再保险合同当事人权利义务的基本载体。当前国际再保险市场上，再保险合同由再保险分出人与再保险接受人双方协商拟定，不存在统一的再保险合同。不同的再保险方式和再保险业务，不同的国家和地区，再保险合同的条款也存在较大差异。对构成再保险合同的条款，可以区分为两大类：第一类是在各种再保险合同中普遍存在，而且多数条款的内容或含义在实践中已有较为固定的条款。这些条款通常被称为再保险合同的基本条款或通用条款、共同条款。如前言条款、共命运条款、错误与遗漏条款、记录检查条款、契约变更或修改条款、特别注销条款、清算条款、仲裁条款。第二类是多存在于某一或某几类再保险合同中，或者虽在各种再保险合同中普遍存在，但条款的内容或含义在不同种类再保险合同中差别较大的条款。这些条款通常被称为再保险合同的特殊条款或专用条款。如比例再保险合同中的定义条款、危险单位划分条款、业务承保条款、自留额条款、除外条款、理赔条款、汇率或币种条款、中介人条款、账务条款、保费条款、再保险佣金条款；非比例再保险合同中的业务承保条款、业务种类条款、自留额条款、保费条款、理赔条款、汇率或币种条款、中介人条款等。

一、前言条款

（一）前言条款主要内容

一般合同中均有前言条款（preamble），其内容主要为在明确合同双方当事人、订立合同之目的、双方友好合作之意愿等。再保险合同也多设前言条款，主要目的在于界定再保险分出人与接受人，同时对再保险合同当事人进行简称，以利合同条文表述。

（二）前言条款表述示例

例1：本再保险合同由A（以下称为再保险分出人）与B（以下称为再保险接受人）订立。

例2：本再保险合同由A（以下称为公司）与同意承担本再保险合同项下再保险接受人义务与享受相应权利的跟随再保险人（以下各自称为跟随再保险人，统称为再保险接受人）订立。鉴于公司向再保险接受人支付了再保险费用，再保险接受人同意根据本再保险合同的约定，为公司提供再保险保障支持。

二、共命运条款

（一）共命运条款主要内容

在国际再保险业务中，共命运条款一般表述为："兹双方当事人特别约定，凡属本合同约定的任何事项，再保险接受人在其利害关系范围内，与分出人同一命运。"在当前再保险市场上的绝大多数再保险合同都约定了"共命运"条款，该条款已经成为再保险实务中的一个商业惯例。前述"本合同约定"包括要约函、再保摘要表、合同文本等。

"共命运"条款的含义是，凡有关保费收取、赔款结付、对受损标的施救、残值收回、向第三者追偿、避免诉讼或提起诉讼等事项，都由原保险人为维护共同利益作出决定，或出面签订协议。①共命运条款不能要求再保险接受人承担超出合同约定限额之外的损失以及合同约定责任范围之外的事故造成的损失。另外，共命运条款限于"再保险接受人的利害关系范围内"。这种利害关系是保险上的利害关系，再保险接受人与分出人共命运的是保险上的命运，而不是商业上的命运。根据再保险上的共命运，分出人（原保险人）根据保单约定所承担的责任，再保险接受人必须根据再保险合同的约定进行分担，即与原保险人同一命运。

"共命运"条款的履行有两个条件：第一，再保险分出人的损失（原保险人所履行的赔偿责任），按照再保险合同约定必须属于再保险合同的承保范围；第二，再保险分出人在处理原保险的被保险人索赔时必须以诚实和符合保险惯例的方式行为。如果符合这两个条件，再保险接受人就要履行他对分出人（原保险人）的赔付责任，即使原保险人对索赔的解决在事后发现从法律的观点存在不合理的情况。② 实务中，共命运条款适用上易引起争议的地方，主要在于再保险分出人对原保险之被保险人的通融赔付（ex gratia）。一般认为，如果再保险合同中对此有约定，按照约定办理；如果没有约定，再保险分出人在通融赔付前又未获得再保险接受人的同意，则再保险接受人无法律或合同义务进行摊赔。

（二）共命运条款表述示例

例1：以下符合本协议的目的：在本再保险合同所约定范围内的任何事项上，再保险接受人与再保险分出人在同一程度内共命运。

例2：再保险合同双方同意，在本再保险合同范围内的所有事项上，再保险接受人应与再保险分出人在同一程度内共命运。

三、错误与遗漏条款

（一）错误与遗漏条款主要内容

在再保险实务中，再保险分出人既负责处理再保险合同涉及的原保险业务，也负责处理再保险业务流程中的大量事务，如根据再保险合同确定分保业务、报表账单的制作和报送等，过程复杂，手续繁多，工作量较大。在此过程中，因多种原因，发生错误、遗漏或迟延，在所难免。为避免再保险接受人在此种情形下不履行再保险责任，再保险合同中多约定错误与遗漏条款（errors and omissions clause）。根据该条款，再保险分出人在分保业务分出过程中如果发生错误、遗漏或者迟延的，再保险接受人不得以对方当事人的错误、遗漏或者迟延为由拒绝承担原有的责任。前述错误与遗漏的情形主要包括：再保险分出人就某一业务本应按照再保险合同约定办理分保，但因不慎遗漏未办分保范围；再保险分出人不当的错误，如笔误；应办理再保险账单而未办理；制作报表、账单错误，寄送的账单因不慎原因导致迟延等。

---

① 胡炳志. 再保险通论［M］. 武汉：武汉大学出版社，1996：50.
② 陈欣. 保险法［M］. 北京：北京大学出版社，2000：260.

在实务中，运用错误与遗漏条款，须特别注意以下几点：一是再保险分出人发生的错误、遗漏或者迟延，必须在主观上不存在故意，否则因违反诚信原则而不能适用错误与遗漏条款的约定；二是错误与遗漏发生后至被修改应当有合理期限，而不是无限延长，实践中通常控制在 30 天内①，而且一经发生须立即通知再保险接受人并以最快速度和最大可能立即改正；三是任何错误与遗漏的修改不能进一步扩大再保险接受人根据再保险合同所应承担的责任限额和应负的责任范围。

（二） 错误与遗漏条款表述示例

例 1：只要再保险分出人一方的错误与遗漏一经发现即被立即纠正，该错误与遗漏不应导致本再保险合同项下再保险的失效，但再保险接受人在本再保险合同及其任何批单项下的责任在任何情况下均不应超过本再保险合同约定的责任限额，也不应扩展至赔偿本再保险合同概括或特别地排除的风险。

例 2：只要因疏忽引致的迟延、错误与遗漏一经发现即被立即纠正，该等因疏忽而引致的迟延、错误与遗漏不应使再保险合同任何一方当事人免予承担假如该等因疏忽引致的迟延、错误与遗漏不发生就会承担的责任。

四、文件与记录检查条款

（一） 文件与记录检查条款主要内容

根据再保险合同，再保险分出人全权处理再保险合同涉及的原保险业务和再保险相关事务，而这些后果由再保险接受人与再保险分出人共同承担。为维护再保险接受人利益，再保险合同多明确约定再保险接受人对再保险合同项下原保险业务及再保险分出人办理分出业务的相关事项进行监督检查的权利，此即文件与记录检查条款（access to records and documents of inspection of records and documents clause）。检查范围通常包括危险单位划分、承保政策执行、再保险费计算、准备金提取、赔款支付等；检查对象通常包括账册、单据、文件、信息系统等；检查方式既包括再保险接受人自派人员检查，也包括再保险接受人聘请第三人进行检查。同时，该条款通常还约定，再保险接受人有取得相关材料复印件的权利。

（二） 文件与记录检查条款表述示例

例 1：在本再保险合同有效期内，再保险接受人应允许再保险分入人授权的代表检查其账册与记录。

例 2：再保险接受人有权在正常上班的任何时间检查再保险分出人的与本再保险合同项下业务有关的文件与记录，并有权复印。双方同意，只要本再保险合同任何一方当事人有权依据再保险合同向另一方主张权利，则再保险接受人即有前述检查权利。再保险接受人在行使前述检查权利时，应提前 48 小时通知再保险分出人。

例 3：A. 再保险接受人及其适当的指定代表，于本再保险合同生效时起至合同项下责任全部终结时止的期间内，在提前合理时间通知公司和公司代理人的情况下，有权查阅公司的与本再保险合同项下业务及与此有关的索赔的相关账册和记录，前提是再保险

---

① 胡炳志，陈之楚. 再保险 ［M］. 北京：中国金融出版社，2006：43.

接受人已经将到期未付的款项全部支付给再保险分出人，除非双方对该款项有争议。再保险接受人有权在代理人办公地查阅公司的账册和记录。再保险接受人可以自己承担费用合理地取得此种账册和记录，并同意向公司或公司的代理人支付为获得此种复印件而发生的合理成本（包括人工成本和其他成本）。再保险接受人检查承保记录、保费账册和保费记录的权利，将于本再保险合同终止后五年终止。

B. 如果某一跟随再保险人检查了公司关于本再保险合同的索赔文件，作为该等检查的后果导致索赔产生争议或争辩，则该跟随再保险人（或者其自身，或者通过其代表）应根据再保险分出人或其代理人的请求，于收到该等请求之日起 15 天内书面告知其检查的发现并在适用的情况下书面完整告知其争议或争辩前述索赔的理由。

五、合同变更或修改条款

（一）合同变更或修改条款主要内容

再保险合同为再保险分出人与接受人之间的合意，属于意思自治范围。在合同签署后，如因主客观情况发生变化，合同当事人经协商一致可以对原合同内容进行变更或修改。在再保险合同签署时，双方当事人即在再保险合同中对将来修改或变更再保险合同进行安排，此即合同变更或修改条款（alteration or modification clause）。在再保险实务中，一般以正式书面文件进行变更或修改，通常为附约（addendum）。

（二）合同变更或修改条款表述示例

例1：除非经双方当事人适当签署书面协议，本再保险合同不能作任何修改。

例2：经双方当事人以附件形式签署，本协议约定的条件与条款可加以修改。

六、特别解除条款

（一）特别解除条款主要内容

再保险分出人与接受人在订立再保险合同时，均是基于一定的基础或预期而订立合同。如果随后这种基础或预期发生了重大变化或者出现约定的重大情形，则一方当事人多希望能够选择解除再保险合同。此种基础或预期，如经营正常、核保政策维持不变；此种重大情形，如一方被并购、陷入偿付不能、濒临破产、进入清算或破产程序等。约定再保险一方当事人前述权利的条款，称为特别解除条款（special cancellation clause），有的称为猝死条款（sudden death clause）。

特别解除条款，一般包括以下四个要素：一是谁有特别解除权；二是有特别解除权之人有权解除再保险合同的前提条件；三是行使特别解除权之人通知对方的方式与期间；四是解除再保险合同后，双方当事人的权利和义务。

（二）特别解除条款表述示例

例1：在下列情况下，公司有权经提前 30 天通知终止本再保险合同：a. 跟随再保险人不再承保再保险业务；跟随再保险人在任何时间下（i）其标普保险公司财务实力评级低于"A－"；或（ii）在本再保险合同生效时或生效后获得标普保险公司财务实力评级后又停止拥有该评级（包括受委托不予评级，即 NR）。

例2：在下列情况下，经通知本协议另一方，本协议任何一方有权立即终止本协议：……

七、清算条款

（一）清算条款主要内容

清算条款（insolvency clause）的主要内容为，即使再保险分出人进入清算状态，再保险接受人仍须承担其对再保险分出人（原保险人）的再保险责任。在再保险实务中，再保险合同期间与再保险责任期间是两个形相近、性相远的概念。前者是再保险合同双方当事人约定的，在该期间再保险分出人将其特定保险业务分保给再保险接受人的期间；后者是再保险接受人根据再保险合同应承担再保险责任的期间。后者期间一般较前者为长，因为在再保险合同因解除、到期不再续签等情形时再保险合同期间终止，但再保险责任期间仍继续，再保险接受人仍须承担已接受业务的未了责任。

（二）清算条款表述示例

例：A. 当公司出现偿付不能的情形时，下述条款将适用（在下述条款与本再保险合同其他条款约定不一致时，下述条款将优先适用）：

1. 虽然本再保险合同要求公司在获得要求再保险接受人赔付的权利前应实际上向保单持有人履行了赔付义务：但 a. 即使公司实际上不能向保单持有人履行赔付义务，再保险接受人应有义务向公司支付保险赔偿；b. 本条款的任何规定均不会导致再保险接受人应向公司支付款项的时间提前到期，前述款项仅在公司已经向保单持有人实际履行了赔付义务后方需支付，除非公司成为偿付不能事件的主体。

2. 如果公司对其保单持有人的保险责任已经确定且未与公司与其全部或部分保单持有人达成的任何重整计划或类似安排有关，则除非再保险接受人书面通知公司存在该重整计划或类似安排，再保险接受人在本再保险合同项下应向公司支付的款项的存在、数量及时间应与再保险接受人对公司所负赔付义务完全一致。

3. 再保险接受人有权（但无义务）将公司对其所负债务与其对公司所负债务进行抵销。

B. 如果发生以下情形，将视为出现偿付不能事件：

1. 就上述 A 款第 1、2、3 项而言，已提出针对公司的停业申请，或者已为公司指定临时清算人，或者如果公司进入破产管理状态、破产接管状态、接管状态，或者如果公司就其全部或部分事务有重整计划或强制重整安排；

2. 就上述 A 款第 1 项而言，如果公司进入强制或自愿清算状态；或者，在每一案件中，如果公司成为其他类似偿付不能程序的主体（不管是不是根据英格兰和威尔士法律或其他地方的法律）；

3. 公司不能支付其到期债务［到期的判断按照英国《1986 年破产法》第 123 节之规定（或该规定的任何法定修改或重新制定）进行］。

八、仲裁条款

（一）仲裁条款主要内容

仲裁是民事主体解决纠纷的一种重要方式，与诉讼相比，仲裁具有便捷、迅速、费用较低等特点，在商业活动中被普遍采用。当事人一旦约定将纠纷提交仲裁，就不能再将纠纷提交法院，这种约定将纠纷提交仲裁的条款或协议称为仲裁条款或仲裁协议

（arbitration clause）。再保险合同中，仲裁条款广泛存在。这是因为再保险业务是一种具有国际性的商业操作，专业性较强，当事人往往处于不同的国家，发生纠纷后如果提交诉讼困难较大，用仲裁的方式解决纠纷是符合双方利益的合理选择。

再保险的仲裁地点，通常是原保险人所在地，即再保险分出人所在地。再保险合同的当事人对本国的法律和仲裁规则非常了解，而且没有文化和语言障碍。在原保险人所在地，仲裁可能对原保险人更为有利。目前，我国再保险业务以分出为主，为了最大限度维护我国利益，在订立再保险合同时应当力争由我国境内的有国际影响力的著名仲裁机构仲裁，如中国国际经济贸易仲裁委员会等。

（二）仲裁条款表述示例

例1：本再保险合同项下或与本再保险合同有关的一切争议或争执，均应按照英国保险与再保险仲裁机构〔ARIAS（UK）〕仲裁规则进行仲裁。仲裁地点为伦敦，仲裁按照英格兰和威尔士法律进行。

例2：任何因仲裁引起，或与仲裁有关，或因超出仲裁范围而需要提交法院的争议或事项，均应提交新加坡法院专属管辖。

第三节 再保险合同的特殊条款

如前所述，再保险合同的特殊条款，是指存在于在某一或某几类再保险合同中，或者虽在多数再保险合同中普遍存在，但条款的内容或含义在不同种类再保险合同中差别较大的条款。由于再保险合同的特殊条款是再保险合同中的个性条款，因此其种类和数量较多，难以一一列举。在此，我们仅就几个重要的特殊条款进行分析。

一、定义条款

（一）定义条款主要内容

所谓定义条款（definition clause），是指在再保险合同中将合同涉及的重要术语或概念进行定义，明确其内涵和外延。其目的是通过术语或概念的明确，使合同内容更加确定，以利合同双方履行合同，同时避免因合同内容含糊而产生争议或纠纷。事实上，在再保险合同中因定义条款并非必要，有的可以在使用到某一术语时进行定义即可，故不是每个再保险合同中均有定义条款。客观地说，对重要术语或概念进行集中明确，有利于规范再保险合同双方当事人之权利义务。例如，对一个危险、一次事故、保单、净损失、理赔费用等进行定义，不仅有利于明确再保险合同内容，而且对双方当事人利益影响有时甚至会很大。

（二）定义条款表述示例

例1：保单。本合同中"保单"这一术语，包括公司签发的暂保单、保险单、保险合同及其他保险凭证。

例2："风险"由公司单独进行定义。在本合同中，"风险"具有此处界定的定义，并根据上下文情形包括该术语的单数、复数或其他变形。

二、业务承保条款

（一）业务承保条款主要内容

业务承保条款（business covered clause）是指规定再保险安排方式、确定承保基础、明确业务承保范围的条款。再保险安排方式主要有临时分保、合同分保和预约分保三种，每种方式还可进行细分。在不同方式下，再保险分出人与接受人的权利义务不同。如合同分保时再保险分出人有义务分保，再保险接受人有义务接受分保；预约分保时再保险分出人可以分保也可以不分保，再保险接受人在再保险分出人分出业务时有义务接受分保。再保险的承保基础主要有两种：签单制（the policy attaching basis）与赔款发生制（loss occurring basis）。在签单制下，再保险接受人承保的基础，是再保险分出人于再保险期间承保（包括新保、续保）的保单于保单期间内所发生的损失；在赔款发生制下，再保险接受人承保的基础，是再保险分出人在再保险期间所持有效保单所发生的损失。一般而言，比例再保险多数采用签单制，非比例再保险多采用赔款发生制。业务承保范围，主要是明确承保业务的性质和来源。如是仅包括直接业务还是同时包含转再保业务，是区域型业务还是非区域型业务。

（二）业务承保条款表述示例

例：本合同承保范围包括公司签发的，被公司划分入包括建工险在内的财产险和/或内河运输险并被公司全球技术险种组以直接或间接保险方式承保的，所有保险与再保险保单。

三、除外条款

（一）除外条款主要内容

再保险除外条款（exclusion clause），是指约定不属于再保险接受人再保责任范围的条款。再保险除外条款主要是延续原保险的除外条款约定，但也有基于再保险接受人的风险管理需要或业务性质而除外的条款。如转再保业务除外条款、国际制裁危险除外条款、恐怖主义危险除外条款、计算机千禧年危险除外条款、战争危险除外条款、核能危险除外条款等。

（二）除外条款表述示例

例：本合同不适用于且特别排除以下风险：

A. 属于个人意外、健康、劳工补偿、雇主责任、第三方污染、合同保证、偿付能力保证、财务保证、信用保证、保证与忠诚类的业务。

B. 从不是公司附属机构的保险公司和再保险公司处分入的合约再保险业务。

C. 第三方责任，但由风险所在地国家的保险公司火险承保部门按照惯例所承保的除外。

……

本合同同时也排除因战争时使用原子分裂或放射性武器而造成的损失或损害。

……

四、保证条款

（一）保证条款主要内容

保证条款（warranties clause），是指合同当事人对存在或不存在某种情况或情形、为或不为某种行为所作的一种承诺。出于风险管理考虑，再保险分出人对存在或不存在一些情况或情形、为或不为某种或某些行为进行承诺，通常是再保险接受人同意承保的基础或前提。因此，在再保险合同中，通常会写明再保险分出人的保证条款。如购买共同巨灾保障、保证最低净自留额等。

（二）保证条款表述示例

例1：公司保证，其在本再保险合同所涉风险上的最低净自留额为××××美元或自留额至少占全部保险金额的××%。同时，在巨灾再保险的除外责任上，这一净自留额在任何情况下均不属于分保范围。

例2：公司可自酌购买比例临分再保险以增加其对每一风险的承保能力。没有再保险接受人的特别书面同意，公司不得购买超赔临分再保险。

五、理赔条款

（一）理赔条款主要内容

再保险理赔条款（claim clause），主要约定再保险分出人向再保险接受人摊回赔款的过程及赔款范围等事项。再保险理赔中涉及的一些重要概念，如理赔费用、现金赔款等，如未在定义部分进行专门明确，也会作为理赔条款的一部分。其内容主要包括初步出险通知、赔案后续发展通知、赔案最终处理情况通知、摊赔的范围（特别是协议赔款、优惠赔款的处理）、理赔费用的摊赔（一般会明确再保险分出人的员工薪酬、办公室费用等除外）、诉讼和诉讼费用的处理、现金摊赔（主要指在再保险分出人因一次保险事故而应承担赔款的金额超过约定数额时，有权在约定的较短期间内，要求再保险接受人立即进行摊赔，而无须等待到正常期限再进行账款的收付）、未决赔款或赔案情况提供等。

（二）理赔条款表述示例

例：再保险分出人一旦有理由认为预估的损失超过再保险合同特别条款约定的某一数额，其将立即通知再保险接受人并向再保险接受人提供其能获得的关于损失的信息。

如果本再保险合同项下某一损失的到期款项或再保险分出人已经支付的款项超过了再保险合同特别条款规定的优先顺序，再保险接受人应根据再保险分出人的要求，立即将按其比例就超赔损失所应承担的款项支付给再保险分出人。然而，再保险接受人有权从其应支付款项中根据本再保险合同约定扣除因其参与该再保险而产生的债权差额。

六、账务和业务明细表条款

（一）账务和业务明细表条款主要内容

账务和业务明细表条款（account clause and bordereau clause）主要约定再保险分出人如何向接受人提供账务、业务明细表事项，其内容有繁有简。就提供内容而言，可以约定仅提供账务，也可以要求提供业务明细表；就提供频率而言，可以是按季度提供，也可以按半年、一年提供；就接受账务或业务明细表的对象而言，有的约定仅提供给首席再保险人，有的要求同时提供给所有再保险接受人；就账务错误与遗漏而言，有的约定再保险分出人应及时制作并提交补充账单进行修改，有的约定在下期账单中进行修正即可。

（二）账务和业务明细表条款表述示例

例1：在每季度结束后30天内，再保险分出人应将本再保险合同项下交易账务提供给再保险接受人审核。前述账务应以美元记账。

如果再保险接受人在收到账务后15天内未提出异议，将视为再保险接受人确认了该账务；在账务得到确认后15天，任何一方应向对方支付账务差额。

例2：接受超过1000000美元保费之合约的业务明细表，及超过500000美元损失的赔付业务明细表，应于每季度结束后45天内提供。

七、保险费条款

（一）保险费条款主要内容

保险费条款（premium clause）主要约定再保险分出人应向再保险接受人支付的再保险费数量、支付时间等内容。再保险费率与原保险费率相同，因此无须单独约定再保险费率，但需就扣除之税负与费用进行明确约定，以免引起争议。保险费条款通常与再保佣金条款写在一起，称为保险费与再保佣金条款（premium and commission clause）。

（二）保险费条款表述示例

例：公司应将原保险毛保费减去退保保费后，按照再保险接受人分入的比例，支付给再保险接受人。

再保险接受人应向公司支付其所分入比例部分对应的、不能从原被保险人或分出人（根据业务情况）处得到补偿的税收和其他费用（除代理人手续费外）。

八、再保佣金条款

（一）再保佣金条款主要内容

再保佣金条款（commission clause）主要约定再保险接受人应向分出人支付的再保佣金数量、支付时间等内容。再保佣金是再保险接受人为弥补再保险分出人获取业务所发生的成本而向再保险分出人支付的费用。再保佣金由再保佣金率与其计算基础共同决定，再保佣金计算基础一般为毛净原始保费（gross net original premium）。在实践中，有的再保险合同还约定盈余佣金条款（profit commission clause）。盈余佣金，又叫纯益手续费，是指再保险接受人为鼓励再保险分出人谨慎地选择原保险合同所承保的业务，在向再保险分出人支付再保佣金的同时，在其取得纯益的前提下再另行支付给再保险分出人一定比例（即纯益手续费率）的报酬。

（二）再保佣金条款表述示例

例1：再保险接受人应就其根据本再保险合同约定取得的所有净保费收入，按照合同附件中佣金条款约定的比率，向再保险分出人支付佣金。

就本再保险合同而言，"净保费收入"是指原保险的毛保费减去退保保费。

例2：再保险接受人还应就每一承保年度的净利润，按照合同细则中约定的比率，向再保险分出人支付盈余手续费。除非合同细则另有相反约定，第一份盈余手续费报表应按照下述方法于每一承保年度开始后的第24个月结束时计算。

收入：

1. 分入保费减去退保保费。

……

支出：

1. 本再保险合同第×条允许的再保险手续费和/或转分保手续费。

……

收入超过支出的部分，应被作为每年的净利润。如果收入低于支出，则该赤字在计算盈余手续费时可滚入下一承保年度，但是任一承保年度的赤字滚入其后连续承保年度的次数或年数不能超过合同细则约定的年次数或年数。

当承保年度的所有账务于本再保险合同第×条约定的最终关门日期确定时，盈余手续费报表应进行最终调整。

九、汇率或币种转换条款

（一）汇率或币种转换条款主要内容

由于再保业务的国际化，经常涉及多种货币，因而需要在不同币种间进行转换，此又产生汇率问题。为解决此一问题，再保险合同需要约定按何币种结算和支付、币种兑换的汇率等，此即汇率或币种转换条款（rates of exchange clause or currency conversion clause）。

（二）汇率或币种转换条款表述示例

例：A. 在本再保险合同项下，所有在加拿大承保的风险及以美元承保的其他风险所对应的全部保费和赔付均应以加拿大货币进行支付。

B. 本再保险合同项下除以美国货币和加拿大货币计算的到期保费以外，其他到期保费应由公司按照原保险账务确定的数额，根据外币兑换价兑换成美元进行支付。如果支付时没有进行币种兑换，则应适用公司当时计算自己账务时使用的兑换价或公司其后调整的兑换价。

C. 除了以美国和加拿大货币计算的再保险赔付款项外，其他再保险赔付款项应按照原保险赔付结清时相同的兑换价兑换成美元。如果当时没有进行币种兑换，则应适用公司当时计算自己账务时使用的兑换价或公司其后调整的兑换价。

D. 因适用本条前两款约定而产生的债权或债务，应计算入盈余利润之中。

十、中介条款

（一）中介条款主要内容

再保险具有很强的专业性。因此，很多再保险，特别是国际再保险多通过经验丰富的经纪机构办理。经纪机构不仅负责为再保险分出人寻找和选择合适的再保险接受人，而且负责再保险业务项下账单和相关信息的提供和传递、再保险赔款的计算和支付等。由于经纪机构在再保险业务中的重要地位，为明确其地位和作用，通常会在再保险合同中用专门条款规定经纪机构的权利义务（如佣金比例），此即中介条款（intermediary clause）。中介条款有利于明确中介机构在再保险合同中的地位和权利义务。

（二）中介条款表述示例

例：各方在此同意 ABC 公司作为商谈本再保险合同的中介机构。所有的联系（包括但不限于，通知、声明、保费、退保保费、手续费、税收、赔付、赔付调整、救助费及赔付结清）均应通过 ABC 公司（ABC 公司的地址及邮编为：……）转达至公司或再保险接受人处。公司将款项支付给中介机构视为公司对再保险接受人的付款，再保险接受人将款项支付给中介机构仅于公司实际上收到该款项时方构成再保险接受人对公司的付款。

思考题

1. 简述再保险合同分出人的主要权利。
2. 简述再保险合同分入人的主要权利。
3. 什么是共命运条款？
4. 什么是错误与遗漏条款？

Master Series

21st

Century

第六编

保险业法

第二十三章
保险公司

学习目的和重点

通过学习保险公司的组织形式和组织机构，了解保险集团公司、互助保险组织的产生背景和经营特点，重点掌握保险公司的设立条件和筹建开业程序，保险公司的变更、终止程序，对保险公司实施整顿和接管的使用情形和主要措施。

第一节　保险公司的组织形式

保险经营者是专门经营风险的，直接关系到社会公众利益和社会的稳定。各国一般都实行保险业务经营许可证制度，对保险经营者的资格有特别规定。各国保险法对保险经营者的组织形式一般也都有特别限定。美国规定的保险公司的组织形式是股份有限公司和相互保险公司；日本规定的保险公司的组织形式是股份有限公司、相互保险公司和保险互济合作社；我国台湾地区规定的保险公司的组织形式是股份有限公司和保险合作社。英国比较特殊，除了股份有限公司和相互保险社以外，还允许个人保险组织形式即劳合社经营保险。现在除英国等极少数国家和地区外，各国均已禁止个人经营保险业务，保险经营者必须是法人组织。我国《保险法》第6条规定："保险业务由依照本法设立的保险公司以及法律、行政法规规定的其他保险组织经营，其他单位和个人不得经营保险业务。"

一般来说，经营保险业务的组织可以分为公司制和非公司制两大类。其中公司制又可分为股份有限公司、有限责任公司、相互公司等；非公司制又可分为相互保险社和保险合作社等互助团体。对于保险公司的组织形式，1995年颁布的《保险法》规定：保险公司应当采取下列组织形式：（1）股份有限公司；（2）国有独资公司。现行《保险法》第94条规定："保险公司，除本法另有规定外，适用《中华人民共和国公司法》的规定。"也就是说，在法律上，目前我国保险公司的组织形式和《公司法》规定的公司组织形式是一致的。我国的现实情况是，保险公司主要采取股份有限公司形式，同时存在少数国有独资公司和有限责任公司形式。下面根据我国《公司法》的规定，结合保险公司的实际情况来介绍我国保险公司的主要组织形式。

一、股份有限保险公司

股份有限保险公司，是指其全部资本分为等额股份，股东以其所持股份为限对公司承担责任，公司以其全部资产对公司的债务承担责任的保险企业法人。从保险发展的历史看，股份有限公司的组织形态，比较适合保险业的经营。荷兰于 1629 年开始采用，法国于 1668 年开始采用，在此之后各国保险业逐渐开始仿效实行。目前尚存的最古老的保险股份有限公司，是成立于 1720 年的英国皇家交易保险公司和伦敦保险公司。

股份有限公司是我国保险公司的重要组织形式之一。改革开放后，我国新设立的中资保险公司基本上采取这种组织形式。现在我国原有的四大国有独资保险公司重组改制后都设立了股份有限保险公司，其中中华联合财产保险公司整体改制为中华联合保险控股股份有限公司。

保险股份有限公司的法律特征主要是：（1）发起人应当达到法定人数。《公司法》规定，设立股份有限公司应当有 2 人以上 200 人以下为发起人，其中须有半数以上的发起人在中国境内有住所。（2）公司全部资本分为等额股份。保险股份有限公司的全部资本必须划分为相等份额的股份，并以每股作为公司资本的基本单位。（3）股东对公司负有限责任。股东均以其认购的股份对公司承担有限责任；公司资产不足以清偿债务时，股东对公司债务不负连带责任。（4）公司的账目应当公开。在每个财政年度终了时，公司的年度报告应予公开，以供股东、债权人及有关机构和人员查询。

保险股份有限公司的股东仅以其认购的股份承担有限责任，并且在公司股票获准上市交易后，其资产又能保持较高的流动性。因此，采用这种组织形式在筹资方面具有巨大的优越性。除融资方面的优越性外，股份有限公司还具有促进经营效率提高、网罗人才相对便利的优势。从国际保险业发展趋势看，股份有限公司是保险公司最主要的组织形式。

二、国有独资保险公司

国有独资保险公司，是指国家单独出资、由国务院或者地方人民政府授权本级人民政府国有资产监督管理机构履行出资人职责的保险有限责任公司。国有独资保险公司曾经是我国保险公司的主要组织形式。我国原有的四大国有独资保险公司，即中国人民保险公司、中国人寿保险公司、中国再保险公司和中国太平保险集团公司，现在都已经进行了重组和股份制改造。改制完成后的中国人民保险集团股份有限公司、中国再保险集团股份有限公司已完成整体上市；中国太平保险集团有限责任公司仍由财政部 100％ 持股，但旗下财产险、寿险、资产管理等主要板块均已注入其全资子公司"中国太平控股股份有限公司"，并已在 H 股上市。目前，只有中国人寿保险（集团）公司仍为国有独资保险公司。

与其他的有限责任公司（一人有限责任公司除外，下同）相比，国有独资保险公司的法律特征主要有：（1）投资主体单一。国家是国有独资保险公司的唯一股东；其他有限责任公司必须有 2 个以上 50 个以下的股东。（2）国有独资保险公司不设股东会，由国有资产监督管理机构行使股东会职权，可以授权公司董事会行使股东会的部分职权，决定公司的重大事项；而其他有限责任公司必须设股东会，股东会是公司的权力机构。（3）国有独资保险公司的公司章程由国有资产监督管理机构制定，或者由董事会制定报国有资产监督管理机构批准，并报经保险监督管理机构核准后生效；而其他有限责任公司的公司章程由全体股东共同制定。

三、保险集团公司

根据监管机构的定义，保险集团公司是指经国务院保险监督管理机构批准设立并依法登记注册，名称中具有"保险集团"或"保险控股"字样，对保险集团内其他成员公司实施控制、共同控制和重大影响的公司。相应地，保险集团是指保险集团公司及受其控制、共同控制和重大影响的公司组成的企业集合，该企业集合中除保险集团公司外，有两家或多家子公司为保险公司且保险业务为该企业集合的主要业务。

保险集团公司是保险业发展到一定程度之后的产物。保险集团公司通过对全集团战略发展方向、转型等重大问题作出统一决策，有效地整合保险集团内部各成员公司的资源和力量，使各成员公司在激烈的市场竞争中形成合力，同时在集团内部实现资源的优化配置和共享，推动全集团成员的共同发展。我国目前的保险集团公司在市场上占有重要的地位，绝大多数保险集团公司不经营保险业务，如中国人民保险集团公司、平安保险集团公司、太平洋保险集团公司，只有极少数保险集团公司经营一定的特殊保险业务，如中国再保险集团公司经营核共保体业务、中国人寿保险（集团）公司经营旧利差损存量业务。

四、我国保险组织类型的新发展

在我国，近年来相互保险的需求随着互联网的发展越发活跃，迫切需要设立相互保险组织。相互保险，是指具有同质风险保障需求的单位或个人，通过订立合同成为会员，并缴纳保费形成互助基金，由该基金对合同约定的事故发生所造成的损失承担赔偿责任，或者当被保险人死亡、伤残、疾病或者达到合同约定的年龄、期限等条件时承担给付保险金责任的保险活动。

我国《保险法》和《公司法》对相互保险公司没有规定。为适应现实的需要，国务院保险监管机构探索创新设立了相互保险组织。根据有关监管规定，相互保险组织，即在平等自愿、民主管理的基础上，由全体会员持有并以互助合作方式为会员提供保险服务的组织，包括一般相互保险组织，专业性、区域性相互保险组织等组织形式。相互保险组织并没有公司意义上的股东，组织由"会员"组成。会员既是组织中的投保人，须按时缴纳保费；同时也是组织中的保险人，须以所缴纳保费为限对该组织承担保险责任。相互保险组织的最高权力机构为会员（代表）大会。会员原则上享有一人一票的投票权，并享有参与经营管理，进行内部民主管理，分享组织产生的盈余，对组织进行批评、建议、监督以及章程规定的其他权利。另外，根据监管机构要求，相互保险组织也必须成立董（理）事会与监事会。除章程另有规定外，相互保险组织的董（理）事会、监事会适用《公司法》关于股份有限公司董事会、监事会的规定。

第二节　保险公司的组织机构

保险公司的组织机构是依法行使保险公司决策、执行和监督权能的机构的总称，是保险公司得以健康有序运行的组织保证，是公司治理的核心部分，也是保险公司成立的必要条件之一。对于保险公司的组织机构，《保险法》没有规定，应适用《公司法》的有关规定。公司治理监管近年来成为保险监管的重要支柱之一，国内和国际保险监管机构对保险公司组织机构股东（大）会、董事会、高级管理人员、监事会以及董事会下设的专业委员会都出台了大量的监管办法和监管指引，并不断修改完善。下面主要结合我国《公司法》的有关规定对股份有限保险公司和国有独资保险公司的组织机构分别进行阐述。

一、股份有限保险公司的组织机构

（一）股东大会

股东大会由全体股东组成，是公司的权力机构。股东大会行使下列职权：（1）决定公司的经营方针和投资计划；（2）选举和更换非由职工代表担任的董事、监事，决定有关董事、监事的报酬事项；（3）审议批准董事会的报告；（4）审议批准监事会或者监事的报告；（5）审议批准公司的年度财务预算方案、决算方案；（6）审议批准公司的利润分配方案和弥补亏损方案；（7）对公司增加或者减少注册资本作出决议；（8）对发行公司债券作出决议；（9）对公司合并、分立、解散、清算或者变更公司形式作出决议；（10）修改公司章程；（11）公司章程规定的其他职权。

股东大会应当每年召开1次年会。有下列情形之一的，应当在2个月内召开临时股东大会：（1）董事人数不足《公司法》规定的人数或者公司章程所定人数的2/3时；（2）公司未弥补的亏损达实收股本总额1/3时；（3）单独或者合计持有公司10%以上股份的股东请求时；（4）董事会认为必要时；（5）监事会提议召开时；（6）公司章程规定的其他情形。

股东大会会议由董事会依照《公司法》的规定负责召集，董事长主持。董事长不能履行职务或者不履行职务的，由副董事长主持；副董事长不能履行职务或者不履行职务的，由半数以上董事共同推举一名董事主持。召开股东大会会议，应当将会议召开的时间、地点和审议的事项于会议召开20日前通知各股东；临时股东大会应当于会议召开15日前通知各股东；发行无记名股票的，应当于会议召开30日前公告会议召开的时间、地点和审议事项。单独或者合计持有公司3%以上股份的股东，可以在股东大会召开10日前提出临时提案并书面提交董事会；董事会应当在收到提案后2日内通知其他股东，并将该临时提案提交股东大会审议。临时提案的内容应当属于股东大会职权范围，并有明确议题和具体决议事项。股东大会不得对前两款通知中未列明的事项作出决议。无记名股票持有人出席股东大会会议的，应当于会议召开5日前至股东大会闭会时将股票交存于公司。

股东出席股东大会会议，所持每一股份有一表决权。但是，公司持有的本公司股份没有表决权。股东大会作出决议，必须经出席会议的股东所持表决权过半数通过。但是，股东大会作出修改公司章程、增加或者减少注册资本的决议，以及公司合并、分立、解散或者变更公司形式的决议，必须经出席会议的股东所持表决权的 2/3 以上通过。股东可以委托代理人出席股东大会，代理人应当向公司提交股东授权委托书，并在授权范围内行使表决权。股东大会应当对所议事项的决定作成会议记录，主持人、出席会议的董事应当在会议记录上签名。会议记录应当与出席股东的签名册及代理出席的委托书一并保存。我国《保险法》第84条规定："保险公司有下列情形之一的，应当经保险监督管理机构批准：（一）变更名称；（二）变更注册资本；（三）变更公司或者分支机构的营业场所；（四）撤销分支机构；（五）公司分立或者合并；（六）修改公司章程；（七）变更出资额占有限责任公司资本总额百分之五以上的股东，或者变更持有股份有限公司股份百分之五以上的股东；（八）国务院保险监督管理机构规定的其他情形。"

股东有权查阅公司章程、股东名册、公司债券存根、股东大会会议记录、董事会会议决议、监事会会议决议、财务会计报告，对公司的经营提出建议或者质询。

（二）董事会

董事会是股东大会的执行机构，也是公司经营管理的决策机构。董事会对股东大会负责，行使下列职权：（1）召集股东会会议，并向股东会报告工作；（2）执行股东大会的决议；（3）决定公司的经营计划和投资方案；（4）制订公司的年度财务预算方案、决算方案；（5）制订公司的利润分配方案和弥补亏损方案；（6）制订公司增加或者减少注册资本的方案以及发行公司债券的方案；（7）制订公司合并、分立、解散或者变更公司形式的方案；（8）决定公司内部管理机构的设置；（9）决定聘任或者解聘公司经理及其报酬事项，并根据经理的提名决定聘任或者解聘公司副经理、财务负责人及其报酬事项；（10）制定公司的基本管理制度；（11）公司章程规定的其他职权。

董事会成员为 5~9 人。董事会设董事长1人，可以设副董事长。董事长和副董事长由董事会以全体董事的过半数选举产生。董事长召集和主持董事会会议，检查董事会决议的实施情况。副董事长协助董事长工作，董事长不能履行职务或者不履行职务的，由副董事长履行职务；副董事长不能履行职务或者不履行职务的，由半数以上董事共同推举1名董事履行职务。保险监管机构要求保险公司董事会中必须有独立董事，并对独立董事的任职资格、提名和职责作出明确要求。

董事会每年度至少召开2次会议，每次会议应当于会议召开10日前通知全体董事和监事。代表 1/10 以上表决权的股东、1/3 以上董事或者监事，可以提议召开董事会临时会议。董事长应当自接到提议后10日内，召集和主持董事会会议。董事会召开临时会议，可以另定召集董事会的通知方式和通知时限。

董事会会议应有过半数的董事出席方可举行。董事会作出决议，必须经全体董事的过半数通过；董事会决议的表决，实行一人一票。董事会会议，应由董事本人出席；董事因故不能出席，可以书面委托其他董事代为出席，委托书中应载明授权范围。董事会应当对会议所议事项的决定作成会议记录，出席会议的董事应当在会议记录上签名。董事应当对董事会的决议承担责任。董事会的决议违反法律、行政法规或者公司章程、股东大会决议，致使公司遭受严重损失的，参与决议的董事对公司负赔偿责任。但经证明在表决时曾表明异议并记载于会议记录的，该董事可以免除责任。

（三）总经理

总经理由董事会决定聘任或者解聘，对董事会负责。股份有限保险公司总经理的职权，与下述国有独资保险公司总经理的职权相同。

（四）监事会

监事会成员不得少于3人，监事会应当包括股东代表和适当比例的公司职工代表。其中职工代表的比例不得低于1/3，具体比例由公司章程规定。监事会中的职工代表由公司职工通过职工代表大会、职工大会或者其他形式民主选举产生。董事、高级管理人员不得兼任监事。监事的任期每届为3年。监事任期届满，连选可以连任。

监事会作为公司的监督机构，行使下列职权：（1）检查公司财务；（2）对董事、高级管理人员执行公司职务的行为进行监督，对违反法律、行政法规、公司章程或者股东会决议的董事、高级管理人员提出罢免的建议；（3）当董事、高级管理人员的行为损害公司的利益时，要求董事、高级管理人员予以纠正；（4）提议召开临时股东会会议，在董事会不履行本法规定的召集和主持股东会会议职责时召集和主持股东会会议；（5）向股东会会议提出提案；（6）依照《公司法》第152条的规定，对董事、高级管理人员提起诉讼；（7）公司章程规定的其他职权。监事列席董事会会议。监事会的议事方式和表决程序由公司章程规定。

监事可以列席董事会会议，并对董事会决议事项提出质询或者建议。监事会发现公司经营情况异常，可以进行调查；必要时，可以聘请会计师事务所等协助其工作，费用由公司承担。监事会每年度至少召开1次会议，监事可以提议召开临时监事会会议。监事会的议事方式和表决程序，除《公司法》有规定的外，由公司章程规定。监事会决议应当经半数以上监事通过，监事会应当对所议事项的决定作成会议记录，出席会议的监事应当在会议记录上签名。

二、国有独资保险公司的组织机构

（一）董事会

国有独资保险公司是由国家单独投资设立的，投资主体单一，因此不设股东会，由国有资产监督管理机构行使股东会职权。国有资产监督管理机构可以授权公司董事会行使股东会的部分职权，决定公司的重大事项，但公司的合并、分立、解散、增加或者减少注册资本和发行公司债券，必须由国有资产监督管理机构决定。

国有独资保险公司设立董事会，董事会每届任期不得超过3年。公司董事会成员为3~13人，由国有资产监督管理机构委派。董事会成员中应当有公司职工代表，由公司职工代表大会选举产生。董事会设董事长1人，可以设副董事长。董事长、副董事长由国有资产监督管理机构从董事会成员中指定。公司法定代表人依照公司章程的规定，由董事长、执行董事或者经理担任，并依法登记。

董事会是国有独资保险公司的经营决策和业务执行机构，依照《公司法》第46条和第66条的规定行使职权。国有独资保险公司董事会依法行使的职权分为两部分：其一为《公司法》第46条规定的有限责任公司董事会的职权，包括：（1）召集股东会会议，并向股东会报告工作；（2）执行股东会的决议；（3）决定公司的经营计划和投资方案；（4）制订公司的年度财务预算方案、决算方案；（5）制订公司的利润分配方案和弥补亏损方案；（6）制订公司增加或者减少注册资本以及发行公司债券的方案；（7）制订公司合并、分立、解散或者变更公司形式的方案；（8）决定公司内部管理机构的设置；（9）决定聘任或者解聘公司经理及其报酬事项，并根据经理的提名决定聘任或者解聘公司副经理、财务负责人及其报酬事项；（10）制定公司的基本管理制度；（11）公司章程规定的其他职权。其二为国有资产监督管理机构授权而行使的职权，即除决定公司的合并、分立、解散、增加或者减少注册资本和发行公司债券外，国有资产监督管理机构授权董事会行使的股东会的部分职权，决定公司的重大事项。

（二）总经理

国有独资保险公司设总经理，由董事会聘任或者解聘。总经理依照《公司法》第49条规定行使下列职权：（1）主持公司的生产经营管理工作，组织实施董事会决议；（2）组织实施公司年度经营计划和投资方案；（3）拟订公司内部管理机构设置方案；（4）拟订公司的基本管理制度；（5）制定公司的具体规章；（6）提请聘任或者解聘公司副经理、财务负责人；（7）决定聘任或者解聘除应由董事会决定聘任或者解聘以外的负责管理人员；（8）董事会授予的其他职权。公司章程对经理职权另有规定的，从其规定。经理列席董事会会议。

总经理列席董事会会议。经国有资产监督管理机构同意，董事会成员可以兼任经理。

国有独资保险公司的董事长、副董事长、董事、高级管理人员，未经国有资产监督管理机构同意，不得在其他有限责任公司、股份有限公司或者其他经济组织兼职。

（三）监事会

我国的《保险法》没有对国有独资保险公司的监事会作出专门规定，未修订前的《保险法》曾经对上述问题作过专门规定。有关监事会的问题，主要适用《公司法》关于国有独资公司监事会的相关规定。

因为未修订前的《保险法》对国有独资保险公司作过专门规定，所以国有独资保险公司监事会的人员构成延续了以往的历史传统，由保险监督管理机构、有关专家和保险公司工作人员的代表组成。这种人员组成方式符合国有独资保险公司的特点：（1）国有独资保险公司是由国家授权投资的机构或者国家授权的部门出资设立的国有企业，经营的是国家财产，其监事会的组成应当体现政府有关部门（即保险监督管理机构）对保险公司的监督；（2）保险公司的经营业务专业性很强，请有关专家作为监事会的成员，更有助于行使监督职权，实现监督的目的；（3）规定保险公司工作人员的代表作为监事会的成员，体现了民主管理原则。

监事会作为国有独资保险公司的监督机构，依法行使监督职权。国有独资保险公司监事会的职权主要有以下几项：（1）监督保险公司提取各项准备金；（2）对保险公司最低偿付能力的监督；（3）对保险公司国有资产保值增值的监督；（4）对保险公司高级管理人员违反法律、行政法规或者章程的行为和损害公司利益的行为进行监督；（5）检查保险公司财务；（6）列席董事会会议；（7）国务院规定的其他职权。

监事会成员除按《保险法》和《公司法》履行自己的职责外，也负有一定的义务。根据《公司法》的规定，监事应当遵守法律、行政法规和公司章程，对公司负有忠实义务和勤勉义务；不得利用职权收受贿赂或者其他非法收入，不得侵占公司的财产。监事执行公司职务时违反法律、行政法规或者公司章程的规定，给公司造成损失的，应当承担赔偿责任。

第三节　保险公司的设立、变更和终止

一、保险公司的设立

（一）保险公司的设立条件

保险业是一种特殊行业，保险公司的偿付能力直接关系到社会经济的运行和社会生活的稳定，设立保险公司的条件比设立一般企业更为严格，这是世界各国保险法的普遍要求。保险公司的设立一般也称为保险市场准入，保险公司的设立条件也即为保险市场的准入条件。根据我国《保险法》第68条的规定，设立保险公司，应当具备下列条件：

1. 主要股东具有持续盈利能力，信誉良好，最近三年内无重大违法违规记录，净资产不低于人民币二亿元。保险公司从事的保险事业责任繁重，对社会的安定、人们的生活以及国民经济的安全影响甚大，必须由财务实力雄厚者经营，才能承担这一责任。保险公司是承担各类可保风险，并专门进行风险管理的商业组织，由于经营的是风险，所以法律对保险公司的经营者提出了更高的诚信要求，这也和保险法中最重要的基本原则之一最大诚信原则的精神是相符的。适用最大诚信原则是对保险市场诚信缺失进行法律规制的重要手段，这其中当然也应包括对保险公司经营者的规范和制约。

2. 有符合《保险法》和《公司法》规定的章程。公司章程是确定公司内部管理体制和股东或出资人基本权利义务的法律文件，是关于公司组织及行为的基本规则，公司的一切基本和重大问题均应在公司章程中加以规定。它是保险公司赖以设立、存在和开展各项业务活动的基本文件，保险公司的股东、发起人、董事、总经理、监事都必须遵守。公司章程载明事项因公司的组织形式不同而有所不同，但都必须载有公司的名称和住所、公司经营的范围、公司注册资本、股东或发起人的名称、股东的权利义务、董事会的组成、职权、任期和议事规则、公司法定代表人、监事会的组成、职权、任期和议事规则、公司的解散事由与清算办法等事项。

3. 有符合《保险法》规定的注册资本最低限额。在我国，公司注册资本是指在公司登记机关登记的实缴出资总和，它是公司承担财产责任的基础。对于国有独资保险公司就是在登记机关登记的国家实缴出资额，对于股份有限保险公司就是在登记机关登记的实收股本总额。《保险法》第 69 条规定："设立保险公司，其注册资本的最低限额为人民币二亿元。国务院保险监督管理机构根据保险公司的业务范围、经营规模，可以调整其注册资本的最低限额，但不得低于本条第一款规定的限额。保险公司的注册资本必须为实缴货币资本。"

4. 有具备任职专业知识和业务工作经验的董事、监事和高级管理人员。保险公司的运作有很强的技术性和专业性，这就要求保险公司的董事、监事和高级管理人员有较深厚的专业知识和丰富的业务工作经验，以保证保险公司的正常经营和健康运作，保护被保险人的利益。有关保险公司董事、监事和高级管理人员的资格和义务的规定主要适用《保险法》第 82 条和《公司法》第 148 条。此外，国务院保险监督管理机构在《保险公司董事、监事和高级管理人员任职资格管理规定》（2010 年 1 月 8 日发布，2014 年 1 月 23 日第一次修正，2018 年 2 月 13 日第二次修正）中，明确规定了保险公司董事、监事和高级管理人员的任职资格条件。凡是不具备规定的任职资格条件的人员，不得担任保险公司的董事、监事或高级管理人员。

5. 有健全的组织机构和管理制度。保险公司的组织机构是依法行使保险公司决策、执行和监督权能的机构的总称，健全的组织机构是保险公司得以健康有序运行的组织保证。应设立股东会、董事会和监事会（国有独资保险公司不设股东会），使股东会、董事会、总经理和监事会权责分明、相互制约，既保证了投资者的利益，又保证了公司能够独立自主地开展保险业务活动。公司的管理制度，是公司依据公司章程，根据公司业务的性质，对其内部经营活动等进行管理的基本制度。健全的管理制度是公司进行正常经营活动的基础，也是公司提高管理水平和经济效益的制度保障。

6. 有符合要求的营业场所和与业务有关的其他设施。营业场所和必备的设施，是保险公司存在和运行的物质基础。保险公司是相对稳固、连续经营的企业法人，这就要求保险公司在设立之初就应具备适合其经营、发展的营业场所和有利其开展业务的相关设施。

7. 法律、行政法规和国务院保险监督管理机构规定的其他条件。

（二）保险公司的设立程序

设立保险公司，必须经国务院保险监督管理机构批准，同时保险公司的设立，必须遵循法律规定的程序。依照《保险法》和《保险公司管理规定》（保监会〔2009〕1 号令，2015 年修订）的要求，一般须经过以下程序：

1. 申请筹建。即申请人向国务院保险监督管理机构提出要求筹备建立保险公司的书面请求。依据《保险法》第 70 条的规定和《保险公司管理规定》第 8 条规定，筹建保险公司的书面申请必须向中国保险监督管理委员会提出，并提交下列材料：

（1）设立申请书，申请书应当载明拟设立的保险公司的名称、注册资本、业务范围等；

（2）设立保险公司可行性研究报告，包括发展规划、经营策略、组织机构框架和风险控制体系等；

（3）筹建方案；

（4）保险公司章程草案；

（5）国务院保险监督管理机构投资人应当提交的有关材料；

（6）筹备组负责人、拟任董事长、总经理名单及本人认可证明；

（7）国务院保险监督管理机构规定的其他材料。

国务院保险监督管理机构应当对设立保险公司的申请进行审查，自收到完整的申请材料之日起6个月内作出批准或者不批准筹建的决定。决定不批准的，应当书面通知申请人并说明理由。国务院保险监督管理机构在对设立保险公司的申请进行审查期间，应当对投资人进行投资保险业的风险提示。国务院保险监督管理机构应当听取拟任董事长、总经理对拟设公司市场发展战略、业务发展规划、内控制度建设等方面的工作思路，并将其作为是否批准筹建的参考。

2. 筹建。申请人经国务院保险监督管理机构批准筹建保险公司的，应当自收到批准筹建通知之日起1年内完成筹建工作。筹建期届满未完成筹建工作的，原批准筹建决定自动失效。筹建机构在筹建期间不得从事保险经营活动。筹建期间不得变更主要投资人。

3. 开业申请与验收批准。根据《保险公司管理规定》的有关规定，筹建工作完成后，申请人应当向国务院保险监督管理机构提出开业申请，并提交下列材料一式三份：

（1）开业申请书；

（2）创立大会决议，没有创立大会决议的，应当提交全体股东同意申请开业的文件或者决议；

（3）公司章程；

（4）股东名称及其所持股份或者出资的比例，资信良好的验资机构出具的验资证明，资本金入账原始凭证复印件；

（5）国务院保险监督管理机构规定股东应当提交的有关材料；

（6）拟任该公司董事、监事、高级管理人员的简历及相关证明材料；

（7）公司部门设置以及人员基本构成；

（8）营业场所所有权或者使用权的证明文件；

（9）按照拟设地的规定提交有关消防证明；

（10）拟经营保险险种的规划书、3年经营规划、再保险计划、中长期资产配置计划，以及业务、财务、合规、风险控制、资产管理、反洗钱等主要制度；

（11）信息化建设情况报告；

（12）公司名称预先核准通知；

（13）国务院保险监督管理机构规定提交的其他材料。

国务院保险监督管理机构应当审查开业申请，进行开业验收，并自受理开业申请之日起60日内作出批准或者不批准开业的决定。验收合格决定批准开业的，颁发经营保险业务许可证；验收不合格决定不批准开业的，应当书面通知申请人并说明理由。

4. 登记。经批准开业的保险公司，应当持批准文件及经营保险业务许可证，向工商行政管理部门办理登记注册手续，领取营业执照后方可营业。《保险法》第77条规定：

"经批准设立的保险公司及其分支机构，凭经营保险业务许可证向工商行政管理机关办理登记，领取营业执照。"

二、保险公司的变更

（一）保险公司的合并

1. 保险公司合并的概念和形式。保险公司的合并，是指两个或两个以上的保险公司出于经营管理的需要，依照法律规定合并为一个新的保险公司的法律行为。保险公司合并，依法可以采取吸收合并和新设合并两种方式。吸收合并，也称存续合并，是指两个或两个以上的保险公司合并时，其中一个保险公司接纳其他保险公司加入而成为存续公司继续存在，其他保险公司则归于解散，失去其原有法人资格；新设合并，亦称创设合并，是指两个或者两个以上的保险公司合并时，参加合并的各保险公司均归解散，而另外成立一个新的保险公司。

2. 保险公司合并的程序。保险公司的合并是保险公司变更的重要内容，过程极其复杂，不仅会对参与合并的各保险公司的权利义务产生重大影响，而且也会对与这些保险公司有相关权利义务关系的民事主体，如投保人、被保险人、受益人、保险公司的债权人或债务人、经营管理人员和从业人员产生重大影响。因此，保险公司的合并必须严格遵循下列法定程序进行[①]：

（1）董事会拟定合并方案。保险公司合并时，首先应由参与合并的各方的董事会协商，并且拟定合并方案。

（2）公司权力机关作出合并决议。公司合并属于公司的重大问题，理应由公司权力机关作出决议。国有独资保险公司的合并，必须由董事会将其拟定的合并方案提交国有资产监督管理机构决定；股份有限保险公司的合并，必须由董事会将其拟定的合并方案提交股东大会讨论，并经出席股东大会的股东所持表决权的三分之二以上通过。

（3）报经有关管理机构批准。依照《保险法》第89条的规定，保险公司的合并，须经保险监督管理机构批准。

（4）签订合并协议。在取得公司合并所需的内部决定和外部批准后，参与合并的各方应在协商一致的基础上签订书面合并协议。我国现行法律对合并协议的内容没有规定。通常，合并协议应包括的主要内容有：合并各方的名称、住所、法定代表人，合并后存续公司或新设公司的名称、住所，合并各方的资产状况及其处理办法，合并各方的债权债务处理办法，存续公司或新设公司因合并而增资所发行的股份总数、种类和数量，合并各方认为需要载明的其他事项。

（5）编制资产负债表及财产清单。为了明确公司合并时的财产状况，参与合并的各保险公司应编制资产负债表及财产清单。保险公司合并时的财务状况应按资产、负债和所有者权益的类别分项记载于资产负债表中，保险公司合并时的所有财产都必须按名称、种类、数量及其价款分别记载于财产清单中。

（6）通知及公告债权人。公司合并涉及公司债权人的切身利益，为维护债权人的合

---

① 李玉泉. 保险法（第二版）[M]. 北京：法律出版社，2003：299-300.

法权益，根据《公司法》的规定，参与合并的保险公司应当自作出合并决议之日起 10 日内通知债权人，并于 30 日内在报纸上公告。债权人自接到通知书之日起 30 日内，未接到通知书的自公告之日起 45 日内，有权要求保险公司清偿债务或者提供相应的担保。债权人于法定期间内不提出异议的，视为承认合并。

（7）办理登记手续。公司合并属于公司变更事项之一，保险公司应在法律规定的期限内向公司登记机关办理变更、注销或设立登记：因合并而存续的保险公司，应当依法办理公司变更登记；因合并而解散的保险公司，应当依法办理公司注销登记；因合并而新设的保险公司，应当依法办理公司设立登记。根据《公司登记管理条例》第 39 条的规定，公司合并的，应当自公告之日起 45 日后申请登记，提交合并协议和合并决议或者决定以及公司在报纸上登载公司合并公告的有关证明和债务清偿或者债务担保情况的说明，并提交保险监督管理机构的批准文件。

3. 保险公司合并的法律后果。保险公司合并是一种法律行为，必然会产生一定的法律后果。保险公司合并的法律后果主要有以下三个方面[1]：

（1）保险公司的解散。无论是吸收合并还是新设合并，合并的结果是总有一个或一个以上的保险公司解散。

（2）保险公司的变更或设立。在吸收合并中，存续保险公司因其他保险公司的加入而使资本、股东、股权份额乃至责任形式发生变化，为此应当变更保险公司章程，这就导致了原有保险公司的变更。在新设合并中，参与合并的各保险公司均已消灭，但在此基础上必然有一个新保险公司成立，这就导致了保险公司的设立。

（3）债权债务的承继。我国《公司法》规定，公司合并时，合并各方的债权、债务，应当由合并后存续的公司或者新设的公司承继。据此，因合并而消灭的保险公司的债权债务，由合并后的存续保险公司或新设保险公司一并承受。承受保险公司不得附加任何条件，不得只享有债权不承担债务，也不得进行选择或只承担一部分。

（二）保险公司的分立

1. 保险公司分立的概念和形式。保险公司的分立，是指一个保险公司出于经营管理的需要，依法分成两个或两个以上保险公司的法律行为。保险公司的分立，依法可以采取新设分立和派生分立两种方式。新设分立，也称解散分立，是指一个保险公司依法分解为两个或两个以上的保险公司，原保险公司解散并设立两个或两个以上新的保险公司。这种分立一般是保险公司将其全部资产分割，依法分别划归两个或两个以上新的保险公司，原保险公司不复存在。派生分立，也称存续分立，是指一个保险公司依法分成两个或两个以上保险公司，原保险公司继续存在。一般情况下，这种分立是保险公司将其一部分资产或业务依法分离出去，成立一个或几个新的保险公司。

2. 保险公司分立的程序。保险公司的分立不仅涉及分立公司自身的利益，而且也关系到债权人的合法权益。一般而言，保险公司的分立必须遵循下列法定程序[2]：

---

① 李玉泉. 保险法（第二版）[M]. 北京：法律出版社，2003：300 – 301.
② 李玉泉. 保险法（第二版）[M]. 北京：法律出版社，2003：301 – 302.

（1）董事会拟定分立方案。保险公司的董事会应根据经营管理的需要，结合公司的实际，在法律许可的范围内拟定分立方案。

（2）公司权力机关作出分立决议。公司分立属于公司的重大问题，依法应由公司权力机关作出决议。国有独资保险公司的分立，必须由董事会将其拟定的分立方案提交国有资产监督管理机构决定；股份有限保险公司的分立，必须由董事会将其拟定的分立方案提交股东大会讨论，并经出席股东大会的股东所持表决权的三分之二以上通过。

（3）报经有关管理机构批准。依照《保险法》第89条的规定，保险公司的分立，须经国务院保险监督管理机构批准。

（4）分割公司财产。保险公司分立，无论是新设分立还是派生分立，都要依法对其财产进行相应的分割。

（5）编制资产负债表及财产清单。为了明确公司分立时的财产状况，分立的保险公司应依法编制资产负债表及财产清单。保险公司分立时的财务状况应按资产、负债和所有者权益的类别分项记载于资产负债表中，保险公司分立时的所有财产都必须按名称、种类、数量及其价款分别记载于财产清单中。

（6）通知及公告债权人。根据《公司法》的规定，为了维护债权人的合法权益，分立的保险公司应当自作出分立决议之日起10日内通知债权人，并于30日内在报纸上公告。

（7）办理登记手续。因派生分立而存续的保险公司，应当依法办理公司变更登记；因新设分立而解散的保险公司，应当依法办理公司注销登记；因派生分立或新设分立而设立的保险公司，应当依法办理公司设立登记。根据《公司登记管理条例》第38条规定，公司合并的，应当自公告之日起45日后申请登记，提交分立决议或者决定以及公司在报纸上登载公司分立公告的有关证明和债务清偿或者债务担保情况的说明，并提交保险监督管理机构的批准文件。

3. 保险公司分立的法律后果。保险公司分立是一种法律行为，必然会产生一定的法律后果。保险公司分立的法律后果主要有以下三个方面：

（1）保险公司的设立。无论是新设分立还是派生分立，都有一个或一个以上新的保险公司设立。因此，保险公司的分立导致了保险公司的设立。

（2）原保险公司的变更或解散。在派生分立的情况下，原保险公司虽然继续存在，但因派生出了一个或几个新的保险公司，原保险公司在资本、股东、业务范围等方面发生了变化，因此，派生分立导致了原保险公司的变更。在新设分立的情况下，原保险公司法人资格消灭，因此，新设分立导致了原保险公司的解散。

（3）债权债务的享有和承担。我国《公司法》规定，公司分立前的债务由分立后的公司承担连带责任。但是，公司在分立前与债权人就债务清偿达成的书面协议另有约定的除外。

（三）保险公司组织形式的变更

1. 保险公司组织形式变更的概念和种类。保险公司组织形式的变更，即保险公司法定种类的变更，是保险公司在不中断其法人资格的情况下，依照法律的规定，由一种形式的保险公司变更为其他形式的保险公司的法律行为。保险公司组织形式变更的特点是，保险公司不经过解散、清算、重新设立等程序而改组为另一种形式的保险公司，这样既简化了程序，也避免了公司经营中断，减少了损失。

我国保险公司采取国有独资公司和股份有限公司两种组织形式。由于国有独资保险公司是由国家单独出资设立的，因此在我国现行法制环境下，保险公司的组织形式变更仅指国有独资保险公司变更为股份有限保险公司这一种情况，而不存在股份有限保险公司变更为国有独资保险公司的情况。

2. 保险公司组织形式变更的条件和程序。根据我国《公司法》的规定，国有独资保险公司变更为股份有限保险公司，应当符合《公司法》规定的股份有限公司的条件。具体而言，应当具备的条件主要有：发起人有二人以上二百人以下，其中须有半数以上的发起人在中国境内有住所；变更公司章程；建立符合股份有限公司要求的组织机构；折合的实收股本总额不得高于公司净资产额；为增加资本公开发行股份时，应当依法办理。

根据我国《公司法》的规定，国有独资保险公司变更为股份有限保险公司，依照《公司法》有关设立股份有限公司的程序办理。具体而言，应当履行以下法定程序：

（1）制订方案和作出决议。首先要由公司董事会制订变更组织形式的方案，并由董事会以特别决议的方式通过。

（2）呈报审批。保险公司变更组织形式，应当报保险监督管理机构批准；涉及向社会公开发行股票的，还需经国务院证券监督管理部门批准。

（3）修改公司章程。保险公司变更组织形式时，必然引起公司章程的变更，因此，公司董事会应当修改公司章程，经创立大会通过并报保险监督管理机构核准。

（4）办理登记。保险公司变更组织形式，必须办理变更登记手续。根据我国《公司法》的规定，董事会应于创立大会结束后30日内，向公司登记机关报送有关文件，办理变更登记。保险公司的组织形式变更因登记而发生法律效力。

3. 保险公司组织形式变更的法律后果。保险公司组织形式变更是一种法律行为，必然会产生一定的法律后果。国有独资保险公司变更为股份有限保险公司，无须经过解散、清算、重新设立等程序，其法人资格的存续不受影响。原国有独资保险公司的债权债务由变更后的股份有限保险公司承继。

（四）保险公司其他事项的变更

保险公司其他事项的变更，是指除了保险公司合并、分立和组织形式的变更以外的其他变化。依照我国《保险法》第84条规定，保险公司其他事项的变更主要有如下内容：

1. 变更名称。

2. 变更注册资本。

3. 变更公司或者分支机构的营业场所。

4. 撤销分支机构。

5. 修改公司章程。

6. 变更出资额占有限责任公司资本总额百分之五以上的股东，或者变更持有股份有限公司股份百分之五以上的股东。

7. 国务院保险监督管理机构规定的其他情形。保险公司其他事项变更时，首先要由股东大会或董事会同意；其次要根据变更的具体事项按规定报保险监督管理机构批准、核准、备案或向其书面报告；最后要依法向公司登记机关办理变更登记。如果属于减少注册资本的，根据《公司法》的规定，必须编制资产负债表及财产清单。公司应当自作出减少注册资本决议之日起 10 日内通知债权人，并于 30 日内在报纸上公告。债权人自接到通知书之日起 30 日内，未接到通知书的自公告之日起 45 日内，有权要求公司清偿债务或者提供相应的担保。公司减资后的注册资本不得低于法定的最低限额。

三、保险公司的终止

（一）保险公司的破产

1. 保险公司破产的概念。保险公司的破产，是指因保险公司不能清偿到期债务，经保险监督管理机构同意，由债权人或保险公司向法院提出破产申请，法院经审理依法宣告保险公司破产，将保险公司的财产公平分配给债权人的特定的法律程序。[①] 保险公司破产具有如下法律特征：（1）是以保险公司的全部资产作为偿债基础的、具有强制性的特殊清偿手段；（2）必须有法定的事实前提，即保险公司未及时履行到期债务，从而严重影响债权人的合法权益；（3）主要目的是公平清偿债务，保护全体债权人的利益；（4）是通过案件审理程序而实施的清偿手段。

2. 保险公司破产的法律适用。我国目前规范保险公司破产的法律主要是《保险法》《企业破产法》（以下简称《破产法》）和《民事诉讼法》，但《保险法》仅对保险公司破产的特殊问题作出了特别规定，有关破产的一般性程序问题均应适用《破产法》和《民事诉讼法》的有关规定。本书仅对《保险法》就保险公司破产的特别规定进行简单论述。

3. 保险公司破产的特别规定。（1）保险公司破产条件的特别规定。《保险法》第 90 条规定："保险公司有《中华人民共和国企业破产法》第二条规定情形的，经国务院保险监督管理机构同意，保险公司或者其债权人可以依法向人民法院申请重整、和解或者破产清算；国务院保险监督管理机构也可以依法向人民法院申请对该保险公司进行重整或者破产清算。"因此，保险公司的破产，必须具备下列两个条件：

其一，不能支付到期债务。不能支付到期债务，既包括不能履行保险金的赔偿或者给付责任，也包括不能支付对其他债权人的债务，是导致保险公司破产的首要条件。至于是什么原因导致不能支付到期债务，必须结合《破产法》和《民事诉讼法》的规定。

其二，经保险监督管理机构同意。保险公司是经营风险的特殊金融企业，对于国民经济和人民生活有重大影响，它的破产关系到社会生产秩序的稳定和广大被保险人生活的安定，因此，必须经过保险监督管理机构同意。

（2）人寿保险公司破产的特别规定。《保险法》第 92 条规定："经营有人寿保险业

---

① 李玉泉. 保险法（第二版）［M］. 北京：法律出版社，2003：304.

务的保险公司被依法撤销或者被依法宣告破产的，其持有的人寿保险合同及责任准备金，必须转让给其他经营有人寿保险业务的保险公司；不能同其他保险公司达成转让协议的，由国务院保险监督管理机构指定经营有人寿保险业务的保险公司接受转让。转让或者由国务院保险监督管理机构指定接受转让前款规定的人寿保险合同及责任准备金的，应当维护被保险人、受益人的合法权益。"

（3）保险公司破产财产清偿程序的特别规定。《保险法》第 91 条规定："破产财产在优先清偿破产费用和共益债务后，按照下列顺序清偿：（一）所欠职工工资和医疗、伤残补助、抚恤费用，所欠应当划入职工个人账户的基本养老保险、基本医疗保险费用，以及法律、行政法规规定应当支付给职工的补偿金；（二）赔偿或者给付保险金；（三）保险公司欠缴的除第（一）项规定以外的社会保险费用和所欠税款；（四）普通破产债权。破产财产不足以清偿同一顺序的清偿要求的，按照比例分配。破产保险公司的董事、监事和高级管理人员的工资，按照该公司职工的平均工资计算。"为了充分保护被保险人和受益人的利益，《保险法》将保险公司被宣告破产时已发生保险事故、但保险公司尚未实际支付的保险金规定为保险公司破产财产的第二清偿顺序，这也是保险公司破产清算区别于一般经济组织、凸显其特殊性的重要原则。这是因为被保险人范围比较广泛，属于社会公众的范畴，同时，被保险人，尤其是人身保险的被保险人，往往由于信息不对称的原因处于弱者的地位，应该得到比较好的保护，否则可能会带来信任危机。而被保险人的信任是维系整个金融保险体系稳定的重要支柱，如果被保险人普遍缺乏对保险体系的信赖，其结果必然是导致保险体系产生系统性危机。因此，在各国保险法立法中，大多遵循这一原则。

（二）保险公司的解散

1. 保险公司解散的概念。保险公司的解散，是指已经成立的保险公司，因公司章程或法律规定的事由发生，经保险监督管理机构批准，停止公司业务经营活动并逐渐丧失其法人资格的一种法律事实。应该注意的是，保险公司解散并不导致其法人资格的即时消灭，还必须进行清算，只有在清算程序终结并办理注销登记后，保险公司的法人资格才最终消灭。当然，在清算期间，保险公司的权利能力受到一定的限制，一般不能再进行保险业务活动。

2. 保险公司解散的原因。我国《保险法》第 89 条规定："保险公司因分立、合并需要解散，或者股东会、股东大会决议解散，或者公司章程规定的解散事由出现，经国务院保险监督管理机构批准后解散。经营有人寿保险业务的保险公司，除因分立、合并或者被依法撤销外，不得解散。保险公司解散，应当依法成立清算组进行清算。"从上述规定可以看出，保险公司的解散可以分为自动解散和被迫解散。因此，我国保险公司解散的原因，同其他各国保险业法的规定一样，基本上可归纳为任意解散和强制解散两大类。[①]

（1）任意解散。任意解散是指保险公司根据公司章程的规定或权力机关的决议或决

---

① 李玉泉. 保险法（第二版）[M]. 北京：法律出版社，2003：306.

定而自动解散的情形。主要有三种情况：

其一，公司章程规定。根据我国《公司法》规定，保险公司的解散事由是其公司章程应当载明的重要事项，一旦公司章程所载明的解散事由发生，保险公司就应解散。

其二，公司权力机关的决议或决定。股份有限保险公司经出席股东大会的股东所持表决权的三分之二以上通过决议，国有独资保险公司经国有资产监督管理机构决定，保险公司可以解散。

其三，合并或分立。在保险公司的合并中，无论是吸收合并，还是新设合并，其结果总有一个或一个以上的保险公司解散：在吸收合并时，被吸收的保险公司因合并而解散；在新设合并时，原来的两个或两个以上的保险公司因合并而解散。在保险公司的分立中，原保险公司因新设分立为新的保险公司而解散。

（2）强制解散。强制解散是指保险公司因保险监督管理机构的命令或法院判决而被迫解散的情形。主要有两种情况：

其一，依法被吊销业务许可证。保险监督管理机构依法对保险公司的各项活动进行监督，如果发现保险公司违反法律、行政法规，有权依法将其吊销业务许可证，强制解散。这里所称的保险公司违反法律、行政法规的行为，主要是指我国《保险法》第160条、第161条规定的情形。

其二，法院判决解散。法院判决解散，是指保险公司被依法宣告破产而解散。

应当特别注意的是，我国《保险法》对经营有人寿保险业务的保险公司的任意解散事由有严格限定，即除分立、合并外，不得解散。因此，经营有人寿保险业务的保险公司不得在其公司章程中规定解散事由，公司的权力机关也不得作出解散的决议或决定。

3. 保险公司解散的程序。保险公司的解散方式不同，需要遵循的程序也不尽相同。对于保险公司的强制解散，如保险公司的破产，法律规定了具体的程序，必须严格遵循。但对于保险公司的任意解散，法律并没有明文规定具体的程序，一般应按下列程序进行：

（1）董事会拟订解散方案。

（2）董事会将解散方案提交股东大会以特别决议通过，或者提交国家授权投资的机构或国家授权的部门决定。

（3）提请保险监督管理机构批准。《保险公司管理规定》第28条规定："保险公司依法解散的，应当经中国保监会批准，并报送下列材料一式三份：（一）解散申请书；（二）股东大会或者股东会决议；（三）清算组织及其负责人情况和相关证明材料；（四）清算程序；（五）债权债务安排方案；（六）资产分配计划和资产处分方案；（七）中国保监会规定提交的其他材料。"并且其资产处分应当采取公开拍卖、协议转让或者国务院保险监督管理机构认可的其他方式。

（4）保险监督管理机构批准后，进行必要的清算程序。

（5）清算终结后，进行注销登记并公告。

另外，对于经营寿险业务的保险公司，在解散程序上，还应遵守《保险法》的特别规定。《保险法》第92条规定："经营有人寿保险业务的保险公司被依法撤销或者被依法宣告破产的，其持有的人寿保险合同及责任准备金，必须转让给其他经营有人寿保险业务的保险公司；不能同其他保险公司达成转让协议的，由国务院保险监督管理机构指定经营有人寿保险业务的保险公司接受转让。转让或者由国务院保险监督管理机构指定接受转让前款规定的人寿保险合同及责任准备金的，应当维护被保险人、受益人的合法权益。"

4. 保险公司解散的法律后果。保险公司解散后，主要产生以下法律后果：

（1）保险公司解散，法人资格并不随之消灭。只有在依法办理注销登记后，公司法人资格才真正消灭。

（2）保险公司解散，即进入清算程序。

（3）保险公司的权利能力受到限制。保险公司解散后，应当立即停止接受新业务，并上缴保险许可证。需要进行清算的，只能在清算的范围内进行必要的活动。

（4）公司清算组成为对外代表人。保险公司的业务执行机关随公司的解散而丧失其权限，其地位由清算组所替代。

（三）保险公司的清算

1. 保险公司清算的概念和种类。保险公司的清算，是指保险公司解散后，依法对其财产和债权债务进行清理处分，了结与其他主体之间的法律关系，从而消灭公司法人资格的法律程序。在清算期间，保险公司的法人资格并不立即消灭，只是丧失了继续经营保险业务的权利能力，一切事务都由清算组负责，清算组可以其名义进行清算范围内的活动。《公司法》第 184 条规定："清算组在清算期间行使下列职权：（一）清理公司财产，分别编制资产负债表和财产清单；（二）通知、公告债权人；（三）处理与清算有关的公司未了结的业务；（四）清缴所欠税款以及清算过程中产生的税款；（五）清理债权、债务；（六）处理公司清偿债务后的剩余财产；（七）代表公司参与民事诉讼活动。"

保险公司的清算可分为普通清算和特别清算两种，也可称之为非破产清算和破产清算，这是根据保险公司清算的原因不同进行的划分。所谓普通清算，是指保险公司非因破产而解散，在保险监督管理机构的监督下，由保险公司自己依法进行的清算。所谓特别清算，是指保险公司被依法宣告破产而解散，由法院依法组织清算组进行的清算。普通清算不一定需要经过司法程序，但是根据《公司法》和《保险公司管理规定》的有关规定，如果在普通清算中发现公司资不抵债的，应当立即提出破产申请，转为破产清算程序。

2. 保险公司的普通清算程序。保险公司的普通清算程序在《保险法》没有特别规定的情况下，应当适用《公司法》的规定。保险公司的普通清算的主要程序为：

（1）成立清算组。根据《保险法》第 89 条的规定，保险公司因分立、合并需要解散，或者股东会、股东大会决议解散，或者公司章程规定的解散事由出现而解散的，保险公司应当依法成立清算组。《保险公司管理规定》第 29 条进一步规定："保险公司依法解散的，应当成立清算组，清算工作由中国保监会监督指导。保险公司依法被撤销的，由中国保监会及时组织股东、有关部门及相关专业人员成立清算组。"

（2）通知、公告和登记债权。清算组应当自成立之日起 10 日内通知债权人，并于 60 日内在国务院保险监督管理机构指定的报纸上公告至少 3 次。债权人应当自接到通知书之日起 30 日内，未接到通知书的自公告之日起 45 日内，向清算组申报其债权。债权人申报债权，应当说明债权的有关事项，并提供证明材料。清算组应当对债权进行登记。在申报债权期间，清算组不得对债权人进行清偿。

（3）清理公司财产，制订清算方案。清算组应当委托资信良好的会计师事务所、律师事务所，对公司债权债务和资产进行评估，对公司财产进行清理，分别编制资产负债表和财产清单，并根据清理情况制订清算方案，报股东会和有关主管机关确认。

（4）清偿债务，处理剩余财产。公司财产能够清偿公司债务的，应当分别支付清算费用、职工工资和劳动保险费用，缴纳所欠税款，清偿公司债务。公司清偿债务后的剩余财产，国有独资保险公司归出资人即国家授权投资的机构或者国家授权的部门处分；股份有限保险公司按照股东持有的股份比例分配。

（5）制作清算报告。公司清算结束后，清算组应当制作清算报告，并报股东会和有关主管机关确认。

（6）办理注销登记并公告。公司清算报告经确认后，应报送公司登记机关，申请注销公司登记，公告公司终止。不申请注销公司登记的，由公司登记机关吊销其公司营业执照，并予以公告。

3. 保险公司的特别清算程序。保险公司的特别清算程序在《保险法》没有特别规定的情况下，应当适用《破产法》或《民事诉讼法》的规定。保险公司的特别清算的主要程序为：

（1）由人民法院指定管理人。《破产法》第 13 条规定："人民法院裁定受理破产申请的，应当同时指定管理人。"管理人可以由有关部门、机构的人员组成的清算组或者依法设立的律师事务所、会计师事务所、破产清算事务所等社会中介机构担任。

（2）通知、公告和登记债权。人民法院应当自裁定受理破产申请之日起 25 日内通知已知债权人，并予以公告。人民法院在受理破产申请后，还应当确定债权人申报债权的期限。债权申报期限自人民法院发布受理破产申请公告之日起计算，最短不得少于 30 日，最长不得超过 3 个月。债权人应当在人民法院确定的债权申报期限内向管理人申报债权。债权人在申报期限内未申报债权的，可以在破产财产最后分配前补充申报；但是此前已进行的分配，不再对其补充分配。债权人没有按照上述规定申报债权的，不得按照《破产法》规定的程序行使权利。

（3）依法确定破产财产和破产债权。破产财产主要包括：宣告破产时保险公司经营管理的全部财产，保险公司在破产宣告后至破产程序终结前取得的财产，应当由保险公司行使的其他财产权利。破产债权包括：破产宣告前成立的无财产担保的债权和放弃优先受偿权利的有财产担保的债权，以及有财产担保的债权，其数额超过担保物价款的未受清偿的部分。

（4）制订破产财产分配方案，经法定程序后分配公司破产财产。管理人清理公司破产财产后，由管理人提出破产财产分配方案，经债权人会议讨论通过后，报请人民法院裁定后执行。《保险法》第 91 条规定："破产财产在优先清偿破产费用和共益债务后，按照下列顺序清偿：（一）所欠职工工资和医疗、伤残补助、抚恤费用，所欠应当划入职工个人账户的基本养老保险、基本医疗保险费用，以及法律、行政法规规定应当支付给职工的补偿金；（二）赔偿或者给付保险金；（三）保险公司欠缴的除第（一）项规定以外的社会保险费用和所欠税款；（四）普通破产债权。破产财产不足以清偿同一顺序的清偿要求的，按照比例分配。"

（5）破产清算终结，办理注销登记并公告。破产财产分配完毕，由管理人提请人民法院终结破产程序。破产程序终结后，由管理人向保险公司原登记机关申请注销登记，并予以公告。

第四节　保险公司的整顿和接管

一、保险公司的整顿

整顿，是指当保险公司未按照监管机构的要求整改其违法行为的情况下，由监管机构成立专门的整顿组织对其业务、财务、资金运用以及经营管理其他方面进行监督清理整治的行为。整顿是保险监管机构的一项重要监管措施，是对保险公司的行为进行的一种现场的、直接的监管方式。

（一）整顿的目的与原因

保险监督管理机构对保险公司进行整顿的目的在于帮助该公司纠正其违反保险法及相关法律、法规的行为，消除可能影响该公司正常经营的不利因素，恢复其正常的业务经营能力，维护社会公众利益，促进保险行业的健康发展。

对保险公司进行整顿的原因是保险公司未按照监督管理机构的要求整改其不法行为，包括三层含义：首先，保险公司存在相应的违法行为。依照法律的规定主要指以下几种行为：未依法提取或者结转各项准备金、未依法办理再保险、运用资金的行为严重违反保险法的规定。其次，监督管理机构作出了责令限期改正的监管措施，或者要求其调整负责人或有关管理人员的监管要求。最后，存在以上违法行为的保险公司逾期未按照监管机构的要求进行改正。

对保险公司进行整顿，应当由保险监督管理部门作出决定，并在决定书上载明被整顿保险公司的名称、整顿理由、整顿组成员和整顿期限，整顿决定应在公共媒体上予以公告。

（二）整顿组织的组成与职责

在保险监督管理部门作出整顿保险公司的决定时，应当选派保险专业人员和指定保险公司的有关人员，组成整顿组织。因此，整顿组是经保险监督管理机构决定成立的，按照保险监督管理机构的决定和授权行使相关监督权力的组织。

整顿组织的职责，在于对保险公司的日常业务经营情况进行监督，督促保险公司采取适当措施，按照保险法规和保险监督管理部门要求对公司已存在的问题进行整顿。整顿组织在监督保险公司的日常业务时，有权根据整顿原因，有针对性地对保险公司的精算、展业、承保、理赔、财务会计、保险资金运用以及审计、内部控制等经营管理情况进行监督。同时，有权对被整顿保险公司的负责人和有关管理人员行使职权的行为进行监督。整顿组有权督促保险公司采取有效措施纠正不法经营行为，并要求保险公司的负责人和有关管理人员报告保险公司的经营情况，提供有关资料。

（三）整顿期间保险业务的进行和特殊措施

整顿组由保险监督管理机构选派或指定的人员组成，代表保险监督管理机构对被整顿保险公司的日常业务进行监督管理，使其按照整顿目标运营。对于原有业务，整顿组织无权停止，但对于保险公司新开办业务，如新办理某些险种，就必须征得主管部门之同意。

如保险监督管理机构认为被整顿公司继续原有业务或接受新业务会对该公司的财务状况、偿付能力等造成不利影响时，可以决定对保险公司采取一些特殊措施，这些特殊措施包括：

1. 决定保险公司停止接受新业务；

2. 决定保险公司停止部分原有业务；

3. 责令保险公司调整其资金运用政策和资金占用结构；

4. 通知出境管理机关依法阻止被整顿公司直接负责的董事、监事、高级管理人员和其他直接责任人员出境；

5. 申请司法机关禁止被整顿公司直接负责的董事、监事、高级管理人员和其他直接责任人员转移、转让或者以其他方式处分财产，或在财产上设定其他权利。

（四）整顿的结束

对保险公司进行整顿只是一种过渡性的措施，帮其纠正违法行为，但该措施不可能长期进行下去，当具备一定条件时就应当结束整顿程序。整顿程序的结束，应当由整顿组向保险监督管理机构提出书面报告，由保险监督管理机构进行审核，作出批准或不予批准的决定。如果保险监督管理机构批准结束整顿程序的，应当将结束整顿程序的决定进行公告。

整顿程序结束后，根据不同情况会有不同的结果：

1. 经过整顿后，达到了整顿目标。被整顿的保险公司，若经过整顿已经纠正其违法行为，并且经营状况恢复正常的，则有必要结束整顿工作。因此，当具备以下两个条件时，保险监督管理部门应当结束对保险公司的整顿：第一，进行整顿的原因消灭，即保险公司经过整顿，已经纠正其引起整顿的违法行为；第二，经营状况恢复正常。整顿的目的在于纠正保险公司违法行为，使保险公司的经营恢复正常。保险监督管理部门经审查，认为应当终结对保险公司整顿的，则作出批准终结整顿的决定。整顿组织自保险监督管理部门批准终结整顿之日起解散。整顿终结的决定须发布公告。

2. 在整顿期间，被整顿公司经营管理人员不配合整顿工作，或其他接管事由出现，整顿小组可以建议保险监督管理部门对该公司实行接管。

3. 整顿过程中，发现被整顿公司具有《中华人民共和国企业破产法》第 2 条规定情形的，即被整顿的保险公司已经资不抵债、失去偿付能力，则整顿组可以向保险监督管理部门报告，建议保险监督管理机构向法院申请对该保险公司进行重整或进行破产清算。

二、保险公司的接管

接管，是指当保险公司违反法律规定，损害社会公共利益，可能严重危及或者已经严重危及保险公司的偿付能力时，保险监督管理机构派专门的接管组介入该保险公司，并对其日常经营行为进行直接管理的监管措施。在接管期间，保险监督管理部门委派的接管组织直接介入保险公司的日常经营，接管组织负责保险公司的全部经营活动。

与整顿相比，接管是一种更为严厉的监管措施。在整顿过程中，整顿组只是对保险公司的日常经营行为和保险公司负责人及相关管理人履行职责的行为进行监督；而在接管中，接管组直接替代保险公司原班管理人员对保险公司的经营行为进行直接管理。因此，只有当保险公司的行为严重违反《保险法》的规定，并严重危及其偿付能力，不接管不足以改善其偿付能力状况时，才会采取接管的监管措施。

（一）接管目的

接管的目的是通过接管组介入保险公司后对其经营活动进行管理，以消除被接管的保险公司面临的风险，恢复其正常经营能力和偿付能力以保护投保人、被保险人和受益人的利益，维护保险行业的健康发展。

接管只是一种监管措施，保险监督管理机构对保险公司进行接管只是为了帮助保险公司消除风险，恢复正常经营能力，因此，监管机构的接管并不改变被接管的保险公司的民事主体资格，被接管的保险公司的债权债务关系也不因接管而变化。保险监督管理部门作出接管保险公司的决定后，保险公司应当按接管决定的要求向接管组办理财产和事务的移交手续，并协助接管组对公司的财产、账目和债权债务进行清理。

（二）接管的情形

监管机构对有严重违法行为且危及偿付能力的保险公司实施接管的目的是恢复保险公司正常经营秩序，保护被保险人的利益。监管不干预经济，特别是不干预企业的经营活动是市场经济国家的重要准则。但是在保险立法中，特别是20世纪80年代以后的保险立法，国家为了公共利益和社会安全，普遍允许了政府在特定条件下对保险公司的经营活动进行限制，甚至接管。当然，这种干预必须受到严格的条件限制。《保险法》第144条规定："保险公司有下列情形之一的，国务院保险监督管理机构可以对其实行接管：（一）公司的偿付能力严重不足的；（二）违反本法规定，损害社会公共利益，可能严重危及或者已经严重危及公司的偿付能力的。"

从上述规定看，两种可以接管的情形都直接针对保险公司的偿付能力问题，而且都必须达到或可能达到严重的程度。偿付能力是被保险人、受益人利益的根本保障，如果偿付能力出现严重问题，监管机构应采取严厉的监管措施。保险公司偿付能力不足，但不严重不可接管；保险公司有违法行为，甚至严重违法行为，损害社会公共利益，但没有严重危及其偿付能力，或没有严重危及偿付能力可能性的，保险监管机构可以依法对其进行行政处罚，直至吊销保险业务经营许可证，只是不能实施接管。不论是否有违法行为，如果保险公司偿付能力严重不足，监管机构也可实施接管。

（三）接管的组织和实施

《保险法》第145条规定："接管组的组成和接管的实施办法，由保险监督管理机构决定，并予以公告。"该规定并未指出接管组的组成人员应来自何方，也未明确接管组的职责，但结合第144条保险监管机构可以对保险公司实行接管的规定看，保险监管机构是接管的主体，所以接管组的人员应由保险监管机构组成。《保险法》明确授权保险监管机构对接管组及接管办法作出决定。保险监督管理部门作出接管保险公司的决定后，必须及时成立接管组。

接管，顾名思义接管组要行使对接管保险公司经营管理的权力，而不是在接管组的监督下由原来的负责人（董事长、总经理等）行使经营管理权。接管组接管保险公司的财产和经营事务后，为改善保险公司的经营，可以采取停止保险公司新业务、停止部分业务、改组保险公司的经营管理机构、调整部分人员等多项措施，甚至对被整顿公司直接负责的董事、监事、高级管理人员和其他直接责任人员，保险监管机构可以通知出境管理机关依法阻止其出境或者申请司法机关禁止其转移、转让或者以其他方式处分财产，或在财产上设定其他权利，以保证被接管的保险公司能够恢复正常营业。但保险公司的债权债务关系不因接管而发生变化，保险公司的债务人或者财产持有人，需要清偿债务或者交付财产的，应当向接管组清偿债务或者交付财产；保险公司的债权人，应当通过接管组行使权力。在接管期间，保险公司的原股东大会、董事会、经营班子停止行使其权力，保险公司的经营管理权全部由接管组行使，接管组及其成员由于违法或违规行为给保险公司造成经济损失的，由接管组或责任人员赔偿。例如，2018年2月23日中国保监会发布《关于对安邦保险集团股份有限公司依法实施接管的公告》，公告了接管的原因、目的、依据、期限，接管组的组成和职权，接管期间的经营照常、债权债务关系不变，以及两份附件接管的实施办法、接管组组成名单。

（四）接管的期限

如同对保险公司整顿一样，对保险公司的接管也不能无限期进行，否则不利于经济生活和各种法律关系的稳定。接管的具体期限，由决定实施接管的机关确定。这一期限一般是在实施接管前作出。当这一期限届满后，保险公司仍未恢复正常经营的，保险监督管理机构可以决定延期，但接管的期限最长不得超过二年。

（五）接管的终止

接管对于保险公司而言属非正常状态经营，接管的目的是使被接管的保险公司恢复正常经营能力。因此，接管期限届满时，如保险公司已恢复正常经营能力，理应终止接管，接管组织将经营管理权力交还给保险公司的董事会和高级管理人员后，接管组解散。《保险法》第147条规定："接管期限届满，被接管的保险公司已恢复正常经营能力的，由国务院保险监督管理机构决定终止接管，并予以公告。"若接管期间（包括延长接管期限后）届满被接管的保险公司仍不能恢复正常经营能力的，为了保护被保险人的权益和社会公众利益，应让该保险公司退出市场，即依法宣告破产。《保险法》第148条规定，被接管的保险公司有《破产法》第2条规定情形的，国务院保险监督管理机构可以依法向人民法院申请对该保险公司进行重整或者破产清算。

思考题

1. 简述保险公司的不同组织形式和主要区别。
2. 保险集团公司的主要特点有哪些？
3. 简述设立保险公司应具备的条件。
4. 试述保险公司设立应履行的程序及相关要求。
5. 试述对保险公司实施接管的主要情形。

第二十四章
保险中介

学习目的和重点

通过学习保险中介的基本原理，重点掌握保险中介的类型及相互之间的主要区别，保险代理人、保险经纪人、保险公估人的资格条件、经营规则和监管要求。

第一节　保险中介的形式

一、保险中介的概念和作用

保险中介，是指介于保险人与投保人、被保险人、受益人之间，或保险人之间，专门从事保险业务咨询与招揽、风险管理与安排、价值衡量与评估、损失鉴定与理算等中介服务，并从中依法收取服务费用的机构或者个人。传统上，保险中介主要服务于原保险业务，为保险人与投保人、被保险人、受益人之间建立保险合同关系、确定保险事故原因及损失金额等提供中介服务。随着再保险市场的兴起，保险中介也开始进入再保险业务，为原保险人、再保险人提供再保险分出、分入等业务的相关中介服务。

保险中介是随着保险市场的发展而产生的，是保险业精细化分工的结果。保险中介在保险市场中的作用主要体现在以下几个方面：

1. 有利于提高保险服务质量，充分发挥保险的保障功能。借助保险中介的专业化中介服务，保险人能够获得大量的保险需求信息，及时调整和改进经营策略，纠正保险服务中的疏漏和不足，提高保险服务质量。同时，通过保险中介提供的针对性、精细化中介服务，能够使投保人、被保险人、受益人等更好地了解保险，弥补社会公众保险知识的欠缺，解决其投保和履行保险合同中存在的困难，满足其投保愿望，充分实现保险的保障功能。

2. 有利于促进保险市场的专业化分工，完善保险市场结构。保险中介作为保险市场中的独立经营实体，可以充分发挥其所具有的专业优势，为保险各方当事人提供全方位的保险中介服务。保险中介的出现，可以扩大保险市场的深度和广度，更好地促进保险资源的优化配置，培育和完善保险市场。目前，保险中介的形态更加多样化，已经成为保险市场中的重要力量，不仅存在各类保险中介机构和个人，而且出现了以综合性保险中介服务为主营业务的保险中介服务集团。

3. 有利于保险人的规范化经营和发展，促进保险市场的国际化。保险人与保险中介基于各自在保险市场中的分工，相互配合，可以促进保险市场有序发展，使保险经营活动更加规范。同时，借助保险中介相互之间在国际保险市场中的业务联系和服务渠道，可以帮助保险人扩大保险展业范围，实现保险服务与国际保险市场的接轨，增强保险市场的国际化水平。

4. 有利于降低保险人的经营成本，增强保险人的市场竞争力。保险人通过保险中介提供的专业化保险中介服务，可以扩大其承保范围和保险业务质量，有助于大规模地推销保险产品，减少多层级核保等保险经营环节，节省相应的人力、物力和财力的支出，从而大大降低经营成本，增强保险人在保险市场中的竞争力。

经过多年的发展，我国保险中介市场已经成为保险市场的重要组成部分，在销售保险产品、改进保险服务、提高市场效率、普及保险知识等方面发挥越来越重要的作用。作为保险市场体系中不可或缺的部分，保险中介对加快建设新时代现代保险服务业、推动保险业更好地服务现代化经济体系建设具有重要意义。国务院于 2014 年 8 月 10 日印发的《关于加快发展现代保险服务业的若干意见》（简称保险业"新国十条"）中提出，要"充分发挥保险中介市场作用"，为保险中介市场的发展提供了新的契机。中国保监会于 2015 年 9 月发布《关于深化保险中介市场改革的意见》，在建立多层次的保险中介服务体系、提升中介服务能力、加强行业监督管理等方面做出了更为全面的设计。

二、保险中介的类型及其区别

我国《保险法》并未对保险中介的概念和类型作出规定，仅在第五章中分别规定了保险代理人和保险经纪人。[①] 一般来说，保险中介应包括保险代理人、保险经纪人和保险公估人。中国保监会于 2018 年颁布的《保险经纪人监管规定》第 104 条便规定，保险专业中介机构指保险专业代理机构、保险经纪人和保险公估人；保险中介机构是指保险专业中介机构和保险兼业代理机构。

各类保险中介基于各自所从事的中介活动，代表着投保人、被保险人或者保险人的利益，或者处于一个中立的地位，在保险市场中承担不同的角色，成为沟通投保人、保险人和被保险人的纽带，对于促成保险关系的建立、实现保险目的和职能具有重要的作用。其中，保险代理人在保险市场中的适用范围最为广泛，而保险经纪人和保险公估人则因其具有独特的业务内容，提供着更为专业更高水平的中介服务方式和服务内容。

保险代理人、保险经纪人和保险公估人，它们的主要区别在于：

1. 代表的利益不同。保险代理人代表的是委托其从事业务行为的保险人的利益；保险经纪人通常是代表委托其从事业务行为的投保人的利益（但在一些特定业务中，保险

---

① 国务院法制办公室于 2015 年 10 月公布的《关于修改〈中华人民共和国保险法〉的决定（征求意见稿）》中，第五章已增加了保险公估人相关内容。可以预见，未来《保险法》正式修改时，很可能增加对于保险公估人的规定。

经纪人所代表利益的主体将随合同当事人的转变而发生变化）；保险公估人通常不代表保险合同当事人任何一方的利益，以公正、独立的立场处理保险赔案（但在国外，存在代表保险合同不同当事人利益的保险理算人）。

2. 法律责任不同。保险代理人在保险人委托范围内开展保险活动，其行为的后果，由保险人承担有关法律责任；保险经纪人因过错造成的客户损失，由保险经纪人承担有关法律责任；保险公估人因过错造成保险合同当事人损失的，由保险公估人承担有关法律责任。

3. 业务范围不同。保险代理人的业务范围主要是销售保险产品、收取保费，协助保险人进行防灾防损和事故现场查勘等活动；保险经纪人的业务范围要比保险代理人广，主要是保险业务咨询与招揽、风险管理与安排、市场询价和报价、损失索赔与追偿等；保险公估人主要是对保险标的进行价值评估与检验、损失勘查与理算等。

4. 佣金支付方式不同。保险代理人直接向保险人收取佣金；提供保险业务服务时，保险经纪人可以向保险人收取佣金，有时也可以向委托人（包括投保人、被保险人等）收取佣金，如为被保险人代办索赔等手续，由被保险人支付佣金；提供风险评估、风险管理咨询服务时，由接受服务方向保险经纪人支付咨询费；保险公估人通常直接向委托人收取佣金。

第二节　保险代理人

一、保险代理人的概念和特征

（一）保险代理人的概念

我国的保险代理人制度最早起源于19世纪30—40年代。当时，因外商代理人不能满足外商保险公司在华的业务需求，外商保险公司会委托一些中国洋行为其代办保险，这些洋行就成为我国保险代理人的先驱。新中国成立后，保险代理人则长期以兼业保险代理机构的形式留存于中国保险业领域。自20世纪90年代以后，我国的保险中介逐渐发展壮大。其中，规模最大的当数保险代理人，对保险展业发挥了重要的作用。截至2017年第三季度，共有全国性保险专业代理机构223家，区域性保险专业代理机构1549家。

保险代理人，是指根据保险人的委托，向保险人收取佣金，并在保险人授权的范围内代为办理保险业务的机构或者个人。保险人委托保险代理人代为办理保险业务的，应当与保险代理人签订委托代理协议，依法约定双方的权利和义务。

（二）保险代理人的特征

保险代理人实施的保险代理活动是民事代理制度在保险领域中适用的典型类型。因此，保险代理在具备民事代理一般法律属性的同时，通常还具有以下几个法律特征[1]：

---

[1] 李玉泉. 保险法（第二版）[M]. 北京：法律出版社，2003：125-127.

1. 保险代理人必须以保险人的名义进行保险活动。保险代理人的任务，就是代保险人销售保险产品、代理收取保险费、代理相关保险业务的损失勘查和理赔等。因此，保险代理人只有以保险人的名义进行代理活动，才能为保险人设定权利和义务，而不能以自己的名义进行保险活动，否则由此产生的法律后果只能由其自己承担。

2. 保险代理人必须在代理权限内进行保险活动。保险代理人因保险人的委托才享有代理权，必须在代理权限内进行活动。保险代理人没有代理权、超越代理权或者代理权终止后以保险人名义订立合同，对保险人无约束力。但是，由于我国《保险法》引入了表见代理制度，《保险法》第127条第2款规定："保险代理人没有代理权、超越代理权或者代理权终止后以保险人名义订立合同，使投保人有理由相信其有代理权的，该代理行为有效。保险人可以依法追究越权的保险代理人的责任。"因此，保险代理人无权代理的行为，并不必然对保险人无约束力，表见代理就是一个例外。

3. 保险代理人代理活动的法律后果由保险人承担。由于保险代理人代表着保险人从事保险代理活动，因此，基于保险代理而产生的权利义务及其责任应当归属于保险人。我国《保险法》第127条第1款规定："保险代理人根据保险人的授权代为办理保险业务的行为，由保险人承担责任。"

二、保险代理人的分类

各国保险业的保险代理人类型多种多样，依据不同的标准和角度，可以有多种分类。在我国，保险代理人主要按从业性质的不同，分为专业代理机构、兼业代理机构和个人代理人。

专业代理机构，是指根据保险人的委托，向保险人收取佣金，在保险人授权的范围内专门代为办理保险业务的机构，包括保险专业代理公司及其分支机构。在我国境内设立保险专业代理机构，应当符合国务院保险监督管理机构规定的资格条件，取得经营保险代理业务许可证。

兼业代理机构，是指受保险人委托，在从事自身业务的同时，为保险人代办保险业务的单位。保险兼业代理人资格申报及有关内容的变更，由被代理的保险人报国务院保险监督管理机构核准。国家党政机关及其职能部门、事业单位和社会团体不得从事保险代理业务。

个人代理人，是指根据保险人委托，向保险人收取佣金，并在保险人授权的范围内代为办理保险业务的自然人，应当具备从事保险代理业务所需的专业能力。

三、保险代理人的资格条件

保险代理人代理保险人经营保险业务的行为，直接关系到投保人、被保险人和受益人的切身利益，影响着保险功能的发挥。各国保险立法均明确规定保险代理人必须具有特定的资格条件。德国于1993年修订的《保险机构监管法》规定，保险代理人必须向保险监管机关申请并取得营业许可证才能从事保险代理业务。日本在其1996年修订的《保险业法》中规定，生命保险代理人和损害保险代理人均应当向内阁总理大臣申请注册，获得许可后才能在注册范围内从事保险代理活动。美国大多数州的保险立法都要求不论是个人、合伙企业或者公司，必须取得保险监督官签发的保险代理执照才具有从事保险代理业务的资格，不得在没有执照的情况下成为或者继续成为保险代理人。[①]

在我国，《保险法》《保险专业代理机构监管规定》《保险兼业代理管理暂行办法》和《关于银行类保险兼业代理机构行政许可有关事项的通知》等法律法规和规范性文件分别规定了保险代理机构及个人代理人应具备的资格条件。

（一）专业代理机构

专业代理机构，即通常所说的保险代理公司，根据《保险专业代理机构监管规定》，除国务院保险监督管理机构另有规定外，其组织形式应当是有限责任公司或股份有限公司，机构名称中应当包含"保险代理"或者"保险销售"字样，且字号不得与现有的保险中介机构相同。设立保险专业代理机构，应当具备下列条件：（1）股东、发起人信誉良好，最近3年无重大违法记录；（2）注册资本达到《公司法》和《保险专业代理机构监管规定》规定的最低限额（保险专业代理公司注册资本的最低限额为人民币5000万元，必须为实缴货币资本）；（3）公司章程符合有关规定；（4）董事长、执行董事、高级管理人员符合规定的任职资格条件；（5）具备健全的组织机构和管理制度；（6）有与业务规模相适应的固定住所；（7）有与开展业务相适应的业务、财务等计算机软硬件设施；（8）法律、行政法规和国务院保险监督管理机构规定的其他条件。依据法律、行政法规规定不能投资企业的单位或者个人，不得成为保险专业代理机构的发起人或者股东。保险公司员工投资保险专业代理公司的，应当书面告知所在保险公司；保险公司、保险中介机构的董事或者高级管理人员投资保险专业代理公司的，应当根据《公司法》有关规定取得股东会或者股东大会的同意。除具备上述条件外，专业代理机构还须取得保险监督管理机构颁发的保险代理业务许可证。

（二）兼业代理机构

按照《保险兼业代理管理暂行办法》，设立保险兼业代理机构须符合下列条件：具有工商行政管理机关核发的营业执照；有同经营主业直接相关的一定规模的保险代理业务来源；有固定的营业场所；具有在其营业场所直接代理保险业务的便利条件。此外，兼业代理机构还应取得保险监督管理机构颁发的保险兼业代理许可证。党政机关及其职能部门不得兼业从事保险代理业务。

通过银行（含农村信用社）代理销售保险是当前保险兼业代理的主要渠道，2016年发布的《关于银行类保险兼业代理机构行政许可有关事项的通知》，对银行类保险兼业代理机构的资格条件作出进一步规定。申请保险兼业代理资格的银行类法人机构，应具备以下条件：（1）具有经银行业监管机构批准的金融业务经营资格；（2）主业经营情况良好，最近三年无重大违法违规记录；（3）具有敞开式店面、网点等便民服务的营业场所；（4）具备必要的软硬件设施，业务信息系统与保险公司对接，业务、财务数据可独立于主营业务单独查询统计；（5）已建立保险代理业务管理制度和机制，并具备相应的专业管理能力；（6）配备符合条件的保险代理业务责任人；（7）国务院保险监督管理机构规定的其他条件。

[①] 贾林青. 保险法 [M]. 北京：中国人民大学出版社，2003：462.

此外，保险公司之间相互代理保险业务也是保险兼业代理的重要形式。如财产保险公司兼业代理另一家人身保险公司业务，尤其在同一保险集团内，保险子公司之间相互代理的情况较为普遍。按照《关于银行类保险兼业代理机构行政许可有关事项的通知》，开展相互代理保险业务的保险公司参照银行类机构管理。

（三）个人代理人

2015年以前，按照《保险销售从业人员监管办法》，个人保险代理人需要通过国务院保险监督管理机构组织的保险销售从业人员资格考试，由保险公司、保险代理机构在保险监督管理机构办理执业登记后，发放"保险销售从业人员执业证书"。随着我国保险业的市场化程度不断增强，按照国家精简行政审批事项有关要求，《保险法》于2015年4月24日作出修改，将第122条所规定的个人保险代理人"应当符合国务院保险监督管理机构规定的资格条件，取得保险监督管理机构颁发的资格证书"，修改为"应当品行良好，具有从事保险代理业务所需的专业能力"，不再统一组织代理从业人员资格考试。目前，个人代理人的专业能力考试及资格认定已经由各保险公司自行掌握，在赋予保险公司更大自主权的同时，也更加强调保险公司、保险代理机构对个人代理人的管理责任。

四、保险代理人的经营规则

为规范保险代理人的行为，维护保险市场的正常秩序，保护投保人、被保险人、受益人及保险人的合法权益，我国《保险法》及相应的保险代理监管规定对保险代理人的经营行为作出了较为严格的规定。概括起来，保险代理人的经营规则主要涉及业务范围、佣金管理、从业行为管理等方面。

根据我国《保险法》，保险代理人应当按照保险人的授权代为办理保险业务。同时，为了规范保险代理人的保险代理活动，国务院保险监督管理机构还制定了相关的具体监管规则，主要包括以下方面。

（一）业务范围

1. 专业代理机构。经国务院保险监督管理机构批准，保险专业代理机构及其分支机构可以经营下列保险代理业务：（1）代理销售保险产品；（2）代理收取保险费；（3）代理相关保险业务的损失勘查和理赔；（4）国务院保险监督管理机构批准的其他业务。

2. 兼业代理机构。在《保险兼业代理许可证》核定的代理险种范围内，兼业代理机构可以为保险公司代理销售保险产品和收取保险费。按照《关于银行类保险兼业代理机构行政许可有关事项的通知》，在保险公司相互代理的情况下，一家财产保险公司在一个会计年度内只能代理一家人身保险公司业务，一家人身保险公司在一个会计年度内只能代理一家财产保险公司业务。保险集团内各保险子公司间开展保险代理业务的，代理保险公司家数可以多于一家。

3. 个人代理人。在保险公司、保险代理机构的授权范围内，个人代理人的业务范围一般是代理推销保险产品，代理收取保险费。开展代理活动时，个人代理人应当告知客户所代理的保险公司名称。

（二）佣金管理

保险代理人的经营收入具有唯一性的特点，即保险人基于保险代理合同的约定向保险代理人支付保险佣金，保险佣金是保险代理人经营收入的唯一来源。

保险代理人代为办理保险业务，是一种有偿活动，可以要求保险人支付佣金。我国《保险法》第130条规定："保险佣金只限于向保险代理人、保险经纪人支付，不得向其他人支付。"

（三）从业行为管理

1. 建立委托关系

（1）专业代理机构。保险专业代理机构及其分支机构从事保险代理业务，应当与被代理保险公司签订书面的委托代理合同，依法约定双方的权利义务及其他事项。委托代理合同不得违反法律、行政法规及国务院保险监督管理机构有关规定。

（2）兼业代理机构。保险公司只能与已取得"保险兼业代理许可证"的单位建立保险兼业代理关系，委托其开展保险代理业务。保险兼业代理人代理业务范围以"保险兼业代理许可证"核定的代理险种为限。《关于进一步规范商业银行代理保险业务销售行为的通知》中规定，开展保险兼业代理的商业银行，每个网点在同一会计年度内不得与超过3家保险公司开展保险业务合作。

（3）个人代理人。按照《保险法》规定，个人保险代理人须与保险公司签订委托代理协议，在代为办理人寿保险业务时，不得同时接受两个以上保险人的委托。

2. 按照核定的经营区域从事业务活动

（1）专业代理机构。保险专业代理机构在注册地以外的省、自治区或者直辖市开展保险代理活动，应当设立分支机构。保险专业代理机构分支机构的经营区域不得超出其所在地的省、自治区或者直辖市。

（2）兼业代理机构。保险兼业代理机构只能在其主业营业场所内代理保险业务，不得在营业场所外另设代理网点。

3. 保险费的单独设账和解付义务

（1）专业代理机构。基于独立的法律地位和代为从事保险业务的性质，保险专业代理机构应当建立专门账簿，记载保险代理业务收支情况，对其代收的保险费，应当开立独立的保险费代收账户进行结算，保险代理人不得挪用、侵占该账户上的资金。专业代理机构对于其代收的保险费，应当在约定的时间内进行解付给被代理人（保险人）。

（2）兼业代理机构。按照《保险兼业代理管理暂行办法》，保险兼业代理人应设立独立的保费收入账户并对保险兼业代理业务进行单独核算。保险公司不得以直接冲减保费或现金方式向保险兼业代理人支付佣金。

4. 建立业务档案

（1）专业代理机构。保险专业代理机构应当建立完整规范的业务档案，业务档案应当至少包括下列内容：代理销售保单的基本情况，包括保险人、投保人、被保险人名称或者姓名，代理保险产品名称，保险金额，保险费，缴费方式等；保险费代收和交付被代理保险公司的情况；保险代理佣金金额和收取情况；其他重要业务信息。保险专业代理机构的记录应当真实、完整。保险专业代理机构应当妥善管理和使用被代理保险公司提供的各种单证、材料；代理关系终止后，应当在 30 日内将剩余的单证及材料交付被代理保险公司。

（2）兼业代理机构。保险兼业代理人应建立业务台账，台账应逐笔列明保单流水号、代理险种、保险金额、保险费、代理手续费等内容。保险公司应建立、健全保险兼业代理人档案资料，并以保险兼业代理人为单位建立代理业务台账。

5. 告知及明确提示义务。保险专业代理机构应当制作规范的客户告知书，并在开展业务时向客户出示。客户告知书至少应当包括保险代理机构以及被代理保险公司的名称、营业场所、业务范围、联系方式等基本事项。保险专业代理机构及其董事、高级管理人员与被代理保险公司或者相关中介机构存在关联关系的，应当在客户告知书中说明。保险专业代理机构应当向投保人明确提示保险合同中免除责任或者除外责任、退保及其他费用扣除、现金价值、犹豫期等条款。

按照《保险法》，兼业代理人、个人代理人在开展保险代理业务活动时，也应向投保人履行明确说明义务。

6. 缴存保证金或者投保职业责任保险的义务。《保险法》第 124 条规定，保险代理机构应当按照国务院保险监督管理机构的规定缴存保证金或者投保职业责任保险。《保险专业代理机构监管规定》进一步明确了对专业代理机构的要求，保险专业代理公司缴存保证金的，应当按注册资本的 5% 缴存；保险专业代理公司增加注册资本的，应当相应增加保证金数额；保险专业代理公司保证金缴存额达到人民币 100 万元的，可以不再增加保证金。保证金应当以银行存款形式或者国务院保险监督管理机构认可的其他形式缴存。保证金以银行存款形式缴存的，应当专户存储到商业银行。

7. 保险代理行为的限制。为了更好地规范保险代理活动，《保险法》第 131 条规定，保险代理机构在办理保险业务活动中不得有下列行为：（1）欺骗保险人、投保人、被保险人或者受益人；（2）隐瞒与保险合同有关的重要情况；（3）阻碍投保人履行本法规定的如实告知义务，或者诱导其不履行本法规定的如实告知义务；（4）给予或者承诺给予投保人、被保险人或者受益人保险合同约定以外的利益；（5）利用行政权力、职务或者职业便利以及其他不正当手段强迫、引诱或者限制投保人订立保险合同；（6）伪造、擅自变更保险合同，或者为保险合同当事人提供虚假证明材料；（7）挪用、截留、侵占保险费或者保险金；（8）利用业务便利为其他机构或者个人牟取不正当利益；（9）串通投保人、被保险人或者受益人，骗取保险金；（10）泄露在业务活动中知悉的保险人、投保人、被保险人的商业秘密。对保险代理机构有上述行为之一的，按照《保险法》第 165 条规定，由"保险监督管理机构责令改正，处五万元以上三十万元以下的罚款；情节严重的，吊销业务许可证"。

《保险专业代理机构监管规定》进一步规定，保险专业代理机构及其从业人员在开展保险代理业务过程中，不得有下列欺骗投保人、被保险人、受益人或者保险公司的行为：（1）隐瞒或者虚构与保险合同有关的重要情况；（2）误导性销售；（3）伪造、擅自变更保险合同，销售假保险单证，或者为保险合同当事人提供虚假证明材料；（4）阻碍投保人履行如实告知义务或者诱导其不履行如实告知义务；（5）虚构保险代理业务或者编造退保，套取保险佣金；（6）虚假理赔；（7）串通投保人、被保险人或者受益人骗取保险金；（8）其他欺骗投保人、被保险人、受益人或者保险公司的行为。保险专业代理机构不得以捏造、散布虚假事实等方式损害竞争对手的商业信誉，不得以虚假广告、虚假宣传或者其他不正当竞争行为扰乱保险市场秩序。保险专业代理机构不得坐扣保险佣金。保险专业代理机构不得代替投保人签订保险合同。保险专业代理机构不得以缴纳费用或者购买保险产品作为招聘业务人员的条件，不得承诺不合理的高额回报，不得以直接或者间接发展人员的数量或者销售业绩作为从业人员计酬的主要依据。

五、保险代理人的市场退出

（一）专业代理机构

保险专业代理公司有下列情形之一的，国务院保险监督管理机构不予延续许可证有效期：（1）许可证有效期届满，没有申请延续；（2）不再符合公司设立的有关条件；（3）内部管理混乱，无法正常经营；（4）存在重大违法行为，未得到有效整改；（5）未按规定缴纳监管费。保险专业代理公司因许可证有效期届满，国务院保险监督管理机构依法不予延续有效期，或者许可证依法被撤回、撤销、吊销的，应当依法组织清算或者对保险代理业务进行结算，向国务院保险监督管理机构提交清算报告或者结算报告。保险专业代理公司被依法吊销营业执照、被撤销、责令关闭或者被人民法院依法宣告破产的，应当依法成立清算组，依照法定程序组织清算，并向国务院保险监督管理机构提交清算报告。

（二）兼业代理机构

对于银行类保险兼业代理机构，《关于银行类保险兼业代理机构行政许可有关事项的通知》规定，法人机构终止保险兼业代理业务的，应向注册地银保监局报告，并提交下列材料：（1）保险兼业代理业务终止申请书；（2）保险兼业代理业务许可证原件。有下列情形之一的，保险监管机构依法办理许可证注销手续，并予以公告：（1）许可证有效期届满未按规定延续的；（2）出现破产、解散等机构终止事项的；（3）许可被撤销、撤回或者许可证被依法吊销的；（4）法律、行政法规以及国务院保险监督管理机构规定的其他情形。被注销许可证的法人机构应当及时将许可证交回发证机关。

六、对保险代理人的监督检查

按照《保险专业代理机构监管规定》，保险专业代理公司应当在每一会计年度结束后3个月内聘请会计师事务所对本公司的资产、负债、利润等财务状况进行审计，并向国务院保险监督管理机构报送相关审计报告。国务院保险监督管理机构根据需要，可以要求保险专业代理公司提交专项外部审计报告，可以对保险专业代理机构的董事长、执行董事或者高级管理人员进行监管谈话，要求其就经营活动中的重大事项作出说明。

保险专业代理机构因下列原因接受国务院保险监督管理机构调查的，在被调查期间，国务院保险监督管理机构有权责令其停止部分或者全部业务：（1）涉嫌严重违反保险法律、行政法规；（2）经营活动存在重大风险；（3）不能正常开展业务活动。

第三节　保险经纪人

一、保险经纪人的概念和特征

（一）保险经纪人的概念

我国保险经纪人发展的历史相对较短，大约在 20 世纪初，我国开始出现保险经纪人，到 20 世纪 30 年代，在少数几个城市，保险经纪人具有了一定规模，但当时的保险经纪人多为洋商所控制。20 世纪 50 年代以后，受保险业停顿的影响，保险经纪人逐渐在我国保险市场上消失。20 世纪 90 年代以来，随着改革开放步伐的加快，保险市场主体的增加，保险经纪人的市场需求日益明显。对此，国务院保险监督管理机构加大了对保险经纪人队伍建设的支持力度，建立并完善了保险经纪人的各项监管制度。截至 2017 年第三季度，全国共有保险经纪机构 483 家。

保险经纪人是指基于投保人的利益，为投保人与保险人订立保险合同提供中介服务，并依法收取佣金的机构，包括保险经纪公司及其分支机构。《保险经纪人监管规定》第 4 条规定："保险经纪人应当遵守法律、行政法规和中国保监会有关规定，遵循自愿、诚实信用和公平竞争的原则。"

（二）保险经纪人的特征

保险经纪人一般具有以下特征：

1. 以自己的名义开展活动。保险经纪人是具有独立法律地位的经营组织，具有组织机构，有一定的资金作为保证金，并能以自己的名义享有民事权利，承担民事义务。在进行保险经纪活动时，保险经纪人是以自己的名义与保险人发生交往，并承担由此产生的法律后果。

2. 为了投保人的利益。必须是基于投保人的利益，为投保人和保险人订立保险合同提供中介服务。一般情况下，保险经纪人都是接受投保人的委托为其安排投保事宜。因此，保险经纪人在选择保险人、与保险人洽商保险合同条款的过程中，应当维护投保人、被保险人的利益，以达到最佳的投保条件，更好地保障投保人、被保险人的利益。

3. 向保险人收取佣金。与保险代理人相同，保险经纪人也是通过劳动获取报酬，即通过向委托人提供劳务而获取报酬。但是，两者获取报酬的方式是不同的。保险代理人是以保险人的名义为其开展活动，他只能从保险人处获取佣金，如果他接收投保人或被保险人支付的报酬，就是一种滥用代理权的行为；而保险经纪人则不同，虽为投保人的利益而从事保险经纪活动，但应由保险人从收取的保险费中提取一定比例作为佣金支付给保险经纪人。实务中，也有发生保险事故后，被保险人委托保险经纪人代其向保险人索赔的情况。对于此类特定的委托事项，则应由被保险人向受托人支付双方约定的报酬。

4. 业务范围广。保险经纪人从事保险经纪活动的范围不限于投保环节，而是涉及参加投保谈判、帮助进行保险索赔、设计保险方案、提供保险咨询、担当风险管理顾问等诸多方面。

二、保险经纪人的分类

在现代各国保险市场上，保险经纪人的业务范围已经从 19 世纪末期之前的海上保险扩展到各种保险领域，保险经纪人也逐渐形成了各种不同的类型。按照保险经纪人从事的业务范围，可以分为寿险经纪人和非寿险经纪人；按照保险经纪人的组织形式，可以分为个人保险经纪人、合伙保险经纪组织和保险经纪公司；按照服务对象的不同，可分为直接保险经纪人和再保险经纪人。

在我国，《保险法》及国务院保险监督管理机构相关规定没有对保险经纪人作出严格分类。

三、保险经纪人的市场准入

在我国，保险经纪人只能是依法设立的保险经纪公司，个人不能充当保险经纪人。依据《保险经纪人监管规定》，除国务院保险监督管理机构另有规定外，保险经纪人应当采取有限责任公司或股份有限公司的组织形式，名称中应当包含"保险经纪"字样。保险经纪人的字号不得与现有的保险专业中介机构相同，但与保险专业中介机构具有同一实际控制人的保险经纪人除外。

保险经纪公司经营保险经纪业务，应当具备下列条件：（1）股东符合本规定要求，且出资资金自有、真实、合法，不得用银行贷款及各种形式的非自有资金投资；（2）注册资本符合规定要求，且按照国务院保险监督管理机构的有关规定托管；（3）营业执照记载的经营范围符合国务院保险监督管理机构的有关规定；（4）公司章程符合有关规定；（5）公司名称符合本规定要求；（6）高级管理人员符合本规定的任职资格条件；（7）有符合国务院保险监督管理机构规定的治理结构和内控制度，商业模式科学合理可行；（8）有与业务规模相适应的固定住所；（9）有符合国务院保险监督管理机构规定的业务、财务信息管理系统；（10）法律、行政法规和国务院保险监督管理机构规定的其他条件。单位或者个人有下列情形之一的，不得成为保险经纪公司的股东：（1）最近 5 年内受到刑罚或者重大行政处罚；（2）因涉嫌重大违法犯罪正接受有关部门调查；（3）因严重失信行为被国家有关单位确定为失信联合惩戒对象且应当在保险领域受到相应惩戒，或者最近 5 年内具有其他严重失信不良记录；（4）依据法律、行政法规不能投资企业；（5）国务院保险监督管理机构根据审慎监管原则认定的其他不适合成为保险经纪公司股东的情形。保险公司的工作人员、保险专业中介机构的从业人员投资保险经纪公司的，应当提供其所在机构知晓投资的书面证明；保险公司、保险专业中介机构的董事、监事或者高级管理人员投资保险经纪公司的，应当根据有关规定取得股东会或者股东大会的同意。

保险经纪公司新设分支机构经营保险经纪业务，应当符合下列条件：（1）保险经纪公司及其分支机构最近 1 年内没有受到刑罚或者重大行政处罚；（2）保险经纪公司及其分支机构未因涉嫌违法犯罪正接受有关部门调查；（3）保险经纪公司及其分支机构最近 1 年内未引发 30 人以上群访群诉事件或者 100 人以上非正常集中退保事件；（4）最近 2 年内设立的分支机构不存在运营未满 1 年退出市场的情形；（5）具备完善的分支机构管理制度；（6）新设分支机构有符合要求的营业场所、业务财务信息系统，以及与经营业务相匹配的其他设施；（7）新设分支机构主要负责人符合本规定的任职条件；（8）国务院保险监督管理机构规定的其他条件。保险经纪公司因严重失信行为被国家有关单位确定为失信联合惩戒对象且应当在保险领域受到相应惩戒的，或者最近 5 年内具有其他严重失信不良记录的，不得新设分支机构经营保险经纪业务。

四、保险经纪人的经营规则

（一）业务范围

在保险实务中，各国保险业法一般是按照保险经纪业务所涉及的保险险种划分保险经纪人的业务范围，包括财产保险经纪、人寿保险经纪和再保险经纪。当然，就不同国家而言，保险经纪人业务范围的划分方式也不尽相同。在美国，保险经纪人的业务范围分别是财产和责任保险经纪与人寿保险经纪两大类，全国性或者跨国性的保险经纪公司则可以兼营上述两类保险经纪业务以及再保险经纪业务。同时，英国、美国等一般允许保险经纪人兼营其他保险中介业务，而德国、日本、韩国等则明确禁止保险经纪人兼营保险代理业务。

在我国，依据《保险经纪人监管规定》，保险经纪人可以经营下列全部或者部分业务：（1）为投保人拟订投保方案、选择保险公司以及办理投保手续；（2）协助被保险人或者受益人进行索赔；（3）再保险经纪业务；（4）为委托人提供防灾、防损或者风险评估、风险管理咨询服务；（5）国务院保险监督管理机构规定的与保险经纪有关的其他业务。保险经纪人及其从业人员不得销售非保险金融产品，经相关金融监管部门审批的非保险金融产品除外。

（二）佣金管理

保险经纪人代为办理保险业务，是一种有偿活动，可以要求保险人或被保险人（投保人）支付佣金。我国《保险法》第 130 条规定："保险佣金只限于向保险代理人、保险经纪人支付，不得向其他人支付。"

（三）保险经纪人从业行为的管理

1. 建立委托关系。保险经纪人从事保险经纪业务，应当与委托人签订委托合同，依法约定双方的权利义务及其他事项。委托合同不得违反法律、行政法规及国务院保险监督管理机构有关规定。保险经纪人从事保险经纪业务，涉及向保险公司解付保险费、收取佣金的，应当与保险公司依法约定解付保险费、支付佣金的时限和违约赔偿责任等事项。

2. 按照核定的经营区域从事业务活动的规则。保险经纪人可以在中华人民共和国境内从事保险经纪活动。保险经纪人从事经纪业务不得超出承保公司的业务范围和经营区域；从事保险经纪业务涉及异地共保、异地承保和统括保单，国务院保险监督管理机构另有规定的，从其规定。保险经纪从业人员应当在所属保险经纪人的授权范围内从事业务活动。

3. 账簿专设与及时解付保险费义务。保险经纪人应当建立专门账簿，记载保险经纪业务收支情况。保险经纪人应当开设独立的客户资金专用账户。下列款项只能存放于客户资金专用账户：（1）投保人支付给保险公司的保险费；（2）为投保人、被保险人和受益人代领的退保金、保险金。保险经纪人应当开立独立的佣金收取账户。保险经纪人开立、使用其他银行账户的，应当符合国务院保险监督管理机构的规定。

4. 保险经纪人应当建立完整规范的业务档案。业务档案至少应当包括下列内容：（1）通过本机构签订保单的主要情况，包括保险人、投保人、被保险人名称或者姓名，保单号，产品名称，保险金额，保险费，缴费方式，投保日期，保险期间等；（2）保险合同对应的佣金金额和收取情况等；（3）保险费交付保险公司的情况，保险金或者退保金的代领以及交付投保人、被保险人或者受益人的情况；（4）为保险合同签订提供经纪服务的从业人员姓名，领取报酬金额、领取报酬账户等；（5）国务院保险监督管理机构规定的其他业务信息。保险经纪人的记录应当真实、完整。

5. 告知及明确提示义务。保险经纪人在开展业务过程中，应当制作并出示规范的客户告知书。客户告知书至少应当包括以下事项：（1）保险经纪人的名称、营业场所、业务范围、联系方式；（2）保险经纪人获取报酬的方式，包括是否向保险公司收取佣金等情况；（3）保险经纪人及其高级管理人员与经纪业务相关的保险公司、其他保险中介机构是否存在关联关系；（4）投诉渠道及纠纷解决方式。保险经纪人应当妥善保管业务档案、会计账簿、业务台账、客户告知书以及佣金收入的原始凭证等有关资料，保管期限自保险合同终止之日起计算，保险期间在 1 年以下的不得少于 5 年，保险期间超过 1 年的不得少于 10 年。

6. 保险经纪人应当缴存保证金或者投保职业责任保险。保险经纪公司应当自取得许可证之日起 20 日内投保职业责任保险或者缴存保证金。保险经纪公司应当自投保职业责任保险或者缴存保证金之日起 10 日内，将职业责任保险保单复印件或者保证金存款协议复印件、保证金入账原始凭证复印件报送国务院保险监督管理机构派出机构，并在国务院保险监督管理机构规定的监管信息系统中登记相关信息。保险经纪公司投保职业责任保险的，该保险应当持续有效。保险经纪公司投保的职业责任保险对一次事故的赔偿限额不得低于人民币 100 万元；一年期保单的累计赔偿限额不得低于人民币 1000 万元，且不得低于保险经纪人上年度的主营业务收入。保险经纪公司缴存保证金的，应当按注册资本的 5% 缴存，保险经纪公司增加注册资本的，应当按比例增加保证金数额。保险经纪公司应当足额缴存保证金。保证金应当以银行存款形式专户存储到商业银行，或者以国务院保险监督管理机构认可的其他形式缴存。

7. 经营再保险业务。保险经纪人应当按照国务院保险监督管理机构的规定开展再保险经纪业务。保险经纪人从事再保险经纪业务，应当设立专门部门，在业务流程、财务管理与风险管控等方面与其他保险经纪业务实行隔离。保险经纪人从事再保险经纪业务，应当建立完整规范的再保险业务档案，业务档案至少应当包括下列内容：（1）再保险安排确认书；（2）再保险人接受分入比例。保险经纪人应当对再保险经纪业务和其他保险经纪业务分别建立账簿记载业务收支情况。

8. 保险经纪人行为的限制。保险经纪人及其从业人员在办理保险业务活动中不得有下列行为：（1）欺骗保险人、投保人、被保险人或者受益人；（2）隐瞒与保险合同有关的重要情况；（3）阻碍投保人履行如实告知义务，或者诱导其不履行如实告知义务；

（4）给予或者承诺给予投保人、被保险人或者受益人保险合同约定以外的利益；（5）利用行政权力、职务或者职业便利以及其他不正当手段强迫、引诱或者限制投保人订立保险合同；（6）伪造、擅自变更保险合同，或者为保险合同当事人提供虚假证明材料；（7）挪用、截留、侵占保险费或者保险金；（8）利用业务便利为其他机构或者个人牟取不正当利益；（9）串通投保人、被保险人或者受益人，骗取保险金；（10）泄露在业务活动中知悉的保险人、投保人、被保险人的商业秘密。保险经纪人及其从业人员在开展保险经纪业务过程中，不得索取、收受保险公司或者其工作人员给予的合同约定之外的酬金、其他财物，或者利用执行保险经纪业务之便牟取其他非法利益。

五、保险经纪人的市场退出

保险经纪公司经营保险经纪业务许可证的有效期为3年。保险经纪公司应当在许可证有效期届满30日前，按照规定向国务院保险监督管理机构派出机构申请延续许可。保险经纪公司申请延续许可证有效期的，国务院保险监督管理机构派出机构在许可证有效期届满前对保险经纪人前3年的经营情况进行全面审查和综合评价，并作出是否准予延续许可证有效期的决定。决定不予延续的，应当书面说明理由。

保险经纪公司退出保险经纪市场，应当遵守法律、行政法规及其他相关规定。保险经纪公司有下列情形之一的，国务院保险监督管理机构派出机构依法注销许可证，并予以公告：（1）许可证有效期届满未延续的；（2）许可证依法被撤回、撤销或者吊销的；（3）因解散或者被依法宣告破产等原因依法终止的；（4）法律、行政法规规定的其他情形。保险经纪人终止保险经纪业务活动，应当妥善处理债权债务关系，不得损害投保人、被保险人、受益人的合法权益。

六、对保险经纪人的监督检查

国务院保险监督管理机构派出机构按照属地原则负责辖区内保险经纪人的监管。国务院保险监督管理机构及其派出机构根据监管需要，可以对保险经纪人的高级管理人员及相关人员进行监管谈话，要求其就经营活动中的重大事项作出说明，可以委派监管人员列席保险经纪公司的股东会或者股东大会、董事会。保险经纪公司分支机构经营管理混乱，从事重大违法违规活动的，保险经纪公司应当根据国务院保险监督管理机构及其派出机构的监管要求，对分支机构采取限期整改、停业、撤销等措施。

第四节　保险公估人

一、保险公估人的概念和特征

（一）保险公估人的概念

1927年，我国成立了第一家民族保险公估行——上海益中拍卖公估行。到了20世纪40年代中期，民族保险公估行达到10家左右，加之8家外商保险公估行，保险公估市场初步形成规模，在保险市场中起着重要的作用。20世纪50年代以后，受我国保险业停顿影响，保险公估人逐渐在保险市场上消失。1993年3月8日，上海诞生了1949

年后成立的第一家保险公估行——上海东方公估行。进入 21 世纪后，随着保险公司的转型和保险市场的逐步开放，我国保险公估业的发展步伐开始加快。截至 2017 年第三季度，全国保险公估机构共有 336 家。

我国《保险法》第 129 条规定："保险活动当事人可以委托保险公估机构等依法设立的独立评估机构或者具有相关专业知识的人员，对保险事故进行评估和鉴定。接受委托对保险事故进行评估和鉴定的机构和人员，应当依法、独立、客观、公正地进行评估和鉴定，任何单位和个人不得干涉。前款规定的机构和人员，因故意或者过失给保险人或者被保险人造成损失的，依法承担赔偿责任。"按照《保险公估人监管规定》，保险公估是指评估机构及其评估专业人员接受委托，对保险标的或者保险事故进行评估、勘验、鉴定、估损理算以及相关的风险评估；保险公估人是专门从事上述业务的评估机构，包括保险公估机构及其分支机构。

实践中，很多保险事故较为复杂，导致保险事故发生的原因不易查明，且由于专业背景及所代表的利益不同，保险人与被保险人对同一保险事故往往存在不同甚至完全相反的看法，这也是保险合同纠纷以至诉讼、仲裁案件发生的重要原因。为了使保险事故能够得到客观、公正、准确的认定，以便保险合同得以完全而公允地履行，需要由一个独立于保险合同相关当事人并且具有技术权威的第三方对保险事故作出专业性判断，评估保险事故责任，确定损失金额，于是保险公估人便应运而生。保险公估人的出现，使保险赔付更加公平、合理，也有利于平衡保险人与被保险人在保险理赔上的分歧。正因为如此，保险公估行业在全球保险市场上得到快速发展，现已成为保险市场中不可缺少的重要一环，形成了一批具有较大国际影响力的公估机构和理算机构。

（二）保险公估人的特征

保险公估人一般具有以下特征：

1. 独立性。保险公估人是保险中介市场的一个组成部分，是一个完全独立的中介机构。保险公估人根据保险合同相关当事人的委托，以自己的名义独立从事公估活动，独立承担法律责任。保险公估人不代表保险合同中任何一方当事人的利益。

2. 专业性。保险公估人是社会分工不断细化的产物，拥有一批保险专家和各类技术专家，能够根据保险合同相关当事人的委托，较好地处理承保和理赔领域中的一些专业性、技术性较强的问题。

3. 公正性和客观性。保险公估人的独立性决定了其基于自身信誉，根据客观事实进行保险公估工作，不受保险合同相关当事人的影响。保险公估人出具的公估报告具有公正性和客观性，可以起到平衡、保护保险合同相关当事人合法利益的作用。

4. 效益性。保险公估人的出现，减轻了保险人的理赔压力，降低了理赔相关机构设置、人力资源配置方面的经济负担，并且公估人的费用可由再保险人分摊。保险公估人的介入，也有利于保险人能够在复杂理赔案件中避免直观上的滥赔、惜赔，减少了因客观技术条件制约而产生的多赔、少赔、应赔而不赔、不应赔而赔等现象。

二、保险公估人的分类

根据保险公估市场的实践，可将保险公估人按照不同的标准分为以下几类：

1. 根据保险公估人在保险业中的执业阶段的不同，保险公估人可以分为核保公估人和理赔公估人。核保公估人主要从事保险标的的价值评估和风险评估，出具查勘报告。核保公估人提供的查勘报告，是保险人评估风险、审核承保能力的重要参考。理赔公估人是指保险事故发生后，受委托处理保险标的检验、估损和理算的专业公估人。保险理赔公估人，依其执行业务性质或范围的不同，又可以细分为损失理算师、损失鉴定人和损失评估人三种。

2. 根据保险公估人执业范围及执业性质的不同，保险公估人可以分为"保险型"公估人、"技术型"公估人和"综合型"公估人。"保险型"公估人侧重于解决保险方面的问题，解决技术性问题只是作为辅助手段，英国的保险公估人多属此类；"技术型"公估人侧重于解决技术方面的问题，其他方面的问题涉及较少，德国的保险公估人多属此类；"综合型"公估人不仅解决保险方面的问题，同时解决保险业务中的技术问题，欧洲其他国家的保险公估人多属此类。

3. 根据保险公估人参与保险公估业务的行业或对象不同，保险公估人可以分为海上保险公估人、特种保险公估人和汽车保险公估人。海上保险公估人主要处理海上、航空运输保险等方面的业务；特种保险公估人主要处理火灾及特种保险等方面的业务；汽车保险公估人主要处理与汽车保险有关的业务。

4. 根据委托方的不同，保险公估人可以分为接受保险人委托的保险公估人和接受被保险人委托的保险公估人。在有些国家或地区，前者也可以接受被保险人的委托；而后者一般只接受被保险人委托处理索赔和理算事项，但不接受保险人的委托。

在我国，《保险法》及相关规定没有对保险公估人作严格分类。

三、保险公估人的资格条件

依据《保险公估人监管规定》，保险公估人应当依法采用合伙或者公司形式，聘用保险公估从业人员开展保险公估业务。合伙形式的保险公估人，应当有 2 名以上公估师；其合伙人三分之二以上应当是具有 3 年以上从业经历且最近 3 年内未受停止从业处罚的公估师。公司形式的保险公估人，应当有 8 名以上公估师和 2 名以上股东，其中三分之二以上股东应当是具有 3 年以上从业经历且最近 3 年内未受停止从业处罚的公估师。保险公估人的合伙人或者股东为 2 名的，2 名合伙人或者股东都应当是具有 3 年以上从业经历且最近 3 年内未受停止从业处罚的公估师。保险公估人的名称中应当包含"保险公估"字样，字号不得与现有的保险专业中介机构相同，与保险专业中介机构具有同一实际控制人的保险公估人除外。保险公估机构分为全国性保险公估机构和区域性保险公估机构。保险公估机构采用公司形式的，全国性机构向国务院保险监督管理机构进行业务备案，区域性机构向工商注册登记地国务院保险监督管理机构派出机构进行业务备案。合伙形式的保险公估机构向国务院保险监督管理机构进行业务备案。

保险公估机构经营保险公估业务，应当具备下列条件：（1）股东或者合伙人符合本规定要求，且出资资金自有、真实、合法，不得用银行贷款及各种形式的非自有资金投资；（2）根据业务发展规划，具备日常经营和风险承担所必需的营运资金，全国性机构营运资金为 200 万元以上，区域性机构营运资金为 100 万元以上；（3）营运资金的托管符合国务院保险监督管理机构的有关规定；（4）营业执照记载的经营范围不超出规定的范围；（5）公司章程或者合伙协议符合有关规定；（6）企业名称符合本规定要求；（7）董事长、执行董事和高级管理人员符合本规定的条件；（8）有符合国务院保险监督管理机构规定的治理结构和内控制度，商业模式科学合理可行；（9）有与业务规模相适应的固定住所；（10）有符合国务院保险监督管理机构规定的业务、财务信息管理系统；（11）法律、行政法规和国务院保险监督管理机构规定的其他条件。

四、保险公估人的经营规则

（一）保险公估人的经营范围

依据《保险公估人监管规定》，全国性保险公估机构可以在中华人民共和国（港、澳、台地区除外）范围内开展业务，并可以在工商注册登记地所在省、自治区、直辖市、计划单列市区域之外设立分支机构。区域性保险公估机构只能在工商注册登记地所在省、自治区、直辖市、计划单列市区域内开展业务、设立分支机构，国务院保险监督管理机构另有规定的除外。保险公估人可以经营下列全部或者部分业务：（1）保险标的承保前和承保后的检验、估价及风险评估；（2）保险标的出险后的查勘、检验、估损理算及出险保险标的残值处理；（3）风险管理咨询；（4）国务院保险监督管理机构规定的其他业务。

（二）保险公估人从业行为的管理

1. 建立委托关系。保险公估人从事保险公估业务，应当与委托人签订委托合同，依法约定双方的权利义务及对公估信息保密、合理使用等其他事项。委托合同不得违反法律、行政法规及国务院保险监督管理机构有关规定。对受理的保险公估业务，保险公估人应当指定至少 2 名保险公估从业人员承办。

2. 保险公估人应当建立专门账簿，记载保险公估业务收支情况。保险公估人应当开立独立的资金专用账户，用于收取保险公估业务报酬。保险公估人开立、使用其他银行账户的，应当符合国务院保险监督管理机构的规定。

3. 保险公估人应当建立完整规范的公估档案，公估档案应当包括下列内容：（1）保险公估业务所涉及的主要情况，包括委托人与其他当事人的名称或者姓名、保险标的、事故类型、估损金额等；（2）公估业务报酬和收取情况；（3）国务院保险监督管理机构规定的其他业务信息。保险公估人的公估档案应当真实、完整。

4. 告知客户相关情况。保险公估人在开展业务过程中，应当制作规范的客户告知书，并在开展业务时向客户出示。客户告知书应当至少包括保险公估人的名称、备案信息、营业场所、业务范围、联系方式、投诉渠道及纠纷解决方式等基本事项。

5. 缴存保证金或者投保职业责任保险。保险公估人应当在备案公告之日起 20 日内，根据业务需要建立职业风险基金，或者办理职业责任保险，完善风险防范流程。保险公估人应当自建立职业风险基金或者投保职业责任保险之日起 10 日内，将职业风险基金存款协议复印件、职业风险基金入账原始凭证复印件或者职业责任保险保单复印件报送国务院保险监督管理机构派出机构，并在国务院保险监督管理机构规定的监管信息系统中登记相关信息。保险公估人建立职业风险基金的，应当按上一年主营业务收入的5%缴存，年度主营业务收入增加的，应当相应增加职业风险基金数额；保险公估人职业风险基金缴存额达到人民币100万元的，可以不再增加职业风险基金。保险公估人应当在每年第一季度足额缴存职业风险基金。保险公估人的职业风险基金应当以银行存款形式专户存储到商业银行，或者以国务院保险监督管理机构认可的其他形式缴存。保险公估人投保职业责任保险的，该保险应当持续有效。保险公估人投保的职业责任保险对一次事故的赔偿限额不得低于人民币100万元；一年期累计赔偿限额不得低于人民币1000万元，且不得低于保险公估人上年度的主营业务收入。

6. 保险公估行为的限制。保险公估人在开展公估业务过程中，不得有下列行为：（1）利用开展业务之便，牟取不正当利益；（2）允许其他机构以本机构名义开展业务，或者冒用其他机构名义开展业务；（3）以恶性压价、支付回扣、虚假宣传，或者贬损、诋毁其他公估机构等不正当手段招揽业务；（4）受理与自身有利害关系的业务；（5）分别接受利益冲突双方的委托，对同一评估对象进行评估；（6）出具虚假公估报告或者有重大遗漏的公估报告；（7）聘用或者指定不符合规定的人员从事公估业务；（8）违反法律、行政法规的其他行为。

保险公估从业人员在开展公估业务过程中，不得有下列行为：（1）私自接受委托从事业务、收取费用；（2）同时在两个以上保险公估人从事业务；（3）采用欺骗、利诱、胁迫，或者贬损、诋毁其他公估从业人员等不正当手段招揽业务；（4）允许他人以本人名义从事业务，或者冒用他人名义从事业务；（5）签署本人未承办业务的公估报告；（6）索要、收受或者变相索要、收受合同约定以外的酬金、财物，或者牟取其他不正当利益；（7）签署虚假公估报告或者有重大遗漏的公估报告；（8）违反法律、行政法规的其他行为。

除上述限制外，保险公估人及其从业人员在开展公估业务过程中，还不得有下列行为：（1）隐瞒或者虚构与保险合同有关的重要情况；（2）串通委托人或者相关当事人，骗取保险金；（3）泄露在经营过程中知悉的委托人和相关当事人的商业秘密及个人隐私；（4）虚开发票、夸大公估报酬金额。

五、保险公估人的机构监管

保险公估机构实行年度报告制度。保险公估机构应当于每年1月31日前向国务院保险监督管理机构及其派出机构提交上一年度报告。对不按时报送年度报告的保险公估机构，国务院保险监督管理机构及其派出机构将对外公示其经营异常信息。对年度报告事项未达到监管要求的保险公估机构，国务院保险监督管理机构及其派出机构将采取相应的监管措施。保险公估机构分支机构经营管理混乱，从事重大违法违规活动的，保险公估机构应当根据国务院保险监督管理机构及其派出机构的监管要求，对分支机构采取限期整改、停业、撤销等措施。

六、对保险公估人的业务监管

国务院保险监督管理机构派出机构按照属地原则负责辖区内保险公估人及其保险公

估业务活动的监管。国务院保险监督管理机构派出机构应当注重对辖区内保险公估人的行为监管，依法进行现场检查和非现场监管，并实施行政处罚和其他监管措施。国务院保险监督管理机构及其派出机构根据监管需要，可以对保险公估人的董事长、执行董事和高级管理人员进行监管谈话，要求其就经营活动中的重大事项作出说明，可以委派监管人员列席保险公估人的股东（大）会、合伙人会议、董事会。

思考题

1. 什么是保险中介？保险中介在保险活动中主要发挥哪些作用？
2. 简述保险代理人、保险经纪人和保险公估人之间的主要区别。
3. 试述设立保险专业代理机构应具备的条件。
4. 试述保险经纪人行为的限制包括哪些？
5. 试述保险公估人的职责和主要特征。

第二十五章
保险经营规则

学习目的和重点

通过学习保险经营规则，了解保险公司的业务范围，保险责任准备金，保险资金运用的概念、作用和原则，重点掌握保险兼营和兼业问题，保险公司偿付能力管理的一般框架和主要要求，我国保险资金运用的主要形式和监管要求。

第一节　保险公司的业务范围

保险公司的业务范围，是指由保险监督管理机构依法核定，并经公司登记机关依法登记的保险公司可以从事的经营活动的范围。根据我国《保险法》第 95 条的规定，从保险监管的角度来看，这个问题实际上包括两个方面的内容:[①] 一是兼营问题，即保险公司能否同时经营财产保险业务和人身保险业务;二是兼业问题，即保险公司能否兼营保险以外的其他金融业务的问题。

一、保险业务的分类

我国《保险法》第 95 条根据保险标的性质的不同，将保险业务分为财产保险业务、人身保险业务和与保险有关的其他业务。

（一）财产保险业务

财产保险业务，是指以财产及其有关利益为保险标的而从事的保险业务。根据我国《保险法》第 95 条第 1 款的规定，财产保险业务包括财产损失保险、责任保险、信用保险、保证保险等保险业务。其中，保证保险是 2009 年修订《保险法》时新补充的业务类型。财产损失保险业务是以有形财产为保险标的而从事的保险业务，又可细分为企业财产保险业务、家庭财产保险业务、运输工具保险业务（如机动车辆损失保险业务、船舶保险业务、机身险业务等）、运输货物保险业务（如海洋运输货物保险业务、陆上运输货物保险业务、航空运输货物保险业务和邮包保险业务）等;责任保险业务是以被保

---

① 李玉泉. 保险法（第二版）[M]. 北京：法律出版社，2003：310 – 314.

险人对第三者依法应负的民事赔偿责任为保险标的而从事的保险业务，又可细分为雇主责任保险业务、公众责任保险业务、产品责任保险业务、职业责任保险业务等；信用保险业务是以债务人对被保险人的信用为保险标的而从事的保险业务，又可细分为出口信用保险业务、（国外）投资信用保险业务、（国内）商业信用保险业务等；保证保险业务是指保险人作为保证人向权利人提供担保，当被保证人的作为或者不作为致使权利人遭受经济损失时，保险人负责赔偿权利人损失的保险业务，又可分为诚实保证保险业务和确实保证保险业务两大类。前者的典型代表为雇员忠诚保证保险，后者如贷款保证保险。

（二）　人身保险业务

人身保险业务，是指以人的寿命和身体为保险标的而从事的保险业务。根据我国《保险法》第95条第1款的规定，人身保险业务包括人寿保险、健康保险、意外伤害保险等保险业务。人寿保险业务是指以被保险人在保险期限内死亡或者残废或者在保险期限届满时仍生存作为给付保险金条件而从事的保险业务；健康保险业务是指以被保险人在保险期限内发生疾病、分娩或由此引起残废、死亡作为给付保险金条件而从事的保险业务；意外伤害保险业务是指以被保险人遭受意外伤害而致身故或残疾为给付保险金条件而从事的保险业务。

（三）　与保险业务有关的其他业务

《保险法》第95条在2009年修订时扩展了保险公司的业务范围，在原来规定的财产保险业务和人身保险业务的基础上，增加了"国务院保险监督管理机构批准的与保险有关的其他业务"的规定，删除了原"保险公司不得兼营本法及其他法律、行政法规规定以外的业务"的规定。这主要是随着我国社会经济和金融行业的快速发展，保险公司在经营保险业务的同时，越来越广泛地参与到与保险相关的经济活动中，为社会提供与保险相关的各类服务。其中，部分已非传统商业保险所能涵盖。2006年6月，国务院发布的《关于保险业改革发展的若干意见》明确指出：要充分发挥保险机构在精算、投资、账户管理、养老金支付方面的专业优势，积极参与企业年金业务，扩展补充养老保险服务领域；要积极探索保险机构参与农村合作医疗管理的有效方式，推动新型农村合作医疗的健康发展。这一文件的出台在政策层面肯定了保险公司经营其他业务的导向，2009年《保险法》的修订更是从立法层面扩展了保险公司的业务范围，这也是现行《保险法》的规定。

二、保险兼营问题

关于保险公司能否同时经营财产保险业务和人身保险业务的问题，绝大多数国家的法律都出于切实保护广大被保险人的利益、保障保险公司稳健经营的目的，作了分业经营、禁止兼营的规定。也就是说，同一保险公司只能专营财产保险或者人身保险，财产保险公司以经营财产保险业务为限，人寿保险公司以经营人身保险业务为限，而不得既经营财产保险业务，又经营人身保险业务。需要特别予以注意的是，国外的保险分业经营规则所指的人身保险业务是指人寿保险业务，也就是要求财产保险和人寿保险分业经营；我国《保险法》也正是基于财产保险和人寿保险有本质区别，规定同一保险公司不得同时兼营财产保险业务和人身保险业务，只不过将健康保险、意外伤害保险和人寿保险划归为人身保险一类而已。

财产保险和人寿保险分业经营原则之所以成为世界上绝大多数国家共同的立法选择，有其深刻的理论依据。首先，财产保险和人寿保险的性质差别很大。财产保险的保险标的是财产及其相关利益，人寿保险的保险标的是人的寿命和身体；财产保险的保险期限一般为一年或一年以下，人寿保险的保险期限相对较长，甚至终身；财产保险旨在补偿被保险人受到的损失，具有补偿性质，人寿保险大部分都是定额给付性质的；财产保险的损失率较难预测，因此风险较大，人寿保险有精确的生命表作为精算基础，因此风险相对较小。其次，财产保险和人寿保险的经营技术截然不同。财产保险的保险费率基于保险标的的统计损失率制定，人寿保险的保险费率必须根据人寿保险的精算数理基础制定；财产保险的保险资金运用必须保持高度的流动性，人寿保险的保险资金运用的流动性要求不太高，可以投资于回报率较高、期限较长的项目；财产保险的责任准备金是按当年自留保险费的一定比例提取的，人寿保险的责任准备金是按有效人寿保险单的全部净值提取的；财产保险一般是以一年作为会计核算周期，人寿保险则以每份合同的有效期作为一个核算周期。

在论及保险分业经营规则时，有一个重要问题无论如何是无法回避的，那就是所谓的"第三领域"问题。这个问题不仅具有重大的理论意义，而且具有重大的现实意义。目前国际上普遍将人寿保险以外的人身保险业务，即短期健康保险业务和意外伤害保险业务界定为保险的"第三领域"，许多国家和地区都允许财产保险公司和人身保险公司同时经营这两项业务。短期健康保险和意外伤害保险的保险标的是人的生命和身体，这一点具有人身保险的特征。但是，短期健康保险和意外伤害保险与财产保险也有很多的一致之处[①]：首先，两者的精算基础是相同的，都是以损失率而非死亡率作为费率厘定的基础。这一点非常重要，因为精算基础决定保险运营的归属，它可以确定险种的设计和性质分类。其次，两者的会计核算基础是相同的。由于都属于短期性业务，可以在短期内核算出成本和利润，同时在责任准备金的提取和运用方面也是基本一致的。另外，短期健康保险和意外伤害保险的保险费一般不包含利息因素。因此费率的厘定与损失率具有高度相关性，这与财产保险也是一致的。而人寿保险由于是长期性业务，保险费率的厘定本身即已考虑累积的利息，因此费率本身并不代表死亡率。正是由于短期健康保险和意外伤害保险兼有人身保险和财产保险的双重性质，归入任何一方都有失偏颇，故而世界上许多国家和地区都将其视为"第三领域"，人身保险公司和财产保险公司都可以经营。

我国在1995年制定《保险法》时，根据当时我国保险业的实际发展水平，为控制经营风险，防止将寿险资金用于财产保险补偿，避免保险资金混合可能带来的大量挪用长期保险资金对短期保险事故进行赔付，从而影响保险公司对长期保险的偿付能力的问题，明确规定同一保险人不得同时兼营财产保险业务和人身保险业务，实际上也就禁止

[①]　秦道夫. 保险法论 [M]. 北京：机械工业出版社，2000：347.

了财产保险公司经营健康保险和意外伤害保险业务。随着我国保险业的发展和对外开放，保险理论界普遍认为应该按照寿险和非寿险划分保险业务，财产保险公司要求进入"第三领域"的呼声也很高。因此 2002 年《保险法》修改时参照了国际通行做法，规定财产保险公司经保险监督管理机构核定，可以经营短期健康保险业务和意外伤害保险业务。但是，长期健康保险仍然只能由人身保险公司经营，同时财产保险和人身保险这一传统分类方法仍未打破，健康保险和意外伤害保险与人寿保险在法律性质和业务操作方面的诸多差异仍未明确，因此 2002 年的这次修改并不彻底。2009 年、2014 年、2015 年《保险法》修改时也未涉及此内容。

至于财产保险公司、人寿保险公司能否通过设立子公司的方式经营对方的业务，我国《保险法》并没有禁止，应该允许。①

三、保险兼业问题

关于兼业问题，即保险公司是否可兼营银行业、证券业、信托业等其他金融业务的问题，各国保险法都有禁止兼业的明确规定。这样规定的目的在于避免保险公司分散力量，便于政府监督和管理，保护被保险人的利益。

与其他国家和地区的法律一样，我国《保险法》禁止保险公司兼营保险以外的其他业务。2009 年修订前的《保险法》第 92 条第 4 款规定："保险公司不得兼营本法及其他法律、行政法规规定以外的业务。"第 105 条第 3 款规定："保险公司的资金不得用于设立证券经营机构，不得用于设立保险业以外的企业。"《中华人民共和国证券法》第 6 条规定："证券业和银行业、信托业、保险业实行分业经营、分业管理，证券公司与银行、信托、保险业务机构分别设立。国家另有规定的除外。"现行《保险法》在 2009 年修订时虽然删除了原第 92 条第 4 款的规定，增加了保险公司可以经营"国务院保险监督管理机构批准的与保险有关的其他业务"的规定，但这种业务范围的放宽仅限于与保险相关的业务，并非允许混业经营。不仅如此，现行《保险法》第 8 条更是旗帜鲜明地规定了分业经营和分业监管的原则，规定"保险业和银行业、证券业、信托业实行分业经营、分业管理，保险公司与银行、证券、信托业务机构分别设立。国家另有规定的除外"。因此，尽管金融业的混业经营已成为一种趋势，但是在我国现行法律框架下，仍实行严格的分业经营。保险公司经营银行、证券、信托业务是严格禁止的。当然，本条同时规定"国家另有规定的除外"，为我国金融体制的进一步改革预留了空间。

第二节 责任准备金、公积金和保险保障基金

一、责任准备金

责任准备金，是指保险公司为了承担未到期责任和处理未决赔款而从保险费收入中提存的一种资金准备。责任准备金不是保险公司的营业收入，而是保险公司的负债，因

---

① 李玉泉．保险法（第二版）[M]．北京：法律出版社，2003：311.

此保险公司应有与责任准备金等值的资产作为后盾，随时准备履行其保险责任。提取足够的责任准备金是保险人履行赔偿或给付责任、保障被保险人权益的重要保证，各国法律都规定了保险人必须提存的责任准备金的种类和比例。我国《保险法》第98条规定："保险公司应当根据保障被保险人利益、保证偿付能力的原则，提取各项责任准备金。保险公司提取和结转责任准备金的具体办法，由国务院保险监督管理机构制定。"在我国现阶段，责任准备金分为非寿险业务责任准备金和寿险业务责任准备金。

（一）非寿险业务责任准备金

国务院保险监督管理机构2004年12月15日颁布、2005年1月15日起施行的《保险公司非寿险业务准备金管理办法（试行）》对非寿险业务准备金的种类、提取方法和定期报告作了明确规定，国务院保险监督管理机构随后下发了《保险公司非寿险业务准备金管理办法实施细则（试行）》（以下简称《办法》）。该《办法》是我国第一个与国际通行做法保持一致的非寿险责任准备金计提标准的行政规章，其颁布实施有利于保险公司稳健经营，有利于监管部门科学评估、防范保险公司非寿险业务的财务风险，保证保险公司偿付能力充足，保护被保险人利益。《办法》规定非寿险业务责任准备金包括未到期责任准备金、未决赔款准备金和国务院保险监督管理机构规定的其他种类责任准备金。

1. 未到期责任准备金。未到期责任准备金，是指在准备金评估日为尚未终止的保险责任而提取的准备金，包括保险公司为保险期间在一年以内（含一年）的保险合同项下尚未到期的保险责任而提取的准备金以及为保险期间在一年以上（不含一年）的保险合同项下尚未到期的保险责任而提取的长期责任准备金。之所以存在未到期责任准备金，根源于保险合同约定的保险责任期限与保险公司会计年度在时间上的不一致。保险公司的会计年度是从当年1月1日起至12月31日止，而保险责任期限则可以是任何一个时间段。因此，在会计年度决算时，必然有责任期限未届满或者虽已收取但应属于下一个年度收取的保险费，这一部分保险费即称为未到期责任准备金。

保险公司应当采用二十四分之一法、三百六十五分之一法提取非寿险业务的未到期责任准备金，对于某些特殊险种，根据其风险分布状况可以采用其他更为谨慎、合理的方法。其中，对于机动车辆法定第三者责任保险，应当采用三百六十五分之一法评估其未到期责任准备金。未到期责任准备金的提取方法一经确定，不得随意更改。

保险公司在提取未到期责任准备金时，要对其充足性进行测试。未到期责任准备金的提取金额应不低于以下两者中较大者：（1）预期未来发生的赔款与费用扣除相关投资收入之后的余额；（2）在责任准备金评估日假设所有保单退保时的退保金额。当未到期责任准备金不足时，应提取保费不足准备金，提取的保费不足准备金应能弥补未到期责任准备金和上述两者较大者之间的差额。

2. 未决赔款准备金。未决赔款准备金，是指保险公司为尚未结案的赔案而提取的准备金，包括已发生已报案未决赔款准备金、已发生未报案未决赔款准备金和理赔费用准备金。

已发生已报案未决赔款准备金，是指为保险事故已经发生并已向保险公司提出索赔，保险公司尚未结案的赔案而提取的准备金。其产生的原因是，尽管被保险人或者其受益人已经依据保险合同的约定，对保险事故导致的经济损失向保险公司提出索赔，但对于索赔请求，保险公司通常要进行审核，以确定是否属于保险责任及损失金额的多少，因此在最终履行赔偿责任前，保险公司应从保险费中扣除一部分资金，作为未决赔款准备金。保险公司对已发生已报案未决赔款准备金，应当采用逐案估计法、案均赔款法以及国务院保险监督管理机构认可的其他方法谨慎提取，同时在评估该项准备金时，不得扣减为相应赔案所预付的赔款。

已发生未报案未决赔款准备金，是指为保险事故已经发生，但尚未向保险公司提出索赔的赔案而提取的准备金。其产生的原因是，保险公司已知保险事故已发生，但被保险人或其受益人因种种原因未提出赔偿请求，并且对于该属于保险责任范围内的损失，保险公司应承担赔偿责任，因而也应提取未决赔款准备金。保险公司对已发生未报案未决赔款准备金，应当根据险种的风险性质、分布、经验数据等因素，采用链梯法、案均赔款法、准备金进展法、B–F法等其他合适的方法中的至少两种方法进行谨慎评估，并根据评估结果的最大值确定最佳估计值。

理赔费用准备金，是指为尚未结案的赔案可能发生的费用而提取的准备金。其中，为直接发生于具体赔案的专家费、律师费、损失检验费等而提取的为直接理赔费用准备金；为非直接发生于具体赔案的费用而提取的为间接理赔费用准备金。对直接理赔费用准备金，应当采取逐案预估法提取；对间接理赔费用准备金，应采用比较合理的比率分摊法提取。保险公司应对直接理赔费用准备金和间接理赔费用准备金所包含的内容、间接理赔费用准备金分摊方法、分摊比率等在保险公司非寿险业务准备金报表的附注中详细披露。

3. 其他责任准备金。除未到期责任准备金和未决赔款准备金之外的国务院保险监督管理机构规定应当提取的其他责任准备金，如巨灾风险责任准备金等，由国务院保险监督管理机构另行规定。

（二）　寿险业务责任准备金①

寿险业务责任准备金，也可分为未到期责任准备金和未决赔款准备金。

1. 未到期责任准备金。寿险业务未到期责任准备金，一般简称为"寿险责任准备金"。对于长期性的寿险业务，保险公司现在一般采用均衡保险费的方式经营。这种均衡保险费在保险期限的早期超过自然保险费，这些超过部分不是保险公司的盈利，而是保险公司对于保单持有人的负债，将其提为责任准备金以弥补后期均衡保险费低于自然保险费的差额。因此，此项寿险责任准备金加上未来所收自然保险费及利息收入，应当足够支付对全部保险单的当期给付责任。寿险责任准备金又可分为理论责任准备金与实际责任准备金。

（1）理论责任准备金。是指人寿保险未到期责任准备金理论上的提取方式，它仅根据均衡纯保险费与自然保险费的差额提取，假定在保险单签发后各年度发生的各项附加

---

①　秦道夫. 保险法论 [M]. 北京：机械工业出版社，2000：355–358.

费用相等，并不考虑各年度实际支出的附加费用的差别以及这些费用在时间上如何分摊。

（2）实际责任准备金。是指保险公司在实际业务中采用的计提寿险未到期责任准备金的方法，它考虑了各年间各项附加费用的不同开支情况，并以理论责任准备金为基础加以修订而计算的。

2. 未决赔款准备金。寿险未决赔款准备金的提取比较简单。人寿保险的保险责任认定相对于非寿险而言比较容易，索赔所需材料和证明比较少，给付金额也容易认定，理赔比较迅速，不致拖延很久。因此，对于寿险未决赔款准备金，也是在每年会计年度结束时，按照已经提出的保险给付金额以及已经发生保险事故但尚未提出的保险给付金额来提取。

二、公积金

根据我国《保险法》第 99 条规定，保险公司应当依法提取公积金。

公积金，是保险公司按照法律和公司章程的规定，提取的不作利润分配、而提留备用的那部分积累资金。根据我国《公司法》和有关财务会计制度的规定，公积金可以分为盈余公积金和资本公积金。前者来源于公司的税后利润，后者来源于盈余之外的财源。其中盈余公积金又分为法定盈余公积金和任意盈余公积金。法定盈余公积金是按照法律规定必须从当年税后利润中提取的公积金。根据《公司法》第 166 条规定，公司分配当年税后利润时，应当提取利润的 10% 列入公司法定公积金；当公司法定公积金累计额为公司注册资本的 50% 以上时，可不再提取；公司的法定公积金不足以弥补以前年度公司亏损的，在提取法定公积金之前，应当先用当年利润弥补亏损。任意公积金是根据公司章程及股东会的特别决议，在提取法定公积金后，从公司税后利润中提取的公积金。根据《公司法》第 167 条规定，资本公积金是指股份有限公司根据法律规定，自公司营业活动所得利润以外的财源提取的公积金。可以列为公司资本公积金的项目包括：以超过股票票面金额的发行价格发行股份所得的溢价款以及国务院财政部门规定列入资本公积金的其他收入。

对于保险公司来讲，提取公积金可以扩充资本实力，扩大经营规模，稳定公司经营，提高保险公司的信誉和竞争力，同时也增强了保险公司的偿付能力，有利于保护被保险人或受益人的利益。

关于公积金的用途，根据《公司法》第 168 条的规定，公司的公积金用于弥补公司的亏损，扩大公司生产经营或者转为增加公司资本。但是，资本公积金不得用于弥补公司亏损。法定公积金转为资本时，所留存的该项公积金不得少于转增前注册资本的 25%。

三、保险保障基金

我国《保险法》第 100 条规定："保险公司应当缴纳保险保障基金。保险保障基金应当集中管理，并在下列情形下统筹使用：（一）在保险公司被撤销或者被宣告破产时，向投保人、被保险人或者受益人提供救济；（二）在保险公司被撤销或者被宣告破产时，向依法接受其人寿保险合同的保险公司提供救济；（三）国务院规定的其他情形。保险保障基金筹集、管理和使用的具体办法，由国务院制定。"此前，国务院保险监督管理机构、财政部、中国人民银行共同制定了《保险保障基金管理办法》，于 2008 年 9 月 11 日公布施行。该《办法》已对保险保障基金的种类、缴纳、管理和监督、使用等事项作了明确规定，现行《保险法》在 2009 年修订时将原来的行政规章的主要内容上升为法律。

（一）保险保障基金的定义和种类

保险保障基金，是指根据《保险法》，由保险公司缴纳形成，按照集中管理、统筹使用的原则，在保险公司被撤销、被宣告破产及国务院保险监督管理机构认定属于保险业面临重大危机，可能严重危及社会公共利益和金融稳定的情形下，用于向保单持有人或者保单受让公司等提供救济的法定基金。

保险保障基金分为财产保险公司保障基金和人寿保险公司保障基金。财产保险公司保障基金由财产保险公司、综合再保险公司和财产再保险公司缴纳形成；人寿保险公司保障基金由人寿保险公司、健康保险公司和人寿再保险公司缴纳形成。

（二）保险保障基金公司

根据《保险保障基金管理办法》的规定，国家设立国有独资的中国保险保障基金有限责任公司（以下简称保险保障基金公司），依法负责保障基金的筹集、管理和使用。保险保障基金公司依法独立运作，其董事会对保险保障基金的合法使用以及安全负责。保险保障基金公司解散须经国务院批准。2015 年 12 月，国务院保险监督管理机构印发《中国保险保障基金有限责任公司业务监管办法》，对保险保障基金的筹集、管理、运作及信息报送等方面进行了规范。

保险保障基金公司依法建立健全公司治理结构、内部控制制度和风险管理制度，依法运营，独立核算。保险保障基金公司设立董事会，董事会成员由国务院保险监督管理机构、财政部、中国人民银行、国家税务总局、国务院法制办推荐。董事长为公司法定代表人，由国务院保险监督管理机构推荐，报国务院批准。保险保障基金公司应当按照《公司法》的规定设立有关组织机构，完善公司治理。

保险保障基金公司依法从事下列业务：（1）筹集、管理、运作保险保障基金；（2）监测保险业风险，发现保险公司经营管理中出现可能危及保单持有人和保险行业的重大风险时，向国务院保险监督管理机构提出监管处置建议，并将有关情况同时抄报财政部、中国人民银行；（3）对保单持有人、保单受让公司等个人和机构提供救助或者参与对保险业的风险处置工作；（4）在保险公司被依法撤销或者依法实施破产等情形下，参与保险公司的清算工作；（5）管理和处分受偿资产；（6）国务院批准的其他业务。

为依法救助保单持有人和保单受让公司、处置保险业风险的需要，经国务院保险监督管理机构商有关部门制订融资方案并报国务院批准后，保险保障基金公司可以多种形式融资。

（三）保险保障基金的筹集

保险保障基金的来源包括以下几个方面：（1）境内保险公司依法缴纳的保险保障基金；（2）保险保障基金公司依法从破产保险公司清算财产中获得的受偿收入；（3）捐

赠；（4）上述资金的投资收益；（5）其他合法收入。

　　保险公司应当按照下列规定，对经营的财产保险业务或者人身保险业务缴纳保险保障基金，缴纳保险保障基金的保险业务纳入保险保障基金救助范围：（1）非投资型财产保险按照保费收入的0.8%缴纳，投资型财产保险有保证收益的，按照业务收入的0.08%缴纳，无保证收益的，按照业务收入的0.05%缴纳；（2）有保证收益的人寿保险按照业务收入的0.15%缴纳，无保证收益的人寿保险按照业务收入的0.05%缴纳；（3）短期健康保险按照保费收入的0.8%缴纳，长期健康保险按照保费收入的0.15%缴纳；（4）非投资型意外伤害保险按照保费收入的0.8%缴纳，投资型意外伤害保险有保证收益的，按照业务收入的0.08%缴纳，无保证收益的，按照业务收入的0.05%缴纳。以上所称业务收入，是指投保人按照保险合同约定，为购买相应的保险产品支付给保险公司的全部金额。

　　下列业务不属于保险保障基金的救助范围，不缴纳保险保障基金：（1）保险公司承保的境外直接保险业务；（2）保险公司的再保险分入业务；（3）由国务院确定的国家财政承担最终风险的政策性保险业务；（4）保险公司从事的企业年金受托人、账户管理人等企业年金管理业务；（5）国务院保险监督管理机构会同有关部门认定的其他不属于保险保障基金救助范围的业务。保险公司被依法撤销或者被依法实施破产，其董事、高级管理人员或者股东因违反法律、行政法规或者国家有关规定，对公司被依法撤销或者依法实施破产负有直接责任的，对该董事、高级管理人员在该保险公司持有的保单利益、该股东在该保险公司持有的财产损失保险的保单利益，保险保障基金不予救助。

　　保险公司应当及时、足额将保险保障基金缴纳到保险保障基金公司的专门账户，有下列情形之一的，可以暂停缴纳：（1）财产保险公司的保险保障基金余额达到公司总资产6%的；（2）人身保险公司的保险保障基金余额达到公司总资产1%的。保险公司的保险保障基金余额减少或者总资产增加，其保险保障基金余额占总资产比例不能满足前款要求的，应当自动恢复缴纳保险保障基金。保险保障基金公司应当对每一保险公司缴纳的保险保障基金及其变动情况进行单独核算。保险公司的保险保障基金余额，是指该公司累计缴纳的保险保障基金金额加上分摊的投资收益，扣除各项分摊的费用支出和使用额以后的金额。

　　（四）保险保障基金的使用

　　有下列情形之一的，可以动用保险保障基金：（1）保险公司被依法撤销或者依法实施破产，其清算财产不足以偿付保单利益的；（2）国务院保险监督管理机构经商有关部门认定，保险公司存在重大风险，可能严重危及社会公共利益和金融稳定的。动用保险保障基金，由国务院保险监督管理机构拟定风险处置方案和使用办法，商有关部门后，报经国务院批准。保险保障基金公司按照风险处置方案和使用办法的规定，负责办理登记、发放、资金划拨等具体事宜。

　　保险保障基金公司应当对财产保险保障基金和人身保险保障基金分账管理、分别使用。财产保险保障基金仅用于向财产保险公司的保单持有人提供救助，以及在根据以上第（2）项认定存在重大风险的情形下，对财产保险公司进行风险处置。人身保险保障基金仅用于向人身保险公司的保单持有人和接受人寿保险合同的保单受让公司提供救助，以及在根据以上第（2）项认定存在重大风险的情形下，对人身保险公司进行风险处置。

保险公司被依法撤销或者被依法实施破产，其清算财产不足以偿付保单利益的，保险保障基金按照下列规则对非人寿保险合同的保单持有人提供救助：（1）保单持有人的损失在人民币5万元以内的部分，保险保障基金予以全额救助；（2）保单持有人为个人的，对其损失超过人民币5万元的部分，保险保障基金的救助金额为超过部分金额的90%；保单持有人为机构的，对其损失超过人民币5万元的部分，保险保障基金的救助金额为超过部分金额的80%。保单持有人的损失，是指保单持有人的保单利益与其从清算财产中获得的清偿金额之间的差额。

经营有人寿保险业务的保险公司被依法撤销或者依法实施破产的，其持有的人寿保险合同，必须依法转让给其他经营有人寿保险业务的保险公司；不能同其他保险公司达成转让协议的，由国务院保险监督管理机构指定经营有人寿保险业务的保险公司接收。

被依法撤销或者依法实施破产的保险公司的清算资产不足以偿付人寿保险合同保单利益的，保险保障基金可以按照下列规则向保单受让公司提供救助：（1）保单持有人为个人的，救助金额以转让后保单利益不超过转让前保单利益的90%为限；（2）保单持有人为机构的，救助金额以转让后保单利益不超过转让前保单利益的80%为限。保险保障基金依照前款规定向保单受让公司提供救助的，救助金额应保护中小保单持有人权益以维护保险市场稳定，并根据保险保障基金资金状况为原则确定。

为保障保单持有人的合法权益，根据社会经济发展的实际情况，经国务院批准，国务院保险监督管理机构可会同有关部门适时调整保险保障基金的救助金额和比例。

保险公司被依法撤销或者被依法实施破产，保险保障基金对保单持有人或者保单受让公司予以救助的，按照下列顺序从保险保障基金中扣减：（1）被依法撤销或者被依法实施破产的保险公司保险保障基金余额；（2）其他保险公司保险保障基金余额。其他保险公司保险保障基金余额的扣减金额，按照各保险公司上一年度市场份额计算。

保险公司被依法撤销或者被依法实施破产的，在撤销决定作出后或者在破产申请依法向人民法院提出前，保单持有人可以与保险保障基金公司签订债权转让协议，保险保障基金公司以保险保障基金向其支付救助款，并获得保单持有人对保险公司的债权。清算结束后，保险保障基金获得的清偿金额多于支付的救助款的，保险保障基金应当将差额部分返还给保单持有人。

（五）保险保障基金的管理和监督

国务院保险监督管理机构依法对保险保障基金公司的业务和保险保障基金的筹集、管理、运作进行监管。财政部负责保险保障基金公司的国有资产管理和财务监督。保险保障基金公司预算、决算方案由保险保障基金公司董事会制订，报财政部审批。

保险保障基金的资金运用应当遵循安全性、流动性和收益性原则，在确保资产安全的前提下实现保值增值。保险保障基金的资金运用限于银行存款、买卖政府债券、中央银行票据、中央企业债券、中央级金融机构发行的金融债券，以及国务院批准的其他资

金运用形式。保险保障基金公司可以委托专业的投资管理机构对保险保障基金进行投资管理，并对委托投资管理的保险保障基金实行第三方托管。

第三节　偿付能力

偿付能力，是指保险公司偿还债务的能力，即保险公司是否有足够的资产来匹配其负债，特别是履行其给付保险金或赔款的义务。保险公司必须具备最低的偿付能力，不仅是保护被保险人利益的需要，也是保险公司自身稳定经营乃至保险业可持续发展的需要。因为保险公司是经营风险的特殊企业，必须随时准备应付各种灾害事故的发生，这就必然要求其拥有足够的资金积累和最低的偿付能力。如果保险公司偿付能力不足，不能赔偿被保险人的经济损失，不仅损害了被保险人的利益，而且也会影响社会生产的稳定和人民生活的安定。因此，保险公司偿付能力已成为保险监管工作的核心内容，许多国家对保险公司的最低偿付能力都有明确规定。

我国《保险法》第101、137、138、144条均涉及偿付能力。其中第101条和第137条是原则性规定。第101条规定："保险公司应当具有与其业务规模和风险程度相适应的最低偿付能力。保险公司的认可资产减去认可负债的差额不得低于国务院保险监督管理机构规定的数额；低于规定数额的，应当按照国务院保险监督管理机构的要求采取相应措施达到规定的数额。"第137条规定："国务院保险监督管理机构应当建立健全保险公司偿付能力监管体系，对保险公司的偿付能力实施监控。"

2001年1月23日，中国保监会制定了《保险公司最低偿付能力及监管指标管理规定（试行）》，第一次系统、全面地对保险公司偿付能力监管作出规定。2003年3月24日，中国保监会在对上述《规定》进行修改的基础上，发布了《保险公司偿付能力额度及监管指标管理规定》，据此构筑起对保险公司偿付能力状况监测的两道防线：第一道防线是通过监管指标体系对保险公司的偿付能力状态和变化趋势进行监测，第二道防线是强制性的偿付能力额度监管。

2008年7月10日，为了适应保险业在新阶段的发展、改革、开放和监管的客观要求，中国保监会在反复调查研究、借鉴国际先进经验和结合我国国情的基础上，制定发布了《保险公司偿付能力管理规定》。该规定的出台对提高我国保险监管的效率和效果，增强保险行业抵御风险和自我发展的能力，对我国保险业的发展改革具有重要意义。2008年10月21日，中国保监会又发布了《关于实施〈保险公司偿付能力管理规定〉有关事项的通知》，对最低资本评估标准、外国保险公司在华分支机构并表评估、季度偿付能力报告的报送时间、计算资金运用比例的总资产口径以及具体实施的要求作出了进一步细化。2009年《保险法》修订中对于偿付能力的修改也基本上是吸收了2008年两个文件的精神。

2013年5月，中国保监会发布《中国第二代偿付能力监管制度体系整体框架》（以下简称"偿二代"），提出第二代偿付能力监管的顶层设计。这一整体框架明确了"偿二代"的总体目标,确立了"三支柱"框架体系,制定了"偿二代"建设的若干基本技术原则。随后,中国保监会启动了"偿二代"具体技术标准的研制工作。2015 年 2 月,中国保监会印发《保险公司偿付能力监管规则(1—17 号)》,正式发布"偿二代"全部主干技术标准,内容涵盖实际资本、最低资本、寿险合同负债评估、保险风险最低资本(分成非寿险业务、寿险业务、再保险公司三个监管规则)、市场风险最低资本、信用风险最低资本、压力测试、风险综合评级(分类监管)、偿付能力风险管理要求与评估、流动性风险、偿付能力信息公开披露、偿付能力信息交流、保险公司信用评级、偿付能力报告、保险集团等共 17 项监管规则。至此,中国第二代偿付能力监管体系基本形成,现将其主要内容分述如下。

一、中国第二代偿付能力监管体系的整体框架

"偿二代"的整体框架由制度特征、监管要素和监管基础三大部分构成,如图 25 – 1 所示。

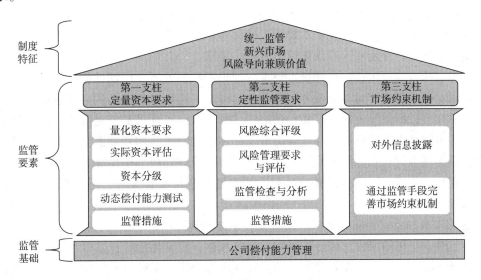

图 25 – 1　中国第二代偿付能力监管体系

(一)制度特征

我国"偿二代"的三大制度特征分别是:

1. 统一监管。我国保险市场是全国统一监管,这与美国以州为单位和欧盟以成员国为单位的分散保险监管体制有重要区别。在我国新的第二代偿付能力制度体系中,不用考虑分散监管导致的复杂技术和制度安排,可以简化监管机制,提高监管效率。此外,我国在发挥统一监管优势的同时,还充分考虑各地差异,适应不同地域保险市场监管需要。

2. 新兴市场。"偿二代"充分考虑我国作为新兴保险市场在人才储备、数据积累、资本来源等方面的特征,制定适合我国国情的监管要求。"偿二代"与欧美成熟市场的偿付能力监管制度相比,更加注重保险公司的资本成本,提高资本使用效益;更加注重定性监管,充分发挥定性监管对定量监管的协同作用;更加注重制度建设的市场适应性和动态性，以满足市场快速发展的需要；更加注重监管政策的执行力和约束力，及时识别和化解各类风险；更加注重各项制度的可操作性，提高制度的执行效果。

3. 风险导向兼顾价值。防范风险是偿付能力监管的永恒主题，是保险监管的基本职责，"偿二代"以风险为导向，全面、科学、准确地反映风险，识别和守住行业不发生系统性和区域性风险的底线。同时，我国偿付能力监管中资产负债评估以及资本要求标准公允、恰当，兼顾保险业资本使用效率和效益，有效提升保险公司的个体价值和保险行业的竞争力。

（二）监管要素

监管要素是偿付能力监管的三支柱，分别从定量资本要求、定性监管要求和市场约束机制三个方面对保险公司的偿付能力进行监督和管理，主要规范偿付能力监管的内容、原则、方法和标准。

1. 第一支柱：定量资本要求。第一支柱定量资本要求主要防范能够量化的风险，通过科学地识别和量化各类风险，要求保险公司具备与其风险相适应的资本。主要包括五部分内容：一是第一支柱量化资本要求，具体包括：保险风险资本要求；市场风险资本要求；信用风险资本要求；宏观审慎监管资本要求，即对顺周期风险、系统重要性机构风险等提出的资本要求；调控性资本要求，即根据行业发展、市场调控和特定保险公司风险管理水平的需要，对部分业务、部分公司提出一定期限的资本调整要求。二是实际资本评估标准，即保险公司资产和负债的评估标准和认可标准。三是资本分级，即对保险公司的实际资本进行分级，明确各类资本的标准和特点。四是动态偿付能力测试，即保险公司在基本情景和各种不利情景下，对未来一段时间内的偿付能力状况进行预测和评价。五是监管措施，即监管机构对不满足定量资本要求的保险公司，区分不同情形，可采取的监管干预措施。

2. 第二支柱：定性监管要求。第二支柱定性监管要求，是在第一支柱的基础上，进一步防范难以量化的风险，如操作风险、战略风险、声誉风险、流动性风险等。主要包括四部分内容：一是风险综合评级，即监管部门综合第一支柱对能够量化的风险的定量评价，和第二支柱对难以量化风险（包括操作风险、战略风险、声誉风险和流动性风险）的定性评价，对保险公司总体的偿付能力风险水平进行全面评价。二是保险公司风险管理要求与评估，即监管部门对保险公司的风险管理提出具体监管要求，如治理结构、内部控制、管理架构和流程等，并对保险公司风险管理能力和风险状况进行评估。三是监管检查和分析，即对保险公司偿付能力状况进行现场检查和非现场分析。四是监管措施，即监管机构对不满足定性监管要求的保险公司，区分不同情形，可采取的监管干预措施。

3. 第三支柱：市场约束机制。第三支柱市场约束机制，是引导、促进和发挥市场相关利益人的力量，通过对外信息披露等手段，借助市场的约束力，加强对保险公司偿付能力的监管，进一步防范风险。主要包括两项内容：一是通过对外信息披露手段，充分利用除监管部门之外的市场力量，对保险公司进行约束；二是监管部门通过多种手段，完善市场约束机制，优化市场环境，促进市场力量更好地发挥对保险公司风险管理和价值评估的约束作用。

三个支柱都是保险公司外部的偿付能力监管。三个支柱的作用各不相同，在防范风险方面各有侧重。三个支柱相互配合、相互补充，成为完整的风险识别、分类和防范的体系。

（三）　监管基础

保险公司内部偿付能力管理是企业内部的管理行为，在偿付能力监管中具有十分重要的作用，主要体现在两个方面：

1. 内部偿付能力管理是外部偿付能力监管的前提、基础和落脚点。特定阶段，外部偿付能力监管必须与当时的行业内部偿付能力管理水平相适应。两者既相互依存，又相互制约、相互促进。好的偿付能力监管体系，能够激励保险公司不断提升其内部偿付能力管理水平。

2. 内部偿付能力管理是保险公司的"免疫系统"和"反应系统"。科学有效的内部偿付能力管理制度和机制，可以主动识别和防范各类风险，对各类风险变化做出及时反应。

二、监管指标

（一）　偿付能力充足指标

"偿二代"评价保险公司偿付能力状况的指标有三个：核心偿付能力充足率、综合偿付能力充足率和风险综合评级。

1. 核心偿付能力充足率，是指核心资本与最低资本的比率，反映保险公司核心资本的充足状况。

2. 综合偿付能力充足率，是指核心资本和附属资本之和与最低资本的比率，反映保险公司总体资本的充足状况。

3. 风险综合评级，综合第一支柱对能够量化的风险的定量评价，和第二支柱对难以量化风险的定性评价，对保险公司总体的偿付能力风险水平进行全面评价所得到的评级，评级结果反映了保险公司综合的偿付能力风险。

核心偿付能力充足率、综合偿付能力充足率反映公司量化风险的资本充足状况，风险综合评级反映公司与偿付能力相关的全部风险的状况。

（二）　实际资本

实际资本，是指保险公司在持续经营或破产清算状况下可以吸收损失的经济资源。根据损失吸收能力的大小，实际资本分为核心资本和附属资本。核心资本，是指在持续经营状态下和破产清算状态下均可以吸收损失的资本；附属资本，是指在破产清算状态下可以吸收损失的资本。核心资本和附属资本应该保持合理的数量关系，确保资本质量。附属资本不得超过核心资本。

实际资本等于保险公司认可资产减去认可负债后的余额。认可资产是保险公司依据国务院保险监督管理机构的有关规定，以偿付能力监管为目的所确认和计量的资产。认可负债是保险公司依据国务院保险监督管理机构的有关规定，以偿付能力监管为目的所确认和计量的负债。

（三） 最低资本

最低资本，是指保险公司为了应对市场风险、信用风险、保险风险等各类风险对偿付能力的不利影响，依据监管机构的规定而应当具有的资本数额。

确定最低资本时，必须处理好风险防范与价值增长的关系，建立恰当的最低资本标准，既能有效防范风险，又能避免资本冗余。"偿二代"的最低资本应当是集中反映不同利益诉求、兼顾各方利益的均衡、公允的资本。

三、分类监管评价及监管措施

分类监管，即风险综合评级，是指国务院保险监督管理机构以风险为导向，综合分析、评价保险公司的各类风险，根据其综合风险的大小，评定为不同的监管类别，并采取相应监管政策或监管措施的监管活动。分类监管评价结果综合反映保险公司偿付能力风险的整体状况，包括资本充足状况和其他偿付能力风险状况。

国务院保险监督管理机构按偿付能力综合风险的高低，将保险公司分为四个监管类别：

A类公司，指偿付能力充足率达标，且操作风险、战略风险、声誉风险和流动性风险小的公司；

B类公司，指偿付能力充足率达标，且操作风险、战略风险、声誉风险和流动性风险较小的公司；

C类公司，指偿付能力充足率不达标，或者偿付能力充足率虽然达标，但操作风险、战略风险、声誉风险和流动性风险中某一类或几类风险较大的公司；

D类公司，指偿付能力充足率不达标，或者偿付能力充足率虽然达标，但操作风险、战略风险、声誉风险和流动性风险中某一类或几类风险严重的公司。

分类监管评价采用加权平均法。其中，量化风险评分所占权重为50%；难以量化风险评分所占权重为50%。量化风险根据保险公司的偿付能力充足率的水平和变化特征进行评分；难以量化风险根据特定风险的外部环境、分布特征、预期损失、历史经验数据、日常监管信息等因素进行评分。

国务院保险监督管理机构在市场准入、产品管理、资金运用、现场检查等方面，对A、B、C、D四类保险公司及其分支机构实施"奖优罚劣"的差异化监管政策，对B、C、D类公司采取相应的监管措施。

对B类公司，可根据公司存在的风险点，采取以下一项或多项具有针对性监管措施：风险提示；监管谈话；要求限期整改存在的问题；进行专项现场检查；要求提交和实施预防偿付能力充足率不达标的计划。

对核心偿付能力充足率或综合偿付能力充足率不达标的C类公司，除可采取对B类公司的监管措施外，还可以根据公司偿付能力充足率不达标的原因采取以下一项或多项具有针对性的监管措施，包括但不限于：责令调整业务结构，限制业务和资产增长速度，限制增设分支机构，限制商业性广告；责令调整资产结构或交易对手，限制投资形式或比例；责令增加资本金、限制向股东分红；限制业务范围、责令转让保险业务或者责令办理分出业务；限制董事和高级管理人员的薪酬水平；责令调整公司负责人及有关管理人员。

对偿付能力充足率达标，但是操作风险、战略风险、声誉风险、流动性风险中某一类或某几类风险较大的 C 类公司，可采取以下监管措施：

对操作风险较大的 C 类公司，针对公司存在的具体问题，对其公司治理、内控流程、人员管理、信息系统等采取相应监管措施；

对战略风险较大的 C 类公司，针对公司在战略制定、战略执行等方面存在的问题，采取相应监管措施；

对声誉风险较大的 C 类公司，针对公司产生声誉风险的原因，采取相应监管措施；

对流动性风险较大的 C 类公司，针对公司产生流动性风险的原因，根据《保险公司偿付能力监管规则第 12 号：流动性风险》有关规定采取相应监管措施。

对 D 类公司，除可采取对 B、C 类公司的监管措施外，还可以根据情况采取责令停止新业务、整顿、接管以及国务院保险监督管理机构认为必要的其他监管措施。

第四节　保险资金运用

一、保险资金运用的概念

保险资金运用，是指保险公司在业务经营过程中，将积累的各种保险资金进行投资或融资，使其保值增值的活动。保险资金，是指保险公司通过各种渠道聚集的各种资金的总和，是保险公司以本外币计价的资本金、公积金、未分配利润、各项准备金以及其他资金。从保险资金来源分析，包括：（1）权益资金，即属于保险公司股东所有的资金，包括资本金、公积金和未分配利润；（2）各项责任准备金；（3）其他资金，如一些临时占用、应支出而尚未支付的资金。

二、保险资金运用的作用

（一）保险资金运用是现代保险业的重要利润来源

与传统保险业的利润来源主要依靠承保利润不同，现代保险业的保险资金运用已成为其非常重要的利润来源，有人形象地称保险业务和保险资金运用是现代保险业的"两个轮子"，缺一不可。尤其是随着保险市场竞争的日趋激烈及金融业的混业经营，保险公司面临的压力越来越大，承保利润空间越来越小，甚至趋于负数，保险资金运用日显重要，将成为现代保险业的主要利润来源。

（二）保险资金运用有利于增强保险公司的偿付能力

保险公司通过运用保险资金，可以获得投资收益，加快资金积累，从而增强保险公司承担赔偿或给付责任的能力；同时通过资金运用，可以调整保险公司的资产结构，使之向良性方向发展。保险公司偿付能力的提高，有利于进一步保护被保险人的合法权益，保证保险合同的履行，维护保险市场的秩序和社会稳定。

（三）保险资金运用有利于提高保险公司的竞争能力

保险公司通过运用保险资金，可以增强其经济实力，从而提高承保能力，扩大业务量，提升保险公司的信誉，为制定灵活的保险费率、满足不同投保人的各种保险需求、提高服务质量打下坚实的基础，从而在激烈的市场竞争中处于有利地位。

（四）保险资金运用有利于提高保险资金的社会效益

保险资金的运用直接推动了金融市场的发展和繁荣，是金融市场资金的重要组成部分。同时，保险公司通过资金运用，将分散闲置的资金集中起来，根据社会需求进行资金运用，可以加快资金流通，提高资金效益，从而促进社会经济的发展。

三、保险资金运用的原则

保险公司可运用的资金，除了权益资金以外，主要是各项责任准备金。责任准备金作为保险公司的负债，随时担负着补偿灾害损失和给付保险金的任务，因此保险公司的资金运用必须遵循安全性、效益性和流动性三大原则。我国《保险法》第 106 条对保险资金的运用原则作了明确规定："保险公司的资金运用必须稳健，遵循安全性原则。"

（一）安全性原则

安全性原则是保险资金运用的核心原则，也是保护被保险人利益和确保保险公司偿付能力的需要。保险资金运用的安全性原则是由保险资金的特点决定的。因为保险资金的大部分最终将以各种形式返还给被保险人，保险公司对这大部分资金只有使用权而没有所有权。因此，保险资金的运用必须确保安全，不能盲目投资，对投资项目必须进行可行性研究和分析，选择最佳的资金运用方案，使风险降到最低点，保证保险资金在运用过程中免遭损失，并能按时收回。保险投资应避免依赖直觉或经验，而应基于经济状况、产业政策及各种企业的实态来把握投资方向，并作适当的选择；同时，资金投放的种类要做到多样化，区域要做到分散化，尽可能分散于各个不同的地区，以实现投资的安全性。

（二）效益性原则

运用保险资金以求得更高的经济效益，是保险资金运用的直接目的。如果资金运用没有效益，也就失去了资金运用的意义。高效益不仅可以为保险公司带来巨大的经济效益，而且还会带来良好的社会效益，既可以增强企业的偿付能力，又可以降低费率和扩大业务规模。这就要求保险公司在资金运用项目上选择效益高的项目，在一定的风险限度内力争实现收益最大化，确保资产的保值增值。但是，从投资学的角度来看，风险越大收益越高，风险越小收益越低，这就要求保险公司在运用保险资金时要从安全性、盈利性之间选择一种最理想的搭配。

（三）流动性原则

保险资金运用的流动性，也称保险资金运用的变现性，是指在不损失价值的前提下把资产立即变成现金的能力。由于保险企业担负着经济补偿的任务，而保险事故的发生又具有随机性的特点，因此，保险资金运用必须保持足够的流动性，以便随时满足保险赔偿或给付的需要。不同的保险业务对资金流动性的要求不尽相同。一般来说，财产保险期限短，危险发生的频率和损失程度变化较大，对资金运用的流动性要求较高，故应偏重于短期投资；而人寿保险期限长，大量的满期给付是可以预先确定的，对资金运用的流动性要求低一些，故可用作长期投资。因此，保险公司应依据不同业务对资金运用的不同要求，选择适当的投资形式和项目。

保险资金运用的安全性、效益性和流动性是相互联系又相互制约的。从总体上看，安全性和流动性是成正比的，流动性较强的资产易于变现，通常有安全保障，风险较小，流动性较差的资产风险也较大；流动性、安全性与效益性成反比，通常来说，流动性强、安全性好的资产，盈利较低，反之则盈利较高。保险资金运用应在保证安全性和流动性的前提下，追求最大限度的效益。流动性是实现安全性的必要手段，安全性是效益性的基础，追求效益最大化则是安全性和流动性的最终目标。

四、保险资金运用的模式

保险资金运用是保险经营的核心环节，是保险公司利润的主要来源之一，而保险资金运用模式是保险商业模式的核心组成部分。保险资金运用模式对于提升保险资金的投资收益率、理顺保险资产与负债关系、驱动保险业务发展都有非常重要的意义。我国《保险法》没有直接规定保险资金运用的模式，但是明确"保险公司资金运用的具体管理办法，由国务院保险监督管理机构依照前两款的规定制定"。2018 年 1 月 24 日中国保监会发布的《保险资金运用管理办法》第 21 条明确了保险资金运用模式的总体要求，规定保险公司"应当按照'集中管理、统一配置、专业运作'的要求，实行保险资金的集约化、专业化管理"。同时，第 26 条明确了保险资金运用的自主投资模式和委托投资模式，即"保险集团（控股）公司、保险公司根据投资管理能力和风险管理能力，可以按照相关监管规定自行投资或者委托符合条件的投资管理人作为受托人进行投资。"

（一）自主投资模式

自主投资模式，是指保险公司通过在公司内部设立专门的投资部门进行本公司的投资运作的模式。自主投资模式下，投资的主要环节如投资研究、战略资产配置、战术资产配置、投资操作、投资运营、风险管控、绩效管理等职能和环节全部在保险公司内部完成。因此，保险公司需要设立相对完备的投资管理部门或招聘相应人员。另外，我国目前保险资金运用范围较广阔，2013 年 1 月 24 日中国保监会发布《关于加强和改进保险机构投资管理能力建设有关事项的通知》，将保险机构投资管理能力分为 7 类：股票投资能力、无担保债券投资能力、股权投资能力、不动产投资能力、基础设施投资计划产品创新能力、不动产投资计划产品创新能力和衍生品运用能力，保险公司必须经国务院保险监督管理机构备案后方能取得这些风险较高的投资能力资质。

（二）全委托投资模式

全委托投资模式，是指保险公司全权委托专业化的保险资产管理机构来完成保险资金的投资管理和运用的模式。保险资产管理机构，是指经国务院保险监督管理部门同意，依法登记注册，受托管理保险资金等资金的金融机构，包括保险资产管理公司及其子公司、其他专业保险资产管理机构。

在全委托模式下，保险公司资金投资的主要职能和环节如投资研究、战略资产配置、战术资产配置、投资操作、投资运营、风险管控、绩效管理等全部由受托的资产管理机构来完成。投资管理机构按照受托的资金规模向保险公司收取一定的委托管理费用。

全委托投资模式多用于在同一保险公司或保险集团下成立专业的资产管理公司,保险公司或保险集团将保险资金全权委托给专业的资产管理公司来投资和管理,保险资产管理公司对于保险资金的投资结果负全责。另有部分中小保险公司,自身不具备投资能力或者暂时不具备投资管理能力,也可以委托外部的资产管理公司或合格的投资管理机构来全权进行保险资金运用。

（三）自主配置加委托投资模式

自主配置加委托投资模式,是由保险公司内部的投资管理部门进行研究、配置、风险管控、绩效管理等,并委托保险公司以外的资产管理公司、基金公司、券商等合格投资主体进行专业化的投资运作的模式。这种模式是自主投资模式与委托投资模式的一种结合,可以发挥保险公司和专业投资机构两者的优势,避免单一机构和模式的弱点和局限性。

五、国外保险资金运用的主要形式

在西方发达国家,保险资金运用已经发展得非常成熟,在社会经济生活特别是金融市场中扮演着非常重要的角色。由于这些国家市场经济体系较为完善,社会、企业、个人的信用体系相当健全,政府对保险公司的经营行为管制较少,保险资金运用的范围较广,投资方式多样。综观西方各国对保险投资的立法规定,保险资金的运用形式主要有以下五种：银行存款、债券、股票、不动产、贷款。[①]

（一）银行存款

银行存款,是指将保险资金存放于银行或其他金融机构。从资金运用的安全性和流动性着眼,银行存款是可行的；但银行存款的利率总体偏低,从效益性考虑,银行存款不应称为保险资金运用的主要形式。由于保险公司随时要对被保险人支付保险金或退保金等款项,因此保险公司也必须有一定比例的资金存放在银行短期存款项目中,以备随时支取。

（二）债券

债券,是国家或企业为筹集资金而向债权人发行的债权凭证,到期还本付息,收益率固定。债券按发行人的不同可以分为政府债券和企业债券。政府债券的债务人是中央政府或地方政府,由于无违约风险且能享受某种税收优惠,因而很受保险公司青睐；公司债券的债务人是公司,安全性较政府债券低,但往往有比政府债券更高的收益率,因而在保险公司的资金运用中也占有一定的比例。西方各国对保险资金的债券投资有不同的规定。

（三）股票

股票,是公司为筹集资金而向投资者发行的一种所有权凭证,一般分为普通股和优先股。普通股风险较大,其股息的有无,完全取决于年度终了满足各种优先请求权后有无盈余；如无盈余,则无股息分配,如有巨额盈余,股息的分配就十分丰厚。优先股同时具有债券和普通股的某些特点,有固定的收益,遇公司破产或清算时其请求权在债券

---

① 秦道夫. 保险法论 [M]. 北京：机械工业出版社, 2000：392 – 397.

之后，但在普通股之前；优先股也代表了对公司的所有权，但它不能像普通股那样参与利润分红和公司的经营管理。优先股收益率稳定，一般高于债券的收益率，风险较普通股小，因而较受保险公司的欢迎。鉴于投资股票的风险较大，西方各国一般都规定保险公司对股票的投资总额不得超过总资产的一定比例，或限制、禁止保险公司投资普通股等。

（四）　不动产

不动产投资，在西方保险业中非常普遍。它的优点是便于投资者对资产项目的管理和控制，且收益性较好。但不动产投资具有风险大、周期长的特点，对不动产投资过多，势必严重影响保险资金的流动性，所以这些国家的保险法对保险公司的不动产投资，尤其是对纯为收益而进行的不动产投资严加限制，以使保险公司的资金保持一定的流动性。

（五）　贷款

贷款，也是西方发达国家保险业中较为常见的一种资金运用方式。保险公司发放的贷款一般为抵押贷款，即以不动产、有价证券或寿险保单为抵押的贷款。抵押贷款由于具有抵押物，在债务人逾期不能清偿贷款时，保险公司有权处理抵押物用于偿还贷款，因而相对较为安全。但由于抵押贷款的流动性较差，同时对抵押物的处置往往受市场条件的限制，很难全额清偿贷款，因而上述国家的保险法一般都规定保险公司的贷款总额不得超过总资产的一定比例，以此来保证保险资金运用的安全。

六、我国保险资金运用的主要形式

长期以来，我国对保险资金运用的重要性缺乏清醒的认识，一直到 20 世纪 80 年代末，保险公司的资金基本上都是存入银行。20 世纪 90 年代初，由于我国经济体制处于转型阶段，随着"全民经商"热潮的兴起，保险资金运用渠道全面放开，在投资权限分散、专业人才奇缺、投资经验缺乏、管理水平滞后、风险意识不强的情况下，保险资金广泛投入房地产、有价证券、信托等领域，产生了极大的投资风险，形成了大量不良资产。正是这一时期保险资金运用出现的问题和教训，使得我国在这以后对保险资金运用一直保持非常谨慎的态度。

1995 年颁布的《保险法》对保险资金的运用形式作了严格规定，其第 104 条规定："保险公司的资金运用必须稳健，遵循安全性原则，并保证资产的保值增值。保险公司的资金运用，限于在银行存款、买卖政府债券、金融债券和国务院规定的其他资金运用形式。保险公司的资金不得用于设立证券经营机构和向企业投资。保险公司运用的资金和具体项目的资金占其资金总额的具体比例，由金融监督管理部门规定。"这一规定由于限制得太严，无法实现保险资金运用的最终目的。

2002 年修改《保险法》时，也只是对原有的禁止性规定作了适当修改，即"保险公司的资金不得用于设立证券经营机构，不得用于设立保险业以外的企业"，没有增加列举新的资金运用渠道。

2002 年《保险法》修改以后，随着我国保险业的不断发展，保险资金运用的限制日益成为保险业发展的桎梏，导致保险公司资金积累过慢、偿付能力难以迅速提高，尤其是在通货膨胀的情况下，被保险人的利益得不到有效保障。近年来，随着保险业可运用资金的迅猛增加，根据原《保险法》中的授权性规定，国务院开始逐步拓宽保险资金运用的渠道。2009 年修改《保险法》时，保险资金运用部分的修改较大，主要是放宽了保险公司资金运用的渠道。具体体现在：一是将当时政策已经允许的投资渠道纳入保险法的规定，将原《保险法》规定的"买卖政府债券、金融债券"，修改为"买卖债券、股票、证券投资基金等有价证券"；二是增加了保险资金可以投资于不动产的规定；三是删去了原《保险法》关于"保险公司的资金不得用于设立证券经营机构，不得用于设立保险业以外的企业"的限制性规定。现行《保险法》关于保险资金运用的规定到目前为止没有修改。现行《保险法》第 106 条对保险资金运用的形式规定为四种：（1）银行存款；（2）买卖债券、股票、证券投资基金份额等有价证券；（3）投资不动产；（4）国务院规定的其他资金运用形式。

根据《保险资金运用管理办法》规定，除中国保监会另有规定以外，保险集团（控股）公司、保险公司从事保险资金运用，不得有下列行为：

（1）存款于非银行金融机构；

（2）买入被交易所实行"特别处理""警示存在终止上市风险的特别处理"的股票；

（3）投资不符合国家产业政策的企业股权和不动产；

（4）直接从事房地产开发建设；

（5）将保险资金运用形成的投资资产用于向他人提供担保或者发放贷款，个人保单质押贷款除外；

（6）国务院保险监督管理机构禁止的其他投资行为。

2014 年 2 月，中国保监会发布《关于加强和改进保险资金运用比例监管的通知》，将保险资金可投资的金融资产分为流动性资产、固定收益类资产、权益类资产、不动产类资产和其他金融资产等五大类资产。其中，投资权益类资产的账面余额，合计不高于本公司上季末总资产的 30%；投资不动产类资产的账面余额，合计不高于本公司上季末总资产的 30%；投资其他金融资产的账面余额，合计不高于本公司上季末总资产的 25%；境外投资余额，合计不高于本公司上季末总资产的 15%。

根据《保险法》、国务院和国务院保险监督管理机构的有关规定，现将我国现行的保险资金运用的主要形式分述如下。

（一）银行存款

银行存款，是指保险公司将资金存入银行，以获取利息收入的一种资金运用形式。这种方式的特点是安全性、流动性好，但由于目前我国存款利率非常低，因此收益偏低。银行存款仍是目前我国保险资金运用的主要形式。

我国《保险法》第 97 条规定："保险公司应当按照其注册资本总额的百分之二十提取保证金，存入国务院保险监督管理机构指定的银行，除公司清算时用于清偿债务外，不得动用。"实践中，保险公司缴存保证金也被认为是以银行存款的方式运用保险资金。

1999 年 10 月 27 日，中国保监会转发了中国人民银行 1999 年 10 月 18 日给其的

《关于同意商业银行试办保险公司协议存款的复函》，明确了商业银行法人可以对中资保险公司法人试办大额协议存款。大额协议存款为保险资金运用提供了较高的稳定收益，一度成为保险资金运用收益的主要来源。大额协议存款占保险公司银行存款的 70% 之多。

（二）债券

保险资金投资的债券，应当达到国务院保险监督管理机构认可的信用评级机构评定的、且符合规定要求的信用级别，主要包括政府债券、金融债券、企业（公司）债券、非金融企业债务融资工具以及符合规定的其他债券。从 1999 年开始，国务院保险监督管理机构陆续制定了《保险公司购买中央企业债券管理办法》《关于允许保险公司购买电信通讯类企业债券的通知》《关于保险公司投资银行次级定期债务有关事项的通知》《关于调整保险公司投资银行次级债券、银行次级定期债务和企业债券比例的通知》《关于保险公司投资可转换公司债券有关事项的通知》《关于保险公司、保险资产管理公司投资保险公司次级定期债务的通知》等一系列文件，允许保险公司购买中央企业债券、电信通讯类企业债券、银行和保险公司次级定期债务以及可转换公司债券，对保险资金投资债券进行规范，逐步扩大保险资金投资债券的范围。

2005 年 8 月 17 日，中国保监会制定了《保险机构投资者债券投资管理暂行办法》（保监发〔2005〕72 号），对保险债券投资政策进行了系统整合，重新划分了债券类别，增加了新的投资品种，调整了具体投资比例。2012 年 7 月 16 日，中国保监会印发《保险资金投资债券暂行办法》（保监发〔2012〕58 号），取代了 2005 年的《保险机构投资者债券投资管理暂行办法》。2012 年的《暂行办法》增加了混合债券等投资品种；调整了投资比例，提高了无担保债券投资上限；适度放宽了发行限制；加强了风险管控，明确了发行人的资质、信用评级等。

2007 年 1 月 8 日，中国保监会发布了《保险机构债券投资信用评级指引（试行）》，对发债主体信用评级和债券信用评级做了指引，以加强债券投资信用风险管理，建立保险机构内部信用评级系统和规范评级程序和方法。

（三）证券投资基金

1999 年 10 月，国务院允许保险公司投资证券投资基金。这是保险资金运用上的一大突破，即保险资金可以间接进入证券市场。为了加强对保险公司投资证券投资基金业务的管理，确保资金安全，切实防范风险，1999 年 10 月 29 日，中国保监会制定了《保险公司投资证券投资基金管理暂行办法》，并分别于 2000 年和 2003 年进行了 2 次修订，对保险公司投资证券投资基金的资格条件、申报及审批程序、风险控制和监督管理等作了明确规定。1999 年 11 月 11 日，中国保监会转发了中国证监会于 1999 年 11 月 2 日下发的《关于证券投资基金向保险公司配售有关问题的通知》，明确了证券投资基金向保险公司配售的有关问题。

（四）股票

保险资金投资的股票，主要包括公开发行并上市交易的股票和上市公司向特定对象非公开发行的股票。保险资金投资股票市场对保险市场发展有着重要意义，有利于保险公司增加投资机会，优化资产配置，分散投资风险。2004年10月24日，经国务院批准，中国保监会和中国证监会联合制定了《保险机构投资者股票投资管理暂行办法》，允许保险机构投资者直接投资股票市场，对保险机构投资者股票投资的资格条件、投资范围和比例、资产托管、禁止行为、风险控制、监督管理等进行了规定。2005年2月15日，中国保监会和中国证监会联合下发《关于保险机构投资者股票投资交易有关问题的通知》和《保险机构投资者股票投资登记结算业务指南》，明确了保险资金直接投资股票市场涉及的证券账户、交易席位、资金结算、投资比例等问题。2005年2月17日，中国保监会和中国证监会联合下发《保险公司股票资产托管指引（试行）》和《关于保险资金股票投资有关问题的通知》，对保险公司股票资产托管人和保险机构投资者股票投资的比例作了明确规定。

2009年3月18日，中国保监会下发《关于规范保险机构股票投资业务的通知》，要求保险机构根据偿付能力充足率改进股票资产配置管理，并强化股票池制度管理。2014年1月7日，中国保监会下发《关于保险资金投资创业板上市公司股票等有关问题的通知》，明确保险资金可以投资创业板上市公司股票。2017年1月24日，中国保监会发布《关于进一步加强保险资金股票投资监管有关事项的通知》，明确国务院保险监督管理机构根据保险机构或保险机构与非保险一致行动人投资上市公司股票不同情形实施差别监管，进一步规范股票投资行为，防范保险资金运用风险。

根据2018年1月24日中国保监会发布的《保险资金运用管理办法》规定，保险资金开展股票投资，分为一般股票投资、重大股票投资和上市公司收购等，保险监督管理机构根据不同情形实施差别监管。

（五）不动产

现行《保险法》第106条规定，保险资金可以投资不动产。保险资金投资的不动产，是指土地、建筑物以及其他附着于土地上的定着物。目前，保险资金投资不动产的方式主要是以间接方式投资基础设施。

2006年3月14日，中国保监会以2006年第1号令正式颁布了《保险资金间接投资基础设施项目试点管理办法》，构造了以资产隔离、资产托管和独立监督为核心的风险管理制度，初步搭建了"职责明确、分工合作、相互制衡、协同有效"的全面风险管理框架。2010年7月31日，中国保监会印发《保险资金投资不动产暂行办法》（保监发〔2010〕80号），明确保险资金可以投资基础设施类不动产、非基础设施类不动产及不动产相关金融产品。2012年10月12日，中国保监会发布《基础设施债权投资计划管理暂行规定》（保监发〔2012〕92号），要求专业管理机构开展债权投资计划业务，应当建立有效的风险控制体系，覆盖项目开发、信用评级、项目评审、风险监控等关键环节，通过相互制衡的运作机制防范风险。2016年6月14日，中国保监会发布《保险资金间接投资基础设施项目管理办法》，同时废止2006年的《保险资金间接投资基础设施项目试点管理办法》。新办法简化了行政许可，放宽了保险资金可投资基础设施项目的行业范围，增加了政府和社会资本合作等可行投资模式。

（六）股权

保险资金投资的股权，应当为境内依法设立和注册登记，且未在证券交易所公开上市的股份有限公司和有限责任公司的股权。2006 年 9 月 21 日，经国务院批准，国务院保险监督管理机构发布了《关于保险机构投资商业银行股权的通知》，允许保险集团（控股）公司、保险公司、保险资产管理公司等保险机构投资商业银行股权。这一举措对进一步拓宽保险资金投资渠道，改善资产配置状况，提高投资管理效益，促进保险业与银行业战略合作有重要的意义。

2010 年 7 月 31 日，中国保监会印发了《保险资金投资股权暂行办法》（保监发〔2010〕79 号），明确保险资金可以直接投资企业股权或者间接投资企业股权，但在直接投资企业股权方面，对投资团队、偿付能力、财务指标、净资产规模以及投资对象的企业类型等都提出了较高的资质要求。保险资金投资股权的范围放开，对改善保险资产负债匹配、缓解投资压力、分散投资风险、提高投资收益和维护投保人切身利益，都将产生积极影响。

根据 2018 年 1 月 24 日中国保监会发布的《保险资金运用管理办法》规定，保险公司对其他企业实现控股的股权投资，应当使用自有资金，并应当满足有关偿付能力监管规定。实现控股的股权投资应当限于下列企业：

（1）保险类企业，包括保险公司、保险资产管理机构以及保险专业代理机构、保险经纪机构、保险公估机构；

（2）非保险类金融企业；

（3）与保险业务相关的企业。

（七）其他金融资产

其他金融资产，主要包括商业银行理财产品、银行业金融机构信贷资产支持证券、信托公司集合资金信托计划、证券公司专项资产管理计划、私募基金、资产证券化产品、保险资产管理公司项目资产支持计划和其他保险资产管理产品等。

2012 年 10 月 12 日，中国保监会发布《关于保险资金投资有关金融产品的通知》（保监发〔2012〕91 号），明确保险资金可以投资其他金融资产，保险资金可投资的金融产品种类进一步放开。2014 年 1 月 23 日，国务院保险监督管理机构发布《关于加强和改进保险资金运用比例监管的通知》（保监发〔2014〕13 号），其中对保险资金可投资的其他金融资产进行了列示。上述文件允许保险资金投资其他金融资产，有利于保险机构拓宽操作空间，丰富资产配置，增加投资收益，促进保险公司和各类金融机构合作，推进金融市场发展创新。

（八）保险外汇资金的境外运用

经国务院批准，2004 年 8 月 9 日，中国保监会和中国人民银行颁布了《保险外汇资金境外运用管理暂行办法》，允许保险公司在接受严格监管的前提下在境外运用外汇资金。近年我国保险外汇资金增长较快，但此前国内外币投资工具少，保险外汇资金除少量同业拆借和购买境内外币债券外，主要存放在境内商业银行，没有其他投资渠道，同时近年来境内外币存款利率不断下调，保险外汇资金运用收益率不断降低，在一定程度上影响了保险业持续健康发展。这次允许保险外汇资金境外运用，对我国保险业拓宽资金运用渠道、防范资金运用风险、提高投资收益率将产生深远影响。

2007 年 7 月 26 日，在对《保险外汇资金境外运用管理暂行办法》进行修改后，中国保监会、中国人民银行和国家外汇管理局出台了《保险资金境外投资管理暂行办法》。除自有外汇资金以外，暂行办法对可以进行境外投资的保险资金进一步放宽到包括用人民币购买的外汇资金及资金境外投资形成的资产。保险资金的境外运用规定的完善，对我国保险业拓宽资金运用渠道、防范资金运用风险、提高投资收益率将产生深远影响。

2012 年 10 月和 2015 年 3 月，中国保监会又先后出台《保险资金境外投资管理暂行办法实施细则》《关于调整保险资金境外投资有关政策的通知》，进一步细化了关于保险资金境外投资的各项具体要求，丰富了保险资金境外投资的相关监管制度。

思考题

1. 什么是财产保险业务和人身保险业务？各自包括哪些具体业务类型？
2. 什么是责任准备金？简述我国对于责任准备金的分类。
3. 什么是保险公司的偿付能力？简述我国对于保险公司偿付能力监管的主要内容。
4. 什么是保险资金运用？简述保险资金运用的意义。
5. 试述我国保险资金运用的主要形式及监管要求。

第二十六章
保险业的监督管理

学习目的和重点

通过学习保险监管的概念和目的，保险监管的模式和演变，了解保险监管的主要内容和方式方法，保险违法行为的表现形式和法律责任，重点掌握我国保险监管的主要内容和相应的监管制度。

第一节　保险监管的概念和目的

一、保险监管的概念

保险监管的概念有广义与狭义之分。广义的保险监管，是指在一个国家的范围内，为达到一定的目标，从国家（其代表是政府有关部门）、保险行业、保险企业自身等各个层次上对保险企业、保险经营活动及保险市场的监督与管理。[①] 主要包括国家对保险业的监督管理、保险业的行业自律、保险企业的内部控制等三个层次的内容。其中，国家的外部监管活动处于保险监督管理的核心地位。国家和政府通过制定有关保险业监督管理的法律法规及政策，设立国家保险监管机构，从宏观角度确保保险业的经营和发展；行业自律管理是介于国家宏观的监管和保险经营者之间，借助各个保险企业遵守保险行业自律规则的自觉性和保险行业的监督机制，实现保险行业自身的自律管理和相互制约；保险企业的内控管理是遵照国家法律、法规和有关政策，在国家保险监管机构、保险行业自律组织的监督管理下，从微观角度出发，结合保险企业本身发展的目标实施的自我管理机制。三者的有机结合和相互补充对一个健康的保险市场具有十分重要的作用。

本章所述的保险监管，是狭义上的，专指政府对保险业的监督管理，即国家保险监管机构依法对保险经营者、保险市场进行监督管理，以确保保险市场的规范运作和保险公司的稳健经营，保护被保险人合法权益，促进保险业持续健康协调发展。

二、保险监管的法理基础

保险监管的必要性主要源于保险机制的市场失灵和保险行业的自身特点。市场失灵

---

① 覃有土，樊启荣. 保险法学［M］. 北京：高等教育出版社，2003：376.

以及行业特点，一方面造成保险市场资源配置的混乱无效，另一方面也会严重威胁被保险人的合法权益和保险业的正常运行。因此，要保证保险业的健康发展，必须由政府介入保险市场，从外部对保险业进行监管来维护保险市场的正常运行，促进保险业发展效率与社会公平的实现，最终维护广大保单持有人即社会公众的利益。

英美学者通常将对一个行业进行国家监管的原因归纳为三类：行业成员对消费者而言拥有完全垄断、寡头垄断或其他过大的权力；信息是不完全的；公共政策要求监管。保险业至少在后两方面符合需要监管的行业特征，不完全的产品信息是保险监管的一个重要原因，保险业被视为关系"公众利益归属"，其合理运行可促进社会进步发展，因此公共政策要求对保险行业实行监管①。英美都属于典型的自由市场经济国家，保险监管的基础，建立在政府干预市场理论基础上，关于政府干预的必要性，至少有五个领域与保险业相关②：（1）市场无法制止过度竞争；（2）信息不对称；（3）不平等的议价能力；（4）政府作为"大家长"的义务；（5）维护重要的公共利益。这五个方面，在不同程度上都可以作为支持国家对保险业进行特别监管的理由。

我国学术界一般将保险监管的法理依据归纳为以下几点③：一是保险业的公共性。保险业的经营具有负债性、保障性和广泛性。二是保险合同的特殊性。保险合同具有附合合同和射幸性。三是保险技术的复杂性。保险精算、保险条款及行业惯例等具有专业性和独特性，常人不易理解。四是保险交易信息的不对称性。保险行为的特点导致保险关系的双方在缔约和履约过程中被保险人处于"信息"劣势，保险人有利用信息优势损害相对方利益的危险。五是保险供求关系的特殊性。保险是无形产品和服务，被保险人的权益实现高度依赖于保险人的诚信和承诺，尤其是对于长期保险合同，仅靠保险人的自律和承诺是不够的。

三、保险监管的目的

从宏观角度讲，保险监管的目的包括以下几项。

（一）保证风险社会化机制的安全可靠④

商业保险是社会分工的一种形式，保险人把众多面临同一风险的个人或单位集中起来，根据概率和大数法则的原理，预期损失发生的可能性，计算出为弥补这些损失每一个别单位应当分担的数额，并收取相对少量的经营费用，建立应付风险损失的保险基金，保险人把其风险相对均衡地转移给了全部被保险人。通过这种保险机制把原来由家庭内部或单位内部消化的风险转为由全体参加保险的个人或组织共同分担，这种风险社会化的机制必须安全可靠地运行，否则就达不到参加保险的目的。因此，保险监管的首要目的就是要保证风险社会化机制的安全可靠性。

---

① ［美］特瑞斯·普雷切特，等. 风险管理与保险［M］. 孙祁祥，等译. 北京：中国社会科学出版社，1998：504.

② ［美］小罗伯特·H. 杰瑞，等. 美国保险法精解［M］. 李之彦，译. 北京：北京大学出版社，2009：1-4.

③ 覃有土，樊启荣. 保险法学［M］. 北京：高等教育出版社，2003：376-377.

④ 陈欣. 保险法［M］. 北京：北京大学出版社，2010：276.

（二）　保证保险市场健康有序竞争

日本有学者曾指出："就经营保险事业而言，应当促成被保险人和保险人相互之间的公平协作，这就是保险事业监督法规的要点。"[1] 鉴于保险业经营的特殊性，各国法律都对保险人之间的竞争并非采取完全放任的政策，国家对保险市场的竞争有一定的限制和约束，否则很可能出现不公平竞争的现象。保险市场既非垄断市场，也非完全竞争市场，垄断和完全竞争的结果，同样会损害广大被保险人的利益。所以，各国一般都要求保险公司或保险自律组织，根据行业经营情况和统计数据，制定出共同的保险条款和保险费率标准，报政府主管机关批准或备案。这一方面是为了保证保险人与投保人之间的公平交易，维护保险消费者的利益；另一方面也是为了使保险人之间在同等的保险费率条件下展开公平竞争。

（三）　保证保险人具有足够的偿付能力

保险人承保的是社会集中起来的各种风险，这些风险往往涉及社会生产的各个领域。经济越发展，越需要有发达的保险业。然而保险人能否真正承担起未来的赔偿责任，则取决于其是否有足够的偿付能力。偿付能力是保险企业经营管理的核心，也是国家对保险市场监督管理的核心内容。因此，保证保险人具有足够的偿付能力是保险监管最重要的目标。保险业法的许多条款都是为此而定。如各国保险法都规定，设立保险公司必须符合法定的最低资本金要求，资本的充足性是保险公司偿付能力的基本保证。另外，保证金的提存、各项保险责任准备金的提存、最低偿付能力的确定和法定再保险业务的安排等方面的规定，都是对保险公司偿付能力进行监督管理的重要措施。

上述保险监管的目标，是从保险机制发挥其应有功能本身而言，从另一方向观察，则为力求保险对被保险人的风险保障不致落空，从而维护保险消费者合法权益的实现。保险立法上，一般都将保护被保险人利益作为保险监管的基本宗旨和最终目标。如我国《保险法》第 133 条明确规定，保险监管的目标是"维护市场秩序，保护投保人、被保险人和受益人的合法权益"。国际保险监督官协会（IAIS）提出的保险监管核心原则（insurance core principles），明确保险监管的主要目标为：促进保险业公平、安全、稳定地发展，保护保险单持有人的利益。[2] 通行的观点，将我国保险监管的目标表述为：保护保险消费者权益，维护公平竞争的市场秩序，维护保险体系的整体安全与稳定，促进保险业健康发展。[3]

第二节　保险监管机构

一、保险监管机构的概念和模式

保险监管机构，是指由国家政府设立的专门对保险市场的各类经营主体、保险经营

---

[1]　［日］园乾治．保险总论［M］．李进之，译．北京：中国金融出版社，1983：121.

[2]　2011 年版国际保险监管核心原则（ICPs 2011），ICP 1.3。

[3]　陈文辉．国际保险监管核心原则的最新发展与中国实践［M］．北京：人民日报出版社，2012：27.

活动进行监督和管理的机构。国家对保险业的监督管理主要是通过其所设立的保险监管机关行使监管权力、实施保险监管职能来实现的。为了对保险业实行更为有效的监督和管理，各国都建立了相应的保险监督管理机关，并依法赋予其明确的职责。

从组织体系角度看，保险监管机构大致可以分为统一监管、分业监管和不完全统一监管三种模式。统一监管模式，是指国家设立专门的监管机构对整个金融业进行统一管理，由单一的中央级机构或特定的金融监管机构对金融业进行监管。典型者如1997年英国建立的金融服务局（FSA），对包括保险在内的外延非常广泛的各类金融业务统一监管。分业监管模式，是指国家按照金融业的细分领域，分别设立银行、证券、保险及其他领域的专职监管机构，各司其职，既有分工也有合作。我国整体上看是采取以分业监管为基础逐渐加强统筹协调的模式。不完全统一的监管模式，是指在金融混业经营体制下，对统一监管和分业监管的一种改造模式，又分为牵头模式和双峰模式，负责各自行业的市场监管。牵头模式，是由一个专门的牵头监管机构负责不同监管主体之间的协调工作，在彼此之间建立一种及时磋商和协调机制，如巴西；双峰模式，是设立两类监管机构，一类负责控制金融系统风险的审慎监管，监管所有金融机构，另一类针对不同金融业务领域进行行为监管，如荷兰和改革后的英国现行模式。应当指出，不论分业监管还是统一监管，并无必然优劣之分。监管模式的成功与否，不是理论问题，是个实践问题。保险监管模式，虽然有一些普遍性经验可以参考，但很大程度上仍然是具体国家和地区经济、法律、传统和保险市场发展状况下的现实选择。

二、我国保险监管机构的演变

随着政治、经济和社会的变迁，我国保险业经历了一个曲折发展的过程，保险监管机构也几度变更，大致可分为以下几个阶段。[①]

（一）中国人民银行和财政部交替监管时期

新中国成立初期，根据政务院批准的《中国人民银行试行组织条例》规定，保险业归中国人民银行领导和主管。1952年6月，保险业划归财政部领导，成为国家财政体系中的一个独立核算的组成部分。1959年，国内保险业务停办，仅有涉外业务仍在办理，保险业又划归中国人民银行领导，当时的中国人民保险公司在行政上成为中国人民银行国外业务局下属的保险处。1965年3月，中国人民银行恢复中国人民保险公司的建制，将保险处升格为局级机构。

（二）中国人民银行监管时期

1979年4月，国内保险业务全面开始恢复办理后，保险业仍由中国人民银行领导和监督管理，中国人民保险公司为直属于中国人民银行的局级专业子公司。1983年，中国人民保险公司从中国人民银行分设出来，成为国务院直属局级经济实体，中国人民银行对保险业的直接领导职能弱化、监管职能加强。1985年3月，国务院发布《保险企业管理暂行条例》，明确规定中国人民银行为国家保险监管机关。中国人民银行最初在金融

---

① 吴定富. 中国保险业发展改革报告（1979—2003）[M]. 北京：中国经济出版社，2004：80.

管理司下设保险信用合作处；1993 年，中共中央和国务院分别下发《关于建立社会主义市场经济体制若干问题的决定》《关于金融体制改革的决定》，要求加强金融监管和实施分业经营；1994 年 5 月，中国人民银行在非银行金融机构管理司专门设立保险处，专门负责保险业的监管。

1995 年，《保险法》颁布实施。为贯彻落实《保险法》，中国人民银行于 1995 年 7 月设立保险司，专门负责对中资保险公司的监管，对外资保险公司的监管由外资金融机构管理司负责，对保险业的稽查工作由稽核监督局负责。同时，中国人民银行在各一级分行逐步在非银行金融机构管理处下设保险科，省以下分支行配备专门的保险监管人员。

（三）　中国保险监督管理委员会专门监管时期

20 世纪 90 年代后期，银行业、证券业、保险业分业经营，国务院于 1998 年 11 月 18 日批准设立中国保险监督管理委员会，专司保险监管职能。中国保监会的成立，是保险监管发展的一个标志性转变，象征着我国保险监管走向了专业化、规范化的新阶段，有利于加强保险业监管和防范化解保险经营风险，有利于促进我国保险业持续健康协调发展。经过近 20 年的发展，中国保监会在全国各省、自治区、直辖市和计划单列市都设立了派出机构，以及十余家地市级监管分局，我国的保险监管的组织体系基本构建完成。

（四）　中国银行保险监督管理委员会的新时期

2018 年 3 月，第十三届全国人民代表大会第一次会议审议通过《关于深化党和国家机构改革方案》。该方案是在新时代新的历史起点上对党和国家机构进行的一次重大改革，意义深远。根据该方案，以及第十三届全国人大第一次会议审议批准的国务院机构改革方案和国务院第一次常务会议审议通过的国务院直属机构等设置方案，我国金融监管体制进行重大调整。改革方案提出：组建中国银行保险监督管理委员会。为深化金融监管体制改革，解决现行体制存在的监管职责不清晰、交叉监管和监管空白等问题，强化综合监管，优化资源配置，更好统筹系统重要性金融机构监管，逐步建立符合现代金融特点、统筹协调监管、有力有效的现代金融监管框架，守住不发生系统性金融风险的底线，将中国银行业监督管理委员会和中国保险监督管理委员会的职责整合，组建中国银行保险监督管理委员会，作为国务院直属事业单位。[①] 2018 年人大会议之后，中国银行保险监督管理委员会即告成立。经过近一年的时间，原中国保监会和银监会的机构和职责整合基本完成，中国保险监管的新时期已经开启。

三、保险监督管理机构的主要职责

根据前述《党和国家机构改革方案》，在整合中国银监会和中国保监会职责基础上组建的中国银行保险监督管理委员会主要职责是：依照法律法规统一监督管理银行业和保险业，维护金融消费者合法权益，维护银行业和保险业合法、稳健运行，防范和化解金融风险，维护金融稳定等。同时，将中国银监会和中国保监会拟订银行业、保险业重

---

① 参见《深化党和国家机构改革方案》，中共中央 2018 年 3 月 21 日印发。

要法律法规草案和审慎监管基本制度的职责划入中国人民银行。

2018 年 8 月，中国银保监会的"三定方案"下发，其中关于保险监管的主要职责具体包括：[①]

1. 依法依规对全国保险业实行统一监督管理，维护保险业合法、稳健运行，对派出机构实行垂直领导。

2. 对保险业改革开放和监管有效性开展系统研究，参与拟订金融业改革发展战略规划，参与起草保险业重要法律法规草案以及审慎监管和金融消费者保护基本制度，起草保险业其他法律法规草案，提出制定和修改建议。

3. 依据审慎监管和金融消费者保护基本制度，制定保险业审慎监管与行为监管准则。

4. 依法依规对保险业机构及其业务范围实行准入管理，审查高级管理人员任职资格，制定保险业从业人员行为管理规范。

5. 对保险业的公司治理、风险管理、内部控制、资本充足状况、偿付能力、经营行为和信息披露等实施监管。

6. 对保险业机构实行现场检查与非现场监管，开展风险与合规评估，保护金融消费者合法权益，依法查处违法违规行为。

7. 负责统一编制全国保险业监管数据报表，按照国家有关规定予以发布，履行金融业综合统计相关工作职责。

8. 建立保险业风险监控、评价和预警体系，跟踪分析、监测、预测保险业运行状况。

9. 会同有关部门提出保险业机构紧急风险处置的意见和建议并组织实施。

10. 依法依规打击非法金融活动。根据职责分工，负责指导和监督地方金融监管部门相关业务工作。

11. 参加保险业国际组织与国际监管规则制定，开展保险业对外交流与国际合作事宜。

12. 完成党中央、国务院交办的其他任务。

13. 职能转变。围绕国家金融工作指导方针和任务，进一步明确职能定位，强化监管职责，加强微观审慎监管、行为监管与金融消费者保护，守住不发生系统性金融风险的底线。按照简政放权要求，逐步减少并依法规范事前审批，加强事中事后监管，优化金融服务，向派出机构适当转移监管和服务职能，推动保险业机构业务和服务下沉，更好地发挥金融服务实体经济功能。

---

① 就保险监管职责而言，银保监会与原保监会并无实质不同，具体内容和表述上则有与时俱进的不同。原保监会具体职责可参见《国务院办公厅关于印发中国保险监督管理委员会主要职责、内设机构和人员编制规定的通知》（国办发〔2003〕61 号）。

第三节　保险监管的内容

保险监管的内容，可以从不同层次和角度进行考察。对机构的监管，如保险机构的市场准入与退出；对从业人员的监管，如保险高级管理人员的任职资格管理；对保险产品的监管，如保险条款费率的审批和备案；对行为的监管，如保险市场行为合规性检查；对财务状况的监管，如保险公司偿付能力充足性监管体系与保险资金运用政策等。我国早期保险监管，以市场行为监管为主，主要通过现场检查维护市场秩序。中国保监会成立后，逐步过渡到市场行为与偿付能力监管并重。2004年以来，中国保监会立足中国保险业发展实际，总结监管实践经验，并借鉴国际保险监督官协会（IAIS）的新的监管理念，引入公司治理机构监管，初步建立起以偿付能力监管为核心，以市场行为监管和公司治理结构监管为重要手段的"三支柱"的现代保险监管制度框架。本节立足于"三支柱"的监管体系，简要论述我国保险监管的一些主要制度。

一、保险公司偿付能力监管

（一）保险公司偿付能力

保险公司偿付能力，是指保险公司偿还债务的能力。通常以偿付能力额度表示偿付能力的大小。偿付能力额度等于保险人的认可资产与实际负债的差额。保险公司的偿付能力一般分为保险公司的实际偿付能力和保险公司的最低偿付能力。我国《保险法》第101条规定："保险公司应当具有与其业务规模和风险程度相适应的最低偿付能力。保险公司的认可资产减去认可负债的差额不得低于国务院保险监督管理机构规定的数额；低于规定数额的，应当按照国务院保险监督管理机构的要求采取相应措施达到规定的数额。"我国偿付能力监管制度是以偿付能力充足率这一指标来评价保险公司的偿付能力的。偿付能力充足率，即资本充足率，是指保险公司实际资本与最低资本的比率。最低资本，指保险公司为应对资产风险、承保风险等对偿付能力的不利影响，依据国务院保险监督管理机构规定而应当具备的资本数额；实际资本，指在某一时点上保险公司的认可资产与认可负债的差额。[①]

（二）保险公司偿付能力监管

保险公司偿付能力监管，是保险监管的首要目标，也是其核心内容。偿付能力监管是指保险监管机构对保险公司偿付能力实行的监督和管理，它包括偿付能力评估和偿付能力不足的处埋两个坏节。偿付能力评估就是对每个保险公司偿付能力是否充足进行的评估和检测，包括预防性的偿付能力指标监管和强制性的偿付能力额度监管；偿付能力不足的处理，是指对偿付能力不足的保险公司所作的处理决定，包括责令保险公司补充资本金、办理再保险、限制业务范围、限制向股东分红、限制资金运用、限制增设分支机构、责令转让保险业务、限制高管人员薪酬水平、责令停止接受新业务等监管措施，

---

① 参见《保险公司偿付能力管理规定》（保监会令〔2008〕1号），第3条、第7条、第8条。

必要时甚至可以对保险公司实行接管。①《保险公司偿付能力管理规定》主要从两个方面建立监管框架：一方面，要求偿付能力评估、报告、管理、监督都是以风险为导向；另一方面，确立了由年度报告、季度报告和临时报告组成的偿付能力报告体系，并要求保险公司进行动态偿付能力测试，对未来规定时间内不同情形下的偿付能力趋势进行预测和评价，从而使监管部门可以及时监测保险公司偿付能力变化情况，采取监管措施。

现行监管制度对保险公司偿付能力实施分类监管。根据偿付能力状况，将保险公司分为三类。即不足类公司、充足 I 类公司和充足 II 类公司，并对三类公司分别采取不同的监管措施。不足类公司，指偿付能力充足率低于 100% 的保险公司；充足 I 类公司，指偿付能力充足率在 100% 到 150% 之间的保险公司；充足 II 类公司，指偿付能力充足率高于 150% 的保险公司。对于不足类公司，规定了九类监管措施；对于充足 I 类公司，国务院保险监督管理机构可以要求公司提交和实施预防偿付能力不足的计划。②

应当指出，完整的偿付能力监管体系，包括准确的数据收集系统、合适的偿付能力边际、资产负债的适当评估以及风险预警体系。保险公司内部偿付能力管理是保监会外部偿付能力监管的基础，偿付能力应当成为贯穿保险公司经营管理的一根红线。

（三）"偿二代"——中国风险导向的偿付能力体系

为顺应国际金融改革潮流，完善我国保险监管体系，并适应我国新兴保险市场发展实际，中国保监会于 2012 年启动了中国第二代偿付能力监管制度体系——"中国风险导向偿付能力体系"（简称"偿二代"，China Risk Oriented Solvency System，C - ROSS）③建设工作。2013 年 5 月，发布《中国第二代偿付能力监管制度体系整体框架》。2015 年2 月，发布"偿二代"全部技术标准共 17 项监管规则，即《保险公司偿付能力监管规则（第 1—17 号）》，保险业进入"偿二代"过渡期。近一年过渡期后，经国务院同意，决定正式实施"偿二代"，自 2016 年 1 月 1 日起施行《保险公司偿付能力监管规则（第1—17 号）》，自同年第一季度起，保险公司应当编报"偿二代"偿付能力报告，不再按原偿付能力监管制度编报。中国保险业从此进入新的偿付能力监管时期。

"偿二代"整体框架由制度特征、监管要素和监管基础三大部分构成。制度特征包括统一监管、新兴市场和风险导向兼顾价值。基于新兴市场的"偿二代"，尤其"需要在风险预警目标和价值评估目标之间，寻求平衡与和谐"。"偿二代"将保险公司内部偿付能力管理作为偿付能力监管制度的前提、基础和落脚点。监管要素体现为偿付能力监管的三支柱。即第一支柱定量资本要求、第二支柱定性监管要求和第三支柱市场约束机制，分别从这三个方面对保险公司偿付能力进行监督管理，主要规范偿付能力监管的内容、原则、方法和标准。

三支柱的监管要素框架是"偿二代"的重要特色。第一支柱定量资本要求主要防范能够量化的风险，通过识别和量化各类风险，要求保险公司具备与其风险相适应的资

① 参见《保险法》第 138、144 条。
② 参见《保险公司偿付能力管理规定》（保监会令〔2008〕1 号），第 37~40 条。
③ 以下内容参见中国保监会《关于印发〈中国第二代偿付能力监管制度体系整体框架〉的通知》（保监发〔2013〕2 号），2013 年 5 月 3 日。

本。包括五部分内容：一是第一支柱量化资本要求；二是实际资本评估标准，即保险公司资产负债的评估标准和认可标准；三是资本分级；四是动态偿付能力测试；五是监管措施。第二支柱是在第一支柱基础上，进一步防范难以量化的风险，包括四部分内容：一是风险综合评级；二是保险公司风险管理要求与评估；三是监管检查和分析；四是监管措施。第三支柱市场约束机制是借助市场的约束力，加强对保险公司偿付能力的监管，包括对外信息披露手段，以及监管部门多种手段的市场约束机制，充分利用市场力量约束保险公司。第三支柱市场约束机制是新兴保险市场发展的客观要求，是"偿二代"的特色所在。三个支柱互相配合和补充，成为完整的风险识别、分类和防范的体系。

评价保险公司偿付能力状况的指标有三个：核心偿付能力充足率、综合偿付能力充足率和风险综合评级。核心偿付能力充足率，是指核心资本与最低资本的比率，反映保险公司核心资本的充足状况；综合偿付能力充足率，是指核心资本与附属资本之和与最低资本的比率，反映保险公司总体资本的充足状况；风险综合评级，是综合第一支柱可量化风险的定量评价，和第二支柱难以量化风险的定性评价，对保险公司总体偿付能力风险水平全面评价所得到的评级，反映保险公司综合的偿付能力风险。核心资本和附属资本是保险公司的实际资本。实际资本等于保险公司认可资产减去认可负债后的余额。最低资本是指保险公司为应对市场风险、信用风险、保险风险等各类风险对偿付能力的不利影响，依据监管机构规定而应当具备的资本数额。"偿二代的最低资本应当是集中反映不同利益诉求、兼顾各方利益的、均衡公允的资本"。

"偿二代"的整体制度框架和具体监管规则，是对我国保险偿付能力监管实践的总结和监管制度的升级换代，体现了保险业和保险监管的发展成果，为国际保险监管提供了中国经验，提高了中国在国际保险监管规则制定上的话语权。随着"偿二代"的实施，经过实践的不断检验，"偿二代"将不断完善，相信可以为我国保险市场的风险防范和健康发展，为中国保险监管体系的现代化和监管能力的提升，发挥越来越积极的作用。

二、保险公司市场行为监管[①]

（一）保险条款和费率的监管

保险条款，是保险人与投保人关于保险权利与义务的约定，是保险合同的核心内容。现代保险业，完全实现了保险条款的格式化和标准化，所谓保险产品即是指由保险公司单方拟定好的标准化的保险条款。保险费率，反映了保险产品的价格，更是由保险公司依据保险精算技术厘定的，投保人或被保险人无缘参与。无论是作为一种格式合同，还是作为一种复杂的金融产品，抑或是因其并非完全竞争形成的价格，保险条款和费率都需要监管部门不同程度的监督管理、调整约束。

保险条款和费率的监管政策和监管方式，就世界范围看，存在不同模式。有以市场

---

① 市场行为监管是个很宽泛的概念，广义上，保险机构的市场准入和退出、保险机构高级管理人员的任职资格管理等也包括在内。本节未尽之处，请参阅本书其他章节相关内容。

自律为主的松散型，如英国和中国香港地区；有以政府监管部门管控为主导的严格型，如 20 世纪 90 年代中期以前的日本和德国；有介于两者之间的混合型，如美国。当然，即使同一国家，保险监管政策在不同发展阶段也呈现出不同的选择，如德国、日本就分别经历严格监管到逐步市场化的过程。总体上看，对保险条款和费率的监管逐渐市场化和自由化是一个发展趋势。

我国《保险法》第 135 条第 1 款规定："关系社会公众利益的保险险种、依法实行强制保险的险种和新开发的人寿保险险种等的保险条款和保险费率，应当报国务院保险监督管理机构批准。国务院保险监督管理机构审批时，应当遵循保护社会公众利益和防止不正当竞争的原则。其他保险险种的保险条款和保险费率，应当报保险监督管理机构备案。"同时，《保险法》第 136 条规定："保险公司使用的保险条款和保险费率违反法律、行政法规或者国务院保险监督管理机构的有关规定的，由保险监督管理机构责令停止使用，限期修改；情节严重的，可以在一定期限内禁止申报新的保险条款和保险费率。"依据上述立法，以及中国保监会有关保险条款费率监管规定，[①] 我国对保险条款和费率的监管制度，分为事先许可和事后监管两个层次。

1. 审批和备案。即关系社会公众利益险种、法定强制保险（如道路交通事故责任强制保险）以及新开发的人寿保险险种等的保险条款和费率，应当在使用前报经中国保监会批准，其他险种的条款、费率在使用的同时报监管机构备案。保险公司变更已经审批或备案的保险条款和费率，改变其保险责任、保险类别或定价方法的，应当重新报送审批或备案。[②]

2. 事后的合规性监管。保险公司使用保险条款和费率，监管机构发现其存在违法违规情形的，有权采取责令停止使用、限期修改等事后监管措施。依据中国保监会有关规定，保险条款和费率的违法违规情形包括：（1）违反法律、行政法规或者国务院保险监督管理机构的禁止性规定；（2）损害社会公共利益；（3）内容显失公平或者形成价格垄断，侵害投保人、被保险人或者受益人的合法权益；（4）条款设计或者厘定费率、预定利率不当，可能危及保险公司偿付能力；（5）国务院保险监督管理机构基于审慎监管原则认定的其他事由。

理论上，保险公司报送审批或备案的条款是由保险公司或者行业自律组织拟定，条款内容及费率厘定由其自身决定，可以说我国的保险条款和费率监管政策是以市场化为基础的，但至少现阶段，这种市场化或自由化受到实际监管政策的许多限制，比如机动车辆保险条款仍然主要采纳行业协会拟定的统一条款，费率形成也非市场竞争结果。因此，我国的保险条款和费率监管制度，可以说是一种监管部门主导、有限度的市场化政策的混合型模式。

（二）责任准备金提取、再保险及资金运用行为的监管

为保证偿付能力，有效分散经营风险，加强保险资金运用的收益性和安全性，《保

---

① 参见《人身保险公司保险条款和保险费率管理办法》（保监会令〔2011〕2 号）、《财产保险公司保险条款和保险费率管理办法》（保监会令〔2010〕3 号）。

② 参见《人身保险公司保险条款和保险费率管理办法》（保监会令〔2011〕2 号），第 35 条。

险法》对各项保险责任准备金的提取和结转、再保险要求和保险资金运用设有原则要求，并授权国务院监督管理机构制定具体监管规定。① 立法要求和监管机构的具体规章制度，同时内化成保险公司的经营规则。鉴于这三类经营行为对保险公司财务安全与偿付能力的关键影响，保险业法对于保险公司违反规定提取和结转、未按照规定办理再保险以及严重违反规定进行资金运用的违法违规行为，设有比较严格的监管措施。具体而言，除依法可予行政处罚外，监管机构还可以采取以下监管措施：②

1. 责令限期改正，并可以责令调整保险公司负责人及有关高级管理人员。

2. 整顿。保险公司未按照监管部门要求，逾期未改正相关违法行为的，中国保监会可以选派和指定保险专业人士和有关人员组成整顿组，对公司进行整顿。

3. 整顿期间，整顿组有权监督公司日常业务，必要时可以责令停止部分原业务、停止新业务，调整资金运用。

4. 经过整顿，公司已纠正违法行为，恢复正常经营的，结束整顿。被整顿的公司符合破产清算情形的，国务院保险监督管理机构可以依法申请对该公司进行重整或者破产清算。

（三）保险业务行为的监管

为了明确行为规范，规范保险业务，维护市场秩序，保护保险消费者权益，《保险法》对保险市场上普遍存在的，损害被保险人权益和恶化市场竞争的严重违反诚信的典型行为进行了归纳和列举，明令禁止。③ 如：欺骗投保人、被保险人或者受益人；对投保人隐瞒与保险合同有关的重要情况；阻碍投保人履行如实告知义务，或者诱导其不履行如实告知义务；给予或者承诺给予投保人、被保险人、受益人保险合同约定以外的保险费回扣或者其他利益；拒不依法履行保险合同约定的赔付保险金义务；故意编造未曾发生的保险事故、虚构保险合同或者故意夸大已经发生的保险事故的损失程度进行虚假理赔，骗取保险金或者牟取其他不正当利益；挪用、截留、侵占保险费；委托未取得合法资格的机构或者个人从事保险销售活动；利用开展保险业务为其他机构或者个人牟取不正当利益；利用保险代理人、保险经纪人或者保险评估机构，从事以虚构保险中介业务或者编造退保等方式套取费用等违法活动；以捏造、散布虚假事实等方式损害竞争对手的商业信誉，或者以其他不正当竞争行为扰乱保险市场秩序；泄露在业务活动中知悉的投保人、被保险人的商业秘密；等等。这些禁止性行为，基本上涵盖了保险合同的订立、履行，保险产品销售，保险理赔，不正当竞争以及商业秘密保护等各种当下常见的具体保险业务违法违规情形，是国务院保险监督管理机构及其派出机构对保险机构具体业务行为定性的主要依据，对相关行为的查处是监管执法的重要内容。

除《保险法》上述规定外，国务院保险监督管理机构先后出台了一系列覆盖保险经营业务活动各关键环节的制度文件，对保险业务行为进行规范。以人身保险为例，先后出台《人身保险业务基本服务规定》《人身意外伤害保险业务经营标准》《关于规范团

---

① 参见《保险法》第98条、第102条、第103条、第105条、第106条等条文。
② 参见《保险法》第139～143条、第148条。
③ 参见《保险法》第116条；《保险法》第131条则列举规定了保险代理人、保险经纪人及其从业人员的禁止性业务行为。

体保险经营行为有关问题的通知》《关于推进投保提示工作的通知》等制度，规范保险公司的产品宣传、投保提示、利益演示等销售行为，有利于防止销售误导，净化市场环境；建立和完善收付费管理、回访制度、犹豫期制度等，加强保险售中和售后环节的管理，保护消费者权益，规范保全工作流程、理赔流程和投诉处理机制，为被保险人提供更便利的保险服务。

三、保险公司治理结构的监管

（一）保险公司治理监管主要制度

国际保险监督官协会（IAIS）十分重视保险公司治理问题，其 2000 年、2003 年与 2011 年三个版本的保险监管核心原则（ICPs），对保险公司治理监管都有涉及，且不断强化和细化。保险公司治理监管已成为现代保险监管方式的重要创新和发展。近些年来，国务院保险监督管理机构借鉴国际经验，结合我国实际，不断探索和丰富公司治理监管的内涵，健全公司治理监管机制。制度层面，先后发布了《关于规范保险公司治理结构的指导意见（试行）》，以及《保险公司股权管理办法》《保险公司独立董事管理暂行办法》《保险公司关联交易管理暂行办法》《保险公司总精算师管理办法》《保险公司合规管理指引》《保险公司内部审计指引（试行）》《保险公司风险管理指引（试行）》《保险集团公司管理办法（试行）》《保险公司章程指引》《保险公司信息披露管理办法》等配套文件，还针对产、寿险公司的不同特点，分别出台了《寿险公司内部控制评价办法（试行）》《人身保险公司全面风险管理实施引导》等文件，初步建立起保险公司治理监管制度体系，为各公司完善治理结构提供具有操作性的指导。

（二）保险公司治理监管框架

中国保监会以制度化、体系化和规范化为目标，初步构建了保险公司治理监管框架：一是行政审批。保险公司股东的资质以及董事、监事和高管人员的任职资格审查，保险公司章程变更审批。二是报告制度。保险公司董事会应当每年向中国保监会提交公司治理报告、内控评估报告、风险评估报告和合规报告。此外，还要包括特定事项的即时报告和特别报告，如总精算师、董事会秘书等对重大风险或违规事项，负有独立报告职责。三是非现场监管。通过审查上述报告，督促董事高管尽职尽责，并及时发现问题，作为对公司分类监管的重要依据。四是现场检查。通过列席公司股东大会、董事会及其专业委员会的会议以及开展专项现场检查。五是定期谈话、窗口指导。了解情况，通报问题、督促整改。[①]

中国保监会通过加强公司治理监管，促使保险公司实现以下三个目标：一是通过专业的董事构成和规范的议事程序等，形成科学的决策体系，防范个人专断、随意决策等导致重大决策失误；二是通过建立完善的内部审计、合规和风险管理的组织架构和规范的操作流程，形成有效的内控体系，切实提高执行力和自身防范风险的能力；三是通过信息披露、关联交易管理等，形成有效的内外部监督体系，减少违规操作发生的概率，保障保险资产安全。

---

① 陈文辉. 国际保险监管核心原则的最新发展与中国实践［M］. 北京：人民日报出版社，2012：194.

第四节　保险监管方式和方法

一、保险监管方式

（一）传统监管方式概述

关于不同历史时期，不同国家对保险业的监督和管理曾经采取的方式，通常将其概括为公告管理、原则管理和实体监督管理三种。[①]

1. 公告管理方式。又称公告主义，是指国家对保险业的经营不做任何直接的监督和干预，仅规定保险人必须按照政府规定的格式和内容，定期将营业结果呈报监管机关给予公告。通过公告的形式把各保险人的经营置于社会监督之下，监管机关并不对保险人的经营作任何评价。保险人的经营优劣完全依靠社会公众自身加以分析和判断。至于保险业的组织、保险单格式的设计、资金的运用等都由保险人自主决定，政府不予过问和干预。因此，这是国家对保险业最为宽松的一种监督管理方式。英国因保险业自律能力较强，20世纪60年代以前的保险公司法曾采用此种方式。随着保险业的发展，这种监督管理方式已被抛弃。

2. 原则管理方式。又称准则主义，是指由国家制定指导保险业经营管理的一些基本准则，要求所有保险人共同遵守。如对最低资本金的要求、资产负债表的审核、资金的运用、违反法律行为的处罚等均作出明确规定。德国早期对私营疾病基金的监督管理即采用此方式。原则管理方式虽然较公告管理方式有了进步，但国家在这种方式下对保险业所进行的监督管理只能是形式上的审查，而不能触及保险业经营管理的实体，只要形式上合法，国家就无法再进行监督和干预。因而这种监督管理方式容易流于形式，事实上对保险人也很难起到约束作用，而且由于保险技术十分复杂，所制定出来的基本准则不可能包罗万象和完全适合于各个不同的保险人，有时难免使形式上合法而实质上违法的保险人钻法律的空子。目前大部分国家已废弃了这种监督管理方式。

3. 实体监督管理方式。又称许可主义、批准主义，由瑞士于1885年首创，是指国家制定有完善的保险监督管理规则，由国家保险监督管理机关对保险企业的设立、经营、财务、人事乃至倒闭清算均实行有效的监督和管理。这是对保险业监督管理中最为严格的一种。与前两种方式相比，它回避了许多形式上的内容，而追求彻底有效的监督和管理。它赋了国家保险监督管理机关以较高的权威和灵活处理的权力，有利于提高保险人在社会上的信誉，打击和制裁不法经营者，有效地保护被保险人的合法权益。不少国家如日本、德国、美国、奥地利等都是采取这种方式。

应当说，我国对保险业的监督管理可归为上述实体监管方式。《保险法》对保险监管机关的监管内容作了全面的规定。在具体监管制度和政策上，我国保险监管不同阶段也呈现不同的特点和侧重，中国保监会成立之初，提出市场行为与偿付能力监管并重，

[①]　李玉泉. 保险法（第二版）[M]. 北京：法律出版社，2003：274–275.

后来逐步过渡到以偿付能力监管为主的监管思路。近年来，借鉴国际先进监管经验，初步构建了以偿付能力监管为核心、市场行为和公司治理监管为重要手段的三支柱的现代保险监管框架。

（二） 保险监管方式的新趋势

随着国际经济社会条件的变化，尤其是近年全球性或区域性金融危机的爆发，各国对金融监管理念和政策进行了不同程度的反思，逐渐形成一些创新性的突破和共识。在保险监管方面，体现为两种监管方式的结合：

1. 规则监管与原则监管的结合。规则监管，是指监管机构通过各种具体的规则，为监管对象设定明确的权利义务并以此保障金融业务运营的监管模式。规则在监管规范体系中居于主导地位，是金融监管的主要依据。监管规则给予监管机构的裁量空间有限，追求规则适用的公平性和连续性。美国一向奉行规则监管。原则监管，是指在监管规范体系中，原则作为主要的监管依据并占主导地位，规则的作用在于进一步明确原则的具体要求。英国是原则监管的典型代表，其自 2005 年即提出改善监管规范体系的结构，广泛采用原则结构模式，2007 年公布《原则监管模式：关注重要的结果》，系统阐述了原则监管的内涵、原理、影响和挑战。对于中国这样一个坚持改革开放且已融进经济全球化的发展中国家，坚持规则监管与原则监管相统一的模式或许是最佳选择。即要继续健全完善保险监管规则制度体系，提高一致性、可行性和可操作性，同时注重运用原则监管，提高监管制度的指导性、灵活性和适应性，支持和鼓励创新，增强市场活力。

2. 宏观审慎监管与微观审慎监管的结合。审慎监管，是金融保险监管的基本原则。传统上，审慎监管针对单个金融机构和独立的风险，即所谓微观审慎监管，但对金融业整体系统性风险以及金融机构关联行为对整体风险的作用有所忽略。2008 年全球金融危机之后，引发人们对欧美传统金融监管体系和理念的反思，宏观审慎监管日益受到学术界和各国监管当局的重视。按照国际清算银行的定义，宏观审慎监管是微观审慎监管方法的有益补充，该方法不仅考虑单个金融机构的风险敞口，更是从金融体系的系统性角度出发对金融体系进行风险监测，从而实现金融稳定。宏观审慎监管的目标是使实体经济免受金融系统性风险的破坏，从而保障宏观经济的稳健发展。它有两个特点：一是将金融机构视为一个有机整体，而非单个机构的简单组合；二是更注重风险的内生性，即金融机构之间的关联行为对整体风险所产生的作用。[①]

宏观审慎监管，为国际保险监督官协会 2011 年版保险监管核心原则所采纳，成为国际保险监管发展的新趋势。我国保险业经过连续多年的快速发展，也逐渐产生一些全局性的问题。近年来，国务院保险监督管理机构一直将预防系统性和区域性风险作为保险监管的底线，这要求监管理念上应当坚持宏观审慎和微观审慎相统一，即在注重防范单一保险机构风险的同时，跟踪宏观经济和金融市场变化对保险业的影响，高度关注具有系统重要性保险机构的风险状况，重视金融风险的跨境与跨业传递，防范系统性风险的发生。

---

① 陈文辉. 国际保险监管核心原则的最新发展与中国实践 [M]. 北京：人民日报出版社，2012：178.

二、保险监管方法和措施

结合《保险法》和保险监管实践，我国保险监管的方法或监管手段可归纳为以下四种。

（一）现场检查

现场检查是保险监管的核心手段，是监管部门了解保险公司真实经营管理状况、发现违规问题及风险的重要工具。2001年4月，中国保监会发布《中国保监会现场检查工作规程》，用于规范指导国务院保险监督管理机构及其派出机构对保险机构、保险中介机构等监管对象的现场检查程序。现场检查一般分为常规检查和临时检查。常规检查，是指按照年度工作安排对被检查单位进行现场检查的监管执法活动；临时检查，是指针对举报投诉、其他单位移送事项、非现场监管预警信息、突发事件等事项，临时组织实施现场检查的监管执法活动。根据特定监管要求，监管部门有时还会不定期进行专项现场检查。现场检查的流程一般包括检查准备、进场实施、报告形成、处理制裁等几个阶段。《保险法》第154条规定了现场检查过程中监管机构可以采取的一系列调查和执法手段，包括现场调查取证、询问谈话、查阅复制财产权登记材料、封存涉案文件和资料、查询涉案机构和个人的银行账户、申请冻结或查封涉案财产等。

（二）非现场监管

非现场检查是日常保险监管的主要方式，是指监管部门通过审查保险公司的报表、资料，在采集、分析、处理保险公司相关信息的基础上，来监测评估保险公司的业务情况、经营风险和偿付能力，及时发现问题，以便加强事前监督，防患于未然。当下以及未来，非现场监管正在并将发挥越来越重要的作用。非现场监管的特点主要有全面性、预警性、非现场性、动态性和经济性，即检测指标广泛，及时识别风险、提前预防，注重信息分析和评估，持续监管、注重过程，利用信息技术，节约监管成本。非现场监管制度，有利于整合监管资源，把握监管重点，增强监管力度，提高监管效率，切实防范和化解保险经营风险。

非现场监管，核心是建立对保险公司的风险监测和评估体系，通过综合运用定量分析和定性分析，实现对保险公司风险状况的持续识别、监测和评估，及时进行异动预警，实施分类监管，促进保险公司持续健康发展。当前我国非现场监管体系主要由业务风险监测体系和分类监管制度组成。业务风险监测，主要包括信息收集与整理、风险监测与评估和信息归档与管理三个方面；分类监管，是对保险公司的一个综合评价体系。监管部门通过综合评价，考核保险公司偿付能力、公司治理、内控和合规风险、财务风险、资金运用风险、业务经营风险等方面的情况，对保险公司进行评价和分类，并根据分类结果，有针对性地采取不同程度的监管措施，加大防范化解风险的力度，促进行业稳健发展。[①]

（三）监管强制措施

针对保险公司等被监管对象存在的风险或违法违规行为，监管机构依法有权采取一

---

① 陈文辉.国际保险监管核心原则的最新发展与中国实践［M］.北京：人民日报出版社，2012：55-56.

系列强制性的监管措施。具体包括以下几种：

1. 责令限期改正和监管谈话。严格讲，除行为或后果无法或没必要纠正的情形外，对保险公司等监管对象存在的任何违法违规行为或风险状况，监管机构都可以责令限期改正，逾期未改正的，可以采取其他监管措施和行政处罚。监管谈话，实为一种严肃的风险提示和预警性的监管措施。依据《保险法》第 152 条，中国保监会根据履行监管职责的需要，可以与保险公司董事、监事和高级管理人员进行监督管理谈话，要求其就公司的业务活动和风险管理的重大事项作出说明。

2. 保险公司偿付能力不足的监管措施。主要指《保险法》第 138 条规定的对偿付能力不足的保险公司，国务院保险监督管理机构应将其列为重点监管对象，依法可采取的监管措施，包括责令增加资本金和办理再保险、限制业务范围和停止接受新业务、限制资金运用形式和比例、限制增设分支机构、限制向股东分红和管理层人员薪酬水平等。

3. 整顿和接管。依据《保险法》第 140 条，保险公司未按照要求的期限改正有关责任准备金提取结转、再保险业务以及资金运用的违法行为的，国务院保险监督管理机构可以决定派员对公司进行整顿。依据《保险法》第 144 条，保险公司偿付能力严重不足，或者违法经营，损害社会公共利益，可能严重危及或已经危及公司偿付能力的，国务院保险监督管理机构可以对其实行接管。整顿和接管，是对保险公司采取的最严厉的全面性的监管强制措施。

4. 其他措施。依据《保险法》第 151 条和第 153 条，保险公司股东利用关联交易严重损害公司利益危及公司偿付能力的，国务院保险监督管理机构可以限制其股东权利，股东拒不改正的，有权责令其转让相关股权；保险公司在整顿、接管、撤销清算期间，或出现重大风险时，国务院保险监督管理机构可以对公司直接负责的董事、监事及高管人员和其他直接责任人通知边境管理机关限制其出境，申请司法机关禁止其处分财产或在财产上设定权利负担。

（四）市场退出

市场退出的监管手段主要包括行政撤销和申请破产清算。依据《保险法》第 149 条和第 148 条，保险公司因违法经营被依法吊销保险许可证的，或者其偿付能力不足，不予撤销将严重危害保险市场秩序、损害社会公共利益的，由国务院保险监督管理机构予以撤销，依法进行清算；被整顿、被接管的保险公司符合我国《企业破产法》规定的可以破产的情形的，国务院保险监督管理机构可以依法向法院申请对该公司进行重整或者破产清算。

第五节　保险法律责任

保险法律责任，指保险公司等保险市场主体违反法定义务或者不正当行为所应承担的法律责任。依据违反法律规范性质的不同，可以分为民事责任、行政责任和刑事责任。刑事责任的认定和追究，依据刑法进行；民事责任的承担，依据具体保险合同以及保险合同法律规范认定。本节所述保险法律责任，是从保险监管角度，仅就保险机构等监管相对人违法违规行为所应承担的行政责任而言；广义上的行政责任，包括行政处罚和其他行政强制措施等，本节主要论述保险违法行为的行政处罚。[①] 行政处罚必须于法有据，只有在法律、行政法规和规章对给予行政处罚的行为、种类和幅度作出规定的情形下，监管机关才能遵循法定程序对违法行为人实施行政处罚。《保险法》第七章"法律责任"，主要即为对保险违法违规行为进行行政处罚的规定，是中国保监会及其派出机构实施行政处罚的主要法律依据。

一、保险违法违规行为主体

保险违法违规行为的主体，主要有以下几类：（1）包括分支机构在内的保险公司及其工作人员。（2）保险资产管理公司及其工作人员。（3）保险中介机构及其工作人员。保险中介机构包括保险专业代理机构、保险经纪人。（4）个人代理人。（5）在中国境内有违法违规行为的外国保险机构及其代表处。（6）其他组织或个人。如擅自设立保险机构或非法经营保险业务的单位或个人。（7）进行保险诈骗的投保人、被保险人和受益人。

二、保险违法违规行为类型

根据《保险法》及保险监管规定，保险违法违规行为大致可以归纳为下列几类：

1. 违法设立机构和非法从事业务类。包括违法擅自设立保险机构或中介机构；非法经营商业保险业务或者保险代理、保险经纪业务；未取得合法资格从事个人保险代理活动；超出核定的业务范围经营。

2. 违法业务行为类。包括保险业务活动和保险中介业务活动中的法定禁止性行为，主要指《保险法》第 116 条、第 131 条所明令禁止的业务活动中的违法行为或不正当行为。[②]

3. 财务性或管理性违法行为。包括未按照规定提取结转准备金、违反规定运用保险资金、未按照规定办理再保险、未按照规定使用提存、使用保证金等。

4. 违反保险行政许可类。包括未经批准设立分支机构、未按照规定申请批准保险条款费率等。

---

① 《保险法》第六章规定的整顿、接管、撤销以及保险公司偿付能力不足时采取的监管措施，都属于行政责任的范畴，可参见本书其他章节相关内容。

② 如《保险法》第 116 条规定了保险业务活动中的 13 种禁止性行为：（1）欺骗投保人、被保险人或者受益人；（2）对投保人隐瞒与保险合同有关的重要情况；（3）阻碍投保人履行本法规定的如实告知义务，或者诱导其不履行本法规定的如实告知义务；（4）给予或者承诺给予投保人、被保险人、受益人保险合同约定以外的保险费回扣或者其他利益；（5）拒不依法履行保险合同约定的赔偿或者给付保险金义务；（6）故意编造未曾发生的保险事故、虚构保险合同或者故意夸大已经发生的保险事故的损失程度进行虚假理赔，骗取保险金或者牟取其他不正当利益；（7）挪用、截留、侵占保险费；（8）委托未取得合法资格的机构或者个人从事保险销售活动；（9）利用开展保险业务为其他机构或者个人牟取不正当利益；（10）利用保险代理人、保险经纪人或者保险评估机构，从事以虚构保险中介业务或者编造退保等方式套取费用等违法活动；（11）以捏造、散布虚假事实等方式损害竞争对手的商业信誉，或者以其他不正当竞争行为扰乱保险市场秩序；（12）泄露在业务活动中知悉的投保人、被保险人的商业秘密；（13）违反法律、行政法规和国务院保险监督管理机构规定的其他行为。

5. 违反保险产品使用规定类。包括保险条款和费率使用的违法行为，包括未按照规定报送监管机构备案和未按照规定使用等。

6. 违法报送信息资料类。包括未按照规定报送提供有关报表、文件、资料、信息，以及编制或提供虚假的报表、文件、资料等。

7. 监管相对人拒绝妨碍监管机构监督检查的行为。

8. 投保人、被保险人或受益人的保险诈骗行为。

三、行政处罚种类

1. 申诫罚：警告；

2. 财产罚：包括罚款、没收违法所得；

3. 能力罚：包括限制业务范围、责令停止接受新业务、吊销保险许可证，主要针对保险公司、保险资产管理公司、保险中介机构等保险业内机构；

4. 资格罚：包括撤销任职资格或从业资格、吊销资格证书、行业禁入，主要针对可归责的高管人员及其他直接责任人员、个人代理人等。

四、责任主体的双罚制

概括讲，任何机构的违法行为都涉及相应的责任人。换言之，除完全个人行为外，保险机构或保险中介机构的违法行为一般会涉及两个责任主体，即机构本身和直接责任人员。现行《保险法》坚持机构和个人的"双罚制"原则，即保险公司、保险资产管理公司和保险中介机构的违法行为，保险监管机构除对该单位依法给予处罚外，同时对其直接负责的主管人员和其他直接责任人员给予处罚。该双罚制有两个特点：一是并罚而非选择罚除。非存在法定从轻减轻事由，追究机构责任，必然追究个人责任。二是个人责任加重。直接责任人的责任追究最低也是给予警告加罚款，情节严重，可以撤销任职资格或从业资格，甚至一定期限乃至终身的行业禁入。[①] 保险机构高级管理人员和保险从业者对此不可不察，应当将依法合规经营、审慎尽职视为职业道德准则和职业风险防范的基本要求。

思考题

1. 保险监管的法理基础和目的是什么？
2. 简述我国保险监管机构的演变。
3. 我国保险监管"三支柱"框架体系主要包括哪些内容？
4. 保险监管强制措施和保险违法行为的行政处罚措施分别包括哪些类型？

---

① 参见《保险法》第 171 条、第 177 条。

21 世纪高等学校金融学系列教材

一、货币银行学子系列

★货币金融学（第四版） （普通高等教育"十一五"国家级规划教材/国家精品课程教材·2008）	朱新蓉	主编	56.00 元	2015.08 出版
货币金融学 （国家精品课程教材·2006）	张 强 乔海曙	主编	32.00 元	2007.05 出版
货币金融学（附课件）	吴少新	主编	43.00 元	2011.08 出版
货币金融学（第二版） （普通高等教育"十五"国家级规划教材）	殷孟波	主编	48.00 元	2014.07 出版
现代金融学 ——货币银行、金融市场与金融定价	张成思	编著	58.00 元	2019.10 出版
货币银行学（第二版）	夏德仁 李念斋	主编	27.50 元	2005.05 出版
货币银行学（第三版） （普通高等教育"十一五"国家级规划教材）	周 骏 王学青	主编	42.00 元	2011.02 出版
货币银行学原理（第六版）	郑道平 张贵乐	主编	39.00 元	2009.07 出版
金融理论教程	孔祥毅	主编	39.00 元	2003.02 出版
西方货币金融理论	伍海华	编著	38.80 元	2002.06 出版
现代货币金融学	汪祖杰	主编	30.00 元	2003.08 出版
行为金融学教程	苏同华	主编	25.50 元	2006.06 出版
中央银行通论（第三版）	孔祥毅	主编	40.00 元	2009.02 出版
中央银行通论学习指导（修订版）	孔祥毅	主编	38.00 元	2009.02 出版
商业银行经营管理（第二版）	宋清华	主编	43.00 元	2017.03 出版
商业银行管理学（第五版） （普通高等教育"十一五"国家级规划教材/国家精品课程教材·2007/国家精品资源共享课配套教材）	彭建刚	主编	53.00 元	2019.04 出版
商业银行管理学（第三版） （普通高等教育"十一五"国家级规划教材/国家精品课程教材·2009）	李志辉	主编	48.00 元	2015.10 出版
商业银行管理学习题集 （普通高等教育"十一五"国家级规划教材辅助教材）	李志辉	主编	20.00 元	2006.12 出版
商业银行管理	刘惠好	主编	27.00 元	2009.10 出版
现代商业银行管理学基础	王先玉	主编	41.00 元	2006.07 出版
金融市场学（第三版）	杜金富	主编	55.00 元	2018.07 出版
现代金融市场学（第四版）	张亦春	主编	50.00 元	2019.02 出版
中国金融简史（第二版） （普通高等教育"十一五"国家级规划教材）	袁远福	主编	25.00 元	2005.09 出版
货币与金融统计学（第四版） （普通高等教育"十一五"国家级规划教材/国家统计局优秀教材）	杜金富	主编	48.00 元	2018.07 出版
金融信托与租赁（第五版） （普通高等教育"十一五"国家级规划教材）	王淑敏 齐佩金	主编	45.00 元	2020.06 出版

| 金融信托与租赁案例与习题 | 王淑敏 | 齐佩金 | 主编 | 25.00 元 | 2006.09 出版 |

（普通高等教育"十一五"国家级规划教材辅助教材）

金融营销学	万后芬		主编	31.00 元	2003.03 出版
金融风险管理	宋清华	李志辉	主编	33.50 元	2003.01 出版
网络银行（第二版）	孙 森		主编	36.00 元	2010.02 出版

（普通高等教育"十一五"国家级规划教材）

| 银行会计学 | 于希文 | 王允平 | 主编 | 30.00 元 | 2003.04 出版 |

二、国际金融子系列

| 国际金融学 | 潘英丽 | 马君潞 | 主编 | 31.50 元 | 2002.05 出版 |
| ★国际金融概论（第五版） | 孟 昊 | 王爱俭 | 主编 | 45.00 元 | 2020.01 出版 |

（普通高等教育"十一五"国家级规划教材/国家精品课程教材·2009）

国际金融（第三版）	刘惠好		主编	48.00 元	2017.10 出版
国际金融概论（第三版）（附课件）	徐荣贞		主编	40.00 元	2016.08 出版
★国际结算（第六版）（附课件）	苏宗祥	徐 捷	著	66.00 元	2015.08 出版

（普通高等教育"十一五"国家级规划教材/2012～2013年度全行业优秀畅销书）

| 各国金融体制比较（第三版） | 白钦先 | | 等编著 | 43.00 元 | 2013.08 出版 |

三、投资学子系列

投资学（第三版）	张元萍		主编	56.00 元	2018.02 出版
证券投资学	吴晓求	季冬生	主编	24.00 元	2004.03 出版
证券投资学（第二版）	金 丹		主编	49.50 元	2016.09 出版
现代证券投资学	李国义		主编	39.00 元	2009.03 出版
证券投资分析（第二版）	赵锡军	李向科	主编	35.00 元	2015.08 出版
组合投资与投资基金管理	陈伟忠		主编	15.50 元	2004.07 出版
投资项目评估	王瑶琪	李桂君	主编	38.00 元	2011.12 出版
项目融资（第三版）	蒋先玲		编著	36.00 元	2008.10 出版

四、金融工程子系列

金融经济学教程（第二版）	陈伟忠	陆珏瑱	主编	46.00 元	2016.09 出版
衍生金融工具（第二版）	叶永刚	张 培	主编	37.00 元	2014.08 出版
现代公司金融学（第二版）	马亚明		主编	49.00 元	2016.08 出版
金融计量学	张宗新		主编	42.50 元	2008.09 出版
数理金融	张元萍		编著	29.80 元	2004.08 出版
金融工程学	沈沛龙		主编	46.00 元	2017.08 出版
金融工程	陆珏瑱		主编	39.50 元	2018.01 出版

五、金融英语子系列

| 金融英语阅读教程（第四版） | 沈素萍 | | 主编 | 48.00 元 | 2015.12 出版 |

（北京高等教育精品教材）

| 金融英语阅读教程导读（第四版） | 沈素萍 | | 主编 | 23.00 元 | 2016.01 出版 |

（北京高等学校市级精品课程辅助教材）

| 保险专业英语 | 张栓林 | | 编著 | 22.00 元 | 2004.02 出版 |
| 保险应用口语 | 张栓林 | | 编著 | 25.00 元 | 2008.04 出版 |

注：加★的书为"十二五"普通高等教育本科国家级规划教材

21 世纪高等学校保险学系列教材

保险学概论	许飞琼		主编	49.80 元	2019.01 出版
保险学概论学习手册	许飞琼		主编	39.00 元	2019.01 出版
经典保险案例分析 100 例	许飞琼		主编	36.00 元	2020.01 出版
保险学（第二版）	胡炳志	何小伟	主编	29.00 元	2013.05 出版
保险精算（第三版）	李秀芳	曾庆五	主编	36.00 元	2011.06 出版
（普通高等教育"十一五"国家级规划教材）					
人身保险（第二版）	陈朝先	陶存文	主编	20.00 元	2002.09 出版
财产保险（第五版）	许飞琼	郑功成	主编	43.00 元	2015.03 出版
（普通高等教育"十一五"国家级规划教材/普通高等教育精品教材奖）					
财产保险案例分析	许飞琼		编著	32.50 元	2004.08 出版
海上保险学	郭颂平	袁建华	编著	34.00 元	2009.10 出版
责任保险	许飞琼		编著	40.00 元	2007.11 出版
再保险（第二版）	胡炳志	陈之楚	主编	30.50 元	2006.02 出版
（普通高等教育"十一五"国家级规划教材）					
保险经营管理学（第二版）	邓大松	向运华	主编	42.00 元	2011.08 出版
保险经营管理学（第二版）	江生忠	祝向军	主编	49.00 元	2017.12 出版
（普通高等教育"十一五"国家级规划教材）					
保险营销学（第四版）	郭颂平	赵春梅	主编	42.00 元	2018.08 出版
（教育部经济类专业主干课程推荐教材）					
保险营销学（第二版）	刘子操	郭颂平	主编	25.00 元	2003.01 出版
★风险管理（第五版）	许谨良		主编	36.00 元	2015.08 出版
（普通高等教育"十一五"国家级规划教材）					
保险产品设计原理与实务	石 兴		著	24.50 元	2006.09 出版
社会保险（第四版）	林 义		主编	39.00 元	2016.07 出版
（普通高等教育"十一五"国家级规划教材）					
保险学教程（第二版）	张 虹	陈迪红	主编	36.00 元	2012.07 出版
利息理论与应用（第二版）	刘明亮		主编	32.00 元	2014.04 出版
保险法学	李玉泉		主编	53.50 元	2020.07 出版

注：加★的书为"十二五"普通高等教育本科国家级规划教材。